DER THATBESTAND

DES

SACHBESITZERWERBS

NACH GEMEINEM RECHT.

DER THATBESTAND

DES

SACHBESITZERWERBS

NACH GEMEINEM RECHT.

EINE ZIVILISTISCHE UNTERSUCHUNG

VON

DR. LEO GRAFEN PINIŃSKI.

ZWEITER BAND.

SUKZESSION IN DEN BESITZ, BESITZERWERB ANIMO SOLO,
BESITZWILLE, LEHRE VON DEN JURISTISCHEN
WILLENSERKLÄRUNGEN.

LEIPZIG,
VERLAG VON DUNCKER & HUMBLOT.
1888.

Vorwort.

Auch dem nun erscheinenden zweiten Bande meiner Untersuchung sehe ich mich genötigt, einige Bemerkungen als Vorwort vorauszuschicken, weil ich das Bedürfnis fühle, mich in mancher Beziehung vor dem Leser zu entschuldigen. In der Vorrede zum ersten Bande wurde erwähnt, dafs ich durch äufsere Umstände an der Fortarbeitung am vorliegenden Werke verhindert war. Diese Unterbrechung war leider von längerer Dauer, als ich es erwartet hatte, und darin liegt die Ursache einer so bedeutenden Verzögerung des Erscheinens des zweiten Bandes. Ich mufs nochmals hervorheben, dafs derselbe schon vor mehr als drei Jahren der Vollendung nahe war. Infolge neuerer litterarischer Erscheinungen, die auf dem Gebiete der Besitzlehre und der Lehre von Willenserklärungen sehr zahlreich waren, sah ich mich gezwungen, meine Ausführungen einer Umarbeitung zu unterziehen. Um an dem einmal Geschriebenen möglichst wenig zu ändern, habe ich die Umarbeitung gröfstentheils nur auf die Anmerkungen beschränkt. Darum ist die Litteratur der letzten drei Jahre fast ausschliefslich nur in den Noten und — ich will es nicht leugnen — vielleicht nicht gehörig und nur unvollständig berücksichtigt worden. Die im laufenden Jahre erschienenen juridischen Arbeiten entschlofs ich mich, gar nicht mehr zu berücksichtigen, weil anders die Drucklegung wieder hätte verzögert werden müssen.

Im allgemeinen ist auch im vorliegenden Bande der in der Einleitung zum ersten Bande angegebene Plan des Werkes beibehalten. Eine Änderung trat nur insofern ein, als ich zu der Überzeugung gelangt bin, dafs eine genauere Besprechung der Besitzstellvertretung unentbehrlich war. Der von den Willenserklärungen im allgemeinen handelnde Theil ist breiter ausgefallen, als es ursprünglich in meiner Absicht lag. Dafs es in systematischer Hinsicht Tadel verdient, dafs nahezu der dritte Theil des ganzen Werkes einer im Titel des Werkes nicht mitumfafsten Materie gewidmet ist, bin ich weit entfernt zu verkennen. Viel korrekter wäre es gewesen, das von den Willenserklärungen Gesagte in einer besonderen Untersuchung abzuhandeln. Als Entschuldigung kann ich nur den Umstand anführen, dafs es bei einem umfassenderen Werke überaus schwer ist, den ursprünglichen Plan vollständig zu verlassen, wenn man sich erst im Laufe der Arbeit von der Unrichtigkeit desselben überzeugt hat. Den Leser mache ich durch eine speziellere Titelüberschrift darauf aufmerksam, dafs sich der zweite Band nicht ausschliefslich auf die Besitzlehre bezieht.

Was den Hauptzweck meiner Arbeit, die Feststellung des Besitzbegriffs anbetrifft, kann ich mit dem Eindruck, den mein erster Band gemacht hat, ziemlich zufrieden sein. Von manchen Verteidigern der „Herrschaftstheorie" wird dieselbe unter dem Einflufs neuester Angriffe so bedeutend modifiziert, dafs von der ursprünglichen Theorie SAVIGNYS kaum etwas mehr als das Wort „thatsächliche Herrschaft" übrig bleibt. Wenn man nämlich, wie dies z. B. ECK (Ztschr. für Handelsr. Bd. 32 S. 506) thut, zugiebt, die thatsächliche Herrschaft werde lediglich nach Mafsgabe, „wie sie im Verkehr geübt und berücksichtigt wird", beurtheilt, dann ist diese Ansicht von der, die ich vertrete, allerdings nicht wesentlich verschieden, wohl aber zugleich bereits ein grundsätzliches Aufgeben der SAVIGNYschen Theorie. Die „Möglichkeit der Einwirkung“ SAVIGNYS ist nämlich, was aus allen näheren, in seiner Besitzlehre enthaltenen Ausführungen zu ersehen ist, nur als rein physisches Verhältnis gedacht. Die Idee, daſs über den Besitz ausschlieſslich die Gestaltung der wirtschaftlichen Verhältnisse entscheide, ist zuerst von IHERING aufgestellt worden. Jede Ansicht, die diesen Grundsatz akzeptiert, mag sie auch die bei IHERING vorkommende Bezugnahme auf das Eigentumsrecht verwerfen, mag sie sogar noch immer den Besitz eine „thatsächliche Herrschaft“ nennen, steht nach meiner Meinung der IHERINGschen Theorie bei weitem näher, als der SAVIGNYschen, weil sie jener das oberste Prinzip der Besitzlehre, dieser dagegen die bloſse Bezeichnung entlehnt.

Die Aufnahme meines ersten Bandes durch die Kritik war im allgemeinen eine günstige. Denjenigen, die mein Werk in wohlwollender Weise beurtheilt haben, spreche ich an diesem Orte meinen wärmsten Dank aus. Da gerade von sehr hervorragenden Schriftstellern mir Worte aufrichtiger Anerkennung zugekommen sind, so kann ich es mit vollem Gleichmut ertragen, wenn andererseits vereinzelt so gut wie alles von mir Gesagte, und zwar ohne einen Versuch näherer Widerlegung meiner Deduktionen, als ganz wertlos erklärt wird. In eine Polemik will ich mich nicht einlassen, weil ich jene Bemerkungen, die vielleicht zum Theil in der persönlichen Abneigung ihre Quelle haben, als völlig bedeutungslos betrachte.

Grzymałów, im Juni 1888.

Der Verfasser.

Berichtigungen.

(Die Zeilen des Textes sind von oben, die der Anmerkungen von unten gerechnet.)

S. 3, Z. 10 v. o. statt: Besitztradition — lies: Besitzsukzession.
S. 16, Z. 25 v. o. statt: der Apprehendenten — lies: des Apprehendenten.
S. 22, Z. 22 v. u. statt: Erwerbes — lies: Erwerbers.
S. 26, Z. 22 v. o. statt: Besitzerbensfällen — lies: Besitzerwerbsfällen.
S. 28, Z. 1 v. u. statt: vacua — lies: vacuae.
S. 35, Z. 35 v. u. statt: amittisti — lies: amitti.
S. 35, Z. 17 v. u. statt: der Gegensatz — lies: den Gegensatz.
S. 46, Z. 2 v. u. statt: fundus S. — lies: fundus C.
S. 60, Z. 16 v. o. statt: im ersten Theile — lies: im ersten Bande.
S. 61, Z. 11 v. o. statt: schliefst so, wie — lies: schliefst, wie.
S. 70, Z. 8 v. o. statt: contractio — lies: contrectatio.
S. 70, Z. 1 v. u. statt: Besitzverlust — lies: Besitzschutz.
S. 105, Z. 15 v. u. statt: niemand anderes — lies: niemand anderer.
S. 141, Z. 5 u. 6 v. o. statt: dem dementsprechend hier die, — lies: der dementsprechend hier der . . .
S. 171, Z. 11 v. u. statt: einschliefsliche — lies: ausschliefsliche.
S. 208, Z. 6 v. u. statt: negotiorum gestio — lies: negotiorum gestor.
S. 221, Z. 28 v. u. statt: reud. — lies: vend.
S. 235, Z. 26 v. u. statt: vor Labeo — lies: dem Labeo.
S. 253, Z. 26 v. u. ist das Wort „eigentlich“ zu streichen.
S. 258, Z. 12 v. u. statt: ein reddere, — lies: ein non reddere.
S. 277, Z. 26 v. o. statt: Superfizies — lies: Superfiziars.
S. 368, Z. 12 u. 13 v. o. statt: den inneren — lies: den inneren Willen.
S. 404, Z. 1 v. u. statt: unrichtig — lies: unwichtig.
S. 427, Z. 10 v. o. statt: in den Fällen — lies: mit den Fällen.
S. 456, Z. 6 v. u. statt: des Sinnes des anderen — lies: des Sinnes der Erklärung des anderen.

Inhaltsverzeichnis.

Erster Theil.

Die äufsere Seite des Besitzerwerbsaktes.
(Fortsetzung.)

Zweites Kapitel.

Die Tradition.
(Fortsetzung.)

Drittes Kapitel.

Besitzerwerb animo solo.

Zweiter Theil.

Die innere Seite des Besitzerwerbsaktes (animus).

Seite

Dritter Theil.

Die Lehre von den juristischen Willenserklärungen überhaupt.

Erstes Kapitel.

Die juristische Willenserklärung als äufsere Erscheinung.

Zweites Kapitel.

Das Verhältnis zwischen dem Willen und der Erklärung bei privatrechtlichen Willenserklärungen.

Erster Theil.

Die äufsere Seite des Besitzerwerbsaktes.

(Fortsetzung.)

Zweites Kapitel.

Die Tradition.

(Fortsetzung.)

VI. Sukzession in den Besitz.

Soll der Begriff der Nachfolge in den Besitz aufgestellt werden?

§ 1.

Nachdem wir bereits erfahren haben, auf welche Weise die Tradition sich gewöhnlich vollzieht, ist es uns möglich geworden, zur Beantwortung der Frage zu schreiten, ob in der Besitzübergabe eine Sukzession in den Besitz liege, ob es eine wirkliche traditio possessionis gebe in dem Sinne, wie die Übergabe der Sache zu Eigentum. Seit SAVIGNY leugnet die herrschende Lehre die Sukzession in den Besitz auf das Entschiedenste und hält sie für etwas dem Begriffe des Besitzes schlechthin Widerstrebendes[1]). Durch längere

1) Vgl. bes. SAVIGNY: Recht des Besitzes § 5. PUCHTA: Pandekten u. Vorlesungen § 130, Kleine zivilistische Schriften S. 427 fg. EXNER:

Zeit schien es, als ob die gegentheilige, unter den älteren Schriftstellern weit verbreitete Meinung[1]) durch die Ausführungen SAVIGNYS und PUCHTAS siegreich überwunden worden wäre und das Dogma von der Unmöglichkeit einer Besitzsukzession eine vollständig unbezweifelbare Autorität erlangt hätte.

Der erste, nicht unbedeutende Angriff gegen diesen allgemein anerkannten Grundsatz ist geführt worden von BRINZ in seinem im Jahrbuch für das gemeine Deutsche Recht publizierten Aufsatz über die possessionis traditio[2]). BRINZ behauptet, dafs die Sukzession in den Besitz nicht nur kein Ding der Unmöglichkeit sei, sondern, dafs das römische Recht dieselbe positiv anerkenne. Eine eigentliche Nachfolge in den Besitz soll jedoch nach BRINZ nicht in allen Fällen der Besitzübergabe vorliegen, sondern nur dort, wo man blofs possessionem tradiert, d. h. wo man die Sache lediglich zum Besitz übergiebt und mit der Besitzübergabe nicht zugleich die Übertragung des dinglichen Rechts verbunden ist. BRINZ hat mit seiner Aufstellung bei allen Schriftstellern, mit Ausnahme ESMARCHS, dem heftigsten Widerstand begegnet[3]). Von einigen, namentlich aber von VANGEROW, ist sogar seine Ansicht ziemlich

---

Rechtserwerb durch Tradition S. 11 fg. WINDSCHEID: Pandekten Bd. 1 § 153 N. 9 u. 10. RANDA: Besitz § 15 N. 14. DERNBURG: Pandekten Bd. 1 § 177 u. a.

1) S. über dieselbe neuestens STROHAL: Sukzession in den Besitz (Graz 1885) S. 1—14.

2) Jahrb. des gem. d. Rechts von BEKKER u. MUTHER Bd. 3 S. 16—56. Vgl. auch schon: seine Pandekten 1. Aufl. S. 55 fg. u. jetzt 2. Aufl. Bd. 1 § 137 und bes. § 138.

3) S. WINDSCHEID a. a. O. RANDA u. EXNER a. a. O. WITTE: Ztschr. f. Zivr. u. Prozess. N. F. Bd. 18 S. 237 fg. VANGEROW: Pandekten Bd. 1 § 202 Anm. 4. RUDORFF: Anhang zu SAVIGNY Num. 15.

derb als etwas Unbegreifliches behandelt worden. Dies war jedenfalls sehr ungerecht. Obzwar wir auch der Ansicht sind, daſs die Behauptungen von BRINZ unbegründet sind, namentlich die Begrenzung, welche er seiner Sukzession in den Besitz giebt, unhaltbar, so können wir doch nicht umhin, es zu gestehen, daſs unsere Wissenschaft durch die BRINZsche „possessionis traditio“ sehr bedeutend gefördert wurde. Das groſse Verdienst BRINZ' liegt darin, den Glauben an die Unantastbarkeit des Dogmas von der Unmöglichkeit einer Besitztradition erschüttert und der genaueren Prüfung der Quellen Bahn gebrochen zu haben.

Auch nach der Abhandlung von BRINZ blieb die SAVIGNYsche Lehre die allgemein vorherrschende. Erst in der neuesten Zeit ist hierin eine Änderung eingetreten. Es wird einerseits darauf hingewiesen, von welch groſser Tragweite die Frage ist, ob der neue Besitzer es auf Grund der Tradition wird und demnach dem früheren Besitzer im Besitz nachfolgt, ähnlich wie es bei der Nachfolge im Rechte der Fall ist, oder eigenmächtig den Besitz ergreift[1]). Von anderen Schriftstellern werden manche Bedenken gegen die herrschende Lehre und ihre gewöhnliche Formulierung erhoben. Es wird namentlich auf den Unterschied aufmerksam gemacht, der zwischen dem zur Okkupation erforderten corpus besteht, und demjenigen, der in den Traditionsfällen genügt, und auch die Frage diskutiert, ob denn nicht eine wesentliche Verschiedenheit obwalte zwischen dem animus des Okkupanten und jenem des Empfängers auf Grund einer Tradition[2]).

---

1) Vgl. bes. BEKKER: Recht des Besitzes S. 300—316.

2) Vgl. HÖLDER: Krit. Vierteljahrschr. Bd. 16 S. 533—538. SCHEURL: Jenaer Lit. Ztg. 1876 Nr. 20 S. 309, und neuestens: Zur Lehre vom röm. Besitzrecht (Weitere Beitr. zur Bearb. d. röm. Rechts. Erlangen 1886) § 16 S. 87 fg.

Endlich wird sogar rundweg behauptet, dafs es nach römischem Recht wirkliche Fälle einer Sukzession in den Besitz gebe[1]). Mit besonderer Energie erklärt namentlich STROHAL dem hergebrachten Grundsatze den Krieg zuerst in seinem in der Wiener juristischen Gesellschaft am 28. Dezember 1880 gehaltenen Vortrage[2]) und neuestens in seinem Buche über Sukzession in den Besitz[3]). Nicht nur hält STROHAL die Nachfolge in den Besitz für etwas völlig Natürliches, sondern er meint, dafs sich schon im römischen Recht zahlreiche positiv anerkannte Fälle einer Sondernachfolge in den Besitz finden.

Hiernach scheint das „juristisch Undenkbare“[4]), das „begrifflich Widersinnige“[5]) denn doch in der neueren Litteratur immer mehr Anhänger zu gewinnen, und somit dürfte es für die Zukunft nicht mehr angehen, sich mit der Bemerkung zu begnügen, die Sukzession in den Besitz sei eine Unmöglichkeit, demnach könne sie nicht gelten, sondern man ist verpflichtet, den Nachweis zu liefern, dafs sie wirklich dem positiven Rechte fremd sei. Auch diesem sakrosankten Dogma SAVIGNYS scheint dasselbe Loos widerfahren zu wollen, wie allen anderen Prinzipien seiner Besitzlehre, aus einem

1) Vgl. PERRNICE: Ztschr. f. Handelsr. Bd. 22 S. 424. S. auch KINDEL: Grundlagen des röm. Besitzrechts S. 212 fg. SCHEURL a. a. O. u. SELIGSOHN: „Sukzession in den Besitz nach preuss. Recht“ in RASSOWS u. KINDELS Beiträgen zur Erläuterung des deutschen Rechts Bd. 26 (N. F. Bd. 6) S. 316—346.

2) Wiener juristische Blätter 1881 Nr. 2—4. S. auch in GRÜNHUTS Ztschr. für priv. u. öffentl. R. Bd. 6 S. 423 fg.

3) S. über die Schrift STROHALS: REGELSBERGER: Göttingische gelehrte Anzeigen 1885 Nr. 22 S. 877—881. KOHLER: Ztschr. f. priv. u. öffentl. Recht Bd. 14 S. 162—168. ECK: Ztschr. f. Handelsr. Bd. 32 (N. F. Bd. 17) S. 594—597.

4) RUDORFF a. a. O.

5) COSACK: Besitz des Erben S. 8 N. 6 u. 7.

einhellig anerkannten Grundsatz zu einer brennenden Streitfrage zu werden.

Nach unserer Ansicht war die Art und Weise, wie unsere Juristen gewöhnlich bis nun die Frage, ob es eine Sukzession in den Besitz gebe, behandelten, eine verfehlte. Man hat nämlich, wie uns scheint, die zwei nachstehenden vollständig verschiedenen Fragen nie gehörig voneinander zu trennen gewufst:

1) Soll von einer Sukzession in den Besitz gesprochen werden in jenen Fällen, wo beim Übergehen des Besitzes von einem Subjekte an ein anderes ein ähnlicher Akt stattfindet wie bei der sogenannten Übertragung von Rechten?

2) Giebt es unter den Fällen des Überganges des Besitzes von einem Subjekte an ein anderes solche, bei denen der Erwerb des Besitzes von ähnlichen Voraussetzungen abhängig ist, wie der derivative Erwerb von Rechten, nämlich: von der rechtlichen Handlungsfähigkeit des Gebers, von dem Vorhandensein einer rechtsgiltigen Willenserklärung auf seiner Seite, vom wirklichen Konsense der Parteien u. s. w.?

Diese beiden Fragen sind voneinander unabhängig. Jede von denselben gehört in ein anderes Gebiet der Rechtswissenschaft. Die erstere hat ausschliefslich eine theoretische Bedeutung. Sie betrifft die Terminologie unserer Wissenschaft und zum Theil auch die Systematik des Privatrechts. Die zweite Frage ist eine lediglich praktische, und die Antwort auf dieselbe ist nur aus den positiven Bestimmungen unserer Rechtsquellen zu schöpfen. Allerdings besteht ein gewisser Zusammenhang zwischen jenen beiden Fragen. Fänden sich nämlich Fälle des Besitzüberganges, die den Fällen der Übertragung von Rechten nahe stünden, dann spräche natürlicherweise dieser Umstand für die Anerkennung einer Sukzession in den Besitz. Unbedingt abhängig sind jedoch jene Fragen voneinander nicht. Denn selbst wenn es Fälle gäbe, in welchen der Erwerb des Besitzes von ähnlichen Voraussetzungen abhangen würde, wie die Übertragung von Rechten, so könnte dennoch der neuerworbene Besitz „ein neuer“ genannt werden. Andererseits aber, auch wenn es feststünde, dafs zum Erwerbe des blofsen Besitzes das Vorhandensein jener Momente, welche bei der Übertragung von Rechten eintreffen, nie erforderlich wäre, so könnte man doch, wenn es mit Rücksicht auf die sonstigen Folgen des Besitzes rechtlich nicht indifferent wäre, ob man den Besitz einseitig ergreift oder ihn als einen verliehenen bekommt, mit dem Namen einer „Nachfolge“ in den Besitz jene Besitzerwerbsfälle bezeichnen, wo man den Besitz in einer den Sukzessionsfällen in Rechte analogen Weise erhält.

Dafs man jene beiden Fragen stets zusammenwarf, wird man uns wohl zugeben. Unseres Erachtens hat dies auf die Entwickelung der ganzen Besitzlehre sehr nachtheilig gewirkt, denn infolgedessen ist keine von beiden einer genaueren, vorurtheilsfreien Prüfung unterzogen worden. Man pflegte alles etwa folgendermafsen zu erledigen: Aus dem Umstande, dafs der Besitz mit Rücksicht auf seine faktische Natur stets auch eigenmächtig, unabhängig von einem Verleihen seitens des früheren Besitzers, erworben werden könne, zog man den Schlufs, von einer Nachfolge in den Besitz dürfe überhaupt nie gesprochen werden. Die Ausdrucksweise „in den Besitz nachfolgen“ wurde schlechthin verpönt, wobei unbeachtet blieb, dafs das „Verleihen“ des Besitzes für manche rechtliche Folgen von Bedeutung ist und dafs es in solchen Fällen vielleicht zweckmäfsiger wäre, einfach von einem Sukzedieren in den Besitz zu sprechen, als einzeln und speziell jene Momente hervorzuheben, die aufser dem blofsen Besitz noch vorhanden sein müssen. Andererseits, nachdem man aus der faktischen Natur des Besitzes deduziert hat, der Besitz werde stets originär erworben, folgerte man, dafs animus und corpus in den Traditionsfällen in jedweder Beziehung gerade so beschaffen seien, wie in Fällen eigenmächtiger Besitzergreifung, dafs die Entstehung des Besitzverhältnisses nur von gewissen Momenten, welche in der Person des Apprehendenten eintreffen, abhange, das „Übergeben" des Besitzes dagegen etwas gänzlich Nebensächliches sei[1]). Anstatt auf Grund positiver Bestimmungen unserer Quellen zu prüfen, ob denn die Besitzübergabeerklärung des bisherigen Besitzers für die Entstehung der den Besitz begründenden Momente in der Person des Erwerbers nicht von Bedeutung sei, hat man von vornherein die Regel aufgestellt, es bestehe gar kein erheblicher Unterschied zwischen Okkupation und Tradition, die etwaigen Verschiedenheiten, die man in den Entscheidungen der Quellen bemerken könnte, seien nur etwas rein Zufälliges und Nebensächliches.

Vor allem wollen wir uns mit der ersteren von jenen Fragen befassen und uns darüber aussprechen, ob es sich rechtfertige, die Fälle der Besitzübergabe eine Sukzession in den Besitz zu nennen? Dieser ganzen Frage ist unseres Dafürhaltens keine hohe Bedeutung beizumessen. Es scheint uns im allgemeinen ziemlich indifferent zu sein, ob man es vorzieht, bei der hergebrachten Ausdrucksweise stehen zu bleiben und den erworbenen Besitz in allen Fällen einen neuen zu nennen, oder aber für die Fälle der traditio possessionis von einer Nachfolge in den Besitz zu sprechen. Als vollständig verfehlt halten wir nur jene Meinung, welche in der Sukzession in den Besitz etwas begriff-

---

1) S. statt aller die Darstellung bei Puchta: Kl. ziv. Schriften a. a. O.

lich Unmögliches sieht. Als Haupt- und eigentlich einziges[1]) Argument für diese letztere Ansicht wird der Satz ins Feld geführt, dafs der Besitz eine Thatsache sei, und eine Sukzession in Thatsachen sich gar nicht denken lasse. Allerdings ist eine Sukzession in dem Sinne, wie man dieses Wort in unserer Wissenschaft gebraucht, nur bei Rechtsdingen möglich. Jenes, so oft wiederholte Argument wäre also sicherlich ganz richtig, wenn der Besitz eine reine Thatsache wäre. Dann könnten wir allerdings keine Sukzession in den Besitz haben, aber vor allem aus diesem einfachen Grunde, weil wir keinen Besitz in unserem Privatrechte hätten. Da jedoch der Besitz ein Rechtsding, eine res iuris ist, so ist wirklich nicht abzusehen, warum in denjenigen Fällen, in welchen das Übergehen der mit dem Besitz verbundenen rechtlichen Folgen von einem Subjekte an ein anderes durch einen ähnlichen Vorgang bewirkt wird, wie die Übertragung von subjektiven Rechten, geschweige denn wo es einen solchen erheischte, nicht von einer Übertragung jener res iuris gesprochen werden könnte, geradeso wie man von einer Übertragung von subjektiven Rechten spricht. Und wenn man das übertragene Recht dasselbe nennt, warum hiefse hier jene übertragene res iuris nicht dieselbe?

Die Anerkennung der Möglichkeit einer Sukzession in den Besitz ist auch nicht davon abhängig, dafs man in dem Besitz eine reine res iuris sehe, welche unabhängig wäre von dem Bestehen eines dauernden faktischen Zustandes, welche Auffassungsweise des Besitzes von manchen als Grund-

1) Dafs die „accessio possessionis" zwar nicht für die Besitzsukzession, aber auch nicht unbedingt gegen dieselbe spricht, hat, wie uns scheint, Brinz (Jahrb. des gem. R. Bd. 3 S. 29 fg.) richtig dargethan. S. jedoch dagegen neuestens Kohler: Ztschr. f. priv. u. öffentl. Recht Bd. 14 S. 165 fg.

lage der Sukzession in den Besitz betrachtet wird[1]). Nicht, weil der Besitz nur eine res iuris ist, sondern schon deswegen, weil er auch eine res iuris ist und ohne diese nicht ist, kann von einer Nachfolge in den Besitz gesprochen werden. Nur so viel mufs zugegeben werden, dafs, wenn man annimmt, der Besitz sei zugleich ein thatsächlicher Zustand, dieser Umstand jedenfalls gegen die Anerkennung einer Sukzession in den Besitz spricht, nicht darum, als ob es widersinnig wäre, eine Thatsache, die einer anderen ähnlich ist, „dieselbe" zu nennen[2]), sondern weil die Sukzession in den Besitz etwas der Sukzession in Rechte Ähnliches sein mufs, und die letztere ein Eintreten in idem ius ist, und es nicht erheischt, dafs der Rechtsnachfolger sich auf die Dauer in einem ähnlichen faktischen Verhältnisse[3]) befinde, wie sich der Rechtsurheber befand.

Wie die thatsächliche Seite des Besitzes eine Sukzession in den Besitz nicht unmöglich macht, so bringt andererseits die Annahme, der Besitz sei ein subjektives Recht, die Nachfolge in den Besitz nicht notwendig mit sich. Selbst wenn man sich entschliefst, die rechtlichen Folgen des Besitzes insgesamt ein subjektives Recht zu nennen, so wird damit für die Sukzession in den Besitz nichts entschieden, denn es bleibt noch immer die Frage offen, ob ein derartiges Recht, welches im Vergleich zu anderen Rechten doch in mancher Beziehung einen eigentümlichen Charakter hat, ein übertragbares sei.

---

1) So Strohal in den jurist. Bl. 1881, s. bes. S. 15, u. Seligsohn a. a. O.

2) S. über die Elastizität des Identitätsbegriffs im Gebrauche des täglichen Lebens Bekker: Besitz S. 303 fg.

3) Obzwar auch für manche Rechte das Bestehen einer „Thatsache" von Bedeutung ist. S. darüber Strohal: Sukzession in den B. S. 155 fg.

Da wir nun einerseits in dem Besitzverhältnisse allerdings einen dauernden nicht-rechtlichen Zustand sehen, andererseits, obzwar wir dafür sind, dafs man den Besitz als Rechtsfolge ein subjektives Recht nenne[1]), dennoch den singulären Charakter eines solchen Rechts nicht verkennen, so wird man es begreiflich finden, dafs es uns nicht möglich ist, für die Idee der Sukzession in den Besitz mit einem solchen Eifer zu kämpfen, wie es STROHAL thut. Wenn wir dem ganzen Streit eine hohe Bedeutung absprechen, so geschieht dies nicht deswegen, weil er nur für die Theorie von Wichtigkeit ist, sondern weil die Sukzession in den Besitz doch jedenfalls nur etwas der Sukzession in andere subjektive Rechte Ähnliches und Analoges, keineswegs aber mit dieser letzteren völlig identisch ist.

In Gemäfsheit des Gesagten entscheiden über die Frage, ob von einer Nachfolge in den Besitz gesprochen werden solle, einfach nur Zweckmäfsigkeitsgründe. Es fragt sich nur darum: ist es zweckmäfsig, die Idee der Identität des Rechtsdinges trotz des Wechsels des Subjektes, durch welche unsere Jurisprudenz nach Vorgang der Römer manche die subjektiven Berechtigungen betreffenden Erscheinungen erklärt, auch hier anzuwenden? Für die Sukzession in den Besitz wird man sich dann entscheiden, falls sich an den Rechtsfolgen des Be-

1) Dafür in der neueren Zeit STROHAL: Sukzession S. 145 und die daselbst N. 105 Zitierten. Diejenigen, die sich noch immer dagegen sträuben, den Besitz als res iuris ein subjektives Recht zu nennen und ein grofses Gewicht darauf legen, dafs die Quellen manchmal die faktische Natur des Besitzverhältnisses nachdrücklich betonen (s. bes. l. 1 § 3 D. h. t. l. 19 D. ex quibus caus. mai. 4. 6), machen wir aufmerksam auf l. 7 § 3 D. de cur. fur. 27, 10, wo es heifst: . . . solutio venditio traditio facti magis quam iuris sunt. Wird denn irgend jemand auf Grund dieses Ausspruchs behaupten, der Kauf und die Tradition seien keine eigentlichen Rechtsakte?

sitzes in der Person des neuen Subjektes und an dem ganzen Vorgange des Besitzüberganges ähnliche „Merkmale der Fortdauer der Identität" bemerken lassen, wie bei der Nachfolge in diejenigen Rechte, die zweifellos als „übertragbar" gelten, d. h. falls sich bei der Übergabe des Besitzes Momente bemerken lassen, welche denjenigen wenigstens ähnlich sind, durch welche man sich bewogen sah, in anderen Fällen das Eintreten des neuen Subjektes in „dasselbe" Recht anzuerkennen.

Der Rechtssatz, dafs in den Fällen, wo ein subjektives Recht mit dem Willen der Person, welcher es zustand, auf ein anderes Subjekt übergeht, das Recht selbst „dasselbe" bleibt, beruht natürlicherweise nur auf unserem Übereinkommen[1]). Das Recht bleibt idem ius nur weil wir es so heifsen, ganz so wie es sich in allen anderen Fällen verhält, wo trotz einer Änderung im Inhalte des Rechts man die Identität desselben als fortbestehend ansieht. Gleichviel nun, wie man sonst über diese Fortdauer der Identität denkt, ob man der herrschenden Lehre gemäfs das alte Recht in jeder Beziehung als fortbestehend sich vorstellt, oder mit Kuntze[2]) annimmt, es werde hier aus dem Stoff des bisherigen Rechts eigentlich ein neues geschaffen, oder endlich die mit der Ansicht Kuntzes verwandte Brinzsche[3]) Kreationstheorie adoptiert, immer mufs man zugeben, dafs die Idee der Fortdauer „desselben" Rechts trotz des Wechsels des Subjektes, auch abgesehen davon, dafs sie quellenmäfsig

1) Vgl. die treffenden Bemerkungen Bekkers a. a. O. S. auch über den Sukzessionsbegriff neuestens Bekker: System des heutigen Pandektenrechts Bd. 1 (Weimar 1886) § 33 und Hölder: Pandekten Bd. 1 (Freiburg 1886) S. 176 fg.

2) „Die Obligation" §§ 15—20. Vgl. jedoch jetzt Wechselrecht (in Endemanns Handbuch des Handelsrechts) S. 64.

3) Jahrb. d. gem. d. R. Bd. 3 S. 31 fg.

ist, mit Rücksicht auf manche positiv anerkannten rechtlichen Erscheinungen völlig berechtigt ist.

Wenn wir uns nun die Frage stellen, was es für Gründe wären, welche im Falle der Rechtsnachfolge die Annahme des Fortbestehens der Identität des Rechts rechtfertigen, so gelangen wir zu der Überzeugung, dafs es die sonstige Gleichheit des Inhaltes ist und die Abhängigkeit des Rechts des Nachfolgers, sowohl was das Bestehen als auch was den Inhalt des Rechts betrifft, von dem Rechte des Vorgängers.

Nun fragt es sich, ob ähnliche Momente auch bei der Übergabe des Besitzes eintreffen? Dafs ein gewisser Unterschied zwischen dem Besitz und den gewöhnlichen übertragbaren Rechten besteht, ist nicht zu verkennen. Der Erwerb des Besitzes an sich ist nämlich auch in den Traditionsfällen keineswegs stets davon abhängig, dafs der Erwerber den Besitz durch einen rechtsgiltigen Verleihungsakt von der Person des früheren Besitzers erhalte. Der Apprehendent kann sich auch durch eigenmächtiges Zugreifen ohne Rücksicht darauf, ob ihm der Besitz übergeben wird, zum Herrn der Sache machen. Was also den Besitz an sich betrifft, ist die Entstehung der Rechtsfolgen in der Person des Nehmers nicht in derselben Weise von der Berechtigung des Vorgängers abhängig, wie es in den gewöhnlichen Sukzessionsfällen der Fall ist. Nichtsdestoweniger ist es für die Rechtsfolge nicht ohne Bedeutung, ob die Sache auf Grund einer rechtswirksamen Übergabe genommen oder einseitig ergriffen wird.

1) Erstens ist schon die Entstehung des blofsen Besitzes manchmal, wovon später näher gesprochen werden wird, von einer wirklichen Übergabe bedingt. Das unkörperliche Übergehen des Besitzes an eine andere Person setzt regelmäfsig eine rechtsgiltige Übergabe voraus, während in

den sonstigen Traditionsfällen der Erwerb des Besitzes hierdurch bedeutend erleichtert wird, folglich auch hier wenigstens zeitweise die Entstehung des Besitzes von dem „Übergeben“ abhängt.

2) Ferner kann von den Apprehendenten der Erwerb des juristischen Besitzes davon bedingt gemacht werden, dafs in der That eine wirkliche Zustimmung des früheren Besitzers zu dem Erwerbe vorhanden sei. Da ein bedingter Erwerb in den Traditionsfällen zulässig ist, so kann als Bedingung des Erwerbs das wirkliche Sukzedieren in den Besitz gesetzt werden.

3) Der Umstand, dafs man den Besitz in einer der derivativen Rechtserwerbsart ähnlichen Weise erlangt, hat wichtige Bedeutung mit Rücksicht auf manche anderen rechtlichen Folgen des Besitzes. Das Übergeben des Besitzes ist namentlich für die Lehre von der causa possessionis für die Usukapion, die actio publiciana und accessio possessionis von Wichtigkeit. Da uns ausschliefslich der blofse Besitz interessiert, so lassen wir alle diese Fragen dahingestellt und verweisen in dieser Beziehung auf Bekker[1]), bei dem sich manche richtige Bemerkungen über die rechtliche Bedeutung der traditio possessionis finden.

Endlich mufs auch dies als ein für die Anerkennung der Sukzession in den Besitz sprechender Umstand betrachtet werden, dafs in zahlreichen Fällen der blofse Besitz Gegenstand der Übergabe und des Erwerbes ist, was vor Brinz nicht gehörig berücksichtigt wurde.

Ob man sich auf Grund aller dieser Umstände entschliefsen soll, von einer Nachfolge in den Besitz zu sprechen und den neuerworbenen Besitz als „denselben“ mit dem Be-

---

1) Recht des Besitzes a. a. O.

sitze des Vorgängers zu nennen, darüber läfst sich streiten[1]). Was uns betrifft, möchten wir uns eher für die Bejahung dieser Frage aussprechen.

Giebt es Fälle eines wirklich derivativen Besitzerwerbs im römischen Recht?

§ 2.

Wir schreiten nun zur Beantwortung der zweiten von den oben erwähnten Fragen, welche folgendermafsen lautet:

Giebt es im römischen Recht unter den Fällen des Besitzüberganges von einem Subjekte an ein anderes solche, bei denen der Erwerb des Besitzes von ähnlichen Voraussetzungen abhängig wäre, wie der derivative Erwerb von Rechten?

Brinz, indem er die Sukzession in den Besitz annimmt, bejaht implizite diese Frage. Er meint, es gebe Fälle im römischen Recht, in welchen der Erwerb des Besitzes nicht nur von dem Verhalten des Erwerbers zur Sache, sondern zugleich von einer rechtsgiltigen Verleihung des Besitzes von seiten des Vorbesitzers abhange. Dies steht nach der Ansicht von Brinz nicht im Widerspruch mit dem Prinzip des römischen Rechts, wonach das Vorhandensein der beiden Momente animus und corpus als Voraussetzung des Besitz-

1) Dies umsomehr, als auch die Quellen sich für keine von diesen beiden Auffassungen mit Bestimmtheit aussprechen. Die Quellen sprechen zwar sehr oft von einem „Übertragen" des Besitzes, aber die „Identität" des Besitzes des Nachfolgers mit dem Besitze des Vorgängers wird, wie es scheint, nirgends deutlich hervorgehoben. Vgl. dazu Eck: Ztschr. f. Handelsr. Bd. 32 S. 601, welcher wohl recht hat, wenn er sagt, dafs wenn man die römischen Juristen über die Sukzession in den Besitz gefragt hätte, man wahrscheinlich theils bejahende, theils verneinende Antworten bekommen haben würde.

erwerbs erklärt wird. Der Rechtssatz animo et corpore adquirimus possessionem besage nämlich nur, dafs diese beiden Momente unentbehrlich seien, dadurch werde jedoch nicht geleugnet, dafs manchmal noch ein plus notwendig sein könne[1]. Hinsichtlich der körperlichen Seite des Besitzerwerbsaktes liege zwar kein wesentlicher Unterschied zwischen Tradition und Okkupation vor, wohl aber rücksichtlich der inneren Seite des Besitzerwerbs. Es gebe nämlich Fälle im römischen Recht, wo der Besitzwille des Erwerbers nicht nur überhaupt vorhanden sein, sondern zugleich mit dem Willen des Tradenten übereinstimmen müsse, wie bei allen zweiseitigen Geschäften, wo also zum Besitzerwerb ein zweiseitiger animus gehöre. Dies sei der Fall nicht bei allen Traditionen, sondern nur bei der possessionis traditio im engeren Sinne dieses Wortes, d. h. da, wo blofser Besitz tradiert wird. Eine Stütze für seine Ansicht glaubt Brinz besonders in nachstehenden Quellenstellen finden zu können: l. 34 pr. D. h. t.; l. 21; l. 33 eod.; l. 11 D. de a. r. d. 41, 1. Von diesen Fragmenten wird in der Folge näher gesprochen werden.

Was nun diese ganze Lehre Brinz' von der Sukzession in den Besitz anbelangt, so ist vor allem zu bemerken, dafs in der That manche von den allegierten Quellenstellen dafür zu sprechen scheinen, dafs es in den Traditionsfällen zum Erwerbe des Besitzes ähnlicher Voraussetzungen bedarf, wie zum derivativen Erwerb von Rechten. Dies hervorgehoben zu haben ist ein bedeutendes Verdienst von Brinz. Dagegen ist die Behauptung, dafs der Besitzerwerbsakt nur bei der blofsen possessionis traditio und nie bei der traditio rei den erwähnten derivativen Charakter habe, ohne Zweifel un-

1) Jahrb. a. a. O. S. 28.

haltbar. Die Quellen zeugen entschieden gegen BRINZ, denn in jenen Fragmenten, welche für die Notwendigkeit einer „Verleihung“ des Besitzes sprechen, ist ganz allgemein von der Übergabe die Rede, folglich wäre es willkürlich, jene Bestimmungen auf den speziellen Fall der bloſsen Besitztradition zu beschränken[1]). BRINZ selbst nimmt diese Einschränkung des derivativen Besitzerwerbs gleichsam nur als Notbehelf an, denn wenn man in allen Traditionsfällen zum Erwerb des Besitzes das Vorhandensein der Bedingungen einer rechtlichen Nachfolge verlangen würde, so stünde dies im Widerspruch mit den Bestimmungen des römischen Rechts, nach welchen die Usukapion eintrete, folglich auch der Besitz erworben werde, auch bei einem Putativtitel, namentlich dann, wenn nicht eine wirkliche rechtliche Tradition, sondern nur der Schein einer solchen vorliegt[2]).

Nicht minder ist es ungerechtfertigt, in der inneren Seite des Besitzes, dem animus, den Grund des derivativen Charakters der Besitzübergabe zu suchen. Der animus possidendi ist weder überhaupt bei Traditionen noch in den Fällen der eigentlichen possessionis traditio ein „zweiseitiger“ Wille, er kann es nur sein, was dann der Fall ist, wenn das Benehmen des Erwerbers den Sinn hat, daſs man annehmen muſs, der Erwerber wolle seinen Erwerb von den Voraussetzungen einer rechtsgiltigen Verleihung abhängig machen. Der erklärte Wille der Apprehendenten kann nämlich eine

1) Vgl. WINDSCHEID: Pandekten Bd. 1 § 153 N. 10. WITTE a. a. O. u. auch ESMARCH: Vacuae possessionis traditio S. 11 fg.

2) L. 13 § 1; l. 34 D. de usurp. 41. 3; l. 2 § 15, § 16; l. 11 D. pro empt. 41, 4; l. 5 D. pro suo 41, 10; l. 7 § 2, § 4 D. de publ. 6, 2; l. 13 § 2 D. eod.; l. 109 D. de v. s. 50, 16; l. 27 D. de c. e. 18, 1; l. 57 D. mand. 17, 1; l. 67 D. de iure dot. 23, 3; l. 4 § 24 D. de doli m. exc. 44, 4. S. dazu KOHLER: Arch. f. zivilist. Prax. Bd. 69 S. 200.

derartige Beschaffenheit haben, daſs der Erwerb bedingt gemacht werde von einem Nachfolgen in den Besitz. Der Erwerber kann oft als jemand erscheinen, der gewillt ist, nur dann zu besitzen, wenn ihm wirklich die Sache regelrecht übergeben worden ist, widrigenfalls er die Absicht hat, bloſser Detentor zu bleiben. Es ist nicht richtig, wenn Brinz[1]), indem er die Qualität des animus in den Fällen der possessionis traditio dahin feststellt, der Apprehendent wolle nur auf Grund der Übergabe und nicht zugleich auf eigene Faust, dem Besitzer zum Trotz, die Sache haben, daraus folgert, der Nehmer werde, falls eine wirkliche traditio fehlt, überhaupt nicht Besitzer, mag auch infolge seines Verhaltens der frühere Besitzer um seinen Besitz gekommen sein. Ein derartig bedingtes Wollen ist der animus des Empfängers nicht. In der Regel ist er, und zwar in allen Traditionsfällen, nur überhaupt ein Besitzen-Wollen schlechthin[2]). Wohl aber kann das Vorhandensein des Besitzwillens von der Bedingung abhängig gemacht werden, daſs nicht nur der Schein einer Übergabe, sondern eine wirkliche traditio besteht. Dann haben wir es mit einem Falle der bedingten Übergabe zu thun. Solche Bedingung muſs selbstverständlich durch beiderseitiges Übereinkommen festgestellt werden. Nicht nur muſs der Empfänger den Willen äuſsern, nicht zu besitzen, sollte die traditio an wesentlichen rechtlichen Mängeln leiden, sondern auch der Tradent muſs das Vorhaben kundgeben, auf diesen Fall den Besitz zu retinieren.

In der Regel sind bei der Tradition sowohl das Aufgeben wie auch das Nehmen des Besitzes unbedingt. Die erwähnte Bedingung einer rechtmäſsigen Verleihung muſs von

---

1) Pandekten 2. Aufl. Bd. 1. S. 511.

2) S. darüber das Nähere im letzten Paragraph dieses Buches.

den Parteien gesetzt werden, was ausdrücklich oder stillschweigend geschehen kann. Nur soviel mufs Brinz zugestanden werden, dafs in der That manche, jedoch nicht alle Fälle der Übergabe des blofsen Besitzes einen solchen Charakter haben, dafs man annehmen mufs, in der Tradition sei hier die oben angegebene Bedingung stillschweigend enthalten. Dies ist namentlich zu sagen von den Fällen der Begründung des sogenannten abgeleiteten Besitzes. Wer als Pfandgläubiger, Prekarist oder Sequester die Sache nimmt, von dem ist anzunehmen, er wolle juristischer Besitzer sein nur unter der Bedingung, falls wirklich das betreffende Rechtsverhältnis durch einen rechtsgiltigen Vertrag konstituiert worden ist, sonst habe er die Absicht, blofser Detentor zu sein. In den Fällen des abgeleiteten Besitzes ist demnach der Erwerb des Besitzes regelmäfsig ein derivativer.

Abgesehen davon ist beim Besitzerwerb das Vorhandensein einer giltigen Traditionserklärung eher für die körperliche Seite des Besitzverhältnisses von Bedeutung als für den animus possidendi. Manchmal ist nämlich in den Traditionsfällen das Verhalten des Erwerbers zur Sache nicht nahe genug, um schlechthin als wirtschaftliche Verbindung betrachtet zu werden, so dafs man, wenn man den Besitzerwerb behauptet, sich auf das Vorhandensein einer rechtsgiltigen Traditionserklärung berufen mufs. In solchen Fällen wird durch das Moment des Nachfolgens in das Besitzverhältnis das Requisit des corpus des Erwerbs gleichsam suppliert. Da jedoch die Momente animus und corpus untrennbar mit einander verbunden sind, so sind in diesen letzteren Fällen sowohl der Besitzerwerbs- als auch der Besitzaufgabewille als von dem Vorhandensein aller Voraussetzungen des derivativen Erwerbes abhängig, mithin in gewisser Hinsicht als bedingt aufzufassen.

Bevor wir zur Begründung unserer Ansicht übergehen, müssen wir zuvor uns über den Standpunkt, auf welchem die herrschende Lehre in dieser Frage steht, gehörig klar werden und unsere Ansichten über diese letztere aussprechen. Die diesbezüglichen Dogmen der herrschenden Lehre[1]), durch welche die derivative Natur des Besitzerwerbs in Traditionsfällen negiert wird, dürften etwa folgendermafsen lauten:

Der Besitz sei eine Thatsache und darum sein Erwerb nur von dem Vorhandensein gewisser thatsächlicher Momente in der Person des Apprehendenten abhängig. Die thatsächlichen Momente (corpus und animus) seien in allen Besitzerwerbsfällen prinzipiell dieselben, und es liege in dieser Beziehung kein wesentlicher Unterschied vor zwischen Okkupation und Tradition. Dort werde der Besitz mit dem Willen des bisherigen Besitzers, hier ohne denselben, in beiden Fällen jedoch eigentlich einseitig apprehendiert[2]). Allerdings wird die durch klare Quellenbelege zur Genüge bewiesene Thatsache, dafs mancher thatsächliche Vorgang wohl für das corpus der Tradition, nicht aber für dasjenige der Okkupation ausreicht, von den Anhängern der herrschenden Lehre nicht verkannt, von manchen[3]) sogar ausdrücklich hervorgehoben; dadurch werde jedoch, so versichert man, die Richtigkeit der aufgestellten Dogmen nicht alteriert. Das corpus sei als physisches Verhältnis stets dasselbe Ding, nur könne die Entstehung desselben je nach den Umständen des einzelnen Falls erleichtert oder erschwert werden. Insbesondere sei oft in Traditionsfällen die Begründung der faktischen Möglichkeit der Einwirkung erleichtert, weil hier der Wille des bisherigen Besitzers unserer Gewalt nicht entgegen steht.

1) S. die oben S. 1 N. 1 zitierten.

2) S. bes. Puchta: Kleine zivilistische Schriften S. 428.

3) S. bes. Randa: § 11 N. 18a, Savigny: § 18, S. 240 u. a.

Diese, um mit Brinz[1]) zu sprechen, „Abspannung“, „Vergeistigung der Körperlichkeit der Apprehension“ in Traditionsfällen habe zwar ihre Ursache in dem Willen des Vorbesitzers, sei jedoch etwas rein Zufälliges und Unwesentliches, was nur einfach von den konkreten Umständen des einzelnen Falls abhängt und keineswegs eine notwendige Folge irgend eines juristischen Grundes ist.

Dieser Auffassungsweise entsprechend mufs die herrschende Doktrin annehmen, dafs die erwähnte Erleichterung des corpus in gleichem Mafse ungefähr auch beim Besitzerwerb an besitzlosen Gegenständen eintritt oder wenigstens eintreten kann. Ferner mufs sie zugeben, dafs es rein unmöglich ist, näher zu bestimmen, wie der Wille des Tradenten beschaffen sein mufs, damit er jene Vergeistigung des Apprehensionsaktes bewirke, namentlich: ob und wie er erklärt werden soll? ob er an den Erwerber gerichtet werden soll und überhaupt in welchem Verhältnisse er zum Erwerbswillen steht? ob ihn der Tradent beliebig zurückziehen darf? u. s. w. Die herrschende Lehre ist nicht bestrebt, alle diese Fragen zu lösen, sie wirft sie sogar gar nicht auf; es solle ja alles Thatfrage sein und in concreto beurtheilt werden, ob und inwiefern ein Wollen und Sich-Verhalten des Vorbesitzers den Erwerb der physischen Macht beeinflusse.

Wie unser Urtheil über diese ganze Lehre lauten mufs, ist nach dem bereits Gesagten leicht zu erraten. Wir halten sie für verwerflich und den Quellen widersprechend. Wenn unsere Ausführungen über die Apprehension richtig waren, so enthalten sie Argumente genug gegen diese Sätze. Hier mögen im kurzen die bereits bei der Interpretation der be-

---

1) Pandekten § 137 S. 505.

züglichen Stellen gewonnenen Resultate in Erinnerung gebracht werden[1]).

---

1) Das im Text angegebene, wie auch überhaupt der ganze Text der von Sukzession in den Besitz handelnden Paragraphen des vorliegenden Buches ist von mir vor mehr als drei Jahren bereits geschrieben worden. Ich nehme im Text selbst nicht die geringsten Änderungen vor, mufs jedoch, und zwar mit grofser Befriedigung, bemerken, dafs die während des Erscheinens meines ersten Bandes nahezu einhellig anerkannte Lehre, welche in Bezug auf das corpus der Ergreifung zwischen der Okkupations- und der Traditionsbesitzergreifung gar keine erhebliche Differenz sah, sich heute einer allgemeinen Anerkennung gar nicht mehr erfreut. Ja es ist vielleicht nicht zu optimistisch, sie als nahezu überwunden zu betrachten. In diesen letzten Jahren ist sie wenigstens meines Wissens von niemandem in Schutz genommen worden, wogegen sie von vielen ausdrücklich verworfen wird. Ein bedeutendes Verdienst in Bezug auf die Beseitigung der unrichtigen Lehre mufs unstreitig Strohal zuerkannt werden, welcher in seiner ganz kurze Zeit nach dem Erscheinen meines ersten Bandes publizierten „Sukzession in den Besitz“ mit Beredsamkeit und Überzeugungskraft eine meiner Auffassungsweise sehr nahe verwandte Ansicht vertritt. In den bis nun erschienenen Rezensionen der Strohalschen Schrift und des ersten Bandes meiner Untersuchung wird von berufener Seite das scharfe Auseinanderhalten des Okkupations- und des Traditionsbesitzerwerbs vollkommen gebilligt und offenbar anerkannt, dafs die Abschwächung des Ergreifungscorpus nur bei Traditionen und zwar hier als Folge der Zustimmung des bisherigen Besitzers zu der Ergreifung möglich ist. Regelsberger (Gött. gel. Anz. 1885 Nr. 22 S. 873 fg., bes. S. 887) und Eck (Ztschr. f. Handelsr. Bd. 32 S. 594 fg., bes. S. 601) sehen darin ein schon im römischen Recht sich manifestierendes Durchdringen der Sondernachfolge in den Besitz, geben jedoch zu, dafs die „successio“ zur vollen Anerkennung in Rom nicht gelangt ist. Dagegen wird von Kohler (Zeitschr. f. priv. u. öffentl. Recht Bd. 14 S. 164 fg.) die Sukzession in den Besitz verworfen. Jedoch auch dieser Schriftsteller hebt den Unterschied zwischen einseitigem Besitzerwerb und Traditionsbesitzerwerb ausdrücklich hervor (s. die Abhandlung „zur Besitzlehre“ im Arch. f. zivilist. Praxis Bd. 69 S. 151—202) und zieht die Ursache der verschiedenen Behandlung der Tradition auf das Vorhandensein einer Traditions*erklärung* zurück. Zu dieser Ansicht ist Kohler unabhängig von Strohal und mir gelangt. Zustimmend äufsern sich ferner Merkel (Deutsche Litteraturzeitung 1885

Vor allem ist die Ansicht unrichtig, dafs dies, was man eine Erleichterung der Apprehension nennt, nur zufälliger-

Nr. 44 S. 1560) und Piętak (Przegląd sądowy i administracyjny. Lemberg 1886 Nr. 2 S. 15). — Obwohl somit das Unterscheiden zwischen Okkupations- und Traditionscorpus anerkannt wird, so ist dennoch nicht anzunehmen, dafs alle diejenigen, die Okkupation und Tradition nicht zusammenwerfen, in Bezug auf die besitzbegründenden Momente der Traditionsergreifung derselben Ansicht sind. Dafs die Kontroversen nicht scharf genug präcisiert worden sind und man sich derselben nicht klar bewufst zu sein scheint, ist eine Folge des Umstandes, dafs man sich zu viel mit der Idee der Besitzsukzession beschäftigt. Die Frage, ob man von Besitznachfolge sprechen dürfe, sollte als rein theoretische einstweilen aus dem Spiel gelassen werden, bis man eine bestimmte Antwort auf die folgenden zwei praktischen Fragen giebt: 1) Hat das römische Recht auch solche Traditionsarten anerkannt, welche das Urteil des praktischen Lebens als verkehrsübliches thatsächliches Übergehen der Sache aus dem Vermögen des Tradenten in dasjenige des Erwerbes unmöglich gelten lassen kann? Ich verneine diese Frage und leugne demnach die Möglichkeit der Besitzübertragung als einer reinen res iuris durch unkörperlichen Traditionsakt, also etwa durch ein solches Geschäft wie die „traditio ficta“ der älteren Doktrin. Die unkörperliche Übergabe ist nur möglich als constitutum possessorium, welches einerseits als Übergabe bei Behalten der Detention eine andere rechtliche Bedeutung hat als die corporalis traditio, andererseits keine blofse Übergabe ist, sondern eine Übergabe der Sache und zugleich Begründung des Repräsentationsverhältnisses (s. darüber unten im § 10). 2) Ist, so lange auf seiten des Empfängers nur das Traditionscorpus vorhanden ist, der Besitzerwerb von allen rechtlichen Voraussetzungen der „Übertragung“ abhängig oder nicht? Diese Frage bejahe ich und nehme also an, dafs vom „derivativen“ Erwerb des Besitzes hier gesprochen werden kann, aber eben nur so lange noch kein Okkupationscorpus vorliegt. Wird das letztere erfüllt, dann wird der Besitz unabhängig von der Verleihung, wodurch nicht geleugnet werden will, dafs es für andere rechtliche Folgen nicht indifferent ist, ob er mit oder ohne Willen des Vorbesitzers entstand. Diejenigen, die die zweite Frage verneinen, müssen genau angeben, von welchen Voraussetzungen sie die Wirksamkeit des blofsen Traditionscorpus abhängig wissen wollen, und wenn sie eine giltige Tradition nicht verlangen, mit was für einem Scheine der Tradition sie sich zufrieden geben. Vgl. noch über den Unterweise in den Traditionsfällen vorkommt. Vielmehr treffen wir, wie aus den Quellen zu ersehen ist, jene vergeistigten Apprehensionsarten wie Aufstellung einer persönlichen custodia, Schlüsselübergabe, Besitzerwerbserklärung in Gegenwart der Sache u. s. w. ausschliefslich nur bei der Besitzübergabe an. Daraus ist zu schliefsen, dafs der weniger körperliche Besitzerwerbsmodus ganz ohne Rücksicht auf die konkreten Umstände überhaupt nur in Traditionsfällen möglich ist.

Ferner ist die Annahme verfehlt, als wäre durch die Tradition der Erwerb der physischen Möglichkeit der Einwirkung erleichtert, denn der frühere Besitzer braucht keineswegs in einem solchen Verhältnisse zur Sache zu sein, damit er gerade in erster Linie uns verhindern könnte, auf die Sache einzuwirken. Andererseits wieder involviert in der Regel das abgeschwächte Traditionscorpus gerade in demselben Mafse die Möglichkeit, die Sache zu behandeln, wie das stärkere Okkupationscorpus und zwar ganz ohne Rücksicht darauf, ob die Sache aufser Besitz oder in fremdem Besitz steht, und in diesem letzteren Falle, ob sie mit oder ohne Willen des Besitzers ergriffen wird.

Nicht minder ist die Behauptung unrichtig, als wäre uns bei der Besitzübernahme nur durch den faktisch vorhandenen Willen des Tradenten die Apprehension erleichtert. Vielmehr reicht das schwächere corpus in Traditionsfällen nicht darum

---

schied zwischen einseitigem und zweiseitigem Besitzerwerb die richtigen Bemerkungen bei Krainz: System des österr. Privatrechts (herausgegeben von Pfaff. Wien 1885) § 172 u. 173. Diesen Unterschied verkennt auch Dernburg (Pandekten Bd. 1 § 178) nicht, äufsert sich aber nicht darüber, ob die Erleichterung der Ergreifung von der Giltigkeit der traditio abhänge oder nicht. Scheurl (Zur Lehre vom röm. Besitzrecht S. 86 fg.) unterscheidet zwar „ursprünglichen“ und „derivativen“ Besitzerwerb, nimmt aber an, dafs in den Fällen ungiltiger Tradition der Besitz dennoch stets als originärer erworben werde.

aus, weil der frühere Besitzer faktisch das Vorhaben hat, uns nicht zu stören, sondern weil der Erwerber auf Grund einer Traditionserklärung als der berechtigte Nehmer erscheint, folglich auf die Anerkennung seiner Relation zur Sache rechnen darf, und das Recht ihn mit stärkeren Sicherungsmitteln seines Habens ausstattet als den eigenmächtigen Okkupanten.

Endlich ist es verfehlt, hier den Willen des Tradenten, insofern er die Besitzergreifung erleichtert, nur als etwas Faktisches, als das thatsächliche Vorhaben, den Apprehendenten nicht zu stören, aufzufassen. Hätte der Wille des bisherigen Besitzers nur diese Bedeutung, so müfste er stets in derselben Weise wirken, wenn er nur vorhanden wäre, gleichviel ob er in einer wirklichen Traditionserklärung Ausdruck gefunden haben würde und dem Erwerber bekannt gemacht worden wäre oder nicht. Dadurch würde man aber zu dem offenbar grundfalschen Schlufs gelangen, dafs darüber, ob ein thatsächlicher Vorgang den Besitzerwerb bewirke oder nicht, je nach den innerlichen in keiner präzisen Erklärung zum Ausdruck gebrachten Absichten des bisherigen Besitzers die Entscheidung zu treffen sei. Auch könnte, falls es nur auf das wirkliche Vorhandensein des Vorsatzes des Tradenten, den Erwerber nicht zu stören, ankäme, dieser Wille beliebig zurückgezogen werden. Geschähe dies noch bevor der Erwerber seine Möglichkeit der Einwirkung realisiert hätte, dann müfste dadurch die bewirkte Erleichterung des corpus, folglich aber auch die Apprehension selbst rückgängig gemacht werden. Das folgende Beispiel wird dies näher illustrieren:

Man nehme an, in dem bekannten Celsinischen Falle l. 18 § 2 D. h. t. befinde sich aufser dem Verkäufer A. und dem Käufer B. noch ein dritter, C. in turre. Nachdem der A. bereits dem B. erklärt hat, dafs er ihm den vicinus fundus tradiere, und B. diese Erklärung angenommen hat, entschliefst sich A., seine Traditionserklärung zurückzunehmen, etwa weil ihm C. ein günstigeres Angebot macht, und erklärt, er tradiere dem C. Wer ist von den beiden Besitzer des Grundstücks geworden? Wäre es nur das nackte Wollen des bisherigen Besitzers, das eine derartig erleichterte Apprehensionsart hinreichend sein läfst, dann müfste man im Widerspruch mit dem gesunden Rechtsgefühl sich für den Besitz des C. entscheiden, denn der Wille des Vorbesitzers, der dem Erwerber die Möglichkeit der Einwirkung gewähren soll, existiert in betreff des B. gar nicht mehr. Jedenfalls steht nun die „physische Macht" zweifellos eher dem C. zu als dem B. Wir meinen auch nicht, dafs man es versuchen könnte, dem B. mit der bekannten und in der Besitzlehre oft benutzten Ausrede zu helfen, es handle sich bei ihm nur um das von schwächeren Bedingungen abhängige Erhalten des durch bereits begründete Möglichkeit der Einwirkung erworbenen Besitzes, denn es wäre doch vielleicht ein zu komisches Ding, jene „Möglichkeit der Einwirkung" des B., die von einer so kurzen Dauer war, dafs es ihm gar nicht möglich war, auf das Grundstück einzuwirken.

Wir ersehen also, dafs der Wille des früheren Besitzers, welcher den Besitzerwerb modifiziert und erleichtert, nicht blofs ein thatsächliches Vorhaben, den Einwirkungen des Nehmers auf die Sache nicht im Wege zu stehen, ist, sondern etwas Juristisches, ein Willensakt, eine Willenserklärung sein mufs. Die Wirkung dieses Willensaktes besteht, mag auch nachher der innere Wille weggefallen sein. Es mufs eine Willensäufserung des Tradenten dem Erwerber gegenüber vorliegen, in welcher er diesem Letzteren den Besitz übergeben zu wollen erklärt, welche Erklärung, damit sie rechtlich wirken könnte, akzeptirt werden mufs. Kurzum, es mufs ein Vertrag der Parteien über das Geben und Nehmen des Besitzes vorliegen, ein rechtsgiltiger Traditionsvertrag, allen jenen Bedingungen entsprechend, von welchen die Giltigkeit zweiseitiger juristischer Willenserklärungen abhängt. Fehlt ein solcher Vertrag, dann ist das blofse Traditionscorpus nicht ausreichend, um dem Empfänger den Besitz zu geben, und es mufs noch manches Faktische hinzukommen, damit das gewöhnliche Okkupationscorpus erfüllt werde.

Dafür, dafs in allen Fällen, wo wir jenes abgeschwächte corpus antreffen, stets ein wirklicher Traditionsvertrag vorausgesetzt wird, fehlt es nicht an Belegen in unseren Quellen. Schon die Beschaffenheit des in den Quellen angegebenen faktischen Vorganges in jenen Fällen nötigt uns dazu, den Besitzerwerbsmodus hier als zweiseitige Willensmanifestation aufzufassen[1]. So ist die Schlüsselübergabe offenbar ein mit dem Willen zu tradieren verbundenes und durch den Besitzerwerbswillen erfülltes Nehmen der Schlüssel. Gleichen Falls werden im Falle der Bezeichnung die trabes von einem emptor, also offenbar mit rechtsgiltiger Zustimmung des venditor signiert. Ähnlich verhält es sich in l. 51 D. h. t., wo aufserdem auf die geschehene Traditionserklärung durch das tollere iubere hingewiesen wird. Bei den Besitzerbensfällen durch Gegenwart des Erwerbers bei der Sache wird ganz ausdrücklich die Unentbehrlichkeit eines wirklichen consensus der Parteien hervorgehoben. Was schliefslich den gewöhnlichen Besitzerwerb an Grundstücken durch ein ire in fundum betrifft, so hängt bei Grundstücken, die im fremden Besitz stehen, die besitzbegründende Wirkung des blofsen intrare in fundum auch ab von dem Vorhandensein einer Traditionserklärung, was sich schon daraus ergiebt, dafs man sonst den Besitz des

1) S. dazu Strohal: Sukzession S. 88 fg.

Grundstücks nur im Falle gewaltsamer Apprehension sofort im Momente der thatsächlichen Besetzung erwirbt.

Rechtliche Voraussetzungen des derivativen Besitzerwerbs.

§ 3.

Die am Schlufs des vorangehenden Paragraphen angegebenen allgemeinen Erwägungen liefern an sich schon einen Beweis dafür, dafs in allen Besitzübergabefällen, wo auf seiten des Erwerbers nur das abgeschwächte Traditionscorpus zu finden ist, die Tradition den Charakter eines rechtsgiltigen Vertrags haben mufs. Aufserdem ergiebt sich aus manchen speziellen Quellenentscheidungen, dafs in solchen Fällen der Erwerb des Besitzes von allen jenen rechtlichen Bedingungen abhängig ist, welche Voraussetzung einer Nachfolge in Rechte sind. Diese Bedingungen sind: 1) Der Tradent mufs Besitzer sein oder vom Besitzer zur Tradition bevollmächtigt. 2) Die Traditionserklärung mufs von einer handlungs- und dispositionsfähigen Person ausgehen. 3) Es mufs ein wirklicher consensus vorliegen, insbesondere die Willensübereinstimmung der Parteien nicht durch Irrtum ausgeschlossen sein.

1) Der Tradent mufs selbst Besitzer des Traditionsobjektes oder von dem Besitzer zur Übergabe der Sache bevollmächtigt sein. Was dieses Erfordernis angeht, so ist selbstverständlich die Möglichkeit einer Übergabe ausgeschlossen, falls der Tradierende nicht in einem entsprechenden nahen Verhältnisse zur Sache steht, so dafs er dieselbe faktisch zu liefern nicht imstande ist. Mufs jedoch dieses faktische Verhältnis juristischer Besitz sein? In dieser Beziehung ist zwischen Mobilien und Immobilien zu unterscheiden. Bei Mobilien hat unsere Frage eine geringere praktische Bedeutung.

Der Detentor in fremdem Namen, der eine bewegliche Sache, die er inne hat, einem dritten tradiert, ohne als Bevollmächtigter hierzu befugt zu sein, wird in der Regel zuvor selbst juristischer Besitzer der Sache[1]). Liegt jedoch ausnahmsweise in seinem Benehmen weder eine diebische Kontrektation, noch überhaupt eine Anmafsung des Besitzes vor und ist kein Okkupationscorpus auf seiten des Nehmers vorhanden, dann, meinen wir, erfolgt auch kein Besitzerwerb.

Bei Immobilien kann sich infolge des Rechtssatzes von der clandestina possessio der Detentor eigenmächtig nicht zum Besitzer machen. Es fragt sich, ob ein dritter, der von dem Detentor in fremdem Namen unbefugterweise in das Grundstück eingewiesen wird, durch blofses ire in fundum den Besitz erwerbe? Unserer Ansicht nach ist eine solche Tradition zum Besitzerwerb unzureichend und zwar schon aus dem Grunde, weil der Satz von der occupatio clandestina uns eine absolute, nicht nur auf den ersten Okkupanten zu beschränkende Geltung zu haben scheint[2]). Aufserdem spricht für uns der zweite Theil der l. 33 D. h. t., auf welche Stelle sich mit Recht Brinz[3]) und Esmarch[4]) berufen. Das Fragment lautet:

L. 33 D. h. t. (Pomponius l. XXXII. ad Sab.): Fundi venditor etiamsi mandaverit alicui, ut emptorem in vacuam possessionem induceret priusquam id fieret, non recte emptor per se in possessionem veniet. Item si amicus venditoris

1) Das Nähere darüber unten beim Besitzerwerb solo animo. Vgl. auch bes. Brinz: Pandekten 2. Aufl. Bd. 1 § 137 S. 504. 505.

2) Vgl. den 1. Band meiner Untersuchung § 10.

3) Jahrb. f. gem. R. Bd. 3 S. 44 und Pandekten § 138 S. 510. Gegen Brinz mit unzureichenden Gründen Witte: Ztschr. f. Zivr. u. Prozefs N. F. Bd. 18 S. 246 fg.

4) Vacua possessionis traditio S. 37 fg.

mortuo eo priusquam id sciret, aut non prohibentibus heredibus id fecerit, recte possessio tradita erit. Sed si id fecerit, cum sciret dominum mortuum aut cum sciret heredes id facere nolle, contra erit.

Wir verstehen die Stelle folgendermaſsen: Wenn jemand, der ein Grundstück gekauft hat, dasselbe eigenmächtig besetzt, so ist das kein „recte venire in possessionem", dagegen ist, wenn der Käufer durch einen Bevollmächtigten des Verkäufers in den Besitz eingeführt wird, die „possessio recte tradita". Dasselbe gilt dann, wenn die Vollmacht des Mandatars durch den Tod (beim Widerruf wird wohl dasselbe gelten) des Verkäufers erloschen ist, wenn der Mandatar und — wie wir glauben annehmen zu müssen — der Käufer davon keine Kenntnis haben. Dies darum, weil solchenfalls die Vollmacht dann zwar nicht in Bezug auf alle rechtliche Folgen der Tradition, wohl aber, insofern es sich um Besitzübertragung handelt, als fortbestehend gilt[1]). Das Gegentheil, die possessio

1) Eine eigentümliche Interpretation des zweiten Theiles des Fragmentes stellt neuestens Kohler auf (Arch. f. civ. Praxis Bd. 69 S. 176 fg.). Er behauptet nämlich, daſs das im zweiten Theile zweimal wiederkehrende „sciret" nicht auf den Mandatar, sondern auf den Käufer zu beziehen sei. Ferner nimmt er an, daſs der Mandatar beim inducere in vacuam possessionem nicht als Bevollmächtigter des Verkäufers, sondern als investitor, d. h. als faktischer Gehilfe handle. Folglich komme es nicht auf das Wissen des Mandatars, sondern auf das Wissen des Käufers von dem Tode des Mandanten an. Trotz mancher ansprechenden Argumente Kohlers können wir uns mit seiner Interpretation nicht einverstanden erklären, und zwar deswegen, weil uns dieselbe ohne Emendation des Textes, nämlich ohne Annahme, daſs das Wort emptor aus dem zweiten Theile der Stelle ausgefallen ist, aus sprachlichen Rücksichten doch unzulässig zu sein scheint. Man beachte ja, daſs sich in den zwei letzten Sätzen der Stelle das Abwechseln der Verba „sciret" und „fecerit" wiederholt. Besonders der letzte Satz „sed si id fecerit"... wäre doch mehr als unnatürlich, wenn man ein anderes Subjekt für „fecerit" und ein anderes für „sciret" supplieren müſste. Warum das

non recte tradita, bedeutet natürlich in erster Linie: es giebt keine Tradition (Übergabe des Besitzes). Wir meinen jedoch,

---

„Wissen“ des Mandatars nötig ist, darauf ist nicht schwer eine Antwort zu geben, wenn man nur in ihm einen Bevollmächtigten des Verkäufers sieht, und dies darf man wohl, weil ja die Traditionserklärung selbst nicht im Verkauf, sondern in dem inducere in possessionem liegt. Man mufs nur unsere Stelle mit l. 1 § 2 und § 5 D. de exc. r. vend. et tr. 21, 3 (Ulpian) und l. 14 D. de publ. 6, 2 (idem) vergleichen, und man wird, wie wir meinen, zu der Überzeugung kommen müssen, dafs man die traditio nur dann als „recte“ geschehen betrachten wird, wenn sowohl der Mandatar als auch der Nehmer von dem Tode des Mandanten keine Kenntnis haben, denn nur unter dieser Voraussetzung werde das Mandat und zugleich die Bevollmächtigung zur Übergabe als fortbestehend betrachtet, oder — wenn man will — fingiert. Dafs das „Wissen“ des Nehmers schadet, wie dies mit Recht Kohler hervorhebt, ist über alle Zweifel erhaben. Durch die Worte „recte possessio tradita“ wird nicht nur gesagt, dafs der Erwerber Besitz erwirbt, sondern auch, dafs er keinen vitiösen Besitz erwirbt und demnach gegen den Eigentümer (vgl. l. 1 § 5 D. de exc. r. v. et tr. cit.) die exceptio rei venditae ac traditae erlangt. Nun wäre sein Besitz sicherlich vitiös, wenn er von dem Tode des Mandanten und somit von dem Erlöschen der Vollmacht wüfste (vgl. auch l. 14 i. f. D. de publ. a.). Man kann sich auch ohne weiteres auf die Analogie anderer Entscheidungen berufen, die das Fortbestehen der Vollmacht nach dem Tode des Dominus oder nach der Revokation von der entschuldbaren Ignoranz des mit dem Mandatar Kontrahierenden abhängig sein lassen. (Vgl. die auch von Kohler a. a. O. S. 179 zitierten Stellen: l. 26 § 1 D. mand. 17, 1; l. 12 § 2; l. 18; l. 32; l. 34 § 3; l. 35; l. 38 § 1; l. 51 D. de solut. 46, 3; l. 41 D. de r. c. 12, 1; l. 26 § 8 de cond. ind. 12, 6; § 10 I. mand. 3, 26 (Gaius III. 160); c. 3 C. de solut. 8, 42 (43), dazu noch l. 65 § 10 D. pro socio 17, 2.) Wir glauben jedoch nicht, dafs die ignorantia des Nehmers genügend wäre. Diese genügt, wo es sich vorzüglich um die „Entschuldigung“ des dritten handelt, wie es bei der Zahlung an den Mandatar der Fall ist, nicht aber auch, wo ausschliefslich nur der selbständige Erwerb des dritten in Frage steht. Dazu ist noch das Fortdauern des mandatum erforderlich, welches die Unwissenheit des Mandatars zur Voraussetzung hat (§ 10 I. mand. cit. (Gaius III. 160) l. 26 pr. § 1 D. mand. cit. l. 58 pr. eod. l. 19 § 3 D. de donat. 39, 5). Anders verhält es sich in jenen Fällen, wo die sog. actiones adjectitiae qualitatis namentlich die dafs hier nicht nur die Tradition, sondern auch der Besitzerwerb geleugnet wird, weil es sich aus dem Zusammenhange

---

actio institoria und quod iussu begründet sind. Hier ist mit dem mandatum eine an das Publikum gerichtete Willenserklärung verbunden, die das Bestehen der Vollmacht bestimmt und ihren Umfang normiert. Nicht nur eine geheime Einschränkung, sondern auch das Erlöschen der Vollmacht haben eine Wirkung für dritte nur dann, wenn sie davon Kenntnis hatten oder haben mufsten. Bei gewöhnlichem, mit Vollmacht verbundenem mandatum ist die Revokation und überhaupt das Erlöschen des Mandats, nicht bedeutungslos für dritte, die sich in entschuldbarer Ignoranz befinden. Nur dann ist ein „geheimes" Entziehen der Vollmacht unwirksam, wenn der Mandant einerseits klandestin die Ermächtigung entzieht (oder beschränkt), andererseits dennoch zuläfst, dafs der Mandatar als sein Bevollmächtigter auftrete, oder wenn der dritte von der Verleihung der Vollmacht direkt von seiten des Mandanten Kenntnis erhalten hat, nicht dagegen von der Revokation. Dadurch erklären wir uns den Umstand, dafs die l. 14 D. de publ. cit. dem emptor gegen den Verkäufer die exceptio rei venditae et traditae auch dann giebt, wenn der Bevollmächtigte gegen die Kontreordre des Mandanten die Sache tradiert. In dem Falle der l. 33 cit. dagegen können Mandatum und Vollmacht nur dann als fortbestehend erachtet werden, wenn auch der Mandatar im Irrtum ist. Ist dies nicht der Fall, dann erwirbt der Nehmer die exceptio rei venditae et traditae nicht, mag er auch bona fide handeln, ganz ähnlich wie in l. 57 D. mand. 17, 1. Sein ire in fundum ist vitiös (vgl. dazu c. 7 C. h. t. . . . causam iustum possessionis adipisci non potuisse certum est; für die entgegengesetzte Meinung könnte man freilich sich auf das „scientibus" in c. 10 § 1 C. quod cum eo 4, 26 berufen; s. auch c. 3 C. si quis ign. 5, 73), es ist ein clam possidere und demnach, da es sich um ein Grundstück handelt, kein juristischer Besitz. Auf l. 6 pr. D. h. t. kann man sich dagegen nicht berufen, denn trotz dieser Bestimmung ist nach römischem Recht ein clam possidere nicht nur bei mala fides des Apprehendenten anzunehmen (s. darüber oben Bd. 1 S. 191; Bruns: Besitzklagen S. 136 fg.). Wenn sich Kohler darauf beruft, dafs, insofern es sich um Übertragung dinglicher Rechte handelt, die Lehre von der Fortdauer der Vollmacht nach dem Tode des Mandanten oder der Revokation keine Anwendung findet, so ist dies nicht beweisend. Wir behaupten auch gar nicht, dafs hier die traditio ein „dinglicher Verlustakt" (anders Regelsberger: Zivil. Erört. S. 111) sein sollte. Im Gegentheil, wir sind überzeugt davon, dafs, der beiden Fälle der l. cit. ergiebt, dafs auch hier das venire in fundum ein non recte geschehenes ist. Nun hat das non recte venire in fundum in dem ersten Falle unserer Stelle (wenn der emptor, ohne eingewiesen zu sein, das Grundstück ergreift) vorzüglich die Bedeutung des Leugnens des Besitzerwerbs überhaupt. Folglich mufs es dieselbe Bedeutung auch im zweiten Theile der Stelle haben. Im allgemeinen bedeutet „non recte possidere“ zwar nicht nur: „nicht besitzen“, sondern auch „vitiös besitzen“ [1]). Man mufs jedoch bedenken, dafs das vitiöse (clam) ire in possessionem bei Grundstücken keinen Besitz giebt. Das „non recte possidere“ des zweiten Theiles der Stelle bedeutet also dasselbe, was „non recte venire in possessionem“ des ersten Theiles, nämlich es wird hierdurch nicht nur der Besitzerwerb „sine vitio“, sondern zugleich der Besitzerwerb überhaupt geleugnet [2]). Es ist zwar zuzugeben, dafs im ersten Falle der Stelle das non recte venire in possessionem immerhin zugleich auf ein bewufstes widerrecht-

---

wenn dies der Fall wäre, der Jurist sicherlich nicht versäumt haben würde, hervorzuheben, dafs das Eigentum übergeht. Das Eigentum bleibt also beim früheren Besitzer (sowie in l. 41 D. de r. c. 12, 1 u. l. 2 § 6 D. de donat. 39, 5), der Empfänger erhält nur (aufser der Publiciana) die exceptio rei vend. et tr. bezw. die replicatio doli gegen den Eigentümer. In Bezug auf die Übertragung des Eigentums hat die Annahme der Fortdauer des Mandats nur eine unvollständige und nicht, wie Kohler u. andere meinen, gar keine Wirkung. Es liegt also kein Grund vor zwischen l. 33 cit. und l. 41 de r. c.; l. 2 § 6 de donat. cit. mit Regelsberger einen Widerspruch anzunehmen (richtig Mitteis: Lehre von der Stellvertretung S. 199 fg. N. 248). Dafs der Empfänger nicht Eigentum, sondern nur die exceptio r. vend. et tr. erlangt, ist freilich doch eine „Halbheit“, die kaum zu billigen sein dürfte.

1) S. bes. c. 1 C. unde vi 8, 4; vgl. auch c. 9, c. 12 C. de c. e. 4, 38.

2) „Recte possidere“ bedeutet manchmal sogar einfach: „besitzen“. So in der unmittelbar vorangehenden l. 32 D. h. t. „recte possidere“ und „rectissime retinere possessionem“.

liches Inbesitznehmen bezogen werden könnte, so dafs diese Ausdrucksweise beides (nichtbesitzen und ein „praedo“ sein) umfassen würde. Was den zweiten Theil hingegen betrifft, so braucht hier der Käufer auf Grund einer non recte geschehenen Tradition keineswegs ein praedo zu werden, denn es wird nur die Kenntnis des Tradenten von der mangelnden Vollmacht, nicht aber noch aufserdem seine Kenntnis dazu erfordert, damit das venire in fundum ein non recte geschehenes sei.

Dafür, dafs man auf Grund der von einem Nichtbesitzer vorgenommenen Tradition den Besitz nicht erlangt, läfst sich vielleicht auch die l. 18 § 1 D. de c. e. 18. 1[1]) anführen. Es ist zwar nicht zu leugnen, dafs diese Stelle den Sinn haben kann: die Traditionserklärung beziehe sich nur auf das, was der Verkäufer selbst im Sinne hat. So aufgefafst würde die Stelle keine Entscheidung der Frage bezüglich der Grenzen der Besitzergreifung enthalten. Uns scheint indessen viel wahrscheinlicher zu sein, dafs hier der Wille des Tradenten als entscheidend erklärt wird rücksichtlich des ganzen Traditionsaktes, also auch rücksichtlich der Besitzergreifung. Dafür spricht der Umstand, dafs es in der Stelle heifst, Alfenus habe dies von der vacuae poss. traditio gelehrt, also von einem Falle, wo das Apprehensionscorpus zum eigenmächtigen Erwerbe nicht genügt. Nicht überflüssig ist es, hervorzuheben, dafs unter der traditio v. p. per servum ein Fall zu verstehen ist, wo der Sklave den Verkäufer bei der Übergabe vertritt und nicht, wo er nur beim Vorzeigen der Grenzen faktische Dienste leistet.

Wie läfst sich nun mit dieser Behandlung der traditio

---

1) Pomponius: Si servus domini iussu in demonstrandis finibus agri venditi vel errore vel dolo plus demonstraverit, id tamen demonstratum accipi oportet, quod dominus senserit: et idem Alfenus scripsit de vacua possessione per servum tradita.

von seiten eines Nichtbesitzers der Umstand vereinigen, dafs aus anderen Stellen unserer Rechtsbücher sich ganz unzweifelhaft ergiebt, dafs die von einem Detentor rechtswidrig vorgenommene Übergabe dem Nehmer nicht nur, wo es sich um Mobilien, sondern auch, wo es sich um Immobilien handelt, juristischen Besitz zu verschaffen imstande ist? Dafs dies wirklich der Fall ist, ist zu ersehen vor allem aus l. 44 § 2 D. h. t.[1]) (PAPINIANUS), ferner aus: c. 1; c. 5 C. de reb. al.

---

1) Quibus explicitis, cum de amittenda possessione quaeratur, multum interesse dicam, per nosmet ipsos an per alios possideremus: nam eius quidem, quod corpore nostro teneremus, possessionem amitti vel animo vel etiam corpore, si modo eo animo inde digressi fuissemus, ne possideremus: eius vero, quod servi vel etiam coloni corpore possidetur, non aliter amitti possessionem, quam eam alius ingressus fuisset, eamque amitti nobis quoque ignorantibus. — Eine eigentümliche Auffassung dieser Stelle findet sich bei KNIEP (Vacua possessio Bd. 1 S. 75 fg. S. 305). Dieser Schriftsteller behauptet, l. 44 § 2 cit. und l. 46 h. t. beziehen sich ausschliefslich auf rein freiwilligen Besitzerwerb, nämlich auf die Einräumung leeren Besitzes dem dritten. Die Argumente KNIEPS sind, unseres Dafürhaltens, nichts weniger als überzeugend, die Konsequenzen seiner Ansicht nahezu abenteuerlich. So nimmt KNIEP an, dafs nach der vor PAPINIAN vertretenen Auffassung der erklärte Besitzaufgabewille in Bezug auf den Verlust des Besitzes um so stärker wirkt, je näher das noch fortbestehende körperliche Verhältnis zur Sache ist. Durch Besitzaufgabeerklärung, namentlich durch die Erklärung, dafs man leeren Besitz einräume, verliere man, wenn man sich auf dem Grundstück befindet, den Besitz sofort, dagegen wenn man durch einen Dententor besitzt, erst durch das ingredi in fundum des dritten, wenn man endlich, wie es bei den saltus hiberni et aestivi der Fall ist, blofs „animo" besitzt, erst in dem Augenblick, da man von der fremden Inbesitznahme Kunde erhalten hat. (Dafs übrigens das retinere der possessio bei saltus hiberni et aestivi eigentlich nichts Ausnahmsweises ist, erhellt aus l. 1 § 25 D. de vi. 43, 16; s. auch PAUL. R. S. V. 2. 1; KNIEP S. 119 sieht sich gezwungen, das Gegentheil anzunehmen und erblickt einen Widerspruch zwischen der von ULPIAN in l. 1 § 25 cit. vorgetragenen Ansicht und der l. 29 D. h. t. desselben Juristen.) Dafs wir nicht geneigt sind, diese mehr als befremdenden Grundsätze ohne

n. al. 4, 51; c. 3 C. de prescr. 7, 33; c. 2 C. ne rei dom. 7, 38 und besonders c. 10 § 1 C. quod cum eo 4, 26. Mit

---

schlagende Beweise für klassisches römisches Recht zu betrachten, ist leicht begreiflich. Solche Beweise sind aber von Kniep nicht dargebracht worden. Das Wort „amittisti" possessionem spricht nicht für ihn, denn dieses Wort bedeutet, was auch Kniep nicht verkennt, nicht immer, ja auch nicht in der Regel, rein freiwilligen Besitzverlust. „Amittere possessionem" bedeutet so viel wie Besitzverlust überhaupt (so in der Titelüberschrift „de amittenda possessione"). Zwar wird oft dieser Ausdruck bei freiwilligem Besitzverlust gebraucht, nicht selten jedoch auch da, wo es sich nur um unfreiwilligen Verlust handelt (z. B. l. 15; l. 47 D. h. t.; l. 1 § 26 D. de vi. 43, 16; l. 31 D. de dolo malo 4, 3). Dagegen spricht entschieden gegen Kniep das Wort „occupare" in l. 46 cit. Freilich giebt es auch ein „gestattetes occupare", aber nur bei besitzlosen Sachen. Bei Einräumung leeren Besitzes erwirbt jedoch der Apprehendent den Besitz als Traditionsempfänger, somit könnte sein Besetzen des Grundstücks nicht „occupare" genannt werden. Wenn Kniep sich darauf beruft, dafs in l. 46 cit. nur von der Kenntnis des Besitzers die Rede ist und nicht, wie in den anderen von der Okkupation hinter dem Rücken handelnden Fragmenten, zugleich vom Unterlassen der Vertreibung, so ist dies kein stichhaltiger Grund. Was Papinian im zweiten Theile der l. 44 § 2 cit. und in l. 46 cit. ganz besonders hervorheben will, das ist der Gegensatz, dafs wir dort den Besitz etiam ignorantes verlieren, nicht dagegen hier. Auf das genaue Feststellen, wodurch der Besitz vernichtet werde, kommt es ihm nicht an. Er will nur angeben, wodurch er nicht vernichtet werde bez. was zum Erhalten des Besitzes genüge. In l. 44 § 2 wird gesagt, der Besitz werde ohne fremde Ingression nicht verloren, andererseits aber in diesem Falle durch die ignorantia nicht erhalten. In l. 46 wird dagegen gesagt, die ignorantia verhindere den Besitzverlust (man vergleiche auch „ignorantem" und „quamvis eas nemo alius invaserit" in Papinians l. 47 D. h. t., welche Stelle doch wohl gegen die Auffassungsweise, die Kniep dem Papinianus zumutet, zeugt). Es ist also unzulässig, anzunehmen, dafs nach l. 46 der Besitz schon durch die Kenntnis von der Okkupation verloren geht, wie es auch nach unserer Ansicht unzulässig wäre, zu behaupten, dafs l. 44 § 2 statuiert, der durch Stellvertreter ausgeübte Besitz gehe infolge jeder Ingression des dritten sofort verloren (vgl. auch Bd. 1 S. 208 N. 4). Wir glauben also, dafs Papinian in l. 44 § 2 und l. 46 gerade nur von einem Besitzverluste ohne wirklichen inneren Besitzaufgabewillen spricht,

Rücksicht auf die letzteren Stellen, namentlich aber den Ausspruch des PAPINIANUS, der einen wesentlichen Unterschied

---

wobei er jedoch, weil er den Besitzverlust mit der bekannten Regel l. 153 D. de r. i. 50. 17 in Verbindung (vgl. dazu LEIST: Wechselbeziehung zwischen dem Rechtsbegründungs- und dem Rechtsaufhebungsakte S. 34—48) bringt, in l. 44 § 2 zu einseitig den Verlust des durch Stellvertreter ausgeübten corpus betont, während er in l. 46 auf das Bewufstsein des Besitzers ein zu grofses Gewicht legt. In unserer Überzeugung bekräftigt uns der Umstand, dafs u. E. anzunehmen ist, die Entscheidung PAPINIANS beziehe sich auch, ja vielleicht sogar in erster Reihe (darauf weist der Ausdruck „ingressus“ in l. cit. und in l. 47 hin) auf den Fall, wo der dritte ohne Zustimmung des Detentors das Grundstück besetzt, und der Detentor ihn zu vertreiben versäumt (l. 1 § 22 D. de vi 48. 16 ULPIAN; s. dazu DERNBURG: Pandekten § 183 N. 5). Dafs PAPINIAN in Bezug auf den durch Stellvertreter und den animo retinierten Besitz der vollständig freiwilligen Besitzaufgabe keine Erwähnung thut, ist nicht im geringsten auffallend. Er will ja nur das eigentümliche jener Fälle hervorheben. Er konnte auch billigerweise erwarten, dafs, da er die reine Besitzaufgabe animo sogar beim Fortdauern des durch den Besitzer selbst ausgeübten corpus für möglich hält, man ihm nicht so leicht zutrauen dürfte, dafs er nicht die gleiche Wirkung dem Besitzaufgabewillen bei der corpore alieno oder animo solo retinierten possessio beilege. Dies um so mehr, als hier nur mit den Begriffen animus und corpus operiert wird. Besitzt man animo und corpore, dann kann es zweifelhaft sein, ob man den Besitz animo verliert, beim Besitz, der blofs animo nostro besteht, ist dies, wenigstens für den römischen Juristen, selbstverständlich. So ist die ganze Ausführung PAPINIANS vielleicht weniger „geschickt“ als dies KNIEP meint, aber dafür seine Auffassungsweise um so praktischer und logischer. Dies wäre auch wirklich ein eigenartiges Ding, dieser „animo“ retinierte Besitz, dessen man sich nicht „animo“ entledigen könnte. Da wäre zu sagen, dafs nicht die Person den Besitz retiniert, sondern viel eher selbst von ihm retiniert wird, falls sie nicht imstande sein sollte, sich denselben vom Halse zu schaffen. Dafs es in irgendwelcher Beziehung schwieriger sein sollte, den Besitz durch Willenserklärung aufzugeben in jenen Fällen, wo man fern vom Grundstück ist, als in jenen, wo man auf demselben verweilt, ist von vornherein nicht glaublich. Man bedenke nur: Wenn man animo und corpore besitzt, dann verliert man den Besitz dadurch, dafs man es in Bezug auf den Verlust des Besitzes an den dritten annimmt zwischen den Fällen, wo man selbst das Grundstück innehat

---

verläfst (s. auch l. 3 § 9 D. h. t.) mit dem animus ne possideremus (z. B. man giebt es gänzlich auf oder man verläfst es, weil man wünscht, dafs es jemand anderer okkupiere). Was sollen wir aber thun, wenn wir das Grundstück nicht mit dem animus ne possideremus verlassen haben und es erst nachher auf diese Weise aufgeben wollen? Da nützt uns nach Knieps Ansicht die Kundgebung des Besitzaufgabewillens nicht. Mögen wir irgend jemandem oder auch mehreren Personen gegenüber auf das bestimmteste erklären, dafs wir mit der Sache nichts zu schaffen haben wollen, dafs man sie beliebig okkupieren möge, mögen sogar die saltus in der That von einem dritten bereits okkupiert worden sein, wir blieben doch Besitzer. Um den Besitz zu verlieren, müfsten wir auf das Grundstück zurückkehren und es von hier aus animo leer machen, oder es nochmals verlassen, wobei wir aufpassen müfsten, damit es diesmal mit dem animus „ne possideremus“ geschehe. Von dem Aufgeben des Besitzes animo und von dem Unterschied zwischen dem Besitzaufgabe- und Besitzübergabewillen, welchen Kniep nicht berücksichtigt, werden wir noch in der Folge sprechen und dabei auf die Ansicht Knieps noch zurückkommen. Hier mag gegen Kniep nur noch hervorgehoben werden, dafs es schon darum unzulässig ist, die l. 44 § 2 auf freiwilliges Aufgeben des Besitzes zu beziehen, weil hier der natürlichsten Art der Besitzaufgabe, nämlich des Aufgebens des Besitzes durch Erklärung an den Detentor, also zu Gunsten des letzteren selbst, keine Erwähnung gemacht wird. Abgesehen von dem erkennbaren Sich-nicht-bekümmern um die Sache, wäre diese Dereliktionserklärung eigentlich das einzige Aufgeben des Besitzes, welches mit dem Traditionswillen nicht verbunden zu sein brauchte. Gegen Kniep zeugt endlich der Umstand, dafs unsere sonstigen Quellenentscheidungen nichts davon wissen, dafs man bei Traditionen von Grundstücken, auf denen man nicht verweilt, den Besitz bis zu Kenntnis von der erfolgten Inbesitznahme behalten sollte. Freilich ist dies für Kniep vielleicht nicht beweisend, denn er behauptet, dafs zwar nicht die einzelnen in den zitierten Fragmenten ausgesprochenen Ansichten, wohl aber ihre Zusammenfügung etwas dem Papinianus Eigentümliches sei. Die Annahme einer „Besonderheit“ des römischen Juristen erschwert die Polemik. Nichtsdestoweniger darf doch gegen Knieps Ansicht dies geltend gemacht werden, dafs man wohl berechtigt ist anzunehmen, die Besonderheit Papinians dürfte schwerlich in dem gänzlichen Mangel praktischen Verstandes bestanden und jenen, wo man durch Stellvertreter besitzt, ist anzunehmen, dafs die ganze Frage, welche Wirkung die unbefugte traditio des Detentors an einen dritten hatte, im vorjustinianischen Recht kontrovers war, ganz so wie es auch zweifelhaft war, welche Wirkung das Verlassen des Grundstücks durch den Detentor habe. Im justinianischen Recht besteht die Kontroverse nicht mehr. Sie ist entschieden worden durch die bekannte Konstitution JUSTINIANS c. 12 C. h. t. Wenn wir dieses Gesetz, dessen nähere Auslegung in der Folge gegeben werden wird, richtig auffassen, so enthält es die Bestimmung, dafs die unbefugte traditio des Detentors in fremdem Namen dem juristischen Besitzer nicht schaden soll. Die Möglichkeit, dafs der dritte eigenmächtig den Besitz ergreife, ist freilich nicht ausgeschlossen, jedoch er kann den Besitz eben nur als eigenmächtiger Okkupant erlangen. Für das justinianische Recht ist also als festgestellt anzunehmen, dafs die Tradition von seiten eines zur Übergabe nicht berechtigten Detentors die Besitzänderung nicht bewirkt, so lange auf seiten des Nehmers kein zur Okkupation hinreichendes corpus vorliegt.

2) Die Tradition mufs von einer willens- und dispositionsfähigen Person abgegeben worden sein. Wir glauben uns in dieser Hinsicht nach dem Vorgange von BRINZ[1]) auf l. 11 D. de a. r. d. 41, 1 berufen zu dürfen. Diese Stelle lautet: (MARCIANUS l. III. inst.) Pupillus ... alienare vero nullam rem potest nisi praesente tutore auctore, et ne quidem possessionem, quae est naturalis, ut Sabinianis visum est: quae sententia vera est.

---

haben. Mag man diesen Grund vielleicht für einen nicht genug „wissenschaftlichen" erklären, für uns ist er an und für sich schon entscheidend.

1) Jahrb. f. gem. d. R. Bd. 3 S. 46 fg. S. auch ESMARCH S. 46 fg.

Savigny[1]) bezieht die „alienatio possessionis", welche in der Stelle als unstatthaft erklärt wird, ausschliefslich auf die commoda, welche die mit dem Willen des Tradenten eintretende Begründung des Besitzes mit sich bringt. Diese Interpretation ist sicherlich nicht zu billigen. Dafs der auf Grund einer von dem Pupillen ohne Zustimmung des tutor abgegebenen Traditionserklärung erworbene Besitz keine accessio gewährte und überhaupt nicht als einer mit dem Willen des Pupillen verliehener angesehen wurde, dürfte ziemlich selbstverständlich gewesen sein. Die Frage konnte schwerlich Gegenstand eines Schulstreites werden. Ferner hat die Savignysche Erklärung schweren Stand in Bezug auf die Worte „quae naturalis est" [2]); denn das, was dieser Interpretation gemäfs nicht-übertragen wird, ist eben nichts „Natürliches". Auch ist nicht daran zu denken, die Stelle etwa in dem Sinne aufzufassen, als wäre hier nur einfach (ähnlich wie in l. 29 D. h. t.)[3]) die Möglichkeit eines reinen „animo desinere pos-

---

1) Recht des Besitzes S. 355 N. 4. Ähnlich Witte a. a. O. S. 244.

2) Vgl. auch Fragm. Vat. § 1.

3) Ulpianus l. XXX ad Sab.: Possessionem pupillum sine tutoris auctoritate amittere posse constat, non ut animo sed ut corpore desinat possidere: quod enim facti est, potest amittere. Alia causa est, si forte animo possessionem velit amittere: hoc enim non potest. — Kniep (Vacua possessio S. 110) bezieht auch dieses „amittere" possessionem auf freiwilligen Besitzverlust. Es ist jedoch nicht richtig, wenn er unter dem corpore desinere possidere nur den Fall versteht, wo der Mündel das Grundstück verläfst und nicht den Willen hat, zurückzukehren. Es ist wohl zweifellos, dafs der Jurist an jene Besitzverlustfälle gar nicht denkt, bei welchen das Wollen des Besitzers gar nicht in Betracht kommt. Berechtigt ist es demnach, wenn Kniep sagt, eine Belehrung darüber, dafs zum Herausgeworfenwerden des Mündels keine tutoris auctoritas erforderlich sei, wäre müfsig. Dasselbe würde von dem Falle gelten, wenn ein Grundstück überschwemmt wird oder eine bewegliche Sache durch Zufall abhanden kommt. Wenn man von diesen Fällen absieht, bleiben aber noch aufser dem Ausziehen aus einem

sidere" durch den Pupillen geleugnet[1]); denn auch in der Beziehung dürften wohl auch die Prokulianer nicht etwas anderes gelehrt haben.

Wir meinen, dafs wenn man unbefangen die Stelle liest, man zu der Überzeugung kommen mufs, dafs sie von einem Vorgange spricht, wobei sich aus der faktischen Natur des Besitzes auf das Gegentheil der getroffenen Entscheidung folgern liefse. Wenn nun bei einer Tradition des Pupillen auf seiten des Apprehendenten ein Okkupationscorpus vorliegt, und dieser letztere, obwohl ihm die Ungiltigkeit der Traditionserklärung bekannt ist, nichtsdestoweniger Besitzer werden will, mithin ein praedo ist, dann wird der Besitz für den Apprehendenten zweifellos erworben. Andererseits erwirbt der Empfänger den Besitz auch dann, wenn er bona fide besitzt, weil er ja ex titulo putativo auf Grund der Tradition eines Willensunfähigen usukapieren kann[2]). Somit mufs die Entscheidung der l. 11 cit., abgesehen davon, dafs sie zugleich die

Grundstück zahlreiche Fälle des corpore desinere possidere. Erstens nämlich liegt kein Grund vor, die Entscheidung nur auf unbewegliche Sachen zu beschränken, und zweitens sind die gewaltsame Dejektion und das Ausziehen aus dem Grundstück nicht die einzigen Fälle des Besitzverlustes von Immobilien. Nach unserer Ansicht besagt die Stelle im allgemeinen, dafs der beim possessionem amittere vorkommende animus des Mündels rechtlich nicht in Betracht komme. Folglich mufs das corpore amittere possessionem auf jene Fälle beschränkt werden, wo der Mündel faktisch den Besitz verwirkt, insbes. wo die Sache corpore vollständig (also mit Okkupationscorpus) in fremde Hände gerät. Das blofse Ausziehen des Mündels aus dem Grundstück mit Besitzaufgabewillen zieht hiernach den Besitzverlust noch nicht nach sich, und es ist unwahrscheinlich, dafs die römischen Juristen in solchem Falle eine höhere Bedeutung dem Besitzaufgabeentschlusse des Pupillen beilegen konnten als bei sonstiger freiwilligen Besitzaufgabe.

1) Dies scheint Rudorff (Anhang Num. 112) anzunehmen.

2) L. 2 § 15, 16 D. pro empt. 41. 4; l. 13 § 1 D. de usurp. 41, 3; l. 7 § 2, 4 D. de publ. 6, 2; l. 13 § 2 eod.

Unzulässigkeit des bloſsen animo desinere possidere des Pupillen ausspricht, auf jene Fälle beschränkt werden, wo durch den Traditionswillen der Besitzerwerb vermittelt wird. So verstanden widerspricht unsere Entscheidung der l. 29. D. h. t. nicht, weil allerdings in besagten Fällen kein volles corpore desinere possidere vorliegt. In allen Fällen also, wo der Erwerb des Besitzes von dem Willen des Tradenten nicht gänzlich unabhängig ist, tritt der Besitzerwerb nicht ein, folglich geht auch der Besitz des Pupillen nicht unter, und zwar aus dem Grunde, weil der Wille des Pupillen rechtlich gar nicht in Betracht kommt. Diese Auffassung entspricht auch am besten der gebrauchten Ausdrucksweise „alienatio“ possessionis[1]). Die Stelle auf die Tradition des bloſsen Besitzes zu beschränken, wie dies Brinz thut, ist jedenfalls willkürlich.

Worin der Schulstreit[2]) genau bestanden haben mag, dürfte bei dem Zustande unserer Quellen mit Sicherheit zu ermitteln nicht möglich sein. Ob also etwa die Prokulianer, ähnlich wie unsere herrschende Lehre, zum Erwerbe des Besitzes auch in den Fällen des abgeschwächten corpus keinen rechtsgiltigen Traditionsvertrag verlangten und sich mit dem Scheine eines Tradentenwillens begnügten, oder vielleicht die Sabinianer noch über die Grenzen, welche wir der l. 11 cit. abstecken, hinausgehend den Besitz des Nehmers stets, falls er nur kein praedo war, negierten, darauf wird wohl niemand mit Sicherheit eine Antwort geben können. Für das justinianische Recht scheint uns die oben angegebene Erklärung die natürlichste zu sein. Sie reicht vollkommen dazu hin,

1) Die richtige Ansicht findet sich bei Hölder: Krit. Vierteljahrsschrift Bd. 16 S. 537. Vgl. auch über die Stelle neuerdings Strohal: Sukzession S. 46 und Scheurl: Zur Lehre vom Besitz S. 95.

2) Vgl. dazu Bekker S. 312.

den anscheinenden Widerspruch unserer Quellenentscheidungen zu beseitigen[1]).

3) Es mufs ein wirklicher consensus der Parteien vorliegen. In allen Fällen des Besitzerwerbs durch Tradition mufs, falls das corpus auf seiten des Nehmers ein abgeschwächtes ist, nicht nur der Schein einer Tradition, sondern eine wirkliche Übereinstimmung der Willenserklärungen vorhanden sein, ähnlich wie bei anderen rechtsgiltigen Konsenserklärungen. Dies wird, wie wir meinen, bewiesen durch

---

1) Ob die gegen ein gesetzliches Veräufserungsverbot vorgenommene Übergabe in Bezug auf die Übertragung des Besitzes vollkommen wirksam ist, ist zweifelhaft. Hinsichtlich der Schenkung unter Eheleuten herrschte unter den römischen Juristen ein Streit darüber, ob der beschenkte Ehegatte juristischen Besitz erwerbe. S. einerseits l. 46 D. de don. i. v. et ux. 24, 1; l. 3 § 10 D. eod. (Ulpian); andererseits: l. 1 § 2 D. pro don. 41, 6 (Julian u. Paulus); l. 1 § 4 D. h. t.; l. 26 pr. D. de don. i. v. et ux 24, 1; l. 36 pr. D. eod. (Paulus). Vgl. auch l. 31 § 2 D. de don. i. v. et ux. (Pomponius); l. 16 D. h. t., l. 13 § 1 D. de her. pet. 5. 3 (Ulpian); l. 24 D. de don. i. v. et ux (Paulus) und l. 19 pr., l. 32 § 5 eod. (Ulpian); s. dazu Kohler: Arch. f. civ. Prax. Bd. 69 S 199 fg. Mit der Bedeutung dieser Kontroverse wollen wir uns nicht näher beschäftigen. Man vgl. dazu Bekker S. 95 N. 1. Ulpian, der die donatio possessionis für ausgeschlossen hält, l. 46 D. cit., nimmt dennoch ein Besitzen pro possessore des Beschenkten an, l. 16 h. t. cit., l. 13 § 1 cit. Nichtsdestoweniger bezog sich offenbar die Kontroverse nicht ausschliefslich auf die Frage nach der causa possessionis, sondern auch darauf, ob der Besitz überhaupt auf seiten des Empfängers entsteht (vgl. bes. l. 1 § 2 cit., l. 1 § 4 h. t. cit.). Es scheint also, dafs von einigen Juristen Besitzerwerb stets, von anderen dagegen nur dann angenommen wurde, wenn corpus und animus des eigenmächtigen Besitzens (possessio pro possessore) vorlagen. War es so, dann mufs das Argument des Paulus (l. 1 § 4 cit.) als ein recht flaches bezeichnet werden. Dies ist bei Paulus nicht auffallend, da es die Eigentümlichkeit dieses Juristen ist, dafs ihm oft zweifelhafte juristische Probleme als viel zu leicht und einfach erscheinen.

L. 34 pr. D. h. t. (ULPIANUS l. VII disput.). Si me in vacuam possessionem fundi Corneliani miseris, ego putarem me in fundum Sempronianum missum et in Cornelianum iero, non adquiram possessionem, nisi forte in nomine tantum erraverimus, in corpore consenserimus. Quoniam (quamvis oder quando) autem in corpore (non) consenserimus, an a te tamen recedet possessio, quia animo deponere et mutare nos possessionem posse et CELSUS et MARCELLUS scribunt, dubitari potest: et si animo adquiri possessio potest, numquid etiam adquisita est? sed non puto errantem adquirere: ergo nec amittet possessionem, qui quodammodo sub condicione recessit de possessione.

Den Text der Stelle geben wir mit eingeschaltenem „non" an. Bekanntlich ist er in der Florentina zu lesen: Quoniam autem in corpore consenserimus... Indessen scheint uns die Einschaltung des „non" unentbehrlich zu sein. Auch ist die von MOMMSEN vorgeschlagene Änderung des quoniam in quamvis erforderlich und wohl unbedenklich[1]).

---

1) Gegen die Einschaltung des „non" erklärt sich LEONHARD (Irrtum bei nichtigen Verträgen Bd. 2 S. 431 fg.) und versucht die Stelle nach der Lesart der Florentina zu erklären. Wir halten diesen Versuch für gescheitert. LEONHARD meint in Übereinstimmung mit der herrschenden Lehre, es werde hier der Besitzerwerb des Missus am fundus C. darum geleugnet, weil infolge des error in corpore auf seiten des Missus der animus possidendi fehlt. Dagegen werde, auch wenn der Missus den fundus C. für den fundus S. hält, der consensus der Parteien keineswegs negiert, im Gegentheil, es werde ausdrücklich das Vorhandensein des Konsenses zugegeben. Die Annahme des consensus trotz des error in corpore erklärt LEONHARD dadurch, dafs er zum consensus ein Übereinstimmen der wirklichen Absichten der Parteien nicht verlangt. Er sieht in der Stelle einen wichtigen Beweis der Richtigkeit seiner Ansicht, nach welcher „consensus" im römischen Recht nur die Übereinstimmung der äufseren Willenserklärungen bedeuten soll. — Somit setzt die Erklärung LEONHARDS notwendigerweise die Anerkennung der von ihm

Bezüglich der Frage, wie man sich den von ULPIAN in unserer Stelle angedeuteten Thatbestand denken solle, herrscht bekanntlich ein Streit unter den Romanisten, der vorzüglich seit dem Erscheinen der BRINZschen „traditio possessionis“

---

angenommenen Deutung des Wortes consensus voraus. Da jedoch diese Deutung, was später ausgeführt werden wird, den römischen Quellen nicht entspricht, so fällt die hauptsächlichste Stütze für LEONHARDS Interpretation weg. Dafs die niedere Kritik das Einschalten des non gestattet, weist in überzeugender Weise LOTMAR (Rezension des Werkes LEONHARDS: Krit. Viertelj. Bd. 26 S. 256 fg.) nach. Der Sinn der Stelle erfordert die Lesart „non consenserimus“ nach unserer Ansicht unbedingt. Der Schlufs des ersten Satzes „nisi forte etc.“ kann keinen anderen Sinn haben als nur: „mit Ausnahme, wenn ein Irrtum nur in Beziehung des nomen unterlief und ein consensus in corpore vorliegt“. Es wird also hierdurch für den Fall des errare in nomine, consentire in corpore der Besitzerwerb ausdrücklich anerkannt, folglich also implicite auch für alle Fälle des consentire in corpore. Dafs der Wortlaut der Stelle unbefangen genommen diesen Sinn ergiebt, wird auch von LEONHARD zugestanden. Er sucht durch eine andere Übersetzung, die uns jedoch mehr als gezwungen zu sein scheint, diesem Resultate auszuweichen. Gegen die Lesart der Florentina spricht auch entschieden der Umstand, dafs das „tamen“ im zweiten Satz notwendig die Darlegung eines gegen den Übergang des Besitzes sprechenden Sachverhaltes in der ersten Hälfte des Satzes erheischt. Das „tamen“ müfste also unbedingt gestrichen werden. — Gegen die Emendation des florentinischen Textes erklärt sich neuestens auch KOHLER (Arch. f. civ. Praxis Bd. 69 S. 189 fg.). Er sagt: „Die Pointe der Stelle beruht gerade in dem Doppelsinn des in corpore consentire. In der gleichzeitigen Bejahung und Verneinung dieses in corpore consentire liegt das Oxymoron, mit welchem uns ULPIAN überrascht.“ Wir fürchten, dies wäre mehr unklar als „pointiert“, wenn der Jurist unter „consentire“ einmal wirklichen consensus, das andere Mal blofses Zusammentreffen äufserer Begebenheiten bezeichnen würde. — Dafs die Änderung des quoniam in quamvis oder (mit einigen Manuskripten) in quando vom Standpunkte der Textkritik nichts Bedenkliches ist, darüber vgl. LOTMAR a. a. O. Dieser Schriftsteller hält die letzte Änderung für unnötig, weil er quoniam auf dubitari potest bezieht, was uns jedoch sprachlich unzulässig zu sein scheint. Vgl. dazu noch ESMARCH S. 51.

ein ganz besonders lebhafter geworden ist. Während nämlich die herrschende Lehre[1]) annimmt, der missus gehe in den fundus Cornelianus bloſs deswegen, weil er ihn für den Sempronianus hält, und lediglich in dem error in corpore des Apprehendenten, der den animus possidendi ausschlieſst, den Grund des Nichterwerbs des Besitzes sieht, hat BRINZ[2]) die bereits in älterer Zeit von BARTOLUS vertretene Ansicht wieder zu Ehren gebracht, wonach die Frage, ob hier das ire in possessionem durch den error in corpore verursacht sei, unentschieden gelassen werde, der eigentliche Grund des Nichterwerbs aber schon im Dissens der Parteien bei der missio in possessionem liege. Ähnlich wie BRINZ fassen unter den Neueren die zitierte Stelle auch MEISCHEIDER[3]), SOHM[4]), HÖLDER[5]) und ESMARCH[6]) auf, dieser letztere mit der Modifikation, daſs er hier, seiner Theorie gemäſs, unter dem mittere in v. poss. jenes eigentümliche Rechtsgeschäft versteht, in welchem vacua possessio offeriert und akzeptiert wird ohne körperliche Besitzergreifung[7]).

Wir halten im allgemeinen die BRINZsche Auffassungsweise für die richtigere insofern, als auch wir annehmen, daſs hier der Ausschluſs des Konsenses das Entscheidende ist. Selbstverständlich jedoch können wir die Beschränkung der Entscheidung auf die Übergabe des bloſsen Besitzes nicht

1) Vgl. die Litteraturangaben bei RANDA: Besitz § 22 N. 9; bes. SCHEURL: Beiträge I S. 203 fg. u. jetzt: Zur Lehre vom Besitzrecht S. 90 fg.; VANGEROW: Pandekten § 202 Anm. N. 1; KOHLER a. a. O. S. 186 fg.

2) Jahrb. S. 22 fg.

3) Besitz u. Besitzschutz S. 318.

4) Ztschr. f. Handelsr. Bd. 17 S. 22 fg.

5) Krit. Viertelj. Bd. 16 S. 534 fg.

6) S. 51 fg. Vgl. auch jetzt STROHAL: Sukzession S. 177 fg. LOTMAR a. a. O.

7) Gegen ESMARCH vgl. HÖLDER a. a. O.

akzeptieren. Für BRINZ' Ansicht spricht erstens ganz entschieden der Wortlaut der Stelle. Die Ausdrücke „erraverimus" und „consenserimus" [1]), welches letztere Wort zweimal in der Stelle wiederkehrt, zwingen, wie wir meinen, zu der Annahme, dafs das Mangelhafte in betreff des Willensmomentes etwas beide Seiten des Traditionsgeschäftes Affizierendes ist, dafs also ein durch Irrtum verursachter Konsensmangel Ursache des Nichterwerbs ist. — Wir verweisen diesbezüglich auf die detaillierte und treffliche Ausführung, welche sich in der BRINZschen Abhandlung findet, und auf ESMARCH, der die hauptsächlichsten Momente der BRINZschen Auslegung wiedergiebt. Ferner ist nur vom Standpunkte dieser Auffassung eine befriedigende Lösung des scheinbaren Widerspruchs, den man zwischen unserer Stelle und der l. 18 § 1 D. h. t. wahrnimmt, möglich.

Aufser dem Wortlaut der Stelle sprechen gegen die herrschende Meinung, welche lediglich in dem Umstande die Ursache des Nichterwerbs des Besitzes sieht, dafs der Apprehendent den fundus Cornelianus, in den er einzieht, für den Sempronianus hält, höchst wichtige Bedenken. Der dispositive Inhalt des ersten Theiles der Stelle bestünde dieser Ansicht gemäfs lediglich in der Bestimmung, dafs ein error des Apprehendenten, wobei er das Grundstück, das er okkupiert, für ein anderes ihm individuell bekanntes hält, den animus possidendi ausschliefst. Hätte der Jurist die Absicht gehabt, nur diese einfache Regel hinzustellen, dann war es ganz unnötig,

---

1) Zu weit geht RUGGIERI (Il possesso p. 443 fg.), wenn er meint, auf Grund des Plurals müsse angenommen werden, beide Theile seien im error in corpore befangen und die Stelle auf den Fall bezieht, wo auch der Tradent den fundus S. tradieren will und nur durch Irrtum in den fundus S. einweist. Vgl. dagegen mit Recht KOHLER a. a. O. N. 86.

in sinnstörender Weise die ganze missio in possessionem herbeizuziehen[1]). Aufserdem ist bei dieser Interpretationsweise kein rechter Zusammenhang zwischen dem ersten und zweiten Theile der Stelle zu finden, und der zweite Theil erscheint als sehr unklar, nahezu rätselhaft.

Der wichtigste Grund jedoch, warum uns diese Erklärung der Stelle unannehmbar zu sein scheint, ist der, dafs man dabei den Satz, als schlösse eine unrichtige Vorstellung über die Identität des Besitzobjektes mit einem anderen aus früherer Wahrnehmung oder sonst irgendwie bekannten Gegenstande unseren Besitzwillen aus, a priori als bei einem jeden Besitzergreifungsakte überhaupt richtig vorausgesetzt wird. Dafs die Stelle an sich diesen Satz nicht ausspricht, derselbe vielmehr vorausgesetzt werden mufs, ist klar; denn der Thatbestand der Stelle ist kein allgemeiner, sondern ein ganz spezieller. Auch angenommen, dafs man einen error in der Person des Apprehendenten supponieren mufs, so spricht doch die Stelle nicht von Besitzergreifung überhaupt, sondern von der Apprehension eines G r u n d s t ü c k s auf Grund einer Traditions e r k l ä r u n g und bewirkt durch e i n f a c h e s i r e i n f u n d u m, welches bekanntlich bei Grundstücken, die in der Hand eines dritten sind, zum Besitzerwerbe nicht hinreicht. Da nun der Satz, dafs ein Identitätsirrtum bezüglich des Objektes den Besitzwillen vernichtet, als allgemeine Regel nirgends ausgesprochen ist, so geht es durchaus nicht an, den Ausdruck dieses Rechtssatzes in unserer Stelle zu finden und die sonstigen hier erwähnten speziellen Thatumstände für ganz unwesentlich zu erachten. Die herrschende Lehre geht zwar von der Anschauung aus, als wäre der Satz, dafs ein wirklicher Besitzwille bei Vorhandensein des error in corpore

1) Dazu vgl. Esmarch S. 56.

unmöglich sei, etwas Selbstverständliches aus der Natur des Besitzwillens Entspringendes, so dafs sie die Frage nach dem Einflusse des Irrtums auf den Besitzwillen gar nicht aufwirft. Nichts ist jedoch unrichtiger als diese Annahme. Die Frage, wie es mit der Bedeutung des Irrtums rücksichtlich des Objektes bei der Besitzergreifung bestellt sei, wird in dem letzten Kapitel unseres Buches einer näheren Betrachtung unterzogen werden. Bereits hier mufs jedoch hervorgehoben werden, dafs nach unserer Meinung der den Gegenstand betreffende Identitätsirrtum in den weitaus meisten Apprehensionsfällen den Besitzwillen keineswegs affiziert. Der eigenmächtige Okkupant, der einseitig zugreift und die Sache wegschafft, der praedo, der gewaltsam ein Grundstück besetzt und den Vorbesitzer vertreibt, diese Personen wollen das Objekt, das sie ergreifen, schlechthin haben. Ihr Besitzwille wird keineswegs ausgeschlossen durch die unrichtige Vorstellung, dafs sie das Objekt mit einer anderen individuell bestimmten Sache (fundus Cornelianus mit Sempronianus) identifizieren. Nicht minder scheint uns der Besitzwille des Apprehendenten auf Grund einer Tradition denselben unbedingten Charakter zu haben, sofern der Besitzerwerber sich zu der Sache ähnlich verhält wie in den Okkupationsfällen, also mit dem zur Okkupation hinreichenden corpus die Sache ergreift, es wäre denn, es ergäbe sich aus den Erklärungen der Parteien, dafs sie die Bewirkung des Besitzüberganges nur unter der Bedingung bezweckten, die Sache sei mit einer anderen individuell bestimmten identisch. — Dem Gesagten zufolge halten wir den Identitätsirrtum rücksichtlich des Objektes als den Besitzerwerb hindernd nur in denjenigen Traditionsfällen, wo, wie es in unserer Stelle der Fall ist, das Benehmen des Apprehendenten nur unter der Voraussetzung, dafs der Vorbesitzer den Besitz verleiht, als Aneignungsakt erscheint.

Mithin betrachten wir die besonderen Thatumstände der l. 34 pr. cit. (d. h. das Vorhandensein der missio, die Qualität des Objektes und den Charakter der Apprehensionshandlung) als die Entscheidung des Juristen bedingend[1]).

Nun fragt es sich um die nähere Bedeutung des in der Stelle erwähnten „errare" namentlich darum, ob der Jurist nur den Fall im Sinne hat, wo der missus lediglich aus dem Grunde den fundus Cornelianus bezieht, weil er ihn für den Sempronianus hält oder auch jenen, wo er nur rücksichtlich der missio irrt (in ein anderes Grundstück eingewiesen zu sein glaubt), den fundus Cornelianus aber schlechthin erwerben will. Brinz und alle jene, die ihm folgen, meinen, die Stelle umfasse beide Fälle. Brinz begründet seine Ansicht dadurch, daſs er behauptet, das Wort „errantem" könne sich auf den Dissens bezüglich der missio beziehen und zwinge nicht notwendig zu der Annahme dieses zweiten Irrtums (error in corpore). Nach unserer Ansicht, und in der Beziehung müssen wir der herrschenden Meinung Recht geben, ist die Annahme unnatürlich, als denke hier Ulpian an die beiden erwähnten Fälle[2]). Wir halten dafür, daſs der Jurist nur jenen Fall im Sinne hat, wo der Grund des Einziehens in den fundus Cornelianus die unrichtige Meinung des missus ist, dies sei der fundus Sempronianus. Der zweite Fall, wo der missus nur die missio miſsversteht, liegt wirklich nicht nahe; ja wir vermögen uns ein gemütliches „ire" in ein Grundstück, in das man nicht eingewiesen zu sein glaubt, nicht recht vorzustellen. Dieses ist nur aufzufassen als ein „clam occupare" des Grundstücks. Nun ist ein Fall, wo eine Okkupation hinter dem Rücken des Besitzers zufälligerweise mit einer missio in

1) S. jetzt auch Strohal a. a. O.

2) S. auch Kohler a. a. O.

possessionem zusammenfällt und wo noch dazu die missio gerade auf dasselbe Grundstück sich bezieht, welches heimlich ergriffen wird und nur von dem Okkupanten unrichtig verstanden wird, etwas so Gekünsteltes, dafs man wahrlich dem Juristen nicht anzusinnen braucht, er habe auch diesen Fall zur Entscheidung bringen wollen. Wenn ESMARCH (S. 54) bemerkt, den Fall solle man sich so denken, „dafs der missus, nachdem er seinen Irrtum gewahr geworden ist, nachträglich den Cornelianus bezieht", so ist dagegen einzuwenden, dafs dann der missus, wie HÖLDER richtig hervorhebt, nicht mehr e r r a n s wäre. Es läge dann, sofern nicht inzwischen an den missus ein Widerruf der Erklärung gekommen wäre, ein wirkliches consentire vor. Ein consentire kommt ja hier erst durch körperliches Beziehen des Grundstücks zustande, d i e s e s ist erst die Antwort auf die einseitige missio. Die missio braucht nämlich keineswegs mit ESMARCH als ein zweiseitiges dem ire in fundum vorangehendes pactum aufgefafst zu werden.

Der missus ist also in einem error in corpore befangen, jedoch der Besitzerwerb tritt nicht darum nicht ein, weil ein error in corpore den Besitzwillen stets unmöglich macht, sondern weil der Irrtum d e n K o n s e n s d e r P a r t e i e n a u s s c h l i e f s t. Der Irrtum, mit welchem wir hier zu thun haben, bewirkt zwar nicht eine Diskrepanz der äufseren Willenserklärungen, wohl aber eine Nichtübereinstimmung der inneren Absichten. Nach unserer Ansicht ist auch ein solcher error in corpore oft als ein „wesentlicher" zu betrachten, somit schliefst er das Bestehen eines rechtsgiltigen Traditionsvertrags aus. Unsere Stelle führt uns e i n e n speziellen Fall an, wo durch Irrtum der wirkliche Konsens ausgeschlossen ist. Aus diesem speziellen Falle ist jedoch mit Bestimmtheit der Schlufs zu ziehen, dafs in allen ähnlichen Traditionsfällen, wie derjenige der l. 34 pr. cit. jeder wesentliche Irrtum oder Dissens und überhaupt ein jeder Willensmangel, der den rechtsgiltigen Konsens vernichtet, den Übergang des Besitzes hindert, mithin der Besitzübergang von wirklicher Willensüberstimmung abhängt.

Was den Grund des Nichterwerbs des Besitzes in l. 34 pr. cit. betrifft, so herrscht unter jenen Schriftstellern, die die Brinzsche Auffassungsweise theilen, keine Meinungseinhelligkeit. Die Ansicht von Brinz, nach welcher, weil es sich um eine traditio possessionis handle, der Besitzwille hier ein zweiseitiger animus sein soll, ist bereits zurückgewiesen worden. Bezüglich des Falls, wo der Apprehendent in corpore irrt, scheinen auch die Anhänger der Brinzschen Ansicht diesen Irrtum an und für sich schon als einen ausreichenden Grund des Nichterwerbs zu betrachten[1]). In betreff des Falls, wo der missus nur die missio unrichtig versteht, scheint uns die Ansicht Hölders der Wahrheit am nächsten zu sein. Dieser Schriftsteller meint, der missus erwerbe den Besitz deshalb nicht, weil er eine Okkupation bezweckt, während in dem ire in fundum nur ein zur Tradition hinreichendes corpus liegt.

Nach unserer Ansicht wird der Besitz nicht erworben, weil kein consensus vorliegt und ein solcher unentbehrlich ist in allen Traditionsfällen, wo der Besitz in einer weniger körperlichen Weise ergriffen wird, als es bei Okkupationen der Fall ist. Ausschliefslich im Mangel eines der beiden besitzbegründenden Momente (corpus oder animus) den Grund des Nichterwerbes suchen zu wollen, geht darum nicht an, weil jene beiden Momente untrennbar zusammenhängen. Weil also in unserem Falle das äufsere Benehmen

1) S. Hölder, Meischeider u. Sohm a. a. O.

(corpus) des Einziehenden nicht als ein Ergreifen schlechthin, sondern als Übernehmen der Sache mit Willen des Vorbesitzers erscheint, so ist auch der Sinn dieses Benehmens (animus) als erklärtes Wollen die Sache nur unter Voraussetzung einer giltigen Verleihung zu besitzen aufzufassen. Ähnlich verhält es sich mit dem Besitzaufgabewillen. Weil der Mittent hier die Sache nicht schlechtweg aufgiebt, sondern nur für den missus offen hält, so erklärt er hierdurch den Willen nur unter der Voraussetzung, den Besitz aufzugeben, falls ein giltiges, den Konsens perfizierendes Übernehmen der Sache eintreffen wird. Darum heifst es in unserer Stelle: quodammodo sub condicione recessit de possessione.

In der Regel hat die Besitzübergabeerklärung bei der Tradition diesen bedingten Charakter nicht. Wird nicht durch das Verhalten des Tradenten der Erwerb des Nehmers vermittelt, dann gilt sie als Besitzaufgabe schlechthin. Damit sich in solchem Falle Besitzverlust und Besitzerwerb wechselseitig bedingen, so wie es in l. 34 pr. der Fall ist, müfste diese Bedingung durch Willenserklärungen der Parteien gesetzt werden. — Da wir es nun in l. 34 pr. cit. mit keiner gewöhnlichen Besitzübergabe zu thun haben, sondern mit einem Falle, wo auf seiten des Erwerbers nur ein Traditionscorpus vorliegt und, was sofort unten ausgeführt werden wird, mit der ganz unkörperlichen Besitzübertragung, so verschwindet auch der scheinbare Widerspruch zwischen unserer lex und der l. 18 § 1 D. h. t. Die Stelle lautet:

Celsus (l. XXIII Dig.). Si furioso, quem suae mentis esse existimas .... rem tradideris, licet ille non erit adeptus possessionem, tu possidere desinis: sufficit quippe dimittere possessionem, etiamsi non transferas. Illud enim ridiculum est dicere, quod non aliter vult quis dimittere, quam si transferat: immo vult dimittere, quia existimat se transferre.

Nach der Auffassungsweise des Juristen Celsus ist die Bewirkung der Besitzübertragung keine Bedingung, sondern nur Motiv des Besitzaufgabewillens des Tradenten. Der Widerspruch zwischen Ulpian und Celsus erklärt sich dadurch, daſs diese Juristen verschiedene Thatbestände im Sinne haben. Darauf weist nicht nur der Inhalt der beiden Fragmente, sondern auch die verschiedene Ausdrucksweise der Juristen. Ulpian spricht speziell nur von der Besitzübergabe bei abgeschwächtem corpus des Apprehendenten und von der unkörperlichen Übergabe. Somit ist die Celsinische Entscheidung auf die sonstigen regelmäſsigen Traditionsfälle zu beschränken [1]).

1) Meistens wird hier wirkliche Antinomie angenommen. S. dazu Windscheid: Pandekten 6. Aufl. Bd. 1 § 156 N. 10; Kierulff: Zivilrecht S. 393; Exner: Rechtserwerb durch Tradition S. 13 N. 30; Brinz: Pandekten 2. Aufl. Bd. 1 § 141 S. 523 fg. Auſserdem: Kohler: Jahrb. f. Dogm. Bd. 17 S. 328 fg. u. Arch. f. ziv. Prax. Bd. 69 S. 193 fg.; Kindel: Besitzrecht S. 270 fg.; Wendt: Faustrecht, Jahrb. f. Dogm. Bd. 21 S. 287 fg.; Liebe: Besitz als Recht in thesi S. 123 fg.; Duncker: Besitzklage S. 174 fg.; Leonhard: Irrtum Bd. 1 S. 267 N. 3; Dernburg: Preuſs. Privr. Bd. 1 § 155 N. 12 u. Pandekten Bd. 1 § 182 N. 10; Strohal a. a. O.; Kniep: Vacua poss. Bd. 1 S. 82 fg. Die richtige Ansicht findet sich bei Hölder, Strohal u. Kohler. An den treffenden Ausführungen dieses letzteren haben wir nur dies auszusetzen, daſs er den Erwerb des Besitzes in Traditionen beim abgeschwächten corpus nicht vom Vorhandensein aller Voraussetzungen einer rechtsgiltigen Verleihung abhängig macht. Ist jedoch in solchen Fällen das Aufgeben des Besitzes nicht unbedingt, sondern abhängig vom Erwerb des Besitzes durch den Nehmer, dann muſs andererseits angenommen werden, daſs dieser Erwerb von dem Wollen des Tradenten ganz abhängt, daſs also der Tradent die Sache behalten will, falls sie der Nehmer nicht als wirklicher Traditionsempfänger ergreift. — Der richtigen Ansicht nahestehend ist die Erklärung Dernburgs, welcher in der „Einhändigung" der Sache ein unbedingtes, in der „Ermächtigung zur Besitznahme" dagegen ein bedingtes Aufgeben des Besitzes sieht. Diese Auffassung ist nur insofern unrichtig, als einerseits die akzeptierte „Ermächtigung zur Besitznahme" oft noch keine vollendete Besitzüber-

Es ist vorhin erwähnt worden, dafs die Entscheidung der l. 34 pr. cit. sich nicht nur auf den Besitzerwerb bei abge-

---

tragung ist und andererseits auf Grund der „Ermächtigung“ die Sache auch mit vollem Okkupationscorpus ergriffen werden kann. Aufserdem machen die Fälle der „Ermächtigung“ und „Einhändigung“ noch nicht alle möglichen Fälle der Besitzübertragung aus. — Der Besitzübergabewille involviert den Besitzaufgabewillen nur dann, wenn das Thun des Tradenten als gänzliches Auflösen des bestehenden wirtschaftlichen Bandes, als schlechthinniges Aufgeben oder Weggeben der Sache erscheint. So ist es ganz natürlich, dafs, wenn jemand ein Grundstück, das er durch einen Stellvertreter besitzt, einem dritten körperlich tradieren will, der Besitz des Tradenten bis zum ire in fundum des Erwerbers fortdauert. Dies bestimmen die bekannten Stellen: l. 12 D. de vi 43, 16 (Marcellus): Colonus eum, cui locator fundum vendiderat, cum is in possessionem missus esset, non admisit: deinde colonus vi ab alio deiectus est : quaerebatur, quis haberet interdictum unde vi. Dixi nihil interesse, colonus dominum ingredi volentem prohibuisset an emptorem, cui iussisset dominus tradi possessionem, non admisit . . . . l. 18 D. eod. (Papinianus): Cum fundum qui locaverat vendidisset, iussit emptorem in vacuam possessionem ire, quem colonus intrare prohibuit: postea emptor vi colonum expulit : de interdictis unde vi quaesitum est. Placebat colonum interdicto venditori teneri, quia nihil interesset, ipsum an alium ex voluntate eius missum intrare prohibuerit : neque enim ante omissam possessionem videri, quam si tradita fuisset emptori, quia nemo eo animo esset, ut possessionem omitteret propter emptorem, quam emptor adeptus non fuisset . . . . Es wird hier körperliche Übergabe (nicht constitutum possessorium) bezweckt. Dafs der Tradent den Besitz bis zum ire in fundum des Nehmers behält, ist vollkommen natürlich. Ein einfaches dimittere possessionem ist in der Traditionserklärung schon darum nicht vorhanden, weil nur das Behalten des Besitzes es ermöglicht, die traditio auch gegen den Willen des colonus durchzusetzen. Zwischen den zitierten Fragmenten und der l. 18 § 1 h. t. cit. besteht noch weit weniger ein Widerspruch als zwischen der letzteren Stelle und l. 34 pr. cit. Man müfste ja behaupten, der sonst so scharfsinnige Celsus habe jede Traditionserklärung als vollständige Besitzaufgabe aufgefafst. — Kniep (a. a. O.), der verfehlterweise die Fragmente l. 12 u. 18 cit. mit l. 46 u. 48 h. t. (s. darüber oben S. 34 N. 1) in Verbindung bringt, erklärt die ersteren Stellen durch die Annahme, dafs nach der Ansicht Papinians das Aufgeben des Besitzes schwächtem corpus, sondern auch auf den unkörperlichen Erwerb bezieht. Die Worte nämlich: et si animo adquiri

---

animo (amittere possessionem) bei Grundstücken, die man durch Stellvertreter besitzt, erst dann den Besitzverlust nach sich zieht, wenn ein dritter sie in Besitz nimmt. Der ursprünglich nur für „amittere" possessionem bei dem durch Stellvertreter ausgeübten Besitz geltende Grundsatz sei in späterer Zeit durch Papinian und Ulpian (l. 34 pr. cit.) für die Einräumung leeren Besitzes überhaupt verallgemeinert worden. — Wir halten diese Meinung für verfehlt und sind davon überzeugt, der an sich sehr klare Unterschied, der zwischen dem Traditions- und dem Besitzaufgabewillen besteht, sei den Juristen der klassischen Zeit nicht verborgen geblieben. Wie verhalten sich aber zu den besprochenen Stellen jene Quellenentscheidungen, welche die Möglichkeit, den Besitz animo beim Fortbestehen des corpus aufzugeben, statuieren, und was ist unter diesem letzteren amittere possessionem zu verstehen? (Vgl. l. 30 § 4 D. h. t. Paulus: Item, quod mobile est, multis modis desinimus possidere : si aut nolimus .... l. 3 § 6 D. eod. Paulus ... itaque si in fundo sis et tamen nolis eum possidere, protinus amittes possessionem. Igitur amitti et solo animo potest, quamvis adquiri non potest; l. 44 § 2 eod. Papinianus: quod corpore nostro teneremus possessionem amitti vel animo vel etiam corpore; l. 17 § 1 eod. Ulpianus: Differentia inter dominium et possessionem haec est, quod dominium nihilominus eius manet qui dominus esse non vult, possessio autem recedit ut quisque constituit nolle possidere. Si quis igitur ea mente possessionem tradidit, ut postea ei restituatur, desinit possidere; l. 34 pr. eod. Ulp... animo deponere et mutare nos possessionem posse et Celsus et Marcellus scribunt; l. 19 pr. eod. Marcellus: Qui bona fide alienum fundum emit, eundem a domino conduxit: quaero utrum desinat possidere an non. Respondi: in promptu est, ut possidere desierit.) Vor allem dürfte nicht zu bezweifeln sein, daſs das „nolle possidere" nicht ein bloſs innerer Entschluſs, den Besitz aufzugeben, sein kann. Worin soll aber die Äuſserung dieses Willens bestehen? Kniep denkt hier bei Immobilien an ein Aufgeben des Besitzes zu Gunsten einer anderen Person und meint, es werde, anders als beim Besitz, welcher animo retiniert wird, sofortiger Untergang des Besitzes statuiert. Er nimmt auch an, in der Stelle des Marcellus werde lediglich ausgesprochen, daſs der bisherige Besitzer aufhört zu besitzen, nicht auch, daſs der dominus den Besitz erlangt. Abgesehen davon, daſs ein solcher Grundsatz nicht den geringsten vernünftigen Zweck hätte, ist man wohl berechtigt zu supponieren, daſs possessio potest, numquid etiam adquisita est? müssen, unserer Ansicht nach, von dem Besitzerwerbe ohne ire in fundum

---

Marcellus das constitutum possessiorium bereits gekannt hat, ja sogar selbst zur Ausbildung dieses Rechtsinstitutes viel beigetragen hat. Wird ja doch das animo deponere et mutare possessionem (l. 34 pr. cit.) auf Celsus und Marcellus zurückgeführt und bereits von Celsus ganz ohne Bedenken die Anerkennung des c. p. (l. 18 pr. D. h. t.) ausgesprochen. (Vgl. l. 19 § 1 D. h. t. Marcellus und hinsichtlich des Seitenstücks des constitutum — der brevi manu traditio l. 9 § 9 D. de r. c. 12, 1. Vgl. auch Tertulianus in l. 28 D. h. t., der auch nur von amittere possessionem spricht.) Spricht aber l. 19 pr. cit. vom Konstitut, so hat es keine Bedenken, auch das „nolle possidere" des Paulus in l. 3 § 6 cit. (ähnlich das Aufgeben des Besitzes animo in l. 44 § 2 cit.) in erster Linie auf das Konstitut zu beziehen. (Vgl. Savigny S. 358 fg.) Wir glauben jedoch, dafs dieses nolle possidere aufserdem ein einfaches Aufgeben des Besitzes umfafst, welches auch ohne Ausziehen aus dem Grundstück möglich ist, und sei es im Vernachlässigen des Grundstücks, sei es in einer ernstlichen Äufserung, dafs man die Sache aufgiebt, Ausdruck finden kann. Kniep hat Recht, wenn er hervorhebt, die Besitzabtretungserklärung sei der präciseste Ausdruck der animi mutatio; jedoch man ist nicht gezwungen in der l. 3 § 6 cit. nur an einen durch schriftliche oder mündliche Willensmanifestation sofort bewirkten Besitzverlust zu denken. Paulus dürfte schwerlich mehr gesagt haben wollen, als nur, man könne den Besitz aufgeben, obwohl man auf dem Grundstück verbleibt. Es wäre unberechtigt, seine Ausdrucksweise zu urgieren, zumal man auf diesem Wege zur Annahme des Besitzverlustes durch blofsen inneren Willensentschlufs gelangen müfste. Man beachte aufserdem, durch welche Beispiele Paulus das „nolimus" in l. 30 § 4 cit. erläutert. Man beachte auch, dafs derselbe Paulus einige Sätze weiter in l. 3 § 9 h. t. sagt, man verliere den Besitz nur durch das „discedere nostra voluntate" oder durch die „deiectio vi" und in der bekannten Regel (l. 153 D. de r. i. 50, 17; l. 8 D. h. t.) im Besitzverlust ein in contrarium actuin beider Momente erblickt. Noch weniger Schwierigkeiten macht für unsere Frage l. 17 § 1 cit. Das im zweiten Satze der Stelle gegebene Beispiel pafst zwar zum Vorangehenden gar nicht und zwingt zur Annahme, dafs die Stelle verstümmelt worden ist, läfst aber ungeachtet dessen den Schlufs zu, dafs Ulpian das „constituit nolle possidere" sogar auf das thatsächliche Weggeben der Sache bezieht. Es scheint uns wahrscheinlich zu sein, dafs Ulpian hier von einem verstanden werden, also vom constitutum possessorium und etwa auch von der longa manu traditio. Dafs hier ULPIAN, gleichsam nur nebenbei auf einen ganz anderen Thatbestand zu sprechen kommt, als am Anfange der Stelle, läfst sich

---

Falle handelte, wo die traditio ungeeignet dazu ist das Eigentum zu übertragen und dennoch als Weggabe der Sache den Untergang des Besitzes nach sich zieht. (Vgl. die Hypothesen von LENEL: Jahrb. f. Dogm. Bd. 19 S. 172; SCHULIN: Resolutivbedingungen S. 195 fg.; KNIEP a. a. O. S. 238 fg.) Der erste Satz sollte eine Begründung der folgenden praktischen Entscheidung sein deren wesentlichen Theil die Kompilatoren gestrichen haben. Dieser Satz ist theils unrichtig, theils eine Plattheit, wie eine andere auch bei ULPIAN, der bekanntlich nicht selten in seinen schwachen Stunden Trivialitäten und Gemeinplätze ausgesprochen hat, nicht leicht zu finden ist. Wieviel falsche Konsequenzen könnten nicht gefolgert werden aus dieser merkwürdigen „Differenz zwischen Eigentum und Besitz", welche so hingestellt wird, als gäbe es keinen anderen Unterschied! — Nach dem Gesagten darf wohl behauptet werden, dafs zwischen den letztzitierten Stellen und l. 34 pr. h. t., l. 12 u. l. 18 de vi cit. kein Widerspruch besteht, und man wohl berechtigt ist, die Traditionserklärung und insbes. die Einräumung leeren Besitzes auch in den Fällen, wo man corpore suo besitzt, nicht als ein einfaches „dimittere possessionem" aufzufassen. Gegen uns spricht auch nicht l. 1 § 4 D. h. t. PAULUS: Si vir uxori cedat possessione donationis causa plerique putant possidere eam, quoniam res facti infirmari iure civili non potest: et quid attinet dicere non possidere mulierem, cum maritus, ubi noluit, protinus amiserit possessionem. STROHAL (a. a. O. S. 180 fg.) meint, die Entscheidung solle nur gelten in den Fällen, in welchen ähnlich wie in l. 18 § 1 cit. ein vollständiges dimittere possessionem stattfindet. (Vgl. auch KOHLER a. a. O. S. 199.) Dies ist nicht unzweifelhaft. Akzeptiert man diese Beschränkung nicht, so mufs man zwar sagen, dafs PAULUS aus der „res facti" wohl zu viel folgert, nichtsdestoweniger aber liegt kein Grund zur Annahme vor, eine jede traditio habe diesen Sinn. Hier bezwecken nämlich die Parteien in voller Willensübereinstimmung das faktische Zuwenden des Besitzes dem Beschenkten. Es ist klar, dafs daraus nicht geschlossen werden darf, dafs ein solches nolle possidere bei Traditionen auch dann vorhanden ist, wenn weder der Konsens erzielt worden, noch auch der Besitz corpore aufgegeben worden ist.

durch den Zusammenhang der einzelnen Theile unseres Fragmentes erklären. Zu Beginn des zweiten Theiles der Stelle berührt ULPIAN die Frage, ob denn nicht dennoch der Mittent den Besitz verliere und zwar animo. Er will die Frage verneinen, wirft aber Gründe auf, aus welchen man dies bezweifeln könnte, führt namentlich die Ansicht des CELSUS und MARCELLUS an, die ein animo mutare possessionem als möglich anerkannten. Da nun jene Fälle des „recedere animo de possessione", von denen CELSUS und MARCELLUS sprachen, zugleich Fälle sind, wo von einer anderen Person der Besitz unkörperlich erworben wird [1]), so ist es nicht auffallend, daſs nun von ULPIAN nebenbei auch die Frage in betreff des Besitzerwerbes in diesen letzteren Besitzübergabefällen aufgeworfen wird. Daſs ULPIAN bei der Formulierung dieser Frage nicht sagt: „wenn es sich um den Besitzerwerb animo handeln würde", sondern: „wenn der Besitzerwerb animo möglich ist" — dürfte vielleicht nicht sowohl darin seinen Grund haben, daſs ULPIAN die Möglichkeit des Erwerbes „animo" für zweifelhaft hält [2]), als eher darin, daſs sich der Jurist dessen bewuſst ist, im vorliegenden Falle seien die thatsächlichen Voraussetzungen des Konstituts bez. der longa manu traditio eigentlich gar nicht vorhanden [3]). Der Schluſs des Fragmentes

1) Vgl. die bekannten Fragmente l. 18 pr. (CELSUS), l. 19 D. h. t. (MARCELLUS), welche für die Ausbildung des constitutum possessorium bahnbrechend gewesen zu sein scheinen und die CELSINISCHE l. m. traditio l. 18 § 2 h. t.

2) So ESMARCH a. a. O. S. 60.

3) KOHLER denkt hier an brevi manu traditio (S. 191 N. 93). Nach unserer Ansicht ist dieser Fall des animo adquirere possessionem weniger naheliegend als das Konstitut. Hätte nämlich der missus, nachdem er bereits früher sich auf das Grundstück begeben hat, den animus, dann würde er eigentlich animo und corpore erwerben. Dagegen war es mehr zweifelhaft, ob der Empfänger nicht unter Umständen schon vor

bezieht sich auf beide in der Stelle verhandelten Traditionsfälle. Das „sed non puto errantem adquirere“ ist freilich bezüglich des im ersten Theile angegebenen Thatbestandes eine Wiederholung.

Ähnlich, wie wir, faſst den zweiten Teil der Stelle ESMARCH auf. Weil er jedoch verfehlterweise seiner Theorie entsprechend unter der missio in vacuam possessionem des ersten Theiles der Stelle jenes eigentümliche unkörperliche Rechtsgeschäft versteht, so ist er infolgedessen gezwungen, unsere Stelle in zwei abgeschlossene und in keiner Verbindung miteinander stehende Theile zu scheiden und den Schluſssatz ausschlieſslich nur auf den zweiten Theil zu beziehen. Daſs dies gegen den Sinn des ganzen Fragmentes ist und die einzelnen Theile hierdurch jedweden Zusammenhang verlieren, bedarf keiner näheren Ausführung.

Wie bereits erwähnt, bewirkt der Irrtum des Apprehendenten in l. 34 pr. cit. keine offene Nichtübereinstimmung der Parteien, sondern nur einen sogenannten verdeckten Dissens. Selbstverständlich wäre die Wirkung eines wesentlichen Irrtums oder Miſsverständnisses die gleiche, falls hierdurch auch eine Nichtübereinstimmung der Willenserklärungen bewirkt sein würde. Wenn also der missus anstatt in den fundus Cornelianus einzuziehen, in der Meinung, er sei in den fundus Sempronianus eingewiesen, in der That dieses letztere Grundstück beziehen würde, dann erwürbe er natürlicherweise den Besitz nicht und müſste als ein heimlicher Okkupant betrachtet werden.

---

dem ire in fundum Besitzer geworden sein könnte. Dabei denke man beim errare in corpore nicht nur an ein zufälliges Sich-Verlaufen, sondern an den Identitätsirrtum. Der Fall läge so: ein unkörperlicher Vertrag läge bezüglich des fundus C. vor, welchen (fundus) der Empfänger fälschlich für identisch mit dem Grundstück S. hielte.

Der Vollständigkeit wegen mag hier noch der Fall erwähnt werden, den BRINZ und diejenigen, die ihm folgen, als durch die Entscheidung unserer Stelle mitumfaſst ansehen, wo der missus die missio auf ein anderes Grundstück bezieht, den fundus Cornelianus aber, in den er einzieht, eigenmächtig ergreift. Auch hier liegt ein gewisser Dissens der Parteien vor, da der Mittent das Grundstück tradieren, der missus dagegen es eigenmächtig okkupieren will. Auch diesen Dissens halten wir für wesentlich, denn es ist anzunehmen, daſs der Tradent nur unter der Voraussetzung die possessio zu einer vacua macht, daſs der Nehmer sie als derivativer Erwerber empfange. Der missus erwürbe also durch bloſses ire in fundum den Besitz noch nicht. Man müſste in ihm einen heimlichen Okkupanten sehen trotz der missio und möglicherweise der Kenntnis des Tradenten von dem ire in fundum[1]). Es genügt nämlich, wie wir dies im ersten Theile unserer Untersuchung näher ausgeführt haben, zur Besitzergreifung im Falle einer occupatio clandestina nicht, daſs der frühere Besitzer von dem Geschehen des ire in fundum Kunde erhalten hat, sofern letzterer dessen nicht bewuſst ist, daſs dieses Einziehen in das Grundstück eine eigenmächtige Okkupation ist[2]). Selbstverständlich jedoch kann hier der

---

1) KOHLER nimmt hier sofortigen Besitzerwerb an S. 187 N. 87.

2) SOHM (a. a. O.) meint, der missus erwerbe hier darum den Besitz nicht, weil er sich subjektiv für einen Eindringling hält und glaubt, die eigentliche Apprehension sei erst in der Zukunft zu vollziehen. Dies genüge dazu, sein corpus mangelhaft zu machen. Diese Begründung ist nicht zu billigen. Unser subjektives Meinen, das Ergreifungscorpus sei mangelhaft, hindert den Erwerb nicht. Müſste doch SOHM behaupten, der heimliche Okkupant werde nicht schon in dem Augenblick Besitzer, als der frühere Besitzer nach erhaltener Kunde den Besitz aufgegeben hat, sondern erst dann, wenn er (der Okkupant) seinerseits von diesem Entschlusse Kenntnis erhalten hat.

missus nicht schlimmer daran sein, als ein gewöhnlicher heimlicher Okkupant. Er erwirbt also den Besitz, wenn sich sein Verhältnis zur Sache nach Ablauf der Zeit stabilisiert[1]). Ein längeres in possessione esse des missus ist nämlich entweder der Ausdruck eines nach Beseitigung des ursprünglichen Mifsverständnisses erzielten wirklichen Konsenses der Parteien, oder es wird hierdurch der uns bereits näher bekannte Verlust des Besitzes des Mittenten an den missus durch heimliche Okkupation, verbunden mit dem error bez. incuria domini bewirkt.

Ein unwesentlicher Irrtum schliefst so, wie überhaupt bei Willenserklärungen, so auch bei der Besitzübergabe den Konsens nicht aus, hindert also den Besitzerwerb nicht. Davon, welche Irrtümer als wesentlich bei der Besitzergreifung zu erachten sind, kann an diesem Orte nicht näher gesprochen werden. Ausdrücklich wird in l. 34 pr. cit. der error in nomine, d. h. ein Irrtum, welcher nur den Namen, die Bezeichnung des Grundstücks betrifft, als unwesentlich bezeichnet.

Nach der vorangehenden Ausführung ist in Traditionsfällen zum Besitzerwerb das Vorhandensein aller gewöhnlichen Bedingungen eines derivativen Erwerbs dann unerläfslich, wenn das Verhalten des Erwerbers zur Sache ein derartiges ist, dafs es nur unter der Voraussetzung einer Verleihung der Sache den Nehmer als Herrn derselben dokumentiert, oder mit anderen Worten, wenn auf seiten des Erwerbers kein zur Okkupation hinreichendes corpus vorliegt.

1) Dies wird auch begreiflicherweise leichter geschehen als bei der gewöhnlichen heimlichen Okkupation.

Unbewegliche Sachen werden also durch ein ire in fundum oder consensus in re praesenti stets nur unter der Voraussetzung eines rechtsgiltigen Vertrags in Besitz genommen. Bei Mobilien ist ein giltiger Traditionsvertrag Bedingung des Besitzwechsels in allen jenen uns bereits näher bekannten Traditionen, wo die körperliche Seite des Aktes weniger sichtbar hervortritt, wie: Schlüsselübergabe, Bezeichnung der Sache u. s. w. Ferner ist sowohl bei Immobilien als auch bei Mobilien ein Vertrag erforderlich in den Fällen der Besitzübertragung, ohne Änderung der Detention nämlich ganz unbedingt beim constitutum possessorium und in der Regel bei traditio brevi manu. Endlich kann bei einer jeden Tradition von den Parteien statuiert werden, dafs der Besitzübergang nur unter der Bedingung eines giltigen Vertrags eintreten solle. In allen diesen Fällen erwirbt man den Besitz nicht, wie sich Exner[1]) ausdrückt, bei Gelegenheit der Tradition, sondern wirklich durch die Tradition.

Der Umstand, dafs das Recht für manche Fälle der Besitzergreifung das Vorhandensein eines giltigen Traditionsvertrags erfordert, steht nicht im Widerspruch mit unserer Auffassung des Besitzbegriffs. Bekanntlich ist das Respektieren unseres Aneignungswillens durch dritte eines der besitzbegründenden Momente. Nun wird der bisherige Besitzer, der die Sache nicht schlechthin aufgegeben hat, nur dann den Willen des Aneignenden anerkennen, wenn dieser letztere physisch geschützt ist, oder wenn ihn das Recht zum Respektieren der neuen Aneignung verpflichtet, was dann der Fall ist, wenn der frühere Besitzer selbst die Sache dem Erwerber rechtsgiltig verliehen hat.

Zu demselben Ergebnisse gelangen wir, wenn wir die

---

1) A. a. O. S. 11.

praktische Seite des Verhältnisses näher beobachten. Derjenige, der Besitzer zu sein behauptet, mufs, falls er nicht durch ein besonders nahes Verhalten zur Sache (ein corporaliter tenere rem)[1]) das Bestehen des Besitzverhältnisses ohne Rücksicht auf die Besitzerwerbsart darthun kann, auf den Besitzbegründungsakt zurückgreifen. Ergiebt es sich nun, dafs die Sache früher im Besitz eines dritten war, so mufs begreiflicherweise eine rechtsgiltige Besitzaufgabe- bez. Besitzübergabeerklärung dieses letzteren behauptet und nötigenfalls bewiesen werden.

In jenen Fällen, wo der Besitz wirklich durch Tradition erworben wird, ist der Erwerb in jeder Beziehung von dem Willen des Vorbesitzers abhängig, ganz so, wie es bei der Sondernachfolge im Rechte der Fall ist. Somit sind hier die in l. 48 D. de pact. 2, 14 und l. 20 pr. D. de a. r. d. 41, 1 für den Rechtserwerb durch Tradition ausgesprochenen Grundsätze auch für den Erwerb des Besitzes in Geltung.

Diese Abhängigkeit des Besitzverhältnisses von der Traditionserklärung dauert jedoch nur zeitweise. Sie verschwindet, sobald durch das fernere Benehmen des Erwerbers seine wirtschaftliche Relation zur Sache eine nähere wird, und unter Umständen schon nach Ablauf der Zeit. Bei Mobilien geschieht dies z. B. dadurch, dafs der Erwerber die Sache aus dem Raume, wo sie sich befindet, fortschafft und sie dorthin bringt, wo er derartige ihm dienende Sachen ganz ohne Rücksicht auf die Art des Erwerbes gewöhnlich aufbewahrt. Bei Immobilien wird aus dem länger dauernden Gebrauche des Grundstücks durch den Erwerber auf den Besitzaufgabewillen auf seiten des Vorbesitzers geschlossen u. s. w. Hat

---

1) Paulus: R. S. V, 11, 2: Probatio traditae vel non traditae possessionis non tam in iure quam in facto consistit; ideoque sufficit ad probationem, si rem corporaliter teneam.

sich das Verhältnis des Erwerbers zur Sache in dem Maſse stabilisiert, daſs er beim Beweise des Besitzes nicht mehr nötig hat, den Besitzergreifungsakt und dessen Qualität darzuthun, dann ist auch sein Besitz von der Tradition unabhängig und gilt als bestehend, möchte auch kein rechtsgiltiger Vertrag die Quelle desselben gewesen sein.

Wenn man an dem hier entwickelten Charakter des derivativen Besitzerwerbs festhält, so wird man darin keine Antinomie erblicken, daſs in manchen Stellen zum Erwerbe des Besitzes das Vorhandensein eines giltigen Traditionsvertrags erfordert wird, andererseits aber Usukapion auf Grund des Putativtitels, also ohne rechtsgiltige Tradition anerkannt wird. Um diesen scheinbaren Widerspruch zu erklären, braucht man demnach weder mit Cujacius die Möglichkeit einer Usukapion ohne Besitz anzunehmen, noch mit Brinz zwischen possessionis und rei traditio zu unterscheiden.

Nach alledem ist es klar, daſs unsere Ansicht über die Natur des derivativen Besitzerwerbs von der herrschenden Lehre bedeutend differiert. Nichtsdestoweniger sagen wir gerade so wie die herrschende Lehre: Die Bedingungen des Besitzerwerbs sind im Prinzip dieselben, mag der Besitz durch Okkupation oder Tradition entstehen. Dieser Satz ist so klar und unzweideutig im römischen Recht ausgesprochen, daſs seine Geltung nicht in Zweifel gezogen werden dürfte. Stets sind zum Besitzerwerbe corpus und animus nötig und diese beiden Momente haben in allen Apprehensionsfällen eigentlich genau dieselbe Bedeutung. Nur sind die Thatsachen, welche geeignet sind das Besitzverhältnis zu begründen, nicht immer dieselben, und hierin liegt ein Unterschied zwischen Okkupation und Tradition. In manchen Traditionsfällen nämlich ist das Vorhandensein der rechtsgiltigen Willensübereinstimmung eine unentbehrliche rechtliche Voraussetzung der Entstehung der besitzbegründenden Momente.

In neuerer Zeit ist auf Grund der Verschiedenheit, welche zwischen dem Okkupations- und Traditionsbesitzerwerbe besteht, der Versuch gemacht worden, der Sukzession in den Besitz den Weg durch die Aufstellung zu ebnen, der Besitz sei kein dauernder Zustand, sondern etwas, was zwischen Besitzerwerbs- und Besitzvernichtungsthatsache in der Mitte liegt und während seines Daseins keine bestimmten faktischen Merkmale an sich trägt. Darnach wäre der derivative Besitzerwerb nichts anderes als nur die Übertragung einer reinen res iuris (der bloſsen Rechtsfolgen des Besitzes) durch unkörperlichen Rechtsakt. Diese Ansicht, welche Strohal in seinem in der Wiener juristischen Gesellschaft gehaltenen Vortrage vertrat[1]),

1) Vgl. Wiener juristische Blätter 1881 Nr. 2, 3 u. 4, bes. S. 15. Dagegen anerkennt Strohal in seinem Buche über die Sukzession in den Besitz den Charakter des Besitzverhältnisses als dauernden faktischen Zustandes. Vgl. bes. S. 119 fg., wo gegen Bekker, der bekanntlich behauptet, der zuständliche Charakter des Besitzes sei von den Römern nicht allgemein anerkannt gewesen, polemisiert wird. In der derivativen Besitzergreifung sieht somit Strohal nicht mehr eine unkörperliche Übertragung der bloſsen Besitzberechtigung. Nichtsdestoweniger ist seine Auffassungsweise doch nicht ganz richtig und insofern unklar, als weder die Natur des Unterschiedes zwischen occupatio und traditio präcis klargelegt wird, noch zwischen „körperlicher" und „fingirter" Übergabe gehörig unterschieden wird. So ist es nicht richtig, wenn gesagt wird, die Besitzerwerbsthatbestände in Traditionsfällen seien gar nicht „eiusdem generis" wie in Okkupationsfällen, sondern innerlich von den letzteren verschieden (S. 23, zahlreiche ähnliche Bemerkungen auch anderwärts). Nicht zu billigen ist es auch, wenn Strohal, die traditio symbolica der älteren Doktrin preisend (S. 199 fg.), in ihr keine wesentliche Abweichung von den Prinzipien der röm. Besitzlehre erblickt. Der wichtige Unterschied, welcher zwischen realer Übergabe, die auch nach den Verkehrsgebräuchen als wirtschaftliches Einantworten

der Sache gilt, und der unkörperlichen Übertragung der Besitzberechtigung ist, wird hier offenbar verkannt. Eine Folge davon ist, dafs bezüglich der einzelnen Traditionsarten nicht gehörig betont wird, dafs das Recht, indem es sich mit dem schwächeren Ergreifungskorpus begnügt, hierin nur das wirklich Verkehrsübliche anerkennt und feststellt. Die Abschwächung der Körperlichkeit der traditio, die römische wenigstens, ist nicht etwas nur rein Positives, willkürlich durch das Recht zu dem Zweck Geschaffenes. Hätten die Fälle der Schlüsselübergabe, Signierung u. s. w. nur diese Bedeutung, dann wäre es nicht recht begreiflich, warum die Abschwächung des corpus nur in diesen von allen anderen möglichen Übertragungsarten nicht wesentlich verschiedenen Fällen anerkannt wurde. Es ist zwar an sich nicht falsch, wenn Strohal sagt (S. 186), es sei eine „reine Zweckmäfsigkeitsfrage", was für Anforderungen an das Traditionskorpus zu stellen seien, aber bezüglich der Frage, was hier als „zweckmäfsig" zu betrachten sei, dürfte zwischen Strohal und uns eine nicht unerhebliche Meinungsverschiedenheit obwalten. „Zweckmäfsig" ist nämlich nach unserer Ansicht, wenn das Recht die faktische Sachgüterzirkulation nicht erschwert, sondern befördert und als Traditionen alle derartigen Akte gelten läfst, die geeignet sind, im Leben als thatsächliches Übergehen der Sache von dem Vermögen einer Person in das Vermögen einer anderen zu fungieren. Dagegen ist es nicht „zweckmäfsig", wenn das Recht durch Abschwächung des Traditionskorpus bis zur Annahme der Fiktion des Besitzes die Eigentumsübertragung erleichtern und thatsächlich von dem Erfordernisse einer realen Übergabe befreien will. Die Rechtsordnung, welche auf diese Weise mittelbar die Schranken, welche sie selbst der Eigentumsübertragung setzt, wegschafft, ist einem Reiter zu vergleichen, der sich selbst Hindernisse in den Weg legt, um über dieselben zu springen (vgl. darüber unten § 6). Die Abschwächung des Traditionskorpus, die „Zivilisierung" des Besitzes, wie sich Eck (Ztschr. f. Handelsr. Bd. 32 S. 601) ausdrückt, hat sich in Rom allmählich entwickelt zweifellos unter dem Einflufs der regeren Entwickelung des Verkehrslebens und der faktischen Sachgüterzirkulation. Es ist nicht zu bestreiten, dafs das römische Recht in dieser Entwickelung auf halbem Wege geblieben ist und dafs das Besitzverhältnis einer weiteren Spiritualisierung bedurfte, um gleichen Schrittes mit den Erscheinungen des Verkehrslebens zu gehen. Bei dieser Zivilisierung des Besitzes müfste man aber im Auge behalten, dafs ihr Zweck ein anderer ist, als nur einfach das römische Traditionsprinzip wegzueskamotieren.

seither jedoch aufgegeben hat, ist übernommen worden von SELIGSOHN[1]).

Unseres Dafürhaltens ist das Leugnen des zuständlichen Charakters des Besitzverhältnisses ganz unzulässig[2]). Ist aber der Besitz in seinem Bestehen ein Zustand, so ist umsomehr anzunehmen, daſs die Entstehung des Besitzes ohne Begründung eines thatsächlichen, als etwas Dauerndes, Durchhaltendes erscheinenden Verhältnisses zwischen Person und Sache gar nicht denkbar ist. Auch der unkörperliche Erwerb des Besitzes (constitutum possessorium und traditio brevi manu) setzt ja das Bestehen eines dauernden faktischen Zustandes voraus und ist bei mangelndem corpus unzulässig. Eine reine res iuris, ein Recht, das von allem Thatsächlichen abgelöst wäre, ist der Besitz nie. Sieht man in dem derivativen Besitzerwerbe das Übertragen der reinen res iuris, dann müſste man behaupten, es gebe zwei vollständig voneinander verschiedene Arten des Besitzes. Der originär erworbene Besitz wäre eine res facti und iuris zugleich, der derivativ erworbene lediglich eine Berechtigung. Dieser letztere Besitz müſste während der ganzen Zeit seines Bestehens von dem Rechtsakte der Verleihung abhängig sein und wäre an keine thatsächlichen Voraussetzungen gebunden. Daſs dies alles dem römischen Recht nicht entspricht, darüber ist kein Zweifel möglich.

1) Sukzession in den Besitz, Beitr. zur Erläut. des d. Rs. Bd. 26, bes. S. 320 fg.

2) Vgl. oben Bd. 1 S. 24 fg.

Drittes Kapitel.

Besitzerwerb animo solo.

I. Eigenmächtiger Besitzerwerb animo solo.

§ 4.

Wir wenden uns nun zur näheren Besprechung des Besitzerwerbs von Sachen, die der Erwerber bereits innehat, ohne juristischer Besitzer derselben zu sein. Der Besitzerwerb von Sachen, die man detiniert, vollzieht sich nach der Ausdrucksweise der Quellen manchmal animo solo, und dieser Grundsatz vom „adipisci possessionem animo solo" bei Vorhandensein der „naturalis possessio" scheint ebenso sprichwörtlich bei den Römern gewesen zu sein wie das Dogma vom adprehendere possessionem corpore et animo[1]). Was unter Besitzergreifung solo animo zu verstehen ist, wissen wir schon. Sie ist ein Besitzerwerb, nicht durch inneren Willensentschlufs, sondern durch reine Willenserklärung. Diese genügt zur Begründung des Besitzes nur dann, wenn nach den Umständen des Falls es gar keiner Bethätigung des Aneignungswillens an der Sache bedarf, um den Apprehendenten als Herrn der Sache zu dokumentieren. Gleichfalls ist es uns bekannt, dafs die zufällige faktische, durch keinen Willen be-

1) S. bes. l. 3 § 3 D. h. t.

seelte Nähe zwischen Person und Sache keine eigentliche naturalis possessio ist, folglich, dafs in solchen Fällen ganz regelmäfsig das adprehendere possessionem solo animo nicht platzgreift.

Wie ist es aber bei der Umwandlung der Detention in fremdem Namen in juristischen Besitz? Bedarf es da einer körperlichen Einwirkung auf die Sache, oder genügt die blofse Erklärung des Besitzwillens, oder gar schon die innere animi mutatio? Auch hier erscheint es geboten, zwischen dem eigenmächtigen Erwerbe durch den Detentor und der Besitzübergabe an den Repräsentanten zu unterscheiden. Wir wollen zuerst den ersteren Fall der näheren Betrachtung unterziehen. —

Unsere nachfolgende Untersuchung über die eigenmächtige Besitzergreifung von Objekten, die man detiniert, wird sich vorzüglich nur auf bewegliche Sachen beziehen. Bei unbeweglichen findet selbstverständlich auch hier die bekannte Regel Anwendung, dafs der Übergang des Besitzes erst dann eintritt, wenn der bisherige juristische Besitzer von der Aneignung des Repräsentanten Kunde erhalten hat und den treulosen Vertreter zu vertreiben unterläfst, oder überhaupt als jemand betrachtet werden mufs, der die possessio animo aufgiebt. Der noch von Sabinus verteidigte Satz, dafs auch bei Grundstücken ein furtum möglich sei und dafs das furtum des Repräsentanten auch hier den Besitz des Vertretenen intervertiere, gilt (Gell. 11. 18 § 11—14) im späteren römischen Rechte nicht. Bezüglich der Frage, durch was für ein Geschehen bei beweglichen Sachen der Detentor eigenmächtig den juristischen Besitz erlangt, herrscht bekanntlich ein lebhafter Streit in unserer Litteratur.

Allgemein wird zwar von den Anhängern des herrschenden Besitzbegriffs gelehrt, dafs dem obersten Prinzip der Besitzlehre gemäfs die Umwandlung der Detention in den Besitz solo animo geschehen sollte, da das corpus (faktische Macht) als Detentionsverhältnis bereits vorhanden ist[1]. Streitig ist es jedoch, ob das römische Recht in diesem Falle die Anwendung der Regel anerkenne oder eine Abweichung von ihr statuiere.

Namentlich führt Savigny[2] die Ansicht aus, dafs wider die Regel der Repräsentant eigenmächtig erst dann zum juristischen Besitzer wird, wenn er ein furtum an der Sache begeht. Zum furtum sei aber eine contractio rei erforderlich. Da nun Savigny unter der Kontrektation eine körperliche Behandlung der Sache versteht, so gelangt er zu dem Ergebnis, der Besitz werde nicht animo solo, sondern erst durch bewufst widerrechtliche körperliche Ergreifung der Sache erworben.

Dagegen bricht sich in neuerer Zeit die Ansicht immer mehr Bahn, dafs auch hier prinzipgemäfs die animi mutatio des Inhabers die Besitzänderung hervorbringe, nur müsse der animus, weil dieser als innere That überhaupt rechtlich nicht in Betracht kommt, irgendwie geäufsert werden. Das von den Quellen zum Besitzerwerb erforderte „loco movere" der Sache habe blofs die Bedeutung der Kundgebung des Besitzwillens. — Diese letztere Ansicht ist gegen Savigny zuerst von Schirmer[3] näher begründet worden. Sie wird jetzt verteidigt von Witte[4], Baron[5], Brinz[6], Windscheid[7], Randa[8] und Meischeider[9].

---

1) S. bes. Savigny S. 364 fg.

2) a. a. O.

3) Ztschr. f. Zivr. u. Prozess N. F. Bd. 11 S. 464 fg.

4) Ebenda Bd. 18 S. 293 fg.

5) Jahrb. f. Dogm. Bd. 7 S. 146 fg.

6) Pandekten 2. Aufl. Bd. 1 § 142.

7) Pandekten Bd. 1 § 157 N. 6.

8) Besitz § 23 N. 10.

9) Besitz und Besitzverlust § 75. Vgl. auch jetzt Kindel: Grund-

Die drei Hauptstellen, welche hier in Betracht kommen, sind:

L. 3 § 18 D. h. t. (Paulus l. LIV ad ed.): Si rem apud te depositam furti faciendi causa contrectaveris, desino possidere. Sed si eam loco non moveris et infitiandi animum habeas, plerique veterum et Sabinus et Cassius recte responderunt possessorem me manere, quia furtum sine contrectatione fieri non potest nec animo furtum admittatur.

L. 47 D. h. t. (Papinianus l. XXVI quaest.): Si rem mobilem, apud te depositam aut ex commodatu tibi (permissam supl. Mommsen), possidere neque reddere constit(u)eris, confestim amis(is)se me possessionem vel ignorantem responsum est: cuius rei forsitan illa ratio est, quod rerum mobilium neglecta atque omissa custodia, quamvis eas nemo alius invaserit, veteris possessionis damnum adferre consuevit: idque Nerva filius ... rettulit...

L. 68 (67) pr. D. de furt. 47. 2 (Celsus l. XII digest.): Infitiando depositum nemo facit furtum (nec enim furtum est ipsa infitiatio, licet prope furtum est): sed si possessionem eius apiscatur intervertendi causa facit furtum. Nec refert, in digito habeat anulum an dactyliotheca quem, cum deposito teneret, habere pro suo destinaverit.

Aus dem Inhalte dieser Stellen ist sofort zu ersehen, daſs die erstere für Savigny, die beiden anderen für die gegentheilige Ansicht zu sprechen scheinen.

Unseres Erachtens ist die Meinung Savignys vollständig verfehlt, jedoch auch die Schirmersche Ansicht als Regel unhaltbar. Wir meinen, es lasse sich überhaupt keine Regel dafür aufstellen, wie die Thätigkeit des Detentors, der sich

---

lagen des Besitzrechts S. 402 fg. u. Scheurl: Beitr. zur Lehre vom Besitz S. 158 fg.

eigenmächtig den Besitz aneignet, von ihrer physischen Seite aus betrachtet beschaffen sein müsse, nämlich ob sie mit einer körperlichen Einwirkung auf die Sache verbunden sein müsse, oder nicht. Es hängt vielmehr ab von den bereits bestehenden wirtschaftlichen Beziehungen des Inhabers zur Sache, ob die bloſse Kundgebung der Aneignungsabsicht genügt, um ihn zum Herrn der Sache zu machen, oder ob es zu dem Zwecke noch der Bewirkung einer entsprechenden Änderung an der Sache bedarf. Wir wollen nun die nähere Begründung dieser Behauptungen unternehmen.

In der Streitfrage, welche uns jetzt beschäftigt, handelt es sich nicht nur darum, wie sich die eigenmächtige Umwandlung der Detention in den Besitz vollziehe, sondern zugleich um das Wesen der contrectatio. Ausgemacht sicher ist hier soviel, daſs furtum (rei vel possessionis) und Besitzerwerb regelmäſsig zusammenfallen, wie auch, daſs zum furtum, wie sonst, so auch bei dem durch den Repräsentanten verübten furtum eine Kontrektation der Sache gehört (l. 3 § 18 cit.). Zweifelhaft ist dagegen, ob durch das begangene furtum der Besitzerwerb bewirkt werde, oder vielmehr ganz im Gegentheil eine jede Besitzergreifung, die diebische Absicht vorausgesetzt, eine Kontrektation folglich ein furtum sei. Savigny behauptet das erstere jedoch mit Unrecht. Ein Blick auf die l. 67 pr. cit. genügt, um uns davon zu überzeugen. Hier heiſst es ganz ausdrücklich, daſs ein apisci possessionem intervertendi causa ein furtum sei[1]). Offenbar also ist das „apisci posses-

1) Zu weit geht Kniep, wenn er meint (Vacua poss. S. 28), Papinian u. Celsus (l. 47 u. 68 cit.) nehmen furtum ohne contrectatio an. Ob sie im vorliegenden Falle die Entwendung als eine „contrectatio“ bezeichnet haben würden, darüber lieſse sich streiten und dies wäre an sich ziemlich gleichgiltig. Daſs aber die zitierten Fragmente zu der Hypothese nicht berechtigen, nach der Ansicht des Celsus und Papinianus werde ein furtum bereits „animo“ kommittiert, ist zweifellos.

sionem" von dem Begriffe des furtum ganz unabhängig und auch ohne dieses möglich, da nicht ein jedes apisci possessionem, sondern nur ein besonders qualifiziertes ein furtum ist. Nicht das Vorhandensein des furtum entscheidet über den Besitzerwerb, sondern umgekehrt dieser darüber, ob ein furtum vorliegt[1]). Soweit mufs den Gegnern SAVIGNYS Recht gegeben werden.

Andererseits jedoch ist das furtum eine Kontrektation der Sache, demnach mufs auch das apisci possessionem eine Kontrektation sein. Da nun die Gegner SAVIGNYS, sich auf die bekannte Regel des Besitzerwerbs stützend, annehmen, der Besitz werde bei Vorhandensein der Detention animo solo erworben, so müssen sie behaupten, zum Begriffe der Kontrektation sei hier ein körperliches Behandeln der Sache, eine Lokomotion gar nicht nötig, dieselbe sei stets mit der Erklärung, für sich besitzen zu wollen, vorhanden[2]). Diese Behauptung, wonach stets eine jede Kundgebung des animus sibi possidendi den Besitzerwerb begründen sollte, folglich, das Bewufstsein der Widerrechtlichkeit vorausgesetzt, ein furtum wäre, halten wir für verfehlt schon mit Rücksicht auf l. 3 § 18 cit., nach welcher doch eine Lokomotion zur contrectatio für nötig erklärt wird. Der von SCHIRMER[3]) nach dem Vorgange GESTERDINGS dafür angegebene Grund, warum nach l. 3 § 18 cit. und l. 67 pr. cit. die infitiatio depositi kein furtum sei und keinen Besitzerwerb bewirke, ist nicht stichhaltig. Er meint, die infitiatio sei keine genügende konkludente Handlung für die Annahme des animus furandi und

---

1) Natürlich nur in den Fällen der von einem Repräsentanten begangenen Entwendung. Sonst setzt ein furtum vollzogenen Besitzerwerb nicht voraus. S. oben Bd. 1 S. 100.

2) Vgl. bes. BARON a. a. O. S. 149 fg.; BRINZ a. a. O.

3) a. a. O. S. 472 fg.

suo nomine possidendi, da dem Leugnen nicht notwendig das Motiv, sich die Sache aneignen zu wollen, zu Grunde liegen mufs. Dafs eine infitiatio auch aus gutem Grunde geschehen kann [wie z. B. in l. 13 pr. D. dep. 16, 3[1]), vgl. auch l. 20 D. h. t.[2])], dafs nicht immer das Ableugnen des Depositum animo furandi geschieht, ist wohl nicht zu bestreiten, dafs jedoch eine infitiatio, wo der Depositar bona fide handelt, kein furtum ist, dies ist doch selbstverständlich, und PAULUS bedurfte wahrlich, um eine derartige Plattheit zu lehren, sich nicht auf die Autorität des CASSIUS und SABINUS zu berufen. Wir meinen vielmehr, in beiden Stellen werde vorausgesetzt, dafs die infitiatio etwas Unrechtmäfsiges ist. CELSUS äufsert sich ja dahin, die infitiatio sei „prope furtum". Noch sprechender ist in der Beziehung l. 3 § 18 cit., wo PAULUS für seine Entscheidung einen Grund angiebt, der zu der SCHIRMERschen Erklärung gar nicht pafst. Er sagt nämlich nicht, wie man vom Standpunkt der Erklärung SCHIRMERS erwarten müfste, der Besitz werde nicht erworben, weil der infitiatio nicht notwendig der animus furandi zu Grunde liegt, sondern, weil man ein furtum solo animo nicht begeht, also offenbar, obwohl der animus furti faciendi feststeht. Anstatt zu sagen, die blofse infitiatio sei nicht ein (erklärter) animus furandi,

---

1) PAULUS: Si quis infitiatus sit non adversus dominum, sed quod eum qui rem depositam 'petebat verum procuratorem non putaret aut eius qui deposuisset heredem, nihil dolo malo fecit : postea autem si cognoverit, cum eo agi poterit, quoniam nunc incipit dolo malo facere, si reddere eam non vult. Vgl. auch l. 1 § 22 D. depos. 16, 3.

2) MARCELLUS: Si quis rem quam utendam dederat, vendiderit emptorique tradi iusserit nec ille tradiderit, alias videbitur possessione dominum intervertisse, alias contra. Nam nec tunc quidem semper dominus amittit possessionem, cum reposcenti ei commodatum non redditur : quid enim si alia quaepiam fuit iusta et rationabilis causa non reddendi, non utique ut possessionem eius interverteret.

sagt der Jurist, sie sei nur ein animus furandi. Unter dem animus furti faciendi, der nach den zitierten Fragmenten noch keine begangene Entwendung ist, ist also zu verstehen die (wenngleich möglicherweise aus den Umständen erkennbare) Absicht, in der Zukunft zu stehlen[1]). Zum Wesen des furtum gehört vielmehr eine Realisierung dieser Absicht durch reale Sachkontrektation. Da nun in unseren Stellen furtum und Besitzerwerb zusammenhängen, so wird man auch in betreff des Besitzerwerbs sich nicht damit begnügen können, daſs die Aneignungsabsicht nur überhaupt vorhanden und aus den Umständen zu erkennen ist, sondern man wird diesen Vorsatz als die Absicht, die Sache erst in der Zukunft zu erwerben, betrachten müssen, wenn es an einer entsprechenden realen Bethätigung derselben fehlt.

Gesetzt jedoch auch, es wäre möglich, daſs der Grund der Entscheidungen der Juristen darin zu suchen sei, die infitiatio enthalte keine konkludente Manifestation der Aneignungsabsicht, so scheitert doch unseres Erachtens die Erklärung Schirmers an dem Umstande, daſs man darnach gezwungen wäre, den Prokulianern zuzumuten, daſs sie einen nicht konkludent zum Ausdruck gebrachten, ja den rein innerlichen animus für genügend zur Umwandlung der Detention in den Besitz hielten. Diese logisch unabweisbare Konsequenz wird auch wirklich gesogen von Zitelmann[2]). Wir werden es später in der Lehre vom Besitzwillen näher begründen, daſs nur ein

1) S. bes. l. 52 § 19 D. de furt. 47, 2; l. 1 § 1; l. 21 § 2 D. eod.; Paulus: R. S. II 31 § 35; Massurius Sabinus bei Gellius 11, 18 §§ 11—14, 23, 24. Man beachte überhaupt den Charakter aller Beispiele des furtum, die uns die Quellen geben (vgl. z. B. die Stellen bei Windscheid: Pandekten Bd. 2 § 452 N. 7—9). S. auch l. 53 § 2 u. l. 225 D. de v. s. 50, 16; l. 41 § 1 i. f. D. ad l. aquil. 9, 2; l. 6 D. expil. hered. 47, 19.

2) Irrtum u. Rechtsgeschäft S. 249 N. 217.

durch That zum Ausdruck gebrachtes Wollen Thatbestandsmoment des Besitzes sein kann. Hier sei nur bemerkt, dafs es, unseres Dafürhaltens, höchst unwahrscheinlich ist, dafs unter den praktischen Römern eine ganze Juristenschule den ungesunden Rechtssatz approbiert haben könnte, als entstände in manchen Fällen der Besitz durch rein innerliches Wollen. Wir meinen vielmehr, dafs der Satz, dafs das innere Vorhaben an sich irrelevant ist, gleichmäfsig von den Prokulianern und Sabinianern anerkannt war. — Die Meinungsverschiedenheit bezog sich also darauf, ob die eigenmächtige Aneignung einer Sache, die man detiniert, durch jedwede Kundgebung des Besitzwillens oder nur durch entsprechende Bethätigung des Willens an der Sache selbst vollzogen werde. Als Regel wird in l. 3 § 18 h. t. die zweite von den Sabinianern verteidigte Ansicht approbiert.

Unsere Ansicht wird noch dadurch bestätigt, dafs die That des Unterschlagenden „contrectatio" genannt wird. Schon die Etymologie des Wortes contrectatio spricht dafür, dafs dieses Thun ein körperliches Behandeln der Sache sein mufs. Aufserdem nennen die Quellen contrectatio das diebische Sich-Vergreifen an der Sache in jenen Fällen, wo die Sache aus fremder Detention entzogen wird, wobei stets ein körperliches Ergreifen der Sache stattfindet. Mithin mufs angenommen werden, dafs auch hier unter contrectatio ein solches Handeln verstanden werden mufs, zu welchem wenigstens in der Regel ein körperliches Ergreifen und Wegbringen der Sache gehört[1]).

Die einzelnen Beispiele von Entwendungen an Sachen, die man bereits detiniert, zeugen für uns. Sie beweisen, dafs man fur und Besitzer nicht überhaupt schon durch das Erkennbarsein des animus sibi habendi wird, sondern erst durch

1) Vgl. oben Bd. 1 S. 100.

unmittelbares Verhalten zur Sache, das die Unterschlagungsabsicht thatsächlich verwirklicht. Eine solche Verwirklichung des Aneignungsvorhabens liegt in einem Verbergen, Verstecken, pflichtwidrigem Gebrauchen der Sache in eigenem Interesse u. s. w. Man beachte besonders:

L. 1 § 1 D. de furt. 47. 2 (PAULUS l. XXXIX. ad ed.): Inde sola cogitatio furti faciendi non facit furem. § 2. Sic is, qui depositum abnegat non statim etiam furti tenetur, sed ita, si intercipiendi causa occultaverit. § 3. Furtum est contrectatio rei fraudulosa lucri faciendi gratia vel ipsius rei vel etiam usus eius possessionisve ... S. auch PAUL. R. S. II, 31. 1.

Aus dem Zusammenhange der ganzen Stelle ist zu ersehen, dafs das abnegare hier, ähnlich der infitiatio in l. 3 § 18 D. h. t., obzwar es in diebischer Absicht geschieht und möglicherweise dieselbe verrät, nur eine cogitatio furti faciendi ist. Die wichtige Bedeutung der Stelle wird nicht dadurch abgeschwächt, dafs man sagt[1]), hier werde nur ein Beispiel der Kontrektation gegeben. Allerdings ist das occultare nicht die einzige mögliche Art der Kontrektation, evident ist es jedoch, dafs auf jeden Fall etwas dem occultare Ähnliches eintreffen mufs[2]).

---

1) So BARON a. a. O.

2) Man vergleiche ferner beispielsweise die nachstehenden Fragmente, nach welchen das furtum an Sachen, die man detiniert, von contrectare, subtrahere, animo amoventis retinere, rem alienare, in usus suos convertere, invito domino uti und ähnlichen Vorgängen abhängig gemacht wird: l. 19 § 6, l. 33, l. 40, l. 43 § 1, l. 46 § 6, l. 48 § 4, l. 52 §§ 7. 16, l. 55 (54) pr. § 1, l. 67 (66) pr., l. 68 (67) § 5, l. 74 (73), l. 77 (76), l. 83 (82) pr. D. de furt. 47, 2 (PAULUS: R. S. II 31 § 29); l. 5 § 8 D. commod. 13, 6; l. 14 D. eod.; l. 29 pr. D. dep. 16, 3 (PAULUS: R. S. II 12 § 5, Coll. X 7, 5); l. 15 D. de cond. c. d. 12, 4; l. 16 D. de cond. furt. 13, 1; l. 22 § 7; l. 55 D. mand. 17, 1; l. 45, l. 46; l. 51 D. pro socio 17, 2; l. 1 § 22; l. 2 § 1 D. tutelae 27, 3 (dazu l. 5 eod.); l. 9 § 3 D. de iure dot. 23, 3; l. 25 D. de don. 39, 5; l. 4 § 10;

Dagegen ist es ganz richtig, wenn von den Gegnern SAVIGNYS bemerkt wird, es sei zu eng, zu einem diebischen Sich-Vergreifen an einer Sache, die man detiniert, ausnahmslos ein körperliches Berühren der Sache zu verlangen. Nur in der Regel, jedoch nicht ausnahmslos, gehört dazu ein loco movere der Sache. Manchmal ist ein furtum ohne physisches Behandeln der Sache möglich. So lehren uns die Quellen, dafs ein Detentor, welcher verpflichtet ist, die Sache zu restituieren, zum Besitzer wird, folglich kontrektiert, wenn er die Sache pflichtwidrig zurückhält. Dies bezeugen besonders: l. 1 § 9 D. quod leg. 43. 3; l. 20 D. h. t. und l. 44 D. a. r. d. 41. 1 in f. Hier kann auch, wie uns dünkt, l. 13 pr. D. dep. 16. 3 angeführt werden. In dieser Stelle wird eine infitiatio depositi, die mit einem rechtswidrigen Zurückhalten der Sache verbunden ist (reddere non vult), als ein dolo malo facere bezeichnet, und dieses soll nach dem § 1 der l. cit. eine conditio begründen. Schliefslich[1]) kann man sich auf c. 1. in f. C. dep. 4. 34 berufen, wenn man nur die (nach unserer Meinung richtige) Ansicht theilt, dafs aus der Zulassung der rei vindicatio der Schlufs auf die Besitzänderung gezogen werden mufs. Sollte man aber auch diesen Schlufs für unzulässig halten und der Meinung sein, dafs die rei vindicatio auch gegen jemanden, der als Repräsentant des Vindikanten die Sache detiniert, erhoben werden kann, so wird man zugeben, dafs es dem Inhalte der letztzitierten Stelle entspricht[2]), anzunehmen, der Depositar sei juristischer Besitzer der Sachen

l. 33 § 4 D. de usurp. 41, 3; l. 34 §§ 1. 2 D. de o. et a. 44, 7; l. 7 § 3 D. pro empt. 41, 4; § 3 J. de usuc. 2, 6 (GAI. II 49. 50); c. 6, c. 7, c. 16 C. de furt. 6, 2; c. 3 C. dep. 4, 34; LABEO bei GELLIUS 6 (7). 15 § 1; §§ 6—10 J. de obl. ex del. 4, 1; GAI. III 195—200.

1) Vgl. auch von den in der vorangehenden Note zitierten Stellen diejenigen, die vorzüglich auf das Vorenthalten der Sache Gewicht legen.

2) Dieselbe Bestimmung findet sich in Coll. X 8.

geworden. Auffallend ist es nur, daſs in der Konstitution dem Eigentümer die condictio (furtiva) nicht gegeben wird. Dies mag darin seinen Grund haben, daſs der Depositar hier dennoch nicht notwendig animo furandi die Sachen zurückhält.

Durch die zitierten Fragmente, namentlich diejenigen von denselben, wo lediglich vom Besitzerwerb und nicht vom begangenen furtum die Rede ist[1]), wird auch die Ansicht SAVIGNYS, als wäre das Vorhandensein der Thatbestandsmomente der Entwendung, namentlich das Bewuſstsein der Widerrechtlichkeit der Aneignung, Voraussetzung des Besitzerwerbs, widerlegt.

Die beiden, am Anfang dieses Paragraphen zitierten Fragmente l. 67 pr. D. de furt. 47. 2 und l. 47 D. h. t. beweisen die Richtigkeit der Ansicht SCHIRMERS, als sollte in allen Fällen die Detention in den juristischen Besitz solo animo verwandelt werden können, keineswegs. SAVIGNY[2]) interpretiert die l. 67 pr. de furt. cit. in der Weise, daſs er den Schluſssatz der Stelle nur auf den ersten und nicht auf den Mittelsatz bezieht.

---

1) C. 4 C. dep., l. 1 § 9 D. qu. leg., l. 20, l. 47 h. t. cit. Vgl. auch KINDEL: Besitzrecht S. 404. S. auch l. 36 pr. D. de usurp. 41, 3 (GAIUS). Mit Unrecht folgert SCHEURL (Beitr. z. Lehre v. Besitz S. 93) aus der Stelle, auch mittelst körperlicher Besitzüberlieferung durch einen Besitzer in fremdem Namen werde der juristische Besitz stets erworben. Der Erbe des Detentors in fremdem Namen wird hier, indem er infolge seines Irrtums die Sache als sein Eigentum behandelt, insbesondere dieselbe veräuſsert und tradiert, zuvor selbst juristischer Besitzer. Die Stelle beweist nur, daſs es zum Besitzerwerb der diebischen Unterschlagungsabsicht nicht bedarf. GAIUS II 49. 50; §§ 3—6 I. de usuc. 2, 6. Der Erbe, welcher Gegenstände, die der Erblasser in fremdem Namen detinierte, in der Meinung, sie seien Eigentum des Erblassers gewesen, in Besitz nimmt, usukapiert zwar nicht, sein juristischer Besitz steht aber auſser Frage. S. dazu bes. l. 3 D. pro her. 41, 5; l. 11 D. de div. temp. praescr. 44, 3; vgl. auch l. 33 § 1 in f. D. de usurp. 41, 3.

2) S. 365 N. 2.

Dadurch gelangt er zu dem Resultat, dafs in dem Schlufssatze von einem Fall die Rede ist, wo der Besitz nicht erworben wird. Diese Interpretation, mittelst welcher aus der Stelle gerade das Gegentheil von dem, was sie wirklich besagt, herausgelesen wird, ist sicherlich unhaltbar. Mit Recht bemerkt MEISCHEIDER[1]), dafs die der SAVIGNYschen Interpretation entsprechende Satzfolge eine sehr schwerfällige und ganz unnatürliche wäre. — Nach unserer Meinung beweist die Stelle deswegen nichts für SCHIRMER, weil CELSUS hier die allgemeine Regel, als erwürbe ein Depositar stets den Besitz animo solo, gar nicht aufstellt. Er läfst es dahingestellt, auf welche Weise im allgemeinen und regelmäfsig das apisci possessionem sich vollzieht. Das blofse destinare pro suo habere (selbstverständlich ein äufserlich erkennbares) wird nur rücksichtlich des deponierten Ringes als zum Besitzerwerbe hinreichend erklärt. Nur bezüglich dieses speziellen Falles wird es als gleichgiltig erklärt, ob der Deponent den Ring am Finger habe oder im Ringkästchen aufbewahre. Wir werden sehen, dafs in einem solchen Falle, wie der vorliegende, bereits der blofse irgendwie erklärte animus possidendi den Besitzerwerb begründet. Es ist zwar in Anbetracht des Umstandes, dafs CELSUS ein Prokulianer war, nicht unberechtigt zu supponieren, dafs er in der uns interessierenden Frage die von PAULUS (l. 3 § 18 cit.) referierte Ansicht des SABINUS nicht theilte, nichtsdestoweniger aber hat man keinen Grund, für das justinianische Recht einen wirklichen Widerspruch anzunehmen.

Schwieriger ist es, die l. 47 D. h. t. cit. mit l. 3 § 18 D. h. t. cit. zu vereinigen. Die Art, wie SAVIGNY[2]) die l. 47 beseitigt (er meint, PAPINIAN referiere nur die Ansicht anderer

1) a. a. O. S. 354.

2) S. 366 N. 2, dagegen auch RUDORFF: Anhang Nr. 115.

Juristen, ohne ihr selbst beizutreten), ist zweifelsohne ganz willkürlich[1]). — Wir können nicht umhin, es zuzugeben, dafs sich diese beiden Stellen in der That einigermafsen widersprechen, da es doch in l. 47 ausdrücklich und ganz allgemein heifst, die Besitzänderung trete ein durch das blofse possidere neque reddere constituere. Unseres Erachtens mufs jedoch der PAPINIANische Ausspruch der mehr bestimmten l. 3 § 18 cit. und allen anderen gegen die Regel, dafs man den Besitz solo animo erwirbt, sprechenden Zeugnissen weichen. Besonders aus nachstehenden Gründen ist auf l. 47 cit. bezüglich der uns hier interessierenden Fragen kein grofses Gewicht zu legen: Wollte man die Entscheidung PAPINIANS streng dem Wortlaute gemäfs nehmen, dann müfste man behaupten, es werde hier der Grundsatz ausgesprochen, dafs der Übergang des Besitzes durch Willensentschlufs sofort bewirkt werde. Da nun dies zweifellos nicht die Ansicht PAPINIANS sein kann und man auf jeden Fall irgend eine Kundgebung des Besitzwillens als unentbehrlich betrachten mufs, so wird man zu dem Ergebnis gelangen, dafs hier offenbar der Jurist die Frage bezüglich der Art und Weise, wie der Aneignungswille erklärt werden soll, dahingestellt sein läfst. Dafs es in der That nicht in der Absicht des Juristen lag, genau anzugeben, durch was für ein Thun der Besitzübergang bewirkt werde, ergiebt sich aus dem ganzen Inhalte der Stelle. PAPINIAN wollte vor allem

1) KIERULFF (Zivilrecht S. 399) beschränkt den Ausspruch PAPINIANS nur auf den Verlust des Besitzes. Hiermit wäre nun der Widerspruch mit l. 3 § 18 cit. keineswegs beseitigt und nur auf ein anderes Gebiet verlegt. Dieser Ansicht, nach welcher der Entschlufs des Repräsentanten, für sich zu besitzen, ihm den Besitz nicht geben, aber dennoch den Besitz des Repräsentierten vernichten solle, vermögen wir nicht beizupflichten. Es scheint uns evident zu sein, dafs in l. 47 cit., ganz so wie in l. 3 § 18, der Besitzverlust nur eine Folge des Besitzerwerbs des Repräsentanten ist.

nur hervorheben, dafs hier etwas anderes gelte als beim Besitzverlust von Immobilien, nämlich dafs man auch ohne Kenntnis von der fremden Aneignung den Besitz verliert. Auf das etiam ignoranti wird in der Stelle der Akzent gelegt und man ist füglich berechtigt, nur darauf das Wort „confectim" zu beziehen.

Das Resultat, zu dem uns die Quelleninterpretation geführt hat, ist demnach folgendes: Der Repräsentant erwirbt den Besitz eigenmächtig nur ausnahmsweise durch blofse Kundgebung der Aneignungsabsicht; in der Regel ist hierzu eine besonders qualifizierte, mit einem entsprechenden Behandeln der Sache verbundene Erklärung des Besitzwillens erforderlich. Dies ist unserer Auffassung des Besitzbegriffs ganz konform. Allerdings, wenn man mit der herrschenden Lehre animus und corpus als zwei getrennte Elemente betrachtet und in dem alieno corpore possidere eine gleichsam mathematische Scheidung dieser beiden Elemente zwischen den Repräsentierten und Repräsentanten sieht, dann ist es schwer zu begreifen, warum der Detentor, der ja das corpus bereits hat, nicht stets den Besitz bereits solo animo erwürbe. Sieht man dagegen mit uns in dem corpus nur die äufsere Seite des Besitzverhältnisses, hält man ferner daran fest, dafs ein jeder Apprehendent sich gerade durch sein unmittelbares Verhalten zur Sache als der Aneignende kundgeben mufs, so wird man es begreiflich finden, dafs die blofse, wenngleich nicht rein innerliche, animi mutatio bei weitem nicht immer genügt, um das Repräsentationsverhältnis zu vernichten und ein erkennbares eigenmächtiges Für-sich-haben der Sache in der Person des bisherigen Detentors zu schaffen. Dies geschieht in vielen Fällen erst durch Bewirkung einer entsprechenden Ortsveränderung in Betreff der Sache, falls sich die Sache in ihrer bisherigen Lage offenbar nicht als direkt dem Inhaber, sondern als durch dessen Vermittelung einer dritten Person dienend verkündete. So erwirbt z. B. der Inhaber eines Lagerhauses, in welchem fremde Waren aufbewahrt werden, den Besitz an den deponierten Objekten erst durch das wirkliche Fortschaffen derselben. Ebenso begeht der Direktor eines Bankgeschäftes eine Entwendung und wird Besitzer der deponierten fremden Wertpapiere nicht solo animo, sondern wenn er sie aus dem Orte, wo sie aufbewahrt werden, wirklich wegbringt. Ähnlich verhält es sich mit dem Verwalter eines Gutes, der sich die, sei es auf dem Felde liegenden oder in den Wirtschaftsgebäuden aufbewahrten, Feldfrüchte aneignen will. Er kontrektiert die Sachen erst durch ein entsprechendes loco movere u. s. w. — Ist der Detentor entweder gar nicht befugt, die Sache zu gebrauchen oder nur nach einer gewissen Richtung hin, so ist in dem wirklichen pflichtwidrigen Gebrauchen der Sache ein eigenmächtiges Nehmen derselben zu sehen, sofern es nicht ersichtlich ist, daſs der Inhaber nur einen vorübergehenden Gebrauch hat von der Sache machen wollen. Schon das bloſse Vorenthalten der Sache ohne irgend einen Grund, nachdem das Repräsentationsverhältnis nach Ablauf der Zeit bereits erloschen ist, kann unter Umständen als eigenmächtige Ergreifung aufgefaſst werden.

In manchen Fällen dagegen würde es keinen Sinn haben, zur Besitzergreifung und Kontrektation eine Bethätigung des Aneignungswillens an der Sache selbst zu verlangen. Wo namentlich der Detentor während des Repräsentationsverhältnisses die Sache, die er in fremdem Namen innehat, in derselben Lage aufbewahrt, wie die ihm direkt wirtschaftlich dienenden Objekte derselben Art, da wäre irgend ein loco movere ganz zwecklos. Der Besitz wird erworben und eventuell die Sache entwendet solo animo, d. h. durch jedwede Kundgebung des Besitzwillens. So verhält es sich mit dem anvertrauten Gelde oder Kostbarkeiten, die der Deponent bei sich zusammen mit seinen derartigen Gegenständen aufbewahrt. Hiernach ist es nicht auffallend, daſs es in l. 67 pr. de furt. 47. 2 cit. heiſst, es sei unerheblich, ob der Deponent den fremden Ring, den er für sich haben will, am Finger trägt oder im Kasten aufbewahrt.

Ähnlich ist es in allen Fällen, wo der Detentor kraft seiner rechtlichen Stellung dazu befugt ist, sich zu der Sache in Bezug auf das Gebrauchen derselben ganz ähnlich zu verhalten, wie jemand, dem die Sache vollständig wirtschaftlich dient. Inhaber wie Präkarist, Emphyteutikar, Superfiziar und Nutznieſser können ihren Aneignungswillen durch irgend ein loco movore oder suo nomine uti gar nicht manifestieren, da sie zu einem jeden die Substanz des Objektes nicht alterierenden Gebrauchen berechtigt sind. Die eigenmächtige Aneignung wird hier in der eigenmächtigen Nichtanerkennung der Rechte des bisherigen Repräsentierten enthalten sein. Die bloſse, dem Repräsentierten gegenüber abgegebene Willenserklärung dieses Inhaltes involviert eine Kontrektation und bewirkt den Besitzerwerb, wie denn andererseits es nahezu lediglich auf diese Weise möglich ist, den Besitzer zu entsetzen und sich zum Besitzer zu machen. Dadurch erklären wir uns die Bestimmung der l. 7 pr., l. 12 D. usufr. quemadm. 7. 9 (Ulpianus), wo, wie es scheint, angenommen wird, der Usufruktuar erwerbe den Besitz an dem detinierten Objekte schon durch die Weigerung der Leistung einer Kaution dem Eigentümer. (Es wird dem Eigentümer eine Vindikation gegeben, worauf auf Besitzübergang zu schlieſsen ist.) Die Verweigerung der Kautionsleistung ist nämlich ein unzweideutiges Leugnen der Rechte des Eigentümers. Daſs es unzulässig ist, sich auf diese letzteren Stellen zu berufen und aus denselben zu schliefsen, die Umwandlung der Detention in den Besitz geschehe stets solo animo, wie dies SCHIRMER[1]) thut, ist klar.

Die Differenz unserer Ansicht von derjenigen, welche SCHIRMER und die anderen oben angeführten Schriftsteller vertreten, ist auch von einer nicht unwichtigen praktischen Bedeutung. Allerdings ist es wohl der regelmäfsige Fall, dafs der Detentor seinen Willen, sich die Sache anzueignen, erst durch wirkliche Bethätigung dieses Willens, durch Kontrektation äufsert und sein animus possidendi vor dem Augenblicke der Aneignungsthat ein lediglich innerer Vorsatz bleibt. Namentlich wird sich begreiflicherweise der fur hüten, seine Unterschlagungsabsicht zu verraten, bevor er noch nicht alles gethan hat, was er für nötig erachtet, um sich das Haben der Sache zu sichern. Ausnahmslose Regel ist es jedoch nicht, dafs die animi mutatio des Detentors vor der Ausführung des Willens nie zum Ausdruck gelangt. Insbesondere wird darin eine unzweifelhafte Kundgebung des Aneignungsvorsatzes gesehen werden müssen, wenn der Repräsentant die Sache auf eigene Faust veräufsert, oder gar sie einer dritten Person sofort tradieren zu wollen erklärt. Es scheint uns geboten zu sein, sich mit diesem Falle eingehender zu befassen, nicht nur weil er sich praktisch oft ereignen kann, sondern weil er in einigen Fragmenten unserer Quellen näher besprochen wird.

Dadurch, dafs der Repräsentant mit einem dritten ein Veräufserungsgeschäft abschliefst, wird nach unserer Ansicht die Besitzänderung noch nicht vollzogen, vorausgesetzt, dafs

---

1) a. a. O. S. 470 fg.

er nicht selbst bereits früher durch Kontrektation Besitzer geworden ist, oder die Sache sich nicht in einer solchen Lage befindet, dafs er ausnahmsweise bereits animo solo den Besitz erwerben kann. Dasselbe ist zu sagen von einer an einen dritten gerichteten Traditionserklärung des Detentors. Nicht minder jedoch bewirkt auch ein durch den Detentor mit einem dritten auf Übertragung des Besitzes in den oben angegebenen Verhältnissen abgeschlossener Traditionsvertrag Besitzverlust für den Repräsentierten und Besitzerwerb für den dritten nicht, falls nach der Lage der Sache die Wirksamkeit des Besitzübertragungsgeschäftes von dem Bestehen des Besitzes in der Person des Tradenten abhängig ist. Dies ist der Fall, wie wir es bereits wissen, beim constitutum possessorium und in jenen Traditionsfällen, wo das corpus der Apprehension ein abgeschwächtes ist. Ein Detentor also, der selbst noch nicht Besitzer geworden ist, kann auf einen dritten weder durch den Abschlufs eines Konstituts, noch durch jene uns bekannten Traditionsarten mit abgeschwächter Körperlichkeit der Ergreifung, wie: Schlüsselübergabe, Bezeichnung, Vertrag in praesentia rei u. s. w., den Besitz übertragen. Ebenso erwirbt in solchem Falle bei Immobilien der dritte durch blofses ire in fundum den Besitz noch nicht. Trotz dieser Akte, obwohl sie die animi mutatio des Repräsentanten klar kundgeben, bleibt der bisherige Repräsentierte nach wie vor juristischer Besitzer. Der dritte erwirbt den Besitz nur dann, wenn er einseitig zugreift und hierdurch in seiner Person ein zur Okkupation genügendes corpus begründet wird.

Das von uns in Bezug auf die Veräufserung der Sache durch den Detentor an einen dritten Gesagte bestätigt in vollem Mafse richtig verstanden die bekannte und vielbesprochene JUSTINIANische Konstitution

C. 12 C. h. t.[1]). Ex libris Sabinianis quaestionem in divinas nostri numinis aures relatam tollentes definimus, ut, sive servus sive procurator vel colonus vel inquilinus vel quispiam alius, per quem licentia est nobis possidere, corporaliter nactam possessionem cuiuscunque rei eam dereliquerit vel alii prodiderit, desidia forte vel dolo, ut locus aperiatur alii eandem possessionem detinere, nihil penitus domino praeiudicium generetur, ne ex aliena malignitate alienum damnum emergat ..... Der Sinn dieser Entscheidung ist unseres Erachtens folgender: Unter den römischen Juristen bestanden, wie dies auch aus dem uns übermittelten Quellenmaterial zu ersehen ist, Zweifel bezüglich der Frage, was für eine Wirkung das Aufgeben der Innehabung durch den Detentor und das „prodere" der Sache an einen dritten habe. Diese Zweifel beseitigt der Kaiser, indem er bestimmt, durch ein solches treuloses oder kulposes Benehmen des Repräsentanten werde kein Präjudizium in Bezug auf den Besitz des Repräsentierten geschaffen, dieser letztere solle dadurch keinen Schaden erleiden, d. h. offenbar: sein Besitz dauert dennoch fort[2]).

---

1) Vgl. über die Stelle bes. Savigny: Besitz S. 372 fg.; Vangerow: Pandekten Bd. 1 § 209; Bruns: Jahrb. d. gem. d. Rechts Bd. 4 S. 43 (Kleinere Schriften S. 169) u. Besitzklagen S. 109 fg.; Fitting: Ztschr. f. Handelsr. Bd. 18 S. 338 fg. und Archiv f. zivil. Praxis Bd. 55 S. 314. 316. 329; Meischeider: Besitz u. Besitzschutz S. 349 fg.; Bekker: Recht des Besitzes S. 261 fg.; Dernburg: Pandekten Bd. 1 § 183 N. 6; Kniep: Vacua possessio S. 38 fg.; Scheurl: Beitr. zur Lehre vom Besitz S. 152 fg.

2) Ihering (Grund des Besitzschutzes S. 114 fg.) meint, die Konstitution enthalte eine Ausdehnung des interdictum unde vi auf Fälle der treulosen Übergabe des Grundstücks an einen dritten. Mit Unrecht, denn die Stelle bezieht sich auch auf die Frage, was für eine Wirkung dem bloßen derelinquere possessionem durch den Stellvertreter zukomme, rücksichtlich welchen Falles zweifellos eine Meinungsverschiedenheit unter den römischen Juristen bestand (s. die nächstfolgende Note). Da nun hinsichtlich des derelinquere das „nihil praeiudicii" nichts anderes be-

Es unterliegt keinem Zweifel, dafs die Bestimmung der l. 12 cit.[1]) nicht die Bedeutung haben kann, dafs der Besitz

deuten kann als nur, dafs der dominus den Besitz nicht verliert, so müssen diese Worte in allen Fällen, die die Konstitution umfafst, diese Bedeutung haben. Das Verhältnis zwischen l. 12 h. t. cit. und l. 11 C. unde vi 8, 4 (vgl. Bd. 1 S. 205 fg.) ist nach unserer Ansicht folgendes: C. 12 spricht vom Erhalten des Besitzes und stellt, was die unbeweglichen Sachen betrifft, den Begriff der heimlichen Okkupation dahin fest, dafs sie darunter auch das Besetzen des Grundstücks begreift, welches durch pflichtwidriges Benehmen des Repräsentanten ermöglicht wird, während l. 11 von den Fällen spricht, wo der dritte Okkupant nicht mehr als heimlicher Eindringling gelten kann, sondern Besitzer geworden ist. Es erhellt auch aus dem Inhalte der Stellen, dafs c. 12 das bestehende Recht feststellen und nur die Kontroversen beseitigen will, während die c. 11 einen neuen Rechtsgrundsatz schafft.

1) Von vielen Schriftstellern wird die Entscheidung der c. 12 nur auf die Wirkung des Verlassens des Grundstücks durch den Stellvertreter bezogen und nicht zugleich darauf, was für Bedeutung das Eintreten des dritten in das Grundstück habe (so Vangerow a. a. O., Kniep a. a. O.; vgl. auch Bruns: Besitzklagen a. a. O., etwas anders derselbe im Jahrb.). Dies halten wir nicht für richtig. Ohne Zweifel enthält die Konstitution eine Entscheidung in Betreff der Wirkungen des Aufgebens des Besitzes durch den Vertreter (diese Frage war bekanntlich kontrovers, s. l. 44 § 2; l. 3 § 8; l. 40 § 1 D. h. t.; l. 31 D. de dolo m. 4, 3; l. 7 pr. D. pro empt. 41, 4 und dazu oben Bd. 1 S. 208 N. 4 und jetzt Kniep a. a. O. S. 35 fg.), aber sie beschränkt sich nicht darauf. Das „alii prodere possessionem", zumal wenn man die Worte dolus und malignitas berücksichtigt, weist doch offenbar auf den Fall eines dolosen Einverständnisses mit dem dritten hin, auf das rechtswidrige Zuwenden der possessio diesem dritten, sei es dadurch, dafs der Detentor die Sache dem dritten einfach tradiert oder die Sache aufgiebt nur zu dem Zweck, damit jener sie ergreife. Die ganze Thatsache des prodere, folglich auch das Benehmen des dritten, soll an sich kein „praeiudicium" possessioni sein. Noch mehr spricht dafür der ganze sehr entscheidende Ton der Konstitution. Der Kaiser will nachdrücklichst hervorheben, der Stellvertreter solle überhaupt durch desidia oder dolus dem Besitz des Herrn nicht Schaden bringen können (vgl. § 2 der c. cit.). Nimmt man aber auf Grund der l. 44 § 2 u. l. 40 § 1 h. t. cit.

des Repräsentierten durch die Übergabe der Sache an einen dritten auf keinen Fall vernichtet werden könnte. Es wird vielmehr nur gesagt, wie dies mit Recht FITTING[1]) hervorhebt, daſs die Handlung des Stellvertreters selbst in Ansehung des Besitzverlustes und -erwerbs auſser Betracht bleiben solle. Das einfache Aufgeben der Sache wie auch das unbefugte Überlassen derselben an einen dritten bringen den Repräsentierten um seinen Besitz nicht, wohl aber kann der dritte den Besitz erwerben, wenn er einseitig okkupiert, dann aber nur unter Voraussetzung des Vorhandenseins der zur Okkupation nötigen Thatumstände.

---

an, der dritte, dem der Detentor treulos die Sache ausfolgt, erwerbe den Besitz sofort durch das ire in fundum (wie dies fast allgemein behauptet wird), dann wäre es mit dem „nihil praeiudicium generetur" schlecht bestellt, denn der dritte würde hier den Besitz doch nur infolge der Untreue des Stellvertreters erwerben. Da nun JUSTINIAN gerade in erster Linie an den Fall denkt, wo das prodere possessionem zu Gunsten des dritten geschieht, so darf ihm wohl nicht zugemutet werden, er habe es nicht eingesehen, daſs das nihil praeiudicii rein illusorisch wäre, wenn man es hier nur auf das Verlassen des Grundstücks beschränken würde. Mit Unrecht macht VANGEROW geltend, daſs hinsichtlich der Frage, was für eine Wirkung dem Eintreten des dritten in das Grundstück zukomme, keine Kontroverse unter den römischen Juristen bestanden habe. Aus der einzigen l. 44 § 2 darf dies mit nichten geschlossen werden. (Auf l. 33 § 4 D. de usurp. 41, 3 kann man sich nicht berufen, schon deshalb, weil der creditor selbst den Besitz hat und auſserdem ULPIAN hier vorzüglich bewegliche Sachen im Sinne hat.) Es ist SAVIGNY (S. 371) vollkommen Recht zu geben, wenn er in l. 3 § 9 D. h. t. den Ausdruck einer der l. 44 § 2 widersprechenden Ansicht erblickt. Die Worte: „constat possidere nos donec aut nostra voluntate discesserimus aut vi deiecti fuerimus" weisen mit Bestimmtheit darauf hin, daſs PAULUS hier in Bezug auf den durch dritte verursachten Besitzverlust, auſser der vis, keine andere Eventualität für möglich hält. Übrigens waren diese Kontroversen vermutlich weniger akut als es den Anschein haben könnte. (Vgl. Bd. 1 S. 208 N. 4.)

1) Ztschr. f. Handelsr. Bd. 18 a. a. O.

Von zahlreichen Schriftstellern wird die c. 12 cit. ausschliefslich auf unbewegliche Sachen[1]) bezogen und nur als eine Konsequenz der vermeintlich singulären Regel, dafs man durch heimliche Okkupation den Besitz nicht verliert, angesehen. Dies ist nicht gerechtfertigt, da es ausdrücklich in der Stelle: „cuiuscunque rei" heifst[2]). Vom Standpunkte der Ansicht SCHIRMERS aus ist man allerdings gezwungen, die Bestimmung JUSTINIANS auf Immobilien zu beschränken. Sollte nämlich auch bei Mobilien durch ein prodere der possessio an einen dritten der Besitz des Repräsentierten nicht stets aufgehoben werden müssen, so spräche dies entschieden gegen die SCHIRMERsche Ansicht. Denn das prodere possessionem ist ein klarer Ausdruck des Entschlusses, nicht mehr für den Repräsentanten besitzen zu wollen. Natürlicherweise darf jedoch nicht geleugnet werden, dafs der Grundsatz der c. 12 cit.[3]) für Immobilien eine weit wichtigere Bedeutung hat, als für Mobilien.

Die c. 12 cit. spricht nur von Fällen, wo der Repräsentant corpore den Besitz aufgiebt, ihre Entscheidung mufs

1) So neuerdings auch KNIEP a. a. O.

2) Vgl. dazu besonders SAVIGNY a. a. O.

3) Auf c. 5 C. h. t. darf man sich, wie uns scheint, in unserer Frage nicht berufen (a. A. BRINZ: Jahrb. f. gem. d. R. Bd. 3 S. 36 fg.). Es ist zwar nicht ganz unwahrscheinlich, dafs die Kompilatoren doch an das Nicht-Verbringen des Besitzes durch die venditio des colonus gedacht haben, nichtsdestoweniger jedoch können wir uns nicht entschliefsen, die Worte „ius veri dominii tui" unbeachtet zu lassen. — Unzulässig wäre es auch, die allgemeine Bestimmung, welche sich im Reskript der Kaiser HONORIUS und THEODOSIUS findet, heranzuziehen, c. 8 C. si al. res 8, 15 (16): per servum aut procuratorem colonum vel actorem seu conductorem praeiudicium possessioni invito vel inscio domino imponi non posse. Ganz ähnlich c. 17 C. de agric. 11, 48 (47). Die Regel soll nämlich, wie aus der ersteren Stelle zu ersehen ist, die Unzulässigkeit rechtlicher Dispositionen über Besitzungen, die man in fremdem Namen detiniert, begründen (s. auch C. Theod. II 30, 2).

jedoch auch auf den Fall angewendet werden, wo der treulose Vertreter durch unkörperlichen Vertrag (constitutum possessorium) die possessio dem Vertretenen entziehen und sie dem dritten zuwenden will[1]. Zur Annahme, dafs auch solches Benehmen den Vertretenen um seinen Besitz nicht bringt, zwingt uns ein unabweisbares argumentum a maiore in minus. Auch darf man sich darauf berufen, dafs auch hierin ein „alii prodere possessionem“ liegt.

Übrigens waren vielleicht bezüglich dieses letzteren Falles unter den römischen Juristen keine erheblichen Zweifel vorhanden (vgl. das im Text Folgende). In Bezug auf die unkörperliche Übergabe hat die Entscheidung dieselbe praktische Bedeutung für Mobilien, wie für Immobilien.

Fitting geht auf Grund der c. 12 C. h. t. cit. so weit, dafs er behauptet, der Besitzstellvertreter könne überhaupt auf keinen Fall unkörperlich auf einen dritten den Besitz übertragen. Der dritte könne den Besitz nur dadurch erwerben, dafs er selbst die Sache in seinen Gewahrsam bringt. Die Frage ist nicht unzweifelhaft, wir glauben jedoch, man müsse sich gegen diese Ansicht erklären. Wenn der treulose Stellvertreter bereits selbst durch Kontrektation Besitzer geworden ist, so sehen wir nicht ein, warum er nicht auch durch constitutum possessorium einen dritten zum Besitzer machen könnte, was doch ein jeder Besitzer ohne Ausnahme thun kann. Auch liegt darin kein prodere possessionem durch den Repräsentanten mehr, denn der Tradent hat durch Kontrektation aufgehört ein Besitzstellvertreter zu sein. Demnach würde hier auch eine Tradition mit abgeschwächtem Apprehensionskorpus vollkommen wirksam sein.

Gerade dasselbe mufs aber, wie wir meinen, auch für

---

1) So auch Fitting a. a. O.

jene Fälle gelten, wo die Sache sich beim Vertreter in einer solchen Lage befindet, daſs es zum eigenmächtigen Besitzerwerb eines loco movere nicht bedarf. Hier wird durch den mit dem dritten zwecks unkörperlicher Besitzübertragung abgeschlossenen Vertrag die Sache kontrektiert und zugleich dem dritten tradiert. Dies muſs angenommen werden, denn es wäre unbegreiflich, warum das „Unterschlagen“ zu dem Zwecke, um die Sache einem dritten zuzuwenden, von anderen Voraussetzungen abhängig sein sollte als das „Unterschlagen für sich“ und nicht geradeso wie dieses letztere Besitzverlust für den Vertretenen bewirken müſste. Der Besitz geht in solchem Falle nicht schon im Augenblicke der Traditionserklärung des Detentors verloren, sondern erst dann, wenn der dritte die Offerte des Tradenten akzeptiert, denn die animi mutatio des Tradenten geschieht bei unkörperlicher Besitzübertragung natürlich nur unter der Voraussetzung, daſs der andere Kontrahent die Traditionsofferte annehmen wird bezw. angenommen hat. Hiernach kann ein Detentor, der die ihm anvertrauten Sachen in seinen Räumlichkeiten, zusammen mit den Objekten, die er für sich hat, aufbewahrt, auch durch constitutum possessorium, Schlüsselübergabe u. s. w. auf einen dritten den Besitz an den detinierten Gegenständen übertragen.

Von unserem Standpunkt aus läſst sich auch in völlig befriedigender Weise die l. 32 § 1 D. h. t. erklären, demnach gewährt sie eine Bestätigung unserer Ansicht. Die Stelle lautet: l. 32 § 1 D. h. t. PAULUS l. XV ad Sab. Si conductor rem vendidit et eam ab emptore conduxit et utrique mercedes praestitit, prior locator possessionem per conductorem rectissime retinet.

Nach dieser Bestimmung, die auf unbewegliche Sachen nicht beschränkt[1]) zu werden braucht, soll in dem Falle,

1) Wie dies meistens geschieht. S. KNIEP: Vacua possessio S. 278.

wenn der Repräsentant mit einem dritten einen Vertrag abgeschlossen hat und den Willen geäufsert, nunmehr für ihn zu detinieren, der Besitz des früheren Repräsentierten dennoch fortdauern, wenn sich nur ihm gegenüber der treulose Vertreter auch fernerhin als Repräsentant geriert. — Für die Anhänger der herrschenden Auffassung des Besitzbegriffs mufs die Stelle höchst auffallend erscheinen. Bekker[1]) erklärt sie sogar für geradezu unbegreiflich. Jedoch eine Singularität hierin zu erblicken, geht schon aus dem Grunde nicht an, weil Paulus seine Ansicht als etwas vollkommen Sicheres („rectissime!") vorträgt. In der That ist seine Entscheidung, wie wir meinen, konsequent und zwar sogar in Betreff beweglicher Sachen. Ein Mieter kontrektiert und bringt den Vermieter um seinen Besitz, entweder wenn er die Sache als seine eigene thatsächlich gebraucht, oder wenn er sich überhaupt dem Repräsentierten gegenüber nicht mehr als Besitzstellvertreter benimmt, seine Rechte offenbar nicht anerkennt. Dies thut der conductor in l. 32 cit. eben nicht. In seinem Verhalten ist, weil er auch dem bisherigen locator den Zins entrichtet, keine Ausführung der animi mutatio zu sehen, sein Wille für den dritten zu besitzen bleibt demnach, obwohl äufserlich erkennbar, doch einstweilen nur ein Vorsatz, die Sache dem bisherigen Besitzer erst in der Zukunft zu entziehen[2]).

1) Recht des Besitzes S. 220 N. 1. Vgl. gegen denselben auch Kniep a. a. O. S. 287 fg. u. Scheurl S. 158.

2) In l. 29 pr. D. quibus mod. usufr. 7, 4 spricht Ulpian nicht vom Besitz, sondern von der Übung des Niefsbrauchs. Die Entscheidung entspringt zwar etwas ähnlichen Prinzipien, wie sie in Betreff des retinere possessionem Anwendung finden, da es sich jedoch um eine unbewegliche Sache handelt, so wird man in analogen Fällen, wie dieses amittere des Niesbrauchs durch non usus, sofortigen Sachbesitzverlust nicht annehmen dürfen. — In Betreff der Verwirkung des Besitzes durch

den Repräsentanten sei noch folgendes bemerkt: Die bekannte Entscheidung des PAULUS l. 36 § 6 D. h. t. (si ego tibi commodavero, tu Titio, qui putet tuum esse, nihilominus ego possidebo, et idem erit, si colonus meus fundum locaverit . . .) mufs, zumal in Betreff der Mobilien auf den Fall beschränkt werden, wo in dem Hingeben in weitere Detention keine evidente Pflichtwidrigkeit, folglich kein Sich-Anmafsen des Besitzes enthalten ist. Mit dieser Beschränkung ist auch das „alii locent" bei POMPONIUS l. 25 § 1 h. t. zu nehmen. (Vgl. dazu bes. l. 55 (54) § 1 D. de furt. 47, 2 cit.) Das blofse deponere apud alium, mag dies dem Depositar auch nicht ausdrücklich gestattet worden sein, involviert an und für sich eine solche Pflichtwidrigkeit noch nicht. (S. dazu l. 1 § 11 D. dep. 16, 3; l. 16 D. eod.; Coll. X 7 § 8; c. 8 C. ad exhib. 3, 42.) — Nicht gegen uns sprechen l. 1 § 25 D. dep. 16, 3 ULPIANUS u. Coll. X 7, 10 PAULUS. Man kann hier ohne weiteres annehmen, dafs die venditio eine wirkliche Kontrektation war. Wenn hier dennoch dem Depositar keine condictio gegeben wird, so hat dies darin seinen Grund, dafs infolge des Zurückkaufens der Sache dieselbe, wie aus l. 4 § 10 D. de usurp. 41, 3 erhellt, als in die potestas des dominus zurückgekehrt zu betrachten ist (s. dazu auch l. 1 § 47; l. 3 D. dep.). Zu einem anderen Resultate führt das argumentum a contrario aus l. 31 D. h. t. POMPONIUS: Si colonus non deserendae possessionis causa exisset de fundo et eo redisset, eundem locatorem possidere placet. Wenn also der colonus deserendae possessionis causa das Grundstück verläfst, so wird, wenn er später, wenngleich mit der Absicht, wieder für den locator, zu besitzen zurückkehrt, der frühere Besitz doch nicht retiniert. Diese Bestimmung mufs wohl den entgegengesetzten Entscheidungen weichen. Sie ist ein Ausflufs des Umstandes, dafs POMPONIUS, ähnlich wie AFRICANUS in l. 40 § 1 D. h. t., eine zu hohe Relevanz in Bezug auf den Verlust des Besitzes dem Fortgang des colonus beimifst. Man geht jedoch vielleicht zu weit, wenn man behauptet (BRUNS: Besitzklagen S. 116; KNIEP: Vacua possessio S. 35), POMPONIUS nehme beim exire deserendae possessionis causa sofortigen Besitzverlust an. — Dafs in den oben S. 77 N. 2 zitierten Stellen das unrechtmäfsige Verkaufen der verpfändeten Sache durch den creditor ohne weiteres als furtum bezeichnet wird, ist nichts Auffallendes. Dasselbe ist und zwar noch vor erfolgter faktischer Übergabe der Sache an den dritten, ein ganz unzweifelhaftes Nicht-Anerkennen der Rechte des creditor. Dasselbe ist vom Falle l. 67 (66) pr. D. de furt. 47, 2 cit. (PAULUS) zu sagen, wo selbstverständlich vorauszusetzen ist, dafs die Sache trotz der früheren Verpfändung in den Händen des Schuldners war.

So wie wir hält auch HARBURGER[1]) die l. 32 cit. für keine Singularität. Den Grund der Entscheidung sieht er jedoch unrichtigerweise darin, dafs hier trotz des Vertrags mit dem dritten der Wille des Repräsentanten für den Repräsentierten zu besitzen als innere That fortbesteht und sich in seinem späteren Benehmen (Zahlung des Zinses) kundgiebt. Ganz im Gegentheil meinen wir, ein Besitzverlust trete hier deswegen nicht ein, weil der Wille des Vertreters für den Dritten zu besitzen als äufsere That sich nicht gehörig kundgegeben hat. In dem Abschlusse des Vertrags mit dem dritten liegt, in Ansehung des nachherigen Benehmens des Vertreters, keine unzweideutige Erklärung der animi mutatio vor. Wie hier der innere Wille des Detentors beschaffen ist, ob dieser das Vorhaben hat, die Sache für den bisherigen locator zu bewahren oder sie dem neuen Erwerber wirklich zuzuwenden, ob er also den ersten oder den zweiten oder gar beide zu betrügen die Absicht hegt, dies ist für die Entscheidung des Falls indifferent.

Anders als in l. 32 § 1 cit. lautet die Entscheidung in l. 21 § 3 D. h. t. JAVOLENUS l. VII ex CASSIO: Qui alienam rem precario rogavit, si eandem a domino conduxit, possessio ad dominum revertit.

Ein genügender Grund dafür, warum hier der Besitz des Vertretenen untergeht, liegt noch keineswegs, wie dies SAVIGNY[2]) annimmt, darin, dafs wohl der Prekarist, nicht aber der conductor juristischer Besitzer ist, denn der precario dans bleibt doch auch Besitzer und retiniert seine possessio durch den Prekaristen gerade so, wie der Vermieter durch den Mieter. Die Sache ist vielmehr folgendermafsen zu erklären:

1) Constitutum possessorium S. 83. 84.

2) a. a. O. S. 370 N. 2.

Der Besitz des precario dans besteht nur insofern, als der Prekarist die prekäre Natur seines Habens anerkennt. So lange das precarium nicht widerrufen worden ist, kann der precario rogans, abgesehen von der Beschädigung der Substanz der Sache, durch die Art und Weise, wie er die Sache gebraucht, eine Kontrektation nicht begehen, denn er gebraucht die Sache wie ein Eigentümer. Den Besitz des precario dans vernichtet er also dann, wenn er seine Rechte durch That bestreitet und aufhört, sich als sein Repräsentant zu benehmen. Dies geschieht jedoch zweifellos, wenn er die Sache nunmehr als von einer anderen Person, nämlich dem Eigentümer, gemietet, behält. Der Unterschied zwischen dem Gebahren des Prekaristen in l. 21 § 3 cit. von demjenigen des conductor in l. 32 § 1 cit. ist handgreiflich. In l. 21 § 3[1]) wird die

1) Kniep (a. a. O. S. 290 fg.) erklärt die Stelle durch die Annahme, Javolenus habe den von Justinian verworfenen Satz gelehrt, dafs man den Besitz auch animo erwerbe. Wir halten dies für unbegründet. Obzwar die Entwickelung und tiefere Begründung des constitutum possessorium auf die juristische Thätigkeit des jüngeren Celsus zurückzuführen ist, so berechtigt dies doch nicht zu der Behauptung, eine aus ähnlichen Gesichtspunkten entspringende, für einen speziellen Fall getroffene Entscheidung könne sich gar nicht bei Javolenus finden. Dafs Javolenus in dem Falle eine Art Übergabe, also ein Konstitut erblickt, ist schon daraus zu ersehen, dafs er in der Umwandlung der possessio pro herede durch einen mit dem Erben geschlossenen Vertrag in ein habere precario (pr. l. cit.) ein tradere possessionem nennt, obwohl er sich dessen wohl bewufst ist, dafs hier keine eigentliche Übergabe vorliegt. Mit Unrecht beruft sich Kniep auf l. 51 D. h. t. Das animo apisci possessionem der Juristen Labeo und Javolenus ist, wie aus unserer Interpretation (Bd. 1 S. 277 fg.) erhellt, nichts anderes als die Abschwächung der Körperlichkeit des Ergreifungsaktes. Ein späterer, zu einer Zeit, als die technisch-juristische Bedeutung des animo possidere mehr entwickelt war, lebender Jurist würde hier wohl von einem Animoerwerb nicht gesprochen haben. So hütet sich Paulus beim Erwerb „oculis et affectu“ den Ausdruck animo apisci possessionem zu gebrauchen. Ganz ohne Vorhandensein der naturalis possessio haben ja

animi mutatio in ganz unzweifelhafter Weise kundgegeben, keineswegs aber in l. 32 § 1. Dies ist die Ursache, warum dort die Besitzänderung eintritt, nicht dagegen hier. Indessen würde bei unbeweglichen Sachen (und von diesen spricht offenbar JAVOLEN) der soeben angegebene Grund an sich noch nicht genügen, um den sofortigen Besitzverlust auf seiten des Repräsentierten auch ohne vis und ohne Kenntnis des letzteren von der animi mutatio des Vertreters zu erklären. Die weitere Ursache ist nach unserer Ansicht darin zu suchen, daſs die possessio von dem Prekaristen gerade dem Eigentümer der Sache, also demjenigen, der das Recht hat, zu besitzen, zugewendet wird. Dafür spricht der Umstand, daſs ein Detentor in fremdem Namen, wenn er sich selbst das Eigentum an der detinierten Sache verschafft, mithin das früher begründete Repräsentationsverhältnis ihn nicht mehr bindet, von nun an und zwar, sogar wenn es sich um ein Grundstück handelt, als Besitzer im eigenen Namen gilt. Dies ergiebt sich aus l. 9 § 6 D. loc. 19. 1 ULPIANUS: Si alienam domum mihi locaveris eaque mihi locata vel donata sit, non teneri me tibi ex locato ob pensionem... Es scheint uns, daſs hier der bisherige conductor schon im Augenblick der Annahme der donatio des Eigentümers Besitzer wird, obwohl, da die Sache eine unbewegliche ist, die animi mutatio an sich nicht hinreichen würde, um den Besitz des locator zu vernichten. Nach unserer Ansicht steht nicht nur die l. 9 § 6 cit., sondern auch l. 21 § 3 cit. in einem gewissen Zusammenhange zu jenen, erst in der Folge näher zu besprechenden Quellenstellen, welche den Grundsatz enthalten, daſs, wenn der Inhaber der Sache, der sie als Detentor in fremdem Namen erhalten

auch die Prokulianer die Möglichkeit des Erwerbes animo nicht behauptet (l. 3 § 3 D. h. t.). Um so weniger ist dies dem Sabinianer JAVOLENUS zuzumuten.

hat, selbst Eigentümer der Sache ist oder wird, und nicht offenbar ungeachtet dessen an das Repräsentationsverhältnis gebunden sein will, hierdurch nicht nur die Begründung bezw. das Fortbestehen des Repräsentationsverhältnisses ausgeschlossen, sondern auch der juristische Besitz des Vertretenen vernichtet wird. Dafür zeugt auch dies, daſs die vom letzteren Verhältnisse handelnde Hauptstelle (l. 21 D. de usurp. 41, 3) gerade von JAVOLENUS ist.

Nicht ohne Bedeutung für die uns interessierende Frage der Verwandlung der Detention in juristischen Besitz ist die bekannte römische Regel: nemo sibi ipse causam possessionis mutare potest[1]). Bekanntlich sind der Sinn und das Anwendungsgebiet dieser Regel höchst zweifelhaft. Insbesondere ist es bestritten, ob die römischen Juristen diese Regel auch auf die possessio naturalis bezogen haben, um die Unzulässigkeit der Verwandlung der Detention in den Besitz durch „bloſsen Willen" des Inhabers auszusprechen. In erster Linie bezieht sich die Regel auf die Umwandlung des rechtlichen Grundes der Innehabung, es ist jedoch, wie wir meinen, nicht zu bezweifeln, daſs sich die Regel auch auf die Umwandlung der Detention in juristischen Besitz bezog[2]) und daſs ihr in der Beziehung namentlich im älteren Rechte[3]) eine wichtige

1) Vgl. über die Regel besonders SCHIRMER: Ztsch. f. Zivr. u. Prozess N. F. Bd. 11 S. 433 fg.; PERNICE: Labeo Bd. II S. 191—194 u. KNIEP a. a. O. S. 259—268.

2) A. A. die herrschende Lehre s. bes. SAVIGNY: Besitz S. 82 fg.; RUDORFF: Anhang Nr. 24 fg.; UNTERHOLZNER: Verjährungslehre Bd. 1 S. 335 fg. (Zitate über die Meinung älterer Schriftsteller s. bei SCHIRMER). SAVIGNY beschränkt die Regel auf die usucapio pro herede und usureceptio ex fiducia. Vgl. bezüglich der vermutlichen Bedeutung bei der usucapio pro herede und über die Stelle des GAIUS II 52—61 LIEBE: Besitz als Recht in thesi S. 25—32 und die bei WINDSCHEID § 179 N. 3 zitierten. Gegen SAVIGNY PERNICE a. a. O.

3) Daſs diese Paromie zur Zeit, als sie entstand, mit der Frage

praktische Bedeutung zukam. In Bezug auf unsere Frage ist die Regel und zwar selbst im späteren römischen Recht nicht ohne jede praktische Relevanz, wie dies allgemein behauptet wird. Sie besagt nämlich nicht nur, dafs es nicht vom inneren subjektiven Belieben des Inhabers abhänge, ob seine Innehabung als Besitz oder Detention zu charakterisieren sei, sondern dafs es, abgesehen vom Falle der eigenmächtigen Besitzanmafsung, zur Umwandlung der Detention in Besitz einer rechtsgiltigen Aufhebung der bisherigen causa detentionis bedarf. Daraus ist zu schliefsen, dafs die eigenmächtige Umwandlung nur in dem durch That bewährten Nichtanerkennen des rechtlichen Repräsentationsverhältnisses bestehen kann.

---

nach der Umwandlung der Detention in den Besitz nichts zu schaffen hatte, ist selbstverständlich, da sie aus einer Zeit stammt, wo die Vertretung im Besitz noch nicht anerkannt war. Dafs man sie aber später auch auf Detention angewendet hat, ersieht man aus l. 3 § 19. 20 D. h. t.; l. 1 § 2 D. pro don. 41, 6 (Paulus); l. 33 § 1 D. de usurp. 41, 3 (Julianus); l. 18 pr. D. h. t. (Celsus); l. 19 eod. (Marcellus); c. 23 C. de loc. 4, 65; c. 5 C. h. t. Dies ist wohl ein entscheidendes Zeugnis dafür, dafs der Unterschied zwischen Besitz und Detention nach der causa beurteilt wurde. Die Anwendung der Regel auf unseren Fall erscheint nicht auffallend, wenn man bedenkt, dafs die Anerkennung der iniusta possessio als geschützten Besitzes sich erst allmählich entwickelte. Die Regel schien, wenigstens nach der Auffassung der älteren Juristen, überhaupt der unkörperlichen Umwandlung des Besitzes in Detention und der Detention in Besitz im Wege zu stehen. Celsus und Marcellus, ähnlich auch Julianus, bemühen sich, die Nichtanwendbarkeit derselben bei einer durch giltigen Rechtsakt begründeten Umwandlung zu erklären, wogegen Paulus (l. 3 § 20 cit.), zu dessen Zeit die Frage nicht mehr zweifelhaft war, sich mit Hilfe eines etwas flachen Sophisma die Sache leicht macht.

II. Derivativer Besitzerwerb animo solo (brevi manu traditio).

§ 5.

Mit dem Ausdruck brevi manu traditio[1]) bezeichnet man die Besitzübertragung, welche sich aus dem Grunde ohne körperliche Ergreifung der Sache seitens des Erwerbers (solo animo) vollzieht, weil der Erwerber bereits im nahen Verhältnisse zur Sache steht und nach der Ausdrucksweise der Quellen die possessio naturalis innehat.

Von diesem Falle handeln folgende Fragmente:

L. 9 § 5 D. de a. r. d. 41, 1 (Gaius l. II. rerum cott.). Interdum etiam sine traditione nuda voluntas domini sufficit ad rem transferendam, veluti si rem, quam commodavi aut locavi tibi aut apud te deposui, vendidero tibi: licet enim

1) Diesen Ausdruck bezieht man auch auf die Übertragung des Eigentums an einer Sache die bereits in dem Besitz des Erwerbers steht. Vgl. über diesen rechtlichen Vorgang, der ein Fall eines allgemeineren Begriffs, nämlich der rechtlichen Umwandlung der causa possessionis ist, Bekker: Recht des Besitzes S. 88 N. 1 u. 2 und die dort zitierten Quellenstellen. Aufserdem bes. l. 9 § 3 D. de publ. 6, 2; l. 9 § 6 D. loc. 19, 2 cit.; l. 29 pr. D. de evict. 21, 2. Ob sich die römischen Juristen den Vorgang so gedacht haben, als ginge hier der Besitz wirklich herüber und hinüber, wie dies Savigny (S. 244 N. 1 Zusatz zur 7. Aufl.; vgl. System Bd. IV Beil. IX Nr. VIII) meint, lassen wir dahin gestellt. Dafür unter anderen l. 15 D. de r. c. 12, 1; l. 3 § 12 D. de don. i. v. et u. 24, 1; l. 43 § 1 D. de i. dot. 23, 3. Vgl. über die Besitzumwandlung Kniep: Vacua possessio S. 241—258. Dafs die eigentliche traditio brevi manu den römischen Juristen als ein den Fällen der Umwandlung der causa possessionis ganz nahe verwandter Vorgang erschien, ist zwar ganz richtig, aber auch bei dem innigen Zusammenhange, der zwischen animus possidendi und causa possessionis besteht, leicht begreiflich. Daraus folgt nicht, dafs die brevi manu traditio keine Übergabe war. Vgl. dazu hinsichtlich des Gebens in das Pekulium die „naturalis datio" des Paulus in l. 8 D. de pecul. 15, 1.

ex ea causa tibi eam non tradiderim, eo tamen, quod patior eam ex causa emptionis apud te esse, tuam efficio. — Ungefähr gleichlautend damit § 44 I. de r. d. 2, 1.

L. 9 § 9 D. de r. c. 12, 1 (ULPIANUS l. XXVI ad ed.). Deposui apud te decem, postea permisi tibi uti: NERVA PROCULUS etiam antequam moveantur condicere quasi mutua tibi haec posse aiunt, et est verum, ut et MARCELLO videtur: animo enim coepit possidere . . . .

L. 10 eod. (Idem l. II ad ed.). Quod si ab initio, cum deponerem, uti tibi si voles permisero, creditam non esse antequam mota sit, quoniam debitu iri non est certum[1]).

L. 3 § 20 D. h. t. (PAULUS l. LIV ad. ed.). Sed si is, qui apud me deposuit vel commodavit, eam rem vendiderit mihi vel donaverit, non videbor causam possessionis mihi mutare, qui ne possidebam quidem.

L. 62 pr. D. de evict. 21, 2 (CELSUS l. XXVII digest.). Si rem quae apud te esset vendidissem tibi: quia pro tradita habetur, evictionis nomine me obligari placet.

L. 33 § 1 i. f. D. de usurp. 41, 3 (JULIANUS l. XLIV digest.). . . . cum igitur recipiatur in eius persona qui possessionem habet, quanto magis in colono recipienda sunt, qui nec vivo nec mortuo domino ullam possessionem habet? et certe si colonus mortuo domino emerit fundum ab eo, qui existimabat se heredem eius vel bonorum possessorem esse, incipiet pro emptore possidere.

L. 10 pr. D. h. t. (ULPIANUS l. LXIX ad ed.). Si quis ante conduxit postea precario rogavit videbitur discessisse a conductione . . . .

L. 9 § 1 D. de publ. 6, 2 (ULPIANUS l. XVI ad ed.).

---

1) S. auch l. 1 § 34; l. 4 pr. D. dep. 16, 3 (ULPIAN); l. 29 § 1 D. eod.; Coll. X 7 §§ 5. 7 (PAULUS).

Si quis rem apud se depositam vel sibi commodatam emerit vel pignori sibi datam, pro tradita erit accipienda, si post emptionem apud eum remansit.

L. 34 pr. D. mand. 17, 1 (AFRICANUS l. VIII quaest.) . . . quod si pecuniam apud te depositam convenerit ut creditam habeas credita fiat, quia tunc nummi qui mei erant tui fiunt. S. auch l. 10 D. de donat. 39, 5 (PAULUS).

Wie aus diesen Stellen erhellt, gilt rücksichtlich des derivativen Besitzerwerbs des bisherigen Stellvertreters nicht dasselbe, wie im Falle der eigenmächtigen Besitzergreifung. Während nämlich zur eigenmächtigen Besitzergreifung es in der Regel eines loco movere der Sache bedarf, erwirbt derivativ der Repräsentant den Besitz stets animo solo, d. h. durch einen unkörperlichen, den Erwerbswillen dokumentierenden Akt. Die unkörperliche Besitzerwerbserklärung besteht hier in der irgendwie abgegebenen Zustimmung zu der Besitzübertragungserklärung des bisherigen Repräsentierten. Begreiflicherweise erfolgt dieser unkörperliche Besitzerwerb nur unter der Voraussetzung, daſs ein wirklicher Besitzübertragungsvertrag zustande kommt, der eine causa[1]) zu Grunde hat, welche in der vertragsmäſsigen Übertragung des dinglichen Rechts auf den Empfänger oder der Anerkennung seines Rechts besteht und mit gleichzeitiger Aufhebung des bisherigen Repräsentationsverhältnisses verbunden ist. Fehlt ein rechtsgiltiger Übertragungsvertrag, dann kommt auch der Besitzübergang nicht zustande, sofern die Bedingungen der eigenmächtigen Besitzergreifung nicht erfüllt sind.

Die zitierten Fragmente l. 9 § 9 und l. 10 D. de r. c.

---

1) Dies folgt mit Evidenz aus den zitierten Quellenstellen, da in denselben ausnahmslos von einem giltigen, auf Übertragung des Rechts gerichteten Vertrage die Rede ist. Von der Bedeutung der „causa" wird noch in der Folge gehandelt werden.

12, 1 sind für uns noch insofern von besonderem Interesse, als sie ein Licht werfen auf die von uns bereits berührte Frage[1]), worin denn eigentlich der sich auf die Bedingungen der Umwandlung der Detention in den Besitz und auf das Wesen der Sachkontrektation beziehende Streit der römischen Juristen bestanden haben mag. Es sei uns verstattet, von dieser Angelegenheit näher zu sprechen. — Wenn wir die letztzitierten Fragmente mit l. 3 § 3 und § 18 D. h. t. vergleichen, so müssen wir zu der Überzeugung gelangen, dafs wir es hier mit einer wirklichen Schulenkontroverse zu thun haben, welche zum Gegenstand in erster Linie die Frage hatte, ob es zur Besitzergreifung bei Vorhandensein der naturalis possessio noch eines loco movere bedarf oder nicht. Ulpian beruft sich für die Entbehrlichkeit des loco movere auf die Autorität des Nerva und Proculus, und ebenso wird in l. 3 § 3 cit. neben dem Neratius[2]) auch Proculus als Verteidiger der Ansicht angeführt, dafs man an dem in unserem Grundstück vergrabenen Schatze, in welchem Falle nach der Ansicht dieser Juristen eine naturalis possessio vorliegt, solo animo den Besitz erwerbe. Aus den Anfangsworten der l. 3 § 3 cit. und aus l. 9 § 9 cit ist zu ersehen, dafs der Satz, der Besitz werde bei Vorhandensein der possessio naturalis solo animo erworben, von den Prokulianern als allgemeine Regel gelehrt wurde. Dagegen beruft sich Paulus in l. 3 § 3 cit. auf die Ansicht des Sabinus und

1) S. Bd. 1 S. 93. 94.

2) Die Hypothese Knieps (a. a. O. S. 165 N. 1), in der Stelle habe vielleicht nicht „Neratius“, sondern „Nerva“ gestanden, ist recht plausibel. Natürlich ist dies für die Frage, ob eine Schulenkontroverse bestand, nicht entscheidend, da auch Neratius ein Prokulianer war. Zu meiner Befriedigung sehe ich, dafs auch Kniep es erkennt, dafs in Bezug auf den Streit der klassischen Juristen § 3 u. § 18 der l. 3 h. t. in innigem Zusammenhange stehen.

ebenso werden von ihm in l. 3 § 18 cit., die auch offenbar auf eine Meinungsdifferenz hinweist, die Häupter der Sabinianischen Schule SABINUS nnd CASSIUS als Gewährsmänner für das Erfordernis der Lokomotion angeführt. Ferner mufs beachtet werden, dafs PAPINIAN in l. 47 D. h. t., wo er eine der l. 3 § 18 cit. widersprechende Ansicht vorträgt, gerade den jüngeren NERVA zitiert. Es ist also sehr wahrscheinlich, dafs er, indem er von früheren responsa spricht, die Entscheidungen des NERVA und seiner Anhänger im Sinne hat. Endlich mag darauf aufmerksam gemacht werden, dafs die l. 67 D. de furt. 47, 2 vom Prokulianer CELSUS herrührt. Nun läfst sich zwar, wie wir es gesehen haben, die l. 67 cit. mit den Entscheidungen der Sabinianer insofern in Einklang bringen, als man nicht gezwungen ist, in ihr eine allgemeine, den Besitzerwerb des Repräsentanten überhaupt betreffende Regel zu sehen. Immerhin jedoch ist es auf Grund dieser Bestimmung zu vermuten, dafs auch CELSUS ein Vertreter der Prokulianischen Ansicht war.

Mithin ist es evident, dafs hier ein Streit der Schulen bestand, zugleich aber, dafs sich dieser Streit auf eine ganz andere Frage bezog, als dies SAVIGNY und HUGO annahmen. Es handelte sich nämlich gar nicht darum, ob es zum Besitzerwerbe des Repräsentanten nötig sei, dafs er ein furtum begehe. Sicherlich nehmen auch die Sabinianer die Möglichkeit des Besitzerwerbs ohne furtum an. Ebenso beschränkte sich die Kontroverse nicht auf die Frage, was zum begangenen furtum gehöre. Man stritt vielmehr im allgemeinen darüber, was in den Fällen, wo jemand in einem so nahen faktischen Verhältnisse zur Sache steht, dafs dasselbe als possessio naturalis aufgefafst werden könnte, dazu noch erforderlich sei, damit er juristischer Besitzer werde und folglich, die mens fraudulosa vorausgesetzt, ein furtum begehe.

Hier aber stand, wie wir meinen, nicht in Frage, ob der animus als innere Thatsache wirke oder kundgegeben werden müsse, sondern ob die blofse Kundgebung des animus possidendi genüge oder nicht. Diese Frage scheinen die Prokulianer[1]) im allgemeinen bejaht zu haben, während die Sa-

1) Dieses stärkere Betonen der geistigen Seite des Besitzverhältnisses ist auf den grofsen Vorgänger der Prokulianer Labeo zurückzuführen (l. 51 D. h. t.), der die Abschwächung der Körperlichkeit der Ergreifung durch Hervorheben des animus begründet. Aus dem „quarundam rerum animo possessionem apisci nos Labeo ait", darf wohl geschlossen werden, dafs der von Paulus l. 3 § 3 auf Proculus zurückgeführte Satz von Labeo gelehrt wurde, nicht minder aber auch, dafs Labeo als Regel den Satz, dafs man animo und corpore erwirbt, anerkannte. Wenn von späteren die letztere Regel präzis bestimmt und oft wiederholt wird (Gaius IV 153. 154; § 5 J. de interd. 4, 15; Paulus: R. S. V 2 § 1; l. 3 § 6 D. h. t; l. 8 eod.; l. 153 D. de r. i. 50, 17), so ist daraus nicht zu schliefsen, als hätte man die Animoerwerbe des Labeo ohne weiteres verworfen, sondern dafs man manche derselben unter den Begriff des animo und corpore apisci brachte. Man vergleiche auch die von Javolenus anerkannte (l. 79 D. de solut. 46, 3) Übergabe beweglicher Sachen durch Vertrag in Gegenwart der Sache (longa manu traditio). Dieselbe Abschwächung der Körperlichkeit wird von Paulus in l. 1 § 21 D. h. t. auf Priscus zurückgeführt, der wohl niemand anderes als gerade der Javolenus ist. Dies berechtigt zu der Annahme, dafs die Abschwächung des Traditionskorpus, das apisci possessionem oculis et affectu vorzüglich ein Werk des Javolenus ist. Auf Grund der l. 51 cit. darf aber, wie uns scheint, die Hypothese aufgestellt werden, dafs diese Spiritualisierung des Besitzerwerbs unter dem Einflusse des Labeo geschah und Javolenus nur bestrebt war, das bahnbrechende „quarundam rerum animo nos apisci possessionem" des Labeo mit den sonstigen Grundsätzen der Besitzlehre einigermafsen in Einklang zu bringen. S. auch den Gegensatz zwischen Labeo und Javolenus bezüglich der Bestellung der Grunddienstbarkeiten in l. 20 D. de servit. 8, 1. Labeo anerkennt keine iuris vacua traditio. — Das stärkere Hervorheben der Bedeutung des animus bei den Prokulianern im Verhältnis zu den Sabinianern äufsert sich auch sonst. So in der Ausbildung des Rechtssatzes, dafs man trotz heimlicher Okkupation eines dritten den Besitz animo retiniert welcher auch auf Labeo zurück-

binianer ein loco movere der Sache selbst verlangten. Was unter diesem loco movere zu verstehen ist, wissen wir be-

---

zuführen ist (l. 6 § 1 D. h. t.); so auch überhaupt in der Durchführung des Grundsatzes vom animo possessionem retinere bei Grundstücken. Vgl. einerseits Proculus l. 31 D. de dolo m. 4, 3 u. l. 1 § 25 D. de vi 43, 16; Neratius in l. 7 D. h. t., wohl auch Nerva in l. 47 eod.; Celsus in l. 18 § 3 eod., und den in der Beziehung offenbar dem Labeo und den Prokulianern folgenden Paulus l. 3 § 7 fg. D. h. t. — andererseits das furtum fundi des Sabinus bei Gell. 11, 18; ferner die Sabinianer Pomponius l. 31 h. t. u. Africanus l. 40 § 1 eod. und das Zögern des Pomponius in l. 25 § 2 h. t. Dies steht wohl im Zusammenhang mit der von Labeo (l. 3 § 5 h. t.) und seinen Nachfolgern (Celsus l. 5 § 15 D. commod. 13, 6; anders Julianus l. 19 pr. D. de prec. 43, 26) durchgesetzten Regel, daſs es keine possessio duorum in solidum gebe und der Anerkennung der possessio iniusta als ausschlieſslichen rechtlich vollgeschützten Besitzes. Diese Grundsätze erheischten einerseits eine präzisere Herausbildung des Besitzwillensbegriffs, andererseits das Ausdehnen des animo retinere possessionem, um den unrechtmässigen Besitzerwerb zu beschränken. Sie haben zu einer gewissen Überschätzung des Willensmomentes als etwas Selbständigen geführt, welche auch in der Definition der custodia des jüngeren Nerva l. 3 § 13 D. h. t. (quatenus si velimus ...) Ausdruck gefunden hat. Die Sabinianer dürften die custodia (l. 3 § 3 cit.) etwas anders begriffen haben. Zu beachten wäre vielleicht noch in bezug auf den „animus" des Pupillen Nerva in l. 1 § 3 D. h. t. und Labeo in l. 22 § 1 D. de prec. 43, 26. Die Hypothese wäre vielleicht nicht gewagt, daſs Labeo und die Prokulianer auf Grund der natürlichen Seite des Besitzverhältnisses dem „animus" des Pupillen eine gewisse rechtliche Bedeutung zugeschrieben haben, wogegen die Sabinianer anderer Ansicht waren und ihre Ansicht in Bezug auf die alienatio possessionis (l. 11 D. de a. r. d. 41, 2) von den späteren als richtig anerkannt wurde. Ferner sind auch die weitere mehr juristische Ausbildung des animo apisci possessionem in der Gestalt des constitutum possessorium und die Anerkennung der longa manu traditio bei Grundstücken ein Werk des genialsten unter den Nachfolgern Labeos, des jüngeren Celsus, l. 18 pr. § 2 D. h. t. Endlich darf vielleicht vermutet werden, daſs die Möglichkeit des Besitzerwerbs in absentia rei auch zuerst von den Prokulianern (Proculus in l. 55 D. de a. r. d. 41, 1; Celsus l. 18 § 2 D. h. t.; vgl. auch Labeo in l. 13 D. qu. mod. usufr. 7, 4) erkannt worden ist. Vgl. auch in l. 5 D. ad exhib.

reits. Dasselbe ist keine leere Formalität und darf auch nicht als Ausdruck der „älteren materialistischen" zu jeder Besitzergreifung ein physisches Berühren der Sache erfordernden Auffassung, von welcher IHERING spricht[1]), betrachtet werden. Die Sabinianische Ansicht wird ja auch von PAULUS, der doch das oculis et affectu possessionem apisci vollkommen anerkennt, gebilligt und ist von den Kompilatoren rezipiert worden. Das loco movere ist Bethätigung des Willens durch wirkliches Gebrauchen oder In-unsern-Gewahrsam-bringen der Sache. Faſst man nun, so wie hier geschehen, unsere Kontroverse auf, so kommt man zu der Überzeugung, daſs sich in ihr zum Theil eine verschiedenartige Auffassungsweise des Besitzbegriffs abspiegelt. Die Prokulianer sahen im corpus und animus einigermaſsen zwei besondere Elemente, faktische Nähe zur Sache und Wille, zu besitzen, während die Sabinianer eine nähere Verknüpfung der äuſseren und inneren Seite des Besitzverhältnisses verlangten und den animus weniger „spiritualistisch" auffaſsten. Für den Fall, wenn sich eine Sache zufälligerweise in einem nahen Verhältnisse zu uns befindet, ist in l. 3 § 3 D. h. t. die Ansicht der Sabinianer gebilligt worden. Ebenso wird der Sabinianischen Ansicht gemäſs für den Fall der eigenmächtigen Besitzergreifung des Repräsentanten ein loco movere als Regel (l. 3 § 18 D. h. t.) erfordert. Eine Modifizierung dieser Regel haben wir auf Grund der l. 67 pr. D. de furt. 47, 2 annehmen müssen. Ob diese Modifikation im Sinne der Sabinianischen Lehre ist, kann zweifelhaft erscheinen. Wir nehmen keinen Anstand, dies zu bejahen, und zwar deswegen, weil der Grund

10, 4 eine gewisse Meinungsverschiedenheit, die zwischen CELSUS und NERATIUS einerseits und JULIANUS andererseits zu bestehen scheint.

1) Geist des röm. Rechts Bd. 2 § 43 S. 429.

der Entscheidung der l. 3 § 3 cit.[1]) lautet: quia non est sub custodia nostra, woraus folgt, dafs auch die Sabinianer für diejenigen Fälle, wo die Sache in unmittelbarem Gewahrsam des Detentors selbst (nicht des Detentors als Repräsentanten eines anderen) sich befindet, von dem Erfordernisse der Lokomotion absahen.

Was dagegen den Besitzerwerb des Repräsentanten mit Willen des Repräsentierten betrifft, so ist in l. 9 § 9 D. de r. c. cit. die Ansicht gebilligt, dafs hier ein loco movere nicht notwendig sei, sondern jede als Antwort auf die Traditionserklärung gegebene Manifestation des Besitzwillens genüge. Ulpian beruft sich auf Nerva und Proculus[2]). Nichtsdesto-

1) Es wäre unzulässig, aus l. 15 D. ad exhib. 10, 4 zu schliefsen, dafs Labeo in einem ähnlichen Falle, anders als Proculus in l. 3 § 3 zum Besitzerwerb ein loco movere unbedingt verlangte. Im Gegenteil, die Stelle legt gerade die entgegengesetzte Vermutung nahe. Man beachte, dafs der Grund der Entscheidung in l. 15 cit., der wohl von Labeo selbst herrührt, ganz anders lautet, als in l. 3 § 3. Dort heifst es: „cum fieri possit, ut nescias thesaurum in tuo fundo esse“, hier dagegen einfach: „quia non sit sub custodia nostra“. Man beachte auch, dafs in l. 15 ad exhib. cit. zwischen Besitzerwerb, furtum und facultas restituendi nicht unterschieden wird.

2) Aus l. 9 § 9 cit. und l. 3 § 3 D. h. t. cit. ist zu schliefsen, dafs die Anerkennung des Animoerwerbs an Sachen, die man detiniert, folglich auch die brevi manu traditio nicht auf den jüngeren Celsus und Marcellus zurückzuführen ist, wie dies Kohler (Arch. f. ziv. Praxis Bd. 69 S. 191) haben will, sondern älteren Datums sein dürfte. Darin liegt die Bestätigung unserer oben (S. 58) ausgesprochenen Behauptung, dafs Ulpian, wenn er in l. 34 pr. h. t. von animo adquiri, deponere et mutare possessionem spricht, nicht den Besitzerwerb an Sachen, die man detiniert, sondern das constitutum possessorium und die longa manu traditio im Sinne hat. S. auch Ulpian in l. 77 D. d. r. v. 6, 1. Es ist zwar wahrscheinlich, dafs die juristische Thätigkeit des Celsus und Marcellus auf die allgemeine Anerkennung der brevi manu traditio von Einflufs war, nichtsdestoweniger dürfte das von Ulpian neben dem deponere und adquiri possessionem, welches wohl besonders den Fall

weniger glauben wir nicht annehmen zu dürfen, daſs rücksichtlich dieses letzteren Falls die Sabinianer, zumal die späteren, etwas anderes gelehrt haben und an dem Erfordernisse der Lokomotion, welche hier eine zwecklose Formalität wäre, festhielten. Dafür spricht der Umstand, daſs die Sabinianer GAIUS und JULIAN (l. 9 § 5 D. de a. r. d. 41, 1 und l. 33 § 1 D. de usurp. 41, 3 cit.) die brevi manu traditio ohne weiteres anerkennen. Die Meinungsverschiedenheit bestand, wie es scheint, nur darin, daſs die Sabinianer in der brevi manu traditio einen ausnahmsweisen Erwerbsmodus sahen und vorzüglich auf die Umwandlung der causa Gewicht legten, während die Prokulianer, wie aus l. 9 § 9 cit. ersichtlich, sie als Konsequenz des Grundsatzes, daſs man bei

---

des Konstitutum bedeutet (l. 18 § 2; l. 19 pr. D. h. t.), erwähnte „mutare" in erster Reihe nicht auf die eigentliche brevi manu traditio, welche schon dem PROCULUS und NERVA geläufig war, sondern auf die Umwandlung der causa possessionis zu beziehen sein. Dies ersieht man vor allem daraus, daſs MARCELL in l. 19 D. h. t. neben dem Konstitut nur von der Besitzumwandlung spricht (man beachte die Worte: corpore et animo possessioni incumbens) und daſs die l. 62 pr. D. de evict. cit. des CELSUS, mag in ihr implicite eine Entscheidung in Betreff der br. m. traditio enthalten sein, sich doch zunächst auf die Besitzumwandlung bezieht. Auſserdem zeugt für uns das lehrreiche Fragment des POMPONIUS l. 29 pr. D. de evict. 21, 2, welches KOHLER nicht zitiert und daſs ich auch weder bei KNIEP in seiner Darstellung der Lehre von der Besitzumwandlung, noch bei BEKKER angeführt finde. Das Fragment lautet: Si rem, quam mihi alienam vendideras, a domino redemerim, falsum esse quod NERVA respondisset posse te a me pretium consequi ex vendito agentem, quasi habere mihi rem liceret, CELSUS filius aiebat, quia nec bonae fidei conveniret et ego ex alia causa rem haberem. Die Stelle wirft ein Licht auf die Bedeutung der Regel nemo causam possessionis ... etc. Sie beweist, daſs man es praktisch mit dem Satze sehr ernst nahm; es ist nämlich u. E. klar, daſs die unbillige Entscheidung des NERVA ihre Quelle hatte in der Regel, der emptor könne sich den Grund seines Habens nicht ändern.

Vorhandensein der possessio naturalis animo den Besitz erwirbt, betrachteten.

Nicht nur die Entscheidung, auch die Argumentationsart der Prokulianer scheint sich ULPIAN anzueignen, indem er sagt: „animo enim coepit possidere“. Jedoch tritt ULPIAN, wie wir meinen, nur für diesen Fall der Prokulianischen Ansicht bei, und ist, was sich schon aus l. 10 de r. c. cit. ergiebt, kein unbedingter Anhänger derselben.

Die brevi manu traditio wird perfiziert mit der Annahme der Traditionserklärung. Eine solche liegt in jedem die Zustimmung des Erwerbers kundgebenden konkludenten Handeln. Nur dann, wenn in der Willenserklärung des Tradenten bestimmt wird, dafs die Akzeptation in einem entsprechenden Behandeln (Gebrauchen der Sache suo nomine) liegen soll, wird der Besitzübergang erst durch dieses Handeln des Detentors bewirkt. Dies bestimmt ausdrücklich die l. 10 D. de r. c. cit. Es verdient erwähnt zu werden, dafs rücksichtlich dieses Falls des depositum irregulare, wo es dem Willen des Depositars anheimgestellt wird, das deponierte Geld sich als geliehenes anzueignen, die Ansichten der Juristen geteilt waren. PAULUS sieht darin juristisch ein mutuum und nimmt sofortigen Besitz- und Eigentumsübergang an (Coll X. 7, 9 und l. 29 § 1 D. dep. 16, 3). ULPIAN dagegen fafst das Verhältnis als depositum auf, welches sich erst mit dem wirklichen Verwenden der Geldstücke in ein mutuum verwandelt (l. 10 und l. 4 pr. D. de r. c. 12, 1). Freilich soll auch nach ULPIAN das periculum bei einem derartigen depositum, sowie beim gewöhnlichen depositum irregulare, sofort den Depositar treffen. Vor dem wirklichen uti jedoch geht gegen den Depositar die actio depositi (l. 1 § 34 D. dep. 16, 3). —

Die Rechtswirksamkeit der brevi manu traditio hängt selbstverständlich von allen jenen Voraussetzungen ab, welche überhaupt die Möglichkeit des derivativen Besitzerwerbs bedingen. Der Besitzübergang ist also nicht nur durch das Bestehen des entsprechenden faktischen Verhältnisses des Erwerbers zur Sache [1]) bedingt, sondern der Tradent mufs juristischer Besitzer der Sache sein und es mufs zwischen den Parteien ein rechtsgiltiger Besitzübertragungsvertrag zustande kommen.

Die Übertragung des Besitzes durch unkörperlichen Traditionsvertrag an jemanden, der sich bereits im nahen Verhältnis zur Sache befindet, hängt nicht unbedingt davon ab, dafs dieses bisher bestehende Verhältnis des Erwerbers zum Traditionsobjekt ein Haben der Sache im Namen des Tradenten sei. Es genügt vielmehr jedes Verhalten zur Sache, welches, wenn der rechtsgiltige Traditionswille des bisherigen Besitzers hinzutritt, die Sache als in den Dienst des Erwerbers übergegangen erscheinen läfst. In allen Fällen, wo aus dem Benehmen des Erwerbers zur Sache zu erkennen ist, dafs er sich die Sache aneignen will, und wo dieses Benehmen nur aus dem Grunde nicht als Apprehensionshandlung gilt, weil es an der Zustimmung des bisherigen Besitzers fehlt, ohne welche der Apprehendent auf das Respektieren seiner Aneignung nicht rechnen kann, wird durch die akzeptierte Besitzaufgabe- oder Übertragungserklärung der Besitzübergang perfiziert. So verwandelt sich die eigenmächtige Aneignungshandlung, die an sich noch keine Dejektion bewirkt, sondern als Besitzstörung aufgefafst werden mufs, durch Hinzutritt der Traditions- oder Besitzaufgabeerklärung des

1) Auch für den Fall, wenn der Erwerber nicht selbst die Sache detiniert, dieselbe vielmehr seinerseits einem dritten in Detention gegeben hat (mittelbare Stellvertretung), kann unbedenklich die Möglichkeit der traditio brevi manu angenommen werden, wenn nur der Inhaber der Sache dieselbe in erster Linie für den Traditionserwerber detiniert.

bisherigen Besitzers in juristischen Besitz [1]). Ähnlich ist es, wenn sich jemand ohne vorangegangene Traditionserklärung zur Sache so verhält, als ob sie ihm vom Besitzer überlassen wäre. Er wird durch nachträgliche Zustimmung des bisherigen Besitzers, die ausdrücklich oder stillschweigend geschehen kann, zum derivativen Besitzerwerber [2]).

Dasselbe wird auch für den Fall gelten müssen, wenn sich eine Sache zufälligerweise ohne Zuthun des Erwerbers in einer solchen Lage befindet, dafs sie, falls diese Lage mit dem Willen der Parteien bewirkt worden wäre, als dem Erwerber geliefert betrachtet werden müfste.

Z. B. Auf einem Grundstücke, welches tradiert worden ist, befinden sich manche von dem Grundstück früher abgetrennte Gegenstände (ruta et caesa), auf welche sich die Tradition nicht bezog. Will nun der bisherige Besitzer diese Gegenstände an den Erwerber des Grundstücks tradieren, so wird zweifellos der Besitz schon durch unkörperlichen Vertrag ohne loco movere übertragen. Kann man nämlich diese Sachen zusammen mit dem Grundstück tradieren, so ist es klar, dafs man sie auch, nachdem das Grundstück bereits tradiert worden is, unkörperlich übergeben kann [3]).

---

1) Dafür darf man sich wohl auf l. 7 D. de prec. 43, 26 (Venuleius) berufen: Sed et si eam rem, cuius possessionem per interdictum uti possidetis retinere possim, quamvis futurum ut tenear de proprietate, precario tibi concesserim, teneberis hoc interdicto. Der Jurist denkt vielleicht an den Fall, wo der precario rogans Besitzstörer war und der Besitzer durch das interdictum uti possidetis seinen Besitz erhalten konnte. Dieser konzediert indessen die Sache precario und der Besitzstörer wird dadurch zum precario possidens, ohne dafs sein Verhältnis zu der Sache sich dabei ändern müfste.

2) S. bes. die bekannte c. 2 C. h. t.

3) Dafür spricht auch der Umstand, dafs dem Besitzer des Grundstücks die facultas restituendi zugeschrieben wird und gegen ihn, auch wenn kein loco movere eingetreten ist, die actio exhibendum zulässig

Ähnlich verhält es sich im folgenden Fall: In einer Räumlichkeit des A. (z. B. in einem Magazin) befinden sich neben manchen Gegenständen, die A. an B. durch Gewährung des Gebrauchs des Raumes (unter Umständen in Verbindung mit der Schlüsselübergabe) bereits tradiert hat, noch andere Sachen, die A. selbst besitzt. Will nun A. auch an diesen Sachen an B. den Besitz übertragen, so kann dies ohne weiteres nudo consensu geschehen. Irgend ein körperlicher Besitzergreifungsakt wäre hier offenbar nichts als zwecklose Formalität.

Nahe verwandt mit dem Falle der brevi manu traditio ist der Besitzerwerb auf Grund einer bedingten Tradition. Auch hier verwandelt sich die Detention in juristischen Besitz, ohne dafs ein neues körperliches Ergreifen der Sache hinzukommen müfste. Die Zulässigkeit der bedingten Besitzübertragung steht aufser Frage. Ausdrücklich wird sie anerkannt in

l. 38 § 1 D. h. t. (Julianus l. XLIV digest.): Si quis possessionem fundi ita tradiderit, ut ita demum cedere ea dicat, si ipsius fundus esset, non videtur possessio tradita, si fundus alienus sit. Hoc amplius existimandum est possessio-

---

ist, l. 17 § 6 D. de a. e. v. 19, 11 (Ulpian). In l. 5 pr. §§ 2—6 ad exhib. 10, 4 macht Julian die Zulässigkeit der actio ad exhibendum abhängig von der Erlangung des Besitzes durch den Inhaber des Grundstücks, wozu er vermutlich ein loco movere erfordert, während Neratius und Celsus auch ohne diese Beschränkung die actio geben. Letzterer scheint geneigt zu sein, Besitz auf seiten des Grundstücksinhabers anzunehmen, wenn er nur überhaupt die Ausfolgung der Sachen grundlos verweigert. Die Ansicht Ulpians geht dahin, dafs der Grundstücksbesitzer, mag er auch nicht juristischer Besitzer der ruta et caesa sein, die facultas restituendi stets habe und folglich ad exhibendum belangt werden könne. Vgl. auch Pomponius in l. 9 § 1 D. eod.

nes sub condicione tradi posse, sicut res sub condicione traduntur neque aliter accipientis fiunt, quam condicio exstiterit[1]).

Das Verhältnis bei der bedingten Übergabe ist in folgender Weise aufzufassen: Dem übereinstimmenden Willen der Parteien gemäfs soll der Empfänger dermalen nur Detentor der Sache im Namen des Tradenten werden. Im Augenblicke der Erfüllung der Bedingung soll sich jedoch die Detention sofort in juristischen Besitz verwandeln. Der Besitzübertragungswille wird hier im voraus gegeben und ebenso erklärt der Nehmer im voraus, auf den Fall des Eintritts der als Bedingung gesetzten Thatsache Besitzer sein zu wollen. Infolgedessen tritt mit der Erfüllung der Bedingung Besitzerwerb ein ohne nochmaliges Ergreifen der Sache, ja sogar ohne Kenntnis des Erwerbers von der Thatsache der Erfüllung der Bedingung, mithin ohne Bewufstsein davon, dafs er Besitzer geworden ist. Insonderheit wirkt die Traditionserklärung, da sie nun einmal mit der Übergabe der Sache feststeht, auch dann, wenn zur Zeit der Erfüllung der Bedingung eine rechtsgiltige Willenserklärung von seiten des Tradenten nicht abgegeben werden könnte (s. l. 2 § 5 D. de donat. 39, 5). Dasselbe mufs in Bezug auf die Willenserklärung des Nehmers behauptet werden. Es braucht kaum hervorgehoben zu werden, dafs der Übergang des Besitzes hier, ganz so wie bei der traditio brevi manu, von dem wirklichen rechtsgiltigen Traditionsvertrage abhängt. Über diesen Vertrag entscheidet natürlicherweise der Augenblick der Übergabe der Sache, folglich kann der Tradent, wenn der Vertrag bereits zustande gekommen ist, durch einseitige Willenserklärung es nicht mehr vereiteln, dafs mit der Erfüllung der Bedingung der Übergang des Besitzes eintrete.

---

1) Vgl. auch l. 2 § 2 D. pro empt. 41, 4 (Paulus).

III. Die symbolische Tradition der vor-SAVIGNYschen Doktrin und der Partikulargesetzbücher.

§ 6.

Die „symbolische Tradition“ steht seit dem Erscheinen des SAVIGNYschen Buches über den Besitz bei unserer Jurisprudenz entschieden im Miſskredit. Der ganze Begriff in dieser Form, wie derselbe in der vor-SAVIGNYschen Doktrin für geltendes römisches Recht galt und in die Partikulargesetzbücher Eingang gefunden hat, wird meistens als etwas Prinzipwidriges, den Grundsätzen der römischen Besitzlehre logisch Widersprechendes betrachtet, was nur infolge argen Miſsverständnisses einzelner Quellenstellen entstehen konnte [1]). Im schroffen Widerspruch zu dieser heutigen communis opinio steht der Ausspruch IHERINGS [2]), der in der symbolischen Tradition nicht nur keine Verunstaltung, sondern vielmehr eine Fortbildung des Besitzbegriffs erblickt. Der Umstand, daſs man auf Grund der Ausführungen IHERINGS annehmen könnte, der Begriff der symbolischen Tradition entspreche einer derartigen Auffassung des Besitzes, wie sie von IHERING und von uns vertreten wird, ist es vorzüglich, der uns dazu bewegt, von diesem Rechtsinstitut näher zu sprechen, obwohl dasselbe dem reinen römischen Recht fremd ist.

Von vornherein müssen wir bemerken, daſs wir IHERINGS Ansicht über den Wert der symbolischen Tradition keineswegs theilen und der Überzeugung sind, daſs er sich in dieser Beziehung infolge seiner Opposition gegen die SAVIGNYsche Lehre zu weit hat hinreiſsen lassen. Die symbolische Tradition der

---

1) S. bes. EXNER: Rechtserwerb durch Tradition S. 152 fg.

2) Grund des Besitzschutzes S. 207. Vgl. dagegen bes. RANDA Besitz § 11 N. 40a.

vor-SAVIGNYschen Schule ist ein Institut, welches weder römisch ist, noch als Ausflufs und Fortbildung der IHERINGschen Besitzidee erachtet werden kann. Dieselbe ist sowohl logisch widerspruchsvoll, wie auch de lege ferenda nicht empfehlenswert. Betrachten wir die Frage etwas näher.

Der eigentliche Grund, warum die Idee der symbolischen Tradition entstand, ist hinlänglich aufgeklärt. Er liegt in der unrichtigen Meinung der älteren Juristen, als bestände die wahre traditio des römischen Rechts, der normale Übertragungsakt des Besitzes und Eigentums nur in der Übergabe von Hand zu Hand (darum traditio vera genannt)[1]). Dieser Ansicht zufolge mufste man in allen in unseren Rechtsbüchern anerkannten Traditionsfällen, wo die Übergabe nicht von Hand zu Hand sich vollzieht, etwas Ausnahmsweises, eine non vera traditio erblicken. Indem man es verkannte, dafs diese Übertragungsakte darum wirken, weil sie auch nach der Verkehrsauffassung denselben Zustand schaffen, den die Übergabe von Hand zu Hand bewirkt und die rechtliche Bestimmung hier nur eine Feststellung der Regel des Lebens und höchstens eine mutatio ex iure des Besitzbegriffs enthält[2]), meinte

1) SAVIGNY § 14; EXNER a. a. O. Vgl. dazu jetzt STROHAL: Succession in den Besitz S. 200 fg. STROHAL weist richtig nach, dafs die symbolische Übergabe ein älteres Rechtsinstitut ist, als dies EXNER anzunehmen scheint; vgl. seine historischen Angaben. Es ist nicht zu bestreiten, dafs die Veranlassung zur Entwickelung der symbolischen Übergabe dadurch gegeben wurde, dafs man die im römischen Recht gegebenen Beispiele von Traditionen als unzureichend für die Bedürfnisse des Verkehrs hielt und bestrebt war, die Eigentumsübertragung zu erleichtern. Nichtsdestoweniger könnte die symbolische Tradition als vermeintliches römisches Rechtsinstitut ohne Mifsverständnis der Quellen nicht entstehen. STROHAL berücksichtigt es nicht gehörig, dafs die Schöpfer der traditio symbolica bewufst „über das römische Recht hinaus" nicht gelangen wollten.

2) Dies ist sogar von dem Falle c. 1 C. de donat. 8, 53 (54) zu sagen, der sich zwar der symbolischen Übergabe sehr nähert und allen-

man, die Anerkennung dieser Traditionen beruhe nur auf singulären Bestimmungen des Rechts, das aus Verkehrsrücksichten überall dort, wo die gewöhnliche Tradition den praktischen Bedürfnissen nicht genügt, eine ausnahmsweise zuläfst, welche nicht wie die „wirkliche“ das thatsächliche Übergehen der Sache an den Nehmer hervorbringt, dieses vielmehr nur vorstellt. In der äufseren Kundgebung des Willens, welche in jenen Traditionsfällen vorkommt, sah man nicht die reale Bethätigung der wirtschaftlichen Überantwortung der Sache, sondern Zeichen, Symbole, welche gleichsam in bildlicher Weise den auf vollständige rechtliche Übertragung gerichteten Willen ausdrücken[1]. Weil man aber die erwähnten Bestimmungen nicht als einzelne positiv normierte und beschränkte Ausnahmsfälle auffassen konnte, so glaubte man bei den in den Quellen enthaltenen einzelnen Entscheidungen nicht stehen bleiben zu müssen und erblickte in diesen nur den Ausdruck einer Erweiterung des Traditionsbegriffs über die Grenzen der realen Übergabe hinaus. So gelangte man zu der allgemeineren Regel, nach welcher überhaupt Übergabe des Besitzes stets da angenommen werden müsse, wo durch unzweifelhafte Zeichen der auf sofortigen Eigentums- und Besitzwechsel gerichtete Parteiwille zum Ausdruck gelangt. Dabei herrschte in Bezug auf die Grenzen dieser Übergabe durch Zeichen keineswegs eine Übereinstimmung der Meinungen. Einige auf extremem Standpunkte stehende Juristen[2] sprachen sich für die Anerkennung der symbolischen Übergabe in weitestem Umfange aus und waren bemüht,

---

falls auch so genannt werden könnte, von den Fällen der traditio ficta der älteren Doktrin aber dennoch grundsätzlich verschieden ist.

1) S. die Litteraturangaben bei Exner, Strohal und Meischeider: Besitz u. Besitzschutz S. 250 fg.

2) Vgl. die Zitate bei Meischeider a. a. O.

allerhand die Sachübertragung bildlich vorstellenden Akte auszufinden. Die meisten führten die im römischen Recht anerkannten Übertragungsakte (wie Signierung, Schlüssel- und Urkundenübergabe) an, gaben jedoch diesen Übergabearten eine weit über das römische Recht hinausgehende Anwendbarkeit. Während nämlich solche Akte, wie Signierung, Schlüsselübergabe und Einhändigung von Urkunden, nur bei Vorhandensein gewisser Umstände geeignet sind, den Besitzwechsel zu schaffen, hielt man sie für symbolische Traditionen, die schlechthin ohne Rücksicht auf die besonderen konkreten Verhältnisse wirken.

Auf diese Weise gelangte man dazu, dafs man mit dem Namen „Tradition durch Zeichen" zwei von einander völlig verschiedene Kategorieen von Übertragungsakten bezeichnete, nämlich alle jene Fälle wirklicher Besitzübergabe, wo die traditio nicht von Hand zu Hand sich vollzieht, und Fälle der eigentlichen symbolischen Tradition, wo der Übertragungsakt keine reale Wirkung hat und nur als reine Form der Traditions- und Akzeptationsabsicht angesehen werden kann. In dieser zweiten Klasse von Fällen, aber nur in dieser, wird die Sache in wirtschaftlicher Beziehung dem Erwerber nicht geliefert, auf seiner Seite entsteht kein corpus des Besitzerwerbs, dieses wird vielmehr nur fingiert.

Vor der Annahme einer solchen traditio ficta und eines fingierten Besitzzustandes hatten die vor-Savignyschen Juristen um so weniger Anlafs, sich zu scheuen, als sie ja doch auch in dem constitutum possessorium eine ähnliche Abweichung von den Grundsätzen der Besitzlehre erkennen zu können vermeinten [1]). Sie waren offenbar der Überzeugung, dafs wie überhaupt im

---

1) Vgl. die Zitate bei Harburger, constitutum possessorium S. 4 fg.

Gebiete des Rechts, so auch rücksichtlich des Besitzinstitutes das positive Recht allmächtig ist und ohne weiteres in singulären Fällen von der Rechtskonsequenz abweichen kann. Deshalb schien ihnen ein fingierter Besitzübergang um nichts auffallender zu sein, als etwa eine fingierte Zession. Die possessio ficta war ihnen nichts anderes, als nur ein gewöhnlicher Fall der oft im Recht vorkommenden Abweichung von dem Erfordernisse der regelmäfsigen thatsächlichen Voraussetzungen und Anknüpfung der Rechtsfolge an einen ausnahmsweisen Thatbestand. Den auf Grund einer fingierten Tradition entstehenden Besitz hielten sie für ein identisches Rechtsding mit dem Besitz, der durch wirkliche Tradition begründet wird.

Indessen war diese ganze Auffassung eine irrige. Man verkannte dabei, dafs der Besitz non tantum iuris sed et facti est und dafs das Recht den Besitz nicht schafft, sondern nur den im Leben bestehenden Begriff der ökonomischen Verknüpfung der Sache mit der Person anerkennt. Die positive Rechtsordnung kann nicht an irgend einen beliebigen Thatbestand die Entstehung und den Untergang des Besitzes anknüpfen; ihre Macht ist hier eine beschränkte. Sie mufs die Auffassungen und Grundsätze des Verkehrslebens berücksichtigen, kann sie höchstens etwas modifizieren, darf sie aber nicht schlechtweg ignorieren. Thut sie dies aber doch, nimmt sie eine Tradition dort an, wo nach der Lebensauffassung ein Übergeben der Sache nicht vorhanden ist, dann tritt sie mit sich selbst in Widerspruch[1]). Indem die Rechtsordnung eine fingierte Tradition einführt, macht sie dieselbe nicht zu einer wirklichen, schafft kein Besitzkorpus auf seiten des Nehmers,

1) So richtig Exner a. a. O. S. 168 fg., dessen trefflichen Ausführungen wir vollkommen zustimmen, obwohl wir seine Auffassung des Besitzbegriffs nicht theilen.

bestimmt vielmehr nur, daſs in diesen Fällen eine Tradition unnötig, ein corpus entbehrlich ist. Die Fiktion, daſs das corpus auf seiten des Erwerbers entsteht, ist nur ein anderer Ausdruck dafür, daſs hier eigentlich das corpus fehlt[1]), und ebenso ist die Fiktion des Aufhörens des corpus auf seiten des Tradenten ein Zugeständnis, daſs hier in Wirklichkeit das corpus fortbesteht.

Das römische Recht ist zur Annahme einer fingierten Tradition und des fingierten Besitzes nicht gelangt. Rücksichtlich der Besitzerwerbsthatsachen ist man über eine leise mutatio des Besitzbegriffs nicht hinausgegangen. In allen von unseren Quellen anerkannten Traditionsarten hört thatsächlich die ökonomische Verbindung auf seiten des Tradenten auf zu existieren, während die Begründung der wirtschaftlichen Verknüpfung auf seiten des Empfängers wenigstens den Anfang nimmt.

Anders die Partikulargesetzbücher, namentlich das preuſsische und österreichische Recht, in denen die juristischen Anschauungen, die man vor SAVIGNY für gemeines Recht hielt, ihren treuen Ausdruck gefunden haben[2]). Diese Gesetzbücher kennen allerdings eine Übergabe durch Zeichen, welche, wie die Überschrift zu §§ 62 fg. cit. im preuſsischen L.R. und die Geschichte der Entstehung der bezüglichen Bestimmungen lehren, nichts anderes ist, als nur die symbolische Tradition der älteren Doktrin. Diese „Übergabe durch

1) STROHAL: Wiener jurist. Blätter 1881 Nr. 2 S. 14.

2) Preuſs. A.L.R. I 7 §§ 61—65. 74—76; I 20 §§ 271—389. Österr. A. b. G.B. §§ 315. 427. 430. 452. Dagegen ist die „tradition feinte“ des art. 1919 des Code civil keine fingierte, sondern bloſs eine unkörperliche Übergabe. Das französische Recht kennt keine symbolische Übergabe bei Mobilien, nur eine Tradition von Immobilien durch Einhändigung der Eigentumsurkunden; s. dazu GOLDSCHMIDT: Handelsrecht § 67 N. 8.

Zeichen“ umfaſst jedoch, konform der soeben entwickelten älteren gemeinrechtlichen Doktrin, zwei Kategorieen von Fällen, die in Bezug auf ihre rechtliche Natur gänzlich heterogen sind. Von der Zeichenübergabe bleiben nur jene Traditionsfälle ausgeschlossen, wo die Sache mit der Hand ergriffen wird[1]), wir sagen, Fälle, wo die „wirtschaftliche Verbindung“ auf seiten des Erwerbers durch dessen unmittelbares Eingreifen der Sache, ähnlich wie in den Okkupationsfällen, ganz und voll unabhängig von dem corpus des Tradenten begründet wird. Es bleiben hiernach als Fälle der „Übergabe durch Zeichen“ im Sinne des preuſsischen und österreichischen Rechts folgende Traditionsarten:

1) Fälle der wirklichen Tradition, jedoch bei abgeschwächtem corpus der Besitzergreifung, d. h. Fälle, in Bezug auf welche das Recht nur den auch im Verkehrsleben anerkannten, sich noch vor dem wirklichen Wegbringen oder Gebrauchen der Sache vollziehenden Sachübergang feststellt und etwa modifiziert. Daſs die partikularrechtliche „Übergabe durch Zeichen“ diese wirklich verkehrsüblichen Traditionen umfaſst, darf nicht bezweifelt werden. Die Kodifikatoren wollten offenbar durch Anerkennung der Übergabe durch Zeichen den praktischen Bedürfnissen des Verkehrs gerecht werden. Obzwar sie theoretisch den Begriff des Besitzes als einer wirtschaftlichen Verbindung der Sache mit der Person, über deren Bestehen die Ansichten des Verkehrs entscheiden, nicht klar erfaſst haben, so waren sie dennoch bestrebt, durch Annahme einer erleichterten, der

---

1) Preuſs. L.R. I 7 § 61: „Die Übergabe kann nicht nur körperlich, aus Hand in Hand, sondern auch durch Zeichen (symbolisch) geschehen.“ Österr. A. b. G.B. § 426: „Bewegliche Sachen können in der Regel nur durch körperliche Übergabe von Hand zu Hand an einen anderen übertragen werden.“

faktischen Sachgüterzirkulation mehr als die strenge Übergabe von Hand zu Hand entsprechenden Traditionsart jene Idee praktisch zu verwirklichen, wobei sie freilich hierin keine Konsequenz der Besitzidee, sondern eine Singularität sahen. Dies ergiebt sich sowohl aus den theoretischen Auslassungen der Juristen aus der Zeit der Privatrechtskodifikationen [1]), in denen die Übergabe durch Zeichen als etwas nicht nur dem „Rechte der Vernunft“ Entsprechendes, sondern auch für die Bedürfnisse des Verkehrs Nützliches gepriesen wird, als auch aus den rechtlichen Bestimmungen der Gesetzbücher selbst. So wird in beiden Gesetzbüchern bei der symbolischen Übergabe auch solcher „Zeichen“ Erwähnung gethan (Signierung, Schlüsselübergabe), die in der That das faktische Übergeben der Sachen an den Erwerber auch nach der Lebensanschauung, wenngleich nicht stets, so doch manchmal zu bewirken geeignet sind. Ferner wird im allgemeinen die symbolische Tradition als zulässige Besitzübertragungsart nur für solche Fälle erklärt, wo wegen „Beschaffenheit“ des Gegenstandes oder der Art der Aufbewahrung desselben eine traditio vera unausführbar ist [2]), sollte heifsen: wo die Bedürfnisse des Verkehrs die Annahme des Besitzüberganges noch vor der entsprechenden Raumänderung erheischen, weil solche Änderung sofort für alle Gegenstände gar nicht oder nur mit grofsen Schwierigkeiten zu bewerkstelligen wäre.

---

1) S. bes. Zeiller: Kommentar über das A. b. G.B. Bd. 2 S. 224 u. „Vorbereitung zur österr. Gesetzkunde“ I S. 7. Vgl. das Nähere über die Entstehung der symb. Trad. des preufs. u. österr. Rechts bei Exner a. a. O.; Meischeider §§ 51. 55 u. 56; Goldschmidt § 67; Randa § 11 S. 348 fg.

2) Österr. A. b. G.B. §§ 427. 452. Preufs. L.R. I 20 §§ 271. 330. Dafs die betreffenden Bestimmungen höchst unglücklich stilisiert sind, ist heute allgemein anerkannt.

Wiewohl nach dem Gesagten die Partikulargesetzbücher zum Theil praktisch auf unserem Standpunkte stehen, so glauben wir dennoch, daſs sie in ihren Bestimmungen über die Tradition durch Zeichen weiter gehen als das römische Recht und Traditionsfälle umfassen, die unser Verkehrsleben als reale Übergabe nicht gelten lassen könnte. Die Ansicht Kirchstetters[1]), daſs durch die Bestimmungen des österreichischen Rechts die Grundidee des Besitzes, die Ihering vertritt, praktisch vollkommen verwirklicht werde und der Fehler des österreichischen G.B. nur ein rein doktrinärer sei, halten wir für entschieden zu optimistisch. In dieser Ansicht und ebenso in dem Bemühen Randas, die symbolische Tradition aus dem österreichischen Recht nach Möglichkeit wegzuinterpretieren oder doch zu beschränken[2]), sehen wir den Ausdruck der Tendenz, das einheimische um jeden Preis zu romanisieren, welche Tendenz nahezu die meisten Werke der Partikularrechtsschriftsteller unserer Zeit charakterisiert. Ein ähnliches Bestreben bemerken wir auch bei manchen, das preuſsische Recht behandelnden Juristen. Für das preuſsische Recht wird von einigen Schriftstellern das Bestehen der traditio symbolica sogar gänzlich geleugnet[3]). Wir sind nicht imstande, diese Ansichten zu theilen und meinen, daſs es unzulässig ist, die Übergabe durch Zeichen des preuſsischen und österreichischen Rechts auf Fälle der realen Übergabe zu beschränken. Es gehören hierher also auch

2) Fälle der eigentlichen fingierten Tradition.

---

1) Kommentar zum A. b. G.B. 4. Aufl. S. 176. Dawider Randa § 11 N. 45.

2) Noch weiter als Randa geht Demelius: Rechtserwerb, österr. Gerichtszeitung 1858 Nr. 35 S. 138.

3) Vgl. bes. Förster: Preuſs. Privr. § 160 N. 61; auch Koch: Besitz nach preuſs. R. § 7.

Es kann nicht unsere Aufgabe sein, in Einzelheiten einzugehen und genau auszuführen, welche Arten der fingierten Besitzübergabe nach den Partikulargesetzbüchern überhaupt möglich sind[1]). Wir lassen demnach dahingestellt, was nach österreichischem Recht unter „Urkunden, wodurch das Eigentum dargethan wird“, „Werkzeugen“, die dem Übernehmer die Sache zu ergreifen ermöglichen[2]) u. s. w. näher zu verstehen ist. Desgleichen verzichten wir darauf, es näher festzustellen, was man unter „willkürlich gewählten Zeichen“, welche die gegenseitige Besitzübertragungsabsicht „andeuten“, im Sinne des preuſsischen Landrechts[3]) sich denken soll. Auſser Zweifel scheint uns nur, daſs es unzulässig ist, sich unter alledem lediglich Fälle der realen Sachübergabe vorzustellen. Schon die auch dem römischen Recht bekannten Traditionsakte, nämlich die Schlüssel-, Urkundenübergabe und Signierung, haben im österreichischen Recht (ähnlich die als Beispiel angeführte Schlüsselübergabe im preuſsischen Recht)[4]) eine wesentlich andere Bedeutung als im römischen Recht. Sie gelten hier nämlich als Übergabeakte schlechthin, wenn nur die Übergabe von Hand zu Hand nicht recht ausführbar ist, und nicht nur „unter gewissen Voraussetzungen“, wie dies nach der richtigen Auffassung der Quellen im römischen Recht der Fall ist.

Wie sollen nun diese Fälle, wo der Traditionsakt eine reale Änderung des Besitzzustandes nicht verwirklicht, wo der Besitzübergang nur fingiert wird, näher aufgefaſst werden? Soll man aus denselben den Satz entnehmen, daſs zum Wesen

---

1) Vgl. in Bezug auf das österr. R. das Nähere bei Exner a. a. O.; für das preuſs. R. bes. Dernburg: Preuſs. Privr. Bd. 1 § 152.

2) A. b. G.B. § 427.

3) L.R. I 7 § 63; s. auch I 20 § 272.

4) L.R. I 7 § 65; in Bezug auf die Bestellung des Pfandrechts I 20 §§ 338. 339. 341. 342. 348.

des Besitzerwerbs nach den Partikularrechten die Begründung eines dem römischen Besitzverhältnisse analogen thatsächlichen Zustandes überhaupt nicht gehöre? Mit nichten; denn dies stünde im grellen Widerspruch zu den Definitionen des Besitzes und überhaupt allen sonstigen Grundsätzen der Besitzlehre[1]), die wir in jenen beiden Gesetzbüchern vorfinden. Auch nach den Partikularrechten mufs, wie wir meinen, das Besitzverhältnis im grofsen und ganzen ähnlich wie nach römischem Recht begriffen werden, nämlich als das praktische Haben der Sachen nach Mafsgabe der Verkehrsverhältnisse beurtheilt, will man nicht auf die Möglichkeit, den Besitzbegriff zu erfassen, rundweg verzichten. Obzwar nicht zu verkennen ist, dafs die Gesetzbücher einige prinzipwidrige Bestimmungen enthalten, so weisen doch andererseits die wichtigsten Stellen unverkennbar gerade auf diese Grundauffassung hin[2]). Hiernach mufs man in jenen Fällen der symbolischen Tradition, wo der Besitzübergang nur fingiert wird, positive Ausnahmen erblicken. Dafür spricht auch die Art und Weise, wie sich die Gesetzbücher über die Übergabe durch Zeichen ausdrücken. Freilich thut die nähere Bestimmung, wie weit diese Ausnahmen reichen, not.

Da nun, wie bereits entwickelt wurde, das positive Recht nicht imstande ist, willkürlich den faktischen Besitzzustand zu schaffen, so ist der „fingierte Besitz“ der Partikularrechte kein Besitz als Zustand, sondern eine reine res iuris. Die Fiktion hat nur die Bedeutung, dafs hier die

1) L. R. I 7 §§ 1. 2. 3. 6; österr. A. b. G.B. § 309.

2) So wird oft auf die Sichtbarkeit der Innehabung Gewicht gelegt und neben der faktischen Verfügungsmöglichkeit einigermafsen wenigstens die wirtschaftliche Seite des Verhältnisses betont. S. bes. L.R. I 7 §§ 51. 52. 55. 63. 113. 119. 120. 125 u. a.; Österr. G.B. §§ 312. 315. 427. 452.

Rechtsfolgen des Besitzes ohne Begründung des entsprechenden Zustandes entstehen. Demzufolge muſs daran festgehalten werden, daſs hier der Empfänger kein „corpus" erhält, die Sache vielmehr auch fernerhin in der Detention des Tradenten verbleibt. Die wichtigste Konsequenz dieses Grundsatzes ist, daſs die fingierte Tradition keine gehörige Prästation[1]) der Sache ist und daſs eine auf fingierte Übergabe gerichtete Traditionserklärung, etwa als Zahlungsofferte, dort wo es sich um ein praestare rem handelt, ungenügend sein wird. Auch bedarf es kaum einer Erwähnung, daſs die wirkliche Übergabe der Sache zur Detention, z. B. die Begründung eines Realvertrags, wie depositum, commodatum u. s. w., durch fingierte Übergabe ein Ding der Unmöglichkeit, ein Unsinn ist[2]). Deshalb ist das durch fingierte Übergabe begründete Pfandrecht, welches partikularrechtlich zulässig ist, kein Faustpfandrecht, kein pignus im Sinne des römischen Rechts.

Bei der traditio ficta liegt also ein ganz ähnliches Verhältnis vor, wie beim constitutum possessorium. Der Tradent bleibt auch nach der Tradition Detentor der Sache, jedoch von nun an detiniert er sie im Namen des Erwerbers, während dieser letztere den Besitz animo erwirbt. Der Unterschied zwischen dem constitutum possessorium und der ficta traditio besteht nur darin, daſs hier der Wille der Parteien in einer bestimmten Form geäuſsert werden muſs, andererseits aber die besondere Voraussetzung des constitutum possessorium, nämlich die aus der Begründung eines neuen konkreten Rechtsverhältnisses zu erkennende Übernahme der

---

1) Sie ist vielmehr eine Übertragung des Eigentums- und Besitzrechts und gleichzeitige Begründung eines Obligationsverhältnisses.

2) Und doch ist die Möglichkeit dieses Aktes von den partikularrechtlichen Juristen ziemlich allgemein gelehrt worden. Vgl. dazu Exner S. 176 N. 69.

Detentionspflicht durch den Tradenten entbehrlich ist. Obwohl jedoch die Willenserklärungen auf Begründung eines konkreten Repräsentationsverhältnisses sich nicht richten, so wird dennoch der Tradent durch die fingierte Übergabe von der Kustodiapflicht nicht befreit. Er mufs im Zweifel für einen Verwahrer gehalten werden, der verpflichtet ist, in jedem Augenblick dem Erwerber das wirkliche Wegbringen der Sache zu gestatten, folglich für das Erhalten seiner Detention Sorge tragen mufs. Insofern sich die Parteien der theoretisch unrichtigen Auffassung des positiven Rechts bewufst sind und es begreifen, dafs die Sache auch nach der fingierten Tradition beim Tradenten verbleibt, ist in der symbolischen Übergabe implicite der auf Begründung des Verwahrungsverhältnisses gerichtete Parteiwille auch wirklich enthalten.

Dagegen wird der Besitz, insofern er ein Rechtsding ist, durch fingierte Tradition allerdings auf seiten des Erwerbers voll begründet. Dieser erhält das Eigentum bezw. publizianische Recht und die Usukapionsbefugnis, und ihm stehen von nun an die Besitzinterdikte zu. Selbstverständlich wird vorläufig durch dieselben nicht das unmittelbare Haben des Erwerbers, sondern sein durch fremde Detention vermitteltes Besitzverhältnis geschützt. Alle diese Rechtsfolgen des Besitzes kann er auch weiter „symbolisch“ übertragen[1]).

---

1) So ist auch die Weiterveräufserung „durch Symbole“ nichts anderes als ein constitutum possessorium in Betreff einer Sache, die für den ersten fictus possessor detiniert wird. Ob das römische Recht die Besitzübertragung durch Konstitut bei Sachen, die man durch Stellvertreter besitzt, zuläfst, ist mit Rücksicht auf l. 12 u. l. 18 D. de vi 43, 16 bezweifelt, selbstverständlich jedoch ist diese Übergabeart im Prinzip wohl möglich. Der erste Erwerber tritt durch Weiterveräufserung aus dem Besitzverhältnisse nicht heraus, weil ja der Inhaber nur demjenigen die Sache faktisch auszuliefern verpflichtet ist, dem er sie „symbolisch“ tradiert hat, folglich nur für ihn detiniert. Das Gegentheil annehmen

Wir fassen das Resultat unserer Erörterungen zusammen: Die partikularrechtliche symbolische Tradition umfaſst a) Fälle der wirklichen körperlichen Übergabe, die jedoch kein Übernehmen von Hand zu Hand sind; b) Fälle eines besonders qualifizierten constitutum possessorium. In den ersteren Fällen haben die Zeichen reale wirtschaftliche Bedeutung, in den zweiten sind sie nur eine Form des Übertragungswillens. Darüber, ob in einem konkreten Fall irgend eine „symbolische Tradition“ als wirkliche Übergabe betrachtet werden muſs, oder lediglich als constitutum possessorium, entscheidet nicht die theoretische Auffassung der Kodifikatoren, sondern die Anschauung, welche den praktischen Lebensverhältnissen entspricht. —

Bekanntlich ist mit Rücksicht auf manche anderen Bestimmungen der Gesetze die Feststellung des Begriffs der „wirklichen Übergabe“ auch für die Partikularrechtsgebiete von hoher praktischer Bedeutung[1]). Mit Rücksicht

---

darf man nicht, weil man sonst zu der höchst bedenklichen Konsequenz gelangen würde, daſs allen möglichen „Symbolen“, wie Schlüsseln, Werkzeugen, allerhand Urkunden, dieselbe rechtliche Funktion zukomme, wie wirklichen Dispositionspapieren. Auch kann sich jeder weitere Erwerber dem Inhaber gegenüber als Herr der Sache nur durch die ganze Reihe giltiger Rechtsübertragungen bis auf den ersten Übertragungsakt in zuverläſsiger Weise legitimieren. Das bloſse Haben der „Zeichen“ reicht, abgesehen natürlich von den Dispositionspapieren, dazu zweifellos nicht hin. Unmittelbar für den späteren Erwerber detiniert der Inhaber erst dann, wenn er ihn direkt als den Berechtigten anerkennt und hierdurch ein neues unmittelbares Repräsentationsverhältnis zwischen diesen beiden Personen begründet wird.

1) So bes. mit Rücksicht auf die Bestimmung des Art. 306 des a. d. Handelsgesetzbuches. Vgl. auch die partikularrechtlichen, dem bekannten deutschrechtlichen Grundsatz „Hand wahre Hand“ entspringenden Bestimmungen (Österr. A. b. G.B. § 367; Preuſs. L.R. I 15 §§ 25. 26. 42. 43. 44; s. dazu GOLDSCHMIDT: Erwerb dinglicher Rechte von dem Nichteigentümer, Ztschr. f. Handelsr. Bd. 8 S. 279—283), in welchen das

auf diese Bestimmungen mufs ausdrücklich betont werden, dafs nur jene Fälle der symbolischen Übergabe, die eigentlich ein constitutum possessorium sind, als „wirkliche Übergabe" nicht betrachtet werden können. Wir verkennen nicht, dafs es im praktischen Falle schwer sein kann, zu bestimmen, zu welcher Kategorie ein Übertragungsakt zu rechnen sei. Dies ist ganz natürlich, da die Grenze zwischen constitutum possessorium und körperlicher Tradition trotz wesentlicher Verschiedenheit beider Rechtsakte doch nur eine flüssige ist.

Die angegebene Erklärung der symbolischen Übergabe ist nach unserer Ansicht die einzig mögliche. Insbesondere halten wir die von Pachmann[1]) aufgestellte und von Exner[2]) eingehend begründete Meinung, als wäre die symbolische Tradition des österreichischen Rechts eine Übertragung des blofsen Eigentums ohne Besitzübergang an den Erwerber, für irrig. Gegen Exner spricht nicht nur die Geschichte der Entstehung der diesbezüglichen Bestimmungen des österreichischen Rechts, wie auch die wahre Bedeutung der vor-Savignyschen Doktrin, sondern auch der Wortlaut und Sinn des Gesetzes selbst. Entscheidend ist schon an sich der Umstand, dafs die österreichische Übergabe durch Zeichen offenbar auch manche Fälle umfafst, die ohne Zweifel ein wirkliches Auf-

---

An-sich-bringen eine wirkliche Übergabe bedeutet. So ferner die Schenkung durch reale Übergabe, Österr. G.B. § 943 (vgl. aber allenfalls dazu Frankl: Formerfordernisse der Schenkung nach österr. R. S. 34 fg.); L.R. I 11 §§ 1065. 1066. 1068 u. a.

1) Die Verjährung nach österr. R. § 29 N. 12 S. 77.

2) a. a. O. bes. S. 174 fg. Zustimmend Unger: Österr. Gerichtszeitung 1868 Nr. 64 S. 260; vgl. auch: Revid. Entwurf des sächs. G.B. S. 104 fg. und neuestens Burckhardt: System des österr. Privr. III. Theil 1. Abth. § 137 S. 45 fg. Gegen Exner s. Randa § 11 N. 14; Frankl a. a. O. S. 56 fg. u. Strohal: Sukzession S. 204 u. Wiener jurist. Bl. 1881 S. 26 N. *.

geben und Ergreifen des Besitzes involvieren. Da nun die fingierte Übergabe mit manchen Fällen der wirklichen Besitzabtretung zusammengeworfen und als ein und dasselbe rechtliche Ding bezeichnet wird, so mufs offenbar in allen Fällen der Übergabe durch Zeichen auf den Erwerber der Besitz übergehen.

Es wird meistens gänzlich übersehen, dafs die symbolische Tradition der Partikulargesetzbücher zwei von einander verschiedene Traditionsarten begreift. Infolgedessen wird sie von manchen Schriftstellern als wirkliche Übergabe betrachtet, während wieder andere geneigt sind, sie schlechthin als fingierte Übergabe zu behandeln[1]). So wird gelehrt, dafs die symbolische Tradition des preufsischen und österreichischen Rechts nicht für Übergabe im Sinne des Art. 306 des Handelsgesetzbuches gehalten werden könne[2]), während dies doch nur von jenen Fällen der symbolischen Tradition richtig ist, welche in der That nur eine Fiktion der Übergabe sind. Man mufs doch bedenken, dafs es nach preufsischem und österreichischem Recht, abgesehen von der symbolischen Übergabe, nur noch eine Übergabe von Hand in Hand giebt, die an sich den Verkehrsbedürfnissen nicht genügt und alle Fälle der im Leben üblichen Lieferungsarten bei weitem nicht erschöpft.

Nach dem Gesagten entspricht unserer Auffassung der Grundsatz, dafs die partikularrechtliche, symbolische Tradition, insoweit es sich um die eigentlichen rechtlichen Folgen der Entstehung des Besitzes handelt, der „traditio vera" im allgemeinen nicht nachstehen sollte. Dieser Satz erleidet indessen im preufsischen Recht eine wesentliche Modifikation, weil nach L.R. I 7 § 74 in den Fällen, wo die Sache nach

1) S. statt aller bes. Dernburg: Preufs. Privr. § 152.

2) S. bes. Goldschmidt: Ztschr. f. Handelsr. Bd. 9 S. 15 fg. u. Handbuch des Handelsr. § 80 N. 13.

vollzogener symbolischer Übergabe von demselben Auktor einem anderen körperlich eingehändigt worden ist, dieser letztere in Ansehung „aller aus dem Besitz entspringenden Rechte“ demjenigen, der die Sache blofs symbolisch erhalten hat, vorgehen soll. Da nun diese höchst unglückliche und in ihren praktischen Konsequenzen zu widersinnigen Resultaten führende Bestimmung ohne Beschränkung für alle Fälle der „symbolischen Tradition“ [1]) des preufsischen Rechts gilt, so mufs aus praktischen Rücksichten im preufsischen Recht zwischen jenen Fällen der symbolischen Tradition, die eigentlich eine wirkliche Übergabe sind, und den Fällen der „Tradition von Hand in die Hand“ doch unterschieden werden, folglich auch zwischen dem angeblich symbolisch begründeten Besitzzustande und dem auf Grund der traditio ex manu in manum entstehenden. Bei konsequenter Durchführung dieser Bestimmung mufs man annehmen, dafs in manchen Fällen wirklicher, auch durch das Verkehrsleben anerkannter Übertragungsakte der Besitz des Erwerbers und die von ihm an dem Traditionsobjekte erworbenen Rechte bereits nach vollzogener Tradition oft noch durch lange und unbestimmte Zeit nicht stabil sind und die begründeten Rechtsverhältnisse noch immer von dem früheren Besitzer beliebig vereitelt werden können [2]). Dies kann sogar dann geschehen, wenn die Sache von dem ersten „symbolischen“ Erwerber auf einen anderen wieder „symbolisch“, thatsächlich aber im zweiten Fall ebenso wie im ersteren wirklich, und nicht blofs fiktiv, übertragen wurde.

1) Sie bezieht sich auch auf die Übergabe durch Anweisung und ist wohl auch auf das constitutum possessorium anzuwenden.

2) Hat z. B. A. freilagerndes Holzmaterial durch Signierung dem B. tradiert, so kann er noch immer, und zwar sogar nach Monaten, das Eigentum auf einen anderen (den C.) übertragen, wenn er ihm treulos das Holzmaterial faktisch wegzuschaffen ermöglicht.

Nach österreichischem Recht gilt nach unserer Überzeugung der Satz, dafs die spätere vera traditio der früher vorgenommenen symbolischen Übergabe in Ansehung der rechtlichen Folgen der Besitzübertragung vorgehe, nicht. Das österr. a. b. G.B. enthält ihn nicht[1]) und er darf auch nicht als etwas sich aus der Natur der symbolischen Übergabe Ergebendes betrachtet werden. Es ist demnach nicht zu billigen, wenn zahlreiche österreichische Juristen[2]) diese verwerfliche Bestimmung des preufsischen L.R. auch für geltendes österreichisches Recht erklären, zumal diese auch hier nicht nur für die fingierte, sondern auch für jede wirkliche Übergabe, die das a. b. G.B. „Übergabe durch Zeichen“ nennt, gelten müfste.

Zum Schlufs mögen an diesem Orte noch einige Bemerkungen über den legislativen Wert der symbolischen Tradition Platz finden. Dafs man die prinziplosen Bestimmungen des preufs. und österr. Rechts nicht als eine Fortbildung der Besitzidee anerkennen kann, dürfte wohl keinem Zweifel unterworfen sein. Wir meinen jedoch, die Idee der symbolischen Tradition sei überhaupt theoretisch verfehlt und praktisch nicht empfehlenswert. Diejenigen Traditionsfälle, wobei nur eine gewisse mutuatio der Besitzidee durch das Recht bewirkt wird, sind von allen anderen Traditionen nicht wesentlich verschieden und brauchen eine besondere Bezeichnung nicht. Die Erleichterung der Körperlichkeit des Ergreifungsaktes bei Traditionen im Verhältnis zu den Okkupationen ist, was man nicht aufser Acht lassen sollte, nicht etwas rein Juristisches, sondern zugleich Natürliches, den wirt-

---

1) § 322 darf dafür nicht angeführt werden.

2) So z. B. Nippel: Kommentar zum österr. G.B. Bd. 3 S. 372; Stubenrauch: Kommentar 4. Aufl., bearb. v. Schuster u. Schreiber S. 508, ja selbst Randa S. 364.

schaftlichen Verhältnissen Konformes. Sie ist ein Ausfluſs des Zusammenwirkens von Recht und Sitte. Dagegen ist die eigentliche fingierte Tradition auf jeden Fall etwas Anomales, dem Begriff des Besitzes Widersprechendes. Der fingierte Besitz ist eben nicht das „wirtschaftliche Haben“ und auch nicht die „Sichtbarkeit des Eigentums“ im Sinne Iherings. Es ist ein reines, von allem „Zuständlichen“ befreites Recht, das die Bezeichnung „Besitz“ nicht verdient und den Normen, die in Bezug auf den Besitz als Zustand gelten, nicht unterworfen werden darf. Die traditio ficta steht sogar, obwohl sie doch den Zweck hat, dem Parteiwillen gerecht zu werden, eigentlich im Widerspruch zu demselben. Denn die Parteien wollen durch die traditio ficta keinen Übergang des Besitzes bewirken, sie bezwecken nur die sofortige Übertragung des Rechts an der Sache und können vernünftigerweise nur dies beabsichtigen. Das Recht giebt hier also den Parteien mehr, als sie verlangen.

Abgesehen jedoch von allen theoretischen Bedenken spricht gegen die symbolische Tradition auch der Umstand, daſs sie als solche den praktischen Bedürfnissen nicht entspricht. Darüber, was die eigentliche tiefere Ursache der Erscheinung war, daſs sich in gleichem Maſse Doktrin, Praxis und Partikulargesetzgebung gedrängt fühlten, in Bezug auf das Rechtsinstitut der Tradition über das römische Recht hinauszugehen und eine fingierte Übergabe zu statuieren, sind keine Zweifel möglich. Nicht um die „Spiritualisierung“ des Besitzes überhaupt hat es sich hier gehandelt, sondern um Erleichterung des Eigentumsübertragungsmodus. Der Grundsatz des römischen Rechts, daſs das Eigentum nur durch traditio übertragen werde, schien für die Bedürfnisse des Verkehrs lästig zu sein und man war bemüht, dem abzuhelfen. Logisch und praktisch haben also die Kodifikatoren des französichen Gesetzbuchs gehandelt, wenn sie infolge dieser Erkenntnis den römisch-rechtlichen Grundsatz abgeschafft haben. Keinen anderen Zweck als nur diesen, den dinglichen Vertrag zu erleichtern, hat auch die symbolische Tradition. Sie erreicht ihn jedoch nur auf Kosten der juristischen Konsequenz und unvollständig. Es wird hier nämlich, um das Prinzip scheinbar zu wahren, die Fiktion des Besitzes eingeführt, welche an und für sich gänzlich unpraktisch ist und nur geeignet erscheint, ähnlich wie auch jedes laxe Auffassen des Begriffs des constitutum possessorium, den Besitzbegriff zu korrumpieren und auf die sonstige Behandlung des Besitzes im Recht einen unvortheilhaften Einflufs auszuüben.

Man müfste sich genauer darüber klar werden, welche rechtliche Folgen man durch symbolische Tradition auf den Erwerber übertragen wissen will. Soll er Besitz haben, dann müssen ihm (bei Eigentumstradition) Eigentumsrecht bezw. das publizianische Recht mit der Usukapionsmöglichkeit und die Besitzinterdikte zustehen. Ist es jedoch, fragen wir, zweckmäfsig, hier dem Erwerber die Besitzinterdikte zu geben? Nach unserer Ansicht keineswegs. Man könnte ja überhaupt darüber streiten, ob es nicht unzweckmäfsig ist, dafs in den Fällen der Stellvertretung im Besitz, wo der Besitzstellvertreter weder abgeleiteten Besitz, noch iuris possessio hat, die Besitzklagen nicht dem Detentor, sondern ausschliefslich nur dem juristischen Besitzer zustehen. Jede Besitzklage ist nämlich als solche um so praktischer, je leichter der Besitz aus seinem Bestehen erkannt, folglich auch dargethan werden kann. Wo man gezwungen ist, auf die ursprüngliche Begründung des Verhältnisses durch einen Rechtsakt zurückzugreifen, dort wird die Besitzklage eigentlich zu einer erleichterten Rechtsklage. Nun ist aber das Innehaben des Stellvertreters im Besitz eben in der Regel mehr greifbar als das „juristische“ Haben des Vertretenen. Nichtsdestoweniger liefsen sich manche Zweckmäfsigkeitsgründe für das ausschliefsliche Zuerkennen der Besitzinterdikte dem Vertretenen anführen, abgesehen schon davon, dafs er in der Regel an der Erhaltung des Besitzes ein höheres Interesse hat als der Detentor. Das Besitzen durch einen Stellvertreter ist zum Theil wenigstens nicht nur aus seinem Entstehen erkennbar, sondern oft auch als etwas Bestehendes sichtbar. Das Innehaben des Detentors manifestiert sich oft nicht nur als Haben der Sache schlechthin, sondern in einem gewissen Mafse als ein ministerium praestare possessioni einer bestimmten Person. Dies alles jedoch nur unter der Voraussetzung, wenn das Bestehen eines bestimmten, mit der Detentionspflicht verbundenen Repräsentationsverhältnisses (z. B. Mandat, Pacht, Miete u. s. w.)[1]) deutlich hervortritt.

Indessen ist das letztere in den Fällen fingierter Übergabe nie zu beobachten. Das Innehaben des Tradenten für den Erwerber manifestiert sich hier nicht durch das deutliche Bestehen eines Repräsentationsverhältnisses; dieses wird vielmehr eigentlich suppliert. Infolgedessen ist wirklich nicht abzusehen, wieso die dem Erwerber auf Grund einer symbolischen Übergabe zustehenden Besitzinterdikte etwas anderes sein könnten, als Klagen, die aus dem mit dem Besitzer abgeschlossenen Rechtsgeschäft entspringen, mithin einfach erleichterte Eigentumsklagen sind. Der Erwerber mufs hier, wenn er seinen „Besitz“ rechtlich geltend macht, den Besitz des Tradenten und einen giltigen Rechtsübertragungsakt be-

---

1) Der hauptsächlichste Grund, warum man im röm. Recht solchen Inhabern, wie Pächtern, Mietern, Kommodataren u. s. w., selbständigen Besitzschutz verweigert hat, liegt darin, dafs man es nicht für gut fand, ihnen dem juristischen Besitzer gegenüber eine selbständige Stellung zu geben.

haupten und darthun, er hat also genau dasselbe Beweisthema, als ob er die publizianische Klage anstellen würde. Ist es angesichts dessen nicht viel einfacher, zu sagen, dafs in den Fällen der sog. symbolischen Tradition der Erwerber durch einen gewissen „unkörperlichen" giltigen Rechtsakt Eigentum bezw. das publizianische Recht und, wenn man dies will, die Usukapionsbefugnis ohne Besitzübertragung erhält, als die gänzlich unpraktische Fiktion des Besitzüberganges zu schaffen, welche für die Parteien von keinem Nutzen ist und nur den bisher dem Tradenten zustehenden Besitzschutz vernichtet?

Auf Grund des Ausgeführten müssen wir uns de lege ferenda gegen jede wie immer geartete fingierte Tradition erklären. Betrachtet man das römische Traditionsprinzip als nicht entsprechend für die Bedürfnisse unseres modernen Verkehrslebens, dann sollte man es unumwunden aufheben und den unkörperlichen dinglichen Vertrag, statt ihn mittelst einer Fiktion in unser Recht einzuschmuggeln, ausdrücklich statuieren. Dabei bliebe noch zu entscheiden, ob man jedem formlosen unkörperlichen Übereinkommen die dingliche Wirkung verleihen sollte, oder nur einem in eine gewisse Form gekleideten Vertrage, und es müfsten die Wirkungen dieses dinglichen Vertrags näher festgestellt werden. Der dingliche Vertrag wäre nämlich vor allem Eigentumsübertragungsvertrag, er könnte jedoch ferner, die bona fides vorausgesetzt, dem Erwerber das publizianische Recht verschaffen, ja auch die Usukapionsmöglichkeit. Gegen das letztere sprächen allerdings wichtige Bedenken, und die etwaige positive Anerkennung des unkörperlichen Vertrags für geeignet, den Eigentumserwerb des redlichen Erwerbers, so wie es nach Art. 306 auf Grund wirklicher Ubergabe geschieht, zu begründen, wäre zweifellos mehr als gewagt.

Daſs die Annahme der Möglichkeit irgend einer fingierten Übergabe die Feststellung und Präzisierung des Besitzbegriffs erschwert, dürfte klar sein. Das Überwuchern dieses Rechtsinstitutes müſste nach unserer Ansicht zur vollständigen Verflüchtigung des geschützten Besitzes führen. Der Besitz als Zustand wäre zum groſsen Theil oder auch gänzlich schutzlos und die Besitzklagen wären Klagen aus dem von irgend einem wirklichen Besitzer unmittelbar oder mittelbar abgeleiteten Rechte auf das Haben der Sache. Das praktische Resultat wäre, daſs der wirkliche gegenwärtige Besitzer einem Nichtbesitzer weichen müſste, der ein von irgend einem früheren Besitzer abgeleitetes Recht nachweisen könnte. Wir glauben nicht, daſs man sich entschlieſsen würde, dies für eine gesunde Rechtsentwickelung zu erklären. Dabei ist nicht zu vergessen, daſs dennoch der Besitz als Zustand im Recht existieren müſste. Denn abgesehen von der wichtigen Bedeutung, die sonst dem Besitzzustande im Recht zukommt — man denke an die Regelung der Beklagtenrolle im Prozess, an die Art und Weise, wie sich die Prästation von Sachen vollziehen soll — hat ja doch auch jede erleichterte Vindikationsklage nur als ein nach derivativer Art von einem wirklich bestehenden Besitzverhältnisse abgeleiteter Anspruch einen Sinn.

Nach allem dem wird man begreiflich finden, daſs wir das Urtheil Iherings und Strohals über den Wert der symbolischen Übergabe nicht zu theilen vermögen. Sollte die traditio symbolica trotz der Ausführungen Savignys heute nur scheintot sein, wie dies Strohal[1]) meint, dann darf, unserer Ansicht nach, keineswegs als Aufgabe unserer Doktrin und Gesetzgebung betrachtet werden, dieses Institut neu zu be-

1) a. a. O. S. 200.

leben. Man wird besser thun, es getrost sterben zu lassen und ein für allemal zu begraben. Ist man jedoch der Ansicht, dafs dies alles, was die symbolische Tradition Positives und Praktisches leistete, für den modernen Güterverkehr nötig ist, dann soll man es direkt einführen, ohne zu dem mifslichen und unserer heutigen Rechtsanschauung widerstrebenden Fiktionsschwindel Zuflucht zu nehmen.

Kaum bedarf es einer Erwähnung, dafs durch unsere gegen die symbolische Tradition gerichteten Ausführungen die hohe praktische Bedeutung jener echt modernen Übertragungsart des Rechts an Sachen, welche mittelst Übergabe der sog. Dispositionspapiere[1]) sich vollzieht, nicht im geringsten in Frage gestellt werden will. Jener Übertragungsmodus wurde früher und wird zum Theil noch heute oft als traditio symbolica bezeichnet. Nach unserer Ansicht mufs man die Übertragung durch Dispositionspapiere für etwas von allen sonstigen Fällen der symbolischen Übergabe Verschiedenes ansehen und zwar auch dann, wenn man annimmt, dafs mit der Übergabe des Papieres auch der Besitz der Ware auf den Erwerber übergeht. Nun meinen wir, dafs dies in der That für unser modernes Recht anzunehmen ist[2]). Ist es aber so, dann liegt

---

1) S. über die Rechtsübertragung durch Dispositionspapiere bes. Goldschmidt: Handelsrecht §§ 69—77 u. Endemann in seinem Handbuch des Handelsrechts Bd. 2 § 170. Dort auch die Litteraturangaben. S. auch Goldschmidt in der Ztschr. f. Handelsr. Bd. 28 S. 63—114 u. Bd. 29 S. 18—34. Brunner (Ztschr. f. Handelsr. Bd. 22 S. 525 fg. u. Endemanns Handbuch Bd. 2 S. 150) schlägt die Bezeichnung „Traditionspapiere“ vor. Dieselbe ist sehr zu empfehlen, weil mehr bezeichnend als „Dispositionspapiere“, setzt aber die allgemeine Anerkennung des Grundsatzes voraus, dafs sich mittelst Begebung des Wertpapieres die Tradition der Ware vollzieht.

2) Dafs die früher weitverbreitete Meinung (vgl. die verschiedenen Ansichten über die rechtliche Natur des Konnossements bei Goldschmidt: Handelsr. § 73), nach welcher der Übergabe des Konnossements lediglich

in der Übergabe des Dispositionspapieres in Bezug auf den Besitz der Ware eine Art von constitutum possessorium vor,

---

eine obligatorische Wirkung zukomme, den Bedürfnissen des Verkehrs nicht genügt, wird heute meistens anerkannt (s. auch Strohal: Sukzession S. 212 fg.). Das H.G.B. hat bekanntlich in Art. 649 bezüglich der Übergabe des an Ordre lautenden Konnossements die dingliche Wirkung ausdrücklich statuiert, zugleich aber offen gelassen, ob die Übergabe des Konnossements eine Tradition der Ware ist. Wir glauben dies mit Rücksicht auf die Entwickelung dieses Rechtsinstituts, namentlich mit Rücksicht darauf, dafs man früher allgemein hierin eine symbolische Übergabe sah, bejahen zu müssen. Freilich ist die Beschränkung zu machen, dafs in den Fällen, wo der Schiffer nicht als Inhaber in fremdem Namen betrachtet werden kann, z. B. wenn er die Sache unterschlagen hat, die Übergabe des Konnossements nur die Wirkung eines unkörperlichen Eigentumsübertragungsvertrags hat. Soll aber die Übergabe des Konnossements eine Übergabe des Besitzes sein, dann ist eine andere Konstruktion des Verhältnisses, als die von Goldschmidt gegebene (Handelsr. § 73; ähnlich auch Hauser: Arch. f. H. u. W.R. Bd. 16 S. 286 fg. u. Stellvertretung im Besitz S. 86 fg.), nach unserer Ansicht gar nicht möglich. Da es nämlich nicht zu leugnen ist, dafs die Ware in Detention des Schiffers sich befindet und dafs jeder Inhaber des Konnossements durch Weiterbegebung aus dem Besitzverhältnisse heraustritt, so kann der Übergang des Besitzes auf den Erwerber des Papieres nur durch die Annahme erklärt werden, dafs der Schiffer für den jeweiligen berechtigten Besitzer des Konnossements detiniert. Zu dieser Annahme ist man vollends berechtigt, weil der Schiffer in der That die Pflicht hat, sich dem rechtlichen Inhaber des Konnossements gegenüber so zu verhalten, wie in anderen Rechtsverhältnissen der Stellvertreter im Besitz zu dem Vertretenen. Goldschmidt irrt nur insofern, als er es nicht gehörig berücksichtigt, dafs die Tradition durch Übergabe des Konnossements dennoch eine anomale, dem römischen Recht fremde Besitzübertragungsart ist (vgl. dazu bes. Exner: Krit. Vierteljahrsschr. Bd. 13 S. 314 fg.). So wie die eigentümliche, durch moderne Anschauungen herausgebildete Verbindung der Berechtigung mit dem rechtmäfsigen Haben des Dispositionspapieres, so ist auch das damit im Zusammenhang stehende Innehaben für eine unbestimmte Person, nämlich für den Besitzer des Papieres, der römischen Stellvertretung im Besitz ganz unbekannt. Nimmt man auch an, dafs nach römischem Recht ein constitutum possessorium in Bezug auf Sachen, die man durch andere besitzt, zuwelche jedoch mit Rücksicht auf die eigentümliche Übertragungsweise des Besitzes und Eigentums sowohl von allen anderen Fällen des constitutum, als auch von den sonstigen Fällen der „symbolischen“ Übertragung sich bedeutend unterscheidet. Nicht zu vergessen ist jedoch dabei, dafs das Rechtsinstitut der Dispositionspapiere im Grunde genommen

---

lässig ist, so mufs man doch sagen, dafs dieses Konstitut etwas ganz anderes wäre, als die Übergabe durch Dispositionspapiere. Dies aus dem Grunde, weil nach römischem Recht nur ein zwischen bestimmten Personen bestehendes Repräsentationsverhältnis Grundlage der Besitzstellvertretung sein kann. Die Verpflichtung für einen unbestimmten dritten zu detinieren, ist dem röm. Recht gerade so fremd, wie die Verpflichtung, an den Inhaber des Papieres zu zahlen. Hält man daran fest, dann erscheint der gegen Goldschmidt oft (s. statt aller bes. Exner a. a. O.) erhobene Einwand, der Schiffer könne nicht für den Erwerber des Konnossements detinieren, weil ihm bei Unkenntnis von der Übertragung der Wille fehlt, gerade für diese Person die Sache innezuhaben, als völlig unbegründet. Einen wirklichen Willen dieses Inhaltes braucht eben der Schiffer gar nicht zu haben. Dieser Einwand wäre freilich ganz berechtigt, wenn es richtig wäre, mit der herrschenden Lehre die Stellvertretung im Besitz lediglich auf das Willensmoment zurückzuführen, und wenn wirklich das innere Wollen des Inhabers darüber entscheiden sollte, ob man für sich oder für einen anderen bez. für welche von mehreren Personen besitzt. Läfst man aber diese Ansicht fallen, hält man daran fest, dafs über die nähere Qualität der Innehabung das „erklärte Wollen“, der erkennbare Charakter der Detention entscheidet, dann wird man in dem Innehaben des Schiffers für den berechtigten Konnossementsinhaber nichts „Unmögliches“ erblicken. Die Detention des Schiffers hat nämlich hier den ausnahmsweisen Charakter der Innehabung für eine unbestimmte Person, die imstande ist sich dem Schiffer als rechtlicher Konnossementsbesitzer zu legitimieren. Dem römischen Recht ist eine derartige Detention unbekannt, ein Kausalverhältnis, wie überhaupt jedes Obligationsverhältnis, welches diesen Charakter hätte, ist unzulässig (vgl. dazu auch Reuling: Zeitschr. f. Handelsr. Bd. 17 S. 333 fg.). Dasselbe, was in Bezug auf das Konnossement gesagt worden ist, gilt für andere Traditionspapiere, zu denen unzweifelhafterweise Lade- und Lagerscheine gehören (vgl. jetzt Reichsges., betr. der Einführung der Konkursordn. vom 10. Febr. 1877 § 14 Abs. 2).

gar nicht der Anerkennung der Möglichkeit fingierter Traditionen ihre Entstehung verdankt, mithin mit der eigentlichen Besitzfiktion nichts zu schaffen hat, sondern als Ausfluſs der durch Sitte ausgebildeten Verknüpfung der Rechte an das Haben des Papieres und des ausnahmsweisen Charakters, dem dementsprechend hier die Besitzstellvertretung zukommt, erscheint. Wenngleich zugegeben werden muſs, daſs die Idee der „symbolischen Übergabe“ die rechtliche Anerkennung der Rechtsübertragung durch Dispositionspapiere gefördert hat, so darf andererseits nicht bestritten werden, es sei für die nähere Begriffsbestimmung dieser Übertragungsart von Nachtheil gewesen, daſs man mit der einfachen Bezeichnung des Aktes als „symbolische Übergabe“ sich zufrieden geben zu können glaubte. So ist insbesondere auch nicht zu billigen, daſs das deutsche Handelsgesetzbuch sich — und zwar offenbar mit Absicht — bezüglich der rechtlichen Natur der Übergabe des Konnossements bestimmt auszusprechen nicht entschlossen hat, und noch weniger, daſs es versäumt hat festzustellen, ob andere Warenpapiere bezw. welche von denselben dem Konnossement gleichzustellen seien. Infolgedessen ist noch immer ein Streit darüber möglich, ob die Übergabe irgend eines Warenpapieres obligatorische oder dingliche Wirkung hat, und im letzteren Fall, ob es zugleich Übertragung des Besitzes ist oder nicht. Es bleibt gleichfalls zum Theil offen, in Bezug auf welche rechtliche Folgen die Übergabe des Papieres geeignet ist, die Sachübergabe zu vertreten, wie auch auf welche Weise die „Übergabe“ des Papieres aufgefaſst werden müsse, ob als wirkliche Einhändigung oder bloſs als Übertragung des juristischen Besitzes am Papier. Theoretische Definitionen sind zwar nicht Aufgabe der Gesetzgebung, hier aber handelt es sich eben nicht nur um ein theoretisches Konstruieren. Man hätte bedenken sollen, daſs solche sybillisch unklare Bestimmungen des Gesetzes notwendigerweise eine ganze Reihe von eminent praktischen Streitigkeiten wachrufen mufsten[1]).

Obwohl wir im allgemeinen das Institut der symbolischen Übergabe nicht billigen, so sind wir doch der Überzeugung, dafs die römischen Normen über die Körperlichkeit des Traditionsaktes in mancher Beziehung einer Korrektur bedürftig sind und die modernen Verkehrsverhältnisse eine bedeutende, jedoch nicht bis zur Annahme einer eigentlichen Fiktion gehende Erleichterung des Übertragungsaktes erheischen. Dies beziehen wir namentlich auf die Tradition von Immobilien überhaupt, wie auch auf jene Fälle, wo Mobilien zusammen mit einem Grundstück oder durch Gewährung des Gebrauchs des sie enthaltenden Raumes übergeben werden. Wir geben es bereitwillig zu, dafs die traditio symbolica gerade in betreff. der Übergabe von Immobilien von wirklich hohem Werte war, und zwar selbst ganz abgesehen davon, dafs sie auch auf die Ausbildung des Instituts der Grundbücher einen Einflufs hatte. Zweifellos ist das römisch-rechtliche Ergreifen des Grundstücks erst durch wirkliches Besetzen oder Gebrauchen desselben, mag man das ire in fundum auch nicht sehr streng auffassen, lästig und den Verkehr hemmend. Dasselbe ist von dem offenbar als „Erleichterung“ zugelassenen, zu dem Zweck jedoch nicht genügenden consensus in re praesenti zu sagen,

1) Dafs unser H.G.B. im grofsen und ganzen ein sehr gut redigiertes Gesetz ist, sind wir weit entfernt zu verkennen. Im berechtigten Gegensatz zu den früheren Kodifikationsarbeiten haben jedoch, scheint es uns, die Redaktore den Horazschen Grundsatz: „brevis esse laboro, obscurus fio“, doch etwas zu sehr aufser acht gelassen. Hätte man insonderheit einen etwas geringeren Kreis von vermeintlich theoretischen Fragen der Regelung durch die Doktrin überlassen, dann wäre zwar unsere Litteratur um manche juristische Abhandlung ärmer, aber man könnte sich damit trösten, dafs die Sicherheit des Verkehrs entschieden daran gewonnen haben würde.

welcher aufserdem auch darum den Bedürfnissen nicht entspricht, weil er doch oft nur eine blofse Formalität ist. Es würde sich also empfehlen, hier die Möglichkeit der Besitzübertragung durch ein Besitzabtretungsübereinkommen ohne reale Bezugnahme des Aktes auf das Traditionsobjekt zu statuieren. Dies um so mehr, als einerseits beim ruhigen Besitz der Immobilien die bestehende wirtschaftliche Verbindung nicht in jedem Momente deutlich hervortritt, folglich auch im Augenblick der Entstehung nicht sichtbar zu sein brauchte und andererseits schon der Besitzabtretungsvertrag völlig dazu geeignet erscheint, um das bisher bestehende wirtschaftliche Band zu lösen. Dieser Besitzübergabevertrag müfste entweder stets oder wenigstens in manchen wichtigeren Fällen eine schriftliche Form haben und selbstverständlich eine präzise Individualisierung des Gegenstandes enthalten. Wie soll man sich nun denselben näher vorstellen? In dieser Beziehung mufs daran festgehalten werden, dafs man vernünftigerweise nur einen solchen Vertrag als wirkliche Übergabe gelten lassen könnte, der die Detention des Tradenten aufhebt, so dafs sich dieser um die Sache nicht mehr weiter zu bekümmern braucht und zugleich dem Erwerber ermöglicht, von nun an unmittelbar sein wirtschaftliches Haben geltend zu machen. Es wäre hier zwischen Übergabe von freiliegenden Grundstücken (denen die Tradition von im Freien lagernden Mobilien gleichzustellen wäre) zu unterscheiden und von Grundstücken und Gütern (mit oder ohne Mobilien), auf denen sich Personen befinden, die, sei es Gehilfen bei Ausübung des Besitzes (z. B. Dienstpersonale), sei es wirkliche Stellvertreter, im Besitz sind. Dort könnte jeder unkörperliche Vertrag, in welchem einerseits der Wille, den Besitz sofort abzutreten, andererseits der Wille, ihn zu erwerben, ausgedrückt wären, vollständig genügen. Im zweiten Falle müfste der Vertrag auf sofortige

Besitzabtretung wenigstens als solcher beurkundet werden, denn das Detentionsverhältnis des Tradenten könnte nur vermöge der Verschaffung dem Erwerber einer gehörigen Legitimation zur thatsächlichen Übernahme des Gutes[1]) als aufgehört betrachtet werden. Das wirkliche Thätigsein am Grundstück, etwa die Veranlassung der Räumung des Grundstückes, einstweiliges Beschäftigen des zurückgebliebenen Personals u. s. w. wäre dann ein Ausüben des bereits begründeten Besitzes.

Nur bis zu dieser Grenze der Abschwächung der Körperlichkeit der Übergabe wäre es ratsam zu gehen, nicht weiter. Dieses Hinausgehen über die Bestimmungen des römischen Rechts wäre aber sehr zweckmäfsig, um so mehr, als es Fälle giebt, wo ein sofortiges ire in fundum nicht ausführbar, oder doch wirtschaftlich völlig unzweckmäfsig ist. Wir betonen, dafs eine solche Übergabe, wie wir sie postulieren, obzwar sie eigentlich unkörperlich ist, dennoch keine „fingierte" Tradition wäre. Die Sache wäre hier noch immer wirklich dem Erwerber geliefert. Demgemäfs könnte diese Übergabeart zur Einräumung der blofsen Detention auch hinreichend sein. Sie involviert eine allerdings weitgehende Modifikation der faktischen Natur des Besitzes, aber noch immer keine Fiktion desselben. Man könnte sie allenfalls eine gewisse Abweichung von der Durchführung des Prinzips, dafs der Besitz „wirt-

1) Die Besitzabtretung eines durch Stellvertreter ausgeübten Besitzes könnte auf diese Weise unkörperlich geschehen, ohne dafs der bisherige Besitzer, wie dies für das römisch-rechtliche constitutum possessorium angenommen werden mufs, als Vermittler zwischen dem Stellvertreter und dem Erwerber im Besitzverhältnis verbleiben müfste. Würde der Stellvertreter den gehörig legitimierten neuen Erwerber nicht als Herrn der Sache anerkennen, dann könnte man ihn und nicht, wie in l. 12 und 18 D. de vi 43, 16 bestimmt wird, den bisherigen Besitzer als den dejizierten betrachten.

schaftliche Verbindung" ist, nennen, aber noch immer nicht eine Negierung dieses Prinzips.

Ist aber, fragen wir jetzt, eine derartige Abweichung von den in den römischen Quellen anerkannten Übergabearten des Besitzes an Immobilien nicht durch späteres Gewohnheitsrecht faktisch eingeführt worden? Soll immer noch an dem ire in fundum festgehalten und der schwerfällige consensus in re praesenti für geltendes Recht betrachtet werden, wenn schon die Römer, wie erwiesen ist, an diesen Grundsätzen nicht festhielten und die dem Inhalte der Quellen widersprechende symbolische Übergabe jahrhundertelang gang und gäbe war[1])? Und wenn man ein wirkliches Gewohnheitsrecht annehmen wollte, ginge es dann an, von der „symbolischen Übergabe" nur dies zu nehmen, was wirklich in ihr unserem heutigen Rechtsgefühl und den praktischen Bedürfnissen entspricht und die Fiktion des Besitzes über Bord zu werfen? Auf alle diese Fragen können wir nicht näher eingehen, weil wir unsere Betrachtungen auf das geschriebene Recht beschränken wollen. Wir glauben jedoch, dafs für unsere Tage ein bestimmtes, das römische Recht derogierendes Gewohn-

1) Die Möglichkeit, dafs sich hierdurch ein Gewohnheitsrecht ausgebildet hätte, würde es nicht angehen, einfach zu negieren auf Grund des Satzes, dafs das Mifsverstehen des positiven Rechts keine Quelle des Gewohnheitsrechts sein könne. Der oft gelehrte Satz, dafs das Gewohnheitsrecht auf einem error in Bezug auf geschriebenes Recht nicht beruhen könne, ist eben trotz der l. 39 D. de legibus 1, 3 (Celsus) in dieser Allgemeinheit nicht richtig. Nur dann ist nach unserer Meinung das Herausbilden des Gewohnheitsrechts ausgeschlossen, wenn die der Praxis zu Grunde liegende Rechtsüberzeugung lediglich im Irrtum ihre Quelle hat, nicht dagegen, wenn diese von dem wirklichen geschriebenen Recht abweichende Rechtsüberzeugung eine selbständige Kraft hat und der Irrtum nur ihre praktische Verwirklichung fördert. Vgl. dazu bes. Zitelmanns Abhandlung im Arch. f. civ. Prax. Bd. 66 S. 324 fg., vorzüglich S. 361 fg.

heitsrecht nicht angenommen werden kann, weil die durch SAVIGNY angeregte Rechtsentwickelung, nämlich die Betonung der Unerläſslichkeit der Gegenwart bei der Sache in den gewöhnlichen Apprehensionsfällen, dagegen spricht. Wir stehen hier vor einer interessanten und wohl in der Rechtsgeschichte nicht vereinzelten Erscheinung, einer eigentümlichen Wechselwirkung von Doktrin und Gewohnheit auf die praktische Gestaltung des Rechts. SAVIGNYS Interpretation der Quellen war entschieden richtiger als die seiner Vorgänger. Diese richtigere Auffassung hat indessen die Ausbildung eines gesunden derogierenden, gewohnheitsrechtlichen Grundsatzes verhindert, ja vielleicht eigentlich ein bereits bestehendes Gewohnheitsrecht vernichtet. Obwohl wir jedoch von dem Bestehen eines die Tradition von Grundstücken durch unkörperlichen Besitzabtretungsvertrag zulassenden Gewohnheitsrechts nicht überzeugt sind, so würden wir doch in einer vom ius scriptum etwas abweichenden und das römisch-rechtliche ire in fundum mehr spiritualistisch und den modernen Anschauungen entsprechend auffassenden Praxis nichts Exorbitantes erblicken. Man muſs nämlich den Umstand berücksichtigen, daſs es sich hier um geschriebene Rechtssätze handelt, welche das W i e zivilrechtlicher Willenserklärungen festzustellen bezwecken, wo also das Recht zum Theil wenigstens nur die gemeine Lebensauffassung wiedergeben und als legale Interpretationsregel gelten will. In Betreff solcher Rechtsnormen ist nach unserer Überzeugung einer sich durch Sitte kundgebenden, von der Auffassung des Gesetzgebers verschiedenen Rechtsüberzeugung bei weitem eher eine derogierende Wirkung beizumessen, als bezüglich aller anderen Rechtssätze[1]). Ja sogar eine von dem

1) Dies wird meistens nicht berücksichtigt. S. dazu die Bemerkungen REGELSBERGERS in Götting. gel. Anzeigen 1885 Nr. 22, S. 887, die ich im allgemeinen als treffend ansehe, jedoch der Meinung bin, daſs

geschriebenen Recht abweichende Praxis ist hier nicht schlechterdings zu verwerfen, wenngleich andererseits auch nicht ohne weiteres erlaubt und zulässig.

Regelsberger zu weit geht, wenn er die Bestimmungen über Besitzerwerb ganz auf gleiche Linie stellt mit den Normen über die Zubehöreigenschaft von Sachen. Infolge der unerläfslichen starken mutuatio ex iure der faktischen Seite des Besitzes tritt der Charakter der Rechtsnorm als Interpretationsnorm dort bei weitem nicht so entscheidend hervor als hier. Es mufs auch bemerkt werden, dafs die Grenze zwischen Interpretationsnormen und anderen gesetzlichen Bestimmungen eine flüssige ist und dafs der Gesetzgeber nicht in Bezug auf jede als Interpretationsnorm hingestellte rechtliche Bestimmung den Willen hat, dafs die Rechtsnorm jeder etwas abweichenden Volksauffassung weichen solle. Dies ist wohl der Fall, wenn z. B. der Gesetzgeber nur angiebt, in welchem Sinne nach seiner Ansicht einzelne Wörter und Bezeichnungen im Verkehr gebraucht werden, nicht unbedingt dagegen hier, wo er den Anfang und das Ende eines so wichtigen Rechtsverhältnisses, wie es der Besitz ist, feststellt. Man mufs auch insbesondere rücksichtlich der Tradition durch consensus in re praesenti beachten, dafs diese Besitzübertragungsart wohl nie ein reines Wiedergeben der Volksanschauung war, sondern derselben stets einigermafsen ein rein juristisches Moment, nämlich der Charakter der Formalität, anhaftete.

Zweiter Theil.

Die innere Seite des Besitzerwerbsaktes (animus).

I. Der animus possidendi als inneres Vorhaben.

§ 7.

Aus der vorangehenden Besprechung der hauptsächlichsten in den Quellen erwähnten Fälle der Besitzergreifung ist es ersichtlich, dafs wir den animus possidendi grundsätzlich anders auffassen, als es die herrschende Lehre thut. Was wir uns unter diesem Ausdrucke denken, worin nach unserer Ansicht das geistige Element des Besitzes besteht, ist zum Theil schon aus dem bisher Gesagten klar. Eine nähere Erörterung und Begründung scheint uns jedoch unentbehrlich zu sein.

Die römischen Quellen heben die Unerläfslichkeit des Willensmomentes in einer stattlichen Anzahl von Fragmenten nachdrücklichst hervor, und zwar sowohl beim Erwerb, als auch in Bezug auf die Fortdauer des Besitzes. Die Ausdrücke, deren sie sich zur Bezeichnung dieses Begriffs bedienen, sind sehr verschiedenartig. Neben dem animus possidendi oder possidentis finden sich affectio, affectus, propositum, sensus etc.[1]). Alle diese Ausdrücke beziehen sich, ihrem gewöhnlichen Sinne gemäfs, auf einen gewissen Seelenzustand des Subjekts. Ob jedoch darunter ein bestimmter psychologischer Begriff zu verstehen sei, bez. worin jener psychische Zustand näher bestehe, wird nicht angegeben. Eine genaue wissenschaftliche Begriffsbestimmung des Besitzwillens würde man in den römischen Rechtsquellen vergebens suchen. Dies kann nicht Wunder nehmen, denn auf Fragen, welche nicht zur rein praktischen Rechtswissenschaft gehören und theilweise bereits das Gebiet der Psychologie berühren, hatten im allgemeinen die römischen Juristen keine Neigung, genauer einzugehen.

Auffallend ist es dagegen, dafs den Römern hierin auch die neueren Schriftsteller gefolgt sind, und zwar um so auffallender, als diese letzteren sich keineswegs stets nur durch das unmittelbar praktische Interesse in ihren Untersuchungen leiten lassen und sehr oft Fragen von blofs theoretischer Bedeutung, ja manchmal rein philosophische Probleme zum Gegenstande eingehender Ausführungen zu machen pflegen. Die Frage, worin die eigentliche Natur des Besitzwillens liege, obwohl vielleicht mehr als irgend eine andere ventiliert, scheint uns noch gar nicht erschöpft zu sein. Der Unterschied der neueren Schriftsteller in der Lehre vom animus possidendi, von dem Standpunkte, auf welchem die römischen Juristen stehen, beschränkt sich darauf, dafs wir statt der verschie-

---

1) Z. B. l. 1 § 20 D. h. t. Paulus (animus possidentis); l. 1 § 3 D. eod. derselbe (affectio tenendi); c. 3 C. h. t. (animi adfectus); l. 1 § 21; l. 3 §§ 3, 6 D. h. t. Paulus (affectus, affectio possidendi); l. 46 eod. Papinianus (propositum possidendi); l. 32 § 2 eod. Paulus (sensus accipiendi possessionem); s. auch l. 47 D. eod. Papinianus (constituere possidere); l. 68 (67) pr. D. de furt. 47, 2 Celsus (destinare pro suo habere); c. 28 C. de r. v. 3, 32 (intentio) u. s. w.

denen Ausdrücke, wie affectus, animus etc., stets nur den Ausdruck Besitz**wille** gebrauchen. Was für ein Begriff jedoch hinter diesem Ausdrucke steckt, bleibt noch immer nicht gehörig aufgeklärt. Zwar dauert aus Anlafs der berüchtigten Kontroverse über die Natur des sogenannten abgeleiteten Besitzes der ewige Streit darüber fort, ob der Besitzwille ein faktischer Eigentumswille oder blofs der Wille, die Sache zu detinieren, oder sonst was immer sei, dagegen bleibt es unerörtert, **ob** er überhaupt ein **Wille** sei[1]).

Diese Vernachlässigung einer genaueren Prüfung des Begriffs des animus possidendi halten wir für eine bedauernswerte Thatsache und meinen, dafs eine genauere Erörterung nicht nur theoretische, sondern auch eminent praktische Resultate gewähren würde. Eine tiefere Betrachtung der psychologischen Seite unserer Frage würde vielleicht am besten unsere Juristen davon überzeugen, dafs man nur zu oft in der Besitzlehre auf Grund unklarer und unrichtiger psychologischer Anschauungen zu falschen praktischen Schlüssen gelangte. Man darf zwar natürlich von dem Juristen nicht verlangen, dafs er vollkommen genau die Natur eines jeden psychischen Dinges auch vom rein psychologisch-wissenschaftlichen Standpunkte feststelle [2]). Der praktische Zweck des Rechtslehre zwingt ihn oft, an den die einfachen psychischen Phänomene betreffenden Zweifeln mit Gleichgiltigkeit vorüberzugehen. Man operiert in der Rechtswissenschaft mit den psychologischen Begriffen, wie Wille, Absicht, Kenntnis, Bewufstsein u. s. w., wie mit ganz feststehenden Dingen, obwohl die Natur dieser Begriffe, wie auch ihr gegenseitiges Verhältnis

---

1) S. auch Bekker: Recht des Besitzes S. 159 fg.

2) Vgl. die beachtenswerten Bemerkungen über die Grenze zwischen Jurisprudenz und Psychologie bei Leonhard: Irrtum bei nichtigen Verträgen Bd. 1 S. 84 fg.

nichts weniger als festgestellt sind. Wenn aber der Jurist auf diese Weise verfährt, so soll er sich stets dessen bewufst sein, dafs er zwar mit einem der Psychologie entnommenen Ausdrucke, keineswegs aber mit einem feststehenden psychologischen Begriffe operiert. Er mufs sich wohl hüten, sich auf den Ausdruck stützend und demselben irgend einen vagen psychologischen Begriff unterstellend, daraufhin praktische Schlüsse zu ziehen und juridische Dogmen aufzustellen. Dazu müfste zuerst der Begriff, von welchem man ausgeht, vom psychologischen Standpunkt untersucht und die Psychologie über die Statthaftigkeit des Schlusses zu Rate gezogen werden [1]). Dagegen scheinen uns die Juristen gerade in

1) Wenn BEKKER aus Anlafs der Besprechung des ZITELMANNschen „Irrtum u. Rechtsgeschäft" (Krit. Vierteljahrsschr. Bd. 22 S. 33 fg.), trotz Anerkennung bedeutender Vorzüge dieses Werkes, sich doch veranlasst fühlt, auszurufen: „Der Himmel möge uns vor einer psychologischen Zivilistenschule bewahren", so ist dieser Ausspruch zwar berechtigt, aber einer genaueren Erklärung bedürftig. Überall dort, wo es sich im Recht wirklich um psychologische Begriffe handelt (z. B. in der Lehre vom dolus), müssen rein psychologische Lehren für das Recht verwendet werden. Der praktische Zweck der Jurisprudenz gestattet hier höchstens dem Juristen, sich in philosophische Subtilitäten nicht einzulassen und sich mit einer vereinfachten „Psychologie zum eigenen Gebrauch" zu begnügen. Bei solchen Fragen ist jedoch eine tiefere Untersuchung der betreffenden psychologischen Probleme stets von Nutzen, denn die Psychologie der Jurisprudenz darf wohl möglichst einfach, nicht aber falsch sein. Wenn wir jedoch ungeachtet dessen in Übereinstimmung mit BEKKER es für ein Unheil betrachten würden, wenn die neueren Zivilisten in der Lehre vom „Willen" bei Rechtsgeschäften ZITELMANN folgen würden, so geschieht dies nur deswegen, weil wir der Ansicht sind, dafs der rechtsgeschäftliche Wille (und dasselbe ist vom Besitzwillen zu sagen) nach unserem positiven Recht kein rein psychologischer Begriff ist, folglich die psychologisch-philosophische Auffassung der Frage hier gar nicht am Platze ist. Nichtsdestowenigor ist durch den tiefernsten Versuch ZITELMANNS, die Lehre vom Willen bei Rechtsgeschäften auf rein psychologischer Grundlage zu entwickeln, die Rechtswissenschaft

der Lehre vom Besitzwillen zu verstoſsen, wie wir dies im weiteren Verlaufe unserer Untersuchung darzulegen Gelegenheit haben werden.

Nach der herrschenden Lehre besteht das Verhältnis zwischen animus und corpus darin, daſs der animus das körperliche Moment begleitet[1]). Man faſst die Sache so auf, als ob zwei Dinge zum Besitzerwerbe notwendig wären, die faktische Möglichkeit der Einwirkung auf die Sache und ein gewisses Vorhaben des Subjekts, ein Wille. Dabei jedoch wird die Beschränkung gemacht, daſs der innere Wille, um rechtlich zu wirken, geäuſsert sein müsse. Man denkt sich also die beiden Elemente des Besitzes als zwei getrennte Dinge, welche auch jedes für sich bestehen könnten und nur durch ihre Verbindung, durch die Koexistenz den Besitz ausmachen. Daſs diese Vorstellung der römischen Besitzidee nicht entspricht, ist klar. Die Verbindung zwischen animus und corpus ist eine viel engere, nicht eine zufällige, sondern

---

bedeutend gefördert worden, obzwar der Erfolg ein den Wünschen des Verfassers gerade entgegengesetzter ist, da das Werk ZITELMANNS eben am besten von der Unhaltbarkeit der darin verteidigten Sätze uns überzeugt. Jetzt geht es nicht mehr an, in der Lehre von rechtsgeschäftlichem Wollen, so wie es früher geschehen, psychologisch-philosophischen Dilettantismus zu betreiben, durch psychologische Scheinbegriffe alles, was man wünscht, bequem zu erklären und zu erläutern, sondern man hat die Wahl, entweder vollständig ZITELMANN auf das dunkle Gebiet philosophischer Deduktionen zu folgen, oder lediglich in den praktischen Erscheinungen des Lebens die Lösung des Problems zu suchen. Statt zu untersuchen, was der Wille ist, muſs man sich im letzteren Falle darauf beschränken, nur festzustellen, was hier unter „Wollen" die Volksanschauung versteht.

1) Vgl. statt aller SAVIGNY: Besitz, bes. § 19 S. 242 u. § 20 S. 246. S. auch BRINZ (Pandekten 2. Aufl. 1. Bd. § 137 i. A.): „Der Besitzerwerb besteht in einer die Sache mit der Person verbindenden und von dem Aneignungswillen bald erfüllten, bald begleiteten Handlung." S. aber jetzt WINDSCHEID: Pandekten 6. Aufl. § 153 N. 1a.

notwendige. Animus und corpus sind nicht zwei verschiedene Elemente, sondern zwei Seiten eines Dinges. Dies ergiebt sich aus unseren früheren Ausführungen. Wir wissen bereits, daſs ein und dasselbe physische Geschehen manchmal als corpus gilt, in anderen Fällen dagegen nicht, und zwar je nachdem es durch ein Handeln der Person veranlaſst worden ist, oder nicht. Andererseits wird der animus regelmäſsig nicht durch jede Äuſserung der Person, sondern gerade durch die Körperlichheit des Handelns erklärt. Auch spricht gegen die Scheidung des Besitzes in zwei besondere Elemente die Betrachtung der psychologischen Seite des Verhältnisses. Der Besitzwille ist nach der üblichen Auffassung ein gewisses Herrschen-Wollen in Bezug auf eine bestimmte Sache. Da nun eine fortwährende, auf einen Gegenstand gerichtete Prädisposition unseres Inneren psychologisch rein unmöglich ist, so kann man sich unter dem vom corpus abstrahierten inneren Besitzwillen nichts anderes denken als einen Willensentschluſs. Indessen ist es vollständig verfehlt, wenn man meint, der Begriff des Besitzes sei durch diese beiden Dinge, die faktische Macht und den Willensentschluſs, erschöpft; denn einerseits muſs die faktische Macht willentlich begründet oder erhalten [1]), andererseits das Vorhandensein des Willensentschlusses äuſserlich erkennbar gemacht werden. Das Willensmoment des Besitzes beschränkt sich demnach gar nicht auf den Entschluſs, besitzen zu wollen, sondern kommt noch in anderer Beziehung in Betracht, was von der herrschenden Lehre keineswegs gehörig berücksichtigt wird. Zugegeben wird nur allgemein, daſs der innere Wille regelmäſsig durch das Begründen der faktischen Macht erklärt, bethätigt oder,

1) So nachdrücklich Bekker S. 182.

wie MEISCHEIDER[1]) sich ausdrückt, realisiert wird. Das Wie dieses Vorganges wird dagegen nicht beleuchtet.

Die Apprehension, der Akt, der in der Regel zugleich Begründung des corpus und Erklärung des animus ist, wird allgemein als eine Handlung[2]) bezeichnet. Da nun jede Handlung etwas Gewolltes ist, so wäre zur Besitzerwerbshandlung aufser dem eigentlichen Besitzwillen noch das Wollen der Körperbewegung, der das physische Thun zu einem Handeln erhebende Wille, erforderlich. Darauf macht BEKKER[3]) aufmerksam und bemerkt richtig, dafs das Erfordernis dieses Willens als allgemeiner Grundsatz zwar selten ausdrücklich gelehrt, aber offenbar anerkannt werde, da sich dies aus der Formulierung der Apprehension als einer Handlung ergebe. Dieser unser Thun beseelende Wille ist die psychische Kraft, welche auf unsere motorischen Nerven einwirkt und durch Vermittelung dieser Nerven eine entsprechende Kontraktion unserer Muskeln hervorbringt[4]). In welchem Verhältnisse dieser „unmittelbare" Wille zu dem animus possidendi steht, darauf giebt man uns keine Antwort. Nach BEKKER soll dieses Willensmoment noch zum corpus gehören, welches infolgedessen eine reine Thatsache zu sein aufhört. — Jedoch selbst durch eine derartige Annahme eines doppelten Willens sind noch keineswegs alle Funktionen angegeben, welche das Willensmoment in der Apprehension erfüllt. Die

---

1) Besitz u. Besitzschutz S. 199. S. auch SCHEURL: Beitr. z. Lehre vom Besitz S. 8.

2) S. SAVIGNY, BRINZ, MEISCHEIDER a. a. O. RANDA § 11 a. A. u. a. Vgl. dagegen BURCKHARD: System des österr. Privr. § 137 S. 32 fg.

3) S. 160.

4) ZITELMANN gebraucht den Ausdruck „unmittelbarer Wille". Vgl. seine Ausführungen im Irrtum u. Rechtsgeschäft Kapitel I, Kapitel II Nr. I u. II.

Apprehension erzeugt nämlich in der Sinnenwelt stets einen gewissen natürlichen Erfolg. Selbst in jenen Fällen, wo ausnahmsweise die Besitzergreifung nur eine einfache Äufserung ist, kann jener natürliche Erfolg nicht fehlen und besteht in der Erzeugung von Lichtbewegungen oder Schallwellen[1]). Gewöhnlich ist der faktische Erfolg der Apprehension ein thatsächliches, sich auf eine Sache beziehendes Geschehen. Dieser natürliche Erfolg mufs auch offenbar von dem Apprehendenten gewollt sein und der sich auf denselben beziehende Wille ist einerseits von dem inneren Besitzwillensentschlusse verschieden, andererseits mit dem „unmittelbaren" Willen nicht identisch. Über das innere Verhältnis dieser drei verschiedenen Funktionen des Willensmomentes giebt uns die herrschende Lehre keinen Aufschlufs und ist bereits aus diesem Grunde zu verwerfen.

Es kann nicht unsere Aufgabe sein, als Grundlage der Untersuchungen über den animus possidendi eine genaue Prüfung der sich auf den Begriff des „Willens" beziehenden psychologischen Lehren vorauszuschicken. Die herrschende Lehre, welche in dem animus inneres Wollen sieht, müfste allerdings, da dieser Begriff ein rein psychologischer ist, vollständig der Psychologie die Entscheidung über das Dasein und die Funktionen des Besitzwillens überlassen. Die Lehre vom Besitzwillen müfste gerade so psychologisch sein, wie etwa die strafrechtliche Lehre vom bösen Vorsatz. Von unserem Standpunkt aus stellt sich die Frage etwas anders dar. Nach unserer Auffassung ist der animus possidendi kein

1) Dies ist im Privatrecht zuerst von Bekker mit gehörigem Nachdruck hervorgehoben worden (Krit. Vierteljahrsschr. Bd. 3 S. 192 fg. u. Bd. 22 S. 43). Vgl. über das „unmittelbare" Wollen und das Wollen des Erfolgs auch Lammasch: Handlung u. Erfolg, Grünhuts Ztschr. f. d. Privat- u. öffentl. R. Bd. 9 S. 221 fg.

rein psychologischer Begriff, sondern ein Begriff, der in erster Linie den Anschauungen des praktischen Lebens seine Anerkennung und Ausbildung verdankt. Nichtsdestoweniger leugnen wir nicht, dafs bei der Begriffsbestimmung des animus possidendi auch manchen rein inneren, psychischen Momenten eine gewisse Bedeutung zukommt, folglich die Betrachtung der psychologischen Seite des Verhältnisses nicht ohne Wichtigkeit ist. Der animus possidendi ist zwar, wie schon mehrmals erwähnt wurde, nicht der innere Vorsatz, sondern ein durch That ausgedrücktes, durchgesetztes Wollen; jedoch wäre es völlig unberechtigt, von äufserem Willensausdruck zu sprechen, wenn nicht, wenigstens in der Regel, dem äufseren Handeln eine gewisse innere Regung, eine entsprechende psychische Prädisposition des Subjektes entspräche. Somit ist nicht zu bestreiten, dafs es auch einen rein inneren Besitzwillen gebe. Es ist auch einleuchtend, dafs, um die Natur des „erklärten Willens" zu begreifen, es unerläfslich ist, den Inhalt und Charakter dieser inneren Willensregung näher kennen zu lernen. Wir wenden uns also vor allem dem „inneren Besitzwillen" zu, bemerken jedoch von vornherein, dafs dieser innere Wille zwar regelmäfsig beim Besitzen vorkommt, aber kein Thatbestandsmoment des Besitzverhältnisses ist.

Den Inhalt des inneren Wollens, den man beim Besitzer voraussetzt, begreifen wir folgendermafsen: Wir verstehen darunter kein Herrschen- oder nach-Belieben-Einwirken-Wollen, sondern ein Wollen der praktischen Seite des Verhältnisses. Eine körperliche Sache kann entweder in Bezug auf ein gewisses beschränktes Gebrauchen und Geniefsen in unserem Dienste stehen, oder überhaupt ohne Bezugnahme auf bestimmte wirtschaftliche Funktionen, folglich nach der Gesamtheit dieser Funktionen. Der innere Wille des

Sachbesitzers ist das Vorhaben, die Sache überhaupt im Dienste zu haben, bezieht sich also auf die Gesamtheit der wirtschaftlichen Funktionen der Sache und ist demzufolge ein an sich unbeschränktes Haben-Wollen, mag auch in concreto bei Nebeneinanderbestehen von Sach- und Rechtsbesitz irgend eine Art der wirtschaftlichen Verwertung der Sache von dem Willensinhalte des Besitzers ausgenommen sein. Das innere Wollen des Rechtsbesitzers ist dagegen das Vorhaben, die Sache nur in Bezug auf gewisse beschränkte wirtschaftliche Funktionen im Dienst zu haben und praktisch zu verwerten. Endlich ist der Wille des Besitzstellvertreters ein Vorhaben, das einer anderen Person zustehende wirtschaftliche Haben zu vermitteln und zu erhalten.

So stellt sich dar der Inhalt des inneren Willens, den man im Besitzverhältnis supponiert, wenn man von näheren praktischen Intentionen wie auch von allem Zufälligen und Nebensächlichen der konkreten Fälle absieht. In praktischen Fällen kommt freilich ein reines, derart, wie soeben angegeben, abstrahiertes Wollen eigentlich nie vor. Jemand, der Besitz erwirbt oder ausübt, faſst sicherlich nicht einen gleichsam für sich bestehenden und von sonstigen Absichten getrennten Vorsatz, eine Sache nach der Gesamtheit ihrer Funktionen im Dienst zu haben. Der konkrete Vorsatz, den der Besitzer hat, bezieht sich vielmehr auf konkrete Zwecke, sei es auf gegenwärtige Befriedigung irgend eines Bedürfnisses, sei es auf irgend ein bestimmtes, in der Zukunft vorzunehmendes Genieſsen oder Gebrauchen. In den praktischen Intentionen des Besitzers ist jedoch jene allgemeinere Absicht enthalten, mag sie als für sich bestehender Vorsatz sogar für die Person selbst verborgen bleiben und nur auf Grund genauerer Selbstbeobachtung unseres Inneren erkannt werden können. Ein gewissermafsen implicite-Wollen ist doch zweifellos auch ein realer Wille, und es wäre sicherlich verfehlt, das Wort „Wille" nur auf eine solche unser Inneres beherrschende Kraft anzuwenden, die wir schon bei einer Selbstbeobachtung prima facie als bestehend bemerken und die etwas verborgenen und in andere präzisere Intentionen eingeflochtenen Absichten hiervon auszuschliefsen [1]). Ein Besitzen-Wollen ist jedoch in den wirklichen Intentionen der Person nur dann enthalten, wenn diese letzteren ein derartiges Verhalten der Sache gegenüber zum Gegenstande haben, dafs dieses eine wirtschaftliche Verknüpfung, ein Haben der Sache (sei es als Sach- oder als Rechtsbesitzverhältnis) offenbar voraussetzt. Darum ist auch das Wollen irgend eines momentanen, vorübergehenden Gebrauches, welches im Leben nicht als ein Haben der Sache in unserem Vermögen aufgefafst wird, kein innerer Besitzwille. Dagegen ist zum Bestehen des Besitzvorsatzes nicht nötig, dafs ein auf längere Dauer veranlagtes Haben in der Absicht der Person liege [2]).

Nun fragt es sich, worin die nähere psychologische Natur des innerem Besitzwillens bestehe? Im allgemeinen wird von einem Willen als inneren psychischen Vorgange in verschiedenem Sinne gesprochen. Wir bezeichnen mit diesem Ausdruck gewöhnlich erstens: die psychische Kraft, welche unsere Körperbewegungen zu gewollten Handlungen macht; ferner: unsere innere, sich auf einen faktischen Erfolg des Handelns

---

1) So ist, um nur ein Beispiel anzuführen, das wichtigste, unser ganzes Handeln und Wirken im Leben erfüllende Wollen der Wille, unsere Existenz zu erhalten. Und doch tritt dieser Wille bei allen unseren Handlungen nur als ein implicite-Wollen auf, welches in den präziseren Intentionen und Zwecken, die wir verfolgen, enthalten ist.

2) S. auch Kohler: Grünhuts Ztschr. f. d. Privat- u. öffentl. R. Bd. 14 S. 164.

beziehende Prädisposition. Der innere Besitzwille ist offenbar weder das eine noch das andere von diesem „Wollen“, denn ein Wollen einzelner Körperbewegungen oder irgend eines Naturerfolgs macht den animus possidendi noch nicht aus.

Man spricht jedoch, und zwar ganz berechtigter Weise, von einem Willen noch in einem anderen Sinne. Die innere motorische Kraft, welche uns zum aktiven Auftreten treibt, beschränkt sich nicht auf Muskelkontrektationen und deren unmittelbaren Erfolg, sie beseelt auch unser Wirken und Walten. Die gesunde Auffassung des Lebens bezieht den Begriff des Wollens nicht nur auf Einzelhandlungen, sondern führt sehr oft auch ein aus verschiedenen Handlungen und Unterlassungen bestehendes Benehmen der Person auf einen Willen als gemeinsame Quelle zurück und nennt dieses ganze Wirken ein gewolltes. Namentlich wird dann ein Benehmen als einer einzigen psychischen Prädisposition entspringend betrachtet, wenn dieser gesamten Thätigkeit des Subjektes in gesellschaftlicher Beziehung ein bestimmter genereller Charakter zukommt, z. B. wenn alle Handlungen zu einem offenbar im voraus gesteckten Ziele führen, zusammen irgend etwas ausdrücken u. s. w. Wie also die gemeine Volksauffassung über den Begriff der Handlung als Körperbewegung hinausgeht und eine aus zusammenhängenden Handlungen bestehende Thätigkeit als ein Wirken, ein Verhalten bezeichnet, gerade so verfährt sie auch in Bezug auf das Wollen. Dafs diese Auffassungsweise besteht, bedarf natürlich keines Beweises, dafs sie aber auch psychologisch völlig richtig ist, davon sind wir fest überzeugt. Bei denkenden Subjekten bezieht sich ja das Begehren nicht lediglich auf einzelne Körperbewegungen. Somit mufs auch eine Willenskraft anerkannt werden, die ein zwar oft aus vielen Handlungen bestehendes, aber doch als Einheit betrachtetes Wirken erfafst, weil doch dieses Wirken auch dem Intellekte des Handelnden sich als Einheit vorstellt.

Zweifelhaft ist es, wie man sich diesen psychischen Vorgang, der hier mit dem Worte „Wille“ bezeichnet wird, näher denken soll. Als dauernder, während der Besitzzeit immerfort bestehender Zustand unseres Inneren ist jedenfalls ein solches „Wollen“ undenkbar. Der Wille ist hier vor allem nur ein Willensentschlufs, ein allgemeiner, im vorhinein gefafster Vorsatz, in einer gewissen Weise thätig zu sein. Diese auf zukünftiges Handeln sich beziehende Absicht macht jedoch das Wollen in dem uns hier interessierendem Sinne nicht aus. Die Volksauffassung, indem sie ein sich in gewisser Weise charakterisierendes Gebaren als von einem Willen getragen vorstellt, stellt hiermit keine Kategorieen von rein inneren Absichten auf, sondern von Vorhaben, die sich im entsprechenden Handeln offenbaren. Demnach setzt das Wollen in diesem Sinne unbedingt ein Thun voraus, aus welchem auf den vorausgefafsten Vorsatz geschlossen wird und von welchem an erst dieses Wollen als bestehend gilt. Aufser jenem allgemeinen Vorsatz, der sich auf künftiges, in Bezug auf einzelne Handlungen nicht genau festgestelltes Benehmen bezieht, erfafst unser Wille noch jeden einzelnen Willensakt samt seinem Erfolge. Bei jedem einzelnen Handeln nämlich, das zum gesamten, im voraus beschlossenen Gebaren gehört, erneuert sich jener allgemeine Willensentschlufs. Während der Zeit, als die Person unthätig ist, oder Handlungen vornimmt, die nicht zu jener Thätigkeit gehören, besteht im Inneren des Subjektes höchstens ein gewisses Begehren, welches unter Umständen den Charakter einer für zukünftiges aktives Auftreten sich herausbildenden Willenskraft besitzt. Das Fortbestehen eines wirklichen inneren Wollens ist dagegen zu leugnen. Das Bestehende ist vielmehr nur die äufsere Realisierung des Willens, die bewirkten Folgen der Willensakte. Bezieht man also den Begriff Wille auf ein Benehmen, das ein unausgesetztes Handeln nicht erheischt, dann mufs man das Wollen so lange als fortbestehend ansehen, bis nicht ein das Bewirkte aufhebender Willensakt einen, dem bisherigen Willen entgegengesetzten Entschlufs zum Ausdruck bringt.

Diesen Charakter hat nach unserer Ansicht der Besitzwille. Ob ihn die Psychologie als einheitlichen Begriff gelten lassen kann, mufs dahingestellt bleiben, nach den Anschauungen des praktischen Lebens ist er es zweifellos. Nur wenn man von dieser Auffassungsweise ausgeht, kann man die Behandlungsweise, die das positive Recht dem animus possidendi angedeihen läfst, richtig begreifen.

So erscheint es vor allem als folgerichtig, wenn das Recht nur den erklärten Besitzwillen mit rechtlicher Geltung ausstattet. Die nicht erklärte oder nicht gehörig bethätigte Aneignungsabsicht ist überhaupt kein animus possidendi. Der Besitzwille ist das Wollen, das das wirtschaftliche Haben und Wirken beseelt, und nicht ein unfertiges, zur wirklichen Willenskraft noch nicht herausgebildetes Gedenken.

Ferner ist es erklärlich, warum das römische Recht sowohl den Willen, welchen der Handelnde während der Apprehension hat, als auch das Willensmoment, das während der Dauer des Besitzverhältnisses fortbestehen soll, gleichmäfsig animus nennt. Das Wollen ist in der That hier wie dort im wesentlichen dasselbe Ding, wenn man es nur auffafst als einen durch äufseres Verhalten realisierten und erklärten Willensentschlufs. Das Wollen, welches den Apprehensionsakt erfüllt, bezieht sich nicht lediglich auf die physische Seite des Ergreifens und auf den unmittelbaren Erfolg dieses Handelns. Derjenige, der die Sache ergreift, will sie auch wirtschaftlich haben. Seine Absicht richtet sich auch auf irgend eine fernere wirtschaftliche Verwertung des Vermögensobjektes. Das willentliche Ergreifen ist ja nur ein Mittel zur Erreichung fernerer Zwecke. Deshalb ist schon der Akt der Ergreifung Ausflufs und zugleich Ausdruck des Besitzwillensentschlusses und ein Ergreifen der Sache, welches nicht als Bethätigung des Wollens eines wirklichen wirtschaftlichen Konnexes erscheint, keine Besitzergreifung. Das Fortsetzen des Besitzes ist auch ein Ausdrücken desselben Wollens. Obzwar kein fortwährendes Thätigsein voraussetzend, verträgt es doch keine gänzliche Unaktivität und ist kein blofs passives Fortbestehen-Lassen, sondern ein Erhalten und Ausüben des Besitzes. Es ist verfehlt, wenn die herrschende Lehre für den Moment Apprehension, weil sie in ihr eine Handlung, Körperbewegung erblickt, präzises Wollen verlangt, die Fortdauer des Besitzes dagegen auch bei gänzlicher Abwesenheit des Besitzwillens für möglich hält[1]). An sich ist das ganze Besitzen eigentlich ein zusammenhängendes Sich-Beschäftigen um die Sache[2]). Einerseits ist im Augenblick der Besitzentstehung das Bestehen des Begehrens nicht unbedingt erforderlich, andererseits erneuert sich der Willensentschlufs beim Ausüben des Besitzes. Nur insofern tritt das Willensmoment etwas mehr aktiv beim Ergreifen, als beim Fortsetzen des Besitzes auf, als derselbe Wille begreiflicherweise dort das Begründen und Erhalten, hier nur das Er-

---

1) Savigny §§ 29—32.

2) So richtig Kohler: Pfandrechtliche Forschungen S. 168 fg. Sehr bezeichnend in der Beziehung ist die Äufserung des Pomponius l. 11 D. de vi 43, 16: Vim facit, qui non sinit possidentem eo, quod possidebit uti arbitrio suo, sive inserendo sive fodiendo sive arando sive quid aedificando sive quid omnino faciendo, per quod liberam possessionem adversarii non relinquit. Auf das „uti" wird oft aufmerksam gemacht, z. B. l. 3 § 2 u. § 4 D. uti poss. 43, 17.

halten des wirtschaftlichen Konnexes erfaſst. Dieser Unterschied zwischen dem Besitzerwerbs- und -Ausübungswillen und der Art der Bethätigung des Wollens in beiden Fällen zieht nach sich eine andere rechtliche Behandlung der Apprehension, als der Ausübung des Besitzes. Da der Anfang des wirtschaftlichen Habens zugleich Begründung der Rechtsfolgen des Besitzes ist, so muſs ihn das Recht als einen in einem bestimmten Momente fixierten Willensakt — als Willenserklärung — behandeln, während sie den einzelnen, während der Besitzzeit vorgenommenen Ausübungsakten an sich diese Relevanz nicht verleiht. — Nur eine Folge des angedeuteten Begriffs des animus ist die Annahme, daſs der Besitzwille während der ganzen Besitzdauer ununterbrochen bis zum Ausdruck des Besitzaufgabewillens fortbesteht, obwohl der Besitzer oft unthätig ist und demselben manchmal das Bewuſstsein, das er besitzt, gänzlich fehlt. Der Besitzwille kann entweder vorhanden sein oder sich in ein contrarium, in den Willen, die Sache aufzugeben, verwandeln. Irgend etwas in der Mitte Liegendes, ein Schlummern des Wollens, giebt es nicht. Dieses kann wohl in Bezug auf manche, unser Inneres erfüllende Triebe und Begehren beobachtet werden, ist dagegen bei einem Wollen, welches nur im Thun und durch dieses besteht, ausgeschlossen. Ein Unthätig-Sein des Besitzers ist auch eine Willenskundgebung insofern, als es ein Nichtabändern des Bewirkten ist. So lange das Unthätig-Sein nicht als Aufgeben des Besitzes erscheint, ist es noch immer in Anbetracht des früher Geschaffenen als ein dem einst gefaſsten Willensentschlusse konformes Verhalten anzusehen. Diese Auffassungsweise führt sogar dahin, daſs der Besitz auch bei vorübergehender abnormer Abschwächung der körperlichen Seite des Verhältnisses noch immer als animo retiniert gilt. Weil der Besitzwille nur durch entgegengesetzte

Willensbethätigung aufgehoben wird, so vernichtet selbst die eingetretene Willensunfähigkeit des Subjektes den animus nach römischem Recht nicht, macht vielmehr, weil der Willensunfähige den entgegengesetzten Entschlufs weder fassen noch kundgeben kann, sein Aufhören zu einer Unmöglichkeit[1]).

Des weiteren folgt aus der Natur des animus possidendi, dafs das Besitzen-Wollen das gesamte Willensmoment des Besitzverhältnisses umfafst. Das Unterscheiden des „unmittelbaren" Willens ist unnötig, weil das Ergreifen bez. Besitzen nicht als „eine Körperbewegung" in Betracht kommt, während das Beabsichtigen eines Naturerfolges, wo ein solcher nötig ist, schon im Besitzwillen inbegriffen ist. Das letztere und insbesondere das Verhältnis, welches zwischen dem Wollen und Thun der Person und dem äufseren faktischen Erfolg besteht, bedarf einer etwas genaueren Erörterung.

Wie jedes menschliche Handeln, so bewirkt auch die Apprehensionsthätigkeit einen gewissen faktischen Erfolg. Dieser besteht gewöhnlich in einem physischen Geschehen mit oder an der Sache. Jedes äufsere Ereignis, somit auch das bei der Besitzergreifung stattfindende, darf nur dann als von uns gewollt bezeichnet werden, wenn es durch unsere Willensthätigkeit erzeugt wurde. Der Erfolg ist dann ein gewollter, wenn er von uns bewirkt wurde, was unmittelbar oder mittelbar geschehen kann. Im ersteren Falle kann, Willensfähigkeit des Subjektes vorausgesetzt, in der Regel kein Zweifel darüber bestehen, ob ein willentliches Handeln Quelle der äufseren Begebenheit ist. Anders in Fällen mittelbarer Bewirkung des Erfolgs, zu denen unter den Apprehensionen die Fälle der Besitzergreifung in Abwesenheit der Sache ge-

1) L. 27 D. h. t. (PROCULUS); l. 29 eod. (ULPIANUS); l. 11 D. de a. r. d. 41, 1 (MARCIANUS).

hören. Auch hier mufs ein Kausalzusammenhang zwischen unserem Thun und der äufseren Begebenheit bestehen. Fraglich ist nur, wie man sich ihn näher vorstellen soll. Von einem Verhältnis von Ursache und Wirkung[1]) spricht man vor allem dort, wo die Thatsache, welche wir Ursache nennen, nach unabänderlichen Gesetzen der Natur das Eintreten der anderen Thatsache, der Wirkung, nach sich zieht. Auf diesen „notwendigen Kausalzusammenhang" beschränkt indessen die gemeine Auffassung den Begriff des „Bewirkens" nicht. Ein Ereignis nennt man schon dann als ein von uns herbeigeführtes, wenn es durch unser Handeln überhaupt, wenngleich nur mittelbar, veranlafst wurde. Der Kausalzusammenhang wird also dadurch nicht ausgeschlossen, dafs aufser unserem Thun noch andere Umstände — wie das Handeln anderer Personen, das Wirken der Naturkräfte — bei der Erzeugung des Erfolgs mitgewirkt haben. Ja selbst dann, wenn die faktische Änderung in der Sinnenwelt definitiv gerade durch eine fremde Kraft zustande gebracht wurde, bezeichnet man den Erfolg als einen von uns verursachten, wenn wir zu jenem Ereignis den entscheidenden Anstofs gegeben haben[2]).

---

1) Vgl. dazu bes. ZITELMANN: Irrtum und Rechtsgeschäft S. 115 bis 145 u. die zitierte Abhandlung von LAMMASCH in GRÜNHUTS Ztschr. f. d Privat- u. öffentl. R. Bd. 9.

2) Es wäre zu eng, den Begriff der Ursache in der uns interessierenden Frage in dem Sinne aufzufassen, wie ihn ZITELMANN (S. 291) nach dem Vorgange MILLS formuliert. Er versteht unter Ursache im e. S. diejenige Voraussetzung der Wirkung, deren Hinzutreten zu einer Reihe regelmäfsig zusammen vorkommender Momente ausnahmsweise erfolgt und darum besonders auffällt. Im Leben wird von mittelbarer Bewirkung irgend einer Begebenheit auch dann gesprochen, wenn unsere Handlungsweise nur überhaupt als eine von den erheblichen Voraussetzungen jenes Erfolgs erscheint. Die „Verursachung" ist also nicht ausgeschlossen, wenn die Wirkung aufser unserer Thätigkeit noch

Das mittelbar erzeugte Geschehen in der Sinnenwelt mufs sich als Folge unseres gewollten Handelns darstellen. Unser Wollen mufs nicht nur die vorgenommenen Körperbewegungen und das unmittelbar Bewirkte, sondern auch den ferneren Erfolg erfassen. — Was ist hier, fragt es sich jetzt, dieses Wollen des Erfolgs und wie verhält es sich zum Besitzen-Wollen? Zuvörderst mufs bemerkt werden, dafs es zum Wollen des entfernteren Erfolges keineswegs erforderlich sei, dafs in unserem Inneren gerade im Augenblick des Eintreffens des Erfolges ein dementsprechendes Verlangen bestehe [1]). Das Verursachte nennen wir nicht deshalb gewollt, weil wir es im Momente des wirklichen Geschehens begehren, sondern weil wir es früher während unserer Thätigkeit beabsichtigten. Unser Handeln mufs mit der auf den Erfolg gerichteten Absicht verbunden sein, was dagegen nachher bis zum Eintreten des Erfolges in unserem Inneren vorgeht, ist unerheblich. Zum Vorhandensein des Willens ist hiernach

---

auf andere Ursachen zurückgeführt werden kann. Schon aus diesem Grunde müssen bezüglich des mittelbar bewirkten Erfolges die beiden Voraussetzungen des „Gewolltseins" desselben, nämlich der Kausalnexus zwischen unserem Handeln und dem äufseren Geschehen und das auf dieses letztere gerichtete Verlangen als zwei besondere Momente scharf unterschieden werden. Das Verlangen jenes entfernteren Erfolgs, der durch Kräfte, welche nicht vollständig unserer Machtsphäre unterworfen sind, ins Leben gerufen wird, ist ja immer zum Theil, je weniger „notwendig" der Kausalnexus ist, ein Wünschen. Berechtigt ist es wohl hier von Absicht zu sprechen, da es sich um Ereignisse handelt, die doch nicht lediglich das Wirken fremder Kräfte uns bringen soll, aber man mufs es berücksichtigen, dafs die Absicht hier, anders als bei unmittelbarer Bewirkung, nicht lediglich ein beseelendes Moment der Bewirkung, sondern zugleich ein Wünschen ist, dafs die fremden mitwirkenden selbständigen Kräfte zur Erreichung des von uns Begehrten das Ihrige beitragen.

1) S. dazu die durchaus richtigen Ausführungen Zitelmanns a. a. O. S. 117 fg.

nur eine gehörige Vorstellung von dem Erfolge erforderlich, nicht auch die erlangte Kenntnis, dafs derselbe wirklich eingetreten ist.

Das Wollen des faktischen Erfolges ist, wie überhaupt bei Apprehensionen, so auch bei Besitzergreifungen in absentia rei nichts von dem Besitzwillen Abgetrenntes, sondern der Besitzwille selbst, insofern er sich auf das natürliche, beim Apprehensionsakte stattfindende Ereignis bezieht. Erscheint nach der Lebenssitte das Herbeiführen jenes äufseren Ereignisses als Aneignung, dann ist das Wollen des Erfolges zugleich ein Wollen des Besitzes überhaupt. Da das Erfolgtsein des äufseren Ereignisses dem Handelnden die Sache faktisch schon giebt, so mufs man bei ihm den im voraus gefafsten Beschlufs, sie auch zu behalten, annehmen. Somit wird der Besitzwillensentschlufs schon durch das Herbeiführen des Erfolges bethätigt. Der realisierte Wille gilt auch ohne Erneuerung des Vorsatzes als fortbestehend, und hiernach ist nochmaliges Fassen des Entschlusses nach Eintritt des Erfolges entbehrlich und folgeweise der animus possidendi möglich auch ohne Kenntnis von dem Eingetretensein des Erfolges. Freilich ist vor dem Dasein des Erfolges ein Wollen, gegenwärtig zu besitzen, unstatthaft. Unsere psychische Prädisposition ist hier zwar in erster Linie eine Absicht auf Erwerben in der Zukunft. Sie ist jedoch nicht nur dieses, weil bereits alles von uns Vorzunehmende geschehen ist, was zur Bewirkung der Realisierung dieser Absicht führt. Aus diesem Grunde mufs angenommen werden, dafs hier ein ernstlicher, im voraus gefafster Entschlufs vorliegt, die Sache zu besitzen, sofern dazu durch ein faktisches Geschehen die Möglichkeit geboten sein wird. Dieser Entschlufs wird durch Veranlassen der Erfolges zum Ausdruck gebracht und mufs sofort vom Eintreffen desselben an als erklärter Besitzwille gelten. Die Möglichkeit eines solchen im voraus gefafsten Besitzwillensentschlusses hängt jedoch nicht nur von einer gehörigen Vorstellung von dem Objekte und dem angestrebten Erfolge ab, sondern auch davon, dafs sich das Eintreten des Erfolges unserem Intellekte als möglich und wahrscheinlich darstelle, weil sonst die Ernstlichkeit des Entschlusses in Frage gestellt werden könnte. — Diese Bemerkungen dürften vielleicht genügen, um den Nachweis unserer früher ausgesprochenen Behauptung zu liefern, dafs die Besitzerwerbsfälle in absentia gleichfalls gewollte Aneignungsakte sind und im wesentlichen den gewöhnlichen Besitzergreifungen gleichstehen [1]).

1) Ganz im Widerspruch zu der vor kurzem noch allgemein geltenden Lehre, welche zur Apprehension eine gewollte Handlung im e. S. und volles Bewufstsein verlangte, wird von einigen Juristen gelehrt, der Besitz werde oft durch äufsere Thatsachen eigentlich ohne Willen des Erwerbers begründet. So spricht Ihering bei Besitzerwerbsfällen in absentia von einem „vermuteten" Willen (Grund des Besitzschutzes S. 196; dagegen vgl. unsere Bemerkungen Bd. 1 S. 212). Kindel (Grundlagen des Besitzes S. 212) spricht hier vom Besitzerwerb „durch Ereignisse" ohne begleitenden Willen des Erwerbers. Vorsichtiger äufsert sich Strohal (Sukzess on S. 94), wenn er von einem Besitzerwerbe „ohne besonderen Willensakt" beim Erwerben „aus bereits vorhandenem Besitz" (an Produkten von unseren Tieren und Feldfrüchten von unserem Grundstück) spricht. Vgl. auch Krainz: Syst. des österr. Privr. Bd. 1 § 172. Mit besonderem Nachdruck betont das Fehlen des Willens bei solchem Besitzerwerb Burckhard (Syst. des österr. Privr. § 137), und folgert daraus, dafs zum Besitzerwerb überhaupt neben der Möglichkeit, die Sache physisch zu beeinflussen, nur die mit Rücksicht auf die Lebensverhältnisse als selbstverständlich anzunehmende Geneigtheit, jene Möglichkeit festzuhalten, erforderlich sei. Nach unserer Ansicht geht man entschieden zu weit, wenn man in den Besitzerwerbsfällen ohne körperliche Ergreifung das Vorhandensein des Besitzwillens negiert. Der Satz, dafs man stets nicht nur corpore sed et animo den Besitz erwirbt, erleidet keine Ausnahme (l. 3 § 1; l. 8; l. 30 § 5 D. h. t.; l. 153 D. de r. i. 50, 17; Paul.: R. S. V 2 § 1), und aus unseren vorangehenden Ausführungen ist zu ersehen, dafs in allen Fällen des

Weil ein jedes Wollen nur auf Grund einer gehörigen Vorstellung entstehen kann, so setzt auch ein wirklicher Besitzwil-

---

Besitzerwerbs in absentia, selbst beim Erwerb von Feldfrüchten und Tierprodukten, ein durch That bewährtes Wollen wirklich vorliegt. Freilich findet sich hier von einer gewollten Apprehensionshandlung im Sinne der herrschenden Lehre keine Spur, aber daraus ist nur zu schliefsen, dafs dieser Apprehensionsbegriff ein viel zu enger ist und dafs das gewollte Aneignen von Sachgütern unmittelbar sich auf die Sache beziehende Körperbewegungen nicht voraussetzt. Für unsere Theoretiker mag es unbegreiflich erscheinen, dafs wir in der blofsen separatio der Tierprodukte, falls sie ordnungsmäfsig geschieht, eine gewollte Aneignung sehen, für die praktische Auffassung eines Landwirtes ist dies dagegen sicherlich klar. Denn jeder Bauer weifs es wohl, dafs es ihm Sorge und Mühe kostet, es zu bewirken, dafs die Separation sich ordnungsmäfsig vollziehe. Die Separation ist nicht *seine Handlung*, aber der ganze Vorgang der ordnungsmäfsigen Abtrennung Folge *seiner Arbeit*, mithin *sein Willensakt*. Die Begriffsbestimmung des Willensmomentes Burckhards ist viel zu vag und entspricht zweifellos den Grundsätzen des römischen Rechts nicht. *Erstens* ist die Erheblichkeit einer vom Willen abstrahierten Möglichkeit der Einwirkung auf die Sache zu leugnen, denn die Lage der Sache, wenn sie nicht willentlich bewirkt oder erhalten wird, ist noch kein Besitzcorpus und giebt durch das blofse Sich-Hinzugesellen des Aneignungswunsches den Besitz noch nicht. Das beweisen die besprochenen Entscheidungen in Betreff der Honigwaben (l. 5 § 3 D. a. r. d. 41, 1) und des Schatzes (l. 3 § 3 D. h. t.). Wenn Burckhard (§ 137 N. 4) die von Bynkershoek (Observationes VII 1) vorgeschlagene, zweifellos grundfalsche Erklärung der letzteren Stelle durch die Lesart „loco notus“ (statt loco motus) akzeptiert, so ist dies von seiten eines Juristen, der die gemeinrechtliche Litteratur genau kennt und mit den römischen Quellen somit einigermafsen vertraut zu sein scheint, im höchsten Grade auffallend. *Zweitens* ist der animus possidendi des römischen Rechts mehr als eine *mutmafsliche Geneigtheit*, die Sache zu behalten. Wäre der animus nur dieses, könnte man ihn ohne weiteres in Bezug auf die an unseren Bäumen angesetzten Honigwaben annehmen, dann sehen wir wirklich nicht ein, warum man nicht behaupten sollte, dafs wir absolut alles besitzen wollen, was sich nur auf unserem Grundstücke befindet, also alle Gegenstände, welche durch die Wirkung der Naturkräfte auf das Grundstück gebracht worden sind (z. B. fremde Balken, die das Wasser lensentschlufs eine Vorstellung von jenen Momenten voraus, welche den Willensinhalt bilden, namentlich

---

gebracht hat, fremdes Vieh, das sich verirrt hat u. s. w.), alle Gegenstände, die ein dritter aus was für einem Grunde immer mit Absicht oder zufällig dort hinterlassen hat, alles, was in unserem Grundstück verborgen ist, insbesondere Schätze, mögen wir auch von ihrer Existenz nichts Bestimmtes wissen. Warum sollte hier die Geneigtheit, zu besitzen, fehlen? Der Besitz würde uns ja doch eher nützen als schaden, zumal man uns auf Grund der blofsen Aneignungsgeneigtheit des furtum doch nicht beschuldigen könnte. Dafs der blofse Aneignungswunsch sogar verbunden mit der ausschliefslichen Aneignungsberechtigung nicht hinreicht, beweisen die bereits besprochenen speziellen Quellenentscheidungen. Dafs die Römer auch in Betreff neuentstehender Sachprodukte zum Besitzerwerb eine Aneignung durch Willensakt, durch Arbeit verlangen, ergiebt sich noch aufserdem mit voller Bestimmtheit aus dem allgemeinen Ausspruche des Paulus in l. 3 § 21 D. h. t.: . . . pro suo, sicut in his, quae terra marique . . . capinus vel ipsi, ut in rerum natura essent, fecerimus. Man kann darüber streiten, ob es richtig ist, die „von selbst" abgefallene Frucht, wie dies in l. 13 D. qu. m. usufr. 7, 4 (Ulpian) bestimmt wird, für besitzlos zu betrachten, zumal die entgegengesetzte Entscheidung sogar von unserem Standpunkt aus durch ein etwas laxeres Auffassen der „Bewirkung durch unsere Arbeit" sich rechtfertigen liefse. Daraus ist jedoch zu ersehen, dafs es die römischen Juristen mit dem „Willensakte" der Perzeption, der für Burckhard nur „das Gaukelspiel einer Scheinarbeit" ist, recht ernst nahmen. Mag man nun aber mit der Negierung der Besitzentstehung in l. 13 cit. nicht völlig einverstanden sein, so wird man doch zugeben müssen, dafs die durch strengere Auffassung des Willensmomentes motivierte Entscheidung sehr harmlos ist, wogegen das Ausdehnen des Animusbegriffs bis zur wahrscheinlichen „Geneigtheit" in manchen anderen Fällen höchst bedenklich wäre. Die Entstehung des Besitzes hat ja noch weit wichtigere Funktionen im Recht, was freilich Burckhard nicht gehörig beachtet, als nur uns in Bezug auf die von unseren Bäumen abfallenden Früchte neben dem ohnehin begründeten Eigentumsrecht noch den Besitzschutz zu geben. Mit Rücksicht auf diese anderen Funktionen des Besitzes haben die Römer den Besitzerwerb als Willensakt aufgefafst. Man denke nur z. B. an die Eigentumsbegründung durch Besitzübergabe und an die Beklagtenrolle des Besitzers im Vindikationsprozefs. Was würde aus der Tradition werden, wenn die Empfangnahme kein Aneignungswillensakt wäre, sondern bereits in der wahrscheinlichen Geneigtheit, vom Besitzobjekte, von dem bewirkten Naturerfolge, wie auch von der gesellschaftlichen Bedeutung des Aktes. Inwiefern mufs diese Vorstellung eine präzisierte sein? Man könnte geneigt sein, die Möglichkeit eines wirklichen Besitzwillens nur dort anzunehmen, wo das Wissen des Handelnden genau alle Momente umfafst, welche zum Inhalt des geäufserten Wollens gehören, wo also der äufsere Willensausdruck und die Vorstellung des Handelnden sich in allen Stücken decken. Dies würde dem oft in der Psychologie gelehrten Grundsatze entsprechen, dafs ein Wollen ohne Bewufstsein unmöglich sei. Mag jedoch

---

von einer unbestimmten Einwirkungsmöglichkeit Gebrauch zu machen, gegeben wäre? Wie könnte von jemandem, der nicht durch Willensbethätigung die Sache real an sich gebracht hat, schon auf Grund seines mutmafslichen Wünschens die Sache vindiziert werden, wie könnte ihm die Restitutionspflicht auferlegt werden? Dafs die Entscheidung des Juristen (quilibet sine furto possidere potest) bezüglich der Honigscheiben unserer Rechtsüberzeugung nicht entspricht, damit sind wir mit BURCKHARD ganz einverstanden. Freilich ist dies noch mit weit gröfserer Berechtigung zu sagen von der Freiheit, alle wilden Tiere auch auf fremdem Grundstück zu okkupieren und namentlich dasjenige Wild, das einen weit höheren Wert repräsentiert, als die zur unverdienten Berühmtheit gelangten Waben. Es liegt jedoch auf der Hand, dafs es nicht die römischen Grundsätze über Besitzerwerb sind, die unser Rechtsgefühl verletzen, sondern die Nichtanerkennung des Jagdrechts, die Statuierung des allgemeinen Satzes „in alieno venari licet“. Was hätte es auch für einen Zweck, dem Grundbesitzer den Besitz des Wildes zuzuerkennen? Dies bestimmt bekanntlich das österr. G.B. (§ 295) und begründet die einschliefsliche Jagdberechtigung des Grundbesitzers durch die Annahme, dafs Fische im Teiche und Wild im Walde als Zugehör des Grundstücks für unbeweglich betrachtet werden, wodurch man zum merkwürdigen Resultat gelangt, dafs ein Hase erst dann „beweglich“ wird, wenn er sich zu bewegen aufhört. Aber nicht nur diese, auch überhaupt jede Begründung des Jagdrechtes des Grundbesitzers durch die Annahme, dafs die wilden Tiere und deren Erzeugnisse in seinem Besitz sind, wäre prinziplos und müfste zu falschen Folgerungen führen. Wenn irgend ein Grundsatz der Besitzlehre zweifellos auf volkstümlicher Auffassungsweise beruht, so ist es die Unterscheidung zwischen zahmen und zahmgemachten Tieren einerseits und wilden andererseits.

dieser Grundsatz nicht unrichtig sein in Bezug auf die Beurtheilung der Frage, ob eine Körperbewegung gewollt oder die Bewirkung eines Naturerfolges (z. B. bei Delikten Tötung eines Menschen, Zerstörung einer Sache) vollkommen beabsichtigt war, so ist er doch in Bezug auf den Besitzwillen verfehlt und eine petitio principii enthaltend. Denn es handelt sich hier um ein Wollen, welches ein Verhalten erfüllt, dem erst die Auffassung des Lebens einen bestimmten Charakter verleiht, es als wirtschaftliches Aneignen und Haben der Sachgüter betrachtet. Darüber also, inwiefern die Vorstellung des Handelnden bestimmt sein müsse, entscheidet nicht irgend eine aus rein philosophischem Begriff des Wollens deduzierte Formel, sondern eben nur die Auffassungsweise des praktischen Lebens. Demzufolge ist man berechtigt, das Vorhandensein eines wirklichen Besitzwillens überall anzunehmen, wo nur der Handelnde eine derartig bestimmte Vorstellung besitzt, wie man sie gewöhnlich im Leben bei Aneignung solcher Sachen in gegebenen Umständen hat. Daſs aber die gemeine Auffassung kein vollkommen genaues Bewuſstsein von allem, was unser Verhalten bewirkt und bedeutet, verlangt, dürfte nicht bezweifelt werden. Es genügt eine recht allgemeine Vorstellung vom Objekte und der faktischen Lage, in der er sich befindet. Die Präzisiertheit dieser Vorstellung hängt von der Natur der Sache und von charakteristischen Merkmalen des einzelnen Falls ab.

Insonderheit ist es rücksichtlich des Besitzobjektes im allgemeinen nicht notwendig, daſs der Erwerber genau die Sache kenne und daſs sich sein Wille — bei einer Mehrheit von Gegenständen — auf jede „einzelne Sache“ richte. Wenn wir manche Sachen je nach ihrer Natur gebrauchen und verbrauchen können, ohne sie genau zu kennen, ja selbst ohne sie je gesehen zu haben, so dürfen wir auch zum Willensentschlufs, dies zu thun, ein genaueres „Wissen“ nicht verlangen. Dadurch nehmen wir selbstverständlich nicht an, es gebe einen Besitz an Gesamtsachen oder an Objekten, die nicht individuell bestimmt sind. Die Besitzobjekte müssen individualisiert sein, dies geschieht jedoch durch das äufsere Handeln samt ihren äufseren Erfolg, welcher bestimmte Sachen erfafst und als Besitzerwerbsobjekte designiert, und nicht durch die innere Willensbestimmung.

Aus den vorangehenden Erörterungen erhellt, dafs in dem animus possidendi, obzwar dieser nur ein durchgesetztes Wollen ist, doch auch ein rein inneres Moment oft enthalten ist. Der rein innere animus possidendi, der Besitzwillensentschlufs, ist etwas wirklich Existierendes. Er ist da zweifellos vorhanden, wo sich der Handelnde dessen völlig bewufst ist, dafs sein Benehmen als Ergreifung oder Ausübung des Besitzes nach dem Rechte gilt. Bei Willensrichtung auf praktisches Benützen, Verbrauchen u. s. w. wird oft der Besitzwillensentschlufs wenigstens als ein implicite-Wollen enthalten sein. Man wird uns jedoch wohl zugeben, dafs es in concreto überaus schwer, ja oft unmöglich wäre, zu ermitteln, ob ein innerer Besitzwille vorhanden ist oder nicht, und dafs es gar nicht zweckmäfsig wäre, von dem wirklichen Dasein dieser meistens unerforschbaren inneren Absicht das Bestehen des Besitzes abhängig zu machen. In der That nimmt das römische Recht das Vorhandensein des Willens ohne weiteres an in allen Fällen, wo es die Abwesenheit des Wollens für nicht wahrscheinlich betrachtet und schliefst demnach den rein inneren Besitzwillen von den Thatbestandsmomenten des Besitzverhältnisses aus. Bevor wir eine nähere Begründung dieser Behauptung geben werden, sei es uns verstattet, zunächst einige kritische Bemerkungen, welche die übliche Begriffsbestimmung des animus possidendi betreffen, folgen zu lassen.

II. Kritik der herrschenden Begriffsbestimmung des Besitzwillens.

§ 8.

Der animus possidendi wird von SAVIGNY und der Mehrheit der Schriftsteller aufgefafst als der Wille eines derartigen Verhaltens zu der Sache, welches der rechtlichen Macht des Eigentumsrechts entspricht. Dieser Gedanke ist bei SAVIGNY etwas ungenau ausgedrückt[1]). Am schärfsten formuliert den Begriff dieses Aneignungswillens WINDSCHEID[2]). Er versteht darunter einen Willen, „wie ihn der Eigentümer haben darf". Diese Formulierung hängt offenbar zusammen mit der WINDSCHEIDschen Begriffsbestimmung des subjektiven Rechts als eines Wollen-Dürfens[3]). Selbst wenn man geneigt wäre, diese Begriffsbestimmung zu akzeptieren[4]) und in der Berechtigung des Eigentümers ein Wollen-Dürfen sähe, so müfste man doch sagen, dafs, wie WINDSCHEID selbst zugiebt, dieses Wollen nur ein abstrakter Willensinhalt und kein konkretes Wollen sei[5]). Wie kann also dieser abstrakte Willensinhalt für ein reales Wollen, denn ein solches ist doch wohl der animus possidendi, als Mafsstab dienen? Bezieht man jenen Willensinhalt des Eigentumsrechts auf einen realen Willen, so mufs man unter demselben ein Thun-Wollen verstehen, also einen Willen, alles dies faktisch zu thun, wozu das Eigentumsrecht berechtigt. Nun soll der Inhalt des Eigentumsrechts in der rechtlichen Macht über eine Sache in der Ge-

1) S. Recht des Besitzes § 9 S. 119 fg., § 20, § 23 S. 282 fg.

2) Pandekten Bd. 1 § 149.

3) Pandekten Bd. 1 § 37. Vgl. aber jetzt 6. Aufl. § cit. N. 3.

4) Was uns betrifft, halten wir sie nicht für richtig.

5) A. a. O. § 37 N. 2 der früheren Auflagen.

samtheit der Beziehungen bestehen, demnach wäre der Inhalt des Besitzwillens das Wollen einer faktischen Herrschaft über eine Sache in der Gesamtheit der Beziehungen. Abgesehen davon, daſs wir uns ein faktisches Beherrschen der Gesamtheit der Beziehungen einer Sache, die doch ein abstrakter Begriff und keine Realität ist, und umsoweniger ein sich darauf beziehendes wirkliches Wollen nicht recht vorstellen können, ersieht man leicht die Unhaltbarkeit dieses Begriffs, wenn man nur folgendes erwägt: Der abstrakte Willensinhalt des Eigentümers, wenn er nicht nach irgend einer Richtung hin beschränkt ist, ist ein Wollen-Dürfen der unbeschränkten Herrschaft. Dieser Willensinhalt umfaſst ein Dürfen, die Sache zu benützen, gebrauchen, veräuſsern, vernichten u. s. w. Sollte das wirkliche Wollen desjenigen, der unbeschränkt besitzen will, dem Willensinhalte des unbeschränkten Eigentumsrechts entsprechen, dann müſste es ein Thun-Wollen aller derjenigen Akte enthalten, die zum Dürfen des unbeschränkten Eigentumsrechts gehören. Nun ist offenbar ein derartiges wirkliches Wollen nicht denkbar, weil es sich auf Handlungen bezieht, die sich gegenseitig ausschlieſsen.

Dasselbe, was hier gegen WINDSCHEID gesagt worden ist, bezieht sich auch auf die Begriffsbestimmung des Besitzwillens, welche uns RANDA[1]) giebt: „Der Wille, die Sache wie eigen zu haben“, wie auch auf die gewöhnliche Formulierung: „Wille, das Eigentum auszuüben“ [2]). Wir meinen überhaupt, daſs ein jedes derartiges Parallelisieren des Besitzwillens mit dem Inhalte der Eigentumsberechtigung, wenn es nicht irgendwie beschränkt wird, ein schiefes Resultat ergebe.

1) Besitz § 12 i. Anf.

2) Vgl. über diese Formulierung, welche schon darum nicht korrekt ist, weil sie die opinio domini des Besitzers als Voraussetzung des Besitzes zu erfordern scheint, auch WINDSCHEID: Pandekten Bd. 1 § 149 N. 5 u. SCHEURL: Beitr. z. Lehre vom Besitz S 19 fg.

Aber selbst, wenn man den Inhalt des animus domini etwa folgendermaſsen einschränken würde, daſs man darunter den Willen, auf die Sache beliebig mit Ausschlieſsung eines jeden dritten einzuwirken, verstünde, so müſste man sich entschieden gegen einen derartigen Willen erklären. Wir glauben hierin vielleicht nicht auf die allgemeine Zustimmung der Juristen, wohl aber der Psychologen rechnen zu dürfen, wenn wir die Meinung aussprechen, daſs ein derartiges wirkliches Wollen nie im Leben vorkomme, ja nie vorkommen könne. Mag man den Willen als einen Willensentschluſs oder als einen Zustand des Begehrens auffassen, stets kann sich der Inhalt des Willens beziehen nur auf die Vornahme bestimmter Handlungen, oder mancher Handlungen, von denen jede einzelne noch nicht genau festgestellt ist, die aber zusammen ein gewisses, einen bestimmten Charakter besitzendes Verhalten ausmachen; dagegen eine „beliebige", eine „jede mögliche" Handlung zu wollen, ist eine reine Unmöglichkeit. Will man also unter dem animus domini ein wirkliches Wollen verstehen, ein Wollen, welches während des Bestehens des Besitzes in der That, sofern man das corpus auch im Sinne der herrschenden Lehre auffaſst, verwirklicht wird, dann müſste man sagen: Der Besitzwille ist der Wille, die Sache auf diese Weise in unserer faktischen Macht zu haben, damit es uns möglich wäre, sofort alles mit ihr zu thun, was nur ein Eigentümer thun darf, wie auch jede fremde Einwirkung faktisch auszuschlieſsen. Hiermit hätten wir jedoch nur einen ungebührlich streng formulierten Detentionswillen vor uns, mit welchem ein Haben der Sache für einen dritten, etwa die Absicht, ihm die Sache nach einer gewissen Zeit zurückzugeben, vollkommen vereinbar wäre.

Der Begriff des inneren Besitzwillens muſs derartig formuliert werden, damit das Verhalten, auf welches der Vorsatz der Person sich bezieht, als möglicher Inhalt eines reellen und praktischen Willensentschlusses gedacht werden könnte, und andererseits solche Momente enthielte, welche das Vorhaben, für einen anderen zu besitzen, ausschlössen. Diesen beiden Erfordernissen entspricht, wie wir meinen, nur eine solche Definition des inneren Besitzwillens, in welcher der wirtschaftliche Zweck des Habens als der eigentliche Inhalt des Wollens bezeichnet wird. Was nun die Frage betrifft, wie man diesen Willen nennen soll, so glauben wir, dafs man es getrost bei dem Namen „Besitzwille“ bewenden lassen könnte. Dabei mufs, wo von innerem Vorsatz des Besitzers gesprochen wird, stets durch den Zusatz „innerer“ Wille darauf aufmerksam gemacht werden, dafs es sich hier nicht um das zum Thatbestand des Besitzes gehörende Willensmoment handelt. Die Bezeichnung „Aneignungswille“ scheint uns auch ganz entsprechend zu sein. Den Gebrauch des Ausdrucks „animus domini“ oder „Eigentumswille“ halten wir dagegen für verwerflich, nicht nur weil wir die Parallelisierung des Besitzes mit dem Eigentum für verwirrend erachten, sondern vorzüglich darum, weil, wie später ausgeführt werden soll, in dem „erklärten Besitzwillen“ die Absicht, „sich wie ein Eigentümer“ faktisch zu verhalten gar nicht hervorzutreten braucht, vielmehr in der Regel schon jedes erklärte „Haben-Wollen“ als der Ausdruck des Willens, „für sich“ zu haben, betrachtet wird[1]). Die ψυχὴ δεσπόζοντος des THEOPHILUS ist weder gut noch schlecht, da, wie die Erfahrung lehrt, man mit dieser

1) Bekanntlich kommt der Ausdruck „animus domini“ in unseren Quellen nicht vor. Es unterliegt jedoch keinem Zweifel, dafs er für die Römer keine andere Bedeutung haben könnte, als „Überzeugung, dafs man Eigentümer ist“, ähnlich wie „opinio“, „cogitatio“, „intentio domini“ in den Stellen l. 22 § 1 D. de nox. act. 9, 4; l. 2 pr. D. pro empt. 41, 4; c. 21 § 3 C. de furt. 6, 2; c. 24 C. de r. v. 3, 32; c. 4 C. de usuc. pro her. 7, 29.

Bezeichnung jeden Sinn verbindet, den man gerade haben will. Der Ausdruck ist eben für uns kein genügend bezeichnender, geradeso wie die Ausdrücke, deren sich die römischen Quellen bedienen.

Man könnte von einem „animus domini" noch in einem anderen Sinne, als es die herrschende Lehre thut, sprechen, indem man darunter den inneren Willen verstünde, den der Eigentümer gewöhnlich hat. Natürlich bezöge sich dies nur auf den Eigentümer, der wirklich die Sache in seinem ökonomischen Dienste hat, bez. sie in denselben bringt. IHERING hat sich über das Wesen des zum Besitzverhältnis gehörenden animus possidendi nicht ausgesprochen; es scheint jedoch, daſs gerade diese letztere Formulierung des Besitzwillens als inneren Vorganges seiner Besitztheorie entsprechen würde[1]. Wir können sie nicht akzeptieren aus denselben Gründen, aus welchen wir der IHERINGschen Besitztheorie überhaupt nicht vollkommen zuzustimmen vermögen. Der Wille, den der Eigentümer gewöhnlich hat, enthält allerdings das Wollen des wirtschaftlichen Konnexes mit der Sache. Diese Willensrichtung jedoch findet sich bei dem dominus nur, weil und insofern er Besitzer sein will. Der Besitzwille muſs also unabhängig davon bestimmt werden. Eigentlich wäre dieser animus domini nur eine Spezies des Besitzwillens und keineswegs identisch mit dem inneren Willen des Besitzers, der nicht Eigentümer ist, geradeso wie das „corpus" des Diebes mit dem corpus des besitzenden Eigentümers nicht vollständig identisch ist, obwohl im Begriff dasselbe Ding[2].

Zwischen unserer Auffassung des inneren Besitzwillens und derjenigen der herrschenden Lehre besteht, wie bereits hervorgehoben worden ist, der Unterschied nicht nur in der

1) Vgl. Grund des Besitzschutzes S. 191.

2) S. oben Bd. 1 S. 165 fg.

Formulierung des Begriffs, sondern auch in betreff der praktischen Konsequenzen, die aus der Begriffsbestimmung gezogen werden, besonders hinsichtlich der wichtigen Fragen, welche Rolle die Kenntnis davon, daſs man die Sache innehat, im Besitzverhältnis spielt und inwiefern der Besitzwille in Bezug auf den Gegenstand präzisiert werden muſs.

Was die erste Frage anbelangt, so wird der Grundsatz, daſs das Bewuſstsein eine unentbehrliche Voraussetzung des Willens ist, allgemein als ein vollkommen sicheres Dogma hingestellt[1]. Dies mag vorzüglich darin seinen Grund haben, daſs man sich den inneren Besitzwillen, obwohl auch von SAVIGNY[2] bestimmt hervorgehoben wird, daſs er eigentlich nur ein Willensentschluſs ist, doch meistentheils vorstellt als einen dauernden psychischen Zustand, als ein Begehren, welches zwar nicht ununterbrochen besteht, aber doch gewissermaſsen während der Dauer des Besitzes fortwährend das Innere des Besitzers beherrscht, so daſs dessen Entstehen in jedem Augenblick als möglich gedacht wird. Im Momente der Besitzergreifung, denkt man sich, müsse dieser psychische Zustand notwendigerweise existieren. Nun ist der Inhalt dieses Wollens das gegenwärtige Haben der Sache, und daraus erklärt es sich, daſs man als Voraussetzung eines derartigen Zustands des Wollens verlangt, daſs sich der Besitzerwerber seine Macht als eine bereits existierende vorstelle. Wir geben zu, daſs in der Seele eines jeden, der den Willens-

1) Und zwar nicht nur von den Juristen, die den Besitzwillen als animus domini formulieren, sondern auch von jenen, die in ihm nur ein Für-sich-Haben-Wollen sehen. Eine Ausnahme machen selbstverständlich diejenigen, oben (S. 168 N. 1) zitierten neueren Schriftsteller, die die Möglichkeit des Besitzerwerbs ohne Willensakt behaupten. Gegen das übermäſsige Betonen des Erfordernisses des „Bewuſstseins“ im Besitzverhältnisse vgl. auch LEONHARD: Krit. Viertelj. Bd. 23 S. 340 fg.

2) S. bes. § 32 S. 354 fg.

entschlufs gefafst hat, eine Sache zu besitzen, ein derartiger psychischer Zustand des Begehrens sich oft vorfinden wird. Dagegen erfordert, wie bereits ausgeführt wurde, der Begriff des Willens das Bestehen jenes Begehrens gerade im Momente der Entstehung des Besitzkorpus keineswegs. Es ist nicht zu bezweifeln, dafs auch zum Besitzwillen wie zu einem jeden Wollen ein Moment des Wissens notwendigerweise gehört. Dafs jedoch dieses Moment ein eigentliches Bewufstsein sein müfste, dies mufs in Abrede gestellt werden.

Der eigentliche Sinn jenes allgemein gelehrten Grundsatzes, dafs ein Bewufstsein die Voraussetzung des Besitzwillens ist, scheint uns ziemlich unklar zu sein. Mit dem Worte „Bewufstsein" operiert man nämlich zwar recht viel in der Besitzlehre, jedoch meistentheils, ohne dafs man sich dessen vollständig bewufst wäre, dass man denselben Ausdruck manchmal zur Bezeichnung sehr verschiedener Dinge gebraucht. Im allgemeinen handelt es sich hier um Urtheile, welche wir uns in unserem Inneren bilden über das Sein oder Nichtsein gewisser Dinge. Insbesondere kann man in Bezug auf unsere Frage folgende Anwendungen des Wortes „Bewufstsein" bei unseren Schriftstellern bemerken:

1) „Bewufstsein", dafs etwas Thatsächliches mit der Sache geschehen ist; dafs eine Änderung in der Lage der Sache eingetreten ist;

2) „Bewufstsein", dafs wir die faktische Möglichkeit, beliebig auf die Sache einzuwirken, erlangt haben;

3) „Bewufstsein", dafs wir wirkliche Besitzer geworden sind.

Nun wird dies, was hier in allen diesen Fällen gleichmäfsig Bewufstsein genannt wird, keineswegs immer ein wirkliches Wissen sein. Ja es kann eigentlich ein wirkliches Wissen nur im Falle Nr. 1 vorliegen. In den Fällen Nr. 2

und 3 haben wir es stets nur mit einer subjektiven Meinung zu thun, die möglicherweise die Intensität einer Überzeugung erlangt, nie jedoch ein Wissen ist. Unsere Ansicht geht dahin, daſs wir ein „Bewuſstsein", und zwar in allen diesen drei Bedeutungen, die man mit diesem Worte verbindet, nicht für eine unerläſsliche Bedingung des Besitzerwerbs erachten. Ein Besitz ist möglich ohne erlangte Kenntnis von dem mit der Besitzergreifung eintretenden faktischen Vorgange und, wie sich später zeigen wird, ohne Überzeugung davon, daſs ein entsprechendes Verhältnis zur Sache begründet worden ist und daſs dieses Verhältnis nach den Bestimmungen des Rechts ein Besitzverhältnis ist.

Manche Schriftsteller legen dem Momente des Bewuſstseins eine so wichtige Bedeutung bei, daſs sie geradezu den Begriff des Besitzes selbst als das Bewuſstsein der faktischen Herrschaft definieren. Hierher gehören namentlich Meischeider[1]), Sohm[2]), Büchel[3]) und auch Savigny, wenn ihm dies gerade paſst[4]). Wir halten diese Definition des Besitzes für die unglücklichste, die überhaupt aufgestellt worden ist. Ein wirkliches Bewuſstsein von der faktischen Macht wird wohl ein Besitzer nie haben; ja es ist höchst zweifelhaft, ob überhaupt ein derartiges Bewuſstsein möglich ist. Was hier Bewuſstsein genannt wird, kann nur die subjektive Meinung des Besitzers sein. Nun ist einerseits nicht erforderlich, daſs der Besitzer sich für den Inhaber der faktischen Macht halte, andererseits wieder reicht diese Meinung keineswegs aus, ihm den Besitz zu verleihen, wenn sie auf unrichtigen Voraussetzungen beruht[5]). Es ist also ein wahrer lucus

1) Besitz u. Besitzschutz S. 127.
2) Ztschr. f. Handelsr. Bd. 17 S. 24.
3) Natur des Besitzes S. 10.
4) S. bes. § 18 S. 238.
5) S. auch Randa § 22 N. 34.

a non lucendo, wenn man den Besitz ein Bewufstsein nennt. Die höchst bedenkliche Idee, das Besitzverhältnis von der subjektiven Überzeugung der Person abhängig zu machen, ist glücklicherweise dem römischen Rechte vollständig fremd. Es ist jedoch den Schriftstellern, die den Besitz als Bewufstsein definieren, gar nicht ernstlich darum zu thun, nur das subjektive Wissen oder Meinen der Person über das Bestehen des Besitzes entscheiden zu lassen. Der Ausdruck „Bewufstsein", weil demselben in dieser Anwendung kein konkreter Begriff entspricht, ist ihnen nur ein bequemes Wort, das nach dem berühmten Ausspruche des Dichters „zur rechten Zeit sich einstellt, wo die Begriffe fehlen". So wird doch in der Regel das Bestehen eines wirklichen corpus zum Besitz verlangt, obwohl eine subjektive Überzeugung auch ohne corpus möglich ist. Wo dagegen dieses corpus nicht sichtbar ist, da wird das Bestehen des Besitzes durch das Fortdauern des blofsen Bewufstseins erklärt. Die Seele des Besitzers wird hier zu einer reinen Puppe; man läfst sie etwas wissen oder nichtwissen nach reiner Willkür, je nachdem man das Bestehen des Besitzes behauptet oder dasselbe leugnet.

Von den anderen Schriftstellern hebt namentlich Kierulff [1]) das Moment des Bewufstseins mit besonderer Energie hervor. Lenz, der wie überhaupt, so auch hier, die Lehren Kierulffs übertreibt, erklärt sogar das „Wissen" und das „Wollen" für identisch [2]). Wenn man einen so auffallenden Satz lehrt und, von demselben ausgehend, alle Fragen der

---

1) Zivilrecht S. 373.

2) Recht des Besitzes S. 116; s. auch S. 98 fg. u. 168. S. dagegen selbst Randa § 12 N. 1 u. N. 8. Ein ähnliches Überschätzen des Momentes des Wissens, wie bei Kierulff u. Lenz, läfst sich auch bemerken bei Liebe: Besitz als R. in thesi S. 13 fg. S. darüber oben Bd. 1 S. 18 fg.

Besitzlehre lösen zu können vermeint, da müſste man, da doch die Begriffe Wille und Wissen vor allem in das Gebiet der Psychologie gehören, jedenfalls auch diese Lehre über die Richtigkeit dieses Grundsatzes befragen. Und da würde sich Lenz leicht überzeugen können, daſs sein Besitzwille, welcher mit dem „Wissen" identisch sein soll und nicht nur innere Prädisposition, sondern auch äuſsere Macht ist, ein ganz unhaltbarer Begriff ist. Mit diesem animus, der ein Wollen und Können, ein innerer Zustand und eine äuſsere Macht zugleich ist, hat es eine ähnliche Bewandtnis wie mit dem Bewuſstsein der faktischen Herrschaft. Ganz nach Belieben wird in concreto entweder das Wissen und Wollen oder aber das äuſsere Können besonders betont und das andere Moment auſser acht gelassen. Auf diese Weise werden alle Geheimnisse der Besitzlehre erschlossen; jeder Besitzerwerb bez. -Verlust erscheint sofort als höchst natürlich und konsequent.

Auch von anderen Schriftstellern, die nicht mehr zu den Fanatikern des „Bewuſstseins" gehören, wird auf das Moment des Wissens ein viel zu groſses Gewicht gelegt. So sagt uns namentlich Randa [1]: „Das Bewuſstsein von dem Machtverhältnisse zur Sache ist in dem Willen, dieselbe zu eigen zu haben, jederzeit enthalten; Wille ohne Bewuſstsein giebt es nicht. Der Wille begreift das Wissen als immanenten Bestandtheil."

Wenn man dies liest, so könnte man glauben, es handle sich hier um ein ganz unbezweifelbares psychologisches Dogma. Und doch ist der Satz, daſs das Wissen ein „Bestandtheil" des Willens ist, schon an sich unklar und so zweifelhaft wie nur irgend etwas. Um beanspruchen zu können, daſs man an diesen Satz glaube, müſste ein Beweis seiner Richtigkeit

1) Besitz § 12 i. A.

erbracht werden. Davon findet sich jedoch bei RANDA keine Spur. Vor allem müſste wenigstens gesagt werden, was man unter Willen und was unter Bewuſstsein versteht. Bekanntlich ist der Begriff des Bewuſstseins ein sehr zweifelhafter, und da es neben dem psychologischen Begriff des Bewuſstseins kein besonderes „juristisches" Bewuſstsein giebt, so müſste doch genauer angegeben werden, inwiefern das Wissen präzis sein und worauf es sich beziehen soll. Geschieht dies nicht, dann sind „Bewuſstsein" und „Wollen" bloſse Worte und keine Begriffe. Es ist auch nicht schwer, sich davon aus zahlreichen, aus dem Leben genommenen praktischen Fällen zu überzeugen, daſs man damit nicht auskommt, wenn man nur einfach „Bewuſstsein" verlangt. Man wolle nur die von BEKKER[1]) aus Anlaſs der Besprechung der l. 18 § 2 h. t. und l. 55 de a. r. d. erhobenen Bedenken und Zweifel gehörig würdigen. Wir sind fest davon überzeugt, daſs, wenn man es mit dem Erfordernisse des Bewuſstseins streng nehmen wollte, man überhaupt den Besitzerwerb in Abwesenheit der Sache notwendig leugnen müſste. Denn selbst wenn es möglich wäre, was wir bestreiten, in die Besitzerwerbsfälle l. 55 de adq. r. d. und l. 18 § 2 h. t. das Erfordernis der erlangten Kenntnis hineinzulegen, so involviert doch diese Kenntnis in den meisten Fällen noch lange nicht ein eigentliches Bewuſstsein. Regelmäſsig kann nur eine sinnliche Wahrnehmung ein wirkliches Wissen erzeugen. Wenn man uns aber sagt, irgend etwas sei eingetreten, dann erzeugt dies in unserem Inneren manchmal den Glauben, im besten Falle die Überzeugung, daſs das Gesagte auch wirklich wahr ist, aber noch kein Wissen. Und dieser Glaube, diese Überzeugung können sehr oft in demselben, ja in einem höheren Maſse vorhanden

1) Recht des Besitzes S. 185 fg.

sein, auch ohne dafs uns darüber ein Bericht erstattet werden müfste, dafs die Thatsache, um die es sich handelt, wirklich eingetreten ist.

Man nehme z. B. folgende zwei Fälle:

a) Ich habe dem Verkäufer den Auftrag ertheilt, die gekaufte Sache während meiner Abwesenheit in meine Wohnung zu bringen, und obwohl ich keine Kenntnis davon erhalten habe, dafs dies wirklich eingetreten sei, habe ich doch einen genügenden Grund, es als bereits geschehen anzunehmen.

b) Rücksichtlich einer anderen Sache wird es mir gemeldet, dafs sie in mein Haus gebracht worden sei, diese Meldung scheint mir jedoch nicht vollständig glaubwürdig zu sein.

In Bezug auf welche von diesen beiden Sachen liegt ein Bewufstsein der erlangten faktischen Macht auf meiner Seite vor? Wir glauben, ein wirkliches Bewufstsein sei hier wie dort zu leugnen. Was man Bewufstsein nennt, ist hier nur eine Überzeugung, welche offenbar gerade im ersteren Falle in einem höheren Mafse vorhanden sein wird, als im zweiten. Man müfste also doch wenigstens zugeben, dafs im ersten Falle der Besitzwille auch ohne erlangte Kenntnis gefafst werden könnte, wenn sich nur auf seiten des Erwerbers das Vorhandensein einer genügenden Überzeugung annehmen liefse. Warum aber dann der Entschlufs erst nach dem Eintreten der Thatsache, durch welche die Sache in unsere Detention kommt, gefafst werden müfste und dies nicht im voraus unter der Voraussetzung, dafs diese Thatsache erfolgen wird, geschehen könnte, ist einfach unbegreiflich. Dafs in allen solchen Fällen, wo wir selbst das Bringen der Sache in unsere Detention veranlafst haben, wo also unser Entschlufs, die Sache in der Zukunft für uns zu haben, feststeht, ein abermaliges Fassen und Erklären des Besitzwillens nach einer gewissen Zeit, als wir bereits wissen oder doch glauben, der Erfolg sei bereits eingetreten, nichts als eine sinnlose Formalität wäre, leuchtet ein. Es müfsten wichtige Zeugnisse vorliegen, damit wir uns entschlössen, einen derartigen lächerlichen Pedantismus als Rechtssatz gelten zu lassen. Indessen sprechen die Quellen entschieden dagegen, und man verlangt die Kenntnis von dem Erfolge der Apprehensionsthätigkeit nur deswegen, weil man unrichtigerweise dies für eine Bedingung des Willens betrachtet.

Die zweite wichtige Differenz, welche zwischen unserer Ansicht und dem, was allgemein gelehrt wird, besteht, betrifft die Frage, ob sich der Besitzwille auf eine individuell bestimmte Sache beziehen müsse. Dies wird stets bejaht, ja es wird selbst die Notwendigkeit eines auf eine individuell bestimmte Sache gerichteten Willens als etwas so sehr Selbstverständliches [1]) angesehen, dafs man eigentlich die betreffende Frage gar nicht aufwirft. Aber mag dieser Satz sich scheinbar als eine notwendige Konsequenz des Begriffs des Willens darstellen, so lehrt doch die Beobachtung des Verkehrslebens, dafs er unwahr ist. Denn bei wie vielen Sachen kommt es nicht vor, dafs wir sie erwerben, benützen, gebrauchen, veräufsern und tradieren, ohne sie gesehen zu haben und ohne sie zu kennen? Kennen wir denn alle Getreidegarben, die auf unserem Felde stehen? und doch haben wir an denselben den Besitz erworben, wenn nur der Arbeiter mit unserem Willen das Getreide abgemäht und in Garben aufgestellt hat, obwohl offenbar der Arbeiter nicht unser Stellvertreter im Besitzerwerb ist. Kennt ein Grofshändler alle

---

1) Natürlich gilt dies von jenen, oben S. 168 N. 1, zitierten Schriftstellern nicht, die die Möglichkeit des Besitzerwerbs ohne Willensakt annehmen.

Waren, die in seinen Magazinen lagern? sicherlich nicht. Und wie geht denn hier der Besitzerwerb regelmäſsig von statten? Eine groſse Anzahl von Gegenständen wird durch Lohndiener oder auch durch die Diener des Verkäufers, also zweifellos durch keine Stellvertreter des Käufers, in das Magazin gebracht, worauf dann die Schlüssel etwa einem Diener des Kaufmanns ausgehändigt werden. Man könnte geneigt sein, diesen Diener als den Stellvertreter des Käufers anzusehen; möglicherweise kennt jedoch derselbe diese Gegenstände ebensowenig wie der Kaufmann selbst. Vielleicht war gerade ein anderer Diener bei der Ablieferung zugegen. Dennoch steht es fest, daſs man für den Kaufmann um jeden Preis den Besitz und das Eigentum mit der geschehenen Ablieferung entstehen lassen muſs, will man nicht einfach das ganze Institut der Tradition verdammen. Man wird sich also mit einem solchen Willen begnügen müssen, wie man ihn im praktischen Verkehrsleben bei einem jeden Apprehendenten voraussetzen kann, will man nicht zugeben, daſs dies, was alltäglich im Leben geschieht und geschehen muſs, den Bestimmungen des Rechts Hohn spricht. Durch die konsequente Durchführung der herrschenden Auffassung käme man dazu, zahlreiche Objekte, obwohl sie vollkommen ordnungsmäſsig gebraucht und benützt werden, für besitzlos zu erklären, ja selbst für res nullius, da doch die Entstehung des Eigentums oft von der Begründung des Besitzes abhängt.

Die Willensrichtung, welche der üblichen Auffassung des animus possidendi entspricht, ist ganz anders beschaffen als der Aneignungswille im praktischen Leben. Unseres Dafürhaltens müſste man eigentlich, da man ein bestimmtes Bewuſstsein zur Entstehung des Willens verlangt, den Besitzerwerb nur an Sachen annehmen, die man entweder bei der Apprehension sinnlich wahrnimmt, oder die man sonst ganz genau als individuell bestimmte Dinge kennt[1]). Indessen wird regelmäſsig mit Rücksicht auf die Quellenentscheidungen l. 18 § 2 h. t. und l. 55 de adq. r. d., welche die oben angegebene Beschränkung nicht zulassen, ein Besitzerwerb ohne genaues Kennen des Gegenstandes anerkannt. Worin besteht denn in allen derartigen Fällen das Bewuſstsein, welches die Grundlage des animus possidendi bilden soll? Offenbar darin: Der Erwerber muſs wissen, an welchem Orte die Sache sich befindet; ferner muſs er wissen, daſs es ihm möglich ist, auf sie beliebig einzuwirken, und endlich genau die Zahl der Gegenstände kennen. Dagegen ist eine Vorstellung von der Beschaffenheit der Sache keineswegs stets unentbehrlich, denn das Bewuſstsein der faktischen Herrschaft wird, wenigstens in vielen Fällen, von den Eigenschaften des Objekts nicht abhangen. Sieht man denn nicht ein, daſs die Willensrichtung, welche man hier dem Besitzer zumutet, nicht nur unnatürlich, sondern geradezu etwas Lächerliches ist?

Z. B. es meldet mir jemand, es haben sich in die von mir aufgestellten Netze Vögel gefangen, die Zahl der Tiere könne er jedoch nicht angeben. Hier ist man ratlos, und man müſste eigentlich die Möglichkeit, den Besitzwillen zu konstruieren, leugnen. Weiſs man dagegen, daſs Sachen, von deren Beschaffenheit man nicht die leiseste Vorstellung hat und nur deren Zahl genau kennt, in eine Lage gebracht sind, die auf alle Fälle die Möglichkeit der Einwirkung sichert, dann verhält es sich ganz anders. Man faſst gemütlich den Besitzwillen separat in Bezug auf jedes einzelne Ding und erwirbt den Besitz sofort, gleichviel ob jede „einzelne Sache“ eine Stecknadel ist oder ein Ochse.

Was nun den Inhalt unserer Quellen anbelangt, so sind

---

1) So konsequent Lenz, bes. S. 274.

die einzelnen Quellenaussprüche, welche unseres Erachtens die Möglichkeit des Besitzerwerbs ohne ein eigentliches Bewufstsein und ohne genaue Bestimmtheit rücksichtlich des Gegenstandes beweisen, bereits besprochen worden. Hier sei nur noch auf einen Umstand aufmerksam gemacht, der ganz entschieden gegen die herrschende Lehre spricht. Es wird allgemein anerkannt, dafs nach römischem Recht die Fortdauer des Besitzes und der Besitzerwerb durch Stellvertreter keine „scientia“ erheischen, wie auch, dafs hier die Willensrichtung in Bezug auf den Gegenstand des Besitzes jedenfalls einen geringeren Grad der Präzision erfordert, als man dies für die gewöhnliche Apprehension verlangt. Und doch wird in den Quellen in beiden Fällen von einem animus[1]) des Besitzers gesprochen. Dies beweist nun allenfalls, dafs doch etwas, was nach der Ansicht der römischen Juristen „animus“ genannt zu werden verdient, auch ohne Bewufstsein und ohne bestimmtes Kennen des Objektes möglich ist. Dies sollte an sich hinreichend sein, um dem allgemeinen Argumentieren a priori aus dem Begriffe des „Willens“ den Boden zu entziehen.

Es erübrigt noch, darzulegen, dafs diejenigen Stellen, welche man für die gegentheilige Ansicht anführt, mit unserer Auffassung nicht im Widerspruch stehen. Das für das Erfordernis des Bewufstseins und für die Unentbehrlichkeit der Willensrichtung auf ein bestimmtes Objekt sprechende Quellenmaterial ist nicht überzeugend. Das wichtigste Argument ist noch wohl der Umstand, dafs die „ignorantia“, nach den Aussprüchen der Quellen[2]), nur beim Besitzerwerb durch

1) Paulus: R. S. V 2 § 1; l. 3 § 12 D. h. t.

2) § 5 J. per quas pers. 2, 9; l. 13 D. de a. r. d. 41, 1 (Neratius); l. 34 § 1 D. h. t. (Ulpian); l. 49 § 2 D. eod. (Papinian); l. 47 D. de usurp. 41, 3 (Paulus); c. 1 C. h. t. (Severus et Antoninus); s. auch l. 14 § 17 D. de furt. 47, 2 (Ulpian).

dritte nicht schaden solle, woraus der Schlufs auf die Notwendigkeit der „scientia“ beim regelmäfsigen Besitzerwerb gezogen wird. Jedoch was ist die „ignorantia“? Kann man von jemandem, der eine, wenn auch nicht genau bestimmte Vorstellung von dem Gegenstande hat, der das bei der Apprehension erfolgte thatsächliche Geschehen veranlafst hat und es voraussah, dafs die Sache in seine Detention kommen wird, sagen, dafs er ein ignorans sei? Dies ist bei der Unbestimmtheit des Wortes ignorantia zum mindesten zweifelhaft[1]). Dafs von der ignorantia nur beim Besitzerwerb durch dritte die Rede ist, hat seinen guten Grund darin, dafs dort der Besitzerwerb ohne eigentliches „Wissen“ oft, während er in den Fällen des Erwerbs in eigener Person nur ausnahmsweise vorkommt, vorzüglich aber, weil das Moment des Wissens dort eine viel geringere Rolle spielt, als hier. Dies ersieht man besonders aus l. 44 § 1 D. h. t. (Papinian), l. 1 § 5 und l. 3 § 12 D. eod. (Paulus)[2]), welche zu einem jeden Besitzerwerbe, mit Ausnahme des Pekuliarerwerbs durch Gewaltunterworfene, also selbst zum Besitzerwerbe durch einen procurator, eine wirkliche scientia zu erfordern scheinen, obwohl doch anzunehmen ist, dafs Papinian und Paulus den

1) Dafür, dafs nach der Auffassung der römischen Juristen auch dort, wo es sich um Dispositionen über „bestimmte Sachen“ handelt, ein „scire“ möglich ist auch ohne Vorstellung von einzelnen Gegenständen, möge an diesem Orte ein einziges, aber überaus lehrreiches Beispiel angeführt werden. In Bezug auf die Bestellung des peculium sagt Ulpian in l. 7 § 2 D. de pecul. 15, 1: Scire autem non utique singulas res debet, sed παχυμερέστερον („magis in universum“ übersetzt Mommsen), et in hanc sententiam Pomponius inclinat. Die Stelle empfehlen wir jenen zur Beherzigung, die das „scire“ der römischen Juristen stets durch das Bewufstsein, so wie dieser Begriff von der modernen Philosophie aufgefafst wird, wiedergeben.

2) S. auch l. 24 D. h. t. (Javolenus); l. 31 § 3 D. de usurp. 41, 3 (Paulus recte Pomponius) u. l. 7 § 8 D. pro empt. 41, 4 (Julianus).

Satz „per procuratorem, ignoranti possessio adquiritur“, anerkennen. Durch den Gegensatz zwischen scientia und ignorantia soll hier offenbar nur angedeutet werden, daſs die ignorantia in einem höheren Maſse im Falle des Pekuliarerwerbs vorkommen könne, als in anderen Besitzerwerbsfällen. Nur diesen Sinn kann auch die Betonung der ignorantia beim Besitzerwerb durch dritte im Verhältnis zur Besitzergreifung ohne Stellvertretung haben. Nur zum Usukapionsbesitze scheinen die Quellen, abgesehen von den Fällen des Pekuliarerwerbs, allen Ernstes eine scientia zu erfordern, und zwar ohne Rücksicht darauf, ob der Besitz in eigener Person oder durch einen Prokurator erworben wird[1]. Jedoch, wenn es selbst feststünde, daſs hier ein wirkliches Bewuſstsein unentbehrlich sei, so bewiese dies natürlich für den Besitz an sich nichts, denn es ist klar, daſs man hier eine scientia nicht als Bedingung des animus possidendi, sondern als Voraussetzung der bona fides verlangt.

Daſs in der l. 3 § 3 D. h. t. und ähnlich in l. 15 D. ad exhib. 10, 4 ein non scire[2] als Ursache des Nicht-Besitzens angegeben wird, darf uns gar nicht verwunderlich erscheinen. Dieses vollständige Nichtwissen, von welchem hier die Rede ist, ist etwas von der ignorantia, welche wir

---

1) S. von den zitierten Stellen bes. c. 1 C. h. t.; l. 49 § 2 D. h. t.; l. 47 D. de usurp. u. auſserdem noch l. 8 D. de usurp. 41, 3; l. 2 § 11 D. pro empt. 41, 4; l. 29 D. de captiv. 49, 15 (Paulus). Aus der Institutionenstelle würde man freilich das Gegentheil schlieſsen können, § 5 J. per quas pers. cit.

2) Mit Unrecht beruft sich Lenz (S. 116) auch darauf, daſs die römischen Quellen statt „animus“ manchmal Ausdrücke wie mens, cogitatio u. a. gebrauchen. Daraus folgt sicherlich nichts mehr, als nur, daſs es zum „Wollen“ einer gewissen Vorstellung von dem Gewollten bedarf, was natürlich auch wir nicht bestreiten.

als den Besitz noch nicht ausschliefsend ansehen, vollkommen Verschiedenes.

Nur rücksichtlich eines Objektes verlangt das römische Recht als Voraussetzung des Besitzerwerbs ganz ausdrücklich, dafs die Sache für das Bewufstsein des Erwerbers eine „res certa" sei, namentlich rücksichtlich eines ideellen Theils einer Sache. Dieser ideelle Theil mufs eine certa pars sein; der Besitzer mufs wissen, quota pars der gemeinschaftlichen Sache von ihm besessen wird. Jedoch offenbar beweist dies gegen uns nichts. Jede Besitzergreifung setzt nämlich eine genaue Bestimmung, Individualisierung des Objektes voraus. Nun ist ein unbestimmter ideeller Theil der Sache ein Ding, welches nach der Auffassung des römischen Rechts überhaupt kein Gegenstand von Rechtsverhältnissen sein kann, gerade so wie z. B. der Bestandtheil einer Sache. Die Individualisierung des Besitzobjektes besteht hier nur in der Feststellung, um was für einen ideellen Theil der Sache es sich handelt. Da diese Feststellung begreiflicherweise nicht durch irgend einen äufseren Erfolg unseres Handelns, der lediglich jenen ideellen Theil der Sache treffen würde, hervorgebracht werden kann, sondern nur durch unsere Äufserung, so ist es natürlich, dafs die Individualisierung mit der präzisen Vorstellung von der certa pars verbunden sein wird[1]).

1) Dadurch erklären wir uns die bekannten Stellen l. 26 D. h. t. Pomponius: Locus certus ex fundo et possideri et per longam possessionem capi potest et certa pars pro indiviso, quae introducitur vel ex emptione vel ex donatione vel qualibet alia ex causa. Incerta autem pars nec tradi nec capi potest, veluti si ita tibi tradam: „quidquid mei iuris infundo est" . . . l. 3 § 2 D. eod. Paulus: Incertam partem rei possidere nemo potest, veluti si hac mente sis, ut quidquid Titius possidet, tu quoque velis possidere; l. 32 § 2 D. de usurp. 41, 3 Pomponius: Incertam partem possidere nemo potest : ideo si plures sint in fundo, qui ignorent, quotam quisque partem possideat, neminem eorum mera subtilitate possidere

Der ziemlich allgemein lautende Schlufssatz der l. 26 h. t. (POMPONIUS): qui ignorat nec tradere nec usucapere id, quod incertum est potest, bezieht sich in erster Linie nur auf den Fall des Besitzes an ideellen Theilen eines Grundstücks.

LABEO scribit. Aus der letzten Stelle ist zu ersehen, dafs die Römer die genaue Vorstellung von der quota pars beim feststehenden Mitbesitz nicht verlangen. Dies geschieht wohl deswegen, weil die Individualisierung der Sachantheile der Mitbesitzer auch ohne diese Vorstellung möglich ist (etwa durch Annahme, dafs sie zu gleichen Theilen besitzen) und andererseits unter Umständen die praktische Seite des Habens eine sofortige Individualisierung der Antheile nicht erheischt. Dafs die „mera suptilitas“ eine Mifsbilligung bedeute der zwar scharfsinnigen, aber sehr unpraktischen Ansicht, welche für den vorliegenden Fall den Besitz leugnen würde, davon sind wir fest überzeugt. Dafs der Ausspruch, ein Grundsatz sei lediglich Ausflufs der suptilitas, welcher Begriff in den Quellen meistens als ein Gegensatz des Praktischen, des bonum und aequum betrachtet wird (vgl. beispielsweise die in HEUMANNS Lexikon s. v. Suptilitas angeführten Stellen), kein Lob im Munde des römischen Juristen ist, bedarf nach unserer Ansicht keines Beweises. Zweifelhaft ist uns nur, ob es POMPONIUS ist, der die Ansicht LABEOS als mera suptilitas tadelt, oder ob schon LABEO den Nichterwerb des Besitzes als zu „subtil“ bezeichnet. Das erstere ist wahrscheinlicher, denn das „neminem eorum possidere“ lautet ganz bestimmt, demnach als etwas, was man für richtig hält. Auch würde uns diese Ansicht bei LABEO, dem eigentlichen Begründer der Lehre vom Besitzwillen, dem Vorgänger der Prokulianer, die ja überhaupt das Willensmoment im Besitzverhältnisse überschätzten, nicht sehr verwundern. Sehr möglich ist es indessen auch, dafs die Ansicht LABEOS in der Stelle ungenau zitiert wird, was natürlich auch Schuld der Kompilatoren sein kann. — Von manchen neueren Schriftstellern wird die Entscheidung LABEOS als notwendige Konsequenz des Besitzbegriffs gepriesen. (So u. a. auch KINDEL: Besitzr. S. 344.) Dies beweist nur, wie unpraktisch man das Besitzverhältnis begreift. Vgl. über die verschiedenen Erklärungen der Stelle WINDSCHEID: Pandekten 6. Aufl. Bd. 1 § 152 N. 12 u. die dort Zitierten; RANDA: Besitz § 17 N. 7; bes. noch DUTZ: Sind Besitzinterdikte unter Mitbesitzern zulässig? Jen. Inaug.-Diss. S. 11 fg. u. STEINLECHNER: Wesen der iuris communio Bd. 2 S. 16 fg. S. auch DERNBURG: Pandekten § 169 N. 11.

Will man in demselben eine allgemeine Regel sehen, dann mufs man unter „incertum“ eine gänzliche Unbestimmtheit verstehen. Dies ergiebt sich schon daraus, dafs in der Stelle auch von einem tradere gesprochen wird und eine Traditionserklärung rücksichtlich des Gegenstands doch sicherlich nicht vollkommen bestimmt zu sein braucht. Demnach ist der „locus certus“ der Stelle nicht notwendig ein Grundstück, dessen Grenzen der Besitzer ganz genau kennt. Die l. 48 D. de a. e. v. 19, 1 (Scaevola) beweist ja, dafs eine Tradition, bei welcher der Gegenstand in ähnlicher Weise als „quidquid juris“ bezeichnet wird, vollkommen statthaft ist, wenn sich dies nicht auf einen Antheil, sondern auf einen existierenden fundus Sempronianus bezieht.

Von dem ganzen Quellenmaterial, das man für das Dogma der Notwendigkeit des Bewufstseins etwa anführen könnte, bliebe nur noch der Ausspruch der l. 76 de r. j. 50, 17 (Papinian): In totum omnia, quae animi destinatione agenda sunt, non nisi vera et certa scientia perfici possunt. Dafs aber auf derartige in den römischen Rechtsquellen oft vorkommende allgemein lautende Aussprüche kein grofses Gewicht zu legen ist und es verfehlt wäre, für dieselben eine praktische Bedeutung zu vindizieren, ist zur Genüge bekannt[1]).

---

1) S. auch Leonhard: Krit. Viertelj. Bd. 23 S. 340.

III. Der erklärte Besitzwille als Thatbestandsmoment des Besitzerwerbsaktes.

Der Unterschied zwischen animus sibi possidendi und animus alieno nomine possidendi besteht nur im äufseren Willensausdruck.

§ 9.

Wiederholt bereits ist von uns die Bemerkung gemacht worden, dafs nach römischem Recht nur der erklärte Besitzwille Thatbestandsmoment des Besitzerwerbs ist und dafs dabei die Wahrscheinlichkeit des Willens genügt, mithin das Vorhandensein des bewufsten inneren Vorhabens, die Sache für sich zu haben, nicht unbedingt erforderlich ist. Nun wollen wir es unternehmen, den näheren Nachweis dieser Behauptung zu liefern. Einen hinlänglichen Beweis glauben wir schon dadurch erbringen zu können, dafs wir auf manche Fälle aufmerksam machen, in denen das innere Vorhaben, welches der juristische Besitzer hat, sich in keiner Hinsicht wesentlich von dem inneren Willen eines Inhabers in fremdem Namen unterscheidet. Giebt es Fälle, wo der innere Wille des Besitzers und derjenige des Detentors identisch sind, dann ist es klar, dafs der Unterschied zwischen den Thatbeständen des Besitzerwerbs in eigenem und in fremdem Namen nicht in der Verschiedenheit der rein inneren Absichten, sondern nur in der Verschiedenheit der äufseren Manifestationen derselben bestehen kann. Natürlich sind die Fälle, welche wir hier im Sinne haben, nur als Ausnahmen zu betrachten. In der Regel ist allerdings auch der innere Wille des juristischen Besitzers von dem Vorhaben eines Detentors verschieden; ja wäre dies nicht der Fall, dann könnte überhaupt auch von der Möglichkeit eines Unterschiedes zwischen den entsprechenden Willenserklärungen keine Rede sein.

Worin bestehen denn die charakteristischen Merkmale des inneren Willens, den der Besitzer gewöhnlich hat, und wodurch unterscheidet sich dieser Wille von dem animus eines Detentors? Wir haben den inneren animus possidendi bezeichnet als das Wollen, die Sache ohne Beschränkung auf einzelne wirtschaftliche Funktionen in unserem Dienste zu haben. In erster Linie richtet sich diese Absicht darauf, die Sache in einem gewissen nahen Verhältnisse zu uns zu erhalten, welches eine notwendige Voraussetzung jedes Gebrauchens und Geniefsens ist. Dieser Wille bezieht sich nicht auf bestimmte Handlungen, körperliche Einwirkungen auf die Sache, sondern überhaupt auf ein solches Verhalten, welches als Verbleiben der Sache in unserer Ökonomie erscheint. Der innere Wille des Besitzers enthält also vor allem den Vorsatz, manches zu thun, was die Erhaltung des corpus erfordert und alles das zu unterlassen, wodurch das corpus verloren ginge. Dieses Vorhaben hat jedoch auch der Inhaber in fremdem Namen; auch er hat den „animus detinendi“. Insoweit herrscht also kein Unterschied zwischen den bezüglichen inneren Absichten.

Der Unterschied, welcher gewöhnlich zwischen dem inneren Willen des Besitzers und jenem eines Inhabers in fremdem Namen besteht, betrifft den ferneren Zweck des Habens, nämlich die Art und Weise, wie sich der Inhaber der Sache selbst, wie auch dritten Personen gegenüber zu gebaren gedenkt. Der Detentor kann nämlich entweder die Absicht hegen, die Sache in seinem eigenen Interesse innezuhaben und eigene wirtschaftliche Bedürfnisse durch Gebrauch, Benutzung oder Verbrauchen zu befriedigen, oder aber die Sache nur für eine dritte Person unversehrt erhalten wollen.

Die innere Willensrichtung auf eigenes Interesse schliefst die Möglichkeit eines inneren animus alieno nomine possidendi nicht unbedingt, sondern erst dann aus, wenn der Vorsatz der Person sich auf ein derartiges Gebrauchen der Sache bezieht, dafs sich damit nach der Auffassung des Rechts ein Haben der Sache für einen anderen nicht mehr verträgt. Was nun das Verhalten dritten gegenüber betrifft, so wird das Eigentümliche des inneren Willens sibi possidendi gewöhnlich darin zu finden sein, dafs sich der Besitzer vornimmt, niemand anderen als Herrn der Sache anzuerkennen, während der blofse Detentor den Willen eines dritten als mafsgebend in Bezug auf das Verfügen über die Sache betrachtet. Hiernach würde die gewöhnliche innere Willensrichtung des Sachbesitzers umfassen: Das Vorhaben,

a) die Sache ausschliefslich in seinem eigenen Interesse zu haben und

b) keinen fremden Willen als über die Sache entscheidenden gelten zu lassen.

So stellt sich die Differenz, welche man gewöhnlich zwischen der inneren Willensrichtung des Besitzers und derjenigen des Detentors beobachtet, dar, wenn man vorzüglich die praktischen Intentionen der Handelnden berücksichtigt. Obzwar bekanntlich unter unseren Juristen in Betreff der Begriffsbestimmung des Willens, „für sich“ zu haben, ein Streit besteht, so gehen doch im grofsen und ganzen die Ansichten der meisten auf das oben Gesagte hinaus[1]). Die Meinungen gehen nur insofern auseinander, als einige Juristen, indem sie bestrebt sind, die Fälle des sogenannten abgeleiteten Besitzes unter die allgemeine Regel zu bringen, die Willensrichtung

1) Vgl. dazu Mandry: Zur Lehre vom Besitzwillen, Arch. f. civilist. Praxis Bd. 63 S. 14—26.

„sibi" possidendi nicht streng nehmen, während andere an dem inneren animus domini festhalten [1]). Von jenen, die den Besitzwillen nicht als animus domini definieren, wird manchmal entweder das Nichtanerkennen-wollen der fremden Berechtigung oder die nur auf eigene Interessen gerichtete Absicht als nicht unentbehrlich erklärt. Im allgemeinen jedoch wird nahezu einhellig anerkannt, daſs das innere Wollen des Besitzers stets anders beschaffen sein muſs, als die Absicht des Detentors, wie auch, daſs zum Besitzwillen auſser dem animus detinendi noch die auf irgend ein selbständiges Herrschen über die Sache oder ein dem Detentor unzulässiges Gebrauchen derselben gerichtete wirkliche Absicht gehört. Wo diese weitere innere Absicht fehlt, dort wird auch juristischer Besitz nicht angenommen, mag auch die Detention gewollt sein. Ist in solchen Fällen auch ein wirkliches Wollen alieno nomine possidendi nicht zu finden, dann wird auch die Stellvertretung im Besitz geleugnet. Demnach führt die allgemein herrschende Ansicht dazu, daſs eine jede gewollte Detention, wenn sie nicht mit der weiteren Absicht, für sich oder für einen anderen zu besitzen, verbunden ist, eine rechtlich ganz indifferente Thatsache ist.

Indessen ist es sehr leicht, sich davon zu überzeugen, daſs in manchen Fällen, wo das Recht juristischen Sachbesitz annimmt, dem Handelnden die innere, auf ein Für-sich-Haben im oben angedeuteten Sinne gehende Absicht vollständig fehlt. Mit vollem Recht beruft sich MANDRY [2]), der auch gegen die übliche Auffassung des Besitzwillens als animus domini auf-

---

1) S. über die Kontroverse, ob der Besitzwille ein animus domini ist oder nur ein a. possidendi oder sibi habendi, bes. MEISCHEIDER: Besitz u. Besitzschutz § 3; vgl. auch DUNCKER: Besitzklage u. Besitz S. 161 fg.

2) A. a. O.

tritt, auf den Fall, wenn ein Mandatar eine Sache zwar für den Mandanten, jedoch in eigenem Namen, erwirbt, d. h. als sogenannter Ersatzmann[1]) handelt. Der Ersatzmann wird durch das Nehmen der Sache Eigentümer und Besitzer derselben, und doch hat er den inneren Vorsatz, sie nur einstweilen zu verwahren und dem Mandanten auf sein Verlangen zu tradieren. Es wäre nämlich unzulässig, dem Mandatar eine vertragswidrige Richtung des Willens zuzumuten.

Wir stimmen auch der Ansicht Mandrys zu, wenn er annimmt, daſs dem redlichen Finder und überhaupt einem negotiorum gestor, welcher eine fremde Sache auf die Dauer in Detention hat, juristischer Besitz zusteht[2]). Und doch liegt es auf der Hand, daſs sowohl dem Finder, wenn er ein „redlicher" Finder sein will, als auch überhaupt jedem negotiorum gestor die innere Absicht fernliegt, irgend einen Nutzen von der Sache zu ziehen oder die berechtigten Ansprüche des Eigentümers zu bestreiten. Eine Willensrichtung, wie sie gewöhnlich der juristische Besitzer hat, fehlt also hier vollständig.

Etwas Ähnliches läſst sich jedoch auch in anderen Fällen bemerken. Der praktisch wichtigste mag hier hervorgehoben werden: Wie ist der innere Wille des Verkäufers beschaffen nach Perfektion des Kaufvertrags, nachdem der Kaufpreis gezahlt worden ist, jedoch bevor noch die Übergabe der Sache erfolgt ist? Das Recht legt ihm die Pflicht auf, die Sache unversehrt aufzubewahren und sie dem Käufer auf sein Verlangen zu überantworten. Da man auch hier nicht berechtigt

---

1) Diesen Ausdruck gebraucht Ihering, dessen Verdienst es ist, den Unterschied zwischen „unmittelbarer" und „mittelbarer" Stellvertretung scharf hervorgehoben zu haben. S. Jahrb. f. Dogm. Bd. 1 S. 312 fg., Bd. 2 S. 72 fg.

2) Mandry a. a. O. S. 1 fg.; zustimmend auch Dernburg: Pandekten S. 395.

ist, beim Verkäufer eine vertragswidrige Absicht zu supponieren, so wird man zugestehen müssen, dafs in seinem Inneren der Vorsatz, die Sache in praktischer Beziehung für sich zu haben, gänzlich fehlt. Sein inneres Vorhaben in Betreff des künftigen Verhaltens zur Sache gleicht vollständig dem inneren Willen eines Depositars. Dasselbe trifft in allen Fällen zu, wo ein Besitzer verpflichtet ist, individuell bestimmte Sachen einem dritten zu übergeben. Besonders aber ist diese Willensrichtung ganz unzweifelhaft da, wo es sich um Sachen handelt, deren Gebrauch ohne Beschädigung der Substanz gar nicht möglich ist. Wenn der Besitzer nur innerlich den Vorsatz hat, seiner Pflicht redlich nachzukommen, dann hört mit der Entstehung der Verpflichtung zur Übergabe der innere animus sibi habendi eigentlich auf zu existieren.

Man könnte vielleicht gegen uns einwenden, dafs der Besitzer in allen oben erwähnten Fällen, mag ihm die auf eigenes Interesse gerichtete Absicht fehlen, dennoch aus dem Grunde nicht als jemand betrachtet werden dürfe, der einen dritten als Herrn der Sache anerkennt, weil er sich dessen bewufst ist, dafs das Recht ihm und nicht jenem dritten, dem er die Sache übergeben soll, Besitz und Interdikte verleiht. Indessen wäre es eine reine Illusion, zu meinen, die wirklichen praktischen Intentionen des Besitzers seien hier infolge seiner rechtlichen Stellung irgendwie wesentlich verschieden von den Absichten eines Besitzstellvertreters, z. B. eines Verwahrers. Wenn ich eine Sache lediglich für den anderen verwahren will und bereit bin, ihm dieselbe in jedem Augenblick herauszufolgen, dann betrachte ich eben den anderen als eigentlichen Herrn der Sache, gleichviel ob ich mich zu diesem Verhalten verpflichtet fühle, weil ich seine persönliche actio empti bez. sein Eigentumsrecht anerkenne, oder weil ich mich für bloſsen Besitzstellvertreter halte. In jenen Fällen stehen mir zwar die Besitzinterdikte zu, dies kann jedoch meinen inneren Willen in keiner Weise beeinflussen, weil es mir ja eben gar nicht in den Sinn kommt, von dieser Berechtigung gegen den anderen Gebrauch zu machen. Nach alledem ist zu sagen, daſs ein erheblicher praktischer Unterschied zwischen dem inneren Wollen, welches der juristische Besitzer in den besprochenen Fällen hat, und dem Willen eines Inhabers in fremdem Namen nicht zu entdecken ist.

Eine Verschiedenheit kann hier jedoch insofern beobachtet werden, als der Verkäufer, Ersatzmann und negotiorum gestor sich meistens dessen bewuſst sein können, daſs das Recht ihnen juristischen Besitz giebt, während z. B. einem Verwahrer diese Überzeugung fehlt. Auf dieser Grundlage könnte man geneigt sein, zu versuchen, ein besonderes Kriterium des inneren animus sibi habendi zu finden. Man kann nämlich sagen, daſs der Verkäufer und Ersatzmann, obwohl sie in fremdem Interesse die Sache innehaben, dennoch innerlich für sich besitzen wollen, weil sie wissen, daſs sie keine Besitzstellvertreter sind und ihnen folglich ein ernster innerer Wille alieno nomine possidendi fehlt. So begründet in der That MANDRY[1]) die Annahme, daſs dem Ersatzmanne und negotiorum gestor juristischer Besitz zusteht. Nach dieser Auffassungsweise würde man das Vorhandensein eines inneren Besitzwillens überall dort annehmen, wo

c) der Inhaber die Detention der Sache will und zugleich s i c h d e s s e n b e w u ſ s t i s t, d a ſ s e r d u r c h s e i n I n n e h a b e n e i n e n f r e m d e n B e s i t z n i c h t a u s ü b t. Nach dieser Auffassung würde die Unterscheidung zwischen dem inneren animus sibi und alieno nomine possidendi nicht auf

---

1) a. a. O. S. 14 fg., bes. S. 25. S. gegen MANDRY auch WINDSCHEID: Pandekten 6. Aufl. § 149 N. 7 a. E.

der Verschiedenheit der praktischen Intentionen beruhen, sondern darin, dafs das Verlangen des Inhabers dort auf einen anderen rechtlichen Charakter des Verhältnisses sich richtet als hier, dafs dort juristischer Besitz, hier dagegen Detention in fremdem Namen gewollt wird.

Auch diesen letzteren Versuch, einen wesentlichen Unterschied zwischen dem inneren Vorhaben eines Besitzstellvertreters und jenem des juristischen Besitzers zu finden, müssen wir als einen gescheiterten bezeichnen. Gegen diese Ansicht ist zunächst folgendes zu beachten. Wir fragen: Inwiefern ist denn das innere Wollen des Ersatzmannes, Verkäufers und negotiorum gestor nach der obigen Auffassung verschieden von der Absicht eines Verwahrers oder sonstigen Besitzstellvertreters? Offenbar nur insofern, als dort das Bewufstsein, dafs man nach den Bestimmungen des Rechts juristischen Besitz hat, vorhanden ist oder doch sein kann, wogegen hier dieses Bewufstsein fehlt. Somit würden sich die rechtliche Qualifizierung des Detentionsverhältnisses und der Wille des Handelnden zu einander geradezu ganz umgekehrt verhalten, als dies allgemein angenommen wird. Nicht dort würde juristischer Besitz vorliegen, wo der Parteiwille auf ein Für-sich-Haben geht, sondern im Gegentheil, die mögliche Verschiedenheit des Wollens als animus sibi oder alieno nomine possidendi hätte ihre Quelle lediglich in der Bestimmung des Rechts, das willkürlich manche Detentionsverhältnisse als ein Haben-für-sich, andere wieder als Stellvertretung im Besitz charakterisiert. Man müfste also behaupten, dafs zwischen dem animus sibi habendi und alieno nomine possidendi, wenn man von den positiven rechtlichen Bestimmungen und dem Einflufs, den sie auf den Parteiwillen ausüben können, absieht, nicht der geringste Unterschied obwaltet. Die weitverbreitete Anschauung, wonach das objektive Recht, wenn es juristischen

Besitz bez. Besitzstellvertretung annimmt, nur die inneren, durch die rechtlichen Bestimmungen selbst ganz unbeeinflufsten Parteiintentionen verwirkliche, theilen wir zwar nicht. Andererseits jedoch betrachten wir die Ansicht, als wäre die Verschiedenheit zwischen animus sibi habendi und dem Besitzstellvertretungswillen nichts im praktischen Leben Wurzelndes, sondern ausschliefslich eine Schöpfung des positiven Rechts, für entschieden zu weitgehend. Dafs sie einer quellenmäfsigen Grundlage vollständig entbehrt, dürfte keinem Zweifel unterworfen sein.

Die Begriffsbestimmung des animus possidendi, welche uns MANDRY giebt, ist weiter aus dem Grunde eine verfehlte, weil nach derselben unzulässigerweise das Bestehen des juristischen Besitzes von dem Bewufstsein — richtiger von der individuellen Meinung — des Inhabers, dafs sein Haben nach objektivem Recht juristischer Besitz ist, abhängen soll. MANDRY geht offensichtlich von der Voraussetzung aus, dafs jeder Inhaber der Sache sich vollkommen darüber klar ist, wie seine Detention nach objektivem Recht zu qualifizieren sei, namentlich ob sie als juristischer Besitz zu betrachten sei, oder als Besitzstellvertretung. Indessen ist diese Voraussetzung eine ganz falsche[1]). Bei MANDRY schimmert jene Auffassung durch, deren Ausflufs auch jene vor kurzem noch allgemein anerkannte Lehre von den Rechtsgeschäften ist, nämlich, dafs bei Rechtsakten der sog. gewillkürten Rechtsfolge der rechtliche Charakter des Aktes, d. h. die rechtlichen Folgen desselben von dem Handelnden mit vollem Bewufstsein beabsichtigt werden[2]). Was die Rechtsgeschäfte anbelangt, ist in neuester Zeit erwiesen worden, dafs die Parteien hinsichtlich des recht-

1) Vgl. dazu auch die richtigen Bemerkungen SCHLOSSMANNS: Besitzerwerb durch dritte S. 40 fg.

2) S. Näheres darüber in der Folge.

lichen Charakters des Aktes sehr oft in Unklarem sind. In noch höherem Maſse gilt dies vom Besitz. Nur zu oft kommt es vor, daſs sich der Besitzer dessen gar nicht bewuſst ist, ob er nach den Bestimmungen des Rechts besitzt oder nicht, ob er die Sache in eigenem oder fremdem Namen innehat. Die Ursache dessen kann in faktischer Unwissenheit, in mangelnder Rechtskenntnis oder endlich darin liegen, daſs der Handelnde an die Bedeutung, welche seinem Benehmen nach dem Recht zukommt, überhaupt gar nicht denkt. In allen diesen Fällen müſste der Besitz geleugnet werden.

Die Konsequenzen, zu denen MANDRYS Begriffsbestimmung führt, sind ganz unannehmbar. Jemand, der zweifellos die Aneignungsabsicht hat und die Apprehension bereits vorgenommen hat, wäre noch kein Besitzer, wenn er fälschlich meinte (infolge faktischen oder Rechtsirrtums), sein Verhalten sei nach dem Recht noch keine Besitzergreifung. Der Ersatzmann, Finder, negotiorum gestor und Verkäufer wären nur dann Besitzer, wenn sie die bestimmte Überzeugung hätten, daſs sie keine Besitzstellvertreter sein können. Im entgegengesetzten Fall wäre ihr Innehaben schutzlos. Dagegen würden solche Inhaber, die das Recht im allgemeinen als Stellvertreter im Besitz betrachtet, wie ein Prokurator, Depositar u. s. w., juristische Besitzer sein, wenn sie infolge der Überzeugung, sie seien keine Besitzstellvertreter, den inneren animus alieno nomine possidendi nicht hätten, möchten sie auch nicht im mindesten gesonnen sein, sich die Sache in praktischer Hinsicht anzueignen. Durch die harmlose, auf Rechtsunkenntnis beruhende Ansicht des Prokurators, daſs das Recht ihm und nicht dem Vertretenen juristischen Besitz gebe, würde der letztere den Besitz ganz so verlieren, wie durch die Unterschlagung des Repräsentanten.

Aus dem Vorangehenden folgt, daſs das innere Wollen

des juristischen Besitzers sich weder durch die Richtung des Willens auf die praktische Seite des Innehabens, noch auch durch das Wollen des rechtlichen Charakters desselben von dem Willen eines Stellvertreters im Besitz unterscheiden müsse. Vergebliche Mühe wäre es auch, zu versuchen, den „inneren animus sibi habendi" etwa noch durch ein Kombinieren beider erwähnter Standpunkte zu retten. Nicht selten kommt es nämlich vor, daſs der juristische Besitz besteht, obwohl der wirkliche Wille des Inhabers in jeder Beziehung dem normalen Vorhaben eines Besitzstellvertreters gleicht, wo demnach der Besitzer nicht nur in fremdem Interesse detiniert, sondern zugleich davon überzeugt ist, daſs er fremden Besitz ausübt. Setzen wir, um bei den bereits besprochenen Beispielen zu bleiben, voraus, daſs der Verkäufer, der Ersatzmann und negotiorum gestor nicht nur sich dessen nicht gehörig bewuſst sind, daſs ihnen juristischer Besitz zukommt, sondern, daſs sie sich infolge eines error iuris geradezu für Inhaber in fremdem Namen halten. Daſs dies oft eintreffen kann, ist klar. Was zunächst den Verkäufer betrifft, so ist bekanntlich unter den Rechtsunkundigen, welche den Grundsatz nicht kennen, daſs das Eigentum erst durch Tradition übergeht, die Überzeugung sehr verbreitet, daſs mit der Perfektion des Kaufgeschäftes der Käufer sofort Eigentümer der Sache werde, mithin der Verkäufer nunmehr bloſser Verwahrer fremden Gutes sei. Wie oft kommt es denn nicht im Leben vor, daſs Leute von Objekten, welche sie bereits verkauft, obwohl noch nicht tradiert haben, namentlich nachdem der Kaufpreis gezahlt worden ist, sagen, die Sachen seien nicht mehr ihr Eigentum?[1]) Ganz so wird es auch nicht selten vor-

1) Dies ist eine natürliche Folge des Umstandes, daſs das praktische Leben den perfekten Verkauf als bereits vollzogenes Entäuſserungs-

kommen, dafs ein Mandator, der nur als Ersatzmann des Mandanten handeln kann, oder ein negotiorum gestor[1]) sich

geschäft betrachtet, wie dies ganz richtig WINDSCHEID erkannt hat. S. seine Pandekten Bd. 2 § 321 N. 18. 19, § 390 N. 3.

1) Was speziell den negotiorum gestor betrifft, wird von unseren Juristen meistens als selbstverständlich betrachtet, dafs er den juristischen Besitz nicht habe, so dafs man oft diese Frage gar nicht aufwirft. Es wird nur darüber gestritten, ob die Ratihabition des dominus auch bezüglich des Besitzers zurückwirke oder nicht. Ausdrücklich wird der juristische Besitz negiert von CHAMBON: Negotiorum gestio S. 164 fg.; ZIMMERMANN: Stellvertretende negotiorum gestio S. 221 N. 289; so auch MITTEIS: Stellvertretung S. 56 fg. u. § 27, bes. N. 281. Juristischen Besitz nimmt MANDRY an (a. a. O. S. 5 fg.), jedoch mit Beschränkungen (darüber noch in der Folge), die u. E. verfehlt sind. Eine quellenmäfsige Begründung hat MANDRY seiner Ansicht zu geben unterlassen, er deduziert sie aus dem Begriff des Besitzwillens als animus sibi habendi. Unsere Ansicht geht dahin, dafs der negotiorum gestor vor der Ratihabition stets juristischer Besitzer ist, sofern er überhaupt als wirklicher Inhaber der Sache betrachtet werden kann. Besitz hat er also nur dann nicht, wenn seine faktische Hilfeleistung lediglich ein Erhalten des noch nicht aufgehobenen wirtschaftlichen Habens des Herrn ist, oder wenn sein Verhältnis zur Sache nur ganz vorübergehender Natur ist. Sein Besitz ist weder von seiner individuellen Rechtsansicht, noch auch davon abhängig, ob er, vorausgesetzt, wenn er nur als Geschäftsbesorger auftritt, in der That redlich für den Herrn innehaben will. Er nimmt sein Ende mit der Ratihabition, welcher rückwirkende Kraft zukommt, und die zur Folge hat, dafs das Innehaben des Geschäftsbesorgers nun ex post als juristischer Besitz dem dominus zufällt. Eine eingehendere Begründung dieser Behauptungen wird man an diesem Orte von uns nicht verlangen, weil dies Untersuchungen über die Natur der negotiorum gestio erfordern würde. Wir machen nur aufmerksam auf nachstehende Fragmente, die u. E. das von uns Behauptete erweisen: l. 34 § 7 D. de solut. 46, 3 (JULIANUS); l. 18 (19) § 5 D. de neg. g. 3, 5 (PAULUS); l. 1 pr. D. qu. mod. pign. 20, 6 (PAPINIANUS). Schon diese Stellen lassen keinen Zweifel darüber möglich, dafs der negotiorum gestor besitzt und insbes. an Sachen, die er für den Herrn anschafft, Besitz und Eigenthum erwirbt, sogar dann, wenn er (l. 34 § 7 cit.; vgl. dazu auch SCHLOSSMANN a. a. O. S. 11 u. 81) innerlich direkten Erwerb für den Herrn will, also einen inneren animus alieno nomine possidendi hat. Ganz unzweideutig

unrichtigerweise für rechtliche Repräsentanten desjenigen halten, in dessen Interesse sie die Sache innehaben. Es liegt auf

---

spricht dies c. 6 § 3 C. si quis alt. 4, 50 aus: Sin vero ab initio negotium uxoris gerens comparasti nomine ipsius, empti actionem nec illi nec tibi adquisisti, dum tibi non vis nec illi potes: quare in dominii quaestione ille potior habetur cui possessio tradita est. So wenig wie die actio empti, will der Käufer Besitz und Eigentum für sich erwerben, und doch tritt diese Folge ein. (Vgl. auch c. 9 C. eod.) Nach l. 18 (19) § 3 cit. zieht der Besitz des negotiorum gestor eine für den dominus sehr unvortheilhafte Folge nach sich. Man beachte ferner l. 81 (80) § 7 D. de furt. 47, 2 (Papinian). Berufen dürfen wir uns auch unbedenklich auf l. 13 § 12 D. de her. pet. 5, 3 (Ulpian). Jemand, der nomine absentis Erbschaftssachen in Besitz genommen hat, kann nicht als pro possessore possidens betrachtet werden, so lange es unbestimmt ist, ob derjenige, in dessen Namen er handelt, seinen Besitzerwerb ratihabiert oder nicht. Die Erbschaftsklage ist gegen ihn unzulässig, aber offenbar nur insofern, als infolge der ratihabitio der Besitz dem Herrn zufällt. Erfolgt keine ratihabitio (und man mufs wohl annehmen, dafs man von dem Besitzer verlangen darf, dafs er das Eingetreten-sein der ratihabitio erweise), dann ist, so bestimmt Ulpian nach einem gewissen Zögern, der Besitzer als pro possessore possidens zu betrachten. Bezeichnend sind die Worte: „cum ratum non habet, iam procuratorem quasi praedonem esse." Der Besitzer braucht hier nicht in eigenem Interesse zu besitzen, er ist möglicherweise wirklich nur negotiorum gestor, gilt aber doch als für sich besitzend. Hiernach ist es evident, dafs das possidere contemplatione alterius, wenn es sich nicht vor der gerichtlichen Beurtheilung des Falls in Stellvertretung im Besitz verwandelt, ohne weiteres als Für-sich-Haben behandelt werden mufs (vgl. auch l. 16 § 3 D. eod.; l. 46 eod. u. l. 9 D. si pars her. 5, 4; c. 11 u. c. 12 C. de pet. her. 3, 31). Nicht gegen uns spricht l. 10 D. si pars her. pet. 5, 4 (Papinianus). Der filius hat für seinen Vater Erbschaftssachen in Besitz genommen, unwissend, dafs der Vater noch vor dem Erblasser gestorben ist. Der filius wird als negotia hereditatis gerens betrachtet und den wirklichen Erben gegen ihn die negotiorum gestorum actio gegeben. Die hereditatis petitio wird nicht darum verweigert, weil der filius n i c h t besitzt, sondern weil er w e d e r p r o h e r e d e n o c h p r o p o s s e s s o r e b e s i t z t, was auch richtig ist, so lange er im Namen seines Vaters zu handeln glaubt und nicht selbständig, nachdem er den Tod seines Vaters erfahren hat, Ansprüche auf die Erbschaftssachen erhebt. Papinian der Hand, dafs in allen diesen Fällen in jeder Beziehung auch nicht eine Spur des inneren Willens, für sich zu haben, zu

---

sagt zwar nicht ausdrücklich, dafs der im Irrtum befangene filius juristischen Besitz hat, es ist aber wahrscheinlich, dafs dies seine Ansicht ist (vgl. „causam possessionis mutare"). Und doch ist der filius nicht nur ein negotiorum gestor, sondern er hält sich sogar für einen filius familias, die Möglichkeit eines wirklichen inneren animus possidendi ist hier also absolut ausgeschlossen. — Spricht nicht von einem Erwerbe des negotiorum gestor „für den dominus" auch der zweite Theil der l. 2 § 9 D. pro empt. 41, 4 (Paulus)? Die Stelle lautet: Procuratorem quoque, qui ex auctione quam mandatu domini facit, emerit, plerique putant utilitatis causa pro emptore usucapturum. Idem potest dici et si negotia domini gerens ignorantis propter eandem utilitatem. Das Nächstliegende ist, dem Gegensatz zwischen „mandatu domini" und „domini ignorantis" diese Bedeutung beizulegen, dafs in dem Falle des zweiten Theiles der Stelle der procurator ohne Mandat handelt, folglich ein negotiorum gestor ist. Würde man nun den zweiten Theil der Stelle auf ein Verkaufen des Prokurators im Namen des Herrn an sich selbst beziehen, von welchem im ersten Theile die Rede ist, so käme man zu dem offenbar falschen Ergebnis, dafs sich ein negotiorum gestor auf diese Weise ohne Ratihabition rechtswirksam die causa seines Besitzes ändern könne. Wenn man den zweiten Theil an und für sich betrachtet und den Zusammenhang mit dem Vorangehenden nicht berücksichtigt, so müfste man ihn auf die Fälle beziehen, wo der negotiorum gestor von dritten im Interesse des Herrn Sachen anschafft. Indessen spricht gegen diese Deutung der Zusammenhang, in welchem die Entscheidung steht (s. auch § 8 l. cit.) und die Worte „propter eandem utilitatem". So mufs man doch zu der Überzeugung gelangen, dafs die Stelle nicht von dem uns interessierenden Falle spricht, und es bleibt nichts anderes übrig, als nur den Gegensatz zwischen „mandatum" und „ignorantia" auf den Unterschied zwischen spezieller und genereller Vollmacht zu beziehen. Möglich ist es aber auch, dafs im zweiten Theile die Erwähnung der ratihabitio ausgefallen ist. — Erhebliche Quellenentscheidungen, die gegen das „Besitzen" des negotiorum gestio sprächen, haben wir nicht finden können. Die bekannte l. 1 § 20 D. h. t., auf welche sich Mitteis (a. a. O. S. 57) beruft, ist nicht überzeugend. Paulus sagt: Alioquin si dicamus per eos non adquiri nobis possessionem, qui nostro nomine accipiunt, futurum, ut neque is possideat, cui res tradita sit, quia non habeat animum possidentis, neque is qui tradiderit, quoniam cesserit posfinden ist. Und dennoch wäre es nach unserer Überzeugung ein grober Irrtum, wenn man hier den juristischen Besitz leugnen und die Sache für besitzlos erklären würde.

---

sessione. Das Argument des PAULUS ist hier (eine ganz ähnliche Argumentationsart vgl. in § 4 l. cit.) nichts mehr als nur eine überaus schwache und triviale Begründung der Notwendigkeit der Anerkennung des Besitzerwerbs durch dritte, und ist nur insofern von Interesse, als es die Anschauung des Juristen verrät, nach welcher das Leugnen des Besitzes trotz der erfolgten Detentionsbegründung absurd wäre. Das Argument sehr ernst zu nehmen (s. dazu auch SCHLOSSMANN a. a. O. S. 129) und daraus zu schliefsen, dafs im Falle, wenn ein negotiorum gestor für den dominus ergreift, wirklich niemand die Sache besitzt, geht absolut nicht an. Das „qui nostro nomine accipit, non habet animum possidentis" darf nicht auf den negotiorum gestor bezogen werden, weil man sonst logisch ganz gegen den Willen des Juristen annehmen müfste, auf Grund seines Argumentes müsse auch infolge der Ergreifung des gestor der Besitz direkt dem dominus zufallen. PAULUS denkt hier eben nur an den procurator und den tutor. In ihrem „operam suam accommodare" sieht er keinen animus possidentis. Dafs er dasselbe sagen würde von jemandem, der kein rechtlicher Vertreter ist, kann behauptet werden nur auf Grund einer petitio principii, nämlich auf Grund der Annahme, dafs PAULUS den animus gerade so begreift, wie unsere herrschende Lehre. Man beachte nur, wie derselbe PAULUS in l. 13 § 2 D. de usurp. 41, 3 sogar beim Erwerb eines Mandatars, in welchem er keinen Besitzstellvertreter (procurator) sieht, über das Bedenken „quamvis possis videri non pro tuo possidere" leichtfüfsig hinweggeht. — Was die Ratihabition des Besitzerwerbs des negotiorum gestor anbelangt, mufs nach unserer Ansicht zwar nicht für das klassische, wohl aber für das justinianische Recht derselben der allgemeinen Regel gemäfs (c. 25 § 2 C. de don. int. v. et u. 5, 16; c. 7 C. ad S. C. Mac. 4, 28) rückwirkende Kraft beigelegt werden. Es ist ungerechtfertigt, die Rückwirkung als begrifflich unmöglich zu betrachten infolge der „faktischen" Natur des Besitzes, denn die Rückbeziehung betrifft ja nur die rechtliche Seite des Besitzes, seine Rechtsfolgen. Was darin Exorbitantes liegen sollte, dafs nunmehr nach der ratihabitio die Zeit des Besitzes des negotiorum gestor der usucapio des dominus zu gute kommt und dafs man dem dominus das Recht giebt, die wegen der während des Besitzes des gestor erfolgten Besitzstörung bez. -Entziehung begründeten Interdikte anzustellen, ist wahrlich nicht abzusehen. (Vgl. für die Rückwirkung bes. ZIMMERMANN a. a. O. S. 223 fg.)

Die Entscheidungen der Quellen sprechen nicht gegen unsere Ansicht. Die übliche Lehre vom animus possidendi beruht nur auf der allgemeinen Annahme, dafs das Wort animus und alle ähnlichen Ausdrücke, wie mens, cogitatio u. s. w., wirkliches inneres Wollen bedeuten, welche Annahme eben beweisdürftig ist. Dagegen spricht für uns, was erst in weiterer Folge näher ausgeführt werden kann, sowohl die Behandlung derjenigen Rechtsakte, die mit der Besitzergreifung verwandt sind, als auch spezielle, sich gerade auf den Besitz beziehende Bestimmungen. Die zwei wichtigsten mögen schon an diesem Orte angeführt sein. Nach l. 44 § 4 D. de usuc. 41. 3 erwirbt der homo sui iuris, der sich für einen filius familias hält, juristischen Besitz, obwohl er den inneren Willen sibi possidendi absolut nicht haben kann. Aus l. 21 und l. 33 § 5 D. de usuc. 41. 3 ergiebt sich, dafs wenn jemand unwissend seine eigene Sache, die er irrtümlich für eine fremde hält, als Pächter, Kommodatar u. s. w. erhält, er hierdurch trotz seines inneren animus alieno nomine possidendi kein Besitzstellvertreter des Gebers wird. Nicht nur wird in solchen Fällen das faktisch beabsichtigte Verhältnis (Pacht, commodatum u. s. w.) gar nicht begründet, sondern es geht sogar auf den vermeintlichen Detentor der juristische Besitz an der Sache über[1]).

Gegen die Unentbehrlichkeit eines wirklichen inneren animus sibi habendi spricht auch ganz entschieden die Anerkennung der Möglichkeit einer bedingten Übergabe[2]) des Besitzes. Der Empfänger ist, solange die Be-

---

1) Den näheren Nachweis dieser Behauptungen werden wir erst im letzten Paragraph dieses Bandes zu liefern versuchen. Dort wird auch von dem Verhältnis der zitierten Fragmente zu anderen Entscheidungen unserer Quellen gehandelt werden.

2) Vgl. über dieselbe oben S. 113 fg.

dingung schwebt, bloſser Detentor in fremdem Namen und wird mit der Erfüllung der Bedingung, mag er auch davon keine Kenntnis erhalten haben, sogleich zum juristischen Besitzer. Daraus ergiebt sich vor allem, daſs ein Besitzerwerb möglich ist, obwohl dem Erwerber im Augenblick der Entstehung des Besitzverhältnisses das Bewuſstsein, den Besitz erworben zu haben, vollständig fehlt. Hält man also ein inneres, sich auf Bewuſstsein der faktischen Macht stützendes Wollen für nötig zur Besitzergreifung, dann ist der bedingte Besitzerwerb unbegreiflich. Im Zustande des Inneren des Inhabers tritt nämlich mit der Erfüllung der Bedingung nicht die geringste Änderung ein. Der Besitzer wird sich auch nach Erfüllung der Bedingung bis zur erlangten Kenntnis noch immer für einen Detentor in fremdem Namen halten. Wollte man dies nicht zugeben, dann bliebe nichts übrig, als für die ganze Zeit des Innehabens das Fortdauern eines ganz eigentümlichen psychischen Zustandes anzunehmen, wonach der Besitzer den Willen haben müſste, zugleich für sich und für einen anderen zu besitzen. Daſs dieser Begriff eines fortdauernden, bedingten, inneren Wollens etwas höchst Gekünsteltes wäre, leuchtet ein. Wenn man dagegen daran festhält, daſs der animus possidendi das ausgedrückte Wollen ist, dann ist es klar, daſs die Übernahme des Besitzes unter der Bedingung, daſs irgend ein Ereignis eintreffen wird, um nichts auffallender ist als jede andere bedingte rechtliche Willenserklärung.

Das Gesagte dürfte einen hinlänglichen Beweis dafür bieten, daſs zum Besitzerwerb in eigenem Namen ein inneres Vorhaben, für sich zu besitzen, nicht unentbehrlich ist. Da jedoch nach unseren Quellen die Unterscheidung zwischen juristischem Besitz und Detention in fremdem Namen sich doch auf die Verschiedenheit des „Wollens“ stützt, so ist daraus mit Sicherheit zu schliefsen, dafs hier nicht das wirkliche innere Vorhaben, sondern der Charakter des Willensausdrucks in Frage steht.

Wesen der Stellvertretung im Besitz.

§ 10.

Giebt es nun einen wesentlichen Unterschied zwischen der Erklärung, für sich, und der Erklärung, im Namen eines anderen besitzen zu wollen? Die Frage bejahen wir ganz unbedenklich. Gegen dieselbe spricht nicht der Umstand, dafs die inneren Absichten in beiden Fällen identisch sein können, denn sie sind es eben nicht gewöhnlich, sondern nur ausnahmsweise. Weil nun das „erklärte“ Wollen nicht die wirkliche Absicht ist, sondern nur ein Wille, der wahrscheinlich ein gewisses Benehmen beseelt, so darf das Recht und die Lebensauffassung ein Ergreifen für sich als einen anderen Willen ausdrückend als das Ergreifen im Namen eines dritten betrachten.

Wann gilt denn ein Handeln als Ausdruck des Willens für sich zu besitzen? Das normale innere Vorhaben des Besitzers geht, wie wir wissen, nicht nur auf ein Behalten, sondern zugleich auf ein in der Zukunft liegendes Verwenden der Sache im eigenen Interesse. Soll man den Willensausdruck für sich zu besitzen nur in einem solchen Benehmen erblicken, welches jenen ferneren Zweck des Habens, das Sich-Bedienen-Wollen der Sache zur Befriedigung eigener Bedürfnisse gehörig dokumentiert? Aus dem Begriffe des erklärten Wollens folgt keinesfalls, dafs das äufserliche Hervortreten jener ferneren normalen Absicht unentbehrlich wäre. Weil das erklärte Wollen nur das „wahrscheinliche“ ist, so können das Recht und die Lebenssitte schon in jedem durchgesetzten Wollen die Sache in unserer wirtschaftlichen Wirkungssphäre zu haben und zu behalten den Ausdruck der ferneren auf wirkliche Verwertung gehenden Absicht erblicken, weil man doch als wahrscheinlich ansehen mufs, dafs man bei wirtschaftlicher Innehabung von Sachen in erster Linie seine eigenen Interessen verfolgt. Dies ist in der That der Standpunkt des römischen Rechts. Jedes Benehmen, welches äufserlich als wirtschaftliche Aneignung oder als Erhalten der wirtschaftlichen Relation erscheint, gilt im allgemeinen als gehöriger Ausdruck des Willens suo nomine possidendi, auch wenn es nicht erkennbar hervortritt, dafs der Inhaber gesonnen ist, selbst von dem Innehaben praktischen Nutzen zu ziehen. Ausgenommen bleibt nur jedes Verhalten, welches Äufserung des Willens alieno nomine possidendi ist.

Um also die Grenze zu ziehen zwischen juristischem Besitz und Detention, ist es unentbehrlich vor allem festzustellen, in was für einem Benehmen der Ausdruck des animus alieno nomine possidendi enthalten ist. Obwohl wir keine zusammenhängende Lehre von der Stellvertretung im Besitz zu liefern gedenken, so können wir uns dem doch nicht verschliefsen, umsomehr, als wir der Ansicht sind, dafs die übliche Lehre von der Besitzstellvertretung infolge der unrichtigen Auffassung des Besitzwillens eine verfehlte ist.

Der hauptsächlichste Fehler der herkömmlichen Lehre von der possessio „animo nostro, corpore alieno“ liegt in der Überschätzung der Bedeutung, welche dem wirklichen Wollen des Vertreters zukommt. Man stellt sich die Sache so vor, als wäre das Besitzen corpore alieno[1]) nur dann möglich, wenn der Stellvertreter den wirklichen

1) Das Besitzen durch gewaltunterworfene Personen mufs hier aufser Betracht bleiben.

Willen hat, für den Vertretenen zu besitzen, während der letztere (bei Stellvertretung, die auf Auftrag beruht) den Willen hat, durch den Vertreter über die Sache zu herrschen. Dieses vollständige Zusammenstimmen zweier Willensregungen mag als Idee recht schön sein und sogar eines gewissen poetischen Zuges[1]) nicht entbehren, kommt aber im praktischen Leben wohl nur selten vor. Den bedenklichen praktischen Folgerungen, zu denen dieser Grundsatz führen würde, entgeht man nur dadurch, dafs man gegen die Konsequenz nicht nach dem wirklichen Willen forscht, sondern ihn „aus Umständen" erkennen läfst. Ferner irrt man hier auch in der Beziehung, dafs man den rechtlichen Charakter der Stellvertretung im Besitz gänzlich verkennt und demzufolge jedem, der alieno nomine possidet, den von der rechtlichen Grundlage seines Habens abgelösten Willen zumutet, „für" den Vertretenen über die Sache zu herrschen. Wir übertreiben wohl nicht, wenn wir die Meinung aussprechen, dafs ein solches Wollen im Leben gar nie vorkommt, natürlich wenn man von gelehrten Juristen absieht, die in ihrem Inneren den Schein auch der unmöglichsten Willensregungen künstlich hervorzubringen imstande sein mögen.

Die Stellvertretung im Besitz ist in erster Reihe das faktische Vertreten des Besitzers durch Besorgen dessen wirtschaftlicher Angelegenheiten. Dadurch jedoch, dafs das Recht die rechtlichen Folgen des Besitzes für den Vertretenen entstehen läfst, erhält die Stellvertretung einen rechtlichen Charakter. Demnach liegt ein erklärtes Wollen alieno nomine possidendi nur in einem durch das Recht als

---

1) Man wird dabei lebhaft erinnert an die Worte des Dichters:

Zwei Seelen ein Gedanke;
Zwei Herzen ein Schlag.

„Vertreten“ des dritten anerkannten ministerium praestare alienae possessioni[1]). Nun ersehen wir aber aus dem Inhalte unserer Quellen, daſs das römische Recht nicht in jedem Haben der Sache „für“ oder ausdrücklicher gesagt „zu Gunsten“ des dritten ein „Vertreten“ desselben erblickt. Dieses wird vielmehr nur dann angenommen, wenn die rechtliche Voraussetzung der Vertretung, das rechtliche Repräsentationsverhältnis wirklich besteht und wenn das Handeln des Inhabers seiner rechtlichen Stellung eines Vertreters des dritten in Bezug auf geschäftliche Angelegenheiten entspricht. Hat das Benehmen des Inhabers diesen Charakter nicht, dann ist es trotz der etwaigen Richtung des Willens auf fremdes Interesse nicht der Ausdruck des Willens alieno nomine possidendi.

Stellvertreter im Besitzerwerb sind nach römischem Recht vor allem der tutor und der curator[2]). Die Voraussetzung des Besitzerwerbs für den Pflegebefohlenen ist zunächst dies, daſs der Handelnde wirklich tutor bez. curator sei. Der erklärte animus, für den Vertretenen zu erwerben liegt darin, daſs das Handeln des Tutors ein „operam suam accommodare“ ist, d. h. daſs der Besitzerwerb zum Kreise der geschäftlichen Angelegenheiten, die das Vermögen des Mündels betreffen, gehört. Dazu ist einerseits nicht erforderlich, daſs der Tutor bei der Besitzergreifung erkläre (was wohl nur beim Erwerb durch Tradition einen Sinn hätte), daſs er im Namen des Pflegebefohlenen handle; andererseits das wirk-

1) L. 18 pr. D. h. t. (Celsus.)

2) L. 13 D. de a. r. d. 41, 1; l. 1 § 20 D. h. t.; l. 11 § 6 D. de pign. act. 13, 7. — Näher von dem Erwerb durch den tutor bez. curator zu handeln, scheint uns unnötig zu sein.

liche Wollen eines direkten Erwerbes für den Mündel nicht unentbehrlich.

Ähnlich verhält es sich mit dem Erwerb des „procurator", den das römische Recht nicht ohne Grund dem tutor und curator gleichstellt. Bekanntlich ist es sehr streitig, wie man dieses auf dem Auftrag des Vertretenen beruhende Erwerben alieno nomine näher begreifen soll. Die Quellen nennen den Stellvertreter gewöhnlich procurator[1]). Die herrschende Lehre versteht das so, daſs sie die beiden Begriffe „ein pro-

1) Die Möglichkeit des Besitzerwerbs durch dritte, die weder gesetzliche Stellvertreter noch gewaltunterworfene Personen sind, wird in nachstehenden Quellenstellen anerkannt: l. 13 D. de a. r. d. 41, 1 (Neratius); l. 41 D. de usurp. 41, 3 (derselbe); l. 37 § 6 D. de a. r. d. 41, 1 (Julian); l. 49 § 2 D. h. t. (Papinian); l. 11 § 6 D. de pign. a. 13, 7; l. 13 D. de donat. 39, 5; l. 20 § 2 D. de a. r. d.; l. 34 § 1; l. 42 § 1 D. h. t.; l. 14 § 7 D. de furt. 47, 2 (alle von Ulpian); l. 1 §§ 19, 20 D. h. t.; l. 47 D. de usurp. (Paulus); Paulus R. S. V. 2, § 2; c. 8 C. h. t. u. arg. aus l. 43 § 1 D. de furt. (Ulp. u. Nerat.). In allen diesen Stellen wird der Stellvertreter „procurator" genannt. Hierzu ist auch die Stelle des Gaius II, 95 zu zählen, wo die Lücke (p. . . . . . .) wahrscheinlich durch „per procuratorem" zu ergänzen ist. (So Studemund, Supplem. ad Cod. Veron. apogr. Vgl. Kniep, Vacua possessio Bd. 1 S. 212, s. jedoch Studemunds 2. Ausg. Tom. 1 pag. 28.) Vom Besitzerwerb überhaupt „per liberam personam" sprechen c. 1 C. h. t. (Severus et Antoninus); l. 20 § 2 D. de a. r. d. cit.; l. 11 § 6 D. de pign. a. cit.; l. 14 § 17 D. de furt. cit.; l. 2 D. h. t. (Ulp.); c. 1 C. per quas pers. 4, 27. In der Institutionenstelle § 5 I. per qu. pers. 2, 9 heiſst es: „per liberam personam veluti procuratorem"; in l. 53 D. de a r. d. (Modestin?): „per quemlibet volentibus". Es wären noch zu vergleichen die von Bekker (S. 206 N. 1) zitierte l. 65 D. pr. de a. r. d., in welcher jedoch der „tabellarius", wie Schlossmann richtig bemerkt, wahrscheinlich ein Sklave sein dürfte und l. 22 § 3 D. mand. 17. 1. Endlich ist noch auf l. 3 § 12 D. de don. int. v. et u. 24, 1 (Ulpian u. Celsus) bes. die allgemein lautenden Worte: „nec novum ac mirum esse, quod per alium accipias te accipere" aufmerksam zu machen, auf das unabweichbare arg. aus l. 52 § 11 D. de furt. 47, 2 und auf das „per nuntium rem emere in commune" in l. 33 D. pro socio 17, 2.

curator sein" und „für den Auftraggeber erwerben zu wollen" als synonym betrachtet[1]), und das letztere dann annimmt, wenn der Auftrag sich auf direkten Erwerb durch den Mandanten bezieht und wenn der Beauftragte dem Auftrag entsprechend auch direkten Erwerb für den Auftraggeber will. Dadurch glaubt man den Widerspruch zu beseitigen, welcher zwischen den Quellenstellen, welche direkte Stellvertretung anerkennen, besteht und jenen Fragmenten, welche beim Erwerb auf Grund eines Auftrags und für den Auftraggeber dennoch Besitz und Eigentum dem Mandatar geben[2]). Die letzteren Entscheidungen erklärt man durch

1) S. bes. IHERING: Jahrb. f. Dogm. Bd. 1, S. 324—335; WINDSCHEID: Pandekten Bd. 1 § 155 N. 6 u. die dort Zitierten; dann AMANN: Begriff des procurator u. des mandatarius S. 1 fg.; BEKKER: Recht des Besitzes S. 206 N. 1; MITTEIS: Lehre von der Stellvertretung § 5.

2) Es sind dies zunächst folgende von IHERING (a. a. O.) benutzten Fragmente: l. 59 D. de a. r. d. 41, 1 (CALLISTRATUS); c. 2 C. de his qui a non dom. 7, 10 (ALEXANDER); l. 13 § 2 D. de usurp. 41, 3; l. 74 D. pro soc. 17, 2 (PAULUS); l. 7 § 2 D. pro empt. 41, 4 (JULIAN); l. 135 § 2 D. de v. o. 45, 1 (SCAEVOLA); dann die Stellen, welche SCHLOSSMANN (Besitzerwerb S. 5 fg.) anführt: l. 30 § 4 D. de leg. III (LABEO u. JAVOLEN); l. 12 D. si quid in fraud. patr. 38, 5 (JAVOLENUS); l. 3 § 1 D. qu. pot. in pign. 20, 4 (PAPINIAN); l. 8 § 10 D. mand. 17, 1 (ULPIAN); l. 3 § 7 D. de itin. 43, 19 (ULPIAN). Was die von SCHLOSSMANN allegierte c. 2 C. si quis alt. 4, 50 betrifft, so kann dieselbe nach unserer Ansicht für die uns interessierende Frage nicht verwendet werden (vgl. dazu MITTEIS a. a. O. S. 59 fg.). Dasselbe ist zu sagen von den von IHERING zitierten: c. 8 C. de r. v. 3, 32 und l. 2 D. quando ex facto 26, 9. Richtig ist es dagegen, wenn sich SCHLOSSMANN auf l. 5 pr. D. de don. int. v. et u. 24, 1 (ULPIAN) beruft. Freilich wird dies, dafs der von dem Beschenkten „interpositus" zuerst für sich Besitz und Eigentum erwirbt, noch bei weitem mehr evident als durch die zitierte Stelle erwiesen durch die Bestimmungen über mortis causa donatio per interpositam personam, l. 11 §§ 2, 6, 7, 8 D. eod. (ULPIAN, MARCELL). Hier werden aus dem Besitz und Eigentumserwerb der Zwischenperson wichtige praktische Folgen gezogen. SCHLOSSMANN beachtet diese Entschei-

die Annahme, dafs hier der Beauftragte als sogenannter Ersatzmann handeln will, d. h. den Willen hat, einstweilen für

---

dungen nicht, ebensowenig MITTEIS (a. a. O.), der in l. 5 pr. cit. sofortigen Erwerb durch den „interpositus" annimmt. Für den Fall, wenn der Schenker die Zwischenperson interponiert, besteht eine Meinungsverschiedenheit zwischen ULPIAN (l. 5 pr. l. 11 § 8 cit.) und MARCELL (l. 11 § 7), was jedoch von ULPIAN nicht hervorgehoben wird. Auf Grund dieser Entscheidungen ist anzunehmen, dafs stets derjenige, der im Auftrag des Schenknehmers als „interpositus" die Sache nimmt, für sich erwirbt. (Von der Schenkung per interp. pers. sprechen noch l. 3 § 9 eod. u. l. 4 D. de donat. 39, 5.) Dasselbe gilt aber auch in anderen Fällen, wo jemand als interpositus im Auftrage eines andern, dem eigentlich die Sache zufallen soll, dieselbe erhält. Dies ist zu ersehen aus den nachstehenden Fragmenten, die für uns weit wichtiger sind, als die ziemlich unerquicklichen Subtilitäten ULPIANS und MARCELLS in Bezug auf die donatio per interpositam personam, nämlich aus der auch von SCHLOSSMANN angeführten: l. 12 D. si qui in fraud. patr. 38, 5 cit. (JAVOLEN) und aufserdem aus l. 14 D. quae in fraud. cred. 42, 8 (ULPIAN). Nicht nur JAVOLEN, von dem es zweifelhaft ist, ob er den Besitzerwerb durch dritte in vollem Mafse anerkannt hat, auch ULPIAN (in der Stelle mufs in „qui res non possident" das „non" zweifellos gestrichen werden) nimmt Besitz des „interpositus" an. Diese Entscheidungen in Betreff des „interpositus", der so zu sagen gerade der echte „Ersatzmann" ist, beweisen schlagend die Richtigkeit unserer Ansicht. Der interpositus besitzt, obwohl er innerlich für den Mandanten die Sache innehaben will. Der Grund kann nur der sein, dafs die Zwischenperson äufserlich als „für sich" erwerbend auftritt. So erwirbt auch die media persona in c. 9 C. si quis alteri 4, 50 Besitz und Eigentum für sich. Vgl. aber andererseits den Fall l. 22 § 3 D. mand. 17, 1, wo PAULUS, wie es scheint, direkte Vertretung annimmt. Ähnlich wird der vom creditor zum Ankauf der Pfandsache für ihn bestellte Ersatzmann als direkter Stellvertreter betrachtet in c. 10 pr. C. de distr. pign. 8, 27 (28) (s. auch PAUL R. S. II. 13, 4). Der Grund liegt wohl nicht in der juristischen Erwägung, dafs der interpositus stets ein rechtlicher Stellvertreter sein mufs, sondern in der praktischen Tendenz, das Handeln in fraudem legis zu vereiteln. Nicht gegen uns auch l. 49 D. de don. i. v. et u. 24, 1. — Als ein Fall, wo der Beauftragte für den Auftraggeber Sachen empfängt und aufbewahrt und doch selbst an denselben Besitz und Eigentum erwirbt, darf noch die interessante und für die Besitzlehre nicht gehörig verwertete Stelle des sich Besitz zu erwerben und der Auftrag des Erwerbers auch einen dementsprechenden Inhalt hat.

Diese ganze Lehre mutet dem Parteiwillen ein völlig unpraktisches subtiles Distinguieren zu, das im Geschäftsleben nie zu entdecken ist und das auch in den zitierten Stellen nicht angedeutet wird. Der Auftraggeber will in der Regel nur, dafs der Erwerb praktisch ihm zu Gute komme, der Mandatar erwirbt und bewahrt die Sache einfach „zu Gunsten“ des Mandanten, ohne sich meistens darum zu kümmern, ob er sie dermalen für sich erworben hat oder nicht. Nach unserer Ansicht ist auch hier ein erklärter Wille alieno nomine possidendi dann vorhanden, wenn das Verhalten des Inhabers den Charakter eines ministerium praestare alienae possessioni hat und zwischen den Personen ein Rechts-

---

Africanus l. 34 pr. D. mand. 17, 1 (s. Schlossmann, Grünhuts Ztschr. Bd. 9 S. 333 N. 6a) angeführt werden. Eigentümlich ist es, dafs hier der Beauftragte procurator („negotia Lucii Titii procurabat“) heifst. Der Mandatar erwirbt an dem Gelde, das ihm die Schuldner des Mandanten zahlen, selbst Besitz und Eigentum, was aus den Worten zu ersehen ist „nec huic simile . . . . tui fiunt“. Auf die Stelle kommen wir noch zurück. — Selbstverständlich ist es übrigens, dafs darüber, ob dem Mandatar Besitz und Eigentum an den Sachen zustehen, die er, sei es von dritten für den Mandatar oder von diesem letzteren selbst bekommt und die er nicht lediglich „aufzubewahren“ hat, der nähere Inhalt der Mandatsverpflichtung entscheidet. Deswegen mufs nach römischem, nicht aber auch nach heutigem Recht, das Eigentum unbedingt dem Mandatar in allen jenen Fällen zustehen, wo der Auftrag auf solche Dispositionen sich bezieht, die rechtliche Folgen nach sich ziehen, welche wegen Unzulässigkeit direkter Stellvertretung unmittelbar für den Auftraggeber gar nicht entstehen könnten. Es ist demnach natürlich, dafs es von der Natur der Mandatsverpflichtung abhängt, ob der Mandatar, wenn er sich die Sachen, welche er inne hat, widerrechtlich aneignet, ein furtum begeht, oder blofs gegen die Vertragsverpflichtung handelt. S. z. B. l. 10 § 3; l. 22 § 7; l. 55 D. mand.; l. 46 D. pro socio 17, 2; l. 14 § 9 D. de furt. 47, 2.

verhältnis besteht, welches den Vertreter zu diesem Verhalten ermächtigt. Dafür spricht zunächst der Umstand, dafs die Quellen meistens nur vom Erwerb durch einen „procurator" sprechen. Nun bezeichnet gewöhnlich das Wort „procurator" einen Vermögensverwalter, jemanden, der, sei es die Vermögensangelenheiten überhaupt oder einen gewissen Kreis derselben faktisch besorgt. Deshalb wäre es unberechtigt, was SCHLOSSMANN[1]) richtig hervorhebt, bezüglich des Besitzerwerbs die Prokuratorenqualität des Erwerbers lediglich in dem einfachen Mandat zum Erwerb der Sache für den Mandanten zu erblicken. Dagegen geht SCHLOSSMANN viel zu weit[2]), wenn er behauptet, das Verhältnis zwischen dem Prokurator und dem Herrn sei kein Rechtsverhältnis, der Prokurator sei ein Faktotum des Herrn ohne Rechte und Pflichten[3]). Vielmehr scheint uns aus dem Inhalte unserer Quellen

1) Besitzerwerb durch dritte § 2 und anderwärts.

2) Besitzerwerb §§ 10 u. 11. Zustimmend KNIEP: Vacua possessio S. 211 fg.

3) Es ist ganz richtig, dafs man bei Entwickelung des Begriffs des „procurator" als thatsächlichen Vertreters des Herrn, dessen rechtliche Stellung nicht näher bestimmt war, ausgegangen ist (s. die treffende Ausführung SCHLOSSMANNS in § 11 und die gründlichen historischen Untersuchungen PERNICES: LABEO Bd. 1 S. 488—504), unrichtig dagegen die Behauptung, dafs der procurator der klassischen Zeit, zu welcher erst der Besitzerwerb durch dritte Anerkennung gefunden hat, nur ein Faktotum ohne rechtliche Stellung war. (Vgl. gegen SCHLOSSMANN BARON: Krit. Viertelj. Bd. 23 S. 511—424; ECK: Ztschr. f. Handelsr. Bd. 30 S. 289—292; CZYHLARZ: Ztschr. f. priv. u. öffentl. R. Bd. 10 S. 145—151. Die beiden letzteren Schriftsteller stehen ganz auf dem Boden der herrschenden Lehre; ebenso WINDSCHEID in der 6. Aufl. seiner Pandekten § 155, bes. N. 1; richtiger DERNBURG: Pandekten Bd. 1 § 180 und § 119 N. 11.) Gegen SCHLOSSMANN zeugen entschieden alle diejenigen Stellen, in welchen ein Prokurator schon als solcher als beauftragt und in gewisser Hinsicht bevollmächtigt gilt, z. B.: l. 10 § 2; l. 11; l. 12 D. de pactis 2, 14; l. 46 §§ 4, 7 D. de proc. 3, 3; l. 7 pr. D. de calumn. 3,

hervorzugehen, dafs der Prokurator als solcher Mandatar und zugleich Bevollmächtigter des Herrn ist. Nur so viel ist

6; l. 8 pr.; l. 10 §§ 5—10; l. 26 § 5; l. 49; l. 56 §§ 2, 4 D. mand. 17, 1; l. 15 § 8 D. loc. 19, 2; l. 31 § 5 D. de aed. ed. 21, 1; l. 5 § 1 D. de i. d. 23, 3; l. 23 D. de lib. leg. 34, 3; l. 18 § 16 D. de damn. inf. 39, 2; l. 16 § 3; l. 17; l. 22 §§ 1, 5 D. de lib. causa 40, 12; l. 7 § 6 D. pro empt. 41, 4; l. 87 D. de solut. 46, 3; l. 6 D. de cond. ind. 12, 6. Andererseits ist der Prokurator nicht lediglich ein bevollmächtigter Mandatar, wie die herrschende Lehre annimmt. Aus manchen Quellenstellen ergiebt sich, dafs er im besonders nahen Verhältnisse zum Herrn steht und ihm auch faktische Dienste leistet, z. B.: l. 30 D. mand. 17, 1; l. 8 § 5 D. de relig. 11, 7; l. 8 D. de resc. reud. 18, 5; l. 1 § 1; l. 25 §§ 1, 3, 4 D. de aed. ed. 21, 1; l. 4 D. de obsequ. parent. 37, 15. Im allgemeinen erscheint er als Vermögensverwalter, dem ein gröfserer Kreis geschäftlicher Angelegenheiten anvertraut ist. S. bes. l. 33 pr. § 1; l. 43 pr. D. de proc. 3, 3 (proc. in administratione rerum im Gegensatz zum proc. in actionibus); l. 23 D. de minor. 4, 4; l. 1 § 1 D. de fugit. 11, 4; l. 23 pr. D. de cond. ind. 12, 6; l. 5 § 10, § 18; l. 6; l. 19 pr. D. de instit. act. 14, 3; l. 5 pr. D. de trib. act. 14, 4; l. 3 §§ 2, 4 D. de in rem. v. 15, 3; l. 6 § 6; l. 34 pr. D. mand. 17, 1; l. 13 §§ 25, 27 D. de a. e. v. 19, 1; l. 46 pr. D. de admin. tut. 26, 7; l. 34 § 1 D. de leg. III; l. 54 § 3 D. de a. r. d. 41, 1; l. 5 §§ 9—13 D. quod vi aut clam. 43, 24; Paulus R. S. I. 3, 2; Fr. Vat. §§ 132, 133. In der späteren Kaiserzeit werden oft Verwalter von Häusern und Gütern „procuratores“ genannt. Vgl. beispielsweise c. 13 § 1 C. quod cum eo 4, 26; c. 12 C. h. t.; c. 16 C. de proc. 2, 12; c. 6 pr. C. unde vi 8, 4; c. 5 C. ad leg. Jul. 9, 27; c. 2 C. de his qui latron. 9, 39; c. 8 C. si al. res pign. 8, 15 (16) und die von Schlossmann a. a. O. S. 102 N. 3 zitierten Kodexstellen. Sehr oft wird der Prokurator dem tutor und curator gleichgestellt. Vgl. aufser den bereits zitierten Stellen noch z. B.: l. 7 § 10 D. de publ. 6, 2; l. 26 D. de r. c. 12, 1; l. 11 § 7; l. 12 D. de pign. a. 13, 7; l. 21 § 1 D. de pec. 15, 1; l. 1 § 9 D. quod iussu 15, 4; l. 34 § 7 D. de c. e. 18, 1; l. 31 § 14 D. de aed. ed. 21, 1; l. 3 D. de tut. et ration. 27, 3; l. 35 D. de a. r. d. 41, 1; l. 6 §§ 3, 4 D. de confess. 42, 2; l. 11 § 7 D. de exc. r. iud. 44, 2; l. 13 § 10 D. de accept. 46, 4; l. 18 § 8 D. de iure fisci 49, 14; l. 49 D. de solut. 46, 3; l. 109 D. de v. s. 50, 16. Mit Recht macht gegen die herrschende Lehre Schlossmann den Umstand geltend, dafs der Prokurator sehr oft in unseren Quellen erst im Falle eines ihm ertheilten Spezialmandats als bevollrichtig, dafs über die Pflichten des Prokurators und den Umfang seiner Bevollmächtigung uns, und zwar selbst da, wo ein Spezialmandat ertheilt wird, nicht sowohl eine bestimmte Erklärung des Herrn, als vielmehr das ganze faktische mit Willen des Herrn erfolgende geschäftliche Gebaren des Prokurators Aufschlufs giebt. Die Bevollmächtigung zur Geschäftsführung, die einem Prokurator zusteht, berechtigt nicht zum Erwerbe von Sachen überhaupt mit rechtlicher Wirkung für den Vollmachtgeber, sondern, wie billigerweise angenommen werden darf, nur zu solchen Erwerbsarten, die innerhalb der Grenzen seines officium liegen, zum normalen Gebaren des anvertrauten Geschäftskreises gehören. Deshalb darf es nicht wundern, dafs dem Prokurator, wie bezüglich anderer Geschäfte, auch zum Erwerb von Sachen manchmal Spezialaufträge ertheilt werden und unter Umständen ein Handeln des Prokurators ohne Spezialmandat nur als negotiorum gestio gilt. Ein Spezialmandat zum Erwerbe einer „Spezies" ist zweifellos keine Voraussetzung des Erwerbs für den dritten[1]).

---

mächtigter Mandatar gilt, sonst als negotiorum gestor behandelt wird. Vgl. dazu l. 3 § 1 D. quod quis. iuris 2, 2; l. 23 (24) D. de neg. gest. 3, 5; l. 25 § 1 D. de minor. 4, 4; l. 18 D. de cond. furt. 13, 1; l. 17 pr. D. de in r. verso 15, 3; l. 30 § 1 D. ad S. C. V. 16, 1; l. 10 § 5 D. mand. 17, 1; l. 21 pr. D. de pign. 20, 1; l. 7 §§ 1, 2 D. qu. mod. pign. 20, 6; l. 51 § 1 D. de aed. ed. 21, 1; l. 8 § 6 D. de lib. leg. 34, 3; l. 68 (66) § 1 D. ad S. C. Treb. 36, 1; l. 3 § 2 D. ut. in poss. legat. 36, 4; l. 2 § 9; l. 11 D. pro empt. 41, 4; l. 13 § 6 D. quod vi aut clam. 43, 24; l. 6 § 1 D. de prec. 43, 26; l. 12 pr. § 4; l. 13; l. 34 § 4; l. 38 § 1; l. 58; l. 71 §§ 1, 2, 3 D. de solut. 46, 3; l. 14 D. de cond. causa data 12, 4; l. 3 D. de accept. 46, 4; l. 3; l. 10; l. 11; l. 12; l. 16; l. 18; l. 22 pr. §§ 1—6; l. 25 § 1 D. rat. rem. hab. 46, 8; l. 62 (61) § 5 D. de furt. 47, 2; Fr. Vat. §§ 328, 333. Gai. IV. 84. Aus dem Kodex mögen noch beispielsweise angeführt werden: c. 1; c. 10; c. 16 C. de proc. 2, 12 (13) c. 9; c. 11; c. 12 C. mand. 4, 35; c. 4 C. de novat. 8, 41 (42); l. 18 C. de solut. 8, 42 (43).

1) Dafs man auch durch einen procurator omnium bonorum Besitz

Andererseits ist aber eine generelle „Vollmacht zum Erwerb von Sachen“ mit direkter Wirkung für den Herrn nicht nur

---

und Eigentum erwirbt, ist heute seit den Ausführungen BREMERS (Ztschr. f. Zivr. u. Prozeſs N. F. Bd. 11 S. 211—266, Bd. 17 S. 193—225) gemeine Meinung. Dawider jetzt, wie es scheint, nur SCHIRMER (daselbst Bd. 14 S. 138—196) und BRINZ: Pandekten § 140. Litteraturangaben vgl. bei BREMER: a. a. O. Bd. 11 S. 212 fg. und WINDSCHEID: Pandekten Bd. 1 § 155 N. 9. An der Ansicht von BRINZ ist so viel Richtiges, daſs in der That in der ersten Zeit, als der Besitzerwerb durch dritte anerkannt worden ist, wahrscheinlich nur dann der Besitz direkt dem Herrn zufiel, wenn der Prokurator einen spezielleren Auftrag zur Empfangnahme der Sachen hatte, sonst nicht. Dies ergiebt sich zwar nicht mit Bestimmtheit aus der Stelle des NERATIUS l. 13 pr. D. de a. r. d., denn der erwähnte Auftrag braucht kein spezieller zu sein, wohl aber aus dem Fragment des AFRICANUS l. 34 pr. D. mand. 17, 1. Würde nämlich der procurator an dem Gelde, das er a debitoribus Titii exegisset, unmittelbar für diesen Besitz und Eigentum erworben haben, dann würde allerdings nach der Ansicht AFRICANS auf Grund der brevi manu traditio seine Schuld in ein mutuum verwandelt werden können. Obzwar in der weiteren Ausführung des AFRICANUS die Entstehung des mutuum bei einem speziellen iussus auf Empfangnahme des Geldes nicht davon abhängig gemacht wird, daſs der Beauftragte zuerst für den Auftraggeber das Geld erwerbe, so ist es doch klar, daſs AFRICANUS nicht nur in Betreff der Umwandlung der Schuld aus dem Mandat in ein mutuum Grundsätze des älteren römischen Rechts vertritt (vgl. ULPIAN in l. 15 D. de r. c. 12, 1 und l. 3 § 3 D. de S. C. M. 14, 6, s. dazu SCHLOSSMANN: GRÜNHUTS Ztschr. Bd. 9 S. 538 fg.), sondern auch die Möglichkeit des direkten Erwerbs nur im Falle eines Spezialauftrags annimmt. — Die herrschende Lehre, welche alles Gewicht auf das faktische Herrschen-Wollen legt, ist nach unserer Ansicht nicht imstande, den Besitz durch Bevollmächtigte in befriedigender Weise zu erklären. So begreifen wir nicht, wie z. B. die Konsequenz abzuweisen wäre, daſs auch ein Dieb seine „Prokuratoren“ haben könnte, und der Besitz an den von seinen Gehilfen gestohlenen Sachen ihm direkt zufallen müſste. Wir sehen auch nicht ein, warum unser im allgemeinen „zum Erwerb von Sachen“ bestellte Prokurator, wenn dies sein Belieben wäre, uns nicht auch durch Diebstahl Besitz zuwenden könnte. Rücksichtlich des Erwerbs des Tutor und des Pekuliarerwerbs wird diese Möglichkeit ausdrücklich geleugnet (s. l. 33 D. de furt. 47, 2; l. 24 D. h. t.). Was den Erwerb durch Prodem römischen, sondern auch dem heutigen Rechte unbekannt. Die Vollmacht bezieht sich auf das Besorgen geschäftlicher Angelegenheiten und auch in der ausgedehntesten Vollmacht ist ein Wollen alles das zu besitzen, was der procurator „für uns" ergreift, absolut nicht enthalten.

Die Aussprüche unserer Quellen zwingen uns zu der Annahme, daſs der Erwerb durch einen Prokurator als Ver-

---

kuratoren auf Grund eines allgemeinen Auftrags zur Geschäftsführung betrifft, ist es wohl selbstverständlich, daſs man auf diese Weise nur „ex iusta causa" erwirbt (nicht dagegen l. 1 §§ 13, 14; l. 3 § 10 D. de vi 43, 16; l. 152 §§ 1, 2 D. de r. i. 50, 17), weil das Recht nur bei rechtlich zulässiger Geschäftsführung (vgl. dazu l. 25 § 3 D. quae in fraud. cred. 42, 8) eine „Vertretung" gestattet. Nicht weniger „selbstverständlich" ist es, was die herrschende Lehre gar nicht beachtet, daſs bei direktem Erwerb durch dritte der Vertretene nicht nur einfach besitzt, sondern aus derselben causa besitzen muſs, auf Grund, welcher sein Prokurator die Sache ergreift. — Schlossmann (s. Besitzerwerb § 11) will zwischen einfachem procurator omnium bonorum und procurator mit libera administratio unterscheiden. Dies ist nicht richtig. Unter einem procurator omnium bonorum der klassischen Zeit haben wir uns stets einen Vertreter mit ausgedehnter Administrationsbefugnis zu denken (s. aus dem bereits angeführten Quellenmaterial bes. l. 12 D. de pact. 2, 14; l. 7 pr. D. de calumn. 3, 6; l. 6 D. de inst. a. 14, 3 u. a.). Es muſs jedoch angenommen werden einerseits, daſs es neben dem procurator omnium bonorum und dem procurator ad unam causam noch Prokuratoren giebt, die weder das eine sind noch das andere und andererseits, daſs man unter einem procurator o. b. nicht berechtigt ist, einen „Generalbevollmächtigten" im heutigen Sinne zu verstehen und daſs die Vollmacht des letzteren sehr oft nur auf einen gewissen Geschäftskreis sich bezog (s. l. 9 § 4 D. de a. r. d. 41, 1; §§ 42, 43 J. de r. d. 2, 1; l. 12. D. de pign. a. 13, 7). Man beachte auch die Analogie des geschäftlichen Gebarens eines institor bez. eines magister navis, dazu z. B. l. 8 D. quod cum eo 14, 5 und zahlreiche Stellen in den Digestentiteln 14, 1 und 14, 3. „Generalbevollmächtigte" kennt das röm. Recht überhaupt nicht, schon darum, weil es nur in sehr beschränktem Maſse direkte Stellvertretung zuläſst. Aber auch der „Generalbevollmächtigte" des heutigen Rechts ist sicherlich nicht bevollmächtigt für den Vollmachtgeber überhaupt „Besitz zu ergreifen".

mögensverwalter des Herrn nicht der einzig mögliche Besitzerwerb corpore alieno ist. Es ist nämlich zu beachten: erstens, dafs die römischen Quellen[1]), obzwar diese Deutung

1) Die Geschichte des Besitzerwerbs durch dritte im römischen Recht bietet manche Zweifel dar, und wir glauben nicht, dafs es möglich wäre, diese Zweifel zu schlichten. Zunächst ist es zweifelhaft, wie es dazu gekommen ist, dafs aus dem Besitzerwerb durch Prokuratoren der älteren klassischen Juristen ein Erwerb „per liberam personam“ überhaupt geworden ist; ferner, was eigentlich diese Änderung praktisch zu bedeuten habe und was für eine Rolle dabei der Severschen Konstitution c. 1 C. h. t. zukomme. Nach unserer Ansicht dürfte hier die sich im Laufe der Zeit allmählich entwickelnde Auffassung des Prokuratorenbegriffs von entscheidender Bedeutung gewesen sein. Man darf behaupten, dafs den älteren klassischen Juristen sowohl der Begriff des Prokurators o. b. als eines mit weiter Vollmacht bestatteten Generalmandatars, als auch derjenige des Prokurators als Bevollmächtigten „ad unam causam“ (der uns nicht interessierende Prozefsprokurator bleibt hier natürlich aufser Betracht), nicht bekannt waren. Zwar hat schon bei den älteren Juristen das Prokuratorenverhältnis einen rechtlichen Charakter, aber keinen präzis ausgebildeten. So erscheint schon bei Trebatius der Prokurator als Bevollmächtigter (l. 10 § 2 D. de pact. 2, 14 cit. Aus l. 65 § 8 D. pro socio 17, 2 läfst sich nichts Bestimmtes über die Ansichten der Juristen Alfenus und Servius entnehmen). So sieht schon Pedius in dem Anvertrauen der administratio an den Prokurator ein Mandat (l. 31 § 14 D. de aed. ed. 21, 1); ganz bestimmt Neratius (l. 25 § 3 D. eod. 21, 1; l. 4 § 18 D. de doli m. exc. 44, 4). Die genauere Feststellung dessen, was bei Bestellung des Prokurators als beauftragt gilt, scheint zuerst von Labeo versucht worden zu sein (l. 10 §§ 8, 9 D. mand. 17, 1; l. 5 § 10 D. de inst. a. 14, 3; l. 3 §§ 2—4 D. de in rem. verso 15, 3. In der Ausführung Ulpians in der letzteren Stelle ist, wie es scheint, der Vergleich mit dem procurator dem Labeo zuzuschreiben. S. auch l. 8 pr. D. mand., wo jedoch „procurator“ wahrscheinlich für „cognitor“ interpoliert ist. S. Pernice: Labeo Bd. 1 S. 493). Labeo anerkennt also bereits eine ziemlich ausgedehnte Vollmacht des Prokurators und stellt ihn mit dem tutor zusammen (s. arg. aus l. 6 D. de cond. ind. 12, 6; dann l. 1 § 9 D. quod iussu 15, 4; l. 22 § 5 D. de lib. causa 40, 12; l. 5 §§ 9—13 D. quod vi aut clam. 43, 24). Nichtsdestoweniger hat sich das Rechtsverhältnis des Prokurators als Vollmacht erst allmählich entwickelt, wovon wir Spuren in unseren Quellen finden (so z. B. in Betreff

eine ungewöhnliche ist, doch manchmal auch jemanden, der mit einem einzelnen Geschäfte beauftragt wird, Prokurator

der Zahlung und der Empfangnahme von Zahlungen s. bes. Celsus l. 6 D. de cond ind. 12, 6 cit.; l. 87 D. de solut. 46, 3 u. Julian l. 6 cit.; l. 34 §§ 3, 4; l. 58 pr. D. de solut.; l. 11 § 5 D. de pign. a. 13, 7; in Betreff der Veräufserungen vgl. auch Gaius l. 12 D. eod.; l. 9 § 4 D. de a. r. d. 41, 1). Jedoch der entwickelte Begriff des bevollmächtigten Vertreters, von dessen Vollmacht einzelne Geschäftsarten ausdrücklich ausgenommen werden, tritt uns erst bei den späteren klassischen Juristen entgegen (Ulpian: l. 1 pr. § 1 D. de proc. 3, 3; l. 6 § 1 D. mand. 17, 1; Paulus: l. 11; l. 13 D. de pact. 2, 14; l. 49; l. 58; l. 59; l. 60 D. de proc. 3, 3; l. 17 § 3 D. de iureiur. 12, 2; l. 26 § 5 D. mand. 17, 1; l. 3 D. de accept. 46, 4; l. 20 § 1 D de novat. 46, 2; R. S. I. 1, 2; Modestinus: l. 63 D. de proc. 3, 3; s. auch l. 109 D. de v. s. 50, 16 ders. und Marcianus: l. 49 D. de solut. 46, 3). Ebenso findet sich eine bestimmte Erwähnung von dem Prokurator als Bevollmächtigten für einen einzelnen Fall erst bei Ulpian: l. 1 § 1 D. de proc. cit.; l. 12 pr. D. de solut. 46, 3; l. 12 § 7 D. mand. 17, 1. (S. auch l. 17 § 16 D. de iniur. 47, 10 und l. 3 § 2 D. iudic. salvi 46, 7). Vgl. dazu Schlossmann a. a. O. S. 98 N. 2. S. aber im Kodex z. B.: c. 10 C. de proc. 2, 12 (13); c. 3 C. de vind. lib. 7, 1. Wahrscheinlich ist es also allenfalls, dafs man auch in Betreff des Besitz- und Eigentumserwerbs in der Bestellung zum Prokurator an und für sich noch keine Vollmacht sah und dazu genauere Aufträge verlangte, wie auch, dafs man nicht geneigt war, in dem Spezialmandatar einen Stellvertreter zu erblicken. In ersterer Hinsicht, dies kann Schlossmann zugestanden werden, mochte das Betonen des „ignoranti“ in der Severschen Konstitution (c. 1 C. h. t. cit.) auf die freiere Auffassung der Besitzerwerbsvollmacht des Prokurators nicht ganz ohne Einflufs gewesen sein, obzwar mit Rücksicht auf das „pridem“ an die Einführung eines g a n z n e u e n Grundsatzes nicht zu denken ist. Ob es schon in der Severschen Konstitution „per liberam personam“ hiefs, oder, wie Kniep behauptet (a. a. O. S. 220 fg.) „per procuratorem“ und die Änderung in „libera persona“ in dieser Stelle, wie auch in anderen Stellen (l. 11 § 6 D. de pign. a. 13, 7; l. 2 D. h. t.; l. 14 § 17 D. de furt. 17, 2; l. 20 § 2 D. de a. r. d. 41, 1; l. 53 D. eod.) eine interpolatio der Kompilatoren ist, müssen wir dahingestellt sein lassen. Nach dem Gesagten sind wir jedoch der Ansicht, dafs man zu Ulpians Zeit „per liberam personam“ oder „per quemlibet volentibus nobis possidere“ wohl s a g e n konnte. Für Kniep spricht die höchst wahrscheinliche inheifsen. Zweitens wird in einigen Fragmenten der justinianischen Gesetzgebung vom stellvertretenden Erwerb gesprochen,

---

terpolatio in c. 1 C. per quas pers. 4, 27, gegen ihn wiegt dagegen sehr schwer der Umstand, dafs die Interpolation in den wichtigsten, die Frage ex professo behandelnden Stellen im Digestentitel de adq. poss. fehlt. Wichtig für die ganze Frage ist dies, ob das Fragment l. 53 D. de a. r. d. cit. wirklich von Pomponius ist, wie dies Schulting (Notae ad Digesta tom. 6 pag. 366 fg.) auf Grund des Umstandes behauptet, dafs wohl Pomponius, nicht aber Modestin Bücher ad Quintum Mucium geschrieben hat, oder nicht. Völlig überzeugend ist die Hypothese Schultings nicht, weil ja in dieser Stelle ebensogut die Überschrift „ad Qu. Muc." falsch sein kann. Nach unserer Ansicht verrät die Stelle in ihrem Inhalte die Spuren einer Interpolation gar nicht (warum keine interpolatio in „libera persona", die hier so naheliegend wäre?) und klingt doch wie unverfälschter Modestin. Was die beiden „idem ad Qu. Muc." überschriebenen Fragmente (l. 53 und l. 54) anbetrifft, sind wir nicht der Meinung, dafs sie beide von Modestin herrühren. Das zweite ist eher dem Pomponius zuzuschreiben. Dafür spricht nicht nur, was hier nicht näher ausgeführt werden kann, sein Inhalt, sondern auch der Umstand, dafs Excerpte aus Pomp. ad Qu. Muc. fast regelmäfsig in den Digesten den Fragmenten aus dem Modestinus unmittelbar nachfolgen (vgl. die Digestentitel: 1, 7; 7, 1; 7, 4; 7, 8; 8, 1; 8, 3; 12, 6; 18, 1; 19, 1; 19, 2; 22, 1; 23, 3; 28, 2; 28, 5; 28, 7; 31; 32; 33, 2; 34, 2; 34, 4; 35, 1; 38, 1; 38, 16; 39, 5; 40, 7; 40, 9; 41, 3; 42, 1; 44, 7; 45, 1; 45, 3; 46, 3; 47, 2; 49, 15; 50, 16 und 50, 17 — manchmal ist Pomp. ad Qu. Muc. von Modestin durch Fragmente Javolens „epistularum" oder „ex Cassio" getrennt) und dafs ein Irrtum in der Überschrift beider Fragmente nicht wahrscheinlich ist. Dagegen dürfte das erstere Fragment l. 53 vielleicht doch entweder ganz oder wenigstens sein letzter Satz wirklich von Modestin sein. Dafür zeugt u. E. sein Inhalt, während die irrtümliche Überschrift ad Qu. Muc. nach dem Gesagten ziemlich leicht erklärlich ist. — Übrigens ist ein erheblicher praktischer Unterschied bezüglich des Erwerbs durch dritte zwischen dem älteren und dem neueren römischen Recht nicht vorhanden, obzwar es dort „per procuratorem", hier dagegen „per liberam personam" heifst. Denn einerseits ist auch nach späterem Recht keineswegs jeder Mandatar bevollmächtigt zur Besitzergreifung, andererseits sind wir nicht davon überzeugt, als sollte nach älterem Recht der Besitzerwerb durch Prokuratoren als Vermögensverwalter der einzig mögliche Besitzerwerb durch dritte gewesen sein. Gegen das letzohne dafs der Erwerber „procurator“ genannt wäre. Da in zahlreichen Entscheidungen unserer Rechtsbücher ein ent-

---

tere spricht entschieden die Analogie des Erwerbs durch einen im Zustande der Freiheit lebenden Sklaven in l. 31 § 2 D. de usurp. 41, 3 (Paulus oder, was wahrscheinlicher ist, Pomponius, s. Schulting: Jurispr. Antejust. pag. 208); l. 34 § 2 D. h. t. (Celsus, Ulpian) und das „quasi procuratores“ in l. 54 § 3 D. de a. r. d. 41, 1 (Modestin recte Pomponius) in Bezug auf den bona fide serviens, welches beweist, dafs „procurator“ nichts als nur eine besonders qualifizierte Vollmacht bedeutet. Der Erwerb durch Prokuratoren als Vermögensverwalter war wohl der wichtigste, weil in einer besonders auffälligen Weise den Grundsatz „libera persona nihil nobis adquirit“ durchbrechende, aber doch nicht der einzige Fall des Besitz- und Eigentumserwerbs durch dritte. So glauben wir, dafs der Geschäftsherr bez. der exercitor durch den institor bez. magister navis ohne Zweifel stets direkt Besitz und Eigentum erwarb auch dann, wenn ein Freier oder ein fremder Sklave sein institor bez. magister navis war. Zwar fehlt es uns an direkten Entscheidungen, aber für unsere Ansicht spricht dies, dafs zwischen dem Fall, wo der „Institor“ magister) ein Freier ist und jenem, wo er ein Sklave des Herrn ist, gar kein Unterschied gemacht wird; ferner, dafs der ganze Warenkomplex Eigentum des Herrn ist (merx dominica, bei Sklaven kein Pekuliarvermögen), dafs gegen den Herrn ohne weiteres die condictio gegeben wird, und endlich, dafs der Institor (magister) überhaupt in allen geschäftlichen Angelegenheiten „voluntate domini“ handelt. Vgl. dazu z. B. l. 4 D. de minor. 4, 4; l. 19 § 3 D. de iud. ubi quisque 5, 1; l. 20 D. de usu et hab. 7, 8; l. 1 §§ 4, 5, 8, 9, 15, 20; l. 4 §§ 1—4; l. 7 D. de exerc. act. 14, 1; l. 2; l. 5 pr. § 7 u. sq.; l. 7 § 1; l. 11 § 7, § 8; l. 13 pr. § 2; l. 14; l. 17 § 5; l. 19 D. de inst. act. 14, 3; l. 7 § 11 D. de S. C. M. 14, 6; l. 5 D. de stip. praet. 46, 5; Paul. R. S. II. 8, 2; § 2; § 8 J. quod cum eo 4, 7). In l. 29 D. de r. c. 12, 1, wo ähnlich wie in der Institutionenstelle die condictio gegen den Herrn gegeben wird, ist ausdrücklich von einem servus institor die Rede. Es wäre wohl nicht berechtigt, dies zu urgieren. (Ähnlich in l. 20 D. de usu et hab. 7, 8.) Ebenso zweifeln wir gar nicht daran, dafs, wenn der Herr ein Feldgrundstück ausnahmsweise durch einen Freien als „villicus“ verwaltete, er an Feldfrüchten, Tierprodukten, an den für die Wirtschaft angeschafften Gerätschaften u. s. w. selbst Besitz erwarb (s. dazu z. B. l. 16 D. de inst. act. 14, 3). Der Umstand, dafs die Quellen stets vom Erwerb durch Prokuratoren sprechen, ist auch darum bezeichnend, weil man scheidendes Gewicht darauf gelegt wird, dafs die Sache nomine des Vertretenen erworben werde, so gelangen wir zu der Überzeugung, dafs hier das Wollen, für einen dritten zu erwerben, nur dann anzunehmen ist, wenn der Apprehendent ausdrücklich als Vertreter auftritt, die Sache geradezu auf den Namen des Vertretenen nimmt. Eine solche Be-

daraus mit Bestimmtheit schliefsen kann, dafs Leute wie Taglöhner, Wächter und überhaupt das ganze niedrige bei der Wirtschaft beschäftigte Dienstpersonal keine Stellvertreter im Besitz, sondern Gehilfen sind. (Vgl. oben Bd. 1 S. 127.) Nur wenn man die römischen Quellen arg mifsversteht, kann man der Ansicht sein, dafs die römischen Juristen einen custos oder mercenarius (l. 51 D. h. t.; l. 6 D. de donat. 39, 5) „procuratores" haben nennen können. — Die Zeit, wann der Besitzerwerb durch freie Stellvertreter anerkannt worden ist, läfst sich nach unserer Ansicht auch mit einiger Wahrscheinlichkeit nicht genau feststellen. Das einzige ist sicher, dafs zu NERATIUS' Zeiten der Grundsatz nicht ganz unzweifelhaft war (s. l. 41 D. de usurp. 41, 3). Indessen glauben wir nicht, dafs man aus dem „iam fere conveniat" der Stelle mit Bestimmtheit folgern könnte, der Satz sei erst ungefähr zu NERATIUS' Zeiten entstanden. (So KNIEP a. a. O. S. 211; s. auch SCHLOSSMANN a. a. O. S. 136). Insbesondere folgt aus l. 51 D. h. t. gar nicht, wie dies SCHLOSSMANN (S. 158) und KNIEP (S. 210) behaupten, dafs LABEO und JAVOLEN den Besitzerwerb durch dritte gar nicht kennen. (Ähnlich wie in l. 51 cit. scheint LABEO auch in l. 5 § 14 D. commod. 13, 6 in dem „custodem ponere" eine Empfangnahme der Sache zu sehen.) Noch weniger berechtigt ist es, dies in Bezug auf den JAVOLENUS aus l. 1 § 21 D. h. t. (so SCHLOSSMANN S. 137 N. 1, S. 158) zu schliefsen. Die Erörterung, ob ich direkt oder durch den procurator Besitz erworben habe, hat ja seine guten Gründe (vgl. Bd. 1 S. 274). Wir glauben vielmehr annehmen zu dürfen, dafs bereits dem LABEO der Besitzerwerb durch dritte nicht unbekannt war (vgl. dazu die nächstfolgende Note); mag die Anwendbarkeit des Grundsatzes, dafs man durch dritte erwerben kann, sich später erweitert haben. Wenn übrigens SCHLOSSMANN sagt (S. 137 N. 1): „Das ‚animo nostro, corpore alieno' sei ihm (dem JAVOLENUS) noch fremd, und auch beim Besitzerwerb durch Sklaven . . . damals noch nicht durchgedrungen", so dürfte ihm diese letztere, zweifellos ganz unrichtige Bemerkung wohl nur zufälligerweise entschlüpft sein.

sitzergreifung kommt begreiflicherweise nur bei Traditionen vor und ist nur auf die Fälle des Traditionserwerbs zu beschränken. Sie setzt eine Ermächtigung des Vertreters zu solchem Auftreten voraus, die auch in einem Spezialmandat enthalten sein kann. Ferner setzt dieser Besitzerwerb alieno nomine voraus, daſs die Sache von dem Tradenten dem Stellvertreter auf den Namen des Vertretenen, d. h. mit dem erklärten Willen, den Erwerb direkt dem Vertretenen zuzuwenden, geleistet werde[1]).

1) Die Übergabe der Sache mit Willen desjenigen, dem man sie zuwenden will, an eine andere Person, welche sie als Vertreter des eigentlichen Empfängers übernimmt, ist der wichtigste Fall des Erwerbs durch dritte, der Fall, von dem man wahrscheinlich bei der Anerkennung direkter Stellvertretung im Besitzerwerb ausgegangen ist. Auffallend ist es, daſs von unseren Schriftstellern die Bedeutung, welche den Entscheidungen über die solutio an einen Vertreter für die Besitzlehre zukommt, nicht gewürdigt wird. Eine Ausnahme macht Kindel (Grundlagen des römischen Besitzrechts S. 381 fg.), der jedoch verfehlterweise den Besitzübergang durch ein zwischen dem Tradenten und dem Vertretenen begründetes constitutum possessorium erklären will. Kindel vergiſst dabei vollständig, wann das c. p. entstanden ist. — Natürlich müssen die beiden wesentlich voneinander verschiedenen Fälle der Leistung an einen dritten unterschieden werden, nämlich der Fall, wo der dritte für sich (einerlei ob lediglich in seinem Interesse) erwirbt, suum negotium gerit, gleichviel ob der Leistende das Recht hat, an den dritten zu leisten oder dies ihm nur gestattet oder aufgetragen wird (dazu sind zu vergleichen: l. 6; l. 7; l. 9 D. de cond. c. d. c. n. s. 12, 4; l. 26 § 8 D. de cond. ind. 12, 6; l. 7 § 1 D. de pec. const. 13, 5; l. 26 § 1 D. mand. 17, 1; l. 15 § 2 D. de c. e. 18, 1; l. 33 D. de pign. 20, 1; l. 3 §§ 12, 13; l. 26; l. 39 D. de don. i. v. et u. 24, 1; l. 67 (65) § 4 D. ad S. C. Treb. 36, 1; l. 19 § 3 D. de don. 39, 5; l. 16; l. 23 D. de fideius. 46, 1; l. 38 § 23; l. 56 § 2; l. 128; l. 131 § 1; l. 141 § 5 D. de v. o. 45, 1; l. 21 D. de novat. 46, 2; l. 9 pr.; l. 10; l. 11; l. 12 §§ 1—3; l. 32; l. 34 §§ 2, 7; l. 38 pr.; l. 39; l. 49; l. 57 § 1; l. 59; l. 64; l. 66; l. 71 pr.; l. 81 pr.; l. 82; l. 95 §§ 5—7; l. 96 pr.; l. 98 §§ 4, 5; l. 106; l. 108 D. de solut. 46, 3; § 4 I. de inut. stip. 3, 19) und den Fall, wo an den dritten als den Vertreter desjenigen, dem der Erwerb zufallen

Unser Resultat ist: Die Apprehension ist ein ministerium praestare alienae possessioni dann, wenn in der Übergabe

soll, geleistet wird. Im zweiten Falle setzt die korrekte Leistung eine ausdrückliche oder stillschweigende Erklärung des Nehmers voraus, dafs der Erwerb direkt dem Vertretenen zufalle. Ist nun bei einer solchen Übergabe der Übernehmer zur Empfangnahme für den Herrn ermächtigt (die Ermächtigung wird oft in einem an den Leistenden gerichteten Auftrag — iussus — gegeben, ist aber unter Umständen schon in der Administrationsvollmacht eines Prokurators enthalten; s. das mandare bei Celsus l. 6 § 2 D. de cond. ind. 12, 6 und Julian l. 34 § 3 D. de solut. 46, 3), dann wird sofort Besitz und Eigentum für den Herrn erworben (l. 6 § 1 § 2 D. de cond. ind. 12, 6; l. 11 § 5 D. de pign. act. 13, 7; l. 26 § 5 D. mand. 17, 1; l. 2 D. de calumn. 3, 6; l. 12 pr.; l. 18; l. 34 § 3; l. 38 § 1; l. 86; l. 88 i. f. D. de solut. 46, 3. Vgl. ferner l. 180 D. de r. i. 50, 17: „quod iussu alterius solvitur, pro eo est quasi ipsi solutum esset"; und in l. 5 § 4 D. praescr. verb. 19, 5 „mandatum . . . sine quo exigi pecunia alieno nomine non potest"). Ist der Nehmer zur Empfangnahme nicht bevollmächtigt, dann eignet sich der Herr den Erwerb erst durch ratihabitio an, welche auch gegen den Willen des als Stellvertreter auftretenden Nehmers wirksam erfolgen kann (l. 23 (24) D. de n. g. 3, 5; l. 16 D. de cond. causa d. c. n. s. 12, 4; l. 12 § 4; l. 13; l. 34 §§ 4—6; l. 58; l. 71 §§ 1—3 D. de solut. 46, 3; l. 12 §§ 1, 2; l. 16; l. 22 pr. §§ 1—6; l. 25 § 1 D. rat. rem. hab. 46, 8; l. 43 § 1; l. 44 pr.; l. 81 (80) §§ 5—7 D. de furt. 47, 2; c. 8 C. de cond. ind. 4, 5; c. 19 C. de furt. 6, 2; c. 12 C. de solut. 8, 42 (43); c. 9 C. de n. g. 2, 18 (19). Es mufs angenommen werden, dafs in allen Entscheidungen unserer Quellen, nach welchen die Tradition an eine die Sache in unserem Namen übernehmende Person als korrekte Solution den Schuldner liberiert, Besitz und Eigentum uns direkt erworben werden. Dafs das römische Recht zur normalen solutio Besitz und Eigentumsverschaffung durch den dritten verlangt, andererseits aber sich mit diesem Erfolg zufrieden giebt, dafür zeugen ganz evident besonders l. 18 D. de solut. cit. (Ulpian) „furtum domino facit", l. 19 D. eod. (Pomponius, Labeo) „mei nummi facti"; l. 41 D. de r. c. 12, 1 (Africanus), hier namentlich das arg. aus „accipientis non facies" in dem Passus „nam et si tibi . . . . nummos alienaret"; l. 38 § 1 D. de solut. cit. (idem) arg. aus den Worten „mansuros eos debitoris"; l. 3 § 12 D. de don. i. v. et ux. cit. (Celsus, Ulpian) arg. aus „ipsam pecuniam tuam esse"; vgl. auch in l. 44 pr. D. de furt. cit. (Pomponius) „nummi de-

der Sache an den Vertreter der Wille, dafs der Erwerb dem dritten direkt zufalle, unzweideutig zum Ausdruck gelangt,

---

bitoris erunt". Unrichtig ist es, wenn SCHLOSSMANN (Ztschr. f. priv. u. öffentl. R. Bd. 9 S. 336 N. 10) noch aufserdem zur solutio das Verschaffen dem Erwerber der unmittelbaren Macht über die Sache verlangt. Davon wissen unsere Quellen nichts, und SCHLOSSMANN hat für seine Ansicht gar keine irgendwie erheblichen Quellenzeugnisse anzuführen versucht. Das „ut eos perferret" in l. 43 § 1 de furt. cit. ist nur der Ausdruck des Willens, dafs das Geld für den creditor bestimmt wird. In der Übergabe an jemanden, der uns unmittelbar Besitz und Eigentum erwirbt, liegt schon eine praestatio. Dies gilt sogar, was hier nicht näher ausgeführt zu werden braucht, beim Erwerb durch Gewaltunterworfene. Sie erwerben direkt für uns eben nur dann, wenn entweder die Empfangnahme ein Pekuliargeschäft ist, oder wenn sie, ähnlich wie Freie, „mit dem Willen" des Herrn die Sache nehmen, sonst nicht. Liberation und Erwerb decken sich auch hier. Wo kein direkter Erwerb eintritt, dort erfolgt die Liberation erst durch Version in rem domini. Die mancipatio erforderte freilich noch die Prästation, die traditio ist aber eben die Prästation selbst. — Bei diesem Zusammenhang, der nach den Grundsätzen des römischen Rechts zwischen der liberierenden Wirkung der Tradition als Solution und dem Besitzerwerb durch Vertreter besteht, ist es gar nicht harmlos, die Möglichkeit des Besitzerwerbs durch dritte auszudehnen, so z. B., wie dies SCHLOSSMANN für das heutige Recht postuliert. Auch ist es ganz verfehlt, anzunehmen, wie dies BREMER thut, dafs der direkte Erwerb nur im Interesse des Herrn liegt. U. E. wird er nicht weniger im Interesse derjenigen anerkannt, die an den Vertreter leisten. Es wäre für den Vertretenen recht angenehm, aber für den Verkehr mehr als bedenklich, wenn der Besitzerwerb durch dritte dem Vertretenen nur Nutzen bringen würde und ihn sonst in keiner Hinsicht bände. Es ist zu bezweifeln, ob sich dann irgend jemand entschlösse, an den Vertreter zu leisten. SCHLOSSMANN müfste zwei Arten von Vertretern, die uns Besitz erwerben, unterscheiden, denn dafs nicht bei jeder Prästation die Sache in die unmittelbare Gewahrsame des Herrn zu gelangen braucht, wird er doch wohl zugeben. — Wie ist es, wenn die Vollmacht infolge der Zurücknahme oder des Todes des Herrn erloschen ist und der dritte in entschuldbarer Unwissenheit an den Vertreter zahlt? Der Leistende wird liberiert (so auch, wenn er mandatu domini an jemanden zahlt, der für sich erwerben soll, anders aber, wenn nur der Nehmer beauftragt ist und keine oder wenn das Ergreifen der Sache offenbar zum Kreise der Geschäfte des dritten gehört, in Verwaltung fremder geschäft-

---

Vollmacht hat, l. 12 § 16 D. mand. 17, 1), wer wird aber Besitzer und Eigentümer? Ein analoger Fall ist die Manumission bez. Emanzipation des zur Empfangnahme ermächtigten Gewaltunterworfenen. Auf Grund der l. 18 und l. 38 § 1 de sol. cit. möchten wir uns für den direkten Erwerb des Herrn entscheiden, falls der Nehmer keine dem widersprechende Absicht an den Tag legt. Julian l. 32; l. 34 § 3 de solut. berührt die Eigentumsfrage gar nicht. Die Wirkung der Leistung an den manumittierten Sklaven ist zweifelhaft; vgl. dazu noch besonders für die Bejahung des Erwerbs l. 18 de sol. cit.; l. 62 D. de sol. (Ulpian); l. 35 eod. (Alfenus Varus); s. aber auch l. 51; l. 90 eod.; l. 26 § 8 D. de cond. ind. 12, 6; l. 11 D. depos. 16, 3; Gai. III. 160; Fr. Vat. § 260; § 10 I. mand. 3, 26; c. 3 C. de sol. 8, 42 (43). — Die zweite zweifelhafte Frage ist, ob der Erwerb dem Vertretenen auch dann zufalle, wenn der Nehmer gegen den erklärten Willen des Tradenten für sich erwerben will? Auf diese Frage werden wir noch später zurückkommen. Nach unserer Ansicht ist der entgegengesetzte Wille jedenfalls dann ganz unerheblich, wenn er rein innerlich bleibt. Er kann in Betracht kommen nur dann, wenn er aus den Umständen zu erkennen ist (vgl. dafs in l. 38 § 1 de sol. u. l. 43 § 1 de furt. von furtum, contrectatio, intercipere die Rede ist und dazu noch die von Papinian beispielsweise angeführten Momente in l. 81 (80) § 6 D. de furt.). Welcher Wille soll nun entscheiden, der ausdrücklich oder stillschweigend schon durch das Nehmen der auf den Namen des Vertretenen gegebenen Sache erklärte Wille, für den Vertretenen zu erwerben, oder die aus sonstigen Umständen zu erkennende abweichende Absicht des Nehmers? Die Frage war kontrovers. Julian verneint den Erwerb für den Herrn in l. 37 § 6 D. de a. r. d. 41, 1, ähnlich, was meistens übersehen wird, Afrikan in l. 38 § 1 de sol., was sich daraus ergiebt, dafs das mansuros nummos debitoris, lediglich als Folge des „Titius ea mente acceperit, ut eos lucretur, alioquin, quoniam furtum eorum sit facturus . . .“ hingestellt wird. Die entgegengesetzte Ansicht vertritt Ulpian, und zwar nicht nur in l. 13 D. de donat. 39, 5, sondern auch in l. 18 de sol. cit., was aus dem „furtum domino facit“ zu ersehen ist. Anscheinend noch weiter geht die Entscheidung in l. 3 § 12 i. f. D. de don. i. v. et u., wo, wie es scheint, Ulpian die Ansicht des Celsus referiert. Der falsus procurator meines Gläubigers, wenn er in meinem Auftrage von meinem Schuldner das Geld erhält, erwirbt mir Eigentum und Besitz und begeht an meinem Gelde licher Angelegenheiten erfolgt. Im zweiten Falle ist es nicht notwendig, dafs der Prokurator beim Geschäft selbst etwa

---

ein furtum. Im Grunde jedoch entspringt die Entscheidung ganz derselben Auffassung, wie l. 13 de don., weil der falsus procurator meinem Schuldner gegenüber nur als mein Vertreter auftritt und der Zahlende mir das Geld zuwenden will. Dieselbe Entscheidung, wie in l. 3 § 12 cit., findet sich bei Pomponius l. 44 pr. D. de furt. cit. Der falsus procurator erhält iussu debitoris „ab alio“ das Geld und erwirbt trotz seiner Unterschlagungsabsicht für den Herrn. Für die letztere Ansicht auch c. 9 C. si quis alt. 4, 50. (Vgl. zu der ganzen Frage noch l. 81 (80) § 5 D. de furt. Papinian, wo, wie es scheint, nur bei Zahlung eines debitum der liberatio zu Liebe Eigentumsübergang, bei jeder ratihabitio aber Besitzübergang angenommen wird.) — Die Entscheidungen unserer Quellen in Betreff der Zahlung an einen Bevollmächtigten werfen ein Licht auf die Geschichte des Besitz- und Eigentumserwerbs durch dritte. So ergiebt sich in unzweifelhafter Weise, dafs diesen Fall des Erwerbs durch dritte schon Labeo anerkennt, mithin ihm der Besitzerwerb durch Stellvertreter nicht ganz unbekannt war. Dafs Labeo die Vollmacht zur Empfangnahme von Zahlungen kennt, sieht man aus l. 6 D. de cond. ind. cit., zugleich aber läfst sich vermuten, dafs nach ihm eine allgemeinere Ermächtigung hierzu noch nicht genügt. Ferner ist zu beachten l. 19 D. de solut. Mufs denn nicht aus der Stelle mit voller Bestimmtheit geschlossen werden, dafs, falls hier iussu meo (nicht des Fugitiven) alii solvisses, Labeo entschieden haben würde: „mei nummi facti essent et quasi mihi solutum intellegeretur?“ — Endlich ist auf l. 52 § 11 D. de furt. aufmerksam zu machen. Rührt auch, was wahrscheinlich ist, die Begründung der Entscheidung „non enim mihi negotium sigilinarius sed sibi gessit“ von Labeo her, dann findet sich bei Labeo nicht nur die Anerkennung, sondern auch die tiefere Begründung des Erwerbs durch dritte. In der That wäre die Nichtanerkennung des stellvertretenden Besitzerwerbs bei iussus des dominus gerade bei Labeo auffallend, da dieser Jurist der direkten Stellvertretung in solchen Fällen sogar eine bedeutend weitere Ausdehnung gab, als die späteren (s. l. 84 D. pro socio 17, 2). Der Bevollmächtigte zu Empfangnahme auf den Namen des Vertreters kann, und zwar auch nach älterem Recht, ein Spezialbeauftragter sein, braucht also nicht ein Vermögensverwalter, Prokurator, zu sein. Schon der Bote des Empfängers, der eine bewegliche Sache von dem abwesenden Tradenten im Namen des Herrn übernimmt und holt, ist ein Stellvertreter im Besitz, nicht dagegen der Labeonische dem Tradenten gegenüber als Vertreter sich kundgebe, und ebensowenig (wenigstens in der Regel), daſs der Tradent den unmittelbaren Erwerb für irgend einen bestimmten dritten wolle[1]). Abhängig ist der Erwerb vom wirklichen Bestehen

custos (l. 51 h. t.; l. 5 § 14 D. commod. 13, 6), der gar nicht zu wissen braucht, für wen er kustodiert. Die Grenze ist freilich eine flüssige, und wie der custos, so wurde auch derjenige, der im Namen des Herrn die Sache holt oder in zeitweise Verwahrung nimmt, nicht „procurator" genannt. Vgl. über diesen Fall der Übergabe der Detention l. 10 § 1; l. 12 § 1 D. commod. 13, 6 (Ulpian); l. 1 §§ 11—14 D. depos. 16, 3 (Pomponius, Ulpian); auch l. 1 § 3 D. nautae caup. 4, 9; s. aber l. 14 § 17 D. de furt. cit. (Ulpian). Unser Resultat ist, daſs der direkte Erwerb durch Übergabe auf den Namen des Herrn auf Grund einer präzisen Ermächtigung schon vor Labeo bekannt war. Zweifelhaft war nur die Erweiterung dieses Grundsatzes, namentlich der eigentliche Erwerb durch Prokuratoren als Vermögensverwalter, der Erwerb, wobei der Nehmer nicht gerade auf den Namen des Vertretenen die Sache erhält und möglicherweise nur eine allgemeinere Vollmacht hat. Dafür spricht auch der Umstand, daſs Neratius in l. 13 pr. de a. r. d., wo die Sache meo nomine tradiert wird, keine Zweifel hat, wohl aber in l. 41 D. de usurp., wo dies nicht der Fall ist. — Bezeichnend ist es schlieſslich für die ganze Frage, daſs der vom Willen des Sklaven und der Beauftragung abhängige und demnach dem Erwerbe durch Freie analoge Erwerb des servus communis für einen der Herren schon dem Ofilius bekannt war (l. 6 D. de stip. serv. 45, 3 [Pomponius]).

1) Mit Unrecht wird von manchen Schriftstellern gelehrt, bei allen Fällen des Besitzerwerbs durch dritte müsse die Sache geradezu auf den Namen des Erwerbers ergriffen werden. Diese Ansicht, welche in dem Handeln „nomine alieno" gewissermaſsen ein Formerfordernis erblickt, wird vertreten von Ihering (Jahrb. f. Dogm. Bd. 1 S. 212 fg., bes. S. 320). Zu einem ähnlichen Resultat für die Besitzlehre führt die Ansicht Amanns (Prokurator und mandatarius S. 1 fg.), welcher behauptet, „das Wort ‚procurator' bedeute ausnahmslos diejenige Person, die gemäſs dem Auftrag und zugleich auf den Namen eines dritten handelt, also bei dem Abschluſs des Geschäftes ausdrücklich erklärt, daſs sie im Namen und Auftrag eines bestimmten dritten handle". Zustimmend Bekker a. a. O. Vgl. gegen Ihering die Ausfürungen Bremers (Ztschr. f. Zivilr. u. Prozeſs Bd. 20, bes. S. 34—50) und Schlossmann (Besitzerwerb §§ 3 u. 4).

des Rechtsverhältnisses, das zu solchem Vertreten ermächtigt. Fehlt dieses Rechtsverhältnis, dann erwirbt der Apprehendent als negotiorum gestor den Besitz für sich. Der oben angedeutete Charakter der Besitzergreifung ist aber auch hier von Bedeutung, denn solange er besteht — d. h. solange das Haben des Besitzers eben als stellvertretende negotiorum gestio erscheint — kann sich der Geschäftsherr durch Ratihabition den Erwerb unmittelbar aneignen [1]).

Eine Besitzergreifung der Sache im Interesse eines dritten ist, wenn sie nicht als rechtmäfsiges Besorgen fremder Geschäfte erscheint, kein Handeln „nomine alieno" nach römischem Recht, mag sie auch auf Mandat beruhen. Der Unterschied zwischen dem Stellvertreter und Ersatzmann betrifft den erkennbaren äufseren Charakter des Verhaltens in beiden Fällen. Zweifelsohne ist die Entscheidung, ob in concreto direkte oder indirekte Stellvertretung vorliegt, oft schwer zu treffen, sie ist aber von unserem Standpunkte aus doch eher möglich, als wenn man nach einem nackten Wollen „für sich" oder „für einen anderen" zu besitzen forscht. Auch in den Fällen einer „voluntas obscura", wo das wirkliche innere Wollen entscheidet, wird man vom Apprehendenten eher dann eine klare Antwort erwarten können, wenn man ihn darüber befragt, ob er die vorgenommene Besitzergreifung als fremdes

1) S. von den bereits zitierten Stellen bes. l. 23 (24) D. de neg. gest. 3, 5. Anders in l. 34 § 7 D. de solut. cit., wo das Geld nicht durch ratihabitio, sondern erst durch Tradition mein wird. Die Ursache ist darin zu suchen, dafs der Titius nur innerlich „für mich" handeln will, faktisch aber non meum negotium gerit, mithin die Empfangnahme des Geldes keine stellvertretende negotiorum gestio ist. Unrichtig Mitteis: Stellvertretung S. 56 fg. Über die „negotiorum gestio" vgl. neuestens die Abhandlung Kohlers: „Die Menschenhilfe im Privatrecht", Jahrb. f. Dogm. Bd. 25 S. 1—141, in welcher sich viele die Lehre wesentlich fördernde Bemerkungen finden.

Geschäft betrachtete oder nicht, als wenn man von ihm Aufschlufs darüber verlangt, ob er direkten Erwerb für den dritten innerlich wollte oder nicht[1]).

Etwas anders als in den Fällen des Besitzerwerbs stellt sich die Stellvertretung im Besitz bei Fortsetzung eines bereits bestehenden Besitzverhältnisses dar. Die Übergabe der Sache in fremde Detention zieht nicht den Untergang des juristischen Besitzes nach sich, wenn die begründete Detention kein selbständiges Haben, sondern nur Ausübung fremden Besitzes ist. Ob sie diesen Charakter hat, darüber entscheidet vor allem das Recht selbst. Die Fälle des sog. abgeleiteten Besitzes betrachtet das römische Recht als selbständiges Haben, während es im Miet- und Pachtverhältnisse, im commodatum depositum u. s. w. ein mi-

1) Die hier entwickelten Grundsätze in Betreff des Besitzerwerbs durch dritte gelten im grofsen und ganzen auch im heutigen Recht. Begreiflicherweise wird man heute mit Rücksicht darauf, dafs die direkte Stellvertretung nahezu bei allen vermögensrechtlichen Dispositionen zugelassen wird, weniger ängstlich bei Annahme direkten Besitz- und Eigentumserwerbs sein, als in Rom, der Unterschied jedoch zwischen dem Stellvertreter und dem Ersatzmanne ist auch heute im Prinzip gerade nach den hier entwickelten Grundsätzen zu bestimmen. Beiläufig mag bemerkt werden, dafs uns infolge dessen die ganze Lehre von der Stellvertretung bei Rechtsgeschäften einer Reform bedürftig zu sein scheint. Es ist eine pure Einbildung, wenn man glaubt, der Stellvertreter habe stets, der blofse Mandatar dagegen nie den Willen, dafs die Rechtsfolgen direkt für den Auftraggeber entstehen. Es mufs vielmehr nach bestimmten objektiven Unterscheidungsmerkmalen des stellvertretenden Handelns gesucht werden. Diese bestehen darin, dafs das Geschäft entweder auf den Namen des Herrn abgeschlossen wird oder zum Geschäftskreis des Herrn, den der Vertreter als alter ego des Herrn besorgt, gehört. Ist sich der Handelnde dessen nicht bewufst, ob er als Stellvertreter handelt oder als Ersatzmann, so schadet dies nicht. Sein Irrtum ist nach allgemeinen Grundsätzen als ein Irrtum über anerkannte Interpretationsnormen unerheblich.

nisterium praestare alienae possessioni erblickt[1]). Rechtliche Voraussetzung der Stellvertretung im Besitz ist das wirkliche Bestehen des Repräsentationsverhältnisses, welches dem Inhaber die Pflicht zum Innehaben der Sache „für" den dritten auferlegt. Die Erklärung des animus alieno nomine possidendi liegt in der Begründung einer Detentionspflicht, welche das Recht als Innehaben in fremdem Namen auffaſst. Der erklärte animus besteht, solange sich nur der Handelnde beim Erwerb und der Ausübung der Detention in Gemäſsheit seiner Detentionspflicht benimmt. Auſser den Willenserklärungen, welche auf das konkrete, die Detentionspflicht begründende Rechtsverhältnis gerichtet sind, ist ein anderweites, von der causa abgelöstes Wollen nicht nötig, wie es denn auch im Leben gar nicht vorkommt. Es ist eine Selbsttäuschung, wenn man meint, daſs die Pächter, Mieter, Depositare u. s. w. im praktischen Leben nicht nur Pächter, Mieter u. s. w. sein wollen, sondern auſserdem noch Stellvertreter im Besitz. Vielmehr ist schon in der Begründung jenes Rechtsverhältnisses der Ausdruck des Besitzstellvertretungswillens enthalten, darum aber ist folgerichtig dieser letztere ohne Kausalverhältnis nicht vorhanden.

Ganz so verhält es sich in jenen Fällen, wo ein bestehender juristischer Besitz in Detention in fremdem Namen umgewandelt wird. Diese Umwandlung kann ohne Begründung eines konkreten Rechtsverhältnisses,

1) S. bes. l. 3 § 8, § 12; l. 9; l. 20; l. 25 § 1; l. 30 §§ 5, 6; l. 37; l. 40 § 1; l. 44 § 2; l. 47 D. h. t.; l. 31 § 3 D. de usurp. 41, 3; l. 1 § 22, § 45; l. 20 D. unde vi 43, 16; l. 6 § 2 D. de prec. 43, 26; l. 7 § 11 D. comm. div. 10, 3; l. 17 § 1 D. dep. 16, 3; l. 8 D. commod. 13, 6; l. 37 D. de pign. act. 13, 7; l. 17 (16) D. de per. et. com. 18, 6; c. 12 C. h. t.; c. 1 C. comm. de usuc. 7, 30; Gai. 4, 153. Vgl. bereits Cicero pro Caecina 32, 94.

welches das Recht als Grundlage der Stellvertretung im Besitz betrachtet, gar nicht platzgreifen. Deshalb ist das einseitige Vorhaben des Besitzers, die Sache lediglich im Interesse des dritten zu behalten, mag es auch erkennbar hervortreten, noch keine rechtswirksame animi mutatio. Diese liegt erst vor in einem beiderseits giltig erklärten Wollen. Auch reicht nicht jedes Begründen einer Detentionspflicht, welche mit der Verpflichtung, die Sache später dem Erwerber zu überantworten, verbunden ist, zur Erklärung des animus alieno nomine possidendi aus. Durch das constitutum possessorium will nur das Hin- und Hergeben der Sache erspart und nicht eine neue Art von Besitzstellvertretung, wie sie sonst im Recht nicht vorkommt, geschaffen werden. Darum erfordert das constitutum possessorium das Schaffen eines solchen Detentionsverhältnisses, welches in den Fällen der Übergabe der Sache in fremde Detention als Fortsetzen des bisherigen Besitzes nach dem Recht gilt[1]). Mit

---

1) Vom constitutum possessorium handeln ganz ausdrücklich folgende Stellen: l. 18 pr. D. h. t. Celsus. (Vermutlich ist gerade durch diese Ausführungen des Celsus zuerst die Möglichkeit des Konstituts begründet worden.) L. 19 pr. D. eod. (Marcellus); l. 28 eod. (Tertullianus); l. 77 D. de r. v. 6, 1 (Ulpianus); l. 33 § 6 D. de usurp. 41, 3 (Julianus); l. 21 § 3 D. h. t. (Javolenus); c. 28 C. de don. 8, 53 (54) (Honorius et Theodosius); c. 35 § 5 C. eod. (Justinianus). Eine Art des constitutum possessorium liegt auch vor in l. 2 D. pro socio 17, 2 (Gaius). Ferner sind zu vergleichen: l. 21 pr. D. h. t. (Javolenus); l. 6 pr. D. pro empt. 41, 4 (Pomponius); l. 6 § 3 D. de prec. 43, 26 (Ulpian); l. 11 D. eod. (Celsus); l. 18 D. eod. (Julian); l. 22 pr. D. eod. (Venuleius); l. 11 § 12 D. quod vi aut clam. 43, 24 (Ulpian); l. 29 D. de pign. act. 13, 7 (Julian); l. 35 § 1 D. eod. (Florentinus); l. 16 D. de o. et a. 44, 7 (Julian); l. 15 § 2 D. qui satisd. cog. 2, 8 (Macer). Die Umwandlung des juristischen Besitzes in precaria possessio, von welcher die letzteren Stellen sprechen, ist dem c. p. sehr nahe verwandt und denselben juristischen Grundsätzen unterworfen. Dieser Fall der Besitzumwandlung hat in Rom, wie es scheint, früher Anerkennung gefunden,

der Begründung der causa detentionis (wie z. B. des Ususfruktus, des Pacht-, Verwahrungsverhältnisses u. s. w.) wird selbstverständlich dem Besitzerwerber die korrelate Stellung des berechtigten Detentionsverleihers gegeben; letzterer wird hierdurch zum Eigentümer (oder doch bona fide Erwerber von einem Besitzer) und als solcher zum Ver-

---

als das c. p. Dasselbe ist anzunehmen in Bezug auf die Umwandlung der precaria possessio in Detention (s. l. 21 § 3 D. h. t. cit. Javol.; vgl. auch l. 10 D. eod.), welche als ein spezieller Fall des c. p. zu betrachten ist. Wenn Kniep (a. a. O. S. 233 u. 324 fg.) seine Behauptung, in l. 19 pr. cit. werde nur Besitzverlust, nicht zugleich Besitzübertragung statuiert, damit begründet, dafs zu Marzells Zeit der Besitz nur durch Prokuratoren erworben wurde, so ist dies nicht stichhaltig. Von allen zitierten Quellenstellen wird nur in l. 18 pr. der Besitzer, welcher nunmehr Detentor wird, „procurator" genannt. Wenn man bedenkt, dafs Celsus hier das Konstitut theoretisch begründet, so wird man dies wohl begreiflich finden. Aus allen anderen zitierten Fragmenten dagegen ist zu ersehen, dafs der Konstituent gar nicht ein Prokurator des Erwerbers zu werden braucht, vielmehr die Begründung eines solchen Rechtsverhältnisses genügt, welches zur Fortsetzung des Besitzes corpore alieno hinreichend ist. Beim normalen c. p., wo bezüglich individuell bezeichneter Objekte ein Vertrag abgeschlossen wird, erwerben wir den Besitz, wenn der bisherige Besitzer unser Pächter, Kommodatar u. s. w. wird. Nur in jenem Falle des c. p., wo der Konstituent auf Grund eines allgemeinen Auftrags uns den Besitz durch Ausscheiden der Sachen aus seinem Vermögen verschafft, ist der Besitzübergang davon abhängig, dafs der Konstituent unser, zu solchem Verfahren ermächtigter Vermögensverwalter sei. Dies wird meistens nicht gehörig berücksichtigt. (Vgl. über diese Art des c. p. bes. Bremer: Ztschr. f. Zivilr. u. Prozefs, N. F. Bd. 11 S. 242—249; Harburger: Das constitutum possessorium, S. 48 fg.; Leonhard: Krit. Viertelj. Bd. 23 S. 326 fg.) Man vgl. noch in Bezug auf das c. p. die l. 8 § 5 D. de pec. leg. 33, 8, wo in dem Falle, wenn ein Sklave dem Herrn auf Grund des „pactum de libertate" zu zahlen hat, das „pro deposito apud servum esse" von Ulpian in der rechtlichen Wirkung der traditio zwar nicht gleichgestellt wird, aus welcher Stelle jedoch auf die Anerkennung des c. p. im allgemeinen wohl geschlossen werden darf.

pächter, Deponenten u. s. w. Dadurch, dafs durch rechtsgiltige beiderseitige Willenserklärungen das neue konkrete Detentionsverhältnis wirklich ins Leben gerufen wird, kommen der Wille alieno nomine possidendi einerseits und der Besitzerwerbswille andererseits zum Ausdruck. Kommt hier aus was für einem Grunde immer ein rechtsgiltiger Vertrag nicht zu stande, dann tritt auch keine Besitzänderung ein und der Detentor bleibt juristischer Besitzer, mag ihm auch fortan der wirkliche innere animus sibi habendi fehlen. Mit dem constitutum possessorium ist, wenngleich nicht immer, so doch oft der dingliche Vertrag, welcher die Übertragung des Rechts an der Sache (Eigentum, Pfandrecht) zum Inhalte hat, verbunden [1]). Da das dingliche Recht übertragen wird durch Einräumung des Besitzes und diese gerade nur in der Konstituierung des konkreten Detentionsverhältnisses besteht, so mufs daraus gefolgert werden, dafs diese beiden Geschäfte eng zusammenhängen, sich gegenseitig bedingen und dafs die Ungiltigkeit eines Geschäftes die Nichtigkeit des anderen nach sich zieht. Über die Giltigkeit entscheiden hier die allgemeinen für Rechtsgeschäfte überhaupt geltenden Gründe. Insbesondere, was den Irrtum betrifft, zieht nicht jeder Irrtum die Ungiltigkeit des Geschäftes nach sich, sondern nur ein probabilis error. Aus diesem Grunde ist das constitutum nicht immer schon dann ausgeschlossen, wenn ein Kontrahent ein etwas anders gestaltetes Detentionsverhältnis im Sinne hat als der andere. Ein error in negotio ist ja, wie überhaupt,

1) Dies ist dann nicht der Fall, wenn der Besitzer einer fremden Sache mit dem Eigentümer den Vertrag abschliefst, kraft welchen er von nun an als sein Stellvertreter im Besitz (Pächter, Kommodatar u. s. w.) die Sache behalten soll. So z. B. in l. 19 pr.; l. 21 § 3 D. h. t. Hier wird zwar der blofse Besitz durch c. p. übertragen und kein dingliches Recht auf den Besitzerwerber übertragen, wohl aber sein bestehendes Recht anerkannt.

so auch hier nicht immer ein wesentlicher[1]). Angedeutet mag werden, daſs ein dissensus in Bezug auf die causa traditionis, wenngleich er gewöhnlich bei Eigentumstraditionen irrelevant ist, hier dennoch oft, ja sogar regelmäſsig ein wesentlicher[2]) sein dürfte.

---

1) Ein Irrtum oder Miſsverständnis bezüglich der rechtlichen Natur des Detentionsverhältnisses, welches begründet werden soll, hindert also nicht immer das Zustandekommen der Besitzübertragung. So kann z. B. eine Person das Precarium, die andere das Commodatum im Sinne haben, oder die eine an ein Depositum, die andere an ein Mandat, das gewisse Verfügungen über die Sache zum Gegenstand hat, u. s. w. denken. In solchen Fällen kommt das c. p. doch zustande, jedoch nicht aus dem Grunde, als sollte die Begründung eines konkreten Detentionsverhältnisses entbehrlich sein, sondern deswegen, weil oft trotz des Irrtums der wahrscheinliche Wille der Parteien auf die Begründung eines Verleihungsverhältnisses geht, in welchem Falle, obzwar eine vollkommene Übereinstimmung der Willen fehlt, die Absicht der Parteien dennoch durch Annahme einer von den bestimmten Detentionsformen, welche den Intentionen der Parteien am meisten zu entsprechen scheint, verwirklicht wird. Erscheint die Diskrepanz der Absichten in Bezug auf das zu schaffende Detentionsverhältnis als so bedeutend und wesentlich, daſs mit Rücksicht auf dieselbe keine von den im Recht anerkannten konkreten Detentionsformen als mit den wahrscheinlichen Absichten der Parteien noch vereinbar betrachtet werden kann, dann ist das ganze Geschäft hinfällig und auch der Besitz- (und Eigentums-) Übergang ausgeschlossen.

2) Bekanntlich wird allgemein aus dem „abstrakten" Charakter des dinglichen Vertrags das Gegentheil gefolgert. Indessen ist nach unserer Ansicht sogar die Eigentumsübertragung durch reale Tradition kein „abstrakter" Vertrag. Wäre dies der Fall, dann wäre die Kontroverse, ob der Irrtum über die causa den Eigentumsübergang hindere (Ulpian in l. 18 pr. de r. c. 12, 1 gegen Julian in l. 36 D. de a. r. d. 41, 1), gar nicht möglich. (Vgl. dazu auch Kohler: Der dingliche Vertrag. Gesammelte Abhandlungen, 1. Abth. S. 26 fg. und Eiskle: Jahrb. f. Dogm. Bd. 23 S. 1—18, woselbst auch die neuesten Litteraturangaben.) Die Entscheidung Julians l. 36 cit. ist nach unserer Ansicht gar nicht der Ausfluſs der Auffassung, als wäre jede Eigentumstradition ein abstrakter Vertrag. Der Grund derselben liegt vielmehr darin, daſs dem Juristen

In den Quellenaussprüchen findet, wie wir meinen, die ausgeführte Ansicht ihre volle Bestätigung. In sämtlichen

der Irrtum über die causa im gegenwärtigen Falle als ein unerheblicher (error non probabilis) erscheint (s. dazu Eisele a. a. O. S. 8 fg.). Die „Abstraktheit“ der Eigentumstradition ist nichts aus dem Wesen dieses Geschäftes folgendes. Nur unter Umständen kann namentlich mit Rücksicht darauf, dafs der Tradent bei der Übergabe die Sache vollständig aus der Hand giebt und aufhört mit dem Nehmer in irgend einem Rechtsverhältnisse zu sein, zumal noch, wenn bei der Tradition kein besonderes Gewicht auf die causa gelegt wird, angenommen werden, die Übereinstimmung bezüglich der causa traditionis sei keine Bedingung der Giltigkeit des Eigentumsübertragungsvertrags, sondern höchstens, wie man zu sagen pflegt, eine Voraussetzung. (Zu weit geht Eisele, wenn er meint, die Tradition sei stets ein Kausalvertrag. Wie wäre damit der Umstand vereinbar, dafs auch bei irrtümlicher Leistung eines indebitum das Eigentum übergeht?) Im allgemeinen jedoch ist eher anzunehmen, dafs die causa traditionis ein wesentlicher Punkt des Vertrags ist. (Dafür der Umstand, dafs die Quellen als allgemeine Regel das Erfordernis einer giltigen causa aufstellen l. 31 pr. D. de a. r. d. 41, 1; c. 24 C. de r. v. 3, 32; Gai. II. 20; Ulp. Fr. 19, 7.) Vollends mufs man sich für die annullierende Wirkung des gänzlichen Mangels der causa oder des erheblichen Dissenses in Betreff derselben dort entscheiden, wo die Sache nicht ganz weggegeben wird, also schon in den Fällen der Tradition mit abgeschwächtem Ergreifungskorpus und besonders beim c. p. Was hätte auch hier die Abstraktheit für einen vernünftigen Zweck. Gewöhnlich hat sie den Zweck, der Unsicherheit bezüglich des Eigentums an der Sache ein Ende zu machen, weil es doch unzweckmäfsig wäre, das Bestehen des Eigentumsrechts auf die Dauer von dem Erwerbgrunde abhangen zu lassen. Beim c. p. fehlt dieser Grund. Dagegen gelangt man hier auf Grund der „Abstraktheit“ zu dem auffallenden Resultate, dafs der Konstituent, wenn er ohne causa (man denke z. B. an ein indebitum) durch Konstitut geleistet hat, die Sache, welche er ja in der Hand hat, erst durch „condictio“ vom „juristischen Besitzer“, für den er detiniert, abverlangen müfste. Würde er sie dagegen, die Übertragung ohne weiteres als null und nichtig betrachtend, als sein Eigentum behandeln, dann beginge er hierdurch ein furtum. Wahrlich eine etwas zu harte Strafe für die Nichtbeachtung des rein theoretischen Unterschiedes, der hier zwischen „Nullität“ und „Anfechtbarkeit“ der Eigentumsübertragung bestehen soll. Wir glauben nicht, dafs die praktischen Römer an dieser

Beispielen des constitutum, welche uns die Quellen geben, wird von Entstehung eines konkreten Detentionsverhältnisses gesprochen. Wenn es aber in allen diesen Fällen heifst, dafs der Tradent als Usufruktuar, Pächter, Depositar, Prokurator u. s. w. die Detention behalte, so ist man vollends berechtigt, schon daraus zu schliefsen, dafs die rechtsgiltige Begründung des Ususfruktus, der Pacht u. s. w., Voraussetzung des Besitzüberganges ist, und zu diesem die abstrakte Willenseinigung über Besitzübertragung verbunden mit dem Schein einer causa detentionis nicht genügt. Dies umsomehr, als die Quellen den Besitzübertragungswillen von dem Wollen der konkreten causa detentionis nicht nur gar nicht trennen, sondern im Gegentheil mit Entschiedenheit hervorheben, dafs das Wollen des bestimmten Rechtsverhältnisses ohne Rücksicht auf die individuellen Meinungen der Parteien ohne weiteres den Traditionswillen involviert[1]).

„feinen“ Gestaltung des Verhältnisses ihre Freude gefunden haben würden. — Für die Abstraktheit der Eigentumsübertragung mittelst c. p. giebt es keine Quellenzeugnisse. Gegen dieselbe spricht ganz entschieden l. 28 D. h. t. Mag die Stelle auch nicht besonders klar gefafst sein, so liegt doch auf der Hand, dafs der Übergang des Besitzes von Momenten abhängig gemacht wird, die die herrschende Lehre als unwesentlich ansehen mufs. Die richtige Ansicht ist angedeutet bei Reuling: Ztschr. f. Handelsr. Bd. 17 S. 327 fg., dagegen Harburger a. a. O. S. 69 ff. Treffend in mancher Hinsicht auch Kniep: Vacua possessio S. 104, S. 233 fg., S. 322 fg., dem wir jedoch nicht zuzustimmen vermögen, wenn er meint, nach vorjustinianischem Recht sei der Besitzerwerb durch c. p. nur unter der Voraussetzung möglich gewesen, wenn der Konstituent ein Prokurator (Generalvertreter) des Erwerbers war. Den Ausspruch im ersten Theile der l. 77 D. de r. v. cit. beseitigt Kniep unter dem Vorwande der Interpolation.

1) Vgl. „traditionem iure intelligi fieri“ in c. 35 § 5 C. de don. cit. S. dazu überhaupt Leonhard: Krit. Vtj. Bd. 23 bes. S. 326 fg., der auch die giltige Begründung eines konkreten Detentionsverhältnisses verlangt. Seine Ausführungen gehören wohl zu dem Besten, was überhaupt über das c. p. geschrieben worden ist.

Daſs diese Auffassung des Konstituts die einzige ist, die den praktischen Intentionen der Parteien entspricht, davon sind wir fest überzeugt. Im Leben wird wohl die bloſse animi mutatio bezüglich des Besitzes nie von der causa getrennt. Jemand, der die nuda proprietas bei Vorbehalt des lebenslänglichen Ususfruktus verschenken will, während sein Kontrahent meint, er (der Schenker) wolle die Sache nur precario behalten, würde nicht wenig darüber erstaunt sein, wenn man ihm sagen würde, er sei einerseits trotz des dissensus um sein Eigentum und Besitz gekommen, erwerbe aber andererseits, und zwar gerade infolge desselben dissensus den Ususfruktus doch nicht. Man möge versuchen, dem Menschen begreiflich zu machen, daſs dieses unheimliche Resultat seinem Willen völlig entspricht, da er ja den „abstrakten Willen" Eigentum und Besitz auf den Schenknehmer zu übertragen gehabt haben soll und bezüglich dieses Willens eine Einigung zwischen ihm und dem Schenknehmer erzielt worden ist. Vermutlich würde er, ähnlich wie jenes Ehepaar in der Fabel, dessen unsinnige Wünsche die „gute Fee" schleunigst ausführt, inständig bitten, die Rechtsordnung möge „seine Absichten" etwas weniger präzis verwirklichen.

Die herrschende Lehre faſst bekanntlich das constitutum possessorium ganz anders auf. Sie nimmt ohne weiteres Übergang des Besitzes an, wenn nur der Besitzer den Willen faſst (und erklärt), nunmehr für den dritten zu besitzen und dieser wieder den animus possidendi hat[1]). Nach dieser Ansicht müſste man sofortigen Besitz- und Eigentumsübergang

1) Vgl. bes. Savigny: Besitz § 27; Hauser: Stellvertretung im Besitz S. 46 fg.; Goldschmidt: Handelsrecht I § 66 S. 610; für diese Ansicht neuerdings auch Bähr: Urtheile des Reichsgerichtes S. 64 fg.; Dernburg: Pandekten Bd. 1 § 181 N. 5 und Windscheid in der 6. Aufl. seiner Pandekten Bd. 1 § 155 N. 8[a] u. 8[b].

überall annehmen, wo nur die Parteien diesen Effekt wollen, ganz ohne Rücksicht darauf, in welchem Verhältnisse dieses Wollen zu dem auf eine bestimmte causa detentionis gerichteten Willen steht, ja sogar dann, wenn die Parteien den sofortigen Besitzübergang nur darum wollen, um die rechtliche Bestimmung, dafs das Eigentum erst mit der Tradition übergehe, zu umgehen. Dafs hierdurch das Konstitut, zumal da an der „Abstraktheit“ desselben festgehalten wird, zu einem überaus bedenklichen Rechtsinstitute wird, liegt auf der Hand. Dafs ein solches Konstitut bei weitem gefährlicher ist für die Sicherheit des Verkehrs, als der unkörperliche Eigentumsübertragungsvertrag, der gar nicht abstrakt zu sein braucht[1]), bedarf keines Beweises. Ja, es ist auch schlimmer als die symbolische Tradition der älteren Doktrin, weil bei der letzteren wenigstens in der Form der Übertragung eine gewisse Schranke lag. Ferner dient ein solches Konstitut gerade nur jenen, die die Traditionsvorschrift umgehen wollen, denn wir sind fest davon überzeugt, dafs, abgesehen von solchen Fällen, ein abstrakter auf Besitz- und Eigentumsübertragung gehender Wille bei Vorbehalt der Detention in praktischen Lebensverhältnissen nie zu finden sein wird. Dagegen wird man gerade bei ernstgemeintem Konstitut den wahrscheinlichen Intentionen der Parteien nicht gerecht, wenn man den Traditionswillen von der causa detentionis gänzlich trennt. Wir sehen auch nicht ein, wie der schrankenlosen Ausdehnung des Konstituts ein Damm dadurch gesetzt werden könnte, dafs man, wie dies Randa[2]) thut, darauf hinweist, beim ernstgemeinten Konstitut müsse wenigstens eine subjektive causa detentionis vorhanden sein. Was frommt uns diese „subjek-

1) S. dazu Kohler: Gesammelte Abhandl. S. 20 fg.

2) Besitz § 20 Text zu N. 20.

tive causa", wenn sie etwas völlig anderes bei einem Kontrahenten sein kann als beim anderen, und wenn darüber, was sich die Parteien vorstellen und meinen, der Richter doch nur sie selbst befragen kann. Es ist uns auch nicht recht begreiflich, warum vom Standpunkte RANDAS aus die einfache Erklärung, „daſs hiermit tradiert sein solle", kein Konstitut wäre [1]). Höchstens könnte man verlangen, daſs noch einmal dem Richter gegenüber erklärt und nachgewiesen sei, man habe die Traditionsregel für diesmal aufgehoben wissen wollen, was etwas ähnliches wäre wie das „du muſst es dreimal sagen!" des Mephistopheles. Von unserer Auffassungsweise ausgehend wird man in der obigen Erklärung, wenn sie mit einer Verpflichtung zur Leistung der Sache (z. B. infolge eines Kaufgeschäfts) verbunden ist, kein Konstitut sehen. Die persönliche Verpflichtung zur Leistung einer individuellen Sache (wie hier aus einem Kaufgeschäft) ist nach römischem Recht noch kein Repräsentationsverhältnis, hierzu gehört vielmehr ein engeres rechtliches Band, nämlich, daſs die Sache dem Inhaber als fremdes Gut anvertraut sei [2]).

Es ist eine berechtigte Opposition gegen die SAVIGNYsche Lehre vom constitutum possessorium, wenn EXNER [3]), MEISCHEIDER [4]) u. a. behaupten, zum Konstitut sei ein Rechtsgrund, eine causa notwendig. Die Ansicht EXNERS ist nur insofern nicht richtig [5]), als nicht gehörig berücksichtigt wird, daſs der

1) GOLDSCHMIDT a. a. O. und HAUSER S. 49 halten dies für hinreichend.

2) Darum wird auch in l. 15 § 3 D. de prec. 43, 26 in dem „de re restituenda cautum habere" noch keine Umwandlung des bisherigen juristischen Besitzes in eine precaria possessio gesehen.

3) Rechtserwerb durch Tradition S. 142 fg.; Gutachten in den Verh. des 15. d. Juristentages S. 7 fg.; Krit. Viertelj. Bd. 13 S. 306 fg.

4) Besitz u. Besitzschutz S. 290; auch HARBURGER a. a. O. S. 43. 58. u. WINDSCHEID in den früheren Auflagen § 155 N. 8a.

5) S. auch REULING a. a. O. und LEONHARD a. a. O. S. 337.

Besitzübertragungswille nicht nur von der auf eine konkrete causa gerichteten Absicht, sondern von der Verwirklichung dieser Absicht, von der Begründung des Verhältnisses abhängt. Darum ist auch das Schaffen des neuen Rechtsverhältnisses kein blofses indicium der voluntatis mutatio, sondern die einzige vom Recht anerkannte mutatio voluntatis selbst. Trotzdem ist das Konstitut nicht eine ausnahmsweise Besitzübertragungsart, wie man allgemein vor Savigny [1]) vermeinte, sondern nur ein besonderer Fall des Besitzerwerbs durch einen Stellvertreter. Die Beschränkungen des constitutum sind nur ein Ausflufs der in Bezug auf die Stellvertretung im Besitz geltenden Regeln, da auch sowohl der Erwerb als auch die Ausübung des Besitzes durch dritte ohne rechtsgiltige causa nicht möglich sind [2]).

1) Vgl. die Litteraturangaben bei Harburger S. 3 fg. — Zweifelhaft ist es bekanntlich, ob das c. p. nach römischem Recht zulässig ist in Bezug auf Sachen, die man durch Stellvertreter besitzt, d. h. ob der ohne Wissen und möglicherweise auch gegen den Willen des Detentors zwischen dem juristischen Besitzer und einer dritten Person abgeschlossene Vertrag den sofortigen Übergang des Besitzes auf diesen letzteren bewirkt. Wir entschliefsen uns die Frage zu bejahen. Die Entscheidungen l. 12 u. l. 18 D. de vi 43, 16 sprechen nicht unbedingt dagegen, da es sich in denselben um eine körperliche Übergabe handelt und es begreiflicherweise dem Erwerber gar nicht indifferent sein kann, ob er die Sache blofs „juristisch" oder aber corporaliter erhält. Noch weniger beweisend ist l. 2 § 1 D. de a. e. v. 19, 1, auf welche sich Wendt (Faustrecht Jahrb. f. Dogm. Bd. 21 S. 253) beruft. Die Stelle spricht ja ausdrücklich nur von der vacuae possessionis traditio. Für unsere Ansicht darf man nicht nur die ganz unbeschränkte Anerkennung der mittelbaren Besitzstellvertretung geltend machen (l. 30 § 6 D. h. t. Paulus s. auch l. 25 § 1 D. eod.; l. 1 § 14 D. depos. 16, 3; l. 20 i. f. D. de vi 43, 16; l. 29 pr. D. qu. mod. usufr. 7, 4), sondern sich auch auf ein argumentum aus speziellen Entscheidungen berufen (s. bes. l. 8 § 2 D. de prec. 43, 26; l. 22 § 3 D. de pign. act. 13, 7; l. 25 § 1 D. loc. 19, 2; c. 9 C. eod. 4, 65). Vgl. dazu Windscheid: Pandekten Bd. 2 § 400 N. 7.

2) Ob ein derartig, wie hier angegeben, begrenztes Konstitut ein

Die auf Entstehung des rechtlichen Repräsentationsverhältnisses gerichtete Erklärung braucht nicht notwendig eine ausdrückliche zu sein. Das Rechtsverhältnis, um welches es sich handelt, mufs nicht in den Erklärungen ausdrücklich genannt werden. Es genügt, wenn nur überhaupt erkannt werden kann, dafs ein solches Verhältnis gewollt ist, und welches von den im Recht anerkannten konkreten Rechtsinstituten dem wahrscheinlichen Wollen der Parteien entspricht. Die Fälle, wo der Tradent sich mit der Detention eine Gebrauchsberechtigung retiniert, sind (mit Ausnahme etwa des Prekariums) von der Übertragung ohne causa detentionis nicht schwer zu unterscheiden. Der Fall dagegen, wo der Tradent einstweilen auf unbestimmte Zeit Verwahrer sein soll, steht der nackten Übertragung sehr nahe. Auch hier jedoch kann die ernstliche Absicht, ein depositum zu begründen, nicht nur aus ausdrücklichen Erklärungen der Parteien, sondern auch aus konkludenten Handlungen zu ersehen sein. Diese Bedeutung wird unter Umständen oft der Signierung der Sachen zukommen, aus dem Bringen derselben an einen Ort, wo man andere deponierte Objekte aufbewahrt, zu erkennen sein u. s. w. Läfst es sich mit gehöriger Bestimmtheit nicht erkennen, dafs dem Tradenten die strengere Verpflichtung eines Depositars hat auferlegt werden wollen, dann wird man auch ein Konstitut nicht annehmen.

Eine Ausnahme von unserer Regel, dafs man durch einen freien Menschen als Stellvertreter nur dann besitzt,

---

de lege ferenda empfehlenswertes Institut ist, darüber können wir uns an diesem Orte nicht auslassen. Uns scheint das gänzliche Aufgeben des Traditionsprinzips den heutigen Bedürfnissen doch mehr zu entsprechen. Was das abstrakte Konstitut der herrschenden Doktrin anbetrifft, so haben wir darüber keine Zweifel, dafs es verwerflich ist. Es wäre sehr zu bedauern, wenn dasselbe in das deutsche Gesetzbuch Eingang finden würde.

wenn eine rechtsgiltige causa detentionis besteht, würde man vielleicht in l. 9 D. h. t.[1]) erblicken wollen. Die Stelle spricht von Grundstücken und zählt unter Personen, die in unserem Namen in possessione sunt neben dem Prokurator auch den hospes und amicus. Nun braucht zwischen dem juristischen Besitzer des Grundstücks und dem hospes und amicus nicht notwendig ein auf Detention in fremdem Namen gerichtetes Rechtsgeschäft abgeschlossen worden zu sein. — Nach unserer Ansicht ist jedoch die Ausnahme nur scheinbar. Es handelt sich hier um ein retinere des bestehenden Besitzes. Der Besitz wird uns „durch dritte" erhalten vor allem dann, wenn diese unsere Sache als rechtlich bestellte Vertreter innehaben. Unter Personen, welche in unserem Namen auf dem Grundstück sich befinden, sind auch hier in erster Linie wahre Repräsentanten zu verstehen[2]). Nicht zu leugnen ist es jedoch, daſs der hospes und amicus meistens nicht unsere rechtliche Repräsentanten sind, man wird uns aber zugeben müssen, daſs das retinere der possessio in solchen Fällen eigentlich nicht durch einen dritten als Stellvertreter, sondern nur durch die faktische Hilfeleistung des dritten erfolgt. Der hospes und amicus erhalten uns den Besitz, weil sie faktisch verhindern, daſs unser Besitz eine possessio vacua werde. Eine causa detentionis ist darum dazu nicht notwendig, damit sie „nostro nomine" in possessione seien, weil das Benehmen eines hospes und amicus überhaupt nicht als Innehabung erscheint. Den eigentlichen animus uns im Besitz zu vertreten brauchen der amicus

---

1) Gaius l. XXV ad ed. prov.: Generaliter quisquis omnino nostro nomine sit in possessione, veluti procurator hospes amicus, nos possidere videmus. Vgl. auch l. 41 D. h. t. (Paulus). In Bezug auf den hospes vgl. l. 1 § 9 D. de his qui effud. 9, 3.

2) In den Institutionen des Gaius IV, 153 ist nur von wahren Stellvertretern die Rede.

und hospes nicht zu haben, weil sie, falls sie auch den animus sibi habendi hätten, dennoch keine Besitzer wären. Der Dienst, den sie uns erweisen, ist rein faktischer Natur, sowie die Dienstleistung desjenigen, der thatsächlich verhindert, daſs unsere bewegliche Sache uns abhanden komme, ohne dieselbe selbst in seine Verwahrung zu nehmen[1]).

Wir kehren zum animus sibi habendi zurück. Die oben (S. 210) zitierten Quellenentscheidungen, wie auch die ganze Behandlung der Stellvertretung im Besitz, namentlich der Umstand, daſs nicht jedes Wollen, „für" einen anderen die Sache zu haben, ein animus alieno nomine possidendi ist, beweisen, wie uns scheint, zur Genüge, daſs die Römer ohne weiteres den Ausdruck des animus sibi possidendi in jeder gewollten Innehabung (Detention) erblicken, welche nicht ein rechtliches Vertreten im Besitz eines dritten ist. Dieser Satz bedarf noch nach zwei Richtungen hin einer Erläuterung und Präzisierung.

Zuvörderst muſs hervorgehoben werden, daſs es Fälle giebt, wo das äuſsere Verhalten des Handelnden (corpus) zu der Sache derartig beschaffen ist, daſs es eben ausschlieſslich nur ein Innehaben für einen dritten sein kann, da in solchen Fällen nach der Regel des Lebens zum Haben „für sich" ein näheres körperliches Verhältnis zur Sache nötig wäre. Man denke besonders an den Fall, wenn jemandem die Sache in Detention gegeben wird durch eine Tradition mit abgeschwächtem Ergreifungskorpus. Fehlen hier die Voraussetzungen der Stellvertretung, dann fehlt auf seiten des Nehmers auch die Detention. Dieselbe erlangt er erst dann, wenn sein

1) In einem noch höheren Maſse, als das in fundo esse, kann das „uti alieno nomine" die erwähnte Wirkung haben. Dieses genügt zum Erhalten des Servitutenrechts desjenigen, in dessen Namen es erfolgt, s. z. B. l. 20 D. quemadm. serv. am. 8, 6; l. 1 § 8 D. de itinere 43, 19; 3 § 4 D. eod.

corpus zum Okkupationskorpus wird, folglich wird er erst dann Besitzer. Darum wird oft — man denke besonders an die Innehabung von Grundstücken — ein Verhalten zur Sache, das nach seinem rein äufseren Erscheinen ein Ausüben fremden Besitzes sein könnte, dies aber wegen Fehlen der „causa" nicht ist, ein rechtlich indifferentes Benehmen sein und kein Haben „für sich".

Ferner ist nicht zu vergessen, dafs nicht jedes faktische Verhältnis zur Sache, welches im Leben auf Grund flüchtiger Beobachtung ein „Haben" genannt werden könnte, Detention sei es für sich oder für andere ist. Das Bestehen eines Detentionsverhältnisses mufs da geleugnet werden, wo das faktische Verhältnis zur Sache nur ganz vorübergehend ist, wie z. B. in den nachstehenden Fällen: Wenn jemand einen nur momentanen und vorübergehenden Gebrauch von der Sache macht und sie gleich aufgiebt[1]); wenn jemand eine Sache

1) Vgl. dazu auch Bekker: Besitz S. 162, der jedoch als Beispiele lauter Fälle anführt, wo das körperliche Verhältnis so momentan ist, dafs es höchstens einige Minuten lang dauert. Diese Anschauungsweise ist nicht richtig. Der Erwerb des Besitzes ist zu leugnen nicht nur in solchen Fällen, wie z. B. wenn wir einen Stein in die Hand nehmen um nach Früchten zu werfen, einen Stock ergreifen um uns gegen einen Hund zu wehren, sondern auch da, wo unser Haben bedeutend weniger momentan ist. So z. B. in folgenden Fällen: Ich nehme ohne Wissen des Besitzers, der etwa mein guter Bekannter ist, sein Buch, um es zu lesen und nach einigen Tagen zurückzugeben; ich lasse mir die Pferde meines Bekannten, der nicht zu Hause ist, einspannen, um eine Spazierfahrt zu machen oder jemanden in der Nachbarschaft zu besuchen; nehme sein Gewehr und seine Patronentasche und gehe damit auf die Jagd; „leihe mir" ohne Wissen des Eigentümers seine Reisetasche aus und behalte sie während eines mehrtägigen Ausflugs u. s. w. Der bisherige Besitz geht in allen diesen Fällen nicht verloren. Zwar fehlen uns dafür direkte Quellenzeugnisse, wenn uns jedoch beim „Verlieren" der Sache der Besitz erhalten bleibt, so lange das baldige „Finden" wahrscheinlich ist (l. 3 § 13; l. 25 pr. D. h. t.), so mufs dies umsomehr

momentan innehat, sie jedoch zu behalten (infolge der physischen Beschaffenheit der Sache oder sonstiger Hindernisse) gar nicht imstande ist[1]); wenn jemand durch sein vorübergehendes physisches Ergreifen der Sache nur dem Besitzer bei seiner Innehabung faktische Hilfe leistet; wenn jemand eine in seine Nähe gebrachte Sache faktisch nimmt, aber nur zu dem Zwecke, um sie sofort dem früheren Besitzer oder

hier gelten, wo das Wiedererhalten der Sache ganz sicher ist. Das Haben des Nehmers ist hier keine wirkliche „wirtschaftliche Verbindung", weil jedes Interesse an einem dauerhaften Behalten der Sache fehlt. Andererseits aber liegt hier auch keine Stellvertretung im Besitz vor. Ein eigentliches „retinere possessionem" durch Personen, die in gar keinem Rechtsverhältnis zu uns stehen, ist eigentlich dem römischen Recht unbekannt. Der Besitz bleibt uns erhalten, obwohl die Sache in fremder Hand ist, nicht aber dadurch, dafs es der Fall ist. Das fremde Haben ist nichts als nur eine momentane, für das Bestehen des Besitzes unschädliche Störung des normalen wirtschaftlichen Verhältnisses. Ein solches Verhalten kann begreiflicherweise nur kurze Zeit dauern. Denn entweder giebt der Besitzer (mag dies auch unwillig geschehen) seine Zustimmung dazu, dafs die Sache länger beim Nehmer verbleibe, dann kommt die Begründung eines Repräsentationsverhältnisses (z. B. des Commodatum) zustande; oder er verweigert die Zustimmung, in welchem Fall in dem längeren Behalten ein furtum läge (s. dazu unten S. 257 N. 1). — Wie würde die herrschende Lehre diese praktischen Fälle beurtheilen? Wir sehen nicht ein, auf welche Weise man der Konsequenz entgehen könnte, dafs hier der Besitz gänzlich untergeht. Der Nehmer hat keinen animus domini, er besitzt also nicht. Andererseits steht nur ihm die „faktische Macht" zu, während die Voraussetzungen der Besitzstellvertretung fehlen. Wahrlich ein befremdendes Resultat! Unser Vieh, das sich im Walde verirrt hat, besitzen wir (l. 3 § 13 D. h. t.), desgleichen die Gegenstände, die ins Wasser gefallen sind und die wir erst nach einiger Zeit herausholen können (l. 13 pr. D. h. t.), nimmt aber ein Mensch, der durch das geistige Band der Besitzstellvertretung mit uns nicht verbunden ist, auf einen Augenblick unsere Sache in die Hand, dann ist es sofort um unseren Besitz geschehen!

1) L. 22 D. h. t. Javolen.: Non videtur possessionem adeptus is qui ita nactus est, ut eam retinere non possit.

dem Eigentümer zurückzuerstatten[1]) u. s. w. Auf lange Dauer braucht zwar jede Detention nicht berechnet zu sein[2]), zweifellos jedoch wäre es unberechtigt zu sagen, dafs eine Sache faktisch in unserem Vermögen ist, wenn wir gar kein Interesse, weder an dem Verwerten noch wenigstens an dem Behalten derselben haben und folglich gar nicht in der Lage sein könnten, den rechtlichen Schutz dieses Verhältnisses zu beanspruchen. Hat ein Verhalten zur Sache erkennbar nur diesen Charakter, dann ist es keine Detention[3]).

---

1) So wenn jemand zufällig auf sein Grundstück gebrachte Sachen zu sich nimmt, um sie sogleich dem bisherigen Besitzer auszufolgen. Vgl. dazu die uns bereits bekannten l. 5 §§ 4. 5 D. ad exhib. 10, 4; s. dazu auch l. 9 §§ 1, 2, 3 D. de damno inf. 39, 2. (Von der ratis vi fluminis delata des Neratius ist noch in den Digesten in l. 8 D. de incend. ruina 47, 9 zum drittenmal die Rede.) Wenn in solchem Falle die Sache durch kurze Zeit retiniert wird (z. B. um den Eigentümer zur Vergütung des Schadens zu bewegen), so braucht man dennoch den Retinierenden nicht für einen Besitzer zu betrachten.

2) S. auch Kohler: Ztschr. f. priv. u. öffentl. R. Bd. 14 S. 163.

3) Nach den hier angedeuteten Grundsätzen ist auch der Fall zu beurtheilen, wenn eine Sache einem dritten als Detentor übergeben wird, dabei jedoch die Begründung des von dem Geber beabsichtigten Repräsentationsverhältnisses, etwa infolge der Ungiltigkeit des bezüglichen Vertrags, gar nicht zustande kommt. Ähnlich auch, wenn das bisherige Repräsentationsverhältnis erloschen ist (z. B. durch Ablauf der Zeit, durch den Tod des Inhabers u. s. w.) und die Sache dennoch beim bisherigen Inhaber in fremdem Namen (bez. dessen Erben) verbleibt. Auch in diesen Fällen bringt nach unserer Ansicht diese Störung des normalen wirtschaftlichen Habens, wenn sie von kurzer Dauer ist, keine Änderung im Besitzverhältnis mit sich. Einstweilen behält der bisherige juristische Besitzer den Besitz, obwohl sich seine Sache bei einem dritten, der nicht sein Stellvertreter im Besitz ist, befindet. Nach Ablauf einer gewissen den Umständen angemessenen Zeit wird sich oft durch stillschweigendes Übereinkommen das anormale Haben des dritten in ein Innehaben im Namen des Besitzers verwandeln können. Der Inhaber, in dessen Hand die Sache durch Zufall oder Mifsverständnis geraten ist, wird dann zum wirklichen Pächter, Mieter, Kommodatar u. s. w.

Nach dem Gesagten ist animus sibi habendi anzunehmen bei jedem Innehaben, das nicht Ausdruck des Willens alieno nomine possidendi ist und wobei nur überhaupt ein Interesse, sei es an dem wirtschaftlichen Verwenden, sei es wenigstens

---

Tritt dies nicht ein, dann wird man den Inhaber, wenn man nur bei ihm ein Interesse an dem dauernden Behalten der Sache supponieren kann, für den Besitzer betrachten müssen, obwohl er wirklich nur den Willen hat Detentor in fremdem Namen zu sein, ja selbst dann, wenn er sich wirklich irrtümlich für einen Detentor hält. Ausdrückliche Quellenzeugnisse zur Bestätigung letzterer Behauptungen sind wir zwar nicht in der Lage anzuführen, glauben jedoch für unsere Ansicht folgendes anführen zu dürfen: Einerseits wird gesagt, dafs der Erbe des Pächters, auch wenn er selbst kein eigentlicher Stellvertreter im Besitz, doch nomine domini possidet (l. 60 § 1 D. loc. 19, 1), andererseits steht es aufser Zweifel dafs der Erbe eines Detentors, wenn er Gegenstände, welche der Erblasser nur als Inhaber in fremdem Namen hatte, auf die Dauer in seinem Vermögen behält, für sich besitzt. (Vgl. z. B. die Stellen bei Windscheid: Pandekten § 179 N. 3; auch l. 11 D. de div. temp. praescr. 44, 3; Paul.: R.S. V, 6 §§ 11, 12.) In Bezug auf die stillschweigende Konstituierung des Repräsentationsverhältnisses sind als Beispiel zu vergleichen die von Verlängerung des Pachtvertrags und von der stillschweigenden praecarii rogatio handelnden Stellen (l. 13 § 11; l. 14 D. loc. 19, 2; c. 16 C. eod. 4, 65; l. 4 § 4 D. de prec. 43, 26). Wenn jemand offenbar bewufst gegen den Willen des Besitzers dessen Sache ergreift und sich bezüglich derselben eigenmächtig die Rechte eines dinglich Berechtigten (z. B. eines Usufruktuars, Usuars u. s. w.) oder die Stellung eines Inhabers in fremdem Namen (z. B. eines Pächters, Kommodatars u. s. w.) anmafst, dann wird man ihn zweifellos als Sachbesitzer betrachten müssen und annehmen, dafs sein Verhalten sofortigen Untergang des bisher bestehenden Besitzes nach sich zieht. Dafür spricht der Umstand, dafs die Quellen auch dann eine diebische Kontrektation annehmen, wenn die Absicht des Kontrektanten nicht gerade auf die „Ausübung des Eigentums“ geht (zu vgl. ist hier bes. l. 14 D. commod. 13, 6; aufserdem beispielsweise die oben Bd. 1 S. 100 u. die bei Windscheid: Pandekten § 452 N. 7 u. 9 zitierten Stellen). Nun bewirkt zwar nicht jede Kontrektation Besitzverlust, eine solche jedoch, durch welche die Sache vollständig in die Gewahrsame des Diebes gelangt, ganz sicherlich. Ein retinere possessionem durch Diebe ist jedenfalls absolut ausgeschlossen.

an dem Behalten der Sache, an den Tag gelegt wird. Einerlei ist es, ob dabei rein egoistische Zwecke oder aber altruistische Absichten den Handelnden bewegen. Werden nur nicht durch die Innehabung fremde wirtschaftliche Angelegenheiten vertreten, dann gilt sie als ein Handeln für sich.

Durch die angegebenen Merkmale unterscheidet sich auch der durchgesetzte animus sibi habendi von dem Wollen, das bei Erwerb und Ausübung der iuris quasi possessio zum Ausdruck gelangt. Der Rechtsbesitz ist bekanntlich zweierlei Art. Er ist entweder mit der Detention der Sache verbunden oder nicht. Die iuris possessio ersterer Art ist schon als rein äufsere Erscheinung vom juristischen Sachbesitz verschieden, sie hat auch nicht den Schein eines Habens der Sache in unserem Vermögen. Was dagegen die mit Innehabung der Sache verbundene iuris quasi possessio anbetrifft, so ist dieselbe, wie aus unseren im nächstfolgenden Paragraphen angegebenen Erörterungen zu ersehen sein wird, mit der Stellvertretung in Bezug auf den Sachbesitz verbunden und ist demzufolge von ähnlichen rechtlichen Voraussetzungen abhängig, wie jedes possidere nomine alieno.

Nicht im Widerspruch mit unserer Begriffsbestimmung des erklärten animus sibi possidendi steht es, dafs in allen Fällen, wo eine bestehende Innehabung für einen dritten sich in juristischen Besitz verwandelt, der Wille sibi possidendi einen prägnanteren Ausdruck findet, als in sonstigen Fällen der Besitzergreifung. Dies ist ganz natürlich, denn es handelt sich hier um den Ausdruck des Willens, den bisherigen Besitzer fortan n i c h t m e h r vertreten zu wollen. Die uns bekannten Fälle des Besitzerwerbs an Sachen, die man detiniert, zeugen nicht gegen unsere Ansicht. Im Gegentheil, sie bestätigen dieselbe. Der Eintritt des Besitzerwerbs und das intervertere des bisherigen Besitzes werden nämlich ohne weiteres mit dem Aufheben des bestehenden Repräsentationsverhältnisses angenommen. In der unzweideutigen Bethätigung des Vorhabens, dafs man nicht mehr Besitzstellvertreter sein will, sieht schon das Recht die Kundgebung des animus possidendi, obzwar hierdurch das Vorhandensein eines inneren animus domini noch nicht in unzweifelhafter Weise dargethan wird. Ein Detentor, der die Sache pflichtwidrig gebraucht oder überhaupt ohne Grund sich dem Repräsentierten gegenüber nicht mehr als sein Vertreter benimmt, kontrektiert die Sache und wird zum Besitzer, ohne dafs man sich davon überzeugen müfste, ob er wirklich selbst „das Eigentum ausüben" will[1]).

1) Vgl. oben § 4, bes. die S. 77 N. 2 zitierten, von der Unterschlagung handelnden Fragmente. Insonderheit sei noch das sprechende Zeugnis der bekannten Entscheidungen l. 12 u. l. 18 D. de vi 43, 16 hervorgehoben. Der Inhalt dieser Entscheidungen ist nach unserer Ansicht mit der herrschenden Lehre vom animus possidendi absolut unverträglich. Der Pächter, welcher emptorem in fundum intrare prohibuit, will ja doch nichts mehr als nur sich eigenmächtig im bisherigen Verhältnis zur Sache erhalten, also eben auch für die Zukunft Pächter bleiben, und doch wird ganz ohne Bedenken sein Verhalten als gewaltsame Dejektion aufgefafst, die das interdictum unde vi begründet. Dafs die grundlose Verweigerung seitens des Detentors, die Sache zurückzugeben, bez. das „non admittere", sei es des juristischen Besitzers selbst, sei es einer anderen Person, der der Besitzer die Sache tradieren will, eine Dejektion involviert, steht aufser Zweifel. Kontrovers ist es dagegen, ob der Detentor, namentlich aber der Pächter das Recht hat, auch gegen den Willen des Verpächters (juristischen Besitzers) sich in dem Detentionsverhältnisse zu erhalten, wenn das weitere Behalten der Sache dem Inhalte des Vertrags entspricht, insonderheit also, wenn die Zeit des (Detentions-)Pachtverhältnisses noch nicht abgelaufen ist. Bekanntlich ist von Ziebarth (Realexekution und Obligation S. 16 fg., S. 126 fg.) die Ansicht entwickelt worden, der Pächter (Detentor) sei als solcher dem Verpächter (jurist. Besitzer) gegenüber wehrlos und könne sich ohne Anmafsung des juristischen Besitzes weder durch Selbsthilfe noch durch exceptio gegen den auch unbegründeten Anspruch auf Räu-

Es ist wohl leicht begreiflich, daſs nicht selten Fälle vorkommen, wo es zweifelhaft ist, was für ein Wollen durch das faktische Ergreifen der Sache eigentlich zum Ausdruck gebracht wird. Manchmal sieht man dem Apprehensionsverhalten, mag man auch alle näheren Umstände, unter denen es vorgenommen wird, berücksichtigen, nicht an, ob es in Vertretung eines dritten geschieht oder nicht, oder endlich nur zur Begründung eines momentanen Habens der Sache dient. In diesen, aber auch nur in diesen Fällen des zweifelhaften Sinnes des Besitzergreifungsaktes entscheidet über die Qualifizierung des Verhältnisses als possessio suo nomine, als Besitzstellvertretung oder als rechtlich unerhebliches Verhalten zur Sache das rein innere, wenngleich nicht zum Ausdruck gebrachte Vorhaben des Handelnden. Um den Inhalt dieses

---

mung wehren. Gegen diese Aufstellungen wird lebhaft polemisiert von Wendt (Jahrb. f. Dogm. Bd. 21 S. 237—258), welcher Schriftsteller ausführt, daſs l. 12 D. de prec. 43, 26 nicht für, sondern gegen Ziebarth spricht und mit Recht sich gegen die triviale Deutung, welche Ziebarth (S. 130) der iusta causa non reddendi des Marcellus in l. 12 cit. u. l. 20 D. h. t. giebt, erklärt. Näher gehen wir auf die Kontroverse nicht ein, weil sie u. E. für die uns interessierende Frage nicht von wesentlicher Bedeutung ist, sondern nur auf die aus dem Vertrage entspringenden Rechte des Detentors und die Gestaltung des Besitzprozesses sich bezieht. Gleichviel, was man unter causa non reddendi, welche das intervertere des bestehenden Besitzes ausschlieſst, verstehen mag, so ist es evident, daſs ein reddere ohne rationabilis causa eine Besitzergreifung ist, obwohl es nichts anderes ist, als nur ein eigenmächtiges Sichanmaſsen der rechtlichen Stellung eines Pächters, Mieters etc., und mit dem inneren animus domini gar nicht verbunden zu sein braucht. (Dafür auch c. 33 C. de loc. 4, 65 u. l. 1 § 9 i. f. D. quod leg. 43, 3.) In Bezug auf die Verwandlung des animus alieno nomine possidendi in den Willen, für sich zu besitzen, sei noch auf die charakteristische c. 2 C. de prescr. XXX ann. 7, 39 aufmerksam gemacht, die ein Zeugnis dafür bietet, daſs das innere Wollen unerheblich ist und es lediglich darauf ankommt, wie die Innehabung entstanden ist und ob der Detentor sich äuſserlich als Stellvertreter im Besitz benimmt oder nicht. S. auch c. 7 § 7 C. eod.

Vorhabens zu ermitteln, mufs man nicht nur die Vorstellung, die der Handelnde von dem Sinne seines Benehmens hat, sondern vorzüglich seine praktischen Absichten und Zwecke berücksichtigen. Stellvertretung im Besitz wird man annehmen, wenn der Apprehendent „als Vertreter" des dritten handeln wollte. Sonst, wenn nur die innere Absicht des Handelnden nicht auf ein ganz vorübergehendes Haben gerichtet war, ist Besitzerwerb für sich anzunehmen. Dabei mufs man jedoch stets im Auge behalten, dafs eine voluntas obscura nur dann vorliegt, wenn gar keine überwiegenden Wahrscheinlichkeitsgründe für einen bestimmten Sinn des Apprehensionsbenehmens sprechen. Liegt ein „wahrscheinlicher" Willensausdruck vor, dann gilt das wahrscheinliche Wollen als wirkliches. Da das Recht nur eine solche Nichtübereinstimmung zwischen dem erklärten Willen und dem wirklichen berücksichtigt, die auf einem error probabilis beruht, so wird der „erklärte" Wille erst dadurch entkräftet, wenn dargethan wird, dafs es eben ganz unwahrscheinlich ist, dafs der Handelnde diesen Willen haben konnte.

Den letzteren Sätzen kann erst durch die Untersuchungen über die Bedeutung des Willensmomentes bei Willenserklärungen überhaupt eine tiefere Begründung gegeben werden. Wir hoffen dort den Nachweis zu liefern, dafs diese Behandlung des Willensmomentes, die wir für Besitzerwerbs- und Verlusthandlungen annehmen, auch bei anderen verwandten rechtlichen Handlungen vorkommt. Dadurch schon dürfte das von uns für die Besitzlehre Behauptete gehörig dargethan sein.

Unsere Auffassung des animus possidendi führt zu praktischen Konsequenzen, welche vollständig von dem abweichen, was man aus der herkömmlichen Begriffsbestimmung des Besitzwillens folgern mufs. Während nämlich nach unserer Ansicht jede gewollte wirtschaftliche Verbindung, also eigentlich jedes wahre Detentionsverhältnis rechtlich geschützter Besitz ist, müssen diejenigen, die an dem Erfordernisse eines wirklichen animus domini festhalten, zugeben, dafs im Leben in geradezu massenhafter Anzahl Fälle vorkommen, wo eine Sache besitzlos ist, obwohl sie in der gewollten Innehabung einer bestimmten Person verbleibt. Wie oft kommt es ja vor, dafs man eine Sache faktisch hat, von anderen als ihr Besitzer betrachtet wird, sich jedoch der „faktischen Macht“ nicht bewufst ist oder nicht die Absicht hegt, „das Eigentum auszuüben“.

Dafs die Verweigerung des rechtlichen Schutzes in allen solchen Fällen völlig unzweckmäfsig ist, dies dürfte schwerlich bestritten werden können. Man nehme beispielsweise den Fall des Finders[1]). Wem soll damit gedient werden, dafs eine Sache, die sich in den Händen eines „redlichen“ Finders befindet, besitzlos ist, während dem unredlichen Finder, der sich dieselbe rechtswidrig aneignet, der Besitz zusteht? Es liegt auf der Hand, dafs dieser Satz, der eine notwendige Konsequenz der herrschenden Lehre ist, sowohl für den Eigentümer als auch für den redlichen Finder in hohem Grade nachtheilig ist und eigens nur zu Gunsten der Diebe erfunden zu sein scheint. Es leuchtet ein, wie sehr es mifslich ist, dem Finder den Besitzschutz gerade nur deshalb zu verweigern, weil er ein redlicher Finder ist, und als Voraussetzung des Gebrauches des Interdiktenschutzes von ihm zu verlangen, dafs er seine diebische Absicht bekenne oder durch

1) Auch die von Mandry vertretene Lehre genügt keineswegs. Es ist nämlich willkürlich, wenn Mandry annimmt (a. a. O. S. 3), dafs sich der Finder stets dessen bewufst ist, dafs er kein Stellvertreter im Besitz ist. Dieses bestimmte Bewufstsein wird dem Finder, wenn er kein Jurist ist, gerade stets fehlen. Nach Mandry müfste da der animus possidendi geleugnet werden, was wohl mehr als pedantisch wäre.

Kontrektation ein Dieb werde. Freilich wird auch der treulose Repräsentant dadurch des eigenen Besitzschutzes theilhaftig, dafs er zum Diebe wird; dort aber handelt es sich um die Intervention des Besitzes und Besitzschutzes des Repräsentierten, während hier der Eigentümer des Besitzschutzes schon durch das „Verlieren" der Sache verlustig geworden ist und der Finder sein Repräsentant gar nicht sein kann. Die Entstehung des Interdiktenschutzes für den Finder wird also nicht wie dort erst sekundär, sondern in erster Linie und ausschliefslich von der Begehung des furtum abhängig gemacht und hat folglich geradezu den Charakter einer Prämie für den begangenen Diebstahl. Wahrlich ein eklatantes Beispiel dafür, wie sehr die herrschende Lehre praktisch gefährlich ist. Was hier vom Finder gesagt wird, gilt auch von jedem negotiorum gestor[1]) und mutatis mutandis von manchen anderen Fällen, wo jemand ein Interesse an dem Haben der Sache hat, dabei aber weder den Eigentumswillen hat, noch Stellvertreter im Besitze ist[2]).

Es ist nicht unsere Absicht, auf die Frage einzugehen,

1) Die Rechte und das Interesse des negotiorum dominus werden damit gar nicht beeinträchtigt, dafs dem negotiorum gestor die Interdikte zustehen. Sie werden im Verhältnis zum gestor hinreichend dadurch gewahrt, dafs die Ratihabition auch gegen den Willen des Inhabers geschehen kann, insolange sich dieser eben nur als negotiorum gestor benimmt, und dafs sie eine rückwirkende Kraft hat.

2) Es verdient vollen Beifall, wenn Ihering in seinem Scherz und Ernst in der Jurisprudenz S. 64—70 die herrschende Lehre dadurch verspottet, dafs er darauf hinweist, zu was für unsinnigen Konsequenzen man kommen würde, wenn man im Prozefs strenge den Beweis des wirklichen animus domini verlangen wollte. Der „Fall Habermeier" ist nach unserer Ansicht mehr lehrreich als jene zahlreichen Abhandlungen zusammen genommen, die man für und gegen den animus domini geschrieben hat und in denen von allem Möglichen die Rede ist, nur nicht von der praktischen Gestaltung des Verhältnisses.

was der eigentliche philosophische Grund des Besitzschutzes wäre. Desgleichen wollen wir auch nicht untersuchen, was die eigentliche historische Veranlassung der Einführung der Besitzinterdikte war. Nichtsdestoweniger glauben wir die Bemerkung machen zu dürfen, dafs die Beschränkung des Besitzes auf Fälle, wo der Inhaber der Sache den wirklichen „animus domini" hat, sich weder vom philosophischen Standpunkte aus, noch geschichtlich begründen und rechtfertigen läfst. Warum lediglich die Absicht, das Eigentum auszuüben und nicht auch jedes andere selbständige, durch That bewährte vernünftige Interesse, das man an dem Haben und Behalten der Sache hat, possessorischen Schutz verdienen würde, ist wahrlich nicht abzusehen. Und was die geschichtliche Entwickelung des Begriffs des Interdiktenschutzes anbelangt, so sind wir davon überzeugt, dafs der Begriff des animus domini nicht aufgestellt worden wäre, wenn sich unsere Anhänger der „historischen" Schule die einfache Frage aufgeworfen hätten, ob es denn möglich wäre, dafs diejenigen, welche den „animus possidendi" geschaffen haben, ihn so aufgefafst haben könnten, wie man ihn gegenwärtig begreift. Uns ist es einfach unbegreiflich, wie man den Römern überhaupt und zumal den Römern jener Zeit, in der die Besitzinterdikte entstanden sind, auch nur ansinnen kann, dafs sie den Besitzschutz haben abhängig wissen wollen von einem Willen, dessen Begriff nur auf Grund einer philosophisch-psychologischen Betrachtungsweise unter Berücksichtigung des abstrakten Inhaltes des Eigentumsrechts festgestellt werden kann. Gleichviel, was die Veranlassung zur Anerkennung des Besitzschutzes gab, gleichviel, ob ursprünglich jedes Haben oder nur (was wahrscheinlich ist) ein „begründetes" geschützt werden sollte[1]),

1) Dies ist zu folgern aus der bekannten l. 3 § 23 D. h. t. des Paulus: Quod autem Quintus Mucius inter genera possessionum posuit,

immerhin ist es unbezweifelbar, daſs der rechtlich geschützte animus etwas Gemeinverständliches sein muſste. Er war es auch in der That, denn er war das Wollen desjenigen, der die Sache nach gemeiner Volksauffassung thatsächlich hat

si quando iussu magistratus rei servandae causa possidemus, ineptissimum est: nam qui creditorem rei servandae causa vel quia damni infecti non caveatur mittit in possessionem vel ventris nomine, non possessionem sed custodiam rerum et observationem concedit .... Eine bestimmte Unterscheidung zwischen juristischem Besitz und Detention kannte also Qu. Mucius noch nicht, und andererseits scheint es wahrscheinlich zu sein, daſs er die possessio in „genera“ nach der causa detentionis eintheilte. Zur Zeit des Qu. Mucius war also die Lehre vom animus possidendi noch nicht ausgebildet und der Besitz vorzüglich von der causa abhängig. Als juristischen Besitz betrachtete man auch manche Fälle der Innehabung für einen anderen, zweifellos aber diejenigen, die auf einer von dem „Verleihen“ des bisherigen Besitzers nicht abhängigen rechtlichen causa beruhen. Daſs Paulus dem groſsen Qu. Mucius Thorheit vorwirft, gereicht dem Paulus selbst nicht zur Ehre und ist wohl auf Rechnung seiner mangelhaften rechtsgeschichtlichen Kenntnisse zu setzen und als Ausfluſs seiner bekannten, manchmal an Arroganz grenzenden Selbstgefälligkeit zu betrachten. Eine genauere Ausbildung des Animusbegriffs tritt erst mit der Anerkennung der iniusta possessio als geschützten Besitzes auf. Sie ist vermutlich vorzüglich auf Labeo zurückzuführen (s. oben S. 105 N. 1), der für den vollwirksamen Schutz der iniusta possessio aufgetreten ist und die von Trebatius für diesen Fall akzeptierte Idee des Doppelbesitzes verwarf (l. 5 § 5 D. h. t.). Vgl. jedoch bezüglich des „missus in possessionem quia damni infecti non caveatur“ l. 30 § 2 D. h. t. Vom Standpunkte des Paulus muſs dies von dem missus ex secundo decreto verstanden werden. S. auch Savigny S. 286 N. 2. Ob dies auch Labeos Ansicht ist, oder vielmehr dieser ähnlich wie Qu. Mucius schon den missus ex primo decreto für juristischen Besitzer hielt, bleibt zweifelhaft. Beim Prokulianer Pegasus (l. 9 D. de r. v. 6, 1) erscheint die genauere Trennung zwischen Besitz und Detention als durchgeführt. Es wird von Pegasus aus derselben sogar eine, wie es scheint, nicht zu billigende Konsequenz gezogen (s. darüber die nachfolgende Note; vgl. zu dem allem überhaupt Pernice: Ztschr. f. Handelsr. Bd. 22 S. 426 fg. u. Labeo Bd. 2 S. 192. S. auch Dernburg, Juristischer Besitz S. 66 fg. u. Pandekten § 172 N. 1).

und sie einem anderen nicht hergeben will, bis er dazu im Wege des Prozesses durch rechtlichen Zwang genötigt wird[1]).

---

1) Für unsere Ansicht spricht die Bestimmung der zitierten l. 9 D. de r. v. 6, 1 (Ulpian) in Verbindung mit c. 1 u. c. 2 C. ubi in r. a. 3, 19. Auf Grund dieser Stellen mufs für das justinianische Recht behauptet werden, dafs jeder Detentor, wenn er sich durch die nominatio jener Person, deren Stellvertreter er ist, von der Beklagtenrolle nicht befreit, und sich in den Prozefs einläfst, ohne weiteres als für sich besitzend betrachtet wird. (Dafür auch das arg. a contr. aus c. 1 C. de repud. her. 6, 31.) Es ist wohl nicht gewagt, anzunehmen, dafs dies auch im Grunde die Ansicht der meisten römischen Juristen war und insonderheit Ulpians, obwohl dieser in l. 9 cit. dies nicht ausdrücklich hervorhebt, dafs das selbständige Verteidigen der Sache im Eigentumsprozesse die Anmafsung des Besitzes involviert. Auf diesem Grundsatze beruht ja eigentlich das Besitzen pro possessore (vgl. dazu das oben S. 206 fg. N. 1 Gesagte und die dort angeführten Stellen. S. auch die ohne jede Beschränkung ausgesprochene Ansicht Ulpians, dafs die actio in rem stets nur gegen den „possessor" geht, in l. 25 pr. D. de o. et a. 44, 7. Man beachte auch die Bemerkung Ulpians: Non videtur possessioni renuntiasse qui rem vindicavit in l. 12 § 1 i. f. D. h. t.). Es ist unwahrscheinlich, dafs durch c. 2 cit. ganz neues Recht eingeführt wurde und dafs früher nach der Meinung der Mehrzahl die vindicatio stets gegen den Detentor ging und es dem juristischen Besitzer nicht möglich war, selbständig die Sache im Prozefs zu verteidigen. Der Inhaber, der im Prozefs die Beklagtenrolle aufnimmt, ist also juristischer Besitzer oder er wird es eben hierdurch. Eine Ausnahme liegt nur dann vor, wenn er Stellvertreter des Klägers ist und wenn ausnahmsweise die Weigerung der Rückgabe auf Grund einer iusta causa (was darunter zu verstehen ist, mufs dahingestellt bleiben, s. oben S. 257 N. 1) geschieht. Auf diesen Fall kann wohl der „berüchtigte" unus casus des § 2 J. de act. 4, 6 bezogen werden (s. dazu auch Windscheid: Pandekten § 196 N. 5 u. 6, woselbst die Litteratur angegeben ist). Für uns spricht auch dies, dafs auch sonst manchmal im Prozefs das „defendere rem" als ein Zeichen des Besitzens „für sich" genommen wird (s. z. B. l. 20 §§ 1, 2 D. de interr. in i. 11, 1 u. das „possidere se dicat" beim interd. u. p. in l. 1 § 7 D. uti poss. 43, 17). Worin die Ansicht des Pegasus, der Ulpian in l. 9 cit. nicht zustimmt, bestand, wird uns nicht näher angegeben. Ob er ernstlich die rei vindicatio für unzulässig hielt, falls sich die Sache in der Hand eines Inhabers in fremdem Namen befand, oder doch warten mufste, bis der Detentor

Der animus possidendi konnte nur dieses sein, denn diesen Willen begreift jeder Mensch, der nur seine fünf Sinne hat, jeder ungebildete Bauer, während, um den animus domini der herrschenden Lehre zu verstehen, man ein gelehrter Jurist und zugleich tiefer Psycholog sein mufs, und versteht ihn dann, wie sich aus den zahlreichen Kontroversen ergiebt, vielleicht erst „falsch"! In der Anwendung mufsten freilich oft Zweifel darüber entstehen, ob der Besitzwille vorhanden ist oder fehlt, der Begriff selbst konnte jedoch nur ein praktischer klarer und einfacher Volksbegriff sein.

Fälle des sog. abgeleiteten Besitzes.

§ 11.

Bis jetzt haben wir absichtlich die Fälle des sog. abgeleiteten Besitzes unberührt gelassen. Mit diesem Namen bezeichnet man bekanntlich seit SAVIGNY[1]) die einzelnen in unseren Quellen anerkannten Besitzfälle, in welchen man die Merkmale eines wirklichen animus domini glaubt nicht finden zu können, die aber nichtsdestoweniger das Recht als Fälle des Besitzes und zwar des Sachbesitzes erklärt. Die rechtliche Natur dieser Fälle ist bekanntlich der eigentliche Grund des ewigen Streites um die Natur des Besitzwillens. Ist die Anerkennung des juristischen Besitzes in diesen Fällen

---

den juristischen Besitzer ausfindig gemacht, um gegen den letzteren die vindicatio anzustellen, darüber lassen sich nur unsichere Vermutungen aufstellen (s. BEKKER: Besitz S. 167 N. 1). Schliefslich dürfen wir uns für unsere Ansicht auch auf l. 33 D. depos. 16, 3 berufen. MAEVIUS, der von meinem Sklaven als „Sequester" das Geld empfängt, gilt als juristischer Besitzer (es wird gegen ihn die vindicatio gegeben), und doch will er nichts anderes als nur ein „Depositar" sein, freilich jedoch eigenmächtig gegen den Willen des bisherigen Besitzers.

1) Besitz § 9 S. 119 f., § 20, §§ 23, 24, 25.

etwas Regelmäſsiges oder ist sie eine Anomalie? Dies ist die Hauptfrage. Nimmt man das erstere an, dann ist man gezwungen, den Begriff des animus possidendi auf diese Weise zu formulieren, damit er den Willen, den der Besitzer in diesen Fällen hat, umfasse. Will man bei dem animus domini stehen bleiben, dann muſs man die singuläre Natur des abgeleiteten Besitzes zugeben. Die Fälle, um welche es sich hier handelt, sind bekanntlich folgende[1]:

1) Der Besitz des creditor pigneratitius[2]. Ob auch der Besitz des creditor hypothecarius hier zu rechnen sei, ist zwar bezweifelt worden, dürfte aber, wie es scheint, zu bejahen sein[3].

2) Der Besitz des precario rogans[4]. Dieser ist in der

---

1) Vgl. zu dem Folgenden bes. Bekker, Recht des Besitzes § 22. Die Litteraturangaben s. bei Windscheid, Pandekten § 154 N. 3 u. fg.

2) Dem creditor wird der juristische Besitz ausdrücklich gegeben n: l. 1 § 15; l. 36; l. 37; l. 40 pr. D. h. t.; l. 16 D. de usurp. 41, 3; l. 13 D. eod. hier heiſst es: „pro alieno possidemus"; l. 3 § 15 D. ad exhib. 10, 4 hier wird die possessio des creditor den Fällen des „civiliter possidere" entgegengestellt; l. 15 § 2 D. qui satisd. cog. 2, 8; l. 9 § 2, l. 35 § 1; l. 37; l. 40 § 2 D. de pign. a. 13, 7; l. 13 D. quae in fraudem cred. 42, 8. Vgl. auſserdem z. B. l. 4 § 9 D. fin. reg. 10, 1; l. 1, l. 13 D. de distr. pign. 20, 5; l. 33 §§ 4. 5, 6 D. de usurp.; l. 37 pr. D. de a. r. d., wo einfach vom „possidere" des creditor gesprochen wird; ähnlich in l. 61 (59) pr. D. ad S. C. Treb. 36, 1; in l. 19 § 6 D. de furt. 47, 2 von possidere sive tenere; s. auch c. 7 § 2 C. de praescr. 30 ann. 7, 39; l. 13 D. de publ. 6, 2, in welcher es heiſst, der Besitz des creditor (und des precario rogans) sei eine possessio iusta, jedoch nicht „eo animo, ut credat se dominum esse". Ähnlich l. 22 § 1 D. de nox. act. 9, 4.

3) Vgl. namentlich Rudorff, Anhang zu Savignys Besitz Num. 86 S. 664. Daselbst N. 1 die einschlägigen Quellenstellen.

4) L. 2 § 3; l. 4 § 1; l. 6 § 2, § 4; l. 15 § 4 D. de prec. 43, 26; l. 3 § 5; l. 10; l. 13 § 7 D. h. t.; l. 16 D. de o. et a. 44, 7; in l. 11 § 12 D. quod vi aut clam 43, 24 ist nur von esse in possessione die Rede. S. auch S. 7 § 4 D. comm. div. 10, 3.

Regel juristischer Besitzer, mit Ausnahme, wenn bei der Konstituierung des precarium der Nichtübergang des Besitzes bestimmt worden ist.

3) Der Besitz des Sequesters, der in der Regel blofser Detentor ist und den juristischen Besitz nur dann hat, wenn ihm derselbe ausnahmsweise verliehen worden ist[1]).

Was den Usufruktuar angeht, ist die Ansicht, als hätte derselbe juristischen Sachbesitz, jetzt allgemein aufgegeben[2]). Der Usufruktuar und desgleichen der Usuar[3]) sind blofs juris possessores. Zweifelhaft ist es, ob dasselbe für den Emphyteuta und den Superfiziar gelte. Jedoch auch rücksichtlich dieser Fälle ist jetzt die richtige Ansicht, wonach die Annahme eines Sachbesitzes verworfen wird, vorherrschend[4]).

Die zahlreichen Versuche, den Begriff des animus possidendi auf diese Weise zu bestimmen, dafs unter denselben neben den Fällen des animus domini auch der Wille derjenigen Inhaber, welchen der sog. abgeleitete Besitz zusteht, zu bringen wäre, müssen entschieden als gänzlich gescheitert betrachtet werden. Das Problem, es dogmatisch zu erklären, warum gerade hier etwas anderes gilt, als in anderen Fällen der Detention, wie: ususfructus, usus, locatio-conductio, depositum etc. ist, um mit MEISCHEIDER[5]) zu sprechen, ebenso un-

1) L. 17 § 1 D. dep. 16, 3; l. 39 D. h. t.

2) Die wichtigsten von der quasi possessio des Usufruktuar handelnden Quellenstellen sind: l. 52 pr. D. h. t.; l. 4 D. u. p. 43, 17; l. 3 §§ 13—17 D. unde vi 43, 16; Fr. Vat. §§ 90—93; l. 23 § 2 D. ex qu. caus. mai. 4, 6; vgl. auch l. 12 § 2 D. de usufr. 7, 1. Dafs der Usufruktuar keinen Sachbesitz hat, ergiebt sich aus: l. 1 § 8 D. h. t.; l. 12 pr. eod.; l. 10 § 5 D. de a. r. d. 41, 1; § 4 I per quas pers. 2, 9 (Gai II. 93, 94); l. 6 § 2 D. de prec. 43, 26; l. 5 § 1 D. ad exhib. 10, 4; l. 1 § 8 D. quod leg. 43, 2.

3) S. l. 27 i. f. D. de don. 39, 5; l. 3 § 16 D. unde vi cit.

4) Vgl. dazu WINDSCHEID, Pandekten § 154 N. 7.

5) Besitz u. Besitzschutz S. 19. S. auch PERNICE, Ztschr. f. Handelsr.

lösbar wie die Quadratur des Zirkels. Mag man, von welchem Gesichtspunkte man will, ausgehen, das eigene Interesse des Inhabers, die Selbständigkeit seiner Stellung oder was immer sonst, als das Entscheidende für die Annahme des animus sibi habendi erachten, so wird man doch nie imstande sein, ein Mehreres an Willen „für sich" zu haben, gerade in diesen drei Detentionsfällen zu entdecken. Es läfst sich also nicht leugnen, dafs in der Behandlung dieser Fälle etwas Auffallendes liegt, da doch in den sonstigen Detentionsfällen, welche wir angeführt haben, der Detentor nie juristischer Besitzer der Sache, sondern höchstens Besitzer des Rechtes ist, oder blofs den fremden Besitz ausübt, ohne eigene Interdikte zum Schutze seines Verhältnisses zu der Sache zu haben.

Die ganze Frage zwingt uns, ein paar Worte zu sagen über diejenigen Fälle des Rechtsbesitzes, die den Fällen des abgeleiteten Sachbesitzes am nächsten stehen. Gegenstand der iuris possessio ist nach römischem Recht stets die Sache selbst und zwar

Bd. 22 S. 424 fg. Die Litteratur vgl. bei Windscheid § 149 N. 7. Auch die von Kohler (Pfandrechtliche Forschungen S. 168 fg.) gegebene Erklärung hat mehr den Charakter einer historischen als einer dogmatischen. Aus dem Begriff des animus als des geäufserten Wollens „die Sache in der Gesamtheit ihrer normalen wirtschaftlichen Funktionen für sich zu haben" folgt die Annahme des Besitzwillens beim Pfandgläubiger und dem Prekaristen und das Leugnen desselben bei anderen Sachinhabern logisch gar nicht. Insonderheit mag gegen diejenigen, welche in dem Willen des Prekaristen einen ganz normalen inneren animus possidendi erblicken (s. die bei Windscheid: Pandekten 6. Aufl. § 154 N. 4 zitierten), auf die auch von den Quellen ausdrücklich anerkannte (l. 1 § 3 D. de prec. 43, 26) grofse Ähnlichkeit des precarium mit dem commodatum aufmerksam gemacht werden. Das Bestehen des Prekariums als besonderen Rechtsinstituts neben dem Kommodat läfst sich nur historisch erklären, da im Grunde beide Institute voneinander nicht wesentlich verschieden sind. Wie angesichts dessen ernstlich behauptet werden kann, der wirkliche Wille des Prekaristen sei ganz anders beschaffen als der Wille des Kommodatars, ist uns unbegreiflich.

die Sache nach einer gewissen Richtung hin. Die wirtschaftliche Verbindung zwischen dem iuris possessor und der Sache bezieht sich auf ein gewisses Gebrauchen und Geniefsen. Dabei kann der Sachbesitz, der als ökonomischer Konnex die ganze Sache erfafst, einer anderen Person zustehen. Diese Auffassungsweise pafst nun vollkommen in Bezug auf diejenigen Fälle des Rechtsbesitzes, wo der Inhalt des entsprechenden Rechts in einzelnen Gebrauchshandlungen besteht und demnach die Ausübung dieses Rechtsinhalts ein Haben der Sache, eine Detention auf seiten des possessor nicht erfordert. Wo jedoch das der juris possessio entsprechende Recht ein ausgedehnteres Geniefsen-dürfen der Sache zum Inhalte hat, wo also der Rechtsbesitzer Detentor der Sache wird, nur er die Sache gebraucht und Früchte von ihr zieht und überhaupt jeden Genufs hat, den die Sache bietet; wo das Haben der Sache, das dem Sachbesitzer zusteht, sich vorläufig fast durch nichts äufserlich kundgiebt und der Sachbesitzer nur warten mufs, bis die Ausübung des Rechts ein Ende nehmen wird, oder mit einer unbedeutenden, in keinem Verhältnisse zum Ertrage der Sache stehenden Summe abgefunden wird; in diesen Fällen schrumpft die wirtschaftliche Verbindung, welche noch zwischen dem Sachbesitzer und der Sache bestehen soll, arg zusammen. Aus einem faktischen Zustande wird sie vorzüglich zu einem rechtlichen Anspruche gegen den Inhaber der Sache. Ein Rechtsunkundiger, an dessen Sache ein dritter eine Emphyteusis ausübt, würde nicht wenig darüber erstaunt sein, wenn er erführe, dafs ihm nach der Meinung der Juristen eine faktische Herrschaft über die Sache in der Gesamtheit der Beziehungen, oder gar eine „unbeschränkte“ Herrschaft zusteht.

Andererseits jedoch hat keineswegs jedes Weggeben der Sache in fremde Detention eine derartige Wirkung, dafs die bestehende Verbindung des Besitzers mit der Sache hierdurch so bedeutend geschwächt wäre. Die Sache kann, obwohl thatsächlich in fremder Hand, doch vorzüglich demjenigen dienen, für den detiniert wird. Die Idee, dafs die wirtschaftliche Verbindung mit der Sache auch durch dritte uns sowohl erworben als auch erhalten werden könne, ist eine im Verkehrsleben existierende und tief eingewurzelte Anschauung. Da nun der Begriff des Besitzes notwendig die Möglichkeit des Besitzens durch dritte mit sich bringt, so mufste angenommen werden, dafs trotz des Übergangs der Sache in fremde Detention der frühere Besitz fortdauere. In jenen Fällen, wo die Sache, trotz der fremden Detention, doch vorzüglich dem Besitzer dient, glaubten die Römer das Verhältnis des Detentors zur Sache, möchte derselbe zum Theil auch in seinem eigenen Interesse die Sache innehaben, durch besondere Interdikte nicht schützen zu müssen. Gegen Angriffe dritter hielt man das Interdiktenrecht des Besitzers für ausreichend, während gegen den Verleiher der Sache der Detentor durch sein kontraktliches Recht genügend geschützt zu sein schien. Diese Behandlungsweise adoptierten die Römer für den Kommodatar, Depositar, Mieter und Pächter. Ebenso gaben sie die blofse Detention dem missus in bona, wenn demselben kein prätorisches dingliches Recht verliehen werden sollte.

In manchen Fällen jedoch schien den Römern das Verhältnis des Detentors zu der Sache ein possessorisch gegen jeden dritten und unter Umständen auch gegen den Verleiher selbst schutzbedürftiges zu sein. Dies war der Fall beim Prekarium, weil hier das Verhältnis des Detentors, obwohl vom blofsen Gutdünken des precario dans abhängig (darum kein Schutz gegen den Verleiher), doch auf die Dauer berechnet ist und der Prekarist trotz der prekären Grundlage seines Habens, sich während der Dauer des Prekariums wie der Herr der Sache benimmt. Ebenso schien es entsprechend, dem Faustpfandgläubiger und selbst dem Sequester unter Umständen, vermutlich um seine Stellung von den streitenden Parteien unabhängig zu machen, die Besitzinterdikte zu gewähren. Es ist auch selbstverständlich, daſs man das Haben der Sache des Usufruktuars und Usuars, des Emphyteuta und Superfiziars, possessorisch zu schützen für gut fand. Allen diesen Detentoren, damit sie des possessorischen Schutzes theilhaftig werden könnten, muſste eine possessio gewährt werden. Man hatte nun die Wahl: entweder muſste mit der Anerkennung des Besitzes auf seiten des Detentors dem Verleiher der Sache (dem Eigentümer) der Besitz abgesprochen werden, oder man muſste beiden die possessio geben, in welchem Falle jedoch eine Kollision dieser beiden Besitze an einer und derselben Sache zu befürchten war. Die Idee der possessio plurium in solidum fand unter den älteren römischen Juristen in Trebatius einen Anhänger, und wurde auch von manchen späteren Juristen insonderheit behufs der Erklärung des Besitzes des precario rogans adoptiert. Zwar wurde diese Idee des Doppelbesitzes von Labeo als etwas der faktischen Natur des Besitzes Widersprechendes verworfen, zwar sind den Anschauungen des Labeo die meisten späteren Juristen, wie es scheint, beigetreten, und dennoch ist der Doppelbesitz aus dem römischen Recht nicht ganz verschwunden. Obwohl man in der justinianischen Kompilation offenbar der Meinung des Labeo und Paulus (l. 3 § 5 D. h. t. cit.) den Vorzug geben wollte, so sind dennoch von den Kompilatoren in die Digesten solche Fragmente aufgenommen worden, daſs man nicht umhin kann, für einen einzigen Fall des „abgeleiteten“ Besitzes, nämlich für den Besitz beim Prekarium, die possessio plurium in solidum als geltendes Recht der justinianischen Gesetzgebung zu betrachten[1]).

1) Aus l. 3 § 5 D. h. t. mufs zwar gefolgert werden, dass Paulus die Annahme Sabins, dafs im Falle des Prekariums Doppelbesitz vorliege, nicht theilt, und die Kompilatoren die Paulinische Ansicht zu billigen geneigt waren, dennoch aber mufs auf Grund der speziell vom Besitz des Prekaristen handelnden l. 15 § 4 D. de prec. 43, 26 (Pomponius) die Ansicht des Sabinus als die geltende betrachtet werden, und man ist gezwungen, die in l. 3 § 5 enthaltene Verwerfung des Doppelbesitzes zu beschränken und den Fall des Prekariums auszunehmen (s. dazu Bekker: Besitz S. 176 fg. u. 108 fg.). Die possessio des precario dans nur auf den Usukapionsbesitz zu beschränken wie dies manche thun (so z. B. Windscheid: Pandekten § 154 N. 5), geht u. E. absolut nicht an, weil man dafür kein einziges namhaftes Quellenzeugnis anzuführen imstande ist und die Analogie des Besitzers des debitor beim Faustpfand wohl nicht hinreicht. Gegen die Annahme, dafs von den römischen Juristen der Doppelbesitz beim Prekarium auf diese Weise begriffen wurde, zeugt nicht nur l. 15 § 4 cit., sondern auch l. 13 § 7 D. h. t. (Pomponius). Soviel ergiebt sich nämlich aus dieser Stelle mit Evidenz, dafs das interdictum utrubi dem precario dans zustand, denn sonst würde die Frage nach der accessio nicht aufgeworfen werden. Mit Recht bemerkt Bekker (S. 176 N. 3), dafs das „quamdiu manet precarium accessione uti non posse“ auffällig sei. Für die accessio des justinianischen Rechts ist es nach unserer Ansicht mehr als auffällig, denn ganz unbegreiflich und wohl nur einer Verirrung der Kompilatoren zuzuschreiben. In l. 15 § 4 cit. mufs beachtet werden, dafs das „dubitatum est“ sich auf den Besitz des precario rogatus bezieht. Von den Gegnern des Doppelbesitzes wurde also dem precario dans der Besitz gänzlich abgesprochen, offenbar also von gar niemandem der Satz gelehrt, dafs der precario rogatus quoad usucapionem besitzt. — In Betreff der allgemeineren Frage, was für eine Bedeutung der ganze Streit um die possessio plurium in solidum hatte, bleibt noch manches zweifelhaft. So die wichtige Frage, ob Sabinus die Idee des Doppelbesitzes nur für den Fall des Prekariums verteidigte, oder mit Trebaz auch für die possessio iniusta? Auf Grund des argumentum aus l. 19 pr. D. de prec. kann gefolgert werden, dafs Julian die possessio in solidum für möglich hält in allen drei Fällen, bei der possessio vi clam und precario. Daraus könnte man vielleicht sich geneigt fühlen, überhaupt die ganze Sabinianische Schule als Anhänger der Ansicht des Trebaz zu betrachten. Indessen wäre dies

Den Unzukömmlichkeiten, Zweifeln und Kollisionen, welche infolge der Statuierung eines Doppelbesitzes entstehen könnten, wufste man in späterer Zeit dadurch zu entgehen, dafs man für manche derartige Verhältnisse annahm, der Detentor der Sache sei zwar Besitzer, jedoch nicht juristischer Besitzer der Sache, sondern nur juris possessor, Besitzer des Rechts, dessen Inhalt er durch das Haben, Gebrauchen und Benützen der Sache ausübt. Dieser Weg ist adoptiert worden beim Ususfruktus, Usus, bei der Emphyteuse und Superfizies[1]), und es mufs zugestanden werden, dafs er gerade der richtigste und empfehlenswerteste ist. Uns, die wir infolge der Ausdehnung, welche die juris possessio in der nach-

nach unserer Meinung verfehlt. Würde in Bezug auf alle Fälle der iniusta possessio ein Schulenstreit bestanden haben, so hätte Paulus dies wohl nicht unerwähnt gelassen und würde sich nicht mit der Bemerkung, dafs Labeo den Trebatius „reprehendit", begnügt haben. Auch ist, wie uns scheint, aus dem ganzen Passus zu schliefsen, dafs die Ansicht des Sabinus nicht identisch war mit derjenigen des Trebaz, und zwar die des letzteren eine weitergehende. Somit dürfte Sabinus eben nur beim Prekarium sich für den Doppelbesitz ausgesprochen haben. Dafs Ulpian die Ansicht des Trebaz theilte, darf nach unserer Ansicht auf Grund der l. 3 pr. u. p. 43, 17 mit Bestimmtheit keineswegs angenommen werden (s. auch Bd. I S. 225; vgl. dazu Kniep, Vacua poss. S. 182 fg.).

1) Dafs die Ausbildung des durch Interdikte geschützten Rechtsbesitzes bei den erwähnten Personalservituten späteren Datums ist, als die Anerkennung des Sachbesitzes des Prekaristen und des creditor, ist zweifellos. Wir finden die iuris poss. in Bezug auf den ususfruct. erst bei Venuleius (l. 52 pr. D. h. t. cit.) und namentlich bei Ulpian (vgl. die oben S. 267 N. 2 zitierten Quellenstellen). Desgleichen ist erst bei Ulpian von der völlig ausgebildeten quasi possessio des Superfiziars die Rede (s. die Fragmente Ulpians: l. 1 D. de superfic. 43, 18 u. bes. l. 3 § 7 D. u. p. 43, 17, in welcher Stelle Labeo nur einer Person den Sachbesitz giebt und von dem Besitz der superficies nicht spricht, während Ulpian fortfährt: ceterum superficiarii proprio interdicto etc., wobei er sich auf Pomponius beruft). Dem Labeo und älteren Juristen war also der possessorische Schutz des Superfiziars unbekannt.

römischen Zeit und in den neueren gesetzgeberischen Arbeiten erhalten hat, überhaupt mit dem Begriffe des Rechtsbesitzes gewissermafsen befreundet sind, erscheint eine derartige Erklärung auch als die natürlichste. Es ist jedoch nicht zu leugnen, dafs die Annahme dieser juris possessio, welche mit der vollkommenen Detention der Sache verbunden ist, gar nicht nahe lag. Jedenfalls lag es näher, in dem Detentor einfach einen Sachbesitzer zu sehen, als eine derartige für das rechtliche Haben bestimmte Theilung auch auf das wirtschaftliche Haben der Sache zu übertragen. Denn damit diese Theilung möglich wäre, mufs hier das faktische Verhältnis des Inhabers zur Sache eine zweifache Funktion ausüben, zugleich corpus des Rechtsbesitzes sein und corpus des Sachbesitzes des Vertretenen, der durch den Inhaber als Stellvertreter besitzt. Das Haben der Sache, welches hier der Rechtsbesitz voraussetzt, mufs, obwohl es rücksichtlich des Rechtsbesitzes als ein Haben „für sich“ rechtlich anerkannt ist, zugleich als ein Haben für einen anderen gelten. Kein Wunder also, dafs die Römer zu einer derartigen Konstruktion der hier besprochenen Verhältnisse nicht sofort gelangt sind, zumal dieselbe aufserdem eine genaue Ausbildung der juris possessio erforderte, welche letztere nie zu einer gehörigen Entwickelung in Rom gelangt ist.

In Erwägung der angegebenen Gründe werden wir leicht begreifen, warum die Römer in denjenigen Fällen, in welchen sie zuerst die Zweckmäfsigkeit der Verleihung eigener Interdikte an den Inhaber der Sache erkannten (Prekarium, Faustpfand), zu diesem Zwecke die Detentoren zu juristischen Sachbesitzern erhoben haben.

Es fragt sich nun, ob in der Gewährung der possessio rei und des Interdiktenschutzes an den Prekaristen und Faustpfandgläubiger eine Anomalie lag oder nicht? Wir meinen nun, dafs, sobald man nur dazu gekommen ist, beim Prekaristen und Faustpfandgläubiger ein rechtlich zu schützendes Für-sich-haben-wollen der Sache zu erblicken, es auch als das Natürlichste erscheinen mufste, hier einen Sachbesitz zu sehen. Und gerade darin, dafs die Römer in dem Willen des Faustpfandgläubigers und des Prekaristen einen animus possidendi haben sehen können, erblicken wir einen Beweis dafür, dafs sie das Vorhandensein eines inneren animus domini überhaupt nie für ein unbedingtes Erfordernis des Besitzverhältnisses gehalten haben. Es ist vielmehr ersichtlich, dafs sie darüber, ob ein animus possidendi vorliegt, keineswegs schlechthin das subjektive Vorhaben haben entscheiden lassen wollen, sondern dies nach dem Sinne, den das Recht in einem gewissen Benehmen ausgedrückt sieht, beurtheilten, folglich auch bei jeder gewollten Detention den Ausdruck des animus sibi habendi sahen, wo nur das Recht der sich auf ein Haben für einen anderen beziehenden wirklichen Willensrichtung des Inhabers die Bedeutung eines animus alieno nomine possidendi abspricht.

Sind nun einmal Prekarist und Faustpfandgläubiger Sachbesitzer geworden, so mufste mit ihrem Besitze entweder notwendigerweise der Besitz des Verleihers bez. Schuldners aufhören, oder ein Doppelbesitz konstruiert werden. Die zweite Ansicht fand manche Anhänger und ist für das Prekarium in der justinianischen Kompilation als geltendes Recht anzusehen. Dagegen besitzt der Schuldner nur quoad usucapionem[1]; der Interdiktenbesitz fehlt ihm gänzlich, solange die Sache in der Hand des Gläubigers verbleibt.

Für die Fälle des Ususfruktus, Usus, Emphyteuse und

---

1) S. aufser den oben S. 266 N. 2 zitierten Stellen noch l. 29 D. de pign. a. 13, 7.

Superfizies wählte man, um durch die Gewährung des Besitzschutzes an den Inhaber der Sache den Besitz des Eigentümers nicht untergehen lassen zu müssen, den Ausweg, daſs man das Haben dieser Sachinhaber als juris possessio auffaſste. Es ist anerkannt worden, daſs der Usufruktuar und die anderen Erwähnten Besitzer des Rechts und zugleich Stellvertreter des Eigentümers im Sachbesitze seien. Ohne Zweifel hätte man in dem Willen des Usufruktuars u. s. w. ebensogut einen zum Sachbesitz genügenden animus possidendi sehen können, da man diesen animus beim Prekaristen fand. Die verschiedene Behandlung der beiden Fälle hat nicht darin ihren Grund, als ob man eine wesentliche Verschiedenheit der wirklichen inneren Absichten hier erblickte; es wird einfach kraft positiver Vorschrift hier ein anderer Sinn der gewollten Detention beigelegt als dort, obwohl keine wesentliche Verschiedenheit der inneren Vorhaben besteht.

Da nun einmal diese letztere Konstruktion für manche Rechtsverhältnisse sich herausgebildet hat, so war es jedenfalls vom dogmatischen Standpunkt aus korrekt, auch für die Fälle des „abgeleiteten“ Besitzes dieselbe zu adoptieren und auch jene Inhaber der Sache für Rechtsbesitzer und zugleich Stellvertreter eines fremden Sachbesitzes zu erklären. Daſs dies nicht geschah, darf uns jedoch keineswegs verwunderlich erscheinen. Erstens haben die Römer überhaupt keine Neigung gehabt, ohne wichtige praktische Rücksichten, bloſs einer besseren dogmatischen Konstruktion der einzelnen Rechtsinstitute wegen, an dem bestehenden Rechte zu rütteln. Ferner war die ganze juris possessio im römischen Recht stets noch im Werden und gelangte nicht zur völligen Ausbildung. Namentlich sahen die Römer in einem jeden faktischen, mit der Detention der Sache verbundenen Gebrauchen und Genieſsen, welches dem Inhalte eines dinglichen Rechts thatsächlich entspricht, keineswegs stets eine iuris possessio, was schon daraus zu ersehen ist, dafs sie dem Pächter die possessio iuris absprachen, obwohl das Verhältnis desselben zu der Sache ohne Zweifel als das thatsächliche Abbild eines Nutzniefsungsrechts sich darstellt. Man berücksichtige noch den Umstand, dafs die Natur des Pfandrechts als eines dinglichen Rechts nicht so klar hervortritt, wie diejenige des Ususfruktus, Usus, der Emphyteuse und Superfizies. Rücksichtlich des Prekariums ist es sogar sehr zweifelhaft, ob es überhaupt als ein dingliches Recht aufgefafst werden könne[1]). Aus diesen Gründen ist man in den Fällen des sog. abgeleiteten Besitzes beim Sachbesitz stehen geblieben.

Unser Resultat ist demnach folgendes: Der abgeleitete Besitz war zur Zeit, als man ihn eingeführt hat, namentlich der Besitz des Prekaristen und Kreditor, eigentlich keine Anomalie. Dadurch erklärt es sich, dafs die singuläre Natur dieses Besitzes in den Quellen nicht betont wird. Die konsequente Ausbildung der Prinzipien des Rechtsbesitzes würde zwar dazu führen müssen, dafs der abgeleitete Besitz in der juris possessio aufgegangen wäre; indes ist dieser Entwickelungsgang im römischen Recht nicht zum Abschlufs gelangt. Infolgedessen dürfte es in Bezug auf den Inhalt der römischen Rechtsquellen, so wie dieselben uns vorliegen, schwer fallen, eine Entscheidung darüber zu treffen, ob in dem Sachbesitze des Prekaristen und Kreditors, oder aber in dem Rechtsbesitze des Usufruktuars, Usuars, Emphyteuta und Superfizies eine Anomalie zu finden wäre. Es ist zweifelhaft, ob die Möglichkeit des Bestehens eines animus alieno nomine possidendi neben einem possessorisch geschützten Für-sich-haben

---

1) Vgl. über das interdictum de precario vorzüglich Bekker Besitz § 18.

der Sache für die Regel oder für eine Ausnahme gehalten werden müsse. Jedenfalls liegt zwischen den Fällen des abgeleiteten Besitzes und der Art und Weise, wie das römische Recht das Besitzverhältnis beim Ususfruktus u. s. w. konstruiert, ein Widerspruch vor, welcher nur auf historischem Wege zu erklären ist.

Daraus, dafs der Besitz des Prekaristen und Pfandgläubigers den Charakter einer juris possessio hat, folgert BEKKER, dafs der Besitzer hier nur als juris possessor des rechtlichen Schutzes geniefsen solle [1]). Er nimmt also an, dafs der Besitzer nicht über dasjenige Haben, welches dem Inhalte seiner Berechtigung entspricht, zu schützen sei. Die Frage ist besonders rücksichtlich des Pfandgläubigers von praktischer Bedeutung, da demselben der Gebrauch der Sache nur in einem beschränkten Mafse zusteht. Nach BEKKER soll jedes Gebrauchen der Sache, das über die Berechtigung des Pfandgläubigers hinausgeht, nicht mehr geschützt werden. BEKKER beruft sich auf den Zweck der Anerkennung des Besitzes des Kreditors, und meint, dafs, wenn die Annahme des Sachbesitzes hier mehr wäre, als blofs eine dogmatische Aufstellung, und die Konsequenz nach sich zöge, dafs man auch das widerrechtliche Benützen der Sache schützen müsse, darin eine gröbliche Verirrung des Gesetzgebers läge. Diese Folgerung will er nicht gelten lassen und sagt: „man glaubte ihr nicht besonders begegnen zu müssen, Prätor und Iudices wufsten ja Bescheid, was bei solchen Sachen in ihrem Officium lag und was nicht.“ — Wie der römische Prätor und die Iudices dies entschieden haben würden, darüber lassen sich nur Vermutungen aufstellen. Es ist möglich, dafs sie namentlich in jenem Falle, wenn der in einer widerrechtlichen Weise

1) Besitz S. 172 fg.

seine Detention gebrauchende Pfandgläubiger von dem Debitor hierin gestört wäre, eine der BEKKERschen Meinung konforme Entscheidung getroffen und dem Kreditor gegen den Schuldner keine Hilfe gegeben haben würden. Thäten sie es jedoch, so hätte dies nur darin seinen Grund, dafs man überhaupt in Rom die Billigkeitsrücksichten in einem ausgedehnteren Mafse gelten liefs, als unsere Richter dazu berechtigt sind, denn eine solche Entscheidung würde gegen das positive Recht verstofsen. Ist nun einmal der Pfandgläubiger als Sachbesitzer anerkannt, so mufs er auch wie ein Sachbesitzer geschützt werden, und jeder Angriff, der nur seine Detention beeinträchtigt, mag er auch von dem Schuldner ausgehen und sich durch das widerrechtliche Verhalten des Gläubigers entschuldigen lassen, mufs als eine Besitzstörung gelten[1]). BEKKER bedenkt nicht, dafs, seiner Ansicht gemäfs, jedes Gebrauchen und Benutzen der Sache und überhaupt jedes derartige Behandeln derselben, zu welchem der Kreditor als solcher nicht berechtigt ist, möchte dasselbe vom Kreditor etwa mit Zustimmung des Schuldners oder vom Schuldner selbst vorgenommen werden, beliebig von jedem dritten gestört werden könnte, weil sich der Schutz des Kreditors auf dasselbe nicht bezöge, dem Debitor aber überhaupt kein Besitzschutz zusteht. Unseres Erachtens bringt der Umstand, dafs das Recht dem Schuldner den Interdiktenschutz gänzlich abspricht, notwendig mit sich, dafs es diesen Schutz dem Gläubiger unbeschränkt verleiht. Dafs dies de lege ferenda nicht zu billigen ist, bestreiten wir freilich nicht im mindesten.

In den Fällen des sog. abgeleiteten Besitzes haben wir die Bestätigung des Grundsatzes gefunden, dafs schon jede gewollte Detention eine Bethätigung des animus possidendi

---

1) Vgl. gegen BEKKER auch WENDT, Jahrb. f. Dogm. Bd. 21 S. 198 fg.

involviert, sofern sie nicht den Ausdruck eines rechtlich anerkannten animus alieno nomine possidendi enthält. Jede gewollte Apprehension, die nur nicht zu dem Zwecke vorgenommen wird, um einen ganz vorübergehenden Gebrauch von der Sache zu machen, begründet einen Besitzerwerb in eigenem Namen, möchte der Apprehendent zugleich für einen dritten die Sache innehaben wollen, wenn das Recht dieser Willensrichtung die Bedeutung eines animus alieno nomine possidendi abspricht. Ein Besitzen für einen dritten ist aber immer von dem Bestehen eines gewissen rechtlichen Bandes zwischen dem Repräsentierten und dem Repräsentanten abhängig. Insbesondere ist auch dann, wenn der Inhaber der Sache nur ein juris possessor sein will, das Vorhandensein der rechtlichen Voraussetzungen der Besitzstellvertretung notwendig, damit diese Detention zugleich als Rechtsbesitz und ein Haben der Sache für einen anderen gelte.

Aus diesem Grunde erfolgt der Erwerb des Besitzes einer mit dem Innehaben der Sache verbundenen Personalservitut, nur insofern der Detentor wirklich Besitzstellvertreter derjenigen wird, für den er den Sachbesitz ausüben will. Eine derartige iuris possessio wird also nur durch Verleihung und nicht auch durch ein eigenmächtiges Ergreifen der Sache begründet werden können, wie denn auch die Quellen von einer Okkupation des Besitzes des Ususfruktus, Emphyteuse u. s. w. nichts wissen. Okkupiert also jemand eigenmächtig eine Sache mit der Absicht, sie auf die Dauer zu haben, so ist er Besitzer schlechthin, mag auch seine innere Absicht dahin gehen, sich etwa nur den Ususfruktus, den Usus u. s. w. eigenmächtig anzumaſsen.

Dritter Theil.

Die Lehre von den juristischen Willenserklärungen überhaupt.

Erstes Kapitel.

Die juristische Willenserklärung als äufsere Erscheinung.

I. Privatrechtliche Willenserklärung und Rechtsgeschäft.

Begriffsbestimmung.

§ 12.

Der nun folgende Theil unserer Untersuchung beschränkt sich keineswegs ausschliefslich auf die Betrachtung der rechtlichen Thatsache der Sachbesitzergreifung. Er geht auch weit über die Grenzen der Besitzlehre hinaus und mufs als ein Exkurs über die allgemeine Lehre von jener ganzen Kategorie der juristischen Thatsachen betrachtet werden, zu denen nach unserer Überzeugung die Besitzerwerbs- und -Verlusthandlungen gehören. Wir hoffen den Nachweis geben zu können, dafs die für die Besitzergreifung geltenden rechtlichen Normen nicht eine Eigentümlichkeit dieses Falles sind, sondern eine Konsequenz allgemeiner Grundsätze, die für eine ganze Kategorie von rechtlichen Thatsachen gelten.

Eine jede Rechtsfolge, ohne Rücksicht auf die Beschaffenheit der Thatsachen, welche dieselbe ins Leben rufen, mufs stets eine von dem objektiven Rechte angeordnete sein. In der positiven Bestimmung der Rechtsordnung mufs sowohl angegeben werden, worin die Rechtsfolge besteht, als auch, an welche thatsächliche Voraussetzungen sich dieselbe knüpfen soll. Da nun die Rechtsfolge nicht für ein einzelnes Geschehen statuiert wird, so erfolgt die Bezeichnung der juristisch wirkenden Thatsachen durch die Angabe aller jener charakteristischen Merkmale, welche eine Thatsache besitzen mufs, um eine rechtliche Folge zu erzeugen. Der Inbegriff der thatsächlichen Momente, welche den Eintritt einer Rechtsfolge bedingen, — der Thatbestand — mufs in irgend einer Weise schon von vornherein von der Rechtsordnung rücksichtlich einer jeden bestimmten Rechtsfolge festgestellt werden. Alle im Leben vorkommenden Ereignisse haben für das Recht eine Relevanz nur insofern dieselben gewisse rechtliche Thatbestandsmomente enthalten. Eine allgemeine Lehre von den juristisch wirkenden Thatsachen hat nur als die Lehre von den rechtlichen Thatbeständen einen Sinn. Eine systematische Klassifizierung der rechtlichen Thatsachen ist, abgesehen von einer etwaigen Eintheilung nach der Art der Rechtsfolge, nur nach der vom positiven Recht anerkannten wesentlichen Verschiedenheit der festgestellten Thatbestände berechtigt.

Unter den einzelnen Thatbeständen, welche uns die römischen Rechtsquellen aufweisen, kommt denjenigen die hervorragendste Rolle zu, die in einem gewissen menschlichen Verhalten bestehen. Die betreffenden juristischen Thatsachen werden gemeiniglich unter dem allgemeinen Begriff „rechtliche Handlungen" zusammengefafst[1]). Indem man dies jedoch thut, hat man sich zu hüten, in den Fehler zu verfallen, den man hier gewöhnlich beging und der den Gegnern des rechtsgeschäftlichen Begriffs Argumente wider die herrschende Lehre[2]) geliefert hat. Man darf es nämlich nie aufser acht lassen, dafs die Kategorie „rechtliche Handlung" nur insofern eine wissenschaftliche Berechtigung hat, als sie auf diejenigen rechtlich wirkenden Thatsachen bezogen wird, in denen ein Handeln Thatbestandsmoment ist, und nicht auch auf jene, wo es nur überhaupt vorkommt. Man darf also mit dem Namen „rechtliche Handlung" nicht eine jede Handlung bezeichnen, die einen rechtlichen Erfolg nach sich zieht, sondern nur eine Handlung, welche rechtlich wirkt, weil sie ein Handeln ist. Knüpft also die Rechtsordnung eine Rechtsfolge an das blofse Eintreten eines Naturerfolgs und wird dieser faktische Erfolg in concreto durch ein menschliches Thun bewirkt, so ist darum dieses Thun noch keine juristische Handlung, weil die Rechtsfolge auch eingetreten sein würde, wenn der Naturerfolg auf eine andere Ursache als auf die menschliche Handlung zurückgeführt werden könnte[3]). Wenn ich eine Sache zerstöre, so bewirkt dies den Untergang des Eigentums, jedoch das wirkende Moment ist nicht mein Handeln, sondern lediglich der Erfolg, das physische Zerstörtsein der Sache.

---

1) Der Leser wird uns vielleicht verzeihen, dafs wir es unterlassen, die Litteratur der in neuester Zeit so überaus oft behandelten Lehren von den juristischen Handlungen und Rechtsgeschäften genauer anzugeben. Von der neuesten Litteratur mögen schon an diesem Orte angeführt werden. Dernburg: Pandekten Bd. 1 § 91 fg.; Burckhard: Oesterr. Privatr. § 79 fg.; Bechmann: Der Kauf Bd. 2 S. 3 fg.

2) S. Schlossmann: Der Vertrag S. 130 fg. S. jetzt auch Windscheid: Pandekten 6. Aufl. § 69 N. 1 a.

3) S. dazu bes. Thon: Rechtsnorm u. subjektives Recht S. 370.

Und nicht anders ist es selbst in jenen Fällen, wo der Naturerfolg thatsächlich ein derartiger ist, dafs er eigentlich doch nur durch menschliche Thätigkeit bewirkt werden kann, z. B. die aedificatio. Auch hier ist in Bezug auf Rechtsfolge der Erweiterung des bestehenden Eigentums nur das „inaedificatum“ und nicht zugleich das „inaedificare“ Thatbestandsmoment der rechtlichen Thatsache[1]).

Es fragt sich nun: soll unter den übrigbleibenden eigentlichen juristischen Handlungen unterschieden werden? sollen sie in Kategorieen getheilt werden und lassen sie sich in solche scheiden? Vor allem heben sich einzelne von denselben ab, welche man „verbotene Handlungen“ nennt und deren gemeinsames Merkmal ist, dafs die Rechtsordnung sie juristisch erheblich macht, weil sie dieselben mifsbilligt. Unter allen sonstigen juristischen Handlungen werden als die wichtigste Kategorie die sog. Rechtsgeschäfte genannt. Die Fragen, in welchem Verhältnisse diese beiden Begriffe „Rechtsgeschäft“ und „Delikt“ zu einander stehen und inwiefern überhaupt eine Klassifizierung der Handlungen, die keine Delikte sind, wissenschaftlich gerechtfertigt ist, gehören zu den unsichersten und zweifelhaftesten Problemen der modernen Rechtswissenschaft. Zu der Entstehung dieser Kontroversen mag dies vorzüglich beigetragen haben, dafs man sich dessen nicht klar bewufst ist, von welchem Gesichtspunkte aus man die rechtlichen Handlungen eintheilen soll. Die Folge davon ist, dafs man in den gewöhnlich nebeneinander aufgezählten einzelnen Arten rechtlicher Handlungen keineswegs eine organische Eintheilung derselben erblicken kann. Was nun die Unterscheidung zwischen verbotenen und

---

1) S. auch Wach: Arch. f. civ. Praxis Bd. 64 S. 239 N. 29 u. Bechmann a. a. O. S. 4, die jedoch das letztere nicht gehörig hervorheben.

nichtverbotenen Handlungen betrifft, so stützt sich dieselbe vorzüglich auf die Verschiedenheit der Zwecke, welche die Rechtsordnung bei der Normierung der Rechtsfolge verfolgt [1]), indem sie sich dort dem Privatwillen gegenüber repressiv, hier dagegen anerkennend und fördernd verhält. Eine andere Bedeutung hat die Aufstellung der Begriffe „juristische Willenserklärung" und „Rechtsgeschäft". Als Kategorieen rechtlicher Handlungen haben diese Begriffe einen Wert nur dann, wenn sie auf der wesentlichen Eigentümlichkeit der entsprechenden juristischen Thatbestände basiert sind. Deswegen ist es keineswegs ausgeschlossen, daſs eine und dieselbe Handlung zugleich ein Delikt und eine Willenserklärung, ja sogar ein Rechtsgeschäft sei [2]), und um so weniger, daſs in „einem" Handeln nebeneinander die thatbeständlichen Momente eines Deliktes und eines Rechtsgeschäftes enthalten seien.

Es ist als das *πρῶτον ψεῦδος* der gesamten üblichen Lehre von den juristischen Handlungen zu betrachten, daſs, indem ganz allgemein alle Thatbestände, zu denen ein menschliches Thun erfordert wird, „durch den Gattungsnamen als Handlungen bezeichnet werden" [3]), man gar nicht mehr die Frage aufwirft, in welcher Hinsicht ein menschliches Thun zum Thatbestande einer Rechtsfolge erhoben wird. Vielmehr wird sofort der Boden der positiven Bestimmungen verlassen und a priori untersucht, was denn eine Handlung sei [4]), wobei man dieses Wort im gewöhnlichen Sinne nimmt

1) Vgl. dazu auch Lotmar: Über die causa bei Rechtsgeschäften S. 9 fg.

2) S. Thon: a. a. O. S. 336 fg.; vgl. auch Źródlowski: Das röm. Privatrecht Bd. 2 S. 250 fg.

3) Źródlowski a. a. O. S. 238 N. 16.

4) Vgl. statt aller die Ausführungen des Hauptvertreters der herrschenden Lehre in der heutigen Litteratur, Zitelmann in seinem Werke: Irrtum und Rechtsgeschäft. Vgl. dagegen Schlossmann in seiner Re-

und darunter ein positives Handeln, „eine gewollte Körperbewegung“ versteht. Auf Grund dieser offenbaren petitio principii gelangt man zu zwei gleichmäfsig unrichtigen Folgerungen, namentlich, dafs eine jede juristische Handlung „eine“ gewollte Körperbewegung und dafs jede gewollte Körperbewegung, welche rechtliche Folgen erzeugt, notwendig nur „eine“ juristische Handlung sei, demnach nur zu einer einzigen von den aufgestellten Kategorieen der rechtlichen Handlungen wie Rechtsgeschäft, Delikt u. s. w. gehören könne.

Während die Anhänger der üblichen Lehre von den Rechtsgeschäften den soeben gerügten Fehler begehen und, indem sie von dem Begriffe der Handlung ausgehen, das rechtsgeschäftliche Handeln gleichsam als ein Stück Naturrecht[1]) von dem subjektiven Standpunkte des Handelnden aus analysieren, ohne sich um die Frage näher zu bekümmern, wie das positive Recht hier im einzelnen den Thatbestand normiert; so verkennen andererseits die Gegner des rechtsgeschäftlichen Begriffs die eigentliche Bedeutung der Begriffe „Rechtsgeschäft“ und „Willenserklärung“. Sie vermeinen die wissenschaftliche Wertlosigkeit dieser Abstraktionen schon dadurch dargethan zu haben, dafs sie uns den Beweis liefern, dafs die sich auf das Handeln und Wollen bei der Errichtung

---

zension des Zitelmannschen Werkes: Ztschr. f. priv. u. öffentl. R. Bd. 7 S. 544 fg. — Manches Richtige enthalten in Bezug auf das Verhältnis, in welchem die Begriffe „Handlung“ und „Willenserklärung“ zueinander stehen, die Ausführungen von Schall: Parteiwille im Rechtsgeschäft S. 11 fg.

1) Mit vollem Recht bemerkt Bekker in der Rezension des Zitelmannschen Werkes (Krit. Viertelj. Bd. 22 S. 45), die Entwickelung des Rechtsgeschäftsbegriffs, welche Z. giebt, beruhe auf einer prinzipiell naturrechtlichen Deduktion.

der Rechtsgeschäfte beziehenden Deduktionen der herrschenden Lehre unrichtig sind [1]).

Der einzig richtige Weg, der uns davon überzeugen kann, ob man derartige allgemeine, zahlreiche rechtliche Handlungen umfassenden, Begriffe wie „juristische Willenserklärung“ und „Rechtsgeschäft“ aufstellen darf und soll, besteht unseres Erachtens lediglich darin, daſs man rücksichtlich der einzelnen juristischen Handlungen die Frage aufwirft und prüft, worin denn nach der Auffassung des positiven Rechts hier der eigentliche Thatbestand liege. Würde sich nun ergeben, daſs bei zahlreichen Thatbeständen dieselben Merkmale sich vorfinden, dann, aber auch nur dann wäre es gerechtfertigt, dieselben unter eine allgemeine Kategorie zusammenzufassen. Daſs man es unterlassen hat, unsere Frage ausschlieſslich von diesem Standpunkte aus zu prüfen, dies hat darin seinen Grund, daſs man bis jetzt in der Lehre des Privatrechts noch immer den Umstand nicht gehörig berücksichtigt, daſs das objektive Recht die Rechtsfolge nicht an Thatsachen knüpft, sondern an Thatbestände, die sie selbst feststellt und normiert. Gerade so wie das Strafrecht die Thatbestände der Delikte bestimmt, gerade so müssen die Thatbestände der für das Privatrecht erheblichen Handlungen in den Normen des Privatrechts enthalten sein, denn die Anordnung der Rechtsfolge ohne Bestimmung des Thatbestandes wäre ein Widersinn. Wie jede Handlung erst durch das von der Rechtsordnung ausgesprochene Verbot zu einer verbotenen Hand-

---

1) Dies ist nicht nur von Schlossmann (Vertrag bes. § 17 S. 128 fg. u. Ztschr. f. priv. u. öffentl. R. Bd. 7 bes. S. 565 fg.) zu sagen, sondern auch von Thon a. a. O. S. 358 fg., Kohler: Über Mentalreservation u. Simulation, Jahrb. f. Dogm. Bd. 16 S. 327 fg.; Autorrecht, ebenda Bd. 18 S. 133 fg. u. „Das Rechtsgeschäft“, Ztschr. f. priv. u. öffentl. R. Bd. 13 S. 287—297; Lenel: Parteiabsicht u. Rechtserfolg, Jahrb. f. Dogm. Bd. 19 S. 154 fg. u. Anderen.

lung wird, so wird auch jedes Handeln überhaupt erst durch eine positive Bestimmung zu einer juristischen Handlung.

Wie werden nun von der Rechtsordnung die Thatbestände der strafbaren Handlungen normiert? Es wird die Bewirkung eines gewissen natürlichen Erfolgs, z. B. des Todes oder einer körperlichen Verletzung eines Menschen, verboten; oder die Bewirkung eines Erfolgs, dem kein bestimmtes physisches Geschehen entspricht, welchem jedoch eine gewisse Bedeutung nach den im Leben herrschenden Auffassungen zukommt, z. B. einer Verletzung der Ehre. Aufserdem wird manchmal als Thatbestandsmoment das Vorhandensein eines inneren Zustandes, ein Wollen auf seiten des Handelnden verlangt, oder eine mangelhafte Energie des Denkens, eine Nachlässigkeit u. s. w.

Wie steht es nun mit den Thatbeständen der zivilrechtlich erheblichen Handlungen? Damit, dafs sie sämtlich als Handlungen bezeichnet werden, ist noch nicht viel gesagt, denn ein Handeln kann nach verschiedenartigsten Richtungen hin in Betracht kommen, z. B. als eine bestimmte Körperbewegung, als Bewirkung eines gewissen Naturerfolgs, sei es im allgemeinen oder an einem gewissen Gegenstande, als Verursachung eines Umstandes, dem eine gesellschaftliche Bedeutung zukommt, als Mittheilung eines gewissen Gedankens oder Urtheils, als Ausdruck eines gewissen inneren Vorhabens u. s. w. Wenn wir nun im einzelnen die positiven Bestimmungen unserer Rechtsquellen näher betrachten, so werden wir zu der Überzeugung gelangen müssen, dafs der Thatbestand der einzelnen rechtlichen Handlungen nicht in allen Fällen in derselben Weise normiert ist. Wir werden jedoch zugleich erkennen können, dafs die Thatbestände zahlreicher, und zwar der wichtigsten Handlungen, welche privatrechtliche Folgen nach sich ziehen, ein gemeinsames Moment enthalten. Als Thatbestand wird hier nämlich der Ausdruck eines gewissen inneren Vorhabens des Subjektes bezeichnet. Die charakteristischen Merkmale der Handlung, welche rechtlich wirken soll, werden weder dadurch bestimmt, daſs etwa irgend ein Naturerfolg bewirkt werde, oder daſs der Handelnde bestimmte Körperbewegungen vornehme, gewisse Zeichen, geschriebene oder ausgesprochene Wörter, gebrauche; sondern es soll ein jedes Benehmen die Rechtsfolge nach sich ziehen, dem nur nach der im Leben herrschenden Auffassung der Sinn zugeschrieben wird, daſs hierdurch ein gewisses inneres Wünschen oder Wollen der Person ausgedrückt werde. Rücksichtlich dieses durch That ausgedrückten Vorhabens kann das objektive Recht bei der Normierung des Thatbestandes eine verschiedenartige Stellung nehmen. Es kann nämlich das wirkliche Vorhandensein jenes psychischen Vorganges, insofern derselbe überhaupt erwiesen werden kann, als Thatbestandsmoment erklären. In der That wird oft besonders im Strafrecht, manchmal aber auch im Zivilrecht das wirkliche Vorhandensein eines inneren Vorhabens des Subjekts als Thatbestandsmoment verlangt. Das Recht kann jedoch auch in dieser Beziehung gewissermaſsen der im Leben herrschenden Auffassungsweise folgen und eine entschiedene Wahrscheinlichkeit der Wirklichkeit gleichstellen. Wie wir meinen, ist dies in der That der Standpunkt des positiven römischen Rechts rücksichtlich derjenigen juristischen Handlungen, die es wirken läſst, weil sie im Leben als Ausdruck eines Wollens oder Wünschens gelten, und wir glauben auch annehmen zu dürfen, daſs die Behandlung, welche allen diesen Handlungen zu theil wird, im Prinzip gleichmäſsig ist und denselben allgemeinen Grundsätzen entspringt. In Erwägung des Umstandes, daſs bei der Feststellung des Thatbestandes aller dieser rechtlichen Handlungen im römischen Recht im wesentlichen dieselben Prinzipien zur Anwendung gelangen, erscheint es nicht nur zweckmäfsig, sondern geradezu notwendig, einen allgemeinen Begriff aufzustellen, der alle diese Handlungen umfassen würde. Der Ausdruck, den wir zur Bezeichnung dieser ganzen Kategorie von Handlungen gebrauchen wollen, ist der bereits in unserer zivilrechtlichen Doktrin eingebürgerte Name „juristische Willenserklärung“. Dabei wäre es jedoch empfehlenswert, um die Eigentümlichkeit und den zivilrechtlichen Charakter dieser rechtlichen Handlungen anzudeuten, die präzisere Bezeichnung „privatrechtliche“ Willenserklärung zu gebrauchen.

Wir verstehen also unter einer privatrechtlichen Willenserklärung jedes menschliche Verhalten, welches eine Rechtsfolge bewirkt, weil es als der gewollte Ausdruck eines gewissen inneren Willens oder Wunsches gilt, — beurtheilt nach den vorzüglich der gemeinen Auffassung des Lebens entsprechenden rechtlichen Interpretationsgrundsätzen.

Das objektive Recht, ohne den Thatbestand hier ganz präzis zu bestimmen, läfst darüber vorzüglich die im Leben herrschenden Anschauungen entscheiden, wann ein Benehmen als Ausdruck eines inneren Vorhabens angesehen werde, und greift hier nur feststellend und höchstens modifizierend ein. Ebenso läfst es über die Frage, ob das Verhalten ein gewolltes sei, zum grofsen Theile die Auffassung des Lebens, welche sich meistens schon mit der „Wahrscheinlichkeit“ des Wollens begnügt, gelten.

Es ist klar, dafs, unserer Formulierung des Begriffs der juristischen Willenserklärung gemäfs, die Besitzerwerbshandlung gerade zu dieser Kategorie von rechtlichen Handlungen gehört, und dafs demnach alle die Willenserklärungen im allgemeinen betreffenden rechtlichen Grundsätze sich auch auf die Besitzerwerbshandlung beziehen. Als Willenserklärung ist die Besitzerwerbshandlung ein Verhalten der Person, welches als Ausdruck des Willens gilt, die Sache ohne Beschränkung auf gewisse Funktionen wirtschaftlich für sich zu haben. Dieser Sinn kommt jedoch begreiflicherweise nur einem derartigen Benehmen der Person zu, welches eine Nähe zwischen dem Subjekte und der Sache schafft, wie sie regelmäſsig im Leben zwischen der Person und den ihr ausschlieſslich wirtschaftlich dienenden Sachen besteht.

Unter den juristischen Willenserklärungen unterscheidet man gewöhnlich eine ganze Gruppe von Handlungen, auf die man die allgemeine Bezeichnung Rechtsgeschäfte anwendet. Diejenigen Handlungen, die zu dieser Gruppe gehören sollen, sind unter allen juristischen Willenserklärungen für das Recht bei weitem die wichtigsten. Infolge dieses Umstandes werden die allgemeineren, die Willenserklärungen betreffenden Grundsätze, namentlich die allgemeinen Lehren vom Verhältnis zwischen dem inneren Willen und der Erklärung in den Lehrbüchern des Privatrechts, ausnahmslos nur in Bezug auf Rechtsgeschäfte abgehandelt, so daſs in dieser Beziehung alle sonstigen juristischen Willenserklärungen vollständig vernachlässigt werden, obwohl man es hier auch mit ähnlichen Problemen zu thun hat, wie bei den Rechtsgeschäften. Die Besitzerwerbs- und -verlusthandlungen, weil dieselben von der herrschenden Lehre aus dem Kreise der Rechtsgeschäfte ausgeschlossen werden, trifft auch dasselbe Los, wie alle sonstigen Willenserklärungen, die angeblich keine Rechtsgeschäfte sein sollen. So wird z. B. die Frage, welchen Einfluſs der Irrtum auf die Besitzerwerbs- und -verlusthandlungen ausübt, meistens nicht gehörig erörtert, oft nur gelegentlich erwähnt, daſs ein error den Besitzwillen ausschlieſse.

Schon der Umstand, daſs nach unserer Ansicht die

wichtigsten, sowohl die objektive als auch die subjektive Seite der Willenserklärung betreffenden Grundsätze bei allen Willenserklärungen im wesentlichen dieselben sind, also dies, was hier von den Besitzerwerbshandlungen zu sagen wäre, sich in mancher Hinsicht auch auf alle rechtsgeschäftlichen Erklärungen bezieht, veranlafst uns, es näher anzugeben, welche Stellung wir zu der in der neuesten Zeit zu einer brennenden Kontroverse gewordenen Lehre von den Rechtsgeschäften nehmen. Dafs es für die Besitzlehre im allgemeinen nur förderlich sein kann, wenn man sie in nähere Verbindung mit der Lehre von den Rechtsgeschäften bringt, scheint uns keines Beweises bedürftig zu sein. Die nun folgenden allgemeinen Bemerkungen über die Natur der Rechtsgeschäfte werden uns zugleich ermöglichen, eine Antwort zu geben auf die bekanntlich kontroverse Frage, ob die reinen Besitzerwerbs- und -verlusthandlungen zu den Rechtsgeschäften gehören. Wir beabsichtigen natürlich nicht, eine ausführliche Lehre von den Rechtsgeschäften zu liefern, und werden unsere Betrachtungen auf das Notwendigste zu beschränken trachten, indem wir alles unberücksichtigt lassen werden, was in keinem Zusammenhange mit dem eigentlichen Gegenstande unserer Untersuchung steht.

Der Begriff des Rechtsgeschäftes ist in der neuesten juristischen Litteratur Gegenstand der heftigsten Angriffe geworden. Am weitesten geht in der Opposition gegen die vor kurzem noch ganz allgemein herrschende Lehre Schlossmann[1]), indem er den Begriff „Rechtsgeschäft“ gänzlich verwirft und ihm jeden juristischen Wert einfach abspricht. Auf einem nicht viel weniger extremen Standpunkte stehen in dieser Beziehung Thon, Lotmar und Kohler. Die letztgenannten

1) Vertrag S. 128 fg., Ztschr. f. Privat- u. öffentl. R. Bd. 7 S. 565 fg.

Schriftsteller verzichten auf eine eigentliche Begriffsbestimmung des Rechtsgeschäftes, geben also offenbar nicht zu, daſs den sämtlichen rechtsgeschäftlichen Thatbeständen gewisse Gattungsmerkmale gemeinsam seien. THON[1]) bemerkt, für die meisten Rechtsgeschäfte sei als Thatbestand von der Rechtsordnung nur die Erklärung eines „Begehrens nach einem Zustande von wirtschaftlicher oder gesellschaftlicher Bedeutung“ erfordert. Ähnlich sieht LOTMAR[2]) in der Rechtsfolge der Rechtsgeschäfte einen auch ganz ohne Willen der Parteien eintretenden „ungebetenen“ Schutz ihrer ernsthaften, meistens auf verschiedenartige wirtschaftliche Zwecke sich beziehenden Verfügungen und Willensäuſserungen. KOHLER[3]) beschränkt sich darauf, von der negativen Seite die Rechtsgeschäfte von anderen juristischen Handlungen abzugrenzen, und will die Bezeichnung „Rechtsgeschäft“ schon auf jede menschliche Thätigkeit bezogen wissen, welche Rechtsfolgen nach sich zieht, „die auf Billigung des Rechts beruhen und über das Maſs derjenigen Rechtsfolgen ausgehen, welche sich an den Natureffekt der menschlichen Handlung als puren Natureffekt knüpfen.“

Die gegen die herrschende Lehre geführten Angriffe halten wir für vollkommen berechtigt, insofern sich dieselben gegen die übliche Begriffsbestimmung des Rechtsgeschäftes richten, nach welcher zum Thatbestande eines jeden Rechtsgeschäftes ein wirkliches inneres Wollen der Rechtsfolgen auf seiten des Subjekts für erforderlich erklärt wird[4]). Daſs

---

1) a. a. O. S. 365.

2) S. seine Rezension des Werkes LEONHARDS: Irrtum bei nichtigen Verträgen, Krit. Vtj. Bd. 25 S. 423 fg. Vgl. auch: Über die causa im röm. R. S. 10 fg.

3) Ztschr. f. Privat- u. öffentl. R. Bd. 13 S. 287 u. Autorrecht, Jahrb. f. Dogm. Bd. 18 S. 134.

4) Gegen die herrschende Lehre vgl. auch auſser der bereits zitierten noch bes. LEONHARD: Irrtum bei nichtigen Verträgen Bd. 1 § 12

diese Ansicht unhaltbar ist, ist auch unsere Meinung. Dagegen können wir uns von der Wertlosigkeit des Begriffs des Rechtsgeschäftes überhaupt nicht überzeugen. Im Gegentheil, wir halten dafür, dafs diesem Begriff sowohl für die systematische Anordnung des rechtlichen Stoffs, als auch für die praktische Anwendung desselben eine hohe Bedeutung zukommt. Dafs die Römer unseren Begriff in dieser Abstraktion nicht aufstellen[1]), beweist noch an sich gegen seine wissenschaftliche Berechtigung nichts. Diese sehen wir darin:

a) dafs manche allgemeine rechtliche Lehren, welche bei verschiedenen juristischen Thatbeständen wiederkehren, nur dann in gehöriger Weise abgehandelt werden können, wenn man jenen abstrakten Begriff aufstellt und formuliert; das ist der systematische Wert;

b) dafs die Entscheidung darüber, ob sich an eine äufsere Thatsache eine Rechtsfolge knüpfen solle, oft nicht möglich ist, wenn man die allgemeinen charakteristischen Merkmale der die sog. gewillkürte Rechtsfolge bewirkenden Handlungen in abstracto nicht kennt. Das ist der praktische Wert.

Diejenigen rechtlichen Handlungen, auf welche wir die Bezeichnung Rechtsgeschäfte angewendet wissen wollen, gehören zu jener Gruppe von juristischen Handlungen, die wir zivilrechtliche Willenserklärungen genannt haben. Es sind dies also sämtlich Erklärungen eines gewissen inneren Vorhabens. Es fragt sich nun: giebt es Thatbestände, bei denen das erklärte Vorhaben ein gewisses allgemeines Merkmal be-

---

S. 235 fg. u. Bechmann: Der Kauf Bd. 2 S. 10. Für die herrschende Ansicht erklärt sich neuestens u. a. Burckhard: Österr. Privatr. § 79 S. 271 fg.

1) S. dazu Pernice: Rechtsgeschäft u. Rechtsordnung, Ztschr. f. Privat- u. öffentl. R. Bd. 7 S. 465 fg.; s. auch Lotmar: Krit. Viertelj. Bd. 25 S. 424.

sitzt, so daſs dies uns berechtigen würde, diese Thatbestände als Spezies des generellen Begriffs „Willenserklärung" zu betrachten? Wir meinen, daſs man nicht nur berechtigt, sondern sogar durch den positiven Inhalt unserer Quellen dazu genötigt ist, diese Frage zu bejahen. Es giebt nämlich sehr zahlreiche rechtlich wirkende Handlungen, rücksichtlich welcher es eigentlich nicht möglich wäre, anzugeben, worin hier der von dem objektiven Recht bestimmte Thatbestand bestehe, wollte man nicht zugeben, daſs hier geradezu von der Rechtsordnung zum Thatbestandsmomente die Erklärung eines gewissen, mit der festgestellten Rechtsfolge in einem engeren Zusammenhange stehenden individuellen Vorhabens gehört, welche am entsprechendsten als die Erklärung des Wunsches die betreffende Rechtsfolge ins Leben zu rufen sich bezeichnen läſst. Ja bei einer ganzen Reihe von rechtlichen Handlungen, man denke nur an die zahlreichen obligatorischen Konsensualverträge, an die verschiedenen Arten des formlosen Verzichts und der Genehmigung, macht dieses irgendwie erklärte Wünschen ausschlieſslich den Thatbestand des Handelns aus. Die Merkmale der Handlung, als einer juristisch relevanten, werden hier sonst durch gar nichts angegeben, da von dem objektiven Recht weder die Bewirkung irgend eines Natureffektes, noch der Gebrauch eines bestimmten Äuſserungsmittels, noch der Ausdruck irgend eines anderen bestimmten Gedankens oder Vorhabens, noch sonst ein anderer Umstand verlangt wird. In anderen Fällen wieder, wie z. B. bei den Real- und formellen Verträgen, ist nun zwar ein bestimmtes äuſseres Geschehen — Verursachung eines Naturerfolgs, Gebrauch gewisser Zeichen — unentbehrlich, aber doch nur als Mittel, um das erwähnte Wünschen zu manifestieren; es ist also auch hier die Erklärung jenes Wünschens als Thatbestandsmoment des juristischen Handelns anzusehen.

Wenn nun von den Gegnern der herrschenden Lehre darauf hingewiesen wird, der wirkliche innere Wille, den der Handelnde hat, sei bei vielen rechtsgeschäftlichen Erklärungen nicht der auf die Rechtsfolge selbst gerichtete, sondern lediglich ein Begehren nach einem Zustande von wirtschaftlicher oder gesellschaftlicher Bedeutung, so ist dies allerdings vollkommen richtig. Es mufs auch zugegeben werden, dafs in überaus zahlreichen Fällen die Parteien vorzüglich, ja selbst ausschliefslich wirtschaftliche Zwecke im Auge haben, an die Rechtsfolge gar nicht denken und von derselben eine ungenügende Kenntnis haben. Ja selbst ein wirkliches inneres „Wünschen" der Rechtsfolge, welches eher als ein „Wollen" möglich ist, auch ohne ein bestimmtes Bewufstsein von der Art der Rechtsfolge, kann im konkreten Falle fehlen. Die herrschende Ansicht, nach welcher zum Thatbestande eines jeden Rechtsgeschäfts nicht nur die Erklärung einer sich auf die Rechtsfolge beziehenden Absicht, sondern auch ein wirkliches inneres Wollen der Rechtsfolge gehört, ist überhaupt unhaltbar und scheint uns durch die Untersuchungen der bereits genannten Schriftsteller widerlegt worden zu sein. Der Grundgedanke, auf welchem diese Lehre beruht, ist entschieden falsch, und infolge dessen kann sie auch nicht durch die Modifikationen und Zugeständnisse gerettet werden, zu denen sich die Anhänger derselben genötigt fühlen. Diese Modifikationen bestehen namentlich im folgenden:

a) Es wird zwar zugegeben, dafs nicht alle Rechtsfolgen des Geschäfts gewollt und als gewollt erklärt sein müssen, jedoch zugleich behauptet, dafs wenigstens ein wirkliches Wollen der hauptsächlichsten Rechtsfolgen unentbehrlich sei[1]). Auch dies ist jedoch ganz irrig, denn erstens finden

1) So namentlich ZITELMANN im Irrtum u. Rechtsgeschäft; s. auch dessen Abhandlung: Die juristische Willenserklärung, Jahrb. f. Dogm.

wir bei einer grofsen Anzahl von Rechtsgeschäften in unseren Rechtsquellen nicht den geringsten Anhaltspunkt für die Annahme einer derartigen Unterscheidung zwischen der Haupt- und Nebenrechtsfolge. Sogar dort, wo die Rechtsordnung selbst die Begriffe einzelner Rechtsgeschäfte definiert, wäre es verfehlt, die in die Begriffbestimmung aufgenommenen Momente der Rechtsfolge als die rechtlichen Hauptfolgen, alle anderen als Nebenfolgen zu betrachten. Thäte man dies, so würde man offenbar die Bedeutung der Klassifikation der einzelnen Rechtsgeschäfte arg mifsverstehen. Eine unabweisbare Konsequenz dieser Ansicht wäre, dafs man zur Errichtung eines Rechtsgeschäftes eine genaue und richtige Vorstellung der Parteien von der rechtlichen Natur des Rechtsgeschäftes verlangen müfste, was offenbar widersinnig sein würde, da doch allgemein bekannt ist, welch grofse Mühe es oft gelehrte Juristen kostet, zu beurtheilen, unter welche Kategorie von Rechtsgeschäften manche ganz unzweifelhaft wirksame Geschäfte zu bringen seien. Ferner, selbst wenn man die Möglichkeit jener Eintheilung der rechtlichen Wirkungen in eine Haupt- und Nebenrechtsfolge zugäbe, liefse sich die Notwendigkeit eines wirklichen Wollens der hauptsächlichsten Folgen ebensowenig beweisen, wie das Erfordernis eines derartigen inneren Willens überhaupt.

b) Die Argumente der Gegner trachten die Verfechter der herrschenden Ansicht hierdurch zu beseitigen, dafs sie in den sich vorzüglich auf wirtschaftliche Zwecke beziehenden wirklichen Absichten der Parteien ein wirkliches Implicite-Wollen der Rechtsfolge sehen. So sagt namentlich Bruns[1]: „Der Laie denkt nicht juristisch, sondern prak-

Bd. 16 S. 396 fg. Dagegen treffliche Bemerkungen bei Kohler, Jahrb. f. Dogm. Bd. 18 S. 136 fg. u. S. 149 fg.

1) Pandektenfragmente, Kleine ziv. Schriften Bd. 2 S. 454.

tisch; aber indem er bestimmte praktische Verhältnisse fest und sicher haben und begründen will, will er sie auch rechtlich." Wie ist es jedoch, wenn der Laie dennoch „juristisch" und zwar falsch denkt? Das einfache Beispiel des Kaufgeschäftes, welches unzweifelhaft giltig sein wird, obwohl die Parteien meinen, das Eigentum gehe sofort auf den Käufer über, und diese letztere Rechtsfolge wünschen, beweist, daſs auch hier die wirklich vorhandene juristische Absicht dem praktischen Zwecke der Parteien, den die Rechtsordnung verwirklicht, weiche. Will man auch hier den Eintritt der Rechtsfolgen als Ausfluſs der wirklichen auf dieselben gerichteten inneren Parteiabsicht erklären, dann muſs man neben der thatsächlich bestehenden „juristischen" Absicht einen mit derselben im Widerspruch stehenden praktischen Rechtswillen annehmen, der jedoch nicht mehr ein Implicite-, sondern ein Eventuell- oder In-zweiter-Linie-Wollen wäre. Abgesehen jedoch davon, daſs ein derartiger Begriff etwas höchst Gekünsteltes wäre, meinen wir, daſs, wenn man überhaupt in solchen Fällen den Grund des Eintritts einer nicht direkt gewollten Rechtsfolge in einem wirklichen Wünschen oder Wollen der Parteien sieht, namentlich darin, daſs hier mit Rücksicht auf den praktischen Zweck der Parteien eine nicht direkt beabsichtigte Rechtsfolge, die zu einem ähnlichen praktischen Resultate führt, den Handelnden doch mehr erwünscht zu sein scheint, als gar keine, man hierdurch einen überaus bedenklichen Grundsatz lehren würde. Läge die eigentliche Ursache der rechtlichen Wirkung der Rechtsgeschäfte nur darin, daſs sich die Rechtsordnung in dieser Weise den wirklichen praktischen Zwecken der Parteien anbequemt, dann müſste in jedem konkreten Falle genau untersucht werden, worin jenes praktische individuelle Vorhaben besteht, ja dieses Vorhaben wäre das eigentliche Thatbestandsmoment, da es ausschliefslich von der Beschaffenheit desselben abhangen würde, was für Rechtsfolgen man als mit- oder eventuell-gewollt ansehen müfste. Dafs diese ganze Idee dem römischen Rechte widerspricht, dürfte nicht dem geringsten Zweifel unterliegen. So müfste man beispielsweise zu der Konsequenz gelangen, dafs in allen Fällen, in welchen, aus welchem Grunde immer, die beabsichtigte Rechtsfolge nicht eintreten kann, man berechtigt wäre, eine andere, der direkt gewollten am nächsten stehende und zu einem ähnlichen praktischen Ziele führende eintreten zu lassen. Hiemit würde die sog. Konversion der Rechtsgeschäfte zur Regel; bekanntlich ist sie jedoch eine Ausnahme.

c) Es wird endlich, um das Prinzip der herrschenden Lehre zu erhalten, zum Begriff eines unbewufsten Wollens der Rechtsfolgen gegriffen. So führt namentlich EISELE[1]) aus, dafs die erforderliche Willensrichtung vorhanden sein könne, ohne dafs das Wollen der Rechtsfolge ins Bewufstsein des Handelnden trete. Wir wollen nicht bestreiten, dafs ein psychischer Zustand des Begehrens auch ohne ein bestimmtes Bewufstsein von dem Inhalte des Begehrten möglich ist. Eine derartige Prädisposition des Inneren findet sich namentlich bei den Parteien, welche bei der Errichtung eines Rechtsgeschäftes sich dessen bewufst sind, dafs sie mit rechtlicher Wirkung handeln, von der Art der Rechtsfolge aber keine nähere Kenntnis haben, und ebenso bei einem Jeden, der sich willentlich einer ihm nicht näher bekannten Rechtsnorm unterwirft. Freilich würde sich in solchen Fällen, schon mit Rücksicht auf die Unbestimmtheit des Inhaltes des Begehrens, vorzüglich aber, weil hier die Feststellung des

---

1) Zur Theorie der Rechtsgeschäfte, Krit. Viertelj. Bd. 20 S. 7. Dagegen auch LENEL, Jahrb. f. Dogm. Bd. 19 S. 158.

näheren Inhaltes dieses Begehrens und die Realisierung desselben durch ein aufserhalb des Machtbereichs des Handelnden liegendes Mittel erfolgt, eher empfehlen, von einem Wunsche als von einem Willen zu sprechen, möge auch der Begriff des „Wollens mit einem unbestimmten Inhalte" nichts Exorbitantes sein. Ein derartiges Begehren ist jedoch möglich, insofern es nicht eigentlich ein gänzlich „unbewufstes", als vielmehr nur ein rücksichtlich des näheren Inhaltes für den Intellekt des Handelnden „nicht-bestimmtes" ist. Der Handelnde braucht zwar nicht zu wissen, was für eine Rechtsfolge eintreten solle, wohl aber wenigstens, dafs es sich hier überhaupt um die Bewirkung einer Rechtsfolge handle, wie auch durch was für Momente der nähere Inhalt derselben objektiv festgestellt werde[1]). Jedoch auch die Ansicht, dafs mindestens dieses letztere Wissen eine unentbehrliche Voraussetzung der rechtsgeschäftlichen Erklärung sei, wäre unhaltbar. Aufserdem müfste dieses „unbewufste Wollen" EISELES, da es nur als ein unbestimmtes aufgefafst werden könnte, auch dort geleugnet werden, wo die Parteien bestimmt und bewufst etwa infolge eines Rechtsirrtums eine andere, als die von der Rechtsordnung statuierte Rechtsfolge wollen. Und doch wird hierdurch die Giltigkeit des Rechtsgeschäftes nicht immer ausgeschlossen. Wollte man sogar in diesen letzteren Fällen noch ein unbewufstes Wollen derjenigen Rechtsfolgen annehmen, „welche das Recht die Parteien wollen läfst"[2]), dann läge darin nur eine Fiktion des Willens[3]). Ein derartiges unbewufstes Wollen einer rechtlichen Wirkung, die

---

1) S. dazu auch LOTMAR: Krit. Viertelj. Bd. 25 S. 402.

2) So KARLOWA: Das Rechtsgeschäft S. 177.

3) So mit vollem Recht KOHLER: Jahrb. f. Dogm. Bd. 16 S. 330 N. 1 u. LENEL a. a. O.

man möglicherweise weder kennt noch wünscht, könnte geradeso gut bei allen Delikten gefunden werden [1]).

Wenn wir jedoch die in den neuesten juristischen Schriften enthaltene Polemik gegen die übliche Begriffsbestimmung des Rechtsgeschäftes für vollkommen berechtigt halten, so glauben wir doch, dafs man sich hier in einer gewissen Beziehung zu weit hat hinreifsen lassen. Es ist nämlich zwar richtig, dafs die wirklichen Intentionen der Parteien bei der Errichtung der Rechtsgeschäfte sich manchmal vorzüglich, ja ausschliefslich auf wirtschaftliche Zwecke beziehen, unrichtig dagegen der daraus gezogene Schlufs, dafs auch die rechtsgeschäftliche Erklärung nichts als nur der Ausdruck dieses Begehrens nach einem Zustande von wirtschaftlicher oder gesellschaftlicher Bedeutung ist. Die Erklärung braucht nämlich nicht ein vollkommen treues Spiegelbild des Inneren des Handelnden zu sein, ja sie kann überhaupt als ein solches unmöglich aufgefafst werden. Der Schlufs aus dem äufseren Benehmen auf ein inneres Vorhaben ist stets nur ein Wahrscheinlichkeitsschlufs. Das erklärte Vorhaben ist nicht dasjenige, das der Erklärende hat, sondern jenes, dessen Vorhandensein bei ihm als wahrscheinlich angenommen wird. Man mufs also in einem jeden Handeln dasjenige Vorhaben für erklärt halten, welches im Leben regelmäfsig mit einem solchen Benehmen verbunden ist. Wie sich ohne Berücksichtigung der Lebenssitte von dem äufseren Thun auf ein Wollen ein Schlufs nicht ziehen läfst, so ist andererseits die Qualität des ermittelten Vorhabens nicht ausschliefslich von der individuellen Auffassung des Handelnden, sondern von der

1) Ähnliche Argumente, wie die im Text sub a, b und c angegebenen, führt auch Windscheid in der 6. Aufl. seiner Pandekten (§ 69 N. 1 a) zum Zwecke der Verteidigung der herrschenden Lehre ins Treffen.

Lebenssitte abhängig. Das Eigentümliche der rechtsgeschäftlichen Erklärungen sehen wir darin, dafs sie sämtlich in diesem Sinne den Ausdruck eines auf gewisse Rechtsfolgen sich beziehenden ernsthaften Wunsches oder Verlangens enthalten. Das Wie der rechtlichen Wirkung der Rechtsgeschäfte wird ausschliefslich durch die Normen der Rechtsordnung festgestellt, über das Wie der Errichtung derselben (den Thatbestand) entscheidet zum grofsen Theil die Lebenssitte; richtiger: es wird hier darüber von der Rechtsordnung der Lebenssitte die Entscheidung überlassen. Auf welche Weise das Wünschen der Rechtsfolge zum Ausdruck gelangt, hängt von der Natur des Rechtsgeschäftes ab. Manche Rechtsgeschäfte, namentlich diejenigen, die abgesehen von ihren rechtlichen Folgen überhaupt keinen Sinn haben würden, wie z. B. die Ehe, die Adoption u. s. w., haben einen so ausgeprägten juristischen Charakter, dafs hier stets in den Parteierklärungen die rechtliche Natur des Geschäftes und zwar regelmäfsig durch den Gebrauch des technisch-juristischen Namens hervorgehoben werden mufs. Auch bei anderen Rechtsgeschäften kann die rechtliche Bedeutung des Geschäftes in der Parteierklärung selbst betont werden. Unentbehrlich ist dies jedoch nicht. Selbst wenn in der Willenserklärung nur die wirklichen, auf praktische wirtschaftliche Zwecke sich beziehenden Absichten der Parteien ausgedrückt erscheinen, kann doch ein solches Benehmen als Ausdruck eines Wünschens der Rechtsfolge gelten. Die Rechtsgeschäfte sind nämlich Geschäfte des Lebens und des Rechts zugleich[1]).

---

1) S. dazu bes. richtige Bemerkungen bei Pernice: Ztschr. f. Privat- u. öffentl. R. Bd. 7 S. 492 fg. Vgl. andererseits Brinz: Pandekten 1. Aufl. S. 1388 fg. Es ist ein bedeutendes Verdienst von Brinz, zuerst scharf hervorgehoben zu haben, dafs alle Rechtsgeschäfte nur der Anerkennung der Rechtsordnung ihre Existenz verdanken, „Geschäfte des Rechts sind".

Sie werden von der Rechtsordnung nicht sowohl geschaffen, als anerkannt. Die Rechtsordnung nimmt sie unter ihren Schutz, weil sie die praktischen Zwecke der Parteien billigt und dieselben fördern will. Die Rechtsfolge der Rechtsgeschäfte ist also in der Weise bestimmt, daſs sie die Realisierung der Absichten, welche die Parteien regelmäſsig bei derartigen Geschäften haben, erleichtert. Aus diesem Grunde hat selbst eine Erklärung, in welcher nur die praktischen, auf wirtschaftliche und gesellschaftliche Zwecke gerichteten Absichten der Parteien ausgedrückt werden, doch einen rechtlichen Charakter. Es ist zwar unrichtig, daſs in jedem konkreten Falle ein Laie, indem er gewisse praktische Erfolge beabsichtigt, dieselben auch rechtlich will, wohl aber darf angenommen werden, daſs nach der im Verkehrsleben herrschenden vernünftigen Auffassung in einem bestimmte praktische Zwecke ausdrückenden Benehmen implicite ein erklärtes Wünschen derjenigen Rechtsfolge enthalten ist, welche der Realisierung dieser Zwecke dient. Die Rechtsfolge ist nämlich hier nur ein Mittel, welches zur Erreichung eines praktischen Ziels verhilft, ein Mittel, das statuiert worden ist, gerade um den Wünschen der Parteien gerecht zu werden. Der Sinn eines ausgedrückten Begehrens des Zwecks muſs also im allgemeinen auch als ein manifestiertes Wünschen des Mittels aufgefaſst werden, mag auch manchmal in konkreten Fällen dieser psychische Zustand fehlen. Die Rechtsordnung

(S. dazu auch Zitelmann: Irrtum S. 306 fg.) Indessen geht Brinz zu weit, wenn er vom „Schaffen" der Rechtsgeschäfte durch die Rechtsordnung spricht. S. dazu auch Bechmann: Der Kauf Bd. 2 S. 8. Als völlig verfehlt betrachten wir die Ausführungen von Ryck (Irrtum bei Rechtsgeschäften in den Festgaben für Beseler S. 123 fg.), der in den Rechtsgeschäften im Gegensatz zu allen anderen „juristischen Thatsachen" keine bloſsen „Thatbestände" sieht und die Idee von der „selbständigen schöpferischen Rechtskraft" der Rechtsgeschäfte wieder in Schutz nimmt.

normiert die gesamte sog. gewillkürte Rechtsfolge in der Weise, dafs sie unter den Rechtsgeschäften einzelne Gruppen und Kategorieen — Rechtsinstitute — unterscheidet und mit jedem Institute eine Reihe miteinander zusammenhängender Rechtswirkungen verbindet. Die Parteierklärung, soll sie die Bedeutung eines Rechtsgeschäftes haben, mufs nicht nur im allgemeinen ihrem Sinne nach ein Wünschen des rechtlichen Schutzes enthalten, sondern es mufs aus derselben auch ersichtlich sein, auf welche Gesamtheit von einzelnen zusammenhängenden rechtsgeschäftlichen Folgen sich das erklärte Vorhaben bezieht. Ist ein bestimmtes Rechtsinstitut, sei es durch Angabe der rechtlichen Momente oder durch die eigentümliche Beschaffenheit der praktischen Zwecke der Parteien, bezeichnet, so gilt dies als ein erklärtes Wünschen der ganzen Rechtsfolge jenes Instituts. Bei manchen, aber wohl nicht bei allen Rechtsgeschäften kann in dieser Beziehung eine Unterscheidung zwischen den hauptsächlichen und nebensächlichen Momenten der Rechtsfolge als berechtigt betrachtet werden. So wie das Recht manchmal bei der Eintheilung der Rechtsgeschäfte und der Begriffsbestimmung einzelner von denselben diejenigen Momente der Rechtsfolge berücksichtigt, die relativ die bedeutendste Wichtigkeit zu haben scheinen, so werden auch im Leben die Rechtsinstitute durch diese, zu bestimmenden Merkmalen erhobene Momente bezeichnet. Insofern kann man sagen, dafs oft die Angabe der Hauptmomente als Erklärung des Wünschens aller rechtlichen Wirkungen gilt. Nur eine derartig beschränkte Bedeutung kann der Unterscheidung zwischen der Haupt- und Nebenrechtsfolge zugeschrieben werden.

Wollte man unsere Auffassung nicht theilen und sähe in dem rechtsgeschäftlichen Handeln nichts als nur den Ausdruck derjenigen praktischen Absichten, welche die Parteien wirklich haben, dann wäre die Bezeichnung „Rechtsgeschäft“ ein bloſses Wort, und es müſste auf eine eigentliche Begriffsbestimmung des Rechtsgeschäftes nach gewissen Thatbestandsmerkmalen verzichtet werden. Mit der Behauptung, daſs der Parteiwille im Rechtsgeschäft oft nichts anderes sei, als ein Begehren eines wirtschaftlichen Zwecks, wird nämlich zugleich zugegeben, daſs in jedem einzelnen Fall jenes Begehren einen anderen Inhalt haben könne, ja in dem Kreise derjenigen Geschäfte, welche zu derselben speziellen Art gehören, nicht notwendig identisch sein müsse. Andererseits wird jedoch von dem Gesetz keineswegs bestimmt, daſs ein Begehren von wirtschaftlicher oder gesellschaftlicher Bedeutung und was für eines zum Thatbestande eines jeden Rechtsgeschäftes gehöre. Wäre also dies, was zum Ausdruck in einer rechtsgeschäftlichen Erklärung gelangt, nichts als nur jenes nicht genau faſsbare und in jedem einzelnen Falle verschiedene Begehren, dann würde uns einfach bei den meisten juristischen Handlungen der von der Rechtsordnung zu bestimmende Thatbestand fehlen. Das Gesetz würde zwar eine gewisse Rechtsfolge angeordnet, aber zugleich den Thatbestand, an den sie sich anknüpfen soll, zu bestimmen versäumt haben, ja derselbe wäre, wenn man alle faktischen Intentionen der Parteien berücksichtigen und dieselben in die Begriffsbestimmung aufnehmen wollte, überhaupt nicht bestimmbar.

Die Frage, ob und in welcher Weise man den Begriff der Rechtsgeschäfte definiert, hat eine wichtige praktische Bedeutung, was freilich meistens nicht gehörig berücksichtigt wird. Bezögen sich die das Rechtsgeschäft betreffenden Kontroversen nur darauf, ob man ein juristisches Handeln, von dem es feststeht, was es ist und wie es wirkt, Rechtsgeschäft nennen solle oder nicht, dann wäre der Streit ziemlich müſsig. Dem ist jedoch nicht so, denn davon, was man sich im allgemeinen unter einem Rechtsgeschäft denkt, hängt auch die Entscheidung darüber ab, ob man in einem konkreten Falle ein gewisses äufseres Geschehen überhaupt rechtlich wirken lassen soll, sofern es nur als Rechtsgeschäft wirken kann. Unserer Begriffsbestimmung des Rechtsgeschäftes gemäfs kann der Richter in einem jeden konkreten Falle erkennen, ob ein gewisses Handeln ein Rechtsgeschäft ist und zu welcher besonderen Rechtsgeschäftsart es gehört; stellt man sich dagegen auf den Standpunkt THONS, KOHLERS und LOTMARS, so ist weder das eine noch das andere möglich. Denn im römischen Recht fehlt es an präzisen Bestimmungen über den Thatbestand der einzelnen Rechtsgeschäfte und das Vorhandensein allgemeiner, allen Rechtsgeschäften gemeinsamer thatbeständlicher Momente wird geleugnet. Sollten also die positiven Bestimmungen, welche die sogen. gewillkürte Rechtsfolge normieren, doch eine praktische Anwendbarkeit besitzen, dann müfste, falls in der That das objektive Recht die Thatbestände festzustellen versäumt hätte, ausschliefslich dem freien Ermessen des Richters die Entscheidung darüber anheimgestellt werden, ob im konkreten Falle eine gewisse Handlung oder Willenserklärung überhaupt rechtlich wirkt, wie auch, welche rechtliche Wirkungen sie erzeugt. Wie die herrschende Lehre von den Rechtsgeschäften in der gewillkürten Rechtsfolge verfehlterweise ein Schaffen des Rechts durch den subjektiven Willen sieht, so führt andererseits eine zu weit gehende Opposition zu einem anderen Extrem, in der Rechtsfolge der Rechtsgeschäfte ein Schaffen des Rechts durch den Richter zu finden. In der That wird dieses Prinzip des Richterabsolutismus in Bezug auf die Beurtheilung der Frage, ob und wie ein konkretes Handeln rechtlich wirken solle, ausdrücklich von KOHLER proklamiert, freilich jedoch mit der Beschränkung auf die unbenannten

Verträge. Es findet sich nämlich bei diesem Schriftsteller folgende Bemerkung[1]):

---

1) Autorrecht, Jahrb. f. Dogm. Bd. 18 S. 155. Zu demselben Resultate mufs natürlicherweise auch die Ansicht LOTMARS führen. Wenn das moderne Recht nach diesem Schriftsteller manchen wirtschaftlichen Verfügungen der Parteien ungebetenen Schutz ertheilt und andererseits die Thatbestandsmerkmale dieser Verfügungen nicht bestimmt feststellt, dann bleibt nichts übrig, als bezüglich der Schutzbedürftigkeit dieser Handlungen das Gutdünken des Richters entscheiden zu lassen. Wenn LOTMAR (Krit. Viertelj. Bd. 25 S. 422) gegen LEONHARD, der in dem Rechtsgeschäfte den Ausdruck der Absicht, die Erklärung unter den Schutz des Rechtszwanges zu stellen, erblickt, die Bemerkung macht, dies sei eine Rückkehr zum Standpunkt des ältesten römischen Rechts, so können wir dem nicht beistimmen. Dafs das ältere römische Recht dazu geneigt war, beim Abschlufs der negotia eine ausdrückliche Erklärung, dafs man rechtlichen Schutz begehrt, zu verlangen, das spätere dagegen, die Interessen des Verkehrs mehr berücksichtigend, diesbezüglich weit weniger streng ist, dies ist bekannt. Durch diese allmähliche Abschwächung des rechtlichen „rigor“ (s. dazu die gründlichen Untersuchungen VOIGTS: Jus naturale etc. Bd. 3 § 43 S. 254 fg.), die sich auch sonst in Betreff der Rechtsgeschäfte im röm. Recht (z. B. in der Abschaffung mancher Förmlichkeiten) manifestiert, ist der Charakter der „gewillkürten“ Rechtsfolge nicht ein prinzipiell anderer geworden. Indem das Recht in eine engere Verbindung zum praktischen Leben getreten ist und den mannigfaltigsten Verhältnissen des entwickelten Verkehrs gerecht zu werden anstrebte, hat es zugleich anerkannt, dafs nicht nur im ausdrücklichen Anrufen des rechtlichen Schutzes, sondern schon in ernstlichen wirtschaftlichen Verfügungen ein Verlangen der Rechtsfolge enthalten ist, welche der Realisierung jener praktischen Zwecke dient. Dafs heute die zahlreichen Geschäfte vorzüglich nur praktische Verfügungen sind, und in denselben der Ausdruck des Wollens der rechtlichen Folgen nicht deutlich zum Vorschein gelangt, dürfte doch in erster Linie Folge des Umstandes sein, dafs sich die handelnden Personen dessen meistens bewufst sind (gleichviel ob sie dieses Bewufstsein der Rechtskenntnis oder nur der Sitte und Erfahrung verdanken), dafs das moderne Recht nicht mehr so pedantisch ist, zu verlangen, dafs man es ausdrücklich um Hilfe ersuche. Wir glauben, dafs die nähere Betrachtung der geschichtlichen Entwickelung rechtsgeschäftlicher Institute unsere Ansicht über den Charakter der erwähnten Abschwächung der Strenge

„Das moderne Recht sagt: „Ich werde einem jedem Versprechen bezüglich der Herbeiführung eines wirtschaftlichen Erfolges eine bestimmte rechtliche Kraft zuschreiben, sofern nicht bestimmte Gründe der Sittlichkeit, der sozialen Ordnung, der individuellen Freiheit u. s. w. im Wege stehen.“

Rücksichtlich der „benannten“, von dem objektiven Recht namentlich abgesonderten Rechtsgeschäfte liegt zwar nach KOHLER der Errichtungsakt des Rechtsgeschäfts in der Erklärung, dieses bestimmte Institut zu wollen. Wir sehen jedoch nicht ein, auf welche Weise hierdurch die absolute Freiheit der richterlichen Beurtheilung eingeschränkt werden könnte,

---

des positiven Rechts bestätigen würde. Dieselbe vollzog sich wohl gewöhnlich auf diese Weise, dafs das neuere Recht selbst von den strengen Anforderungen bezüglich der ausdrücklichen Betonung der rechtlichen Seite des Geschäftes abgewichen ist, wodurch der rechtliche Formalismus der geschäftlichen Erklärungen entbehrlich wurde. Meistens hat sich diese Änderung allmählich durch Gewohnheitsrecht vollzogen. Rechtsfolgen, welche man durch Jahrzehnte oder Jahrhunderte ausdrücklich als gewollt bezeichnete, fing man an, als etwas zu betrachten, was ganz selbstverständlich von jedem Durchschnittsmenschen bei seinen praktischen Verfügungen gewünscht und verlangt wird (s. dazu LEONHARD: Irrtum bei nichtigen Verträgen Bd. 1 S. 223 fg.). Jedoch auch da, wo das neuere Recht Geschäfte, die bisher des rechtlichen Schutzes entbehrten, unter den Rechtszwang stellte, war es nicht seine Absicht, „ungebetenen“ Schutz zu verleihen (man denke z. B. an die formlosen pacta im röm. Recht). Im Gegentheil, die Gewährung des rechtlichen Schutzes war gröfstentheils nur die Anerkennung der Berechtigung des Verlangens der Parteien nach der Rechtshilfe, die ihnen bisher verweigert wurde. Der positiven Anerkennung ging hier wohl stets die Rechtsüberzeugung des Volkes voraus, welche das Eintreten der Rechtsfolge nicht nur überhaupt, sondern gerade aus diesem Grunde für zweckmäfsig betrachtete, weil es einem Billigung und Anerkennung verdienenden Verlangen der Parteien entsprach. Auch heute ist die Rechtsfolge der Geschäfte in der That eine „gewillkürte“. Sie drängt sich nicht auf, da wo sie wirklich den erklärten Wünschen der Personen nicht entspricht, und zessiert bei allen Verfügungen und Erklärungen, die die Volksauffassung als lediglich durch die konventionellen Regeln des Anstandes und der Gesittung normiert betrachtet.

wenn man nicht Momente angiebt, an denen man das erklärte Wollen eines bestimmten rechtsgeschäftlichen Typus erkennen könnte und dieses Wollen auch in einem bloſs wirtschaftliche und gesellschaftliche Zwecke zum Ausdruck bringenden Benehmen erblickt.

Diese Prinzipien scheinen uns sowohl dem römischen als auch dem modernen Recht fremd zu sein. Schon die allgemein anerkannten und in den positiven Gesetzen theils angedeuteten, theils näher festgestellten Interpretationsgrundsätze können uns durch ihre eigentümliche Beschaffenheit davon überzeugen, daſs einerseits das Ermessen des Richters bei der Beurtheilung der rechtlichen Relevanz der rechtsgeschäftlichen Erklärungen dadurch beschränkt ist, daſs er die Lebenssitte und die herrschenden Anschauungen berücksichtigen soll, andererseits, daſs es sich bei der Interpretation der Rechtsgeschäfte nicht um die Ermittelung der praktischen individuellen Zwecke, sondern des rechtlichen Sinnes der Parteierklärungen handelt. Der Umstand, daſs eine gewisse Gleichmäſsigkeit der bei allen Rechtsgeschäften zur Anwendung gelangenden Interpretationsregeln sich nicht verkennen läſst, beweist an sich schon, daſs es notwendig ist, ein allgemeines Thatbestandsmerkmal der rechtsgeschäftlichen Erklärungen aufzustellen. Auſserdem halten wir die Idee des richterlichen Absolutismus bei der Entscheidung über die Schutzbedürftigkeit der rechtsgeschäftlichen Erklärungen für undurchführbar. Denn was wird den eigentlichen Grund der Beurtheilung eines konkreten Falls für den Richter bilden? Soll der Richter nicht alle subjektiven inneren Intentionen der Handelnden zu erforschen trachten und dieselben durch die Rechtsfolge verwirklichen, soll andererseits seine Entscheidung nicht eine einfache Willkürlichkeit sein, so wird er nur in einem derartigen Benehmen eine rechtlich zu schützende

Willenserklärung sehen können, dem auch nach der durch Gewohnheit und Sitte bestätigten Lebensauffassung ein rechtlicher Charakter zukommt. Auf denselben Erwägungen wird seine Entscheidung darüber beruhen, welche von mehreren Rechtsfolgen dem Falle am meisten entspreche. Da jedoch der eigentliche Zweck der gewillkürten Rechtsfolge nur darin besteht, die Verwirklichung der praktischen Absichten der Parteien zu erleichtern, so besteht natürlicherweise der juristische Sinn der rechtsgeschäftlichen Willenserklärungen darin, daſs in denselben ein ernsthaftes Verlangen nach einer bestimmten Rechtsfolge enthalten ist. Aus diesem Grunde wird der Richter doch nicht einer jeden auf Herbeiführung eines wirtschaftlichen Erfolgs sich beziehenden Willenserklärung eine rechtliche Kraft zuschreiben können, sondern nur einer solchen, die auch nach der Lebensauffassung zugleich als ein erklärtes Begehren des rechtlichen Schutzes gilt. In demselben Sinne wird er den näheren Inhalt dieses ausgedrückten Wünschens berücksichtigen, wenn er eine Wahl zwischen mehreren verschiedenen Rechtsfolgen treffen soll. Läſst sich jedoch in der That der Richter bei seiner Entscheidung durch derartige Erwägungen leiten, so ist es klar, daſs dies nur aus diesem Grunde geschieht, weil er sich dazu als Diener der Rechtsordnung verpflichtet fühlt, folglich weil das objektive Recht das erklärte Verlangen nach einer gewissen Rechtsfolge zu den Thatbestandsmomenten eines jeden rechtsgeschäftlichen Handelns erhebt.

Daſs gerade darin das charakteristische Merkmal besteht, durch welches sich die rechtsgeschäftlichen Willenserklärungen von den sonstigen juristischen Handlungen und von den für das Recht indifferenten Erklärungen unterscheiden, dieser Grundsatz wird zwar von den Römern als allgemeines Dogma nicht aufgestellt, seine Richtigkeit ergiebt sich jedoch nicht nur aus der Natur der Rechtsfolge der Rechtsgeschäfte, als einer ganz eminent von den Intentionen der Parteien abhängigen, sondern auch aus zahlreichen Äußerungen der Quellen, in welchen geradezu von einem Wollen der Rechtsfolge die Rede ist[1]). Ebenso bestimmen die Rechtsquellen rücksichtlich der einzelnen rechtsgeschäftlichen Thatbestände zwar nicht ausdrücklich, daß das rechtswirksame Handeln den oben angedeuteten Charakter haben solle, sie setzen dies jedoch voraus, und daraus erklärt es sich, daß wir hier, anders als bei allen anderen rechtlichen Thatsachen, genaue Begriffsbestimmungen der Thatbestände vermissen, ein Umstand, der auf eine andere Weise nicht zu erklären ist.

Hier mögen gelegentlich behufs näherer Klarlegung der Frage einige Bemerkungen über die Begriffsbestimmung des Rechtsgeschäftes, welche uns LENEL[2]) giebt, Platz finden. LENEL stimmt darin mit den anderen Opponenten überein, daß er den auf die Rechtsfolge gerichteten Willen der Parteien für kein Erfordernis der Rechtsgeschäfte hält. Auf induktivem Wege, durch Beobachtung des Verhaltens der Parteien bei der Errichtung einzelner Rechtsgeschäfte wird in überzeugender Weise nachgewiesen, daß bei den meisten Rechtsgeschäften im Leben ein wirkliches Wollen der Rechtsfolge oft fehlt. Das Wesen des Rechtsgeschäftes liegt nach LENEL nicht darin, daß das Recht die beabsichtigte Rechtsfolge verwirklicht, sondern darin, „daß sich hier die Rechtsfolge prinzipiell den Parteizwecken anbequemt und unterordnet“. Demgemäß definiert LENEL das Rechtsgeschäft folgendermaßen[3]): „Rechtsgeschäft ist jede juristisch erhebliche

1) Vgl. dazu bes. WINDSCHEID: Wille und Willenserklärung, Arch. f. civilist. Praxis Bd. 63 S. 83 fg. u. ZITELMANN: Jahrb. f. Dogm. Bd. 16 S. 432 fg., woselbst zahlreiche Zitate aus den Quellen.

2) Parteiabsicht u. Rechtserfolg, Jahrb. f. Dogm. Bd. 19 S. 154—253.

3) a. a. O. S. 163.

Privatwillenserklärung, deren Rechtsfolge bestimmt ist, der Verwirklichung der erklärten Parteiabsicht zu dienen." Was wir vor allem an dieser Begriffsbestimmung zu beanstanden haben, das ist ihre Unklarheit. Man weifs nicht, ob hierdurch die Rechtsgeschäfte nur von allen anderen juristischen Handlungen abgegrenzt werden sollen durch Angabe eines Gattungsmerkmals der rechtsgeschäftlichen Rechtsfolge, oder ob wir es hier mit einer wirklichen Begriffsbestimmung durch Feststellung eines Merkmals der rechtsgeschäftlichen Thatbestände zu thun haben. Ist das erstere der Fall, soll hier nur das prinzipielle Verhältnis der Rechtsordnung zum Parteiwillen in allen Fällen der gewillkürten Rechtsfolge charakterisiert werden, so ist der ausgedrückte Gedanke, mag man auch mit den gebrauchten Ausdrücken „dienen", „sich unterordnen", „anbequemen" nicht einverstanden sein, zwar richtig, aber auch allgemein anerkannt. Denn alle, selbst diejenigen, die auch in den dispositiven Rechtssätzen nur Imperative sehen[1]), heben es hervor, dafs die Rechtsordnung bei der Normierung der Rechtsfolge der Rechtsgeschäfte vorzüglich die Zwecke der Parteien zu verwirklichen beabsichtigt. Ist nur dies der Gedanke LENELS, soll uns durch seine Definition das W i e des den Parteizwecken Sich-anbequemens der Rechtsfolge nicht näher bezeichnet werden, dann hat sie natürlich gar keinen praktischen Wert, da sie uns lediglich das Motiv angiebt, das den Gesetzgeber bei der Normierung der Thatbestände und der Rechtsfolge der Rechtsgeschäfte beeinflufst. Diese Deutung scheint jedoch dem Gedankengange LENELS nicht zu entsprechen, und aus seiner ganzen Untersuchung ergiebt sich, dafs er uns eine wirkliche Begriffsbestimmung hat geben wollen. Fafst man in der letzteren Weise die

1) Wie namentlich THON in seinem Werke: Rechtsnorm u. subjektives Recht.

Lenelsche Definition auf, dann bemerkt man, dafs ihr Sinn zweifelhaft erscheint wegen der unsicheren Bedeutung der Worte „juristisch erheblich". Versteht man, wie dies das nächstliegende ist, unter einer „juristisch erheblichen" eine Handlung, die von der Rechtsordnung für juristisch wirkend erklärt wird, dann wären die Rechtsgeschäfte Erklärungen eines sich oft auf praktische Zwecke richtenden Vorhabens, an welche die Rechtsordnung eine dem erklärten Vorhaben am meisten entsprechende Rechtsfolge anknüpft. Diese Begriffsbestimmung ist jedoch als verfehlt und unserem positiven Rechte widersprechend zu bezeichnen. Denn erstens ist die Erklärung einer gewissen praktischen Absicht keineswegs Thatbestandsmoment der einzelnen Rechtsgeschäfte. Davon hätte sich Lenel leicht überzeugen können, wenn er bei seinen induktiven Untersuchungen über die Parteiabsicht bei der Errichtung verschiedenartiger Rechtsgeschäfte sich nicht darauf beschränkt hätte, anzudeuten, was ein Käufer, Mieter u. s. w. gewöhnlich wollen, sondern zugleich die Frage aufgeworfen haben würde, ob und was jemand im konkreten Falle wollen bez. erklären müsse, damit er Käufer, Mieter u. s. w. sei. Dafs die Rechtsordnung zu diesen Geschäften keine bestimmte praktische Absicht verlangt, ist klar, dann aber macht sie eben nicht die Erklärung einer praktischen Absicht zu einer juristisch erheblichen Thatsache. Ferner liegt in der Rechtsfolge der Rechtsgeschäfte keineswegs ein bereitwilliges Sich-anbequemen an alle erkennbaren subjektiven Intentionen der Parteien. Manchmal, was auch Lenel, aber nur als etwas Ausnahmsweises zugiebt, wird die Verwirklichung der Zwecke der Parteien verweigert (man denke an die Ungiltigkeit der Rechtsgeschäfte wegen Formmangels), manchmal wird den Parteien mehr gegeben, als sie eigentlich wünschen. Z. B.: der Wille des Empfängers bei der Tradition, sagt man, sei auf das Erlangen der Möglichkeit, zu geniefsen, herrschen u. s. w. gerichtet. Aber dieser Wille tritt im konkreten Falle nicht besonders auf, sondern etwa als die Absicht, einen bestimmten Genufs zu haben. Ist dies ersichtlich, dann wäre dem Zwecke des Empfängers genug gedient, wenn er die Verzehrungsbefugnis erhielte und doch wird er Eigentümer. Was durch die Rechtsfolge der Rechtsgeschäfte verwirklicht wird, das ist nicht die individuelle Intention, sondern eine gewisse durchschnittliche Parteiabsicht, die man sich jedoch als rein praktisches, in keiner Beziehung zu der Rechtsfolge stehendes Wollen gar nicht vorstellen kann.

Einen vollständig anderen Sinn würde die Lenelsche Definition erhalten, wenn man unter „juristisch erheblichen“ diejenigen Erklärungen verstünde, die der Richter für rechtlich schutzbedürftig und schutzwürdig ansieht. Diese Deutung, welche bei der Unklarheit der Formulierung auch nicht unmöglich wäre, führt zu dem richterlichen Absolutismus, von dem wir oben sprachen, wobei nur dem Richter rücksichtlich der Frage, welche von verschiedenen Rechtsfolgen er anwenden soll, verkehrterweise die Pflicht auferlegt wird, alle individuellen ersichtlichen Wünsche und Begehren der Parteien zu berücksichtigen. Aus allem dem ergiebt sich, dafs die Lenelsche Definition, sofern sie eine wirkliche Begriffsbestimmung sein soll, jedenfalls unhaltbar ist. Will man überhaupt von einer erklärten Parteiabsicht bei Rechtsgeschäften sprechen, dann mufs man unter derselben etwas anderes als das individuelle nicht-juristische Begehren und Vorhaben des Handelnden verstehen, denn sonst würde man zu den unrichtigsten praktischen Konsequenzen, z. B. für die Lehre vom Irrtum und Dissens, von der sog. Konversion der Rechtsgeschäfte u. s. w. gelangen. Müfste man auf eine Begriffsbestimmung der rechtsgeschäftlichen Thatbestände verzichten, dann wäre es am besten, sich damit zu begnügen, die Rechtsgeschäfte mit KOHLER lediglich negativ von anderen juristischen Thatsachen abzugrenzen. Mit dem rechtsgeschäftlichen „Begriffe“ KOHLERS läfst sich zwar allerdings nicht operieren [1]; mit dem LENELschen würde man dagegen unseres Erachtens höchstens falsch operieren können [2].

Unsere Ansichten über die Natur der rechtsgeschäftlichen Erklärungen dürften nach dem Gesagten klar sein. Die Rechtsfolge der Rechtsgeschäfte betrachten wir als eine auf normale Weise von der Rechtsordnung angeordnete. Das objektive Recht setzt nicht nur die Rechtsfolge fest, sondern normiert auch den Thatbestand der Rechtsgeschäfte. Mit Recht bemerkt KOHLER [3]: „Das Recht sagt nicht: wähle dir einen Rechtseffekt, ich gewähre ihn dir; sondern: ich schreibe gewissen Akten einen Rechtseffekt zu und überlasse es deinem freien Willen, ob du diese Akte wählen willst oder nicht, du kannst dich danach benehmen.“ Dies sagt die Rechtsordnung rücksichtlich aller Handlungen, welche sie zu juristischen Handlungen erhebt. Während sie jedoch bei Delikten und zahlreichen anderen rechtlichen Handlungen von vornherein den Thatbestand des die Rechtsfolge bewirkenden Benehmens bestimmt, ohne Rücksicht darauf, ob die erklärten Intentionen der Parteien sich irgendwie auf die Rechtsfolge beziehen, erklärt sie in denjenigen Fällen, in welchen sie in einem ausgedehnten Maſse die Absichten der Parteien auch auf dem Rechtsgebiete zur Geltung bringen will: „die von mir vorgeschriebene Rechtsfolge soll sich an eine jede Äufserung

1) So LENEL S. 160.

2) Durch diese Bemerkung will dem wirklichen bedeutenden Werte der LENELschen Schrift keineswegs nahegetreten werden.

3) Jahrb. f. Dogm. Bd. 16 S. 331.

knüpfen, welche als Ausdruck des Wunsches gerade diese rechtlichen Wirkungen ins Leben zu rufen gemeiniglich aufgefafst wird." Das Vorhandensein des wirklichen inneren Begehrens verlangt die Rechtsordnung nicht. Im konkreten Falle können also rechtliche Folgen eintreten, welche der Handelnde weder wünschte noch voraussah. Darum wiederholen wir mit THON[1]: „Es geht hier zu wie im Märchen. Nur wer das Zauberwort kennt, vermag den Geist zu rufen." Jedoch aus diesem Grunde wird das Erscheinen des Geistes in der Regel thatsächlich erwünscht sein und eine gänzlich unerwartete Wirkung nur einen wirklich „Unvorsichtigen" treffen, weil das den Geist herbeibeschwörende Wort keine mysteriös-dunkle Zauberformel ist, sondern einfach jede Äufserung, die auch nach der Volksauffassung den Sinn hat: „Geist erscheine!"

Die Definition derjenigen zivilrechtlichen Willenserklärungen, auf welche wir die Bezeichnung Rechtsgeschäfte angewandt wissen wollen[2], würde nach dem Gesagten etwa folgendermafsen lauten:

---

1) a. a. O. S. 364.

2) Bezüglich der Begriffsbestimmung der Rechtsgeschäfte nähern wir uns am meisten der von LEONHARD vertretenen Ansicht, welcher in den Rechtsgeschäften den Ausdruck einer auf rechtlichen Folgen sich beziehenden Parteiabsicht erblickt, zugleich jedoch zugiebt, dafs diese „erklärte" Absicht auch ohne ein klares Bewufstsein von der Rechtsfolge möglich ist. (S. Irrtum bei nichtigen Verträgen Bd. 1 S. 235—251.) Ein bedeutendes Verdienst LEONHARDS besteht darin, es präzis hervorgehoben zu haben, dafs die „erklärte Parteiabsicht" und das wirkliche bewufste innere Vorhaben der Person sich nicht notwendig in allen Stücken decken müssen. — Verwandt mit der Ansicht LEONHARDS ist auch diejenige BECHMANNS, der das in rechtsgeschäftlichen Erklärungen ausgedrückte Vorhaben als „empirische Absicht" bezeichnet (der Kauf Bd. 2 S. 11 fg.). Nicht zuzustimmen ist jedoch dem, dafs BECHMANN, ähnlich wie KARLOWA (Rechtsgeschäft S. 177), bei allen Rechtsgeschäften in der

Rechtsgeschäft ist jedes menschliche Verhalten, welches eine Rechtsfolge bewirkt, weil es als der gewollte Ausdruck eines sich gerade auf diese Rechtsfolge beziehenden Wunsches gilt, — beurtheilt nach den vorzüglich der gemeinen Lebensauffassung entsprechenden rechtlichen Interpretationsgrundsätzen.

Feststellung der Grenze zwischen privatrechtlichen Willenserklärungen, Rechtsgeschäften und anderen juristischen Handlungen.

§ 13.

Schon aus der angegebenen Begriffsbestimmung ist es ersichtlich, dafs die Grenze zwischen den rechtsgeschäftlichen Erklärungen und allen anderen rechtlichen Handlungen sich

Person des Handelnden den allgemeinen Willensentschlufs annimmt, alle diejenigen näheren Rechtsfolgen zu wollen, welche ihn „das Recht wollen läfst". Diese Ansicht Karlowas, nach welcher Recht und Rechtswissenschaft für den einzelnen Laien denken, billigt auch Leonhard (a. a. O. Bd. 1 S. 223 N. 2). Nach unserer Meinung ist dies eine ganz unnötige Fiktion eines inneren Entschlusses. Zum Vorhandensein der Erklärung, welche das Verlangen nach einer bestimmten Rechtsfolge ausdrückt, bedarf es jenes allgemeinen Entschlusses nicht, weil eben der „erkennbare Willensausdruck" nur ein sich nach Mafsgabe der Lebensverhältnisse als „wahrscheinlich" darstellendes Wollen ist und nicht „die wirkliche innere Absicht". In den Fällen, wo das Rechtsgeschäft giltig ist, obwohl das innere Wollen der Rechtsfolge fehlt, liegt der Grund der Giltigkeit des Rechtsgeschäftes nicht in dem Vorhandensein der allgemeinen, alle uns nicht näher bekannten Rechtswirkungen erfassenden Absicht, sondern darin, dafs das Recht den nichtglaubwürdigen Mangel der rechtlichen Absicht ignoriert und nicht beachtet. (Näheres darüber in der Folge.) S. dazu auch die treffenden Bemerkungen Hartmanns: Wort u. Wille im Rechtsverkehr, Jahrb. f. Dogm. Bd. 20 S. 76 fg. Im allgemeinen richtig auch Dernburg: Pandekten Bd. 1 § 91.

nicht vollkommen scharf ziehen läfst. So wie für die Art der Erklärung eines jeden anderen Gedankens und Vorhabens, so bilden sich auch in Bezug auf das Ausdrücken des Verlangens nach einer gewissen Rechtsfolge Regeln und Grundsätze aus, die uns darüber unterrichten, welchen Sinn man mit gewissen Zeichen und Handlungen verbinden soll und welchen Einflufs manche dieses Handeln begleitenden Umstände auf den eigentlichen Sinn der Äufserung ausüben. Der rechtsgeschäftliche Charakter eines rechtlichen Handelns kommt dort am reinsten zum Vorschein, wo es ausschliefslich die durch Sitte festgestellte Regel des Lebens ist, welche über das Wie der Erklärung entscheidet. Diese sich auf die Ermittelung des Sinnes der Erklärungen beziehenden, im Leben anerkannten Grundsätze sind jedoch und zwar in Bezug auf alle rechtlich relevanten Willenserklärungen an sich schon in einem bedeutenden Mafse von der Beschaffenheit der positiven Rechtssätze abhängig. Erstens üben in rechtlich geregelten Verhältnissen die positiven Normen überhaupt einen nicht unbeträchtlichen Einflufs auf die Art und Weise, wie sich die Lebenssitte ausbildet, aus. Aufserdem greift die Rechtsordnung hier oft bestimmend ein. Solange die sich auf die Ermittelung des Sinnes der Willenserklärung beziehenden Bestimmungen des objektiven Rechts nur eine Feststellung oder höchstens eine Modifizierung der Regel des Lebens enthalten, bleibt der betreffenden juristischen Handlung der Charakter eines Rechtsgeschäfts bez. Willenserklärung bewahrt. Ist dies nicht mehr der Fall, dann ist der normierte Thatbestand nicht mehr ein rechtsgeschäftlicher und, sofern nicht der Ausdruck irgend eines anderen Vorhabens verlangt wird, auch nicht der Thatbestand einer zivilrechtlichen Willenserklärung.

Der Thatbestand der Rechtsgeschäfte und überhaupt aller

Willenserklärungen kann in verschiedenartiger Weise von der Rechtsordnung modifiziert werden. Manchmal wirkt nicht jede irgendwie beschaffene Erklärung, sondern es wird eine bestimmte (z. B. schriftliche) Form derselben verlangt. Manchmal mufs zu einer Erklärung noch ein gewisses plus, ein natürliches Geschehen hinzutreten. In anderen Fällen wieder mufs die rechtsgeschäftliche Erklärung mit einer anderen Willenserklärung verbunden werden. Sehr oft begnügt sich die Rechtsordnung damit nicht, im allgemeinen die im Leben herrschenden Grundsätze über die Ermittelung des erklärten Vorhabens anzuerkennen, sondern normiert die Anwendung derselben im einzelnen Falle und erhebt hierdurch irgend eine spezielle Regel des Lebens zu einem rechtlichen Grundsatze. Derartige spezielle rechtliche Interpretationsregeln kommen im römischen Rechte überaus oft vor. Nicht selten werden sie in die Form rechtlicher Vermutungen über das Vorhandensein eines gewissen inneren Willens gehüllt. Dieser Wille, welcher auf Grund einer Interpretationsregel aus einem Thun erschlossen wird, wirkt jedoch nicht, weil er vermutet wird, sondern weil er als erklärt gilt. Einen vermuteten darf man ihn nur insofern nennen, als sein Vorhandensein nicht sicher, sondern nur wahrscheinlich ist. Dasselbe ist jedoch rücksichtlich eines jeden erklärten Wollens der Fall[1]). Namentlich ist in der Regel nur als eine Interpretationsvorschrift eine positive Bestimmung aufzufassen, durch welche das Recht einem gewissen, an sich diesen Sinn nicht besitzenden Thun oder Unterlassen unter bezeichneten Umständen die Bedeutung einer konkludenten Handlung in Bezug auf ein rechtsgeschäftliches oder sonst juristisch erhebliches

---

1) S. dazu auch Leonhard: Irrtum bei nichtigen Verträgen Bd. 1 S. 210 fg.

Wollen zuschreibt. Durch eine derartige, wie durch jede andere Interpretationsvorschrift, sofern sie nur eine ganz sichere Regel des Lebens anerkennt, wird der Thatbestand der Willenserklärung nicht modifiziert, es wird hierdurch nur die thatsächliche Auffassungsweise des Lebens bestätigt. In der Regel jedoch werden Interpretationsregeln gerade deswegen statuiert, weil der Sinn gewisser Worte und Handlungen unsicher ist. Dann besteht die Bedeutung der Interpretationsregel darin, daſs man sich, wenn die gewöhnlichen Interpretationsmittel kein sicheres Resultat gewähren, für denjenigen Sinn entscheiden muſs, welcher nach rechtlicher Vorschrift als der erklärte gilt. Hier wird allerdings gewissermaſsen bereits von dem Prinzip abgewichen, daſs zum Thatbestande nur eine reine Erklärung gehört, da das Recht als Erklärung auch ein derartiges Thun wirken läſst, welches, dächte man sich die Interpretationsvorschrift weg, jedenfalls nicht als eine unzweifelhafte Erklärung würde aufgefaſst werden können. Indessen bewirken die eigentlichen Interpretationsvorschriften doch nur eine mutuatio des Thatbestandes, weil sie nach der Intention des Gesetzgebers erst subsidiär, wenn der erklärte Wille zweifelhaft ist, zur Anwendung gelangen.

Es ist jedoch nicht zu leugnen, daſs da, wo die rechtliche Vorschrift einem gewissen Benehmen die Bedeutung einer stillschweigenden Erklärung giebt, die auf Grund dieser Bestimmung rechtlich wirkende Handlung denjenigen juristischen Handlungen, die keine Rechtsgeschäfte und überhaupt keine Willenserklärungen sind, bereits nahe steht. Hier wird nämlich geradezu von der Rechtsordnung bestimmt, daſs ein gewisses Verhalten, welches an sich diesen Sinn nicht hat, als Erklärung eines Vorhabens gilt und so und so wirkt. Es ist demnach fraglich, ob denn eigentlich hier nicht das Verhalten an sich, abgesehen von dem eigentlichen Sinne desselben, Thatbestand der rechtlichen Folge sei und die etwaige manifestierte Ansicht des Gesetzgebers, dafs er dasselbe als Ausdruck des Wünschens der Rechtsfolge auffasse, die doch an sich unrichtig sein kann, nicht etwas vollkommen Gleichgiltiges sei. Man könnte meinen, dafs hier thatsächlich eine notwendige Rechtsfolge eintrete, die nur der Gesetzgeber eine gewillkürte nennt. In der That finden wir manche Fälle in den Quellen des römischen Rechts, wo das Recht schlechthin eine tacita voluntas auf seiten des Handelnden annimmt, ohne sich darum zu bekümmern, ob das als Willenserklärung bezeichnete Benehmen auch nach der Lebensauffassung als Erklärung gilt und ob im konkreten Falle das Vorhandensein des Willens wahrscheinlich oder doch möglich ist. In solchen Bestimmungen liegt einfach eine Fiktion des Willens; die „tacita voluntas" ist nur eine Redewendung, welche gar keine praktische Bedeutung hat und deren Gebrauch sich durch die historische Entwickelung des betreffenden Rechtsinstituts oder durch eine systematische Annäherung desselben an andere wirkliche Willenserklärungen erklären läfst[1]). Diesen „fingierten Willenserklärungen" ähnlich, aber doch von denselben prinzipiell verschieden sind die auf einer rechtlichen Vorschrift beruhenden stillschweigenden Willenserklärungen. Der eigentliche Unterschied besteht darin, dafs bei stillschweigenden Willenserklärungen die Bestimmung des

1) S. dazu Leonhard a. a. O. S. 214 fg., der jedoch den Begriff der „Präsumption" des Willens zu weit ausdehnt und manche „fingierte" Willenserklärungen als wirkliche „stillschweigende" betrachtet. So können wir ihm nicht zustimmen, wenn er z. B. in der Begründung des Pfandrechts an den invecta et illata durch Abschlufs des (Miet-) Pachtvertrags und Hineinbringen der Mobilien auf das Grundstück eine wirkliche tacita voluntas sieht und halten die entgegengesetzte Ansicht Savignys (System Bd. 3 S. 254 fg.) für richtig.

Rechts, welche ein Handeln oder Unterlassen für eine konkludente Handlung erklärt, hierdurch in der That nur eine Regel des Lebens feststellen will und demnach wirklich nur als eine Interpretationsregel aufgefafst werden mufs. Das Recht bestimmt hierdurch nicht, dafs jenes Benehmen stets und unbedingt auf die bezeichnete Art wirken müsse, sondern nur, dafs dasselbe im Zweifel den Sinn einer Erklärung habe und die entsprechende Rechtsfolge nach sich ziehe. Die Folge davon ist nicht nur, dafs diese Bedeutung stets durch eine gegentheilige Erklärung (Protestation) ausgeschlossen werden kann, sondern auch, dafs jenes Verhalten im Sinne des Rechts auch dann keine Erklärung enthält, wenn sich aus den Umständen in unzweifelhafter Weise ein anderer Sinn desselben ergiebt, oder wenn sich doch wenigstens nachweisen läfst, dafs es dem Urheber desselben gar nicht möglich war, hierdurch die betreffende Absicht ausdrücken zu wollen. Dafs das römische Recht die stillschweigenden Willenserklärungen wirklich so auffafst, ergiebt sich schon daraus, dafs es dort, wo infolge des Irrtums des Handelnden über die Umstände, welche seinem Benehmen einen konkludenten Charakter verleihen, die Möglichkeit des Willens auf seiner Seite ausgeschlossen ist, die Rechtsfolge nicht eintreten läfst.

Da die stillschweigenden und die fingierten Willenserklärungen sich berühren, so ist es oft schwer, in concreto in Bezug auf eine rechtliche Handlung zu bestimmen, ob sie zu der ersten oder zu der zweiten Kategorie gehört. Um diese Entscheidung zu treffen, mufs man die im Leben herrschenden Auffassungen berücksichtigen. Gilt auch im Leben oder kann doch wenigstens auch im Leben das von dem Recht als Erklärung bezeichnete Benehmen als Äufserung des betreffenden Vorhabens aufgefafst werden, dann haben wir es nur mit einer Modifikation des Thatbestandes zu thun, folglich liegt eine

Willenserklärung vor. Ist hingegen jenes Benehmen eine Erklärung nur nach der positiven Vorschrift, dann ist es überhaupt keine Willenserklärung mehr und es kommen die für Willenserklärungen geltenden Grundsätze nicht mehr zur Anwendung, insonderheit fällt die Willensinterpretation vollständig weg.

Auch rücksichtlich der Besitzerwerbshandlung finden wir sehr zahlreiche Bestimmungen, durch welche festgestellt wird, daſs ein gewisses Handeln den Besitzerwerb bewirkt, als Erklärung des Besitzwillens gilt. Ja gerade bei den Besitzerwerbshandlungen sind diese speziellen Bestimmungen überaus zahlreich. Das Recht begnügt sich nicht nur, allgemein zu bestimmen, daſs sie darüber, womit das Wollen, die Sache ökonomisch für sich zu haben, ausgedrückt werde, die Auffassung des Lebens entscheiden läſst, sondern giebt uns selbst ins Detail gehende Vorschriften für einzelne Fälle. Der Grund liegt wohl darin, daſs es hier, wenn man ausschlieſslich auf die Beobachtung der Lebenssitte angewiesen sein würde, noch weit schwieriger als bei allen anderen Willenserklärungen wäre, das Vorhandensein der Erklärung im einzelnen Falle zu erkennen und den Augenblick der Entstehung derselben zu bestimmen. Die einzelnen rechtlichen Bestimmungen über die den Besitz begründenden Thatsachen haben wir bereits näher kennen gelernt und besprochen. Sie sind sämtlich als Interpretationsvorschriften über das Wie der Erklärung eines sich auf das wirtschaftliche Haben der Sache beziehenden Willens aufzufassen. Das Recht strebt in denselben an, nur die Auffassung des Lebens wiederzugeben und zu determinieren, und bleibt, wie wir wissen, dieser Idee im groſsen und ganzen treu. Zwar gelangt es nicht selten zu einer Modifikation des Thatbestandes der Erklärung, stellt aber keine fingierten Besitzerwerbserklärungen und keinen fingierten Besitzerwerb auf.

Erst jetzt ist es uns möglich, eine Antwort auf die Frage zu geben, ob die reinen Besitzerwerbs- und Verlusthandlungen zu den Rechtsgeschäften gehören. Dafs die Gegner des herrschenden Rechtsgeschäftsbegriffs sich für die Annahme der rechtsgeschäftlichen Qualität dieser Handlungen entschliefsen, ist selbstverständlich[1]). Merkwürdig ist es dagegen, dafs die neuesten Verteidiger der herrschenden Lehre in dieser Beziehung getheilter Ansicht sind. So spricht sich namentlich Bruns[2]) für den rechtsgeschäftlichen Charakter der Besitzerwerbs- und Verlusthandlungen aus, obwohl dieser Schriftsteller der üblichen Begriffsbestimmung gemäfs an dem Erfordernisse der Willensrichtung auf die Rechtsfolge als einem Thatbestandsmomente eines rechtsgeschäftlichen Handelns festhält. Dagegen werden von Zitelmann und den meisten vor ihm die Besitzhandlungen aus dem Kreise der Rechtsgeschäfte ausgeschlossen und sollen demnach, der eigentümlichen Zitelmannschen Auffassung des Begriffs der juristischen Willenserklärung gemäfs, auch keine juristischen Willenserklärungen sein, sondern können höchstens „eine nicht-juristische Erklärung enthalten“. Als Grund dieser Ansicht wird angegeben, dafs der animus domini nicht auf etwas Juristisches, sondern in erster Linie auf etwas Thatsächliches gehe. Darum sei die rechtliche Folge des Besitzverhältnisses keine gewillkürte, sondern eine notwendige.

Dafs der innere Wille, den der Besitzerwerber regelmäfsig hat, sich auf die praktischen Zwecke seines wirtschaftlichen Habens bezieht, dafs der Apprehendent sehr oft sich

---

1) S. dagegen namentlich Zitelmann: Irrtum und Rechtsgeschäft S. 310 fg. S. jetzt auch Bechmann: Kauf Bd. 2 S. 38.

2) Pandektenfragmente, kl. zivilist. Schriften Bd. 2 S. 454.

dessen nicht bewufst ist, dafs mit dem Besitze rechtliche Folgen verbunden sind und den Eintritt dieser Folgen innerlich nicht wünscht, ist zwar unzweifelhaft, diese Umstände jedoch könnten an sich uns nicht dazu bestimmen, die rechtsgeschäftliche Qualität der Besitzerwerbshandlung zu bestreiten, da, wie bereits erwähnt wurde, der rechtsgeschäftliche Charakter eines Handelns dadurch noch nicht ausgeschlossen ist, dafs sich der Wille des Subjekts auf einen praktischen Zweck bezieht und die juristische Wirkung als untergeordnet in seinem Bewufstsein zurücktritt.

Darum tragen wir kein Bedenken, die Okkupation und die Dereliktion, insofern sie den Eigentumserwerb bez. -Verlust bewirkende Thatsachen sind, zu den Rechtsgeschäften zu zählen[1]). Mag hier allerdings, wie öfters bemerkt worden ist, praktisch der Wille auf die Begründung bez. den Verlust des Eigentumsrechts sich nur selten richten, so wird doch ganz sicherlich in dem Benehmen des Okkupanten bez. Derelinquierenden ein Wünschen der Rechtsfolge zum Ausdruck gebracht. Das thatsächliche Ergreifen oder Aufgeben des Besitzes wird demnach nur dann das Eigentumsrecht begründen bez. aufheben, wenn hierdurch ein derartiges praktisches Vorhaben manifestiert wird, dafs es als ein Implicite-Wünschen der Rechtsfolge im Leben gelten kann. Ohne Zweifel kann das Apprehendieren der Sachen zu den verschiedenartigsten Zwecken geschehen[2]). Wenn es jedoch

1) Dagegen Zitelmann a. a. O. S. 312 fg.; gegen ihn Kohler: Jahrb. f. Dogm. Bd. 18 S. 135 fg. und Lenel: Jahrb. f. Dogm. Bd. 19 S. 164 fg. Richtig Bruns a. a. O. und Leonhard: Irrtum Bd. 1 S. 250 N. 4. Pernice: Ztschr. f. Privat- u. öffentl. R. Bd. 7 S. 497 hält nur die Dereliktion, nicht auch die Okkupation für ein Rechtsgeschäft. Nicht ganz richtig und verwirrend Karlowa: Rechtsgeschäft S. 180 fg. und Bechmann: Kauf Bd. 2 S. 7.

2) S. Lenel a. a. O.

feststeht, dafs dieser Zweck ein derartiger ist, dafs mit demselben das Wünschen der Entstehung des Eigentumsrechts unvereinbar ist, dann liegt eben keine zur Begründung des Eigentumsrechts führende Okkupation vor. Geht dagegen die erkennbare praktische Absicht des Okkupanten auf ein dauerndes Haben oder Geniefsen der Sache, dann ist sie zugleich ein Wünschen des Eigentumsrechts, dessen Entstehung doch nur zum Behufe der Verwirklichung der Parteiabsicht eingeführt ist und dem Okkupanten nur Nutzen und nie Schaden bringen kann. Ebenso verhält es sich mit der Dereliktion, welche dann vorhanden ist, wenn derjenige, der freiwillig den Besitz einer Sache aufgiebt, erkennbarerweise überhaupt mit derselben nichts mehr zu thun haben will. Ein derartiges Verhalten enthält nun offenbar eine Eigentumsaufgabeerklärung, denn es wird hier durch das praktische definitive Nicht-mehr-haben-wollen zugleich ausgedrückt, dafs man ohne weiteres auch auf ein etwaiges rechtliches Band, welches das Haben der Sache sichern sollte, verzichtet. Dafs diese Auffassung der Okkupation und Dereliktion [1]) wirklich dem römischen Rechte entspricht, ergiebt sich daraus, dafs die Quellen in klarer Weise zu erkennen geben, dafs sie in der rechtlichen Wirkung dieser Handlungen eine gewillkürte und nicht eine notwendige Rechtsnachfolge sehen.

Das Beispiel der Dereliktion scheint uns für die Feststellung der Natur der rechtsgeschäftlichen Absicht recht

1) Bezüglich der Dereliktion vgl. bes. l. 43 §§ 10, 11 D. de furt. 47, 2, aus welcher Stelle zu ersehen ist, dafs die Quellen ohne weiteres die Dereliktion annehmen, wo nach allgemeiner Volksanschauung die Absicht, die Sache ganz aufzugeben, als wahrscheinlich erscheint. S. auch l. 8 D. de lege Rhodia 14, 2; l. 5 § 1; l. 7 D. pro derel. 41, 7; l. 36 D. de stip. serv. 45, 3; l. 9 (10) § 1 D. de neg. gest. 3, 5; l. 9 § 8 D. de a. r. d. 41, 1 (§ 48 J. de r. d. 2, 1); PAULUS: R.S. II 31, 27 u. a. Stellen.

lehrreich zu sein. Aus der Beobachtung des Rechtsgeschäftes der Dereliktion ist nämlich zu ersehen, dafs auch in solchen Akten das Verlangen nach der Rechtsfolge sich ausdrückt, die nicht nur manchmal, sondern sogar stets ohne bewufstes inneres Wünschen der rechtlichen Folgen vorgenommen werden. Wenn also LEONHARD[1]) annimmt, jedes rechtsgeschäftliche Handeln setze einen Akt voraus, bei dessen Vornahme man wenigstens bei einem bonus pater familias, einem Durchschnittsmenschen, das bewufste Wollen der Rechtsfolge supponieren kann, so ist auch dies zu weit gegangen. Nicht nur ein „Durchschnittsmensch", auch der acharnierteste Anhänger der herrschenden Doktrin wird nicht, wenn er z. B. beim Verlassen des Kaffeehauses die nicht ausgerauchte Zigarre im Aschenbecher zurückläfst, an die rechtlichen Folgen des Aktes denken und sich darüber klar sein, ob er eine Dereliktion oder etwa eine traditio in incertam personam hiermit bezweckte. Nichtsdestoweniger giebt dieser Akt doch eine „rechtliche" Absicht kund. Man denke nämlich daran, dafs das Nichtaufgeben des Eigentums gewissermafsen doch ein Erhalten desselben ist. Das Recht und die Lebenssitte verlangen nun zwar zum Erhalten des Eigentums eine bedeutende positive Anstrengung nicht, wohl aber ein solches Verhalten, aus dem zu schliefsen ist, dafs dem Handelnden die Sache doch nicht ganz unnütz und wertlos geworden ist. Wer, um mit den Quellen zu sprechen, einen Gegenstand „pro derelicto habet", der wünscht zwar bewufst die Eigentumsaufgabe nicht, er wird aber stets zugeben müssen, dafs er sich nicht so benimmt, wie jemand, dem an dem Fortbestehen des rechtlichen Bandes zwischen ihm und der Sache noch irgendwie gelegen ist. Das vollständige Aufgeben der

---

1) Irrtum Bd. 1 S. 220 fg., S. 234.

Sache ist mithin ein ausgedrückter Eigentumsaufgabevorsatz, weil es eben mit dem Vorsatz, das Eigentum fortbestehen zu lassen, nicht verträglich ist.

Auf dieselbe Weise läſst sich oft auch bei anderen Rechtsgeschäften der rechtliche Charakter der Erklärung eruieren. Namentlich wird bei stillschweigenden Erklärungen das erklärte Wünschen der Rechtsfolge meistens am besten von der negativen Seite zu erkennen sein. Man würdige das nachstehende Beispiel: Einem Kaufmann werden von einem Groſshändler, mit dem er in geschäftlichen Verhältnissen steht, ohne Bestellung Waren zugeschickt. Wenn nun der Kaufmann stets die Waren, die er nicht behalten wollte, binnen einer kurzen Frist zurückzusenden pflegte, so gelten nach Ablauf der Frist die beim Kaufmann zurückgebliebenen Gegenstände zweifellos als gekauft. Obzwar hier in concreto ein bewuſstes Wünschen des Kaufabschlusses fehlen kann — der Kaufmann kann möglicherweise auch die Waren gänzlich vergessen haben — so liegt dennoch eine konkludente Zustimmung zur Kaufofferte vor. Der Kaufmann kann zwar behaupten, daſs er „bewuſst" den Kauf nicht wollte; fragt man ihn aber, ob er sich so benommen hat, wie jemand, der den Kauf nicht will, der ihn ablehnt, dann wird er doch die Frage mit gutem Gewissen nicht bejahen können. Wo überhaupt wie hier das Nichtwünschen der Rechtsfolge, das Ablehnen derselben nach der Verkehrssitte ein gewisses positives Auftreten erfordert, da muſs konsequent schon das bloſse Nicht-Thun als ausgedrücktes Wünschen der Rechtsfolge aufgefaſst werden.

Aus den letzteren Beispielen ist zu ersehen, daſs es Rechtsgeschäfte giebt, bei deren Vornahme auch ein bonus pater familias an die Rechtsfolge nicht denkt, in denen aber doch implicite das Verlangen nach rechtlichem Schutz sich ausgedrückt findet. Der Charakter eines Handelns, als erkennbar das Wünschen der Rechtsfolgen enthaltend, stützt sich nämlich nicht nur darauf, dafs die meisten Menschen bei solchen Akten die Rechtsfolge wirklich innerlich wünschen, sondern zugleich auf bewährte Erfahrung, dafs das Recht die Verwirklichung der durch solche Akte angestrebten praktischen Ziele fördert und unterstützt. Wollte man mit LEONHARD von der subjektiven Auffassungsweise eines „Durchschnittsmenschen" sprechen, dann müfste man höchstens sagen, dafs die Rechtsgeschäfte sämtlich Akte sind, bei denen eine „Musterpartei", d. h. jemand, der eine gewisse Kenntnis des Rechts und der Verkehrssitte hat, auf die rechtliche Bedeutung des Aktes aufmerksam gemacht, zugeben müfste, dafs in seinem Benehmen das ausgedrückte Wünschen einer gewissen Rechtsfolge enthalten ist.

Der Begriff des Rechtsgeschäftes zessiert also nicht bereits bei jenen Willenserklärungen, wo gewöhnlich das Wünschen der Rechtsfolge in der Seele des Handelnden vor dem praktischen Willen gleichsam zurücktritt, sondern erst da, wo das Recht selbst bestimmt, was für ein erklärtes Vorhaben zum Thatbestande der Handlung gehört und wo dieses Vorhaben ein sich auf etwas Faktisches beziehendes ist. Dann erst brauchen wir in einem jeden einzelnen Fall nicht mehr zu untersuchen, ob die Handlung als Ausdruck des Begehrens der Rechtsfolgen anzusehen sei, sondern wir fragen direkt: ist der von dem Recht erforderte faktische Wille bez. ein gehöriger Ausdruck desselben vorhanden oder nicht? Da nun rücksichtlich der Besitzhandlungen von dem römischen Recht ausdrücklich bestimmt wird, dafs hier der animus possidendi das Willensmoment bildet und dieser animus jedenfalls etwas anderes ist als das Wünschen der rechtlichen Folgen des Besitzverhältnisses, so scheint es, als wäre es fast selbstverständlich, daſs man die Besitzhandlungen nicht zu den Rechtsgeschäften zählen soll. Indessen läſst sich diese Frage doch nicht so leicht erledigen. Wäre der animus possidendi ein auf etwas rein Faktisches gerichtetes Wollen, wie dies regelmäſsig angenommen wird, dann wäre es allerdings ausgemacht, daſs die Besitzhandlungen keine Rechtsgeschäfte sind und insbesondere, daſs die Besitzerwerbshandlung den Charakter des Rechtsgeschäftes nicht besitzt. Indessen bezieht sich eben der in der Apprehension zum Ausdruck gelangende Wille, und nur dieser ist Thatbestandsmoment der Besitzergreifung, zwar vorzüglich, aber doch nicht ausschlieſslich auf etwas rein Thatsächliches. Der Wille, die Sache wirtschaftlich zu haben, ist eben nicht der Wille, sie physisch zu haben und die Absicht, gewisse physische Akte vorzunehmen. So wie das Bestehen der wirtschaftlichen Verbindung nicht nur von faktischen, sondern zum Theil auch von rechtlichen Voraussetzungen abhängt, so ist auch das manifestierte Wollen dieser Verbindung zugleich als ein erklärtes Begehren nach diesen rechtlichen Voraussetzungen aufzufassen.

Dieses rechtliche Moment der Besitzerwerbserklärung tritt besonders dort deutlich hervor, wo die Entstehung des Besitzverhältnisses gerade durch die Bewirkung gewisser rechtlicher Voraussetzungen begründet wird und ein physisches Geschehen mit der Sache entweder gar nicht erfolgt oder die Verursachung desselben an sich zum Besitze unzureichend wäre. So ist es in den uns bereits bekannten Fällen, wo der Besitzerwerb durch Tradition, namentlich entweder durch die bloſsen Willenserklärungen des Tradenten und des Empfängers oder auch zugleich durch ein faktisches, jedoch zur Bewirkung des eigenmächtigen Erwerbs nicht genügendes Geschehen begründet wird. Was hier den Besitz schafft, das ist ganz eminent das Bestehen eines rechtlichen Momentes, namentlich eine Beschränkung des Dürfens des bisherigen Besitzers. Der Wille, den hier der Empfänger manifestiert, geht zwar auf die praktische Seite seines Habens, enthält aber zugleich das Begehren jenes rechtlichen Effektes, weil ohne denselben hier das wirtschaftliche Haben einfach unmöglich wäre. Der Nehmer erklärt hier nicht nur, die Sache haben zu wollen, sondern sie von dem Tradenten auf Grund seiner Erklärung erhalten zu wollen.

Der rechtliche Charakter des animus äufsert sich ferner in sehr prägnanter Weise in den Fällen der Besitzstellvertretung. Der erklärte animus alieno nomine possidendi eines Stellvertreters im Besitz kann sich überhaupt ohne Beimischung eines rechtlichen Elementes nicht formulieren.

Schon aus allem dem ergiebt sich, dafs jedenfalls die Besitzhandlungen sehr oft den gewöhnlichen rechtsgeschäftlichen Erklärungen nahe stehen. Dazu kommt noch folgender Umstand: Die mit dem Besitze verbundene Rechtsfolge, der rechtliche Schutz des Besitzverhältnisses, hat gerade so wie der Schutz des durch Willenserklärungen begründeten Eigentumsrechts und wie jede gewillkürte Rechtsfolge vorzüglich den Zweck, den Intentionen des Subjektes zu dienen. Das Recht schützt den Besitzer als solchen darum, weil es annimmt, dafs derselbe in seinem Verhalten zu der Sache rechtlich geschützt zu werden wünscht, gleichviel worin der fernere Grund des Besitzschutzes liegen mag. Dieser gewillkürte Charakter der rechtlichen Wirkung des Besitzes äufsert sich darin, dafs der Besitz nie durch blofse Thatsachen, sondern durch gewollte Akte begründet wird. Es liefse sich also annehmen, die Besitzerwerbshandlung sei mit der Eigentumserwerbshandlung auf gleiche Linie zu stellen, und die Ergreifung der Sache sei, wie es unter Umständen eine Erklärung des Wunsches, den stärkeren Eigentumsschutz zu begründen, ist, als Erklärung des Begehrens nach dem schwächeren Schutze des Besitzverhältnisses anzusehen.

Dem Gesagten gemäfs sähen wir darin keine eigentliche Prinziplosigkeit, wenn man sich in Erwägung der angegebenen Gründe entschlösse, die Besitzhandlungen Rechtsgeschäfte zu nennen. Indessen glauben wir, dafs es korrekter ist, in den Eigentümlichkeiten der Besitzhandlungen, von denen wir soeben sprachen, nur eine grofse Ähnlichkeit mit den eigentlichen Rechtsgeschäften und nicht Merkmale gewöhnlicher rechtsgeschäftlicher Willenserklärungen zu erblicken. Der rechtsgeschäftliche Charakter des Handelns gelangt in den Besitzhandlungen doch nicht zur vollen Entfaltung. Die praktische Seite des wirtschaftlichen Habens spielt im Leben eine so wichtige Rolle, dafs den rechtlichen Folgen des Besitzes nur gleichsam eine untergeordnete Bedeutung zukommt. Will man also die Natur des zum Besitze notwendigen animus charakterisieren, so mufs man zugeben, dafs er im allgemeinen ein praktisches, auf etwas Nichtjuristisches gerichtetes Wollen ist, in welchem nur manchmal das Begehren nach gewissen rechtlichen Voraussetzungen zum Vorschein gelangt. Es wäre dagegen verfehlt und stünde mit der Lebensauffassung nicht im Einklang, in einer jeden Apprehension das erklärte Wünschen des Besitzes als eines Rechtsdinges zu sehen und das Vorhandensein eines animus possidendi bei jedem konkreten Ergreifen der Sache davon abhängig machen zu wollen, ob sich jenes die rechtliche Seite des Besitzverhältnisses erfassende Begehren in dem Handeln ausgedrückt findet. Das Prävalieren der thatsächlichen Momente in dem Besitzverhältnisse bringt es mit sich, dafs sich eine gewisse Verschiedenheit der Besitzhandlungen von den gewöhnlichen Rechtsgeschäften doch nicht verkennen läfst. Sie befinden sich gleichsam an der Grenze zwischen den Rechtsgeschäften und allen sonstigen Willenserklärungen. Ob man sie nun als rechtliche Willenserklärungen, die nur eine bedeutende Ähnlichkeit mit den Rechtsgeschäften haben, oder als Rechtsgeschäfte, jedoch mit einem gewissermafsen anomalen Thatbestande bezeichnet, dies dürfte ziemlich gleichgiltig sein [1]).

Die objektive Seite der privatrechtlichen Willenserklärung.

§ 14.

Um die eigentliche Natur der zivilrechtlichen Willenserklärung zu ergründen, erscheint es als geboten, besonders da in den neueren juridischen Schriften für die blofse Erklärung eine selbständige rechtliche Bedeutung vindiziert wird, vor allem die objektive Seite der Erklärung, ohne Rück-

1) Was die anderen juristischen Handlungen betrifft, bezüglich welcher es bestritten ist, ob sie zu den Rechtsgeschäften zu zählen sind, beschränken wir uns auf die einfache Bemerkung, dafs unserer Begriffsbestimmung des Rechtsgeschäftes entsprechend, die Spezifikation und die negotiorum gestio nicht als Rechtsgeschäfte betrachtet werden können. Umsomehr ist dies zu sagen von der litterarischen und künstlerischen Produktion und der Erfindung. Auch die Frage, ob alle diese Akte als zivilrechtliche Willenserklärungen in unserem Sinne noch betrachtet werden können, dürfte eher zu verneinen sein. Jedenfalls stehen sie den rechtsgeschäftlichen Erklärungen gar nicht nahe, und zahlreiche der für die letzteren geltenden allgemeinen Grundsätze, z. B. in Bezug auf das Verhältnis zwischen dem Willen und der Erklärung, die Willensinterpretation u. s. w., werden bei den erwähnten Handlungen keine Anwendung finden können. Anderer Ansicht ist Kohler (Ztschr. f. Privat- u. öffentl. R. Bd. 13 S. 287 fg.). Wenn sich dieser Schriftsteller darauf beruft, dafs auch bei derartigen Akten wie die Erfindung die „Stellvertretung“ möglich ist, der „Error“ in Betracht kommt u. s. w., so ist dies an sich nicht beweisend, denn es ist ja nicht zu bestreiten, dafs z. B. dem Irrtum eine vollständig andere Bedeutung zukommt bei der litterarischen Produktion, als beim Kauf- oder Pachtgeschäft.

sicht auf den ihr zu Grunde liegenden Willen, näher zu betrachten. Als Erklärung erscheint ein äufseres Geschehen, aus welchem geschlossen wird, dafs hierdurch ein innerer Seelenvorgang einer Person zum Ausdruck gebracht wurde, ein Gedanke oder Urtheil, ein Wollen oder Wünschen. Mit dem Ausdruck Willenserklärung wird dieser innere Vorgang näher als ein Vorhaben bezeichnet[1]).

Es mögen hier vor allem einige Bemerkungen vorausgeschickt werden, welche vorzüglich die in dieser ganzen Lehre gebrauchte Terminologie betreffen. Wir müssen zugeben, dafs der Ausdruck „Erklärung" zur Bezeichnung des Begriffs, mit dem wir es zu thun haben, kein glücklich gewählter ist. Namentlich würde uns selbst die allerdings etwas zu allgemein lautende Bezeichnung „Willensäufserung" entsprechender scheinen. Indessen ist nun einmal das Wort Erklärung zu einem nahezu allgemein anerkannten terminus technicus geworden, und demnach müssen auch die berechtigten Bedenken, welche vom sprachlichen Standpunkte gegen die „Erklärung" erhoben werden könnten, unterdrückt werden. Der Ausdruck pafst eigentlich nur für solche Willensäufserungen, wo das Ausdrücken des Willens zugleich ein Mittheilen dieser Äufserung an eine gewisse Person ist und sein mufs. Er wird auch von manchen Schriftstellern in diesem engeren Sinne gebraucht[2]). Unpassend ist dagegen das Wort

1) Vgl. zu dem folgenden bes. Leonhard: Irrtum Bd. 1 S. 56—84. S. auch Windscheid: Wille u. Willenserklärung, Arch f. civilist. Praxis Bd. 63 S. 76 fg.; Zitelmann: Irrtum u. Rechtsgeschäft S. 250 fg. und Jahrb. f. Dogm. Bd. 16 S. 376 fg.; Bekker: Krit. Viertelj. Bd. 3 S. 191 fg. u. Bd. 22 S. 43 fg.; Pernice: Ztschr. f. Handelsr. Bd. 25 S. 84 fg.; Regelsberger in Endemanns Handb. des Handelsr. Bd. 2 S. 386; Rittner: Österr. Eherecht S. 162 fg.; Bruns: Pandektenfragmente, Kl. Schr. Bd. 2 S. 454 u. a.

2) So namentlich Brinz: Pandekten 1. Ausg. S. 1555 und Eisele: Krit. Viertelj. Bd. 20 S. 19.

„Erklärung“ zur Bezeichnung desjenigen menschlichen Verhaltens, wo es dem Handelnden gar nicht darum zu thun ist, einer gewissen Person etwas „klar zu machen“. Am wenigsten am Platz ist es dort, wo es dem Handelnden gerade möglicherweise unerwünscht ist, daſs jemandem der „erklärte“ Sinn seines Handelns „klar werde“, wie dies bei stillschweigenden Willenserklärungen oft der Fall ist, wo der Handelnde nicht selten gegen seinen inneren Wunsch beim „erklärten“ Sinne seines Handelns festgehalten wird. In der That ist es ein lucus a non lucendo, wenn bei den sog. stillschweigenden Willenserklärungen von einem „Erklären“ gesprochen wird[1]).

Nichtsdestoweniger muſs schon an dieser herkömmlichen Bezeichnung festgehalten werden, da nun einmal durch die übliche Definition der Rechtsgeschäfte als Willenserklärungen der Ausdruck „Willenserklärung“ zur Bezeichnung der allgemeinen Kategorie von rechtlichen Handlungen, die alle Rechtsgeschäfte und, wie wir meinen, manche denselben verwandte Handlungen umfassen, angewendet worden ist. Aus diesem Grunde müssen wir von Erklärungen auch dort sprechen, wo es sich nicht um ein Mittheilen-Wollen handelt, also auch bei Okkupationen, Dereliktionen[2]) und ebenso bei den Besitzerwerbs- und Verlusthandlungen. Gerade bei den Besitzerwerbshandlungen ist der Gebrauch des Wortes Erklärung, obwohl sehr verbreitet, da doch ganz allgemein von einem „Erklären“ des Besitzwillens gesprochen wird, offenbar unpassend. Weit davon entfernt, dies zu verkennen, folgen wir diesem Sprachgebrauche, ja gebrauchen diesen Ausdruck auch hier als einen technischen, weil wir hierdurch um so

1) S. dazu auch Schlossmann (Vertrag S. 48 fg.), der jedoch viel zu weit geht, wenn er auf Grund dieses Umstandes den Begriff der „stillschweigenden Erklärung“ als „unbrauchbar“ bezeichnet.

2) So auch Bruns a. a. O.; dazu s. auch Leonhard a. a. O. S. 61.

nachdrücklicher betonen wollen, dafs die Besitzerwerbshandlungen mit denjenigen juristischen Handlungen, die man regelmäfsig Erklärungen nennt, zu derselben allgemeinen Kategorie gehören. Wem dieser Grund ein unzureichender zu sein schiene, der lese statt „Erklärung“ „Äufserung“ und anstatt „erklären“ „äufsern“. Diese Ausdrücke haben bei uns eine identische Bedeutung und beziehen sich auf einen und denselben Begriff.

Mit dem Ausdrucke „Erklärung“ bezeichnen wir je nach der Beschaffenheit des Vorhabens, welches ausgedrückt werden soll, verschiedenartige Willensmanifestationen:

1) Ein Benehmen, durch welches einer oder einzelnen bestimmten Personen klar gemacht wird, dafs wir hierdurch derselben bez. denselben das Vorhandensein unseres Begehrens haben mittheilen wollen. Diese Willenserklärung, die zugleich Willensmittheilung ist, kommt namentlich bei Vertragserklärungen, die an eine gewisse Person gerichtet sein müssen, vor. Auch die Erklärung des Tradenten, welche manchmal zur Entstehung des Besitzes notwendig ist, hat diesen Charakter.

2) Ein Benehmen, aus welchem eine gewisse Person (oder ein bestimmter Kreis von Personen) entnehmen kann, dafs wir hierdurch ein gewisses Vorhaben manifestiert haben. Hier braucht die Erklärung zwar von bestimmten Personen, aber von diesen nicht als an sie gerichtet, sondern überhaupt als Willensmanifestation erkannt werden zu können. Eine derartige Erklärung liegt z. B. gewöhnlich bei der Genehmigung und bei manchen Verzichtserklärungen vor.

3) Ein äufseres Verhalten, welches überhaupt nicht für gewisse Personen als Erklärung erkennbar zu sein braucht, sondern die ein jeder, der das Geschehen beobachtet oder von demselben Kunde hat, für eine Willensäufserung

halten wird. Zu dieser letzteren Art von Erklärungen gehört die Besitzerwerbshandlung.

Manchmal mufs ein Benehmen, um den Sinn einer Willenserklärung zu haben, gewissermafsen eine Verwirklichung des Willens sein, ein sichtbares äufseres Geschehen an einem Objekte bewirken. Dann mag die Erklärung auch „Bethätigung“ des Willens heifsen. Die Besitzerwerbs- und -verlusthandlungen sind oft, jedoch nicht immer, derartige Bethätigungen des Willens.

In allen diesen Fällen gehört zum Begriffe einer Erklärung die Erkennbarkeit ihres Sinnes auf Grund der Wahrnehmung eines äufseren Ereignisses. Vor allem also mufs in jeder Erklärung ein wahrnehmbares Moment vorliegen. Und zwar genügt nicht stets jede Wahrnehmbarkeit, denn bei jenen Erklärungen, welche für bestimmte Personen erkennbar sein müssen, kann nur dies in Betracht kommen, was gerade für die betreffenden Personen wahrnehmbar war [1]). Es fragt sich nun, was in einer Erklärung wahrgenommen wird? Vor allem, insofern die Erklärung in einem positiven Geschehen besteht, ein Thun des Urhebers der Erklärung von seiner physischen Seite aus betrachtet, also gewisse Körperbewegungen einer Person samt ihrem Erfolge, z. B. Erzeugung der Lichtbewegungen oder Schallwellen, möglicherweise aber nur das Eintreten irgend eines natürlichen, von der Person verursachten Erfolges. Es werden also gewisse Laute und Zeichen oder sonstige physische Geschehen wahrgenommen, welche nicht nur an sich ver-

1) S. dazu bes. Regelsberger: Zivilistische Erörterungen S. 20 fg. u. Handbuch des Handelsr. Bd. 2 S. 390; Leonhard a. a. O. S. 76, s. 172 fg., 204 und anderwärts; s. schon. Ihering in den Jahrb. f. Dogm. Bd. 4 (Schadenersatz bei nichtigen Verträgen) Note 78 und Text zu derselben; dazu jedoch vgl. Schlossmann: Vertrag S. 120 fg.

nehmbar bez. sichtbar sind, sondern als von einer Person ausgehend, durch ihre Muskelbewegungen hervorgebracht äuſserlich erscheinen, oder von denen doch angenommen werden kann, daſs sie ihr Eintreten dem Thun einer gewissen Person verdanken. So wie diese positiven Ereignisse, so darf man auch ein Nicht-geschehen wahrnehmbar nennen, als Nicht-Vornahme einer gewissen Körperbewegung, Nicht-Bewirkung eines Naturerfolges.

Die physische Wahrnehmbarkeit genügt jedoch nicht. Eine Erklärung liegt erst vor, wenn auf Grund der Wahrnehmung der physischen Seite der Erklärung in dem Beobachtenden ein Urtheil entstehen kann, daſs durch die gesprochenen Worte, hergestellten Zeichen u. s w. von einer bestimmten Person ein gewisser innerer Seelenzustand, ein Wünschen oder Wollen ausgedrückt wurde. In einem jedem „Erkennen“ einer Erklärung liegt immer ein Schluſs aus einer äuſseren Thatsache auf das Vorhandensein eines inneren Vorganges, eines Wollens. Die innere Thatsache, welche aus dem äuſseren Ereignis hier erschlossen wird, ist, da hier nicht ein inneres Begehren an sich, sondern ein willentlich durch That geäuſsertes wirkt, vor allem das Wollen, das Vorhandensein eines inneren Vorhabens durch That zu bewähren oder zu manifestieren. Ob aus dem Erkennen des Willens ein Vorhaben zu äuſsern, auch schon das wirkliche Vorhandensein jenes Begehrens, welches geäuſsert werden soll, erkannt wird, ist eine andere Frage, deren Beantwortung von der Beschaffenheit jenes weiteren Begehrens abhängt. Wenn man nur daran festhält, daſs aus dem äuſseren Benehmen bei der Erklärung in erster Linie nur auf das in der Erklärung selbst enthaltene und dieselbe gleichsam beseelende Willensmoment, auf das E r k l ä r e n - W o l l e n geschlossen wird und nur sekundär auf das Vorhandensein jenes ausgedrückten Vorhabens, dafs trotz der Erklärung doch etwas Inneres bleibt, so wird man in der Ausdrucksweise „Erklärung eines inneren Willens“ nicht eine contradictio in adjecto finden können, wie dies namentlich LEONHARD[1]) behauptet.

Gleichviel nun, ob aus der Erklärung nur das Erklären-Wollen oder auch das Wünschen oder Wollen des Erklärten erschlossen wird, beruht stets dieser Schlufs auf einer gröfseren oder geringeren Wahrscheinlichkeit. Nur weil und insofern es im Leben Grundsätze giebt, welche darüber Aufschlufs geben, wann diese Wahrscheinlichkeit eine hinreichende ist, kann von einem „erkennbaren Sinne“ der Erklärung und überhaupt von einer Erklärung als einem objektiv bestehenden Dinge gesprochen werden. Ist man nun auf Grund der Wahrnehmung der Erklärung nicht berechtigt, auf den Willen zu schliefsen, dann liegt überhaupt keine Erklärung vor, sondern höchstens der Schein einer solchen. Wenn man jedoch von einem erkennbaren Sinne der Erklärung gewissermafsen als von einer der Erklärung immanenten Eigenschaft spricht[2]), so darf man es doch nie aufser

1) a.a.O. S. 75. S. dagegen auch LOTMAR: Krit. Viertelj. Bd. 25 S. 378 fg.

2) So mit besonderem, etwas übertriebenem Nachdruck LEONHARD an vielen Stellen seines Werkes, Irrtum bei nichtigen Verträgen. Gegen denselben vgl. LOTMAR: Krit. Viertelj. Bd. 25 S. 385 fg. Wenn der letztere Schriftsteller darauf hinweist, dafs es den Römern nicht geläufig war, scharf zwischen dem wirklichen Willen des Urhebers und dem Sinne der Erklärung zu unterscheiden, so folgt nicht daraus, dafs wir diese Unterscheidung sollten fallen lassen. Die Erklärung kann ja nicht anders als der erkennbare Sinn des äufseren Verhaltens begriffen werden. Nicht richtig ist es, wenn LOTMAR bemerkt, der Sinn der Erklärung als ihre Eigenschaft sei derselben immanent, während die psychische Thatsache des inneren Willens zu dem vorübergehenden, meist vorübergegangenen gehöre. Eine solche Unterscheidung zwischen dem Sinn der Erklärung und dem Willen wäre eben falsch. Der Sinn der Erklärung hängt ja nicht nur von den einigermafsen dauernd fixierten,

acht lassen, daſs wir es hier gar nicht mit einem bestimmten Merkmale, mit einer sichtbaren Beschaffenheit eines Benehmens zu thun haben. Ob ein Benehmen eine erkennbare Erklärung genannt zu werden verdient, ist im einzelnen oft höchst schwer zu entscheiden. Überhaupt, wäre nicht in der neuesten Zeit das Moment der Erkennbarkeit der Erklärung in sehr nachdrücklicher Weise betont worden, so würde es sich vielleicht mehr empfehlen, stets nur von einem „wahrscheinlichen" und nicht von einem „erkennbaren" Sinne der Erklärung zu sprechen. An sich kann ein Benehmen, die Qualität, einen Willen der Person erkennbarerweise auszudrücken, in einem verschiedenen, höheren oder geringeren Maſse besitzen. Das Recht verlangt im allgemeinen einen sehr hohen Grad der Wahrscheinlichkeit nicht, um den Schluſs aus dem äuſseren Benehmen auf den inneren Willen zuzulassen. Insbesondere kann auch eine etwas unklare oder mehrdeutige Erklärung rechtlich doch als Erklärung gelten. In diesem Falle gilt derjenige Sinn der Erklärung, der sich als der wahrscheinlichere darstellt. Daſs der Umstand, ob eine Erklärung in einem höheren oder geringeren Maſse erkennbar ist, juristisch nicht unerheblich ist, muſs zugegeben werden, dagegen muſs in Abrede gestellt werden, als hätte das römische Recht in prinzipiell anderer Weise diejenigen Erklärungen behandelt, deren Sinn mit Bestimmt-

---

sondern auch von allen irgendwie relevanten vorübergegangenen Momenten ab. Als etwas dauernd Bestehendes, einer in jedem Moment wahrnehmbaren Erscheinung Immanentes erscheint der Sinn der Erklärung nur ausnahmsweise, namentlich z. B. dann, wenn er vollständig in einem bestimmten schriftlichen declaratum auf diese Weise fixiert worden ist, daſs man annehmen kann, es solle nach der Absicht des Erklärenden nur der Inhalt der Deklaration als sein Wille gelten. Es ist also nicht im mindesten auffallend, daſs die Römer bei Ermittelung des „erklärten" Willens meistens auf den Zeitpunkt der Abgabe der Erklärung zurückgreifen.

heit erkennbar ist, als jene, wo der erklärte Wille sich als eine obscura voluntas darstellt. Diese neuerdings von LEONHARD[1]) aufgestellte Ansicht entbehrt einer genügenden quellenmäſsigen Begründung. Darum erscheint es nicht notwendig, eine präzise Grenze, die freilich höchst schwer zu bestimmen wäre, zu ziehen zwischen jenen Erklärungen, deren Sinn unzweifelhaft ist, und denjenigen, wo dies nicht der Fall ist.

Der Sinn der Erklärung wird erkannt nicht lediglich auf Grund der physischen Wahrnehmung der Körperbewegungen und ihres Erfolgs, sondern es kommen hier verschiedene andere Momente in Betracht. Liegt die Erklärung in einem positiven Handeln, so können oft die ausgesprochenen Worte und hergestellten Zeichen eine derartige Bedeutung haben, daſs sie gemeiniglich als Mittel κατ' ἐξοχήν gelten, um einen gewissen Seelenvorgang klarzulegen. In diesem Falle geben sie an sich einen Sinn, welchen wir „Wortlaut" oder „buchstäblichen Sinn" nennen.

Jedoch selbst wenn die Erklärung einen derartigen buchstäblichen Sinn hat, geschweige denn wo es nicht der Fall ist, ist der wahre Sinn der Erklärung etwas davon Verschiedenes; er kann, muſs aber nicht mit dem Wortlaute der hervorgebrachten Zeichen übereinstimmen. Der wahre Sinn ergiebt sich aus der Berücksichtigung aller Umstände, unter welchen eine gewisse Handlung oder Unterlassung stattgefunden hat. Infolge der Beurtheilung dieser Umstände und ihres Verhältnisses zu dem Benehmen des Erklärenden kann der eigentliche wahrscheinlichste Sinn der abgegebenen Zeichen festgestellt, bez. muſs manchem an sich unverständlichen und gleichgiltigen Verhalten ein gewisser Sinn beigelegt werden.

Demnach liegt es auf der Hand, daſs es verfehlt und

---

1) Irrtum Bd. 1 S. 185 fg.

verwirrend ist, wenn man die Erklärung als „eine Handlung" (Körperbewegung)[1]) bezeichnet, wie dies ganz allgemein zu geschehen pflegt. Denn eine einzelne Handlung samt ihrem unmittelbaren Erfolg „erklärt" an sich oft nichts, und manchmal ist das durch sie „Erklärte" eben etwas von der wahren Erklärung Verschiedenes. Was erklärend, d. h. einen inneren Seelenvorgang kundgebend wirkt, das ist erst ein gewisses zusammenhängendes Verhalten, welches als ein Gesamtbild von manchen, oft zahlreichen Handlungen und Unterlassungen sich darstellt, und zwar gesehen im Lichte der Umstände, unter welchen dasselbe geschieht.

Obwohl also eine Erklärung unmöglich als etwas von den Umständen, unter welchen sie abgegeben worden ist, völlig Abgetrenntes angesehen werden kann, so mufs dennoch für die Erklärung ein bestimmter Augenblick als der entscheidende gelten. Das Recht läfst nämlich eine jede Rechtsveränderung in einem bestimmten Augenblicke eintreten und ist begreiflicherweise dazu gezwungen. Es mufs also stets der Moment der vollzogenen That präzis festgestellt werden. Die Entscheidung dieser wichtigen, den Zeitpunkt der Entstehung[2]) der Erklärung betreffenden Frage bietet manchmal bedeutende Schwierigkeiten dar.

Vor allem kann hier durch das den Thatbestand der Willenserklärung normierende Gesetz ein gewisser Augenblick als der entscheidende, als der Moment der Nativität der Erklärung vorgezeigt werden. So namentlich, wenn

---

1) Vgl. als die Hauptvertreter der herrschenden Lehre Zitelmann: Irrtum u. Rechtsgeschäft S. 241 fg. u. anderwärts; auch Jahrb. f. Dogm. Bd. 16 S. 366 fg. und Pernice: Ztschr. f. Handelsr. Bd. 25 S. 83 fg. So auch neuerdings z. B. Hasenöhrl: Österr. Obligationenrecht § 43 u. Burckhard: Österr. Privatrecht 2. Theil S. 388 fg.

2) S. dazu auch Zitelmann: Irrtum S. 246.

zu dem rechtlichen Bestande einer Erklärung eine gewisse Formalität, wie z. B. das Aufschreiben eines gewissen Zeichens oder das Aussprechen eines bestimmten Wortes vorgeschrieben wird. Ebenso ist es, wenn das Recht zur Wirksamkeit einer Erklärung die Bewirkung eines gewissen thatsächlichen Erfolges erfordert. Auch dann entsteht die Erklärung stets im Augenblicke des Eintritts jenes äufseren Ereignisses. Freilich läfst sich manchmal auch dieser Augenblick nicht ohne Schwierigkeit feststellen. So verhält es sich regelmäfsig im Falle des Besitzerwerbs und bei allen Erklärungen, welche durch die Besitzergreifung ausgedrückt werden sollen. Der Zeitpunkt der Wirksamkeit der Erklärung ist hier der Moment, in welchem die entsprechende Änderung in der Lage der Sache bewirkt worden ist.

Aber auch in denjenigen Fällen, wo zu einer Erklärung weder bestimmte Zeichen noch ein Naturerfolg verlangt werden, können die Umstände so beschaffen sein, dafs aus dem ganzen Benehmen des Erklärenden sich eine besondere Handlung als die hauptsächlichste Erklärungshandlung hervorhebt und seine gesamte sonstige Thätigkeit nur die Bedeutung von begleitenden Umständen erhält. Diese an und für sich oft sinnlose und nur in Verbindung mit den sonstigen Umständen, mit anderen Einzelerklärungen und Verabredungen der Parteien eine Relevanz erhaltende, den Augenblick der Erklärung markierende Körperbewegung, ist an sich nicht als die Erklärung anzusehen. Es wird nämlich durch sie allein das Vorhaben, um dessen Ausdruck es sich handelt, nicht erklärt[1]); sondern ihre eigentliche Bedeutung besteht

1) Dafs die Römer sogar die streng formelle stipulatio keineswegs in der Weise auffafsten, als beständen die rechtlich erheblichen beiderseitigen Erklärungen lediglich in dem Aussprechen der Stipulationsformel selbst, beweisen zahlreiche Beispiele einer viel freieren Willensinter-

lediglich darin, daſs durch sie kundgegeben wird, daſs die sonstigen Äuſserungen der Parteien die Bedeutung einer Erklärung haben sollen. Nicht was erklärt wird, wird uns dadurch klar gemacht, sondern daſs etwas erklärt worden ist.

Selbst also dort, wo eine derartige entscheidende Äuſserung, gleichsam ein Resumé und eine Bestätigung von alledem, was sonst geäuſsert worden ist, vorliegt, darf für eine einzige Körperbewegung die Bezeichnung „Erklärung“ nicht vindiziert werden. Umsoweniger wäre dies zulässig in allen anderen Fällen, wo der Zeitpunkt, in welchem eine Erklärung als bereits definitiv und entschieden an das Tageslicht gebracht angesehen werden soll, erst auf Grund der genauen Berücksichtigung aller Umstände ermittelt werden kann. Es ist also überhaupt nicht gerechtfertigt, einzelne Körperbewegungen als die Erklärungshandlungen allen sonstigen Handlungen und Unterlassungen des Erklärenden als bloſsen vorangehenden und begleitenden Umständen scharf gegenüberzustellen.

Aus dem Gesagten ergiebt es sich, in welchem Verhältnisse die beiden Begriffe „Erklärung“ und „Handlung“ zu einander stehen. Die Erklärung — und dasselbe ist von den meisten juristischen Handlungen zu sagen — braucht nicht notwendig „eine“ Handlung im gewöhnlichen Sinne dieses Wortes, d. h. eine gewollte Körperbewegung zu sein, ja in der Regel kann sie es auch nicht. Es ist gleichgiltig, ob vorzüglich „eine“ Handlung oder eine Mehrzahl von Handlungen als Erklärung erscheint. Aus diesem Grunde ist die von Bekker[1]) aufgeworfene Frage, auf welche Weise man die Einheit der Handlung bestimmen solle, wann eigentlich eine

---

pretation bei Stipulationen; s. z. B. l. 126 § 2; l. 134 § 1 D. de v. o. 45, 1 u. a.

1) Krit. Viertelj. Bd. 22 S. 42.

Handlung aufhöre und eine andere anfange, wie wir meinen, überhaupt für den Juristen von untergeordneter Bedeutung, namentlich aber für die Lehre von den zivilrechtlichen Willenserklärungen gänzlich indifferent.

Indem unsere Juristen unter dem Worte „Handlung" gewöhnlich nur positive Handlungen verstehen, andererseits aber doch nicht leugnen können, dafs Erklärungen auch durch Unterlassungen abgegeben werden, so sind sie dazu gezwungen, in höchst verwirrender Weise immer hervorzuheben, dafs auch Nichthandlungen Handlungen seien[1]). Weil man nun einmal so sehr daran gewöhnt ist, unter einer Handlung ein positives Handeln zu verstehen, würde es sich empfehlen, bei den juristischen Willenserklärungen überhaupt nicht von Handlungen zu sprechen, sondern statt dessen allgemeinere Bezeichnungen, „menschliches Benehmen" oder „Verhalten", zu gebrauchen. Dann würden die Fragen, ob eine Erklärung stets eine einzige Handlung oder eine Mehrheit von Handlungen sei, und ob sie nur in einem positiven Handeln oder auch in einem Unterlassen bestehen könne, nicht mehr aufgeworfen werden. Wollte man diese Terminologie nicht akzeptieren und zöge man es vor, bei dem hergebrachten Ausdrucke „Handlung" zu bleiben, dann müfste ein für allemal bestimmt hervorgehoben werden, dafs man das Wort „Handlung" immer hier im weiteren Sinne gebraucht. Da wir nun auch den Ausdruck „rechtliche Handlung", der allgemein als terminus technicus gilt, für diejenigen rechtlichen Thatsachen, zu deren Thatbestand ein gewolltes menschliches Benehmen gehört, beibehalten haben, so heben wir hier aus-

---

1) Diese richtige, von Schlossmann (Ztschr. f. Privat- u. öffentl. R. Bd. 9 S. 534 N. 46) gegen unsere Kriminalisten gemachte Bemerkung pafst auch, wenngleich nicht gegen alle, so doch gegen die Mehrzahl unserer Zivilisten.

drücklich hervor, daſs wir in dieser Verbindung das Wort Handlung im allgemeineren Sinne nehmen.

Wie schwer es ist, sich mit den in Unterlassungen bestehenden Erklärungen Rat zu schaffen, wenn man bei Bestimmung der juristischen Erklärung vom Begriffe der Handlung als einer Körperbewegung ausgeht, ersehen wir am besten aus den Ausführungen Zitelmanns, der diese Arten der Erklärungen beiseite läſst und auf die Natur derselben gar nicht näher eingeht[1]). Und in der That ist die Verlegenheit Zitelmanns ganz erklärlich, denn alle seine Untersuchungen über die „Handlung" und den ihr entsprechenden unmittelbaren, auf Hervorbringung der Körperbewegung gerichteten Willen, welche scheinbar allgemeine, alle Erklärungen betreffende Grundsätze enthalten, finden hier keine Anwendung.

In der That ist vom Standpunkte Zitelmanns und der herrschenden Lehre aus für diejenigen Erklärungen, welche sich nicht in einer positiven Handlung konzentrieren, oder es doch scheinen, unter den juristischen Erklärungen einfach kein Platz. Sie müssen sämtlich als anomale Erklärungen betrachtet werden. Und doch ist nicht der geringste Grund erfindbar, warum man in jenen Erklärungen, in denen ein gewisses Nicht-Thun das entscheidende Moment bildet, etwas Ausnahmsweises erblicken sollte. Ja die Beobachtung der Erscheinungen des alltäglichen Lebens liefert uns den Beweis dafür, daſs die Fälle, in welchen ein gewisses Nicht-Thun, namentlich ein Nicht-Widersprechen in einem gewissen Moment, die entscheidende Zustimmung bedeutet, überaus zahlreich sind. Somit ist der Satz, als ob wenigstens in der Regel die rechtliche Willenserklärung in einer positiven Handlung be-

1) Irrtum u. Rechtsgeschäft S. 259 fg.

stünde, überhaupt nicht zu halten. Ist nun einmal von dem Recht der Thatbestand der rechtlichen Willenserklärungen auf diese Weise festgestellt, daſs ein jedes Benehmen als rechtlich wirkend anerkannt wird, welches Ausdruck eines bestimmten inneren Vorhabens ist, dann ist es einerlei, mittelst welcher „Körperbewegungen" und durch welche „Zeichen", ob durch positives Handeln oder durch ein Nicht-Thun jenes innere Vorhaben erkennbar gemacht wird. Dann aber ist hier überhaupt von Körperbewegungen und von Zeichen als Dingen, die zum Wesen einer Erklärung gehören, folglich auch von dem auf die Körperbewegung und die Erzeugung von Zeichen gerichteten Willen nicht zu sprechen.

Daſs alle vorangehenden und begleitenden Umstände bei der Ermittelung des Sinnes einer Erklärung berücksichtigt werden müssen, ist selbstverständlich. Insofern dieselben in einem Handeln oder Unterlassen des Erklärenden bestehen, gehören sie eigentlich mit zu der Erklärung selbst. Es fragt sich nun, wie es sich mit den, dem Zeitpunkte der abgegebenen Erklärung nachfolgenden Umständen verhält? Soll auch diesen ein Einfluſs auf die Feststellung des Sinnes der Erklärung eingeräumt werden, oder nicht? Für die Regel ist dies ohne Zweifel zu bejahen. Besonders wird dort die eingehende Würdigung aller nachfolgenden Umstände von hoher Bedeutung sein, wenn der erklärte Wille in dem Momente der abgegebenen Erklärung sich als eine voluntas ambigua darstellt. Dann wird vorzüglich aus dem ferneren Benehmen der Person der eigentliche Sinn ihrer Erklärung zu erkennen sein.

Namentlich sind für die uns speziell interessierende Frage, für die Ermittelung des sich in der Apprehension kundgebenden Willens die der Erklärung nachfolgenden Umstände von einer überaus groſsen Wichtigkeit, weil gerade hier sehr oft der erklärte Wille eine voluntas dubia ist. So ist die physische Ergreifung der Sache sicherlich der Ausdruck des Willens, die Sache zu haben, ob aber dadurch der animus sibi habendi, oder der animus alieno nomine possidendi, oder endlich die zum Besitzerwerbe ungenügende Absicht, die Sache nur ganz vorübergehend zu haben, erklärt wird, dies kann im Augenblicke der Ergreifung der Sache noch zweifelhaft sein und wird manchmal erst durch das nachfolgende Verhalten des Apprehendenten festgestellt[1]).

Da das Recht bei nicht ganz unzweifelhaftem Sinne der Erklärung denjenigen Willen als den erklärten ansieht, der dem Beurtheilenden als der am meisten wahrscheinliche erscheint, so kann gewissermafsen der Sinn der Erklärung durch nachfolgende Umstände abgeändert werden. Es kann sich nämlich unter Berücksichtigung dieser Umstände ein wesentlich anderer Sinn ergeben, als derjenige sein würde, den wir mit der Erklärung hätten verbinden müssen, falls ihre Beurtheilung früher in Frage gekommen wäre.

Der Grundsatz, dafs auch die der Erklärung nachfolgenden Thatsachen bei der Interpretation in Betracht gezogen werden können, ist jedoch nicht ohne Einschränkung wahr. Er darf nicht angewendet werden bei denjenigen Erklärungen, deren eigentümliche Natur es mit sich bringt, dafs ihr Sinn gerade in einem bestimmten Augenblicke unabänderlich festgestellt werden mufs, weil sie eben in diesem Moment von der Person, für welche sie erkennbar sein sollen, wirklich erkannt werden müssen. So liegt die Sache dann, wenn eine Erklärung ihrem Sinne nach Grundlage der gegenseitigen Erklärung einer anderen Person sein soll, wie dies bei Vertragsofferten der Fall ist.

Aber auch sonst mufs bei allen Erklärungen, deren Sinn

1) S. dazu SCHLOSSMANN: Besitzerwerb durch dritte § 3 u. § 17.

ganz besonders klar erscheint, das Heranziehen der später eingetretenen Thatsachen für ein unzulässiges Interpretationsmittel erklärt werden. Wenn sich aus der Erklärung an sich das Dasein eines gewissen inneren Vorhabens als höchst wahrscheinlich, ja beinahe unzweifelhaft ergiebt, kann oft das spätere, mit dem Sinne der Erklärung nicht im Einklang stehende Verhalten der Person sich viel eher als eine mutatio animi, als Erklärung eines neuen Willensentschlusses, denn als nachfolgende Klarlegung eines bereits früher gehabten Vorhabens darstellen. Ob eine Willenserklärung, deren Natur an und für sich eine Interpretation aus nachfolgenden Umständen nicht ausschließt, im konkreten Fall einen derartigen Grad der Bestimmtheit besitzt, ist natürlich Thatfrage.

Läßt sich auf Grund der Würdigung aller Umstände doch nicht ermitteln, welchen Sinn man als den am meisten wahrscheinlichen, also als den eigentlich erklärten, annehmen muß, dann liegt überhaupt eine mangelhafte, nicht gehörig erkennbare Erklärung vor. Ein derartig erklärter Wille kann vor allem eine ambigua, dubia voluntas sein. Eine undeutliche, mehrdeutige Erklärung liegt vor, wenn ein Benehmen als Ausdruck verschiedenartiger Willensregungen aufgefaßt werden kann und für keine der möglichen verschiedenen Deutungen überwiegende Wahrscheinlichkeitsgründe sprechen. Werden nun in einem solchen Falle die Zweifel auch durch eine gesetzliche Interpretationsvorschrift nicht beseitigt, welche eine bestimmte Deutung als die wahrscheinlichste bezeichnet, dann soll nach der Auffassung des römischen Rechts in der Regel derjenige Wille als der erklärte gelten, welchen die Person wirklich hat; richtiger, dann wird der wirklichen inneren Absicht der Person trotz der mangelhaften Erklärung die Geltung verschafft[1]).

---

1) Die wichtigsten Quellenentscheidungen, in denen sich dieser

Auf diese Weise auf den wirklichen inneren Willen zurückzugehen ist jedoch nur insofern zulässig, als die Erklärung wenigstens **auch** als der Ausdruck der wirklichen Absicht erscheint. Widergiebt sie auch nicht in etwas undeutlicher Weise den wirklichen Willen, so ist, gleichviel was sie sonst für einen Sinn haben mag, von einer „Erklärung“ überhaupt nicht mehr zu sprechen, mag auch der Handelnde auf Grund eines Irrtums subjektiv davon überzeugt sein, daſs durch die Worte oder Zeichen, die er gebraucht, sein wirklicher Wille geäuſsert wird[1]). Soll eine Erklärung eine objektive Existenz haben, so kann als „erklärter“ Wille nicht derjenige gelten, den man ausdrücken wollte oder vermeinte, sondern jener, den in der That die Erklärung enthält.

Ist die Erklärung nicht nur etwa unklar oder mehrdeutig, sondern läſst sich überhaupt kein Sinn derselben eruieren, sei es, weil sie einen Widerspruch in sich enthält, oder weil sie überhaupt vollkommen unverständlich ist, dann fehlt eigentlich eine Erklärung gänzlich, und der etwaige innere Wille, den der Handelnde hat kundgeben wollen, bleibt, weil ein bloſs inneres Vorhaben, unberücksichtigt.

Es ist bereits darauf aufmerksam gemacht worden, daſs es zahlreiche Erklärungen giebt, bei denen nicht das gesamte Benehmen des Erklärenden und alle überhaupt wahr-

---

Grundsatz ausgesprochen findet, sind l. 3 D. de rebus dubiis 34, 5; l. 125 D. de v. s. 50, 16; l. 34 pr. D. de c. e. 18, 1; l. 96 D. de r. i. 50, 17.

1) Gegen die nicht zu billigende Ansicht Hölders (Krit. Viertelj. Bd. 14 S. 568), welcher auch da von „Erklärungen“ spricht, wo jemand Worte und Zeichen in einem anderen Sinne gebraucht, als man sie im Leben zu gebrauchen pflegt, mithin gar nichts „klar legt“, sondern nur irrtümlich etwas erklärt zu haben wähnt, vgl. treffende Bemerkungen bei Rittner: Österr. Eherecht S. 106 und Leonhard: Irrtum Bd. 1 S. 60. Nicht richtig auch Voigt: Ius naturale Bd. 3 S. 98.

nehmbaren Umstände, die in einem Zusammenhange zu der Erklärung stehen, bei der Ermittelung des Sinnes berücksichtigt werden dürfen. Bei allen Willenserklärungen nämlich, welche nicht ein Willensäufsern im allgemeinen, sondern eine Willensmanifestation bestimmten Personen gegenüber enthalten, darf nur das als Erklärung gelten, was gerade für diese bestimmte Personen erkennbar ist, folglich mufs der Sinn der Erklärung nur vom Standpunkte dieser Personen beurtheilt werden. Dies folgt aus dem Wesen dieser Erklärungen. Ist ein Benehmen eine Erklärung, nur insofern hierdurch einer bestimmten Person etwas klargemacht wurde, dann ist nur dasjenige als Bestandtheil der Erklärung anzusehen, was gerade dieser Person klar sein konnte. Die sämtlichen Umstände also, welche für die Bestimmung des Sinnes der Erklärung erheblich sein könnten, seien dieselben ein Thun des Erklärenden oder sonstige Thatsachen, dürfen nicht dann bereits berücksichtigt werden, wenn sie überhaupt, sondern nur, wenn sie für diejenige Person, auf deren Erkennen es ankommt, wahrnehmbar sind. Demnach kann eine Äufserung des Willens des Erklärenden, welche mit dem für jene Person erkennbaren Sinne der Erklärung im Widerspruch steht und für diese letzteren unwahrnehmbar ist, den Bestand der Erklärung nicht alterieren und mufs ebenso unberücksichtigt bleiben, wie ein dem Sinne der Erklärung widersprechendes, rein inneres Vorhaben.

Von manchen Schriftstellern ist der Satz nachdrücklich betont worden, dafs die Vertragserklärungen von dem Standpunkte des Vertragsgegners zu interpretieren seien[1]). Dieser

---

1) S. Röwer: Bedeutung des Willens bei Willenserklärungen S. 62; Bähr: Über Irrungen im Kontrahieren, Jahrb. f. Dogm. Bd. 14 S. 404 fg.; ferner die oben S. 337 N. 1 Zitierten.

Satz ist natürlich vollkommen richtig; er ist jedoch nicht die ausschliefsliche Eigentümlichkeit der Willensmittheilungen, sondern gilt für alle Willenserklärungen, die in einem Erkennbarmachen eines Willens für gewisse Personen bestehen, findet also Anwendung z. B. bei dem oben angeführten Rechtsgeschäfte der Genehmigung. Bei Vertragserklärungen und namentlich bei Vertragsofferten äufsert sich diese Eigentümlichkeit insofern in ganz besonders prägnanter Weise, als es hier auf die Erkennbarkeit nicht nur in Bezug auf bestimmte Personen, sondern zugleich in Bezug auf einen bestimmten Zeitpunkt ankommt, also nicht nur das für die Person überhaupt nicht Wahrnehmbare, sondern auch alles für sie bis zu einem gewissen Augenblick nicht Wahrnehmbargewesene bei der Interpretation ausgeschlossen ist.

Die Grundsätze, welche sich auf die Art und Weise des Verfahrens bei der Ermittelung des inneren Willens aus einem äufseren Benehmen beziehen — die Interpretationsgrundsätze — sind zwar bei allen Willenserklärungen nicht identisch, dennoch aber miteinander gewissermafsen verwandt, da sie überhaupt nicht reine positiv-rechtliche Vorschriften, sondern eine Anwendung der im Leben herrschenden Anschauungen sind. Es würde uns zu weit führen, wenn wir uns an diesem Orte eingehend mit der Interpretation der Willenserklärungen befassen wollten. Wir verweisen also in dieser Beziehung auf die Ausführungen anderer[1]). Es mufs jedoch in dieser Beziehung bemerkt werden, dafs, obwohl es sich bei der Interpretation im Prinzip um die Ermittelung des individuellen Willens handelt, dennoch die Interpretationsgrundsätze vollständig unter dem Einflusse der Regel des

1) S. bes. Brinz: Pandekten 1. Aufl. §§ 352—354, 358 u. von den neuesten Schriften Regelsberger: Handb. des Handelsr. Bd. 2 § 238; Leonhard: Irrtum Bd. 1 S. 172 fg.; Dernburg: Pandekten Bd. 1 § 123.

Lebens stehen, welche im allgemeinen bei einem Benehmen von einer gewissen Beschaffenheit gewisse Anschauungen und Absichten des Subjekts für wahrscheinlich erklärt. Eine individuelle, von der als regelmäfsig geltenden abweichende Denkungsart, eine ungewöhnliche Auffassungs- und Ausdrucksweise des Erklärenden können also nur berücksichtigt werden, wenn man sie auf Grund äufserer Momente zu erkennen imstande ist, also doch wieder nur dann, wenn die Anschauung des Lebens hier ausnahmsweise eine ungewöhnliche Deutung der Äufserung gestattet und erheischt. Ob demnach die eigentümliche Auffassungsweise des Handelnden oder, wenn dieselbe nicht erkennbar hervortritt, die regelmäfsige, durchschnittliche als Grundlage bei der Interpretation der Erklärung angenommen wird, so ist stets die Interpretation eine Anwendung der durch Lebenssitte bewährten Anschauungen, sie beruht stets auf der Regel des Lebens im weitesten Sinne dieses Wortes[1]). Welche Funktion bei der Interpretation den

1) Bei letztwilligen Verfügungen werden die sprachlichen Eigentümlichkeiten des Urhebers der Erklärung und überhaupt seine besondere Äufserungsart stets berücksichtigt, sofern sie sich nur nachweisen lassen. Keineswegs gilt dies so allgemein bei Erklärungen unter Lebenden. Mithin sind hier die von Testamenten und Legaten sprechenden Bestimmungen (z. B. l. 18 § 3 D. de instr. leg. 33, 7; l. 50 § 3 D. de legat. I; l. 21 § 1 D. qui testam. 28, 1) nicht ohne weiteres anwendbar, vielmehr gehen oft „ea, quae sunt moris et consuetudinis" (l. 31 § 20 D. de aedil. ed. 21, 1; s. auch l. 34 D. de r. i. 50, 17) der individuellen Äufserungsweise vor. Wer mit einem guten Bekannten kontrahiert, der darf verlangen, dafs der letztere seine Eigentümlichkeiten berücksichtige, nicht derjenige dagegen, der am Markt mit gänzlich unbekannten Leuten Geschäfte abschliefst. Während die Ermittelung des Willens bei letztwilligen Verfügungen Sache des Richters ist, der das Recht und die Pflicht hat, alle Umstände genau zu erwägen und zu prüfen, so sind die gewöhnlichen Geschäfte des Lebens vom Standpunkt Desjenigen auszulegen, der sie wahrnehmen soll, bez. wahrnehmen kann und der selbstverständlich oft gar nicht die Pflicht, manchmal auch nicht die Möglich-

rechtlichen Auslegungsvorschriften zukommt, ist bereits erwähnt worden. Durch dieselben wird neben dem nach der Volksanschauung Wahrscheinlichen das nach dem Rechte, welches hier jedoch nur die Regel des Lebens wiedergeben will, Wahrscheinliche gleichgestellt.

Auf einen Umstand mufs hier insbesondere aufmerksam gemacht werden, d. i. auf den Zusammenhang, der zwischen einem äufseren, zu der Erklärung gehörenden Geschehen und der That als der Quelle[1]) desselben bestehen mufs, damit von einer Erklärung die Rede sein könnte. Das Erkennen der Erklärung beruht immer auf dem Wahrnehmen des Eintretens oder Eingetreten-seins eines faktischen Erfolgs der Thätigkeit. Diese Wahrnehmung kann oft eine derartige sein, dafs sie keinen Zweifel darüber entstehen läfst, dafs hier der natürliche Erfolg von einer be-

---

keit hat, alle Besonderheiten des Urhebers der Erklärung zu kennen. Dies gilt nicht nur von Vertragserklärungen, sondern auch von solchen Erklärungen, wie z. B. die Okkupation, Dereliktion u. a. Bei Willensmittheilungen ist die eigentümliche Auffassungsweise des Vertragsgegners (z. B. seine Sprachenkenntnisse u. s. w.), insofern sie dem Erklärenden bekannt sein mufste, nicht weniger von Bedeutung, als die Eigentümlichkeiten des Urhebers der Erklärung. Bei Willenserklärungen, die nicht von bestimmten Personen erkannt werden sollen, entscheidet die Auffassungsweise eines Durchschnittsmenschen, der in der Lage ist, die relevanten äufseren Begebenheiteu wahrzunehmen. Überhaupt ist bei allen Erklärungen auf Grund der Interpretation derjenige Sinn anzunehmen, der demjenigen, dessen Wahrnehmung in Frage steht, als der wahrscheinlichste erscheinen mufste. Das Mafs der Sorgfalt, welches man beim Wahrnehmenden bei der Ermittelung des Sinnes der Erklärung verlangen kann, hängt von der Art des Geschäftes, oft von dem Verhältnisse, in welchem die Personen zu einander stehen u. s. w., kurz, von allen charakteristischen Merkmalen des Falles ab. S. auch Pernice: Ztschr. f. Handelsr. Bd. 25 S. 114.

1) S. dazu Bekker: Krit. Viertelj. Bd. 3 S. 192 fg. und Bd. 22 S. 43.

stimmten Person bewirkt worden ist. Wenn ich eine Person sprechen höre oder sie gewisse Zeichen machen sehe, dann weiſs ich mit Bestimmtheit, daſs die wahrgenommenen Schall- oder Lichtbewegungen von ihr ausgehen.

Oft wird jedoch die Erklärung nur aus einer äuſseren Begebenheit erkannt, während das Benehmen des Erklärenden für den Erkennenden verborgen bleibt. Dies ist stets der Fall, wenn das äuſsere wahrnehmbare und wahrgenommene Geschehen in der Abwesenheit des Erklärenden eintritt und als unmittelbar durch eine Naturkraft oder durch fremde Thätigkeit hervorgebracht erscheint. Ähnlich verhält es sich, wenn nur aus einem bereits früher eingetretenen Erfolge und nicht aus der Beobachtung der Bewirkung desselben die Erklärung erkannt werden muſs. Es fragt sich nun: genügt eine derartige Wahrnehmung des äuſseren Erfolgs ohne Wahrnehmung des Handelns des Erklärenden, um hierin eine Erklärung zu erkennen? und: genügt an sich schon die auf einer solchen Wahrnehmung beruhende Wahrscheinlichkeit, daſs wir es hier mit einer Erklärung zu thun haben zur Annahme des objektiven Bestehens einer Willenserklärung? Z. B. es wird mir ein Brief übergeben, der von der Person A. geschrieben und an mich gerichtet zu sein scheint; darf man dieses Geschehen eine objektiv bestehende, an mich gerichtete Erklärung des A. nennen? oder: wir bemerken, daſs eine Sache in eine derartige faktische Lage gelangt ist, daſs sie als der Person A. wirtschaftlich dienend erscheint; darf man schon aus diesem Umstande schlieſsen, daſs sich die Sache in dieser Lage mit dem Willen des A. befindet, d. h. daſs darin eine Manifestation des Willens des A., die betreffende Sache wirtschaftlich für sich zu haben, vorliegt?

Vor allem beweist schon die Möglichkeit der Willensmittheilung an einen Abwesenden, daſs man ein Erkennen der Erklärung auf Grund der bloſsen Wahrnehmung eines entfernteren Erfolgs der Thätigkeit des Erklärenden anzunehmen gezwungen ist. Eine andere Frage ist es, ob es zu einer Erklärung hinreichend ist, wenn es nur dem den Erfolg Beobachtenden als wahrscheinlich dünkt, dieses Geschehen sei von der Person A. mit der Absicht, ein Vorhaben zu erklären, verursacht, möge auch in der Wirklichkeit kein genügender Zusammenhang zwischen der als Erfolg äuſserlich erscheinenden Thatsache und einem Handeln der Person bestehen. Von den Schriftstellern, welche sich mit unserer Frage befassen, wird namentlich von Bähr[1]) rücksichtlich der Vertragserklärungen die hier aufgeworfene Frage wenigstens für gewisse Fälle bejaht, so daſs er nicht nur von Erklärungen spricht, sondern sogar die Haftpflicht der Person manchmal annimmt, obwohl das äuſsere Geschehen, aus welchem auf den Willen geschlossen wird, eigentlich von der Person nicht verursacht worden ist. Dem ist jedoch nicht zuzustimmen. Durch solche „Erklärungen", wo kein Kausalzusammenhang zwischen dem äuſseren Geschehen und unserem Thun besteht, wird „unser" Wille nicht erklärt, da das Vorhandensein des Willens hier geradezu unmöglich ist; es wird hier ein Wille nur fingiert. Das richtige ist vielmehr folgendes: Wird in der Sinnenwelt ein Geschehen von einer derartigen Beschaffenheit wahrgenommen, daſs sich mit einer genügenden Wahrscheinlichkeit annehmen läſst, diese Thatsache sei von einer bestimmten Person und zwar mit der Absicht, hierdurch ein gewisses Vorhaben zu äuſsern, verursacht worden, dann berechtigt dies, auf den entsprechenden Willen der Person zu schlieſsen; dieser Schluſs wird jedoch

---

1) Jahrb. f. Dogm. Bd. 14 S. 412 fg. Dagegen s. Windscheid: Arch. f. civilist. Praxis Bd. 63 S. 80 fg. und Leonhard: Irrtum Bd. 1 S. 66.

unter der Voraussetzung gezogen, daſs wirklich ein Kausalzusammenhang zwischen jenem Geschehen und dem Handeln der Person besteht, wird also hinfällig, sobald es feststeht oder erwiesen wird, daſs der besagte Kausalzusammenhang fehlt.

Z. B.: Ist mir ein an mich adressierter Brief übergeben worden, der von der Person A. geschrieben zu sein scheint, so kann man sich schon auf diesen Umstand berufen, wenn man das Vorhandensein einer an mich gerichteten Willenserklärung behauptet. Stellt es sich jedoch heraus, daſs zwischen dem Handeln des A. und jener Thatsache, welche mich zu dem Erkennen einer Erklärung des A. von einem bestimmten Inhalte nötigt, kein Kausalzusammenhang besteht, daſs also z. B. der Inhalt des Schreibens gefälscht worden ist, oder der Brief gegen den Willen des A. ohne seine Zustimmung zur Beförderung übergeben wurde, dann fehlt auch das objektive Bestehen einer Willenserklärung des A.

Ähnlich verhält es sich mit dem Erkennen des bestehenden Besitzverhältnisses oder richtiger des Eingetreten-seins einer Besitzerwerbserklärung, welches auf Grund der Wahrnehmung einer Thatsache, die ein Erfolg des Handelns einer Person zu sein scheint, ohne Wahrnehmung jenes Handelns selbst erfolgt. Aus einem Sich-Befinden einer Sache in einer gewissen faktischen Lage kann an sich oft nicht erkannt werden, daſs die Sache von einer bestimmten Person besessen wird. Manchmal wird jedoch diese Lage eine derartige sein, daſs sich hierdurch die Sache selbst als im wirtschaftlichen Dienste einer bestimmten Person stehend kundgiebt, d. h. daſs man schon aus diesem Umstande mit gehöriger Wahrscheinlichkeit schlieſsen kann, die Sache sei hier gebracht worden und befinde sich an diesem Orte mit dem Willen der betreffenden Person. Ist es so, dann kann sich auf diesen

Umstand ein jeder, der den Besitzerwerb behauptet, berufen, diese Thatsache reicht hin zum Erkennen des Besitzerwerbs. Die Möglichkeit dieses Schlusses auf das Vorhandensein des Besitzwillens fällt jedoch weg, sobald es erwiesen wird, dafs die Sache sich nur zufälligerweise, ohne Bethätigung des Willens der Person, in dieser Lage befindet. IHERING [1]) spricht in diesen Fällen von einer Vermutung des Besitzwillens. Allerdings wird hier das Vorhandensein des Besitzwillens nur vermutet, aber das Erkennen des inneren Willens ist ja überhaupt bei allen Willenserklärungen nur ein „Vermuten" desselben. Sollte diese Vermutung uns dazu berechtigen, den Besitzwillen auch dann anzunehmen, wenn es feststünde, dafs ein ursachlicher Zusammenhang zwischen der Lage der Sache und dem Thun der Person nicht besteht, oder, wie dies KINDEL will, in allen Fällen, wo die Person den Erwerb nicht erkennbarerweise ablehnt, dann läge darin nicht mehr eine Vermutung, sondern eine Fiktion des Willens, ähnlich wie in den Willenserklärungen BÄHRS. Die Annahme dieser Fiktion des animus possidendi scheint uns mit dem Inhalte unserer Rechtsquellen nicht vereinbar zu sein [2]).

Von der Frage, wann im einzelnen Falle das Handeln des Erklärenden noch Ursache der als Erklärung erscheinenden äufseren Thatsache genannt werden darf, wollen wir nicht näher sprechen. Dies ist im allgemeinen eine quaestio facti, die namentlich dann sehr schwer zu entscheiden sein wird, wenn neben der Handlung des Erklärenden noch andere Umstände gewissermafsen selbständig und nicht lediglich als eine von dem Erklärenden in Bewegung gesetzte Kraft

1) Grund des Besitzschutzes S. 196.
2) S. darüber oben Bd. 1 S. 171 fg.

mitwirken. Der ursachliche Zusammenhang besteht so lange, als unter allen mitwirkenden Umständen, welche das äufsere Geschehen hervorbringen, das als Erklärung von einem bestimmten Inhalte aufgefafst wird, das Benehmen des Erklärenden am meisten hervortritt. Wenn insbesondere die Mitwirkung dritter bei der Erzeugung des äufseren Erfolgs gebraucht wird, dann wird der Kausalzusammenhang so lange nicht durchbrochen, als jene fremde Thätigkeit vorwiegend nur als etwas von dem Auftrage des Erklärenden Abhängiges und nicht als ein selbständiges, sich mit jenem Auftrage in Widerspruch setzendes freies Handeln sich darstellt. Benimmt sich die Mittelsperson nur wie ein Werkzeug, das meinen Willen ausführt, dann ist das von ihr Hervorgebrachte meine Erklärung, nicht dagegen, wenn sie selbständig ihren eigenen Willen als eine Übermittelung meines Willens hinstellt.

Es kommt oft vor, dafs bei Erklärungen, zu denen die Verursachung eines entfernteren Erfolgs gehört, das in der Aufsenwelt als Erklärung Fixierte den inneren Intentionen des Erklärenden nicht entspricht. Man spricht da von einer Abirrung der Erklärung. Liegt der Grund der Abirrung der Erklärung darin, dafs in der Funktion der zur Bewirkung des Erfolgs gebrauchten Mittel eine gewisse Störung eintritt, dann steht ein solcher Fall denjenigen Fällen sehr nahe, wo infolge der Einwirkung einer fremden selbständigen Kraft der Kausalzusammenhang zwischen der Handlung des Erklärenden und dem Erfolge durchbrochen wird. Im Prinzip sind jedoch beide Fälle wesentlich verschieden, denn im Falle der blofsen Abirrung der Erklärung besteht objektiv eine Erklärung, während in dem anderen Falle nur ein Schein der Erklärung vorhanden ist. Dafs aber eine Abirrung der Erklärung den objektiven Bestand derselben nicht vernichtet und der Grund der Nichtigkeit hier nur in dem Mangel eines wirklichen inneren Willens liegen kann, also Nichtigkeit nur insofern angenommen werden kann, als man das Vorhandensein des inneren Willens als Voraussetzung der Wirksamkeit der Erklärung verlangt, dürfte keinem gegründeten Zweifel unterliegen[1]). Man darf jedoch nicht vergessen, dafs wir ein Vorhandensein der Erklärung hier nur dann annehmen, wenn einerseits trotz der Abirrung doch das Benehmen des Handelnden die Hauptursache der dem inneren Willen nicht entsprechenden Fixierung der Erklärung bleibt, andererseits die äufsere Thatsache an sich derartig beschaffen ist, dafs sie den Erkennenden berechtigt, anzunehmen, er habe es hier mit einer Erklärung zu thun. Handelt es sich hier um eine Willensmittheilung, dann ist es, damit man in dem Mitgetheilten eine Erklärung sähe, notwendig, dafs uns nach der Art und Weise, wie die Mittheilung bewerkstelligt wird, eine Entstellung der Erklärung als unwahrscheinlich erscheine. Rücksichtlich der am meisten gebräuchlichen Mittheilungsmittel ist durch die Sitte des Verkehrslebens bestätigt, dafs dieselben allgemein für vollkommen verläfslich gelten.

Sind die Voraussetzungen, von welchen die Rede war, vorhanden, dann wird aus der blofsen Wahrnehmung des verursachten Erfolgs geradesogut die Erklärung erkannt, wie aus der Wahrnehmung des Thuns des Erklärenden.

In der Erklärung, welche infolge einer Abirrung einen Sinn enthält, der dem inneren Willen des Handelnden nicht entspricht, haben wir einen Fall der nichtgewollten, aber doch objektiv bestehenden Willenserklärung kennen gelernt. Eine nichtgewollte Erklärung liegt auch in anderen Fällen vor, wo das äufsere Benehmen der

---

1) Von der Abirrung handeln wir noch in der Folge.

Person uns berechtigt, den Schlufs auf das Vorhandensein des inneren Willens zu ziehen, thatsächlich jedoch dieser innere Wille fehlt. Dies ist der Fall bei nichternstlichen Willenserklärungen und bei solchen Erklärungen, wo infolge eines Irrtums oder Zwanges der innere Wille des Handelnden ausgeschlossen ist. Trotz dieser Mängel darf das Vorhandensein einer Erklärung angenommen werden, jedoch nur dann, wenn dieselben eben nur innere Mängel sind und nicht in dem Benehmen des Handelnden unter Berücksichtigung aller sonstigen wahrnehmbaren Umstände erkennbar hervortreten.

Diese Auffassungsweise, welche sich unseres Erachtens mit logischer Notwendigkeit aus dem Begriffe der Erklärung ergiebt, steht mit dem, was in dieser Beziehung nahezu allgemein gelehrt wird, im Widerspruch. Was nun alle diese Fälle des Scherzes, Irrtums u. s. w. betrifft, so soll hier nach der herrschenden Ansicht, abgesehen von dem Falle der sog. Verirrung, nicht die Erklärung selbst ungewollt sein, sondern nur ihre Folgen oder ihr Inhalt. Allgemein wird hier auch bei der Erkennbarkeit des Scherzes, Irrtums u. s. w. von einer objektiv bestehenden, von der herrschenden Lehre selbst von einer gewollten Erklärung gesprochen. Diese ganze Auffassung ist verkehrt und hat ihre Ursache in der bereits von uns gerügten Identifizierung der Erklärung mit der Körperbewegung, durch welche gewisse Zeichen, welche zur Kundgebung eines gewissen Willens gewöhnlich dienen, hergestellt werden.

Diese Idee, welche die übliche Lehre von den Rechtsgeschäften vollständig beherrscht, hat einen besonders prägnanten Ausdruck gefunden bei Pernice[1]) und zieht sich als

1) Ztschr. f. Handelsr. Bd. 25 bes. S. 87 fg., S. 116 fg. Vgl. als Repräsentanten der Lehre namentlich Windscheid: Arch. f. civilist. Praxis Bd. 63 S. 96 fg. und Pandekten Bd. 1 § 76; Zitelmann: Jahrb.

roter Faden durch seine ganze Abhandlung hindurch. Der innere Widerspruch, an dem die herrschende Ansicht leidet, besteht darin, dafs man unter der Erklärung nur ein „Zeichenmachen“ versteht, obwohl man andererseits unter dem Sinne der Erklärung doch nicht den blofsen Sinn versteht, den die hergestellten Zeichen haben. Dies tritt sehr drastisch bei PERNICE hervor, wenn z. B. von demjenigen, der offenbar nur scherzweise oder zu Lehrzwecken einen Wechsel ausstellt, gesagt wird, er wolle in der That in den Augen der Beobachtenden erscheinen als einer, der einen Wechsel ausstellt. Der Verpflichtungswille, heifst es bei PERNICE, sei bei nichternstlichen Erklärungen allerdings geäufsert, denn die denselben ausdrückenden Worte sind gesprochen[1]). An einem anderen Orte findet sich die Bemerkung[2]): „Der Erklärung als solcher kann niemand ansehen, ob sie ernstlich sei; die begleitenden Umstände lassen dies nur erschliefsen.“ Offenbar wird hier der Begriff der Erklärung und das Verhältnis derselben zu den begleitenden Umständen ganz verkehrt aufgefafst. Einem Zeichenmachen, sofern, was gar nicht notwendig ist, eigentliche „Zeichen“ vorliegen, kann man an sich nicht nur nicht ansehen, ob es eine ernstliche, sondern ob es überhaupt eine Erklärung enthalte. Erst die „begleitenden Umstände“ lassen das Vorhandensein einer Erklärung, dann aber zugleich auch ihre Ernstlichkeit erkennen.

---

f. Dogm. Bd. 16 S. 363 fg., bes. S. 369 und Irrtum S. 327 fg., S. 341, S. 359 fg. und anderwärts; BRUNS: Pandektenfragmente, Kl. Schr. Bd. 2 S. 473 fg., S. 479. Vgl. auch HASENÖHRL: Österr. Obligationenrecht Bd. 1 S. 527 fg. und BURCKHARD: Österr. Privatrecht § 84 S. 286 fg. — Richtig dagegen fafst die Willenserklärung als einheitlichen Willensakt KOKLER auf. S. dessen vortreffliche Ausführungen in den Jahrb. f. Dogm. Bd. 16 S. 91 fg., S. 333 fg., Bd. 18 S. 154 fg.

1) A. a. O. S. 119; dagegen mit Recht KOHLER: Krit. Viertelj. Bd. 23 S. 35 Note *.

2) A. a. O. S. 118 N. 5.

Damit ein Benehmen als Erklärung erkannt werde, muſs es als eine ernstliche Willensmanifestation erscheinen. Es ist ebenso sprach- als prinzipwidrig, von jemandem, der erkennbarerweise nur zum Scherz die Absicht, sich zu verpflichten, äuſsert, zu sagen, er erkläre seinen Verpflichtungswillen. Das Vorhandensein des Verpflichtungswillens wird ja hierdurch doch niemandem klar gemacht. Der Erklärende spricht zwar gewisse Worte aus, durch welche in der Regel ein Verpflichtungswille ausgedrückt zu werden pflegt, erklärt aber zugleich, daſs sie im vorliegenden Falle den gewöhnlichen Sinn ausnahmsweise nicht haben sollen. Die wahrnehmbaren Umstände, aus denen sich die Nichternstlichkeit der Absicht ergiebt, wirken gerade so, als hätte der Erklärende selbst zu seiner Erklärung eine Verneinung hinzugefügt[1]).

Eine erkennbar nicht ernstliche Erklärung ist also überhaupt keine Erklärung, weil der durch sie geäuſserte nichternstliche Wille kein Wille ist. Und auch das macht sie nicht zu einer Erklärung, wenn derjenige, auf dessen Erkennen es ankommt, die erkennbare Nichternstlichkeit thatsächlich nicht erkannt hat und, den Sinn der Erklärung miſsverstehend, dieselbe für eine ernstliche hielt. Dieser Fall ist gar nicht von demjenigen verschieden, wo die Äuſserung einer Person, die den Sinn einer Erklärung auch gar nicht haben konnte, weil etwa die Zeichen selbst eine andere Bedeutung haben, von jemandem falsch verstanden und als Erklärung aufgefaſst wird. Eine subjektive unrichtige Ansicht des Erkennenden ist ebensowenig wie eine solche Meinung des Handelnden imstande, ein Benehmen, welches nicht objektiv den Sinn einer Erklärung hat, zu einer Erklärung zu machen.

Geradeso, wie durch die erkennbare Nichternstlichkeit,

---

1) So auch Kohler: Jahrb. f. Dogm. Bd. 16 S. 99.

kann auch durch einen erkennbaren Irrtum des Handelnden seinem Benehmen der Charakter einer Willenserklärung benommen werden. Ein Irrtum vernichtet jedoch nur dann schon das objektive Bestehen einer Erklärung, wenn nicht nur das Vorhandensein, sondern auch die Wesentlichkeit des Irrtums erkennbar ist. Ist es ersichtlich, daſs sich der Handelnde geirrt hat und daſs der Irrtum ein derartiger ist, daſs er als den Willen ausschlieſsend aufgefaſst werden muſs, dann kann aus dem äuſseren Benehmen auf den Willen nicht geschlossen werden, d. h. es fehlt die Erklärung. Welchen Irrtum man als den wesentlichen betrachten soll, davon wird an einem anderen Orte die Rede sein.

Die objektive Seite der Willenserklärung scheint uns durch die vorangehenden Ausführungen gehörig beleuchtet zu sein. Hier lassen wir noch einige Bemerkungen darüber folgen, welche praktische Bedeutung die Feststellung der Erklärung an sich als eines objektiv bestehenden, vom inneren Willen unabhängigen Dinges hat. Daſs schon der bloſsen Erklärung ohne Rücksicht auf den inneren Willen eine nicht unbedeutende rechtliche Relevanz zukomme, behaupten nicht nur diejenigen, welche in gewissen Fällen schon die Erklärung ohne Willen wirken lassen wollen, sondern dies wird auch von der herrschenden Lehre ausdrücklich zugestanden. Auch die Anhänger der herrschenden Lehre nämlich, was freilich nicht als eine konsequente Folgerung der von ihnen aufgestellten Grundprinzipien aufgefaſst werden kann, verlangen nicht den Beweis des inneren Willens, sondern lassen das Vorhandensein desselben aus der bloſsen Erklärung vermuten und sprechen hierdurch die rechtliche Wirksamkeit schon der bloſsen Erklärung aus für alle Fälle, wo sich das Vorhandensein eines mit der Erklärung im Widerspruch stehenden inneren Willens nicht nachweisen läſst.

Nach unserer Ansicht stellt sich die praktische Seite der ganzen Frage folgendermaſsen dar: Derjenige, der den Eintritt einer vom Recht an den Thatbestand einer Willenserklärung geknüpften Rechtsfolge behauptet, muſs sich auf äuſserlich wahrnehmbare Momente berufen (nötigenfalls dieselben beweisen), aus denen sich mit einer genügenden Wahrscheinlichkeit auf das Vorhandensein einer dem inneren Willen entsprechenden Willensäuſserung der Schluſs ziehen läſst. Erscheint der erklärte Wille als eine voluntas ambigua, dann wird durch die äuſseren Momente die Erklärung noch nicht dargethan, und es muſs demnach das Vorhandensein eines wirklichen inneren Vorhabens von dem entsprechenden Inhalte behauptet und bewiesen werden. Das äuſserlich Wahrnehmbare, worauf man sich beruft, ist gewöhnlich ein Benehmen des Erklärenden samt seinem Erfolge. Ausnahmsweise genügt es, eine äuſsere Thatsache anzuführen, von welcher sich annehmen läſst, sie sei der Erfolg der Erklärungsthätigkeit einer bestimmten Person.

Der Gegner, wenn er die Richtigkeit der angeführten thatsächlichen Umstände zugiebt, kann zuvörderst dennoch das objektive Bestehen einer Erklärung bestreiten, d. h. behaupten, daſs jene Umstände nicht denjenigen Sinn besitzen, den die andere Partei mit denselben verbunden wissen will. Wenn er dies thut, so kann er insbesondere zugeben, daſs die „Zeichen“ an sich den Willen ausdrücken, daſs jedoch infolge einer ersichtlichen Nichternstlichkeit oder eines erkennbaren wesentlichen Irrtums die Erklärung ausgeschlossen ist. Derartige Behauptungen, weil sie einfach nur ein Negieren des von der Gegenpartei Angeführten sind, brauchen natürlich nicht bewiesen zu werden. In jenen Fällen, wo sich der das Vorhandensein der Erklärung Behauptende bloſs auf den Erfolg des Handelns beruft, kann von dem Gegner der Mangel eines Kausalzusammenhanges zwischen dem Handeln der Person und der als Erfolg bezeichneten äufseren Thatsache eingewendet werden. Die Richtigkeit dieser Einwendung mufs, insofern die als Erfolg erscheinende Thatsache einen Wahrscheinlichkeitsschlufs auf den Willen zuläfst, auch bewiesen werden.

Der Gegner kann ferner zwar das Dasein einer Erklärung zugeben, jedoch die Wirksamkeit derselben aus dem Grunde leugnen, weil ein der Erklärung entsprechender innerer Wille fehlt. Inwiefern zur Wirksamkeit der Erklärung das Vorhandensein des inneren Willens nötig ist und ob nicht manchmal eine Erklärung ohne Willen wirkt, mit dieser Frage werden wir uns unten näher befassen. Wird von dem Gegner das Nichtvorhandensein des inneren Willens behauptet, so liegt ihm auch der Beweis dieser Behauptung ob.

Unser Resultat ist: Scheint dem beurtheilenden Richter der Sinn der Erklärung mehrdeutig zu sein, dann verlangt er von demjenigen, der sich auf die Erklärung beruft, den Nachweis des Vorhandenseins einer inneren Absicht; ist dies nicht der Fall, dann ist es Sache des Gegners, den Beweis des Nichtvorhandenseins des inneren Willens zu liefern.

Speziell, wo es sich um den Besitzerwerb handelt, nimmt die Sache folgende Gestalt an. Die Partei, welche den Besitzerwerb behauptet, führt äufsere wahrnehmbare Umstände, sei es ein Thun der Person oder nur ein Sich-Befinden der Sache, in einer gewissen Lage an. Läfst sich schon aus diesen äufseren Umständen das Dasein und die Qualität des animus mit hinreichender Wahrscheinlichkeit erschliefsen, dann wird ohne weiteres der animus angenommen. Insbesondere also wird es vorausgesetzt, dafs die Person eine zur Entstehung des Willens unentbehrliche Vorstellung gehabt hat, bezw. auch, dafs ein ursachlicher Zusammenhang zwischen dem

Handeln des Erwerbers und dem mit der Sache erfolgten Geschehen bestand. Der Gegenpartei liegt es ob, den Mangel der Vorstellung und des Willens bezw. das Fehlen jenes Kausalzusammenhanges zu beweisen. Ist es dagegen zweifelhaft und bestritten, ob man auf Grund jener äufseren Umstände auf den animus sibi oder aber alieno nomine possidendi zu schliefsen hätte oder vielleicht gar nur die Absicht, vorübergehend zu detinieren, annehmen sollte, dann mufs allerdings von der Partei der Nachweis des behaupteten inneren animus erbracht werden.

II. Die Besitzerwerbshandlung als juristische Willenserklärung.

§ 15.

Hier wollen wir noch im besonderen die prinzipiellen Differenzen hervorheben, welche zwischen der Auffassung des Besitzerwerbs als einer Willenserklärung und der üblichen Lehre bestehen, welche letztere im Besitz eine Zusammensetzung von corpus und animus erblickt. Nach der herrschenden Ansicht gehört zum Thatbestande des Besitzerwerbs zweierlei: das Entstehen einer äufseren Thatsache (corpus) und das wirkliche Vorhandensein eines inneren Vorhabens (animus). Logische Konsequenzen dieser Auffassungsweise wären:

Erstens, man müfste von einem jeden, der den Besitzerwerb behauptet, den Beweis des Vorhandenseins eines inneren Willensentschlusses von dem entsprechenden Inhalte verlangen.

Zweitens, man müfste in allen Fällen, wo das corpus als reine Thatsache bereits besteht, schon mit der Entstehung des bloſsen Willensentschlusses den erfolgten Besitzerwerb annehmen.

Indessen werden diese beiden Konsequenzen ganz allgemein verleugnet, und infolgedessen stehen die Ausführungen der Anhänger der herrschenden Lehre in praktischer Hinsicht jenen Ergebnissen, zu denen wir gelangt sind, ziemlich nahe. So verlangt man nicht den Beweis des inneren animus, sondern begnügt sich damit, in den Fällen, wo das corpus des Besitzes durch die Handlung des Erwerbers begründet wird, das Vorhandensein des Besitzwillens aus der Apprehensionshandlung zu erschlieſsen, obwohl dieselbe auch dann, wenn die nähere Qualität des Willens ersichtlich ist, den inneren nur mit einer gewissen Wahrscheinlichkeit vermuten läſst, nie jedoch sein Dasein mit voller Sicherheit erweist. Ferner wird in den Fällen, wo das corpus des Besitzes bereits früher entstanden ist, zum Erwerbe des Besitzes nicht die bloſse Existenz, sondern eine Kundgebung des Willens erfordert. Der Anerkennung des Besitzes durch bloſsen Willensentschluſs sucht man dadurch regelmäſsig zu entgehen, daſs man als allgemeinen Grundsatz lehrt, der Wille komme im Recht überhaupt nicht in Betracht, wenn er sich nicht äuſserlich kundgiebt[1]).

Wir sehen also, daſs auch die Anhänger der herrschenden Lehre im allgemeinen das Erkennen-können des Besitzwillens aus äuſseren Momenten einerseits für unentbehrlich, andererseits für genügend zur Annahme des animus halten. Der Grundsatz, daſs der rein innere Wille überhaupt nicht erheblich sei, ist von uns ausdrücklich wiederholt anerkannt worden; er ist nämlich eine logische Konsequenz unserer

---

1) Vgl. statt aller Bremer: Ztschr. f. Zivilr. u. Prozess N. F. Bd. 11 S. 263 fg.

Auffassung des Besitzbegriffs. Dagegen paſst er zu der üblichen Begriffsbestimmung des Besitzes nicht; er erscheint hier gleichsam als eingeschmuggelt. Die Verfechter der herrschenden Lehre sind nicht imstande, denselben theoretisch näher zu begründen und scheinen seiner eigentlichen Bedeutung nicht vollkommen bewuſst zu sein.

Das Recht, indem es dem rein innerlichen Willen die rechtliche Relevanz abspricht, kann dies aus einem doppelten Grunde thun: entweder, weil der innere Wille unbeweisbar ist, oder doch der Beweis desselben nur mit groſser Schwierigkeit erbracht werden könnte; oder, weil das Recht überhaupt nicht eine innere Regung, sondern nur erst die äuſsere That rechtlich wirken lassen will. Der zweite Grund ist, unseres Erachtens, derjenige, durch welchen sich das römische Recht, wie rücksichtlich der rechtsgeschäftlichen Erklärungen überhaupt [1]), so auch in dieser Frage leiten lieſs. Ist dem aber so, dann ist es eben nicht der innere Wille, sondern der erklärte, also die Erklärung, freilich im Prinzip unter der Voraussetzung, daſs sie dem wirklichen Willen entspricht, die den Thatbestand der Besitzerwerbshandlung bildet. Es ist widerspruchsvoll, zu sagen, zum Besitzerwerbe gehöre corpus und animus als inneres Vorhaben, wenn man zugleich hinzufügt, es sei nicht der bloſs innere animus, sondern nur der erklärte notwendig.

Nach der Art und Weise, wie man sich in der Regel über die uns hier beschäftigende Frage ausspricht, zu schlieſsen, erhellt, daſs man im allgemeinen annimmt, der Standpunkt, auf welchem das römische Recht steht, sei ungefähr folgender: Das eigentlich Entscheidende für den Besitzerwerb sei neben

---

1) S. Windscheid: Arch. f. civilist. Praxis Bd. 63 S. 76 fg.; Zitelmann: Irrtum S. 248 fg.

dem corpus der innere Besitzwille. Weil jedoch das Vorhandensein des Willens aus äufseren Thatsachen und nur auf diese Weise mit gehöriger Sicherheit erschlossen werden könne, so komme derselbe nur insofern in Betracht, als er sich auch äufserlich kundgegeben hat. Diese Auffassung, welche die Willenserklärung nur als Erkenntnis- und Beweismittel des inneren Willens gelten läfst und die auch rücksichtlich der rechtsgeschäftlichen Absicht früher vorherrschend[1]) war, jetzt aber für die Lehre von Rechtsgeschäften gänzlich überwunden zu sein scheint[2]), müssen wir auch für die den Besitz begründenden und aufhebenden Willenserklärungen als vollständig verfehlt bezeichnen.

Beide Sätze nämlich, die man als den eigentlichen Grund der Unerheblichkeit des inneren Willens anführt, sind gleichmäfsig falsch. Der innere Wille ist nicht unbeweisbar und die Erklärung liefert in der Regel noch keinen eigentlichen Beweis des inneren Willens. Dafs der innere Wille stets durch das Geständnis und den Eid dargethan werden könne, ist bereits öfters hervorgehoben worden[3]). Andererseits ist die Erklärung sehr oft nur eine Bescheinigung des inneren Willens und nicht ein Beweismittel. Zur Erklärung genügt die Wahrscheinlichkeit des Willens, demnach wird durch dieselbe meistens der innere Wille noch lange nicht bewiesen. Zu einem Erkennen der Erklärung gehört bei weitem nicht so viel, als es dazu nötig ist, damit man aus allen Indizien die Überzeugung gewänne, dafs ein wirkliches inneres Vor-

1) So namentlich Savigny: System Bd. 3 S. 258 und Dahn: Ztschr. f. Handelsr. Bd. 9 S. 508. Dagegen treffend Regelsberger: Zivilist. Erörterungen S. 3; s. auch Schlossmann: Vertrag S. 59 u. Röwer: Bedeutung des Willens bei Willenserklärungen S. 16 fg.

2) S. bes. Windscheid a. a. O.; Zitelmann a. a. O.

3) S. Regelsberger a. a. O.; Röwer S. 50 fg.; Slhlossmann: Vertrag S. 105 N. 2; Kohler: Jahrb. f. Dogm. Bd. 16 S. 92 fg. u. a.

haben vorhanden sei. Der Unterschied zwischen dem Erkennbar-sein und dem wirklichen Bewiesen-sein des Willens springt besonders in die Augen, wenn wir die zivilrechtlichen Willenserklärungen mit denjenigen juristischen Handlungen vergleichen, wo das Recht als Thatbestandsmoment das wirkliche Dasein der inneren Absicht verlangt, wie dies namentlich bei den vorsätzlichen Vergehen der Fall ist. Während da der Richter zu der festen Überzeugung gelangen mufs, dafs die innere Absicht wirklich vorhanden ist, ist er bei den zivilrechtlichen Willenserklärungen nicht nur berechtigt, sondern auch verpflichtet, eine Erklärung in einem jeden Benehmen zu sehen, welches mit Rücksicht auf die Regel des Lebens einen Wahrscheinlichkeitsschlufs auf den Willen zuläfst.

Z. B.: Zu einer Beleidigung gehört ein wirkliches Beleidigen-wollen. Der Richter wird bei der Beurtheilung des konkreten Falls nicht berechtigt sein, das Vergehen der Beleidigung schon dann anzunehmen, wenn das Benehmen der Person derartig beschaffen ist, dafs es gemeiniglich als beleidigend gilt und demnach den animus iniuriandi wahrscheinlich macht, sondern er mufs durch alle möglichen Beweismittel die wirkliche subjektive Intention des Handelnden zu erforschen trachten. — Sehr lehrreich ist der Vergleich des Thatbestandes der den Besitz begründenden Apprehension mit dem Thatbestande des Diebstahls, der durch Sachergreifung begangen wird. Zum Vergehen des Diebstahls gehört, abgesehen von der Überzeugung, dafs man unrechtmäfsig handelt, die Absicht, sich die Sache anzueignen, also ein animus domini gerade so wie zu der Besitzergreifung. Nichtsdestoweniger sind rücksichtlich dieses Momentes die juristischen Thatbestände der beiden Handlungen gänzlich verschieden. Zum Thatbestande des Diebstahls gehört ein D a s e i n des inneren animus domini, zu demjenigen der Besitzergreifung nur ein Erkennen-können des animus als eines wahrscheinlich bestehenden. Die Thatbestandsmerkmale eines Diebstahls wird also der Richter in einer Handlung erst dann finden können, wenn er auf Grund aller Beweismittel zu der festen Überzeugung von dem Vorhandensein des Aneignungsvorhabens gelangt; während er eine Besitzergreifung schon dann annehmen mufs, wenn das Handeln der Person derartig beschaffen ist, dafs ein Für-sich-haben-wollen die wahrscheinlichste Quelle desselben zu sein scheint.

Gesetzt jedoch, das Recht verlange eine Erklärung des Besitzwillens, zwar nicht als ein eigentliches Beweis-, aber doch als ein Bescheinigungsmittel des inneren Willens und habe sich dazu nicht durch die Unbeweisbarkeit des inneren Willens, wohl aber durch die Unverläfslichkeit der dabei möglichen Beweismittel bestimmen lassen. Auch eine derartig modifizierte Auffassung müfste als unhaltbar erklärt werden, weil sie zu Konsequenzen führt, die im Widerspruch mit den Bestimmungen des Rechtes stehen. Soll nämlich die Kundgebung des Besitzwillens nur für die Beweisbarkeit desselben von Belang sein, dann müfste auch die Konsequenz gezogen werden, dafs sie nur für die Frage, ob der Wille vorhanden sei, und nicht auch über den Zeitpunkt der Entstehung des Willens entscheidet. Nach der üblichen Formulierung der Besitzerwerbshandlung müfste man eigentlich annehmen, dafs in allen Fällen des sog. Besitzerwerbs solo animo die Äufserung des Besitzwillens zwar notwendig sei, um überhaupt das Dasein des Besitzes anzuerkennen, dieselbe jedoch für die Bestimmung des Augenblicks, von welchem an der Besitz als vorhanden gilt, ohne Bedeutung sei. Sollte es sich also ergeben, dafs der Willensentschlufs vor der Erklärung bereits gefafst worden ist, so müfste man annehmen, der Anfang des Besitzes falle nicht auf den Zeitpunkt der Erklärung, sondern auf den Augenblick der Entstehung des Willensentschlusses. Wir meinen nun, dafs, wenn man sich entschlösse, diese Konsequenz gelten zu lassen, man hierdurch zu höchst unerquicklichen Ergebnissen gelangen würde. Wenn man dagegen diese Konsequenz nicht akzeptiert — und dies scheint in der That, obwohl sich unsere Schriftsteller darüber nicht näher aussprechen, der Fall zu sein — so stellt man sich offenbar auf den von uns eingenommenen Standpunkt und hält nicht mehr den Willen, sondern den Willensausdruck für das Entscheidende.

Dafs man sich dessen nicht bewufst ist, ist dem Umstande zuzuschreiben, dafs man ganz allgemein in unserer Lehre zwischen „Erkennbarkeit“ und „Beweisbarkeit“ der inneren Absicht nicht unterscheidet und vielfach diese beiden Begriffe zusammenwirft und als identische Dinge betrachtet. Dadurch erklärt sich auch der Umstand, dafs wir bei manchen Schriftstellern richtige Bemerkungen über die Interpretation der Besitzhandlungen antreffen[1]), die ganz unberechtigt sein würden, falls die Äufserung des Besitzwillens nur für die Beweisbarkeit von Bedeutung wäre.

Nähme man nun an, um der oben angegebenen Konsequenz zu entgehen, das Recht erkenne, mit Rücksicht auf den unsicheren Beweis einer inneren Thatsache, das Dasein des Besitzwillens erst von dem Augenblicke an, da der innere Wille als durch äufsere Umstände gänzlich erwiesen erscheint, dann würde man auch auf Grund dieser Auffassung zu ganz unannehmbaren Ergebnissen besonders in Bezug auf die Bestimmung des Anfanges des Besitzes gelangen müssen.

---

1) So namentlich bei Bremer: Ztschr. f. Zivilr. u. Prozess N. F. Bd. 20 S. 90—99; s. auch Schlossmann: Besitzerwerb § 3.

Wollte man den inneren animus possidendi nur da sehen, wo sein Dasein durch äufsere Umstände, und zwar nur durch diese, vollständig bewiesen wird, wollte man die zur Erbringung des Beweises des inneren Wollens möglichen Beweismittel wie Eid und Geständnis für gänzlich unzulässig erklären, so müfste man erst dann das Vorhandensein einer genügenden Erklärung erblicken, wenn äufsere Umstände mit Gewifsheit sowohl das Dasein als auch die Qualität des inneren Willens darlegen. Wäre die Erklärung ein Beweis- und Erkenntnismittel des inneren Willens, und zwar das einzig zulässige, dann läge sie erst dann vor, wenn durch äufsere Umstände der Wille ganz und voll erwiesen wird.

Indessen wissen wir, dafs die Ergreifung der Sache an sich oft keineswegs den unzweifelhaften Beweis eines bestimmten Willens giebt. Manchmal ist der Wille des Apprehendenten in einem solchen Mafse zweifelhaft, dafs selbst keine hinreichenden Wahrscheinlichkeitsgründe für die Annahme einer von den drei möglichen Absichten — animus sibi possidendi, animus alieno nomine possidendi, Wille vorübergehend zu detinieren — sprechen. Oft ergiebt sich die nähere Beschaffenheit des Willens erst aus nachfolgenden Umständen. Wäre die Erklärung ein Beweismittel des Willens, dann läge sie erst in dem Momente vor, wenn die nach der Ergreifung der Sache eingetretenen Umstände die nähere Qualität des Willens näher erwiesen haben würden. Erst in diesem Augenblicke könnte der Besitz entstehen, weil erst dann die äufseren Umstände den Beweis des Willens liefern. Solange die voluntas eine dubia ist, müfste man behaupten, sei die Sache besitzlos.

Setzen wir einen Fall voraus, wo der Wille des Apprehendenten zweifelhaft ist, die rechtliche Beurtheilung des Falls jedoch in einer kurzen Frist nach der geschehenen Ergreifung erfolgen soll, so daſs auch keine nachfolgenden Umstände uns über die Qualität des Willens einen Aufschluſs geben können. Nach unserer Ansicht entscheidet hier der wirkliche innere Wille des Apprehendenten über den Sinn der Erklärung. Zur Ermittelung dieses inneren Wollens können alle zulässigen Beweismittel angewendet werden; namentlich wird hier das Geständnis des Apprehendenten von überwiegender Bedeutung sein. Nach der herrschenden Auffassung dagegen müſste hier die Apprehension als ein zum Besitzerwerbe ungenügender Ausdruck des Willens erkannt werden, weil sie den Besitzwillen nicht gehörig erweist. Wollte man hier zum Nachweise der Qualität des animus Beweismittel wie Eid oder Geständnis zulassen, so wäre nicht abzusehen, warum nicht auf dieselbe Weise das Dasein des inneren animus possidendi beim Besitzerwerbe solo animo nachgewiesen werden dürfte.

Was den Besitzerwerb solo animo betrifft, wird der Besitz nach unserer Ansicht in dem Momente erworben, als eine entsprechende Erklärung des Inhabers, die Sache überhaupt haben zu wollen, an den Tag tritt. Ist die nähere Qualität des ausgedrückten Vorhabens zweifelhaft, dann entscheidet auch hier die wirkliche innere Absicht. Nach der herrschenden Lehre dagegen müſste erst dann der Besitzerwerb platzgreifen, wenn nicht nur der innere Wille, die Sache überhaupt zu haben, sondern der Wille, sie für sich zu haben, aus den Umständen mit Bestimmtheit ersichtlich wäre.

Der Grundsatz, aus welchem man die Unerheblichkeit des inneren Besitzwillens deduziert, namentlich der Satz, daſs das Privatrecht überhaupt nie dem rein inneren Willen rechtliche Bedeutung verleihe, oder selbst nicht verleihen könne, ist in dieser Allgemeinheit nicht nur ziemlich unklar, sondern sicherlich unrichtig[1]). Wohl aber meinen wir, daſs das römische Recht in der uns hier interessierenden Frage dieses Prinzip adoptiert hat, und zwar in der Weise, daſs es nicht nur durch bloſsen Willensentschluſs nie den Besitz entstehen läſst, sondern das wirkliche Vorhandensein des Besitzwillens selbst dort nicht als eigentliches Thatbestandsmoment betrachtet, wo es nicht das einzige Thatbestandsmoment sein würde. Das Recht legt hier also der inneren Absicht sogar eine geringere Bedeutung bei als in zahlreichen anderen Fällen — man denke an manche Delikte und überhaupt an den dolus — wo es ein gewisses inneres Wollen doch wenigstens auch (neben anderen Umständen) zu einem thatbeständlichen Merkmale eines Handelns erhebt.

Gegen uns scheint der Umstand zu sprechen, daſs die das Willensmoment bezeichnenden Ausdrücke der römischen Juristen, wie mens, propositum, animus, ja selbst solus animus sich ausschlieſslich auf innere psychische Zustände zu beziehen scheinen. Indessen glauben wir, daſs auch rücksichtlich dieser Ausdrucksweise die Bemerkung Leonhards[2]) berechtigt ist, daſs man zu falschen Schlüssen gelangt, wenn man derartige Ausdrücke der römischen Rechtsquellen durch unsere rein psychischen Begriffe wiedergiebt. Die Ausdrücke der römischen Quellen, wie voluntas, animus u. s. w., bedeuten auch hier gerade so wie bei rechtsgeschäftlichen Parteierklärungen nicht ein rein inneres Vorhaben, sondern den erklärten Willen, also die Erklärung des Willens durch die That, freilich, wie wir meinen, eine solche Erklärung, welche mit dem inneren Willen im Prinzip und regelmäſsig über-

1) S. auch Zitelmann: Irrtum S. 249 N. 217.

2) Irrtum Bd. 1 Einleitung S. X Note 2 u. anderwärts; vgl. auch derselbe in Bezug auf den animus poss. Arch. f. civ. Prax. Bd. 72 S. 43 N. 3.

einstimmt. Ähnlich wie beim Besitzerwerb vom animus solus sprechen die Quellen in sehr zahlreichen Stellen, in welchen es sich um rechtsgeschäftliche Willenserklärungen handelt, von nuda voluntas, nudus consensus, ja selbst auch von animus solus oder von sola animi destinatio[1]), und doch zweifelt niemand daran, daſs darunter nicht der innere Wille verstanden werden kann, sondern der erklärte.

Unseres Erachtens liegt die eigentliche Ursache dessen, warum man sich dagegen sträuben muſs, für die Besitzfrage dem inneren Willen eine hohe Bedeutung beizulegen, in der Natur des ganzen Besitzinstitutes. Wenn sich überhaupt der Gesetzgeber nicht leicht dazu entschlieſsen wird, mit irgend einer inneren Seelenregung rechtliche Folgen zu verbinden, weil ein innerer psychischer Zustand nicht nur höchst schwer nachweisbar, sondern oft an sich noch etwas Unklares und Unfertiges ist, so wäre ganz besonders hier das Abhängigmachen des Besitzerwerbs von einer inneren Thatsache den Grundprinzipien des ganzen Institutes völlig widersprechend. Die Volksauffassung, der der Begriff der wirtschaftlichen Verbindung seine Anerkennung verdankt, hält sich nur an die äuſserlich wahrnehmbare That, rein innerliche Gedanken und Vorhaben sind für sie indifferent. Das Recht geht nun zwar nicht so weit, den bloſsen prima facie sich ergebenden Schein gelten zu lassen, es verlangt zur Begründung des Besitzes im Prinzip ein willentliches Handeln, jedoch es wäre offenbar der anerkannten Idee des Besitzes widersprechend, wenn man

1) S. z. B. l. 20 pr. § 1; l. 88 D. de adq. her. 29, 2; C. 6 c. eod. 6, 30 u. a. — Zahlreiche Quellenstellen bei Voigt: Ius naturale Bd. 3 S. 14 N. 2 u. S. 91 N. 140. — Es ist wirklich nicht abzusehen, warum der animus possidendi nicht dasselbe bedeuten sollte, wie animus donandi, obligandi u. s. w., in welchen letzteren Wendungen das Wort animus ein durch That kundgegebenes Vorhaben bezeichnet.

einen vollständig sicheren Nachweis des inneren Wollens erfordern würde, oder gar, wenn in zahlreichen Fällen eine rein innerliche Thatsache zur Begründung des Besitzes hinreichend sein sollte.

Weil man in der vor-SAVIGNYschen Zeit den Charakter des römischen Besitzes völlig mifsverstand, und allgemein meinte, es komme hier vorzüglich nur auf das Dasein der inneren Absicht an, so ist es auch begreiflich, dafs man, besonders zur Zeit der Partikularkodifikationen, die römische Besitzlehre für praktisch sehr bedenklich hielt und dieselbe zu verbessern bestrebt war[1]). Was die Neueren betrifft, so theilen sie wohl die Ansichten der älteren Schule nicht und verstehen ohne Zweifel richtiger die einzelnen Entscheidungen des römischen Rechts. Indessen sind auch sie zum Theil in dem auf naturrechtliche Anschauungen zurückzuführenden Irrtume befangen, als sei der animus, insofern er Thatbestandsmoment des Besitzes ist, inneres Vorhaben und nicht gewollte äufsere That. Die verderblichen Konsequenzen dieser Auffassung glauben sie nur durch ein Sicherheitsventil von zweifelhaftem Werte beseitigen zu können, nämlich durch die allgemeine Phrase von der gänzlichen Unerheblichkeit des rein inneren Willens überhaupt. Nach ihnen soll zwar zum Thatbestande des Besitzes ein inneres Vorhaben gehören, aber dieses doch nur unter der Voraussetzung, wenn es eben k e i n i n n e r e s ist. Dieses Sich-Drehen und -Winden, dieses Nehmen mit einer Hand, wenn man mit der anderen giebt,

---

1) Als ein bezeichnendes Beispiel mag die Äufserung GOSSLERS bei Beratung der Monita zum Entwurf des Preufs. L.R. angeführt werden (SIMON u. STRAMPFF: Materialien S. 233). Er erklärt den Grundsatz, dafs der innere Wille über den Besitz entscheide, für „eine von den gefährlichsten Spitzfindigkeiten des römischen Rechts“. S. dazu MEISCHEIDER: Besitz u. Besitzschutz S. 260.

ist überhaupt nicht römisch. Den Römern lag der Gedanke, als könnte eine innere Thatsache über das Dasein des Besitzes entscheiden, vollständig fern, und somit konnten sie unbedenklich sogar vom animus solus sprechen, ohne zu fürchten, daſs man sie in dieser Beziehung miſsverstehe. Der römische animus, das geistige Element des Besitzes ist der durch That bewährte[1]) und aus ihr als wahrscheinlich bestehender erkannte Wille, der Charakter des Verhaltens der Person als eines gewollten. Demnach bedeutet der Ausdruck solo animo adquirere possessionem nicht den Besitzerwerb durch bloſsen Willensentschluſs, sondern durch bloſse Willenserklärung, d. h. durch jedwede Äuſserung des Besitzwillens im Gegensatz zur Bethätigung des Besitzwillens, welche in den regelmäſsigen Fällen den Besitz begründet.

Weil die Annahme des Besitzerwerbs durch bloſsen Willen der ganzen Idee des römischen Besitzinstituts widerspricht, so sind wir auch nicht geneigt, daran zu glauben, daſs diese Ansicht unter den römischen Juristen je Anhänger gefunden haben könnte. Wir stimmen also auch der Ansicht Zitelmanns[2]) nicht bei, der die bekannten, von dem Erwerbe solo animo (ohne Lokomotion) handelnden Aussprüche der römischen Juristen von einem Besitzerwerbe durch bloſsen Willensentschluſs versteht und meint, derselbe sei von manchem Juristen verteidigt worden, aber doch im römischen Recht nicht durchgedrungen. Es ist oben[3]) angegeben worden, wie wir die betreffenden Quellenstellen verstehen und die Meinungsverschiedenheit, deren hier Erwähnung gethan wird, auffassen. Zu der bedenklichen Annahme eines Besitzerwerbs

---

1) S. jetzt auch Kohler: Arch. f. civilist. Praxis Bd. 69 S. 151 fg.

2) Irrtum u. Rechtsgeschäft S. 249 N. 217.

3) S. 71 fg. dieses Bandes.

durch inneren Willensentschlufs könnte eher ein moderner Anhänger der philosophisch angehauchten Theorie, welche in dem Besitzinstitute nur ein Schützen des subjektiven Willens sieht, gelangen, als die römischen Praktiker.

Dafs in der That ein Besitzerwerb durch Willensentschlufs etwas höchst Unnatürliches, ja Gefährliches wäre, das fühlt wohl ein jeder Jurist. Dieses richtige Rechtsgefühl ist es vorzüglich, das unsere Juristen bewogen hat, stets nur den kundgegebenen Willen gelten zu lassen. Eine wissenschaftliche Begründung erhält dieser Grundsatz nur dann, wenn man den Besitzerwerbsakt als Willensakt, als Erklärung des Besitzwillens auffasst. Wird es in entschiedener Weise hervorgehoben, dafs zum Wesen der Besitzerwerbsthatsache eine Willensäufserung gehört, dann braucht die Frage, ob denn nicht auch ein innerer Wille genüge, nicht mehr ausdrücklich verneint zu werden, da dieselbe überhaupt nicht mehr aufgeworfen werden kann.

Zweites Kapitel.

Das Verhältnis zwischen dem Willen und der Erklärung bei privatrechtlichen Willenserklärungen.

I. Wesen des Erklärungswillens; Fälle der Verirrung und Mentalreservation.

§ 16.

Gewöhnlich werden die das Verhältnis des Willens zu der Erklärung betreffenden Probleme nur in Bezug auf die rechtsgeschäftlichen Willenserklärungen abgehandelt. Dies ist im allgemeinen unberechtigt, denn die Erscheinungen, die uns hier entgegentreten, kommen, nur in theilweise anderer Gestalt, auch bei jenen juristischen Willenserklärungen vor, die keine Rechtsgeschäfte sind. Wo nur das Recht an ein menschliches Benehmen, insofern dieses als Äufserung eines inneren Vorhabens gilt, eine rechtliche Folge knüpft, taucht auch die Frage auf, was für ein Verhältnis zwischen dem inneren Vorhaben und dem äufseren Thun besteht und bestehen soll, damit die vom Recht festgestellten Voraussetzungen der Wirksamkeit der Handlung erfüllt seien.

Als ein vollkommen sicherer Grundsatz mufs zuvörderst betrachtet werden, dafs im Prinzip zu einer rechtswirksamen Willenserklärung ein gewisses inneres Wollen unentbehrlich ist und der erwiesene Mangel des Willens in der Regel die Nichtigkeit der Erklärung mit sich bringt. Zweifelhaft dagegen ist vor allem, worin dieses Wollen besteht, folglich worauf sich der innere Wille des Erklärenden richten mufs.

In der neuesten juristischen Litteratur wird sehr häufig eine Unterscheidung gemacht zwischen dem auf die Erklärungshandlung sich beziehenden Willen und dem erklärten Willen[1]), d. h. der durch die Handlung offenbarten ferneren Absicht. Ersterer wird gewöhnlich Erklärungswille, zweiter Geschäftswille genannt. Der erstere soll der Wille sein, eine gewisse Körperbewegung auszuführen oder gewisse Zeichen hervorzubringen; der zweite wäre in unserem Falle der Besitzwille; bei Rechtsgeschäften soll er in der Absicht liegen, eine Rechtsfolge ins Leben zu rufen. Schon aus der oben angedeuteten Art und Weise, wie wir den Begriff der Erklärung auffassen, erhellt, dafs wir die Kategorie des auf die Körperbewegung und ihren unmittelbaren Erfolg gerichteten Willens aus den Thatbestandsmomenten einer jeden juristischen Willenserklärung ausscheiden müssen, wie auch nicht umhin können, die Bezeichnung dieses Willens mit dem Namen „Erklärungswille“ für verfehlt und in hohem Grade verwirrend zu betrachten. Da zu einer Willenserklärung bestimmte Körperbewegungen und Zeichen nicht unentbehrlich notwendig sind und andererseits diese die Erklärung nicht ausmachen, so darf auch die psychische Kraft, welche die Körperbewegungen oder die Zeichen zu gewollten macht, nicht eine Voraussetzung der Willenserklärung genannt werden. Aus demselben Grunde ist der Wille, eine Körperbewegung vorzunehmen oder gewisse Zeichen zu machen, nicht der Erklärungswille, d. h. nicht das Erklären-wollen eines inneren

1) Vgl. die oben S. 361 N. 1 angeführten Schriftsteller.

Vorhabens. Der Mangel des auf die Körperbewegung oder auf das „Zeichenmachen“ sich beziehenden Willens kann also nicht als ein besonderer Nichtigkeitsgrund angeführt werden, denn die Erklärung kann bestehen, obwohl manche Körperbewegungen und Zeichen nichtgewollt waren. Es ist zwar leicht möglich, daſs man, wenn man andere Zeichen gebraucht, als man wollte, oder gewisse Körperbewegungen unwillkürlich vornimmt, etwas anderes erklärt, als man beabsichtigt; jedoch es ist falsch, zu sagen, daſs man hier etwas Nichtgewolltes erklärt nur aus diesem Grunde, weil man die Körperbewegungen oder Zeichen nicht wollte.

Die Fälle, wo, trotz der Handlungsfähigkeit des Subjekts, schon die Körperbewegung, welche äuſserlich als Erklärung erscheint, eine nichtgewollte ist, werden gewöhnlich mit dem Namen Irrung oder Verirrung bezeichnet. BRINZ[1]) hat zuerst darauf aufmerksam gemacht, daſs es Fälle giebt, wo eine sonst willensfähige Person ganz unwillkürlich gewisse Handlungen vornimmt, statt der gewollten ungewollte Körperbewegungen vollzieht. Die Ursache der Verirrung liegt in einer momentanen Schwächung der Geisteskräfte; der häufigste Fall ist das unwillkürliche Handeln eines Zerstreuten. BRINZ betonte es nachdrücklich, daſs diese Fälle, obwohl sie in den Quellen auch „error“ heiſsen, doch von den Irrtumsfällen wesentlich verschieden sind. Der Irrtum sei unrichtige Vorstellung, welche das Wollen der Körperbewegung nicht ausschlieſst; hier liege dagegen ein ganz unwillkürliches, weil im Zustande momentaner Bewuſstlosigkeit vorgenommenes Handeln. Die BRINZsche Unterscheidung akzeptieren HÖLDER[2]), RITTNER[3]) und neuestens LOTMAR[4]). Nach BRINZ und HÖLDER

1) Pandekten 1. Aufl. § 313 S. 1393 fg.

2) Krit. Viertelj. Bd. 14 S. 561 fg., bes. S. 566.

3) Österr. Eherecht S. 165 fg.

4) Krit. Viertelj. Bd. 25 S. 399 fg.

soll auch die praktische Behandlung der Verirrung im römischen Recht eine andere sein als diejenige der Irrtumsfälle. Andere Schriftsteller geben zwar zu, dafs die BRINZsche Unterscheidung an sich theoretisch richtig ist, meinen jedoch, dafs das römische Recht die Verirrung gleichmäfsig mit den Irrtumsfällen behandle[1]).

Der BRINZsche Gedanke, als läge in der Verirrung eine vom Irrtum prinzipiell verschiedene Ursache der Divergenz zwischen dem Willen und der Erklärung, hat ihre Quelle in der bereits gerügten Supposition, als bestände stets die Erklärung in „einer" Handlung. Eine Verirrung ist nämlich offenbar möglich nur in Bezug auf „eine", höchstens einige Körperbewegungen. Die Vornahme eines aus verschiedenen Handlungen und Unterlassungen bestehenden menschlichen Benehmens, wie es regelmäfsig vorliegt bei einer Erklärung, wird sich bei einem willensfähigen Subjekte schwerlich im Zustande einer „momentanen" Bewufstlosigkeit denken lassen. Man „verspricht sich" und „verschreibt sich" nur in Bezug auf ein einziges Wort oder einige Wörter. Indessen machen diese gesprochenen oder geschriebenen Wörter keineswegs die Erklärung aus. Nur höchst selten besteht die Erklärung in einem solchen Handeln, dafs man sich in Bezug auf dasselbe

1) So WINDSCHEID: Pandekten Bd. 1 § 76; ZITELMANN: Irrtum S. 365—372, der hierin Fälle des „Irrtums im Bewufstsein" sieht, während er die gewöhnlichen Fälle des error „Irrtum in der Absicht" bezeichnet. So auch BRUNS: Pandektenfragmente S. 479; PIETAK: Prawo spadkowe rzymskie (römisches Erbrecht) Bd. 1 S. 251 fg. u. a. Gegen die Annahme, dafs die Verirrung eine vom Irrtum verschiedene Ursache des Willensmangels ist, s. PERNICE: Ztschr. f. Handelsr. Bd. 25 S. 133 fg.; ŹRÓDLOWSKI, Röm. Privatrecht Bd. 2 S. 317 fg.; LEONHARD: Irrtum Bd. 1 S. 140 fg.; vgl. auch MANDRY: Krit. Viertelj. Bd. 14 S. 380 fg. u. REGELSBERGER: Handb. d. Handelsr. Bd. 2 S. 401 N. 5. Zu der ganzen Frage, was hier die eigentliche Ursache des Willensmangels sei, vgl. SIGWART: Begriff des Willens S. 37 fg.

„verirren" könnte. Mit dem blofsen Aussprechen eines Jaworts schliefst man im Leben keine Geschäfte ab. Von einer Verirrung der Erklärung könnte höchstens in jenen Fällen die Rede sein, wo sich die Erklärung vorzüglich in „einer" Handlung, die den Ausdruck der entscheidenden Zustimmung enthalten soll, so zu sagen konzentriert, und auf welche Fälle bereits aufmerksam gemacht worden ist. Indessen sind die Beispiele der Verirrung, die man uns anführt, anders beschaffen. Die Verirrung bezieht sich in denselben keineswegs auf die den entscheidenden Abschlufs der Erklärung markirende Körperbewegung, sondern auf irgend eine andere Handlung, welcher allerdings eine erhebliche Bedeutung zukommt, die jedoch nur einen Theil der Erklärungsthätigkeit bildet.

Man betrachte nur näher die Fälle des Sich-verschreibens, Sich-versprechens und -vergreifens. Ich verschreibe mich, wenn ich in dem meine Erklärung enthaltenden Schriftstücke statt des gewollten zufälligerweise ein nichtgewolltes Wort niederschreibe. Liegt hier eine Verirrung in der Erklärungshandlung vor? Keineswegs. Denn will man in „einer" Handlung die Erklärungshandlung erblicken, dann ist die entscheidende Erklärungshandlung nicht das Schreiben des Kontextes des Schriftstücks — wie mit Recht von Źródlowski[1]) bemerkt wird — ja selbst regelmäfsig nicht die Unterfertigung — wie dies Źródlowski annimmt, sondern sie liegt gewöhnlich erst in der Übergabe des Schreibens behufs Beförderung an den Adressaten, oder in der Einhändigung desselben an die Person, an welche sich die Erklärung richtet, denn erst durch diese Handlung entäufsert sich der Handelnde seiner Erklärung. Nun ist diese letztere Körperbewegung eben eine gewollte und der Grund der Abnormität der Er-

---

1) A. a. O. S. 319.

klärung ist somit nicht in der „Verirrung", sondern im Irrtum zu suchen, in der unrichtigen Vorstellung von dem Inhalte des Schriftstücks.

Ebenso verhält es sich in allen anderen Fällen der Verirrung. Z. B.: Ich übergebe einem Bettler eine Münze, aber indem ich mich vergriffen habe, gebe ich ihm statt eines Groschens ein Zehnmarkstück. Auch hier ist die entscheidende Handlung, meine Bewegung mit der Hand, gewollt und nur die falsche Vorstellung rücksichtlich des tradierten Gegenstandes macht die Erklärung zu einer nichtgewollten. Ähnlich beim Sich-versprechen. Auch da haben wir es mit keiner Verirrung zu thun, wenn dem Handelnden beim mündlichen Abschlusse des Vertrags zufälligerweise ein nichtgewolltes Wort entschlüpft, sofern nur das Aussprechen des entscheidenden Jaworts mit Willen geschah und der Handelnde sich nur im Irrtum über den Inhalt des Abgemachten befand.

Jedoch selbst da, wo die Verirrung sich wirklich auf die Erklärung zu beziehen scheint, ist nicht in der Verirrung selbst die Ursache der Nichtigkeit der Erklärung zu suchen. Läge im Falle der Verirrung aus Zerstreutheit der Nichtigkeitsgrund in einer momentanen Bewufstlosigkeit, dann müfste man auch dasjenige Handeln des Zerstreuten, welches seinen Intentionen entspricht, jedoch gleichsam mechanisch vorgenommen wird, als ungiltig erklären[1]). Dort, wo nicht eine wirkliche Geistesstörung, momentane Handlungsunfähigkeit vorliegt, in welchen Fällen jedoch die Erklärung nicht darum ungiltig ist, weil der Handelnde sie nicht wollte, sondern weil er überhaupt eine rechtliche Erklärung **nicht hat wollen können**, ist die Ursache, welche den Willen ausschliefst, stets ein Irrtum im weiteren Sinne dieses Wortes,

---

1) S. Pernice a. a. O. S. 135.

d. h. ein Nicht-wissen oder ein Falsch-wissen in Bezug auf den Sinn der Erklärung. Selbst der Gegenstand des Irrtums ist kein anderer in den Verirrungs- als in den gewöhnlichen Irrtumsfällen. Denn wenn gesagt wird, im ersten Falle meine der Erklärende, seine Erklärung „laute anders“, im zweiten, „sie bedeute etwas anderes“, als es wirklich der Fall ist[1]), so ist dagegen zu bemerken, daſs das So- oder Anders-lauten der Erklärung an sich indifferent ist, und ein Irrtum darüber nur insofern relevant ist, als er zugleich ein Irrtum über den Sinn der Erklärung ist. Eine Irrung, die den Sinn der Erklärung nicht entstellt und wo der Fehler durch Interpretation entdeckt und emendiert werden kann, schlieſst den Willen nicht aus[2]), obwohl hier die gebrauchten Zeichen nicht gewollt waren.

Daſs es nicht die Bewuſstlosigkeit des Handelns ist, welche hier die Erklärung zu einer nichtgewollten macht, ergiebt sich unseres Erachtens aus der Betrachtung derjenigen Fälle, wo der Fehler der Erklärung nicht in der Vollziehung einer nichtgewollten, sondern in der Unterlassung einer Handlung, die man vornehmen wollte, liegt. Soll man in solchen Fällen eine Verirrung sehen? Brinz[3]) spricht sich zwar dagegen aus, jedoch offenbar ohne triftigen Grund, da in den Fällen, wo infolge einer Zerstreutheit, Vergessenheit und überhaupt einer ungenügenden Energie des Denkens eine abnorme Erklärung zum Vorschein kommt, das nichtgewollte Erklärungsbenehmen viel öfter in einer Unterlassung als in einem positiven Thun bestehen wird. In den wichtigsten

1) Windscheid: Pandekten 4. Aufl. § 76 N. 1.

2) Dies wird auch von Lotmar (a. a. O. S. 401) zugegeben.

3) Pandekten S. 1397. Nur Lotmar S. 400 spricht auch von dem Falle des „Sich-Verschweigens“, verkennt jedoch u. E. die eigentliche Natur desselben.

Quellenbeispielen, wo das erwähnte errare zweifellos auf eine derartige Ursache zurückzuführen ist, ist gerade von einem omittere per errorem die Rede[1]). Nun ist es klar, dafs man in solchen Fällen, wenn man den Mangel des Willens behauptet, sich nicht darauf berufen kann, dafs man zerstreut war oder überhaupt „unbewufst" unthätig war, weil ja zum Nichtthun gar keine besondere psychische Kraft gehört[2]), sondern man wird hier nur den Irrtum, den Mangel der richtigen Vorstellung bezüglich des Sinnes des Benehmens geltend machen können. Dies wird auch durch die Quellenaussprüche bestätigt, in denen ganz mit Recht die Fälle der Verirrung als „error" bezeichnet werden.

Die „Verirrung" ist also in keinem Falle der eigentliche Grund des Willensmangels. Der Umstand, dafs man infolge der Zerstreutheit eine Handlung vorgenommen oder unterlassen hat, kann höchstens eine weitere Ursache des Irrtums

---

1) S. bes. l. 115 pr. D. de v. o. 45, 1; l. 9 § 5 D. de hered. instit. 28, 5; l. 64 D. de leg. II; l. 15 § 1 D. de damno inf. 39, 2; l. 22 § 7 D. ratum rem. hab. 46, 8. Andere Quellenstellen, in welchen der error auf eine Verirrung zurückgeführt werden kann, s. bei LOTMAR.

2) Nicht dagegen l. 1 § 1 D. de auct. et cons. tut. 26, 8. Das Erklären „durch Schweigen", insbesondere durch Nichtwidersprechen kann einen verschiedenen Charakter haben. Wird schon das sofortige Nichtwidersprechen, wie dies in der l. cit. der Fall ist, als Zustimmung gedeutet, dann ist es sehr begreiflich, dafs die Annahme dieser Auslegung das Bewufstsein des Erklärenden von der Bedeutung des Aktes im Augenblick, da er hätte widersprechen sollen, erheischt. Wird dagegen der Erklärungswille aus dem fortwährenden Nichtthun während eines längeren Zeitraumes geschlossen, dann ist es natürlich gar nicht erforderlich, dafs sich der Erklärende gerade in dem Augenblicke, von welchem an sein fortdauerndes Nichtthun (Nichtwidersprechen) bereits zur Annahme einer stillschweigenden Zustimmung auf seiner Seite berechtigt, der Bedeutung seines Schweigens bewufst sei. Die Erklärung besteht, mag er auch etwa z. B. die entscheidenden Augenblicke, da er noch hätte widersprechen können, verschlafen haben.

oder der Unwissenheit sein, gerade so wie z. B. ein Gedächtnisfehler (jemand hat vergessen, daſs er bei Feststellung des Vertragsinhalts eine Äuſserung gemacht hat), mangelhafte sinnliche Wahrnehmung (jemand hat etwas an sich Wahrnehmbares etwa infolge der Kurzsichtigkeit oder Schwerhörigkeit falsch gesehen oder gehört), Unkenntnis einer Sprache u. s. w. Ob vom psychologischen Standpunkte aus die Verirrung eines Zerstreuten noch „gewolltes Handeln" genannt werden kann, mag dahingestellt bleiben. Die Grenze zwischen gewollten Handlungen und eigentlichen Reflexbewegungen läſst sich nicht scharf ziehen. In concreto kann es manchmal zweifelhaft erscheinen, ob der Mangel an Konzentriertheit eines Zerstreuten den Willen vollständig ausschlieſst oder nur schwächt. In allen Fällen, wo das Recht eine gewollte Körperbewegung etwa samt ihrem faktischen Erfolge zum Thatbestande einer rechtlichen Handlung erhebt (wie z. B. bei manchen Delikten), wird es Sache des Rechts bez. des beurtheilenden Richters sein, zu entscheiden, ob in einer Irrung noch ein zurechenbares Handeln liegt. Auch bei Willenserklärungen kann eine hochgradige Zerstreutheit, die bereits eine Art Geistesstörung ist, die Möglichkeit des Bewuſstseins von dem Sinne des Erklärten, mithin den Erklärungswillen ausschlieſsen. Dann aber ist eben nur der Zustand der Bewuſstlosigkeit der Nichtigkeitsgrund der Erklärung. Die bloſse Thatsache dagegen, daſs eine oder einige zu der Erklärungsthätigkeit gehörende Körperbewegungen nicht mit vollem Bewuſstsein vorgenommen worden sind, hebt den Erklärungswillen an sich nicht auf, sondern nur insofern, als sie zugleich einen Irrtum im weiteren Sinne über den Sinn der Erklärung verursacht.

Neben dem auf die Herstellung von Zeichen gerichteten Willen wird nach der Ansicht, welche noch immer als die herrschende gilt, das wirkliche Vorhandensein des durch die Erklärung geäußerten inneren Vorhabens als Thatbestandsmoment der Willenserklärung angesehen. Bei Rechtsgeschäften soll es der auf die Rechtsfolge sich beziehende Wille oder richtiger das Wünschen einer gewissen Rechtsfolge sein, bei der Besitzergreifung wäre dies die innere Absicht, die Sache für sich zu haben. Die herrschende Lehre scheint uns vor allem aus diesem Grunde unhaltbar zu sein, weil nur regelmäßsig und im Prinzip, nicht jedoch unbedingt das Dasein irgend eines inneren Wollens zu einer Erklärung gehört. Daſs eine wirksame rechtsgeschäftliche Erklärung ohne ein eigentliches Wollen der Rechtsfolgen und eine Besitzerwerbshandlung ohne inneren animus possidendi möglich sind, ist bereits mehrmals erwähnt worden. In der Folge werden wir die Gelegenheit haben, darzulegen, daſs manche Irrtümer des Handelnden, die den Willen ausschlieſsen, dennoch die rechtliche Wirksamkeit der Erklärung nicht aufheben. Hier sei nur auf einen Widerspruch aufmerksam gemacht, an dem die übliche Lehre von den rechtsgeschäftlichen Erklärungen leidet. — Sagt man, zum Thatbestande eines Rechtsgeschäftes sei nach den Bestimmungen der Rechtsordnung Wille und Erklärung notwendig[1]), so müſste der Richter konsequenterweise im konkreten Fall eine Handlung nur dann als Erklärung gelten lassen, wenn das Vorhandensein dieser beiden Momente erwiesen ist. Er müſste sich davon überzeugen, sowohl, ob der innere Wille da sei, als auch, ob das äuſsere Thun denselben in entsprechender Weise ausdrücke. Indessen verlangt man dies von ihm nicht. Man erlaubt ihm, sich nur an die Erklärung zu halten,

---

1) So besonders nachdrücklich Bruns: Pandektenfragmente, Kl. Schr. Bd. 2 S. 473. Dagegen Leonhard: Irrtum Bd. 1 S. 83.

welche doch nur die Wahrscheinlichkeit des Willens darthut, und das Willensmoment sonst nur negativ zu berücksichtigen, insofern, als er eine Handlung, welche den Anschein einer Erklärung hat, nur dann nicht als Rechtsgeschäft wirken lassen soll, wenn es nachgewiesen wird, dafs etwa infolge eines Irrtums, Zwanges u. s. w. der innere Wille fehlt. Dies alles wäre ganz begründet, wenn die Erklärung ein wirkliches Beweismittel des inneren Willens wäre. Verläfst man dagegen diese Auffassungsweise, und in der That ist dieselbe unhaltbar[1]), so wird man dem aufgestellten Begriffe des Rechtsgeschäftes untreu, denn während man im Prinzip zum Thatbestande des Rechtsgeschäftes aufser der Erklärung das wirkliche Vorhandensein der inneren Absicht verlangt, begnügt man sich in der Praxis mit dem Mangel der Abwesenheit derselben. Auf diese Weise giebt man doch der blofsen Erklärung den Vorzug, obwohl man im Prinzip Wille und Erklärung als Thatbestandsmomente auf gleiche Linie stellt.

Es fragt sich nun, worin denn der ein gewisses menschliches Verhalten zur Bedeutung einer Willenserklärung erhebende Wille bestehe, und zugleich, ob es überhaupt möglich und geboten sei, das die Erklärungshandlung beseelende Willensmoment als einen Willen aufzufassen? Das letztere mufs ganz entschieden bejaht werden[2]). Wie jedes Delikt, mag es aus zahlreichen verschiedenartigen Handlungen und Unterlassungen bestehen, dennoch als von einer bestimmten Willensregung (z. B. Absicht zu töten, fremdes Vermögen zu beschädigen u. s. w.) getragen erscheint, ebenso mufs auch das die Erklärungsthätigkeit beseelende psychische Moment als ein einziges Wollen gedacht und bestimmt werden.

1) Vgl. oben S. 370.

2) Das Gegentheil scheint Leonhard anzunehmen, s. Irrtum Bd. 1 S. 98.

Was dieses Wollen sei, dies läfst sich, wenn man an unserer Begriffsbestimmung der Willenserklärung festhält, ohne Schwierigkeit beantworten. Der die Erklärungsthat erfüllende Wille kann nichts anderes sein als das Wollen der Erklärung. Weil die Erklärung rechtlich wirkt insofern, als sie erkennbarer Ausdruck eines gewissen Vorhabens ist, so mufs auch, damit die Erklärung eine gewollte sei, unser Wille sich gerade auf diese Eigenschaft unseres Benehmens beziehen. Der Erklärende mufs demnach wollen, dafs sein Verhalten den Sinn einer von ihm ausgehenden Äufserung eines gewissen Vorhabens habe, und zwar entweder für jeden Wahrnehmenden überhaupt oder für eine gewisse bez. einzelne bestimmte Personen. Eine gewollte Erklärung liegt also dann vor, wenn ein Verhalten nicht lediglich als Muskelbewegung, sondern als für die Wahrnehmenden einen gewissen Sinn ausdrückend dem freien Willen des Handelnden entspringt.

Dieser Erklärungswille ist stets vorhanden, wenn sich nur der Handelnde dessen bewufst ist, dafs seinem Benehmen die erwähnte Eigenschaft zukomme. Wer sich dessen klar bewufst ist, sein Verhalten sei objektiv eine Erklärung, d. h. müsse von dem Wahrnehmenden als ein von ihm abgegebener Ausdruck eines Gedankens oder Vorhabens aufgefafst werden, von dem mufs man sagen, dafs er die Erklärung wolle. Das Bewufstsein des Handelnden in Bezug auf den Sinn der Erklärung bringt mit Notwendigkeit das Wollen der Erklärung mit sich. Bei der Beurtheilung der Frage, ob irgend eine Erklärung eine gewollte sei, kommt es lediglich darauf an, ob sich der Handelnde des Sinnes seines Handelns bewufst war. Zu einer wirklich gewollten Willenserklärung ist dieses Bewufstsein unbedingt erforderlich, zugleich aber genügend.

Wie aus dem Gesagten ersichtlich, ist unsere Auffassung des zur Willenserklärung nötigen Wollens der Begriffsbestimmung des Geschäftswillens, welche wir bei HÖLDER und KOHLER antreffen, einigermaſsen verwandt. Nach HÖLDER genügt zum Rechtsgeschäft die Absicht, daſs der Destinatär der Erklärung aus meinem Handeln die Überzeugung schöpfe, daſs ich wirklich die in der Erklärung nach objektivem Maſsstab erscheinende Absicht habe[1]). Ähnlich gehört nach KOHLERS[2]) Ansicht zu einer Erklärung ein auf den „Geisteseffekt" in der Person des Empfängers gerichtetes Wollen. Dieses wird von KOHLER „der Grundwille" genannt.

Unseres Erachtens wird hierdurch das Richtige nicht getroffen. Vor allem muſs bemerkt werden, daſs das innere Vorhaben durch unser Verhalten einen gewissen Geisteseffekt in einer dritten Person hervorzubringen die Bezeichnung „Wille" nicht verdient. Weil wir es nicht bewirken können, daſs unser Benehmen auf dritte gerade diesen bestimmten Eindruck mache, weil wir nicht die Macht haben, in anderen bestimmte Gedanken zu wecken, so können wir auch vernünftigerweise nur w ü n s c h e n, nicht aber w o l l e n, daſs jene Gedanken entstehen. Der Sinn der Erklärung dagegen, die Eigenschaft unseres Thuns als eines dazu geeigneten, um

---

1) HÖLDER: Institutionen 1. Aufl. S. 34. Weniger präzis, aber u. E. richtiger, äuſsert sich HÖLDER über die Natur des Geschäftswillens in der 2. Aufl., s. § 27; vgl. auch § 26 und seine im allgemeinen zutreffenden Bemerkungen in der Krit. Viertelj. Bd. 18 S. 175 fg. Unverträglich dagegen ist nach unserer Ansicht mit dieser Auffassungsweise die oben besprochene Unterscheidung HÖLDERS (Krit. Viertelj. Bd. 14 S. 566 fg. u. Institutionen 2. Aufl. S. 80) zwischen „Verirrung" und Irrtum. Der richtigen Ansicht nahe steht auch RITTNER, s. Österr. Eherecht bes. S. 165 N. 7.

2) Dogm. Jahrb. Bd. 16 S. 333 fg.; vgl. auch S. 92 fg. u. Deutsches Patentrecht Jahrb. Bd. 18 S. 727 fg.

in dem Wahrnehmenden ein Urtheil über unser Vorhaben zu wecken[1]), kann gewollt sein. Da uns die Grundsätze, nach welchen im Leben der Sinn der Erklärungen erschlossen wird, bekannt sind, so hängt es nur von unserem Willen ab, dies oder jenes zu äufsern. Der Sinn unserer Erklärung mufs also als Ausflufs unseres Willens betrachtet werden, ganz so wie unsere Körperbewegungen.

Gegen die Auffassungsweise KOHLERS spricht noch der Umstand, dafs sie, wie dies mit Recht ZITELMANN[2]) gegen HÖLDER hervorhebt, den römischen Quellen nicht entspricht.

Was dagegen unsere Ansicht betrifft, so entspricht sie ganz zweifellos der Auffassung der Römer. Zwar leugnen wir nicht im mindesten, dafs in zahlreichen Stellen unserer Rechtsbücher von dem auf die rechtlichen Folgen des Geschäftes gerichteten Willen die Rede ist, sehr oft jedoch, und dies gerade in den Hauptstellen, wird lediglich das Wollen der Erklärung als das in einem Rechtsakte Erhebliche bezeichnet[3]). Nicht minder wird durch zahlreiche Äufserungen unserer Quellen die von uns soeben entwickelte Ansicht, wonach man stets die Erklärung will, wenn man sich nur des Sinnes derselben bewufst ist, in vollem Mafse bestätigt.

1) Ganz so ist es auch bei Delikten, die Willenserklärungen sind, man denke z. B. an die Beleidigung oder an Drohungen. Was hier „gewollt“ ist und sein mufs, das ist die objektive Beschaffenheit der Handlung als einer beleidigenden bez. geeigneten, Furcht zu erregen. Dafs die andere Person wirklich in den Zustand der Angst versetzt werde, bez. dafs sie sich beleidigt fühle, oder doch andere die Äufserung als ehrverletzend betrachten, kann der Handelnde nur „wünschen“, nicht „wollen“.

2) Irrtum S. 258 N. 220.

3) Quellenbelege dafür sind wohl kaum nötig. Als das beste Beispiel mag hier nur die Hauptstelle für die Lehre vom Irrtum l. 3 D. de rebus dubiis 34, 5 (PAULUS) angeführt werden.

So wird stets das Vorhandensein des Geschäftswillens angenommen, wenn nur der Handelnde intelligat, quid agat, d. h. wenn er den Sinn seines Benehmens begreift. Ebenso wird bei furiosi und infantes als Grund der Willensunfähigkeit dieser Personen das ihnen fehlende Bewufstsein in Betreff des rechtlichen Sinnes ihrer Handlungen bezeichnet[1]). Überhaupt ist es ein Ausflufs der innigen Verbindung, welche in dem hier angegebenen Sinne zwischen dem Willen und dem Bewufstsein besteht, dafs die Quellen so überaus oft, um den Willen zu bezeichnen, sich Ausdrücke bedienen, welche in ihrer eigentlichen Bedeutung sich auf das Wissen beziehen, wie: mens, cogitatio, sensus, intellectus u. a.

Nichts als nur eine notwendige Konsequenz unserer Begriffsbestimmung der Willenserklärung und des zu derselben gehörenden Willens ist es, dafs es dazu, damit eine Erklärung gewollt sei, nicht unbedingt notwendig ist, dafs derjenige, der die Willenserklärung abgiebt, den Willen oder Wunsch, den er zu haben erklärt, auch wirklich habe. Es genügt, wenn er sich nur dessen bewufst ist, sein Verhalten drücke in erkennbarer Weise ein gewisses Vorhaben aus. Demgemäfs erscheint die rechtliche Unerheblichkeit der sog. Mentalreservation als eine aus der Natur der Willenserklärung folgende Konsequenz und nicht als Ausnahme von der Regel, dafs nur die dem inneren Willen entsprechenden Erklärungen rechtliche Geltung haben. Die Mentalreservation schliefst eben den Erklärungswillen nicht

---

1) S. bes. §§ 8—10 J. de inut. stip. 3, 19) Gai. III 106, 107, 109); l. 10 D. de i. et f. ign. 22, 6; l. 2 § 3 D. de iure codicill. 29, 7; l. 1 §§ 12 fg. D. de o. et a. 44, 7; l. 48 D. eod.; l. 209 D. de v. s. 50, 16; l. 5; l. 189 D. de r. i. 50, 17; l. 4 D. de div. et rep. 24, 2; l. 9; l. 38; l. 93 § 1 D. de adquir. hered. 29, 2; l. 6 D. rem pupilli salvam 46, 6; l. 67 (65) § 3 i. f. ad S. C. Trebellianum 36, 1 u. a.

aus, sie ist ein für das Recht völlig indifferenter psychischer Vorgang, dem der Erklärende selbst jedwede Relevanz nimmt, da er nichtsdestoweniger die Erklärung, so wie sie lautet, willentlich abgiebt. In dieser Beziehung stimmen wir den Ausführungen KOHLERS[1]) zu. Die von diesem Schriftsteller mit großer Überzeugungskraft verteidigte Auffassung, wonach die Mentalreservation den Charakter der Willenserklärung als einer Willensaktion nicht affiziere, scheint uns der Idee des römischen Rechts vollkommen zu entsprechen. Durch alles, was von verschiedenen Seiten gegen die Ansicht KOHLERS vorgebracht worden ist, ist[2]) höchstens bewiesen worden, daſs sich KOHLER in mancher Beziehung „zu scharf" ausgedrückt hat, keineswegs aber wird hierdurch die Richtigkeit des Prinzips, auf welchem seine Ausführungen beruhen, erschüttert.

Wir halten es für eine Verirrung unserer Jurisprudenz, die wir den Kanonisten zu verdanken haben, daſs man überhaupt die Frage, ob die Mentalreservation rechtlich erheblich sei, aufgeworfen hat und annahm, dieselbe schlieſse an und für sich den Geschäftswillen aus. Nach unserer Ansicht kann sich der Erklärende auf die Mentalreservation an sich aus dem einfachen Grunde nicht berufen, weil dies ein Widersinn wäre. Höchstens könnte er sich auf seinen Irrtum berufen, d. h. auf die falsche Meinung, er habe eine Willenserklärung, die er selbst innerlich nicht ernst nahm, für rechtlich nicht verbindlich gehalten, welcher Irrtum selbstverständlich als „non probabilis" nicht berücksichtigt werden würde.

---

1) Jahrb. f. Dogm. Bd. 16 S. 91 fg. u. S. 325 fg.

2) THON: Rechtsnorm u. subjektives Recht S. 354 N. 59 u. S. 360 N. 70; WINDSCHEID: Arch. f. civilist. Praxis Bd. 63 S. 96 fg.; ZITELMANN: Jahrb. f. Dogm. Bd. 16 S. 381 fg. u. Irrtum S. 257 N. 220; PERNICE: Ztschr. f. Handelsr. Bd. 25 S. 90 fg. Vgl. dagegen KOHLERS Gegenbemerkungen Jahrb. f. Dogm. Bd. 16 S. 325 fg.; Patentrecht S. 727 fg.

Die Ansicht, welche jetzt wohl die zahlreichsten Anhänger zählt, geht dahin, daſs man sich auf Mentalreservation deshalb nicht berufen könne, weil dieselbe eine Unsittlichkeit, eine Lüge enthält[1]). Indessen würde daraus, daſs in der Mentalreservation ein dolus liegt, nur die Entschädigungspflicht, also möglicherweise die Pflicht, das negative Interesse zu leisten und nie die Wirksamkeit der Erklärung folgen[2]). Auch ist die Mentalreservation nicht notwendigerweise eine Unsittlichkeit[3]). Allenfalls zeugt die Überzeugung des Erklärenden, sein innerer Vorbehalt sei rechtlich erheblich, in einem höheren Maſse von seiner Einfalt als von seiner Unsittlichkeit.

Es wird allgemein gelehrt, daſs die römischen Rechtsquellen den Grundsatz, man könne sich auf die Mentalreser-

1) S. namentlich Schliemann: Lehre vom Zwange S. 114 fg.; Windscheid a. a. O.; Zitelmann a. a. O.; Regelsberger: Handb. des Handelsr. S. 402 u. a. Sehr richtige Bemerkungen über die Mentalreservation finden sich bei Hartmann: Jahrb. f. Dogm. Bd. 20 S. 38 fg.; vgl. auch Leonhard: Irrtum Bd. 2 S. 362 fg. Die früher sehr verbreitete Ansicht, der Grund der Unerheblichkeit der Mentalreservation sei die Nichtbeweisbarkeit der Diskrepanz zwischen dem inneren Willen und der Erklärung, ist von Röwer (S. 49 fg.) u. Schlossmann (Vertrag S. 105 N. 2) gründlich widerlegt worden (vgl. jetzt Windscheid a. a. O. u. Pandekten 6. Aufl. § 75 N. 1c). Als ein Anklang an diese ältere Lehre erscheint die Bemerkung Pernices (a. a. O. S. 94), daſs die Bedeutung der Mentalreservation „in der prozessualischen Gestaltung der Sache zu suchen sei". Dagegen sind die zutreffenden Bemerkungen Hartmanns (a. a. O. S. 39) zu vergleichen, der mit Recht geltend macht, daſs der Richter, indem er den inneren Vorbehalt nicht berücksichtigt, doch nur als Diener der Rechtsordnung handelt.

2) Dies wird von Windscheid selbst zugegeben (S. 98). Er leugnet nicht, daſs in der Annahme der Giltigkeit des Geschäftes ein „Sprung" liegt. Derselbe wird nach unserer Ansicht auch durch die von Windscheid als „analog" angeführten Fälle gar nicht erklärt. Vgl. auch Pernice a. a. O. S. 93 fg.

3) S. Kohler a. a. O.

vation nicht berufen, ausdrücklich nirgends aussprechen. Wir halten dies für ein beredtes Schweigen und sehen gerade hierin einen Beweis dafür, dafs nach römischem Recht trotz der Mentalreservation die Willenserklärung als gewollt gilt. Die Nichtstatuierung der „Ausnahme“ gewährt uns die Überzeugung, dafs der ungesunde Gedanke, in der Nichtanerkennung der Mentalreservation eine Singularität zu erblicken, den Römern überhaupt fern lag. Obzwar die Unerheblichkeit des inneren Vorbehaltes nicht ausdrücklich ausgesprochen wird, so wäre es doch ein Irrtum, anzunehmen, es liefsen sich keine Belegstellen in unseren Rechtsbüchern zur Begründung dieses Satzes finden. Im Gegentheil, solcher Belege könnte man eine stattliche Anzahl anführen. Ja bereits in den einfachen Sätzen[1]), dafs man verpflichtet ist, fidem placitis praestare, oder dafs es unerlaubt ist, adversus sua pacta venire et contrahentes decipere, liegt eine Anerkennung unseres Grundsatzes, zugleich aber ein Beweis, dafs derselbe für die Römer als selbstverständlich galt.

Die Mentalreservation ist in der Regel ein rein innerer Vorgang, jedoch keineswegs ausnahmslos. Sie bleibt auf jeden Fall unerheblich, mag sie beweisbar oder gar äufserlich erkennbar sein. Ja selbst dann, wenn derjenige, auf dessen

1) Vgl. beispielsweise in Bezug auf die Mentalreservation die nachfolgenden Stellen: c. 50 (51) C. de episcopis 1, 3; c. 29 C. de pactis 2, 3; c. 5 C. de o. et a. 4, 10; c. 5, c. 25 C. ad S. C. Vellei. 4, 29; c. 13 bes. i. f. C. de non num. pec. 4, 30; c. 3, c. 12 § 1 C. de c. e. 4, 38; c. 3, c. 5 § 1 C. de resc. vend. 4, 44; c. 1 C. de pact. conv. 5, 14; c. 2 C. si aliena res pign. 8, 15 (16); l. 1 pr. D. de pec. const. 13, 5; l. 1 § 1 D. de pign. act. 13, 7; l. 35 § 8 D. de c. e. 18, 1; l. 43 § 2 D. eod.; l. 43 § 1 D. de admin. et peric. tut. 26, 7; l. 1 § 6 D. quod falso tut. 27, 6; l. 4 pr. D. de doli m. exc. 44, 4; l. 50 D. de cond. ind. 12, 6; l. 30 pr. D. ad S. C. Vellei. 16, 1; l. 16 § 2 D. de lib. causa 40, 12; arg. aus c. 22 C. eod. 7, 16.

Wahrnehmung es ankommt, den inneren Vorbehalt des Handelnden durchschaut, darf man doch die Erklärung nicht ohne weiteres als eine nichtgewollte betrachten. Mit Unrecht behauptet REGELSBERGER[1]) das Gegentheil. Nach unserer Ansicht besteht doch ein wesentlicher Unterschied zwischen diesem letzteren Falle und einer erkennbar als nichternstlich abgegebenen (simulierten) Willenserklärung, denn gerade dadurch, dafs der Handelnde im Falle einer Mentalreservation seine innere, dem Willensakte widerstrebende Absicht zu verheimlichen sucht, schliefst er dieselbe selbst von dem Inhalte der Willenserklärung aus[2]).

Selbstverständlich gilt der Grundsatz von der rechtlichen Irrelevanz der Mentalreservation für alle Willenserklärungen, gleichviel ob sie Willensmittheilungen sind oder nicht. Unbegreiflicherweise lehrt dagegen REGELSBERGER[3]), dafs bei einseitigen Rechtsgeschäften allerdings die Erklärung infolge der Mentalreservation als eine nichtgewollte angesehen werden müsse. Er beruft sich in der Beziehung ganz ohne Grund auf die bekannte l. 6 § 7 D. de adqu. her. 29, 2. Diese Behauptung bedarf keiner Widerlegung. Wer wird denn ernstlich glauben, dafs jemand, der zur Erbschaft berufen ist und sich thatsächlich als Erbe geriert oder gar ausdrücklich die Erbschaft angetreten hat, sich von der Verpflichtung zur Zahlung der Erbschaftsschulden durch den einfachen Einwand würde befreien können, er habe trotzdem innerlich nicht den Willen gehabt, Erbe zu werden[4])? Insbesondere ist die

1) Handbuch des Handelsr. Bd. 2 S. 407.

2) Auf den allgemeinen Ausspruch der l. 145 D. de r. i. 50, 17 (ULPIAN, auch in l. 6 § 9 i. f. D. quae in fraudem cred. 42, 8): nemo videtur fraudare eos, qui sciunt et consentiunt, würde man sich natürlicherweise gegen uns nicht berufen dürfen.

3) Zivilistische Erörterungen S. 18.

4) Vgl. z. B. schon die Aussprüche der l. 71 § 4; l. 91 D. de adqu. her. 29, 2.

Mentalreservation bei Besitzerwerbs- und Verlusthandlungen gerade so unerheblich, wie bei allen anderen Willenserklärungen.

Hierdurch, dafs wir die Fälle der Mentalreservation zu den gewollten Erklärungen zählen, ist noch keineswegs genau die Grenze angegeben, bis zu welcher die gewollten Erklärungen reichen. Das Wesen der Mentalreservation ist nämlich bis nun keineswegs gehörig festgestellt. Behufs genauerer Klarlegung der ganzen Frage wollen wir auf eine ganze Kategorie von Erklärungen aufmerksam machen, die den Fällen der Mentalreservation nahe verwandt sind und von denen mit mehr Recht als von der eigentlichen reservatio mentalis fraglich erscheinen könnte, ob sie zu den „gewollten" zu rechnen seien. Es sind dies Handlungen, die den Sinn einer Erklärung enthalten und die als solche der Handelnde willentlich und mit Bewufstsein abgiebt, obwohl ihm nicht daran gelegen ist, dafs man in der That dies Benehmen als Willenserklärung auffasse, im Gegentheil, wo ihm diese Deutung gerade ganz unerwünscht wäre.

Nicht selten kommt es im Leben vor, dafs jemand die Erkennbarkeit der Erklärung will, ohne das thatsächliche Erkennen derselben, oder selbst das Wahrnehmen seines Benehmens, zu wünschen. Besonders oft werden wir dies namentlich bei stillschweigenden Erklärungen bemerken können. Z. B.: Jemand nimmt die Zinsen von dem geliehenen Kapital im voraus, ist sich dabei dessen bewufst, dafs hierdurch stillschweigend ein pactum de non petendo geschlossen wird[1]), hofft jedoch und hat vielleicht Grund, es anzunehmen, sein Schuldner werde sich darauf nicht berufen. — Der heres eignet sich Erbschaftssachen an und ist sich dessen bewufst, dafs

1) L. 57 pr. D. de pactis 2, 14; l. 2 § 6 D. de doli m. exc. 44, 4.

hierin eine pro herede gestio liegt, rechnet jedoch darauf, daſs diese That nicht entdeckt werden wird u. s. w.

Ähnliche Erscheinungen können auch bei ausdrücklichen Erklärungen vorkommen. Z. B.: Ich bin aus irgend einem Grunde genötigt, dem X die Offerte zum Abschluſs eines mir höchst unerwünschten Geschäftes zu machen, schreibe in der That einen Brief, der die Erklärung enthält, hoffe jedoch, der Brief werde dem X nicht rechtzeitig zugestellt werden, oder der X sei in irgend einem Irrtume befangen und werde die Erklärung miſsverstehen. Oder: Jemand macht aus Prahlerei eine Schenkungsofferte, befürchtet aber dabei die Annahme derselben und verrät sogar dem Antragsempfänger gegenüber, die Akzeptation wäre ihm unerwünscht.

Sind solche Fälle zu der reservatio mentalis zu rechnen? Nach unserer Ansicht nicht unbedingt, denn das Wesen der Mentalreservation scheint uns die innere Absicht des Erklärenden zu involvieren, die Erklärung nicht als wirksam gelten zu lassen, was hier nicht immer der Fall sein muſs[1]). Gleichviel jedoch, ob Mentalreservation oder nicht, immerhin muſs man, unseres Dafürhaltens, in diesen Fällen gewollte Willenserklärungen sehen, weil hier der Sinn der Erklärung gewollt ist, mag auch die Wirksamkeit der Erklärung nicht gewünscht sein.

Kohler, wie dies aus seinen Ausführungen zu ersehen ist, erblickt nur dort eine Mentalreservation, wo jemand geflissentlich etwas als gewollt erklärt, was seinem inneren Vorhaben nicht entspricht, dabei aber wünscht, daſs dieses Benehmen auf den Wahrnehmenden den Eindruck einer ernst-

1) Man denke auch daran, daſs es nicht notwendigerweise der Urheber der Erklärung sein muſs, der sich im Rechtsstreite darauf beruft, die Erklärung sei nicht willentlich abgegeben worden. Dies kann möglicherweise von seinen Rechtsnachfolgern geschehen.

lichen Erklärung mache. Danach wären nach ihm die zuletzt besprochenen Erklärungen keine Fälle der Mentalreservation, aber zugleich keine gewollte Erklärungen, weil hier der Handelnde den bestimmten „Geisteseffekt“ nicht wünscht. Für uns liegt hierin ein Beweis, dafs KOHLERS Begriffsbestimmung des Geschäftswillens nicht zutreffend ist.

II. Die Lehre vom Irrtum bei privatrechtlichen Willenserklärungen.

Nur ein error probabilis bewirkt Nichtigkeit der privatrechtlichen Willenserklärung.

§ 17.

Wir gelangen nun zu der höchst zweifelhaften und unsicheren Frage, inwiefern eine Erklärung rechtliche Geltung haben kann, obwohl der ihr entsprechende innere Wille fehlt. — Weil nach unserer Ansicht jede Erklärung schon dann eine gewollte ist, wenn sich die handelnde willensfähige Person schon dessen bewufst ist, ihr Thun oder Unterlassen habe den Sinn einer Erklärung, so ist es klar, dafs die Erklärung „nicht gewollt“ nur infolge eines mangelhaften Wissens sein kann. Nur in dem Nicht-wissen oder Falsch-wissen in Bezug auf den erkennbaren Sinn und Inhalt der Erklärung ist die den Erklärungswillen ausschliefsende Ursache zu suchen [1]).

---

1) Auf den Fall des Zwanges gehen wir nicht näher ein und beschränken uns auf die nachfolgende Bemerkung: Im Falle des physischen Zwanges erscheint das Thun des Gezwungenen gar nicht als freies Handeln, hat mithin auch gar nicht den Charakter einer Willenserklärung. Was die Erregung der Furcht durch Drohungen anbelangt, mufs man zwei Fälle unterscheiden. Wenn die erzeugte Furcht eine so hochgradige ist, dafs sie das Bewufstsein des Handelnden ausschliefst,

Bekanntlich wird ganz ausnahmslos das Gegentheil gelehrt. Es werden, aufser dem Irrtum, noch manche andere

dann ist die Erklärung nicht gewollt. Der eigentliche Grund des Willensmangels ist hier in der momentanen vollständigen Willensunfähigkeit des Subjektes zu suchen, ganz so, wie sich dies im Falle momentaner Geistesstörung, vollständiger Trunkenheit u. s. w. verhält. Ist die erzeugte Furcht nicht so hochgradig, dafs sie die Willensfähigkeit ausschlösse, dann gilt nach römischem Recht das Rechtsgeschäft, was logisch ganz korrekt ist, als gewollt. Der Grund der Anfechtbarkeit des Geschäftes besteht nicht in dem Willensmangel, sondern in der Drohung, in dem unrechtmäfsigen Beeinflussen des handelnden Subjektes. Sohin sind Zwang und Furcht in keinem Falle als Ursachen des Willensmangels auf gleiche Linie mit dem Irrtum zu stellen. Der Satz (l. 21 § 5 D. quod metus causa 4, 2: quamvis si liberum esset noluissem, tamen coactus volui (s. auch l. 22 D. de r. n. 23, 2), spricht entschieden dafür, dafs das Wollen hier nichts mehr ist, als der Erklärungswille in unserem Sinne. Mit Savigny (System Bd. 3 § 114 S. 102 fg.) anzunehmen, dafs der Gezwungene auch den Eintritt der Rechtsfolgen, die rechtliche Wirksamkeit der Erklärung wirklich will und wollen mufs, ist im hohen Grade sophistisch. S. auch Kohler (Jahrb. f. Dogm. Bd. 16 S. 96 fg. u. bes. S. 339 fg.; dann Krit. Viertelj. Bd. 23 S. 35 N. *), der jedoch auch etwas zu weit geht, wenn er annimmt, dafs der Gezwungene wenigstens den der Erklärung entsprechenden Geisteseffekt wünscht. Der Gezwungene will wohl nur das Minimum, er nimmt, wenngleich durch Drohung beeinflufst, „willentlich" die Handlung vor, die der Zwingende von ihm verlangt, wünscht aber dabei keineswegs immer, dafs seine Handlung auf jeden Beobachtenden den Eindruck einer ernstlichen Erklärung mache. Gelingt es dem Handelnden bei Erklärungen, die nicht lediglich Willensmittheilungen sind, sich von dem Zwange durch ein solches Benehmen zu befreien, das auf den dritten, Wahrnehmenden, nicht den Eindruck einer ernstgemeinten Erklärung macht, sondern nur einer Erklärung „zum Schein", dann liegt auch objektiv keine „erkennbare Erklärung" vor. Mithin ist in solchem Falle der ganze Akt völlig bedeutungslos und der Zwingende wird gewissermafsen hintergangen, weil er eine „Erklärung fordert", während ihn der Gezwungene mit leerem Geflunker abfindet. Auf diesen letzteren Fall beziehen wir die Entscheidung der l. 6 § 7 D. de adqu. hered. 29, 2 (Ulpian), deren Sinn bekanntlich zweifelhaft ist. Die Stelle lautet: Celsus . . . scripsit eum qui metu verborum vel aliquo timore coactus

Ursachen des Willensmangels oder, wie man zu sagen pflegt, der Nichtübereinstimmung des Willens mit der

fallens adierit hereditatem, sive liber sit, heredem non fieri placet, sive servus sit, dominum heredem non facere. Schlossmann (Lehre vom Zwange S. 44 fg.) und Kohler (a. a. O. S. 122 fg. u. 340 fg.) übersetzen das Wort fallens mit „heimlich", was u. E. nicht zu billigen ist. S. dagegen mit Recht Pernice: Ztschr. f. Handelsr. Bd. 25 S. 95 N. 1. Die herrschende Lehre bezieht das Wort „fallens" auf die Mentalreservation, d. h. auf den Fall, wo der Handelnde, obzwar er die Erklärung abgiebt, dennoch die Folgen derselben nicht will (s. bes. Windscheid: Arch. f. civilist. Praxis Bd. 63 S. 99). Dies ist unrichtig, da ein solches „fallere" kein eigentliches „Täuschen" ist und fast bei jedem erzwungenen Geschäfte anzunehmen wäre. Wenn Windscheid die Nachweisbarkeit des Nichtwollens der Rechtsfolgen für etwas Ausnahmsweises betrachtet, so ist dies verfehlt. Warum sollte der Eid nicht genügen? Nach unserer Ansicht wäre sogar dieser Nachweis, dafern der Zwang feststeht, überhaupt entbehrlich. Wir beziehen das Wort „fallens" nicht auf jemanden, der sich blofs innerlich gegen die Folgen der Erklärung sträubt, sondern auf denjenigen, der auch äufserlich, zwar nicht für den Zwingenden selbst, wohl aber für andere Personen als ein „fallens" erscheint, d. h. als jemand, der nur zum Schein die Erklärung abgiebt, dieselbe aber offenbar nicht ernst nimmt. Nur ein solcher hintergeht in der That den Zwingenden. Ein derartiger Fall, aber wohl nicht der einzige ist der, von welchem Leonhard (Irrtum Bd. 2 S. 511 N. 1) spricht, wo sich der Gezwungene mit einem Erbschaftsinteressenten verständigt und diesem gegenüber zum Scheine die Erbschaftserklärung abgiebt. Dasselbe wird auch dann gelten, wenn z. B. der Gezwungene hinter dem Rücken des Zwingenden dem Richter gegenüber oder vor Zeugen erklärt, er wolle nicht, dafs man den Erbschaftsantritt, zu dem man ihn zwingt, als einen ernstlichen betrachte. Versteht man so das Wort „fallere", dann verschwindet der scheinbare Widerspruch zwischen der l. cit. und der l. 85 D. eod. (s. dazu auch l. 24 D. de S. C. Silan. 29, 5). Vgl. auch die erkennbar nicht-ernstliche, unter dem Einflufs der Furcht abgegebene Erklärung in l. 17 pr., bes. aber § 1 D. qui et a quibus 40, 9 (Paulus: item non fit liber, si mentitus dominus ne a magistratibus castigaretur, dixit esse liberum, si non fuit voluntatis manumittendi). Es ist auch begreiflich, dafs bei Vertragserklärungen ein solches fallere in der Regel nicht würde vorkommen können, weil es sich hier nur um das Erkennbarmachen für den anderen Kontrahenten handelt. Dies ist praktisch nicht unrichtig, namentlich in den Fällen, wo man zum Abschlufs des Ge-

Erklärung angeführt, wie: Scherz, Simulation, von manchen aufserdem Verirrung, Abirrung der Erklärung u. s. w. Dies halten wir für inkorrekt. Zu welchem Zwecke das als Erklärung sich darstellende Handeln vorgenommen worden ist, ob etwa der Handelnde einen Schein, und zwar erkennbar nur einen Schein der Erklärung, z. B. scherzweise oder zu Lehrzwecken hat erzeugen wollen und dazu sich der gewöhnlichen, bei Abgabe von Willenserklärungen gebräuchlichen Zeichen bediente, ob er eine wirkliche Erklärung, jedoch eine Erklärung anderen Inhaltes bezweckte, ja sogar, ob er überhaupt irgend etwas „erklären" wollte oder aber sein Handeln für ein rechtlich gänzlich indifferentes hielt, dies alles ist gleichgiltig. Nicht minder gleichgiltig ist der tiefere Grund seines mangelnden Bewufstseins: also ob er infolge der Zerstreutheit manche bezüglich des Sinnes der Erklärung relevante Handlungen „unbewufst" vorgenommen, oder aus einem anderen Grunde den Sinn seines Benehmens mifsverstand, oder endlich seine Erklärung durch Zufall entstellt wurde. Alle diese Fälle sind voneinander nicht wesentlich verschieden. Der Urheber der Erklärung, sofern von seiner Seite weder Willens- oder Handlungsunfähigkeit vorgeschützt noch das objektive Vorhandensein einer von ihm ausgehenden erkennbaren Erklärung bestritten wird, kann sich, falls er doch diese Erklärung nicht gewollt zu haben behauptet, nur

---

schäftes nicht mit dem Zwingenden selbst, sondern mit einem dritten genötigt wird. Endlich sei noch bemerkt, dafs es dem Zwingenden nicht immer darauf ankommt, eine „Erklärung" zu erzwingen. Manchmal begnügt er sich blofs mit einem „Zeichenmachen", das keine Erklärung ist und nur z. B. als Beweismittel dienen kann. Wer z. B. jemanden dazu nötigt, seine Unterschrift auf einem Blatt Papier in bianco zu geben und später auf dem Papier ein Schuldbekenntnis aufschreibt, der hat eine wirkliche „Erklärung" eigentlich nicht erzwungen (so z. B. in c. 2 C. si pign. conv. 8, 32 (33) u. c. 6 C. de lib. causa 7, 16).

auf einen Umstand berufen, nämlich auf seinen Irrtum im weiteren Sinne dieses Wortes, auf seine falsche Vorstellung oder auf den Mangel irgend einer Vorstellung bezüglich des Erklärten.

Insbesondere also auch im Falle des Scherzes und überhaupt der Simulation kann sich der Handelnde, sofern er zugiebt, dafs die Nichternstlichkeit seiner Erklärung unerkennbar war, nur auf seinen Irrtum berufen, nämlich darauf, dafs er die Nichternstlichkeit seiner Erklärung für erkennbar hielt[1]). In den Simulationsfällen hat man es also keineswegs, wie dies allgemein gelehrt wird, mit einer „bewufsten Nichtübereinstimmung zwischen dem Willen und der Erklärung" zu thun. Eine bewufst-nichtgewollte Erklärung ist nach unserer Ansicht bei Willensfähigkeit[2]) des Subjektes

---

1) Dafs die l. 3 § 2 D. de o. et a. 44, 7 (Paulus) von dem Falle eines erkennbaren Scherzes spricht, ist ganz zweifellos. Mit Recht macht Hartmann (Jahrb. f. Dogm. Bd. 20 S. 8) den Umstand geltend, dafs hier der Stipulator selbst „per iocum" die Frage stellt. Unrichtig Zitelmann: Jahrb. f. Dogm. Bd. 16 S. 406. S. dagegen auch Windscheid: Arch. f. civilist. Praxis Bd. 63 N. 19. Auch in l. 24 D. de test. milit. 29, 1 ist von erkennbarer Nichternstlichkeit die Rede. Obzwar ein miles formlos testieren konnte, so durfte doch eine einfache Äufserung im Gespräch nie als eine ernstliche Erbeinsetzung gedeutet werden. (So mit Recht Kohler: Jahrb. f. Dogm. Bd. 18 S. 153.) Vgl. dazu l. 17 D. de iure codicill. 29, 7.

2) Ob bei krankhaften Störungen ein mit Bewufstsein verbundenes und doch willenloses Handeln vorkommen kann, wurde früher bezweifelt. Heute dürfte die Möglichkeit eines solchen Handelns nicht mehr in Abrede gestellt werden. Hierher gehört nicht nur der Fall der bewufsten Aphasie, die auch ohne eigentliche Geistesstörung bei manchem Gehirnleiden wahrzunehmen ist, sondern aufserdem die überaus interessanten Fälle des Handelns unter dem Einflufs der sog. hypnotischen Suggestion, deren Wirkung auch im wachen Zustande der Person bestehen kann. Dieser Fall der hypnotischen Suggestion besteht darin, dafs einer im Zustande des hypnotischen Somnambulismus sich befindenden Person von dem Hypnotisierenden der Befehl ertheilt wird, nach ihrem Erwachen zu irgend

überhaupt rein unmöglich. Eine erkennbar simulierte Erklärung ist vielmehr keine Erklärung[1]), und in dem Falle, wo die Nichternstlichkeit unerkennbar ist und der Handelnde dies weiſs, liegt, was kaum hervorgehoben zu werden braucht, eine Mentalreservation vor, die den Erklärungswillen nicht aufhebt.

Schlieſst nun jedes mangelnde Bewuſstsein die rechtliche Wirksamkeit der Erklärung aus? Dies muſs entschieden in Abrede gestellt werden. Es giebt zahlreiche Fälle, wo das Recht das Nichtwissen des Handelnden nicht berücksichtigt, seinen Irrtum ignoriert und ihn als einen Wollenden behandelt. Bekanntlich ist die Frage höchst zweifelhaft, in

---

einer bestimmten Zeit irgend eine bestimmte Handlung vorzunehmen. Die Handlung wird dann in der That von der Person bei vollem Bewuſstsein, jedoch ganz willenlos vorgenommen. Der Person fehlt dabei die Erinnerung an die Suggestion, sie hat aber oft die Erkenntnis, daſs sie nicht frei, sondern unter dem Einfluſs einer unerklärlichen fremden Kraft handle, der sie zu widerstehen nicht vermag. Die Möglichkeit solcher Erscheinungen ist in neuester Zeit besonders durch die zahlreichen, in Paris und Nancy von den Herren Charcot, P. Richer, Ch. Richet, Bernheim, Liébault, Liégois, Beaunis, Ochorowicz u. a. vorgenommenen Experimente ganz festgestellt worden. Die physiologische Ursache der Wirksamkeit der Suggestion bleibt allerdings bis nun ein Rätsel. Vgl. bes. die zahlreichen, der Pariser Société de psychologie physiologique mitgetheilten und in den letzten Jahrbüchern der Revue philosophique publizierten Fälle; dann die speziell diesen neuesten Untersuchungen gewidmete Revue de l'hypnotisme. Von den Monographieen, die vom Hypnotismus handeln, seien hier nur die vor kurzem erschienene Schrift von Beaunis: Le somnambulisme provoqué und der berühmte Aufsatz von Bernheim: De la suggestion et de ses applications à la thérapeutique angeführt.

1) Erklärt wird hier eigentlich nicht dasjenige, was die Personen simulieren, sondern was sie wirklich bezwecken. Möglich ist es jedoch allerdings, daſs eine Erklärung, die einer bestimmten Person gegenüber erkennbar nur als eine simulierte abgegeben wird, für jeden anderen Wahrnehmenden als eine ernstliche erscheint.

welchen Fällen ein error die Giltigkeit der Erklärung nicht alteriert. Nach unserer festen Überzeugung schliefst jeder error non probabilis die Rechtsgiltigkeit der Erklärung nicht aus. Beim error non probabilis verleiht das Recht auch einer nichtgewollten Erklärung rechtliche Wirkung, oder richtiger: es läfst hier die „voluntatis quaestio" überhaupt nicht in Frage ziehen. Diesen Rechtsgrundsatz drücken wir folgendermafsen aus:

Das Recht nimmt dort ohne weiteres das Vorhandensein des Erklärungswillens an, wo es von vornherein für unwahrscheinlich ansieht, dafs hier der Wille durch Unwissenheit oder Irrtum ausgeschlossen sei.

Damit will gesagt sein, dafs das Recht den Irrtum ignoriert,

a) wenn sein Vorhandensein unwahrscheinlich ist;

b) wenn die Erheblichkeit desselben nicht glaublich ist;

c) wenn es den Irrtum für unverzeihlich betrachtet.

In allen diesen Fällen des error non probabilis wird der Einwand, als wäre die Erklärung wegen Irrtums nicht gewollt, gar nicht gehört.

Die Ansicht, dafs nur ein entschuldbarer Irrtum die Giltigkeit der Willenserklärung vernichtet, war vor dem Erscheinen des Savignyschen Systems vorherrschend[1], sie ist jedoch durch die Theorie Savignys von dem sog. „unechten" Irrtume vollständig verdrängt worden. Die Lehre Savignys[2] gipfelt in der Anschauung, dafs, da nicht der Irrtum, sondern das Fehlen der der äufseren Erklärung entsprechenden inneren Absicht Ursache der Nichtigkeit des Rechtsgeschäftes ist, jeder Irrtum, sei er auch unentschuldbar,

1) Vgl. statt aller Glück: Pandektenkommentar Bd. 4 § 299 S. 164 fg.

2) System Bd. 3 §§ 115 u. 135, Beilage VIII Num. XXXIV.

die Giltigkeit der Erklärung ausschliefst, falls er nur wesentlich, d. h. wirkliche Divergenz zwischen Wille und Erklärung erzeugend, ist. Diese, auf rein logischer Deduktion beruhende Lehre hatte in der That etwas Bestechendes in sich und darin liegt der Grund ihrer raschen Verbreitung. Bei SAVIGNY wird dieser, den inneren Willen zum Thatbestandsmomente des Rechtsgeschäftes erhebenden Auffassung dadurch die Spitze abgebrochen, dafs er bei Verträgen doch nur den erkennbaren Irrtum berücksichtigt wissen will[1]), womit, entgegen der Konsequenz, der blofsen Erklärung vor dem inneren Willen der Vorzug gegeben wird. Die meisten Anhänger SAVIGNYS sind in der Hinsicht dem Meister nicht gefolgt, so dafs jetzt die herrschende Lehre dahin geht, jeder wesentliche Irrtum, gleichviel ob er erkennbar und entschuldbar ist, bewirke die Nichtigkeit der Willenserklärung.

Erst in der allerneuesten Zeit hat man richtig eingesehen, wie verderblich die praktischen Konsequenzen dieser Lehre seien. Heute dürfte niemand daran zweifeln, dafs der Grundsatz, wonach man sich der rechtlichen Folgen unzweideutiger Willenserklärungen durch Berufung auf rein inneren und unverzeihlichen Irrtum entziehen könnte, die Sicherheit des Verkehrs vollständig untergraben würde. Sorglosigkeit und Dummheit wären hierdurch bevorzugt, der Unredlichkeit und dem Betruge Thür und Thor geöffnet. Dafs dies den Ideen des römischen Rechts widerspricht, ist klar. Ius civile vigilantibus scriptum est[2]), die bona fides beherrscht den ganzen Verkehr, das sind ja die kardinalen Rechtsgrundsätze der Römer.

1) System Bd. 3 S. 259.

2) L. 24 i. f. D. quae in fraudem cred. 42, 8 (SCAEVOLA); l. 9 § 5 i. f. D. de i. et f. ign. 22, 6 (Imp. SEVERUS und ANTONINUS bei PAULUS): ... nec stultis solere succurri, sed errantibus; l. 4 D. quod vi aut clam 43, 24 (VENULEIUS): ... ne melioris conditionis sint stulti quam periti.

Die richtige Ansicht, dafs nur ein entschuldbarer Irrtum die Rechtswirksamkeit der rechtsgeschäftlichen Willenserklärung vernichtet[1]), gewinnt in der neueren Zeit immer mehr Anhänger. Dafür haben sich prinzipiell Regelsberger[2]) und Dernburg[3]) erklärt. Für die Fälle des eigentlichen Irrtums wird sie verteidigt von Hölder[4]). Neuerdings ist ihr auch Windscheid[5]) beigetreten, indem er die auf grober Nach-

---

1) Dieser Grundsatz bezieht sich, was fast selbstverständlich ist, nur auf Willenserklärungen unter Lebenden. Bei letztwilligen Erklärungen wird im Prinzip jeder, auch der unentschuldbare, den freien Willensentschlufs aufhebende Irrtum (als solcher gilt schon jeder Irrtum über Umstände, die ein entscheidendes Motiv der Disposition waren, s. z. B. l. 72 § 6 D. de cond. et dem. 35, 1; l. 93 (92) D. de her. iust. 28, 5; c. 4 C. de her. iust. 6, 24) berücksichtigt. Dies ist ein Ausflufs des Grundsatzes: in testamentis plenius voluntates interpretamur (l. 12 D. de r. i. 50, 17). Nichtsdestoweniger nähert sich praktisch die Behandlung letztwilliger Verfügungen der Behandlung der Geschäfte unter Lebenden, weil einerseits ein error non probabilis an sich schon schwer beweisbar ist, und andererseits in Bezug auf letztwillige Erklärungen die wichtigsten Beweismittel der inneren Thatsachen, der Eid und das Geständnis des Urhebers der Erklärung, fehlen. Infolgedessen wird auch hier oft der wahrscheinliche Wille für den „wirklichen" genommen, und die Quellen heben ausdrücklich hervor, dafs bei unzweideutigem Sinne der Erklärung nur auf Grund ganz zuverlässiger Beweismittel eine Divergenz zwischen Wille und Erklärung anzunehmen ist (l. 69 D. de leg. III; zu weit geht Paulus in l. 25 § 1 D. eod.). Obwohl also bei letztwilligen Erklärungen im Prinzip jeder erhebliche Irrtum die Giltigkeit der Disposition ausschliefst, so kommt es doch oft vor, dafs hier non ius deficit sed probatio und demzufolge nur ein auf Grund äufserer Umstände als „glaublich" erscheinender Irrtum berücksichtigt, der „unentschuldbare" dagegen ignorirt wird.

2) Civilistische Erörterungen S. 17 fg., bes. S. 20 u. Handbuch des Handelsr. Bd. 2 S. 412.

3) Preufs. Privatr. Bd. 1 § 109 u. Pandekten Bd. 1 § 101 S. 230, daselbst jedoch ähnlich wie auch Regelsberger mit Beschränkung auf Verträge.

4) Institutionen 2. Aufl. § 27 S. 82.

5) Auch mit Beschränkung auf Verträge s. Arch. f. civil. Prax. Bd. 63

lässigkeit beruhende Differenz zwischen Wille und Erklärung den Fällen der Mentalreservation gleichstellt.

Auch ZITELMANN, der eifrigste Verfechter der Meinung, dafs eine Erklärung ohne Willen stets nichtig sei, nähert sich der hier vorgetragenen Auffassung, freilich jedoch nur auf Grund einer Annahme, die wir keineswegs akzeptieren können. Die gefährlichen praktischen Konsequenzen der herrschenden Lehre nicht verkennend, glaubt ZITELMANN denselben dadurch entgehen zu können, dafs er den Richter für befugt erklärt, im Prozefs die Berufung auf Irrtum oder Scherz abzuschneiden in allen Fällen, wo er diese Behauptung für keinen Glauben verdienend hält[1]). — Diese Ausführungen ZITELMANNS halten wir für mehr als bedenklich. Würde der Richter im Prozefs die Berufung auf unentschuldbaren Irrtum nicht zulassen, ohne hierzu durch objektive Rechtsnorm berechtigt zu sein, dann läge hierin offenbar eine Verletzung seines officium[2]). Dies wäre eine Entscheidung nach Billigkeit und nicht nach dem Recht. Der Richter darf

---

S. 99 fg. und jetzt auch Pandekten 6. Aufl. § 76 i. f., § 75 N. 1 d., § 79a N. 4. Vgl. auch PERNICE: Ztschr. f. Handelsr. Bd. 25 S. 129 fg., 136; MOMMSEN: Haftung der Kontrahenten bei Abschl. von Schuldverträgen S. 102 fg.; LENEL: Jahrb. f. Dogm. Bd. 19 S. 154 N. 1. Dieser Ansicht nähert sich auch HARTMANN in seinen Ausführungen „Wort und Wille im Rechtsverkehr", Jahrb. f. Dogm. Bd. 20.

1) Jahrb. f. Dogm. Bd. 16 S. 430 fg., bes. S. 434. So auch neuestens ohne nähere Begründung EISELE: Jahrb. f. Dogm. Bd. 25 S. 434 fg. Ähnlich wie ZITELMANN auch BURCKHARDT (Sinn u. Umfang der Gleichstellung von dolus u. culpa lata, s. bes. S. 81 fg.). Dieser Schriftsteller will den „error non probabilis" nicht berücksichtigt wissen, fafst ihn jedoch viel zu eng als rein prozessualen Begriff, als „nicht beweisbaren" Irrtum auf.

2) Vgl. gegen ZITELMANN auch KOHLER: Jahrb. f. Dogm. Bd. 18 S. 152 N. 1: „Eine seltsame Verkennung des Indizienbeweises. Indizienbeweis ist Indizienbeweis und kein Richterabsolutismus"; u. HARTMANN: Jahrb. f. Dogm. Bd. 20 S. 22 fg.

überhaupt nie die thatsächliche Voraussetzung eines Anspruchs, der im Prozeſs geltend gemacht wird, einfach als nicht beweisbar abweisen, sondern kann erst nach dem Beweisverfahren erklären, dieselbe sei nicht bewiesen. Er darf nicht der Partei von vornherein sagen: „Ich werde dir nicht glauben!" Es ist allerdings richtig, und dafür spricht auch die Doppelsinnigkeit des Wortes „probabilis" [1]), daſs die Entschuldbarkeit des Irrtums oft nichts anderes ist, als sein Glaublich-sein aus den Umständen [2]). Demgemäſs ist auch nach unserer Ansicht der error non probabilis eigentlich mehr ein „nicht-glaublicher", denn ein „nicht-entschuldbarer" Irrtum, keinesfalls aber darum ein wirklich „unbeweisbarer". Sehr oft kann ohne Schwierigkeit, zumal wenn Eid und Geständnis als Beweismittel zugelassen werden, der Beweis auch des grenzenlosesten Leichtsinnes und der krassesten Dummheit erbracht werden [3]). Daſs ein solches Nichtwissen ignoriert wird, hat darin seinen Grund, daſs das Recht selbst die ungebührliche Unbedachtsamkeit nicht berücksichtigt haben will, ähnlich wie es in manchen anderen Verhältnissen die culpa lata dem dolus gleichmäſsig behandelt. Würde dagegen das Recht, so wie es ZITELMANN haben will, nur im Falle des dolus (Mentalreservation) den Nichtwollenden dem Wollenden gleichgestellt haben, so wäre der Richter schlechterdings nicht berechtigt, dieselbe Entscheidung dort zu treffen, wo nur ein „prope dolus" vorliegt, denn mit demselben Rechte müſste man annehmen, daſs auch in anderen Fällen, wo ein dolus zur Qualifikation einer That erfordert wird —

1) BÄHR: Die Anerkennung S. 74 fg., 78 u. BRINZ: Pandekten 1. Aufl. S. 1404.

2) ZITELMANN a. a. O. S. 432.

3) Vgl. auch dazu die treffende Bemerkung SCHLOSSMANNS: Vertrag S. 114 N. 1.

also namentlich bei Delikten — es dem Richter freistünde, die rechtliche Bestimmung ohne weiteres auch auf die Fälle der lata culpa auszudehnen.

Es würde uns zu weit führen, wenn wir es unternehmen wollten, um den Satz, dafs nur der error probabilis erheblich ist, zu beweisen, alle sich auf den Irrtum beziehenden Quellenstellen einer genauen Prüfung zu unterziehen. Wir hegen zwar die Überzeugung, dafs der genaue quellenmäfsige Beweis unserer Ansicht sich ohne Schwierigkeit erbringen liefse, sehen uns jedoch genötigt, vorläufig nur einige allgemeine, für uns sprechende Argumente anzuführen:

1) Vor allem müssen wir auf einen Umstand hinweisen, der nach unserer Ansicht an sich hinreicht, die Richtigkeit der hier vorgetragenen Meinung zu begründen. Die Quellen stellen ganz allgemein und nachdrücklich den Grundsatz auf, dafs ein error non probabilis nie berücksichtigt werde. Schon aus dem Grunde, weil dieser Rechtssatz ganz ohne Einschränkung ausgesprochen wird[1]), mufs man ihn auch für die Frage, was für Irrtümer die Giltigkeit der Rechtsgeschäfte vernichten, als geltend betrachten, aufser wenn sich durch spezielle Quellenentscheidungen das Gegentheil nachweisen liefse. Solche spezielle, für die Erheblichkeit des nicht-glaub-

1) Vgl. namentlich die nachfolgenden Quellenstellen: l. 3 pr. § 1; l. 6; l. 9 § 2 D. de i. et f. ign. 22, 6; l. 2 D. si is, qui testam. 47, 4 ... in plurimis aliis causis iusta ignorantia excusationem mereatur. Siehe ferner die speziellen Entscheidungen, in welchen die Bestimmung, dafs der unentschuldbare Irrtum nicht berücksichtigt werde, als Anwendung des allgemeinen Grundsatzes erscheint, z. B. c. 37 C. de lib. causa 7, 16; c. 5 C. de peric. tut. 5, 38; l. 3 pr. D. de S. C. M. 14, 6; l. 7 § 1 i. f. D. de resc. vend. 18, 5; l. 70 (68) § 1 D. ad S. C. Trebell. 36, 1; l. 2 § 5 D. quis ordo 38, 15; l. 5 pro suo 41, 10; l. 11 §§ 9—11 D. de interrog. in iure 11, 1, in welcher letzteren Stelle insonderheit auf die Worte „tenetur quasi ex contractu obligatus“ hingewiesen sein mag.

lichen Irrtums zeugende Belege giebt es aber nicht. SAVIGNY und seine Nachfolger begnügen sich damit, ihre Lehre nur als logische Konsequenz des Willensprinzips hinzustellen. Dafs eine solche Deduktion an sich von zweifelhaftem Werte ist und der entgegengesetzten positiven Bestimmung weichen mufs, ist klar. Die allgemeinen Quellenaussprüche, welche Kongruenz zwischen Wille und Erklärung erfordern, sind für die herrschende Lehre keine verläfsliche Stütze, denn erstens würde man aus ihnen Nichtigkeit der Erklärung bei jeder Differenz zwischen Wille und Erklärung schliefsen müssen, falls man sie wörtlich nähme[1]), und zweitens wird ja dadurch, dafs beim error non probabilis die voluntatis quaestio abgeschnitten wird, an sich der Grundsatz, dafs die Erklärung dem inneren Willen zu entsprechen habe, keineswegs aufgehoben. Unbegreiflich ist es uns, wie VANGEROW[2]) behaupten kann, die Lehre vom sog. unechten Irrtume entspreche den Entscheidungen unserer Quellen. Als Beispiele von Fällen, wo der „unechte“ Irrtum, obwohl er unentschuldbar ist, Berücksichtigung findet, führt er folgende Fragmente an: l. 25 § 6 D. de her. pet. 5, 3; l. 79 D. de leg. II; l. 36 § 1; l. 37 pr. D. de usurp. 41, 3. Ein flüchtiger Blick auf diese Stellen beweist, dafs VANGEROW hier im Irrtum ist. Die zweite der angeführten Stellen ist an sich wohl gar nicht beweisend[3]). In den anderen Fragmenten wird nur gesagt,

1) Dies gilt von den allgemein lautenden Aussprüchen der Quellen, wie: errantis nulla voluntas est u. s. w. l. 15 D. de iurisd. 2, 1; l. 2 pr. D. de iud. 5, 1; l. 20 D. de aqua et aquae 39, 3; l. 116 § 2 D. de r. i. 50, 17; c. 8, c. 9 C. de i. et f. ign. 1, 18. Dasselbe ist zu sagen von den Bestimmungen l. 3 D. de r. d. 34, 5; l. 57 D. de o. et a. 44, 7 u. a.

2) Pandekten Bd. 1 § 83 Anm. 1. III.

3) Erstens steht es nicht fest, dafs das Benehmen des Fideikommissars als stillschweigender Verzicht auf das Fideikommissum des Mannes aufgefafst wird, und zweitens würde, wenn dies auch feststünde, die

dafs man bei Irrtum, mag er auch unentschuldbar sein, kein praedo und kein fur sei. Auf zivilrechtliche Willenserklärungen beziehen sich diese Stellen überhaupt gar nicht.

2) Wir halten es für einen über alle Zweifel erhabenen Grundsatz des römischen Rechts, dafs der Rechtsirrtum wie überhaupt so auch in Betreff der Frage, ob eine Erklärung als gewollt zu betrachten sei, wenn er nicht ausnahmsweise entschuldigt wird, nicht berücksichtigt wird. Die nähere Begründung dieser Behauptung geben wir in der Folge. Hier soll nur hervorgehoben werden, dafs, wenn dieselbe richtig ist, damit auch nie Unerheblichkeit eines jeden faktischen unentschuldbaren Irrtums als bewiesen erscheint, weil der iuris error eben nur deshalb vom Rechte ignoriert wird, weil er als non probabilis gilt und in jeder Beziehung dem faktischen, nicht-glaublichen Irrtum gleichgestellt ist[1]).

3) Für unsere Ansicht spricht die Natur der zivilrechtlichen Willenserklärungen und namentlich die Art und Weise, wie durch das objektive Recht in den Interpretationsvorschriften das Ermitteln des Geschäftswillens näher normiert und erläutert wird. Diese Interpretationsgrundsätze beweisen, dafs der rechtsgeschäftliche Wille, was mehrmals von uns hervorgehoben worden ist, nur der wahrscheinliche[2]) und

Stelle doch für alle Willenserklärungen keineswegs beweisend sein. Das Verhalten der Fideikommissare des Mannes wäre hier nämlich ein einfacher Verzicht auf Vermögensrechte zu Gunsten der Fideikommissare der Frau, mithin eine Art unentgeltlicher Vermögensentäufserung. Nun wissen wir aus der Lehre von der conditio indebiti, dafs, wenigstens von vielen Juristen, auch bei solchem Irrtum, der sonst unentschuldbar ist, nicht ohne weiteres das Weggeben der Sache als unentgeltliche Veräufserung (Schenkung) behandelt wird, der Irrtum also hier leichter zu entschuldigen ist als sonst. S. dazu auch unten S. 417 N. 3 u. 427 N. 2.

1) Vgl. die oben S. 413 N. 1 zitierten Stellen und aufserdem bes. l. 10 D. de bon. poss. 37, 1.

2) Vgl. beispielsweise: l. 6 D. de cond. c. d. c. n. s. 12, 4; l. 9

nicht der wirkliche Wille ist. Dies wird nicht selten von den Quellen hervorgehoben. Ist es aber so, dann mufs man logisch annehmen, dafs sich das Recht hier überhaupt mit der Wahrscheinlichkeit des Willens begnügt, folglich den nicht-glaublichen Einwand des Willensmangels nicht hört. Wenn sich einige Juristen für die Unentbehrlichkeit des wirklichen Willens bei Rechtsakten auf die Analogie der Delikte berufen, so ist dies gänzlich verfehlt. Gerade der Vergleich der zivilrechtlichen Erklärungen mit den Delikten zeugt für uns, denn es giebt keine „Interpretation" der deliktischen Absicht und keine „Regel des Lebens" für Vergehen. Nach dem „verisimile" wird der böse Vorsatz bei Delikten nie bebestimmt.

4) Bestärkt werden wir in unserer Überzeugung, wenn wir im einzelnen die zahlreichen, auf die Interpretation der Rechtsgeschäfte bezüglichen Vorschriften unserer Rechtsquellen betrachten. Welche genaue, oft nahezu ängstlich pedantische Bestimmungen finden wir da in Betreff der Bedeutung, welche gewissen Ausdrücken, Redewendungen und Handlungen im Verkehr nach Recht und Sitte zukommt! Ist es denn glaublich, dafs alle diese Normen dennoch eigentlich gar nicht bindend wären, und es jeder Person frei stünde, sich den rechtlichen Folgen ihres Benehmens zu entziehen durch den einfachen Nachweis, sie sei sich des Sinnes der von ihr ausgesprochenen Worte oder vorgenommenen Handlungen nicht

§ 4 D. de pecul. 15, 1; l. 39 § 1 D. de c. e. 18, 1; l. 54 § 1 D. loc. 19, 2; l. 2 § 14 D. de hered. vend. 18, 4; l. 6 pr. D. de serv. export. 18, 7; l. 6 D. de pign. 20, 1; l. 13 D. qui pot. in pign. 20, 4; l. 57 D. de i. d. 23, 3; l. 97 D. de solut. 46, 3; l. 16 § 6 D. de fideiuss. 46, 1; l. 114 D. de r. i. 50, 17; c. 4 § 7 C. de recep. 2, 55 (56): c. 1 C. quae res pign. 8, 16 (17); c. 15 pr. C. de contr. stip. 8, 37 (38). Hier wird überall der Inhalt der rechtsgeschäftlichen Absicht ohne weiteres nach dem, was als „verisimile" erscheint, festgestellt.

bewufst gewesen. Die herrschende Lehre, weil lediglich aus dem abstrakten Willensbegriff deduziert, hat die ganze geschichtliche Entwickelung der römischen Rechtsinstitute gegen sich und trägt keine Rechnung der Verschiedenheit des Charakters einzelner Arten der römischen Rechtsakte. Wer wird denn ernstlich glauben, dafs jeder römische Richter sowohl in der ältesten als der spätesten Zeit und ganz ohne Rücksicht auf die Natur des in Frage stehenden Rechtsaktes stets im Prozefs, wie ein wohlgeschulter Naturrechtslehrer, ängstlich abzuwiegen hatte, ob sich der innere Wille des Handelnden und seine Erklärung decken oder nicht? Dafs namentlich im älteren römischen Recht bei Rechts- und Prozefsakten vielfach das blofse Wort ganz ohne Rücksicht auf den zu Grunde liegenden Willen galt[1]), dafs auch im späteren Recht ein wesentlicher Unterschied bezüglich der mehr oder weniger strengen Bedeutung, welche der blofsen Willensäufserung beigemessen wird, zwischen einzelnen Rechtsgeschäften obwaltet, je nachdem diese solenn oder nicht[2]), stricti iuris oder bonae fidei negotia sind[3]), dies alles dürfte

1) S. dazu die Ausführungen von Voigt: Ius naturale Bd. 3, bes. S. 19 fg., S. 49 fg.; vgl. auch Hartmann: Jahrb. f. Dogm. Bd. 20 S. 27 fg.

2) Einen Beweis dafür, dafs das römische Recht die solennen Geschäfte in der angegebenen Beziehung strenger behandelt, als alle anderen, erblicken wir in den überaus zahlreichen Bestimmungen der Quellen, die uns angeben, auf welche Weise die bei Stipulationen gebrauchten Worte und Formeln aufzufassen seien. Der Bedeutung dieser Bestimmungen entspricht es zweifellos, dafs es jedem der Kontrahenten absolut verwehrt ist, vorzuschützen, er habe durch die gebrauchten Worte etwas ihrem eigentlichen Sinne Widersprechendes ausdrücken wollen. Als besonders charakteristisch für diese strengere interpretatio der Stipulationen sei hier nur l. 126 § 2, bes. i. f. D. de v. o. 45, 1 (Paulus) angeführt. Vgl. über das Verhältnis der Interpretation zum Willensdogma manche richtige Bemerkung bei Schlossmann: Vertrag S. 117 fg.

3) Leicht begreiflich ist es auch, dafs das Recht bei Rechtsgeschäften, die eine Liberalität enthalten, weniger streng ist als sonst und den „error“

keinem Zweifel unterliegen. Wenn dem aber so ist, dann fragt es sich, wann denn eigentlich der Grundsatz hätte entstehen können, dafs ganz ausnahmslos bei allen Willenserklärungen Übereinstimmung zwischen dem inneren Wollen und der Erklärung unentbehrlich sei? — Nur von unserem Standpunkt aus wird man sowohl der historischen Entwickelung des Rechts, als auch der Verschiedenartigkeit der einzelnen Rechtsgeschäfte völlig gerecht. Unserem Prinzip gemäfs war

---

des Schenkgebers eher entschuldigt, als den Irrtum bei onerosen Geschäften. Mit Recht bemerkt Hartmann (Jahrb. f. Dogm. Bd. 20 S. 42), dafs es im Widerspruch mit aller Äquität wäre, wenn der Empfänger der Wohlthat den Wohlthäter rigoristisch beim Worte hielte, auch wo das Wort von der inneren Absicht verlassen ist. Dafs dies auch in der That nicht geschieht, folgt nicht nur daraus, dafs das röm. Recht bei Schenkungen auch den nichterkennbaren „error“ im Motiv zu berücksichtigen erlaubt (davon später), sondern aufserdem auch aus der Behandlung der condictio indebiti. Es mag dahingestellt sein, ob die condictio indebiti auch bei jedem Rechts- oder groben faktischen Irrtum über das Bestehen der Schuld noch zugelassen wird, immerhin jedoch ist so viel sicher, dafs das Recht hier Irrtumsfälle entschuldigt, die sonst als „unentschuldbar“ gelten und im allgemeinen nicht geneigt ist, die voluntatis quaestio abschneidend, die vermeintliche Zahlung als freiwillige, unentgeltliche Vermögensabtretung zu behandeln. Nicht unzulässig ist es vielleicht, sich hier auf die bekannten Papinianischen Fragmente l. 7 u. l. 8 de D. i. et f. ign. 22, 6 zu berufen. Obzwar wir der Ansicht derjenigen beipflichten, die in den zitierten Fragmenten unrichtige Verallgemeinerungen erblicken (so Savigny: System Bd. 3 S. 344—353; Windscheid: Pandekten Bd. 1 § 79a N. 12 u. a.), so halten wir sie doch nicht für ganz bedeutungslos und meinen, dafs man insonderheit unter „damna amittendae suae rei“ vorzüglich ein unentgeltliches Aufgeben von Vermögensobjecten zu Gunsten anderer Personen verstehen mufs und demnach schliefsen darf, dafs in solchen Fällen der Irrtum leichter entschuldbar ist, als sonst. (Das „adquirere“ bez. „compendia“ bezieht sich wohl vorzüglich auf die Usukapion.) S. auch l. 11 C. eod. 1, 18. Vgl. auch l. 79 D. de leg. II und dazu oben S. 415 N. 1. Für das soeben Gesagte spricht auch entschieden der allgemeine Ausspruch l. 41 § 1 D. de r. i. 50, 17 Ulpian: In re obscura melius est favere repetitioni quam adventitio lucro.

nämlich der Richter zu jeder Zeit berechtigt und zugleich verpflichtet, je nachdem das Recht und die Sitte entweder überhaupt auf Willensäufserungen an sich oder auf gewisse Willensmanifestationen gröfseres oder geringeres Gewicht legten, dem Einwand gegenüber, als sei die Äufserung nicht gewollt, sich mehr oder weniger strenge zu verhalten, und denselben entweder einfach abzuweisen als ein unzulässiges Sich-entziehen-wollen dem rigor des Rechts oder billig zu berücksichtigen.

5) Ein fernerer Beleg für unsere Ansicht liegt in der Art und Weise, wie das römische Recht die unklaren und mehrdeutigen Willenserklärungen behandelt. Bekanntlich gilt als Regel bezüglich solcher Willenserklärungen der Grundsatz, dafs diejenige von den verschiedenen möglichen Deutungen als „erklärt" betrachtet werde, welche den inneren Intentionen des Urhebers der Erklärung entspricht[1]). Dieser Satz erleidet bei Verträgen insofern eine Modifikation, als für den Fall, wo jemand absichtlich eine unklare Erklärung abgiebt[2]) oder wo ihn diesbezüglich überhaupt die Schuld trifft, die für den Erklärenden ungünstigere Deutung angenommen wird. Dieses Interpretieren der mehrdeutigen Er-

1) L. 3 D. de r. d. 34, 5 (Paulus): In ambiguo sermone non utrumque dicimus, sed id dumtaxat quod volumus; l. 125 D. de v. s. 50, 16 (Proculus)... qui ambigue loquitur, id loquitur, quod ex his, quae significantur sensit; l. 28 § 1 D. eod. (Paulus): Oratio, quae neque coniunctionem neque disiunctionem habet, ex mente pronuntiantis vel disiuncta vel coniuncta accipitur; l. 96 D. de r. i. 50, 17 (Maecianus): In ambiguis orationibus maxime sententia spectanda est eius, qui eas protulisset; l. 168 § 1 D. eod. (Paulus): Quod factum est cum in obscuro sit, ex affectione cuiusque capit interpretationem. S. auch l. 94 D. de v. o. 45, 1; l. 41 pr.; l. 106 D. eod.; l. 34 pr. D. de c. e. 18, 1. Vgl. auch die von Voigt (Jus naturale Bd. 3 § 24) zitierten Stellen aus den römischen Autoren.

2) L. 43 § 2 D. de c. e. 18, 1.

klärung zu Ungunsten des Urhebers derselben trifft sogar schon dann ein, wenn mit Rücksicht auf die Natur des betreffenden Geschäftes die undeutliche Äufserungsweise als Ausflufs des Mangels der gehörigen Diligenz beim Abschlusse des Vertrags betrachtet werden kann[1]. Gilt nun bei zweideutigen Willenserklärungen schlechthin, ohne Rücksicht auf den inneren Willen des Erklärenden, der für ihn ungünstige Sinn der Erklärung, dafern nur überhaupt mit Wahrscheinlichkeit

1) So wird bei Kauf- und Pachtgeschäften der mehrdeutige Vertrag gegen den Verkäufer bez. Verpächter interpretiert, weil sie die Möglichkeit und die Pflicht haben, die Bedingungen des Geschäftes klar festzustellen. (Der Käufer [bez. Pächter] verspricht in erster Linie nur die Geldleistung, eine ambiguitas wird also hier nicht leicht vorkommen.) S. l. 39 D. de pactis 2, 14 (Papinian); l. 21 D. de c. e. 18, 1 (Labeo bei Paulus); l. 33 D. eod. (Pomponius); l. 172 pr. D. de r. i. 50, 17 (Paulus). Desgleichen werden Stipulationen gegen den Stipulator interpretiert, weil er die Worte formuliert, mithin an der Undeutlichkeit die Schuld trägt; l. 26 (27) D. de r. d. 34, 5 (Celsus); l. 38 § 18 D. de v. o. 45, 1 (Ulpian); l. 99 pr. D. eod. (Celsus). Aus dem Inhalte aller dieser Stellen ist zu entnehmen, zumal wenn man sie mit den oben (S. 419 N. 1) zitierten vergleicht, dafs die interpretatio gegen den Verkäufer (bez. Stipulator) nicht eintrifft, wenn ihn nicht der geringste Vorwurf der Nachlässigkeit trifft, dafs sie aber andererseits nicht erst von der lata culpa abhängt. — Manchmal wird bei voluntas ambigua die benigna interpretatio angeordnet. So überhaupt zu Gunsten desjenigen, der nicht gegen Entgelt eine einseitige Verpflichtung auf sich nimmt: l. 34, l. 41 § 1 D. de r. i. 50, 17 cit.; l. 56; l. 192 § 1 D. eod. auch in l. 3 D. de his quae in test. 38, 4); l. 47 D. de o. et a. 44, 7; pro dotibus l. 85 pr. D. de r. i.; l. 9 D. de pact. dot. 23, 4; in favorem libertatis l. 9 D. qui sine man. 40, 8; l. 20; l. 179 D. de r. i.; c. 14 § 1 C. de fideic. lib. 7, 4. Im allgemeinen sind die römischen Juristen geneigt, da, wo nur äufserlich der Schein vorliegt, dafs etwas „abgemacht“ wurde, das Geschäft trotz der „ambiguitas“ in Kraft zu erhalten, und verlangen nicht, dafs der Richter mit voller Bestimmtheit sich davon überzeuge, ob dies den individuellen inneren Absichten der Erklärenden wirklich entspricht, z. B. l. 80 D. de v. o. 45, 1 (Ulpian); l. 67 D. de r. i. (idem); l. 114 D. eod. (Paulus); l. 21 (22) D. de r. d. 34, 5 (idem).

anzunehmen ist, daſs die Undeutlichkeit der Erklärung verschuldet ist, um wie viel mehr muſs dann bei unzweideutigen Willenserklärungen die Erklärung auch ohne Willen wirken, falls der Grund, warum sie dem Willen nicht entspricht, nur in einem Verschulden des Erklärenden besteht.

6) In unseren Rechtsbüchern finden sich manche Stellen, aus denen geschlossen werden kann, daſs der Willenserklärung an sich eine höhere Bedeutung beizumessen ist, als es die herrschende Lehre annimmt. So wird nicht selten von einem „Sich-binden" durch Wort oder Schrift gesprochen[1]), was da-

---

1) L. 38 D. de o. et a. 44, 7 (Paulus): Oratione quam exprimunt litterae obligamur. Vgl. auch beispielsweise: l. 29 D. loc. 19, 2; l. 26 § 1 D. de pign. 20, 1; l. 7 D. de tutelis 26, 1; l. 61 § 1 D. de o. et a. 44, 7; l. 6 D. de solut. 46, 3; l. 29 § 1 D. de donat. 39, 5; § 8 J. de fideiuss. 3, 20; c. 11 C. de cond. ind. 4, 5; c. 3 C. quod cum eo 4, 26; c. 5 C. de transact. 2, 4; c. 10 C. de pactis 2, 3. Der Inhalt der Willenserklärungen wird auch in jenen Fällen, wo es kontrovers ist, was „beabsichtigt" war, einfach nach dem „quod actum est", d. h. nach dem erkennbar Abgemachten bestimmt, ohne nähere Berücksichtigung der wirklichen inneren Intentionen, woraus jedenfalls zu schlieſsen ist, daſs es nicht zulässig war, einzuwenden, man sei sich der lex contractus nicht bewuſst gewesen. S. noch z. B. l. 40 § 1, § 3; l. 41 pr.; l. 80 § 2 D. de c. e. 18, 1; l. 11 § 1 D. de a. e. v. 19, 1; l. 8 D. de prescr. verb. 19, 5; l. 24 D. dep. 16, 3; l. 41 pr. D. de v. o. 45, 1; l. 240 D. de v. s. 50, 16; c. 2 C. quae res pign. 8, 16 (17); c. 7 C. ad leg. corn. 9, 22 u. a. Vgl. dazu auch Hartmann: Jahrb. f. Dogm. Bd. 20, bes. S. 30 fg.; Röwer: Bedeutung des Willens S. 62; Leonhard: Irrtum Bd. 1 S. 173 fg. u. anderwärts. Bezeichnend für die Feststellung des Willensinhaltes bei Rechtsgeschäften ist die Art, wie die römischen Juristen es zu ermitteln pflegten, ob eine Stipulation mit dem animus novandi verbunden war oder nicht, vgl. darüber namentlich die interessante Konstitution Justinians c. 8 C. de novat. 8, 41 (42). — Nicht gegen uns spricht der Umstand, daſs die Quellen der voluntas, veritas oder dem „quod actum est" vor dem „dictum" bez. „scriptum" den Vorzug geben (l. 6 § 1 D. de c. e. 18, 1; l. 219 D. de v. s. 50, 16; c. 1, c. 4 C. plus valere 4, 22; c. 6 § 2 C. si quis

für zeugt, daſs es nicht zulässig ist, das Erklärte einfach als nicht gewollt zu verleugnen. Ähnlich werden ferner in praktischen Fällen nicht glaubliche Einwendungen, die die Behauptung involvieren, die Erklärung sei eigentlich nicht gewollt, als keiner Berücksichtigung würdig bezeichnet[1]), ja es wird auch ausdrücklich darauf hingewiesen, daſs im Prozeſs ganz regelmäſsig der Beklagte die Giltigkeit des Geschäftes bestreiten wird[2]). Der Grundsatz, daſs ein iudicium etiam in invitum redditur, wird als Folge dieses Umstandes bezeichnet. Nur ein als „kaptiös“ erscheinendes „Beim-Wortenehmen“ wird als unzulässig erklärt und, sofern dies thunlich, durch interpretatio beseitigt[3]), nicht aber ein solches, das der bona fides des Verkehrs entspricht. Da es nun, ungeachtet dieser Entscheidungen, zu weit gegangen wäre, schlechthin auch ungewollte Erklärungen wirken zu lassen, weil nach anderen Quellenstellen auch ein äuſserlich nicht

---

alteri 4, 50; c. 16 § 1 C. de fideicom. 6, 42; c. 9 pr. C. quae res pign. 8, 16 (17); c. 10 C. de donat. 8, 55 (54). Unter dem „dictum“ bez. „scriptum“ ist oft nur der bloſse Wortlaut zu verstehen.

1) Vgl. bes. l. 12 D. de transact. 2, 15 (Celsus): Non est ferendus qui generaliter in his, quae testamento ei relicta sunt, transegerit, si postea causetur de eo solo se cogitasse, quod prima parte testamenti ac non etiam quod posteriore legatum sit. Si tamen postea codicilli proferuntur, non improbe mihi dicturus videtur de eo dumtaxat se cogitasse, quod illarum tabularum quae tunc noverat, scriptura contineretur. S. zu der Stelle Hartmann a. a. O. S. 55, Leonhard: Irrtum Bd. 2 S. 353 u. selbst Zitelmann: Jahrb. f. Dogm. Bd. 16 S. 433. S. auch in l. 99 pr. D. de v. o. 45, 1 (Celsus): nec rursum promissor ferendus est, si eius intererit de certis potius vasis forte aut hominibus actum. Zu vergleichen ist auch der Inhalt der oben (S. 398 N. 1) mit Bezug auf den Fall der Mentalreservation angeführten Quellenstellen und die bereits (S. 413 N. 1) zitierte l. 70 (68) § 1 D. ad S. C. Treb. 36, 1 (Valens).

2) S. l. 83 § 1 D. de v. o. 45, 1 (Paulus) u. l. 61 pr. D. de iudiciis 5, 1 (Ulpian).

3) L. 5 D. de transact. 2, 15 (Papinian).

hervortretender Willensmangel die Giltigkeit der Erklärung vernichtet, so ist man gezwungen, gleichsam einen Mittelweg einzuschlagen, und dieser kann nach unserer Überzeugung nur in der Unterscheidung zwischen error probabilis und non probabilis liegen.

7) Auffallenderweise wird von unseren Schriftstellern in ihren Erörterungen über den Irrtum die Frage, inwiefern der Irrtum die Giltigkeit der Erklärung affiziert, oft nur einseitig vom Standpunkte des Urhebers der Erklärung, falls dieser, um sich den Folgen seiner Erklärung zu entziehen, Ungiltigkeit derselben behauptet, erfaſst. Obwohl man die absolute Wirkung des error nicht leugnet, so wird doch meistens nicht näher erörtert der entgegengesetzte Fall, wo der Urheber der Erklärung an derselben festhält, sie gewollt zu haben behauptet und gegen ihn (oder seine Rechtsnachfolger) der Einwand erhoben wird, die Erklärung sei ungiltig, weil nicht gewollt[1]). Praktisch wird sich allerdings öfter der Fall ereignen, wo der Erklärende selbst sich auf Ungiltigkeit beruft; unmöglich ist jedoch das Entgegengesetzte keinesfalls. Man denke daran, daſs die nichtgewollte Erklärung sich für den Erklärenden und seine Nachfolger als vortheilhaft erweisen kann, wogegen andere Personen durch die Folgen derselben sich benachtheiligt fühlen können. Nicht selten wird dies namentlich bei einseitigen Willenserklärungen, wie Erbschaftserwerb, Genehmigung, Okkupation u. s. w., eintreffen. Daſs die Ungiltigkeit der Erklärung wegen Irrtums auch gegen den Erklärenden geltend gemacht werden kann, dürfte nach unserer Ansicht keinem gegründeten Zweifel unterliegen. Dies beweist schon die Rolle, welche bei Erklärungen von Todes wegen dem Irrtum praktisch zukommt, wo gerade ganz regel-

1) Vgl. jedoch jetzt Dernburg: Pandekten Bd. 1 § 102 N. 13.

mäſsig gegen den sich auf die Erklärung Berufenden der Einwand des Irrtums erhoben wird. Nach den Entscheidungen unserer Rechtsquellen ist, wie es scheint, jeder Rechtsakt wegen wesentlichen Irrtums schlechthin und nicht nur relativ ungiltig. Was geschieht nun in einem solchen Falle, wenn dem Urheber der Erklärung vorgeworfen wird, seine Erklärung sei wegen Irrtum ungiltig? Es liegt auf der Hand, daſs man hier vom Standpunkt der herrschenden Lehre aus zu geradezu abenteuerlichen Resultaten käme. Die Erklärung könnte entkräftet werden durch den gegen den Erklärenden geführten Nachweis, daſs er etwa infolge nicht gehöriger Sorgfalt, mangelnder Sprachkenntnisse, Rechtsunwissenheit u. s. w. den Sinn seines Handelns nicht gehörig erfaſst hat. Vielleicht käme dann im Prozeſs der Erklärende dazu, noch durch einen deferierten Eid bekräftigen zu müssen, er habe die nötigen Rechtskenntnisse und die richtige Vorstellung von dem Inhalte des Erklärten gehabt, oder gar, er habe als treuer Anhänger der herrschenden Doktrin alle rechtlichen Folgen seiner rechtsgeschäftlichen Erklärung redlich gewollt. Wenn man von unserer Auffassung ausgeht, so erledigt sich die Frage leicht. Irrtum und Unwissenheit, die das Recht als nicht glaublich betrachtet, können eben weder von dem Erklärenden noch gegen ihn vorgeschützt werden, um die Erklärung zu entkräften.

8) Unsere Rechtsquellen weisen uns manche Beispiele auf, wo ein Rechtsgeschäft trotz des sich auf „wesentliche“ Momente beziehenden Irrtums giltig ist, und zwar offenbar nur deswegen, weil die wirkliche Lage der Dinge für den Erklärenden ganz zweifellos vortheilhafter ist, als die irrtümlicherweise von ihm angenommene. Von solchen Irrtumsfällen sagen die Römer: plus in re est quam in

existimatione mentis[1]). Unseres Dafürhaltens ist die herrschende Lehre nicht imstande, in befriedigender Weise zu erklären, warum in den erwähnten Fällen der Irrtum die Giltigkeit der Erklärung nicht affiziert. Da sich hier der Irrtum auf Momente bezieht, die sonst als wesentlich gelten, so unterliegt es keinem Zweifel, dafs ein wirklicher innerer Geschäftswille fehlt. Dagegen liegt in den besagten Irrtumsfällen direkt ein Beweis für unsere Ansicht. Es ist nämlich klar, dafs, falls dies dem Erklärenden nur Nutzen bringen kann, dafs die wirklichen Verhältnisse seiner Vorstellung nicht entsprechen, die Relevanz eines solchen Irrtums nicht glaublich, folglich der error ein non probabilis ist.

9) Die heutzutage herrschende Lehre geht dahin, dafs in den Fällen, wo ein Vertrag infolge des Irrtums oder Mifsverständnisses ungiltig ist, dabei jedoch einen der Kontrahenten der Vorwurf einer culpa in contrahendo trifft, der andere Kontrahent die Leistung des negativen Vertragsinteresses fordern darf[2]). Nun gestehen es auch die Anhänger dieser Lehre, dafs die Quellenbelege für diese culpa in contrahendo höchst dürftig sind[3]). Bekanntlich stützt sich die

1) Das Quellenmaterial ist zusammengestellt worden von Ihering: Jahrb. f. Dogm. Bd. 2 S. 157 N. 85. Es sind dies folgende Stellen: l. 9 § 4 D. d. i. et f. ign. 22, 6; l. 2 § 15 D. pro empt. 41, 4 (Paulus); l. 4 § 1 D. de manum. vind. 40, 2 (Julian); Fr. Vat. § 260 (Papinian); § 11 J. de leg. 2, 20. Vgl. auch Bechmann: Der Kauf Bd. 2 S. 21. Vorzüglich als Anwendungen dieses Satzes sind die von Kohler: Jahrb f. Dogm. Bd. 18 S. 136 fg. u. S. 473 fg. angeführten und besprochenen Quellenentscheidungen zu betrachten.

2) Diese Lehre wurde zuerst begründet von Ihering in seiner bekannten Abhandlung über die culpa in contrahendo in den Jahrb. f. Dogm. Bd. 4 S. 1—112. Bei Ihering selbst schrumpft jedoch die „culpa“ eigentlich zur blofsen Veranlassung ein. Jetzt scheint Ihering an der von ihm entwickelten Lehre nicht mehr festzuhalten. Vgl. Schuldmoment, Vermischte Schriften S. 197 Note.

3) Vgl. gegen die Quellenmäfsigkeit der Lehre, dafs bei culpa in

Annahme auf Analogie anderer Fälle, denn es giebt keinen einzigen Quellenausspruch, welcher beweisen würde, dafs auch im Falle der Ungiltigkeit wegen Irrtums bei Verschulden einer Partei das negative Vertragsinteresse gefordert werden sollte. Dies ist ein schwerwiegendes Argument gegen die herrschende Ansicht, denn wäre dieselbe richtig, dann käme der culpa in contrahendo eine überaus wichtige praktische Bedeutung zu, und infolgedessen würden zweifellos die römischen Juristen sich mit ihr eingehend beschäftigt haben. Kaum braucht hervorgehoben zu werden — was wir freilich nicht als Beweis in Bezug auf die lex lata betrachten — dafs das Prinzip der culpa in contrahendo zur gehörigen Sicherung des Verkehrs nicht genügen würde. Vollends liefse uns rücksichtlich einseitiger Willenserklärungen das Prinzip der culpa in contrahendo im Stich.

10) Zum Schlufs dürfte es vielleicht nicht ganz unzulässig sein, zur Begründung des Satzes, dafs nur ein probabilis error bei Rechtsgeschäften in Betracht kommt, sich auf die Analogie anderer Fälle zu berufen, wo Entschuldbarkeit des Irrtums verlangt wird. Folgende allgemein bekannte Fälle mögen hier hervorgehoben werden: a) Der Anspruch des Käufers gegen den Verkäufer wegen der Mängel des Kaufobjektes fällt weg, wenn der Käufer die Mängel der Sache kannte oder sie doch bemerken mufste[1]. Es liegt nahe, in

contrahendo das negative Interesse zu leisten ist, die gründlichen und überzeugenden Ausführungen Mommsens in seiner Abhandlung: Über die Haftung der Kontrahenten bei Abschliefsung von Schuldverträgen. Neuestens wird diese Lehre eifrig verteidigt von Eisele in seiner Abhandlung: Über Nichtigkeit obligatorischer Verträge wegen Mangels an Willensübereinstimmung des Kontrahenten, Jahrb. f. Dogm. Bd. 25 S. 414—508. Ihre Quellenmäfsigkeit zu begründen, ist auch diesem Schriftsteller keineswegs gelungen.

1) S. 14 § 10 D. de aedil. ed. 21, 1; l. 55 D. eod.; s. auch l. 1 § 6; l. 48 § 4 D. eod.; l. 43 § 1 D. de c. e. 18, 1.

der Übernahme der Sache, trotz sichtbarer Mängel, eine Verzichterklärung des Käufers auf das Recht, diese Mängel zu beanstanden und hierin den Grund der erwähnten Bestimmung zu sehen. Nicht-entschuldbarer Irrtum steht dabei dem Wissen vollkommen gleich. — b) In allen Fällen, wo die Frist zu einem rechtlichen Handeln als tempus utile gerechnet wird, ist das unentschuldbare Nicht-Wissen, daſs man handeln soll, dem Wissen gleichgestellt [1]). Nun haben die Anwendungsfälle des tempus utile wenigstens einigermaſsen einen verwandten Charakter in den Fällen, wo aus längerer Unthätigkeit der Verzicht auf einen Anspruch geschlossen wird. — c) Das wissentliche Zahlen einer Nicht-Schuld gilt nach römischem Recht als Schenkung. Die indebiti condictio ist nur begründet, falls der Zahlende irrtümlich das Vorhandensein der Schuld annimmt. Nun ist, obzwar diesbezüglich eine Meinungsverschiedenheit bestanden zu haben scheint, die Ansicht, daſs die Unentschuldbarkeit des Irrtums die condictio indebiti ausschlieſst, in unseren Quellen vorherrschend [2]). Daraus ersieht man, daſs die Römer geneigt waren, bei Intolerabilität des Irrtums ein Geschäft als gewolltes unentgeltliches Abtreten der Sache zu behandeln, trotz des Mangels einer wirklichen Schenkungsabsicht [3]). Und dabei muſs hervorgehoben werden, daſs, was leicht zu begreifen ist, jedes Irren

---

1) S. das Quellenmaterial bei Windscheid: Pandekten Bd. 1 § 104 N. 7.

2) S. einerseits l. 9 § 5 D. de i. et f. ign. 22, 6; l. 25 D. de probat. 22, 3; c. 6, c. 10 C. de i. et f. ign. 1, 18; c. 6, c. 7 C. de cond. ind. 4, 5; c. 9 C. ad l. falc. 6, 50; ferner noch c. 2 § 1 C. de a. e. v. 4, 49 u. arg. aus c. 2 C. si adv. solut. 2, 32 (33); andererseits: l. 1 pr. D. ut in poss. legat. 36, 4; dazu s. Windscheid: Pandekten Bd. 2 § 426 N. 14, woselbst die Litteraturangaben.

3) Vgl. die Stellen bei Windscheid a. a. O. N. 13.

des Handelnden bei Schenkungen an sich schon eher Nachsicht verdient als bei allen anderen Rechtsgeschäften.

Der Rechtsirrtum und der nichtglaubliche faktische Irrtum.

§ 18.

Wenn wir die Ansicht vertreten, dafs nur ein error probabilis Ungiltigkeit der Willenserklärung nach sich zieht, so theilen wir doch gar nicht die übliche Auffassung des Begriffs des error non probabilis, wonach nur ein auf grober Nachlässigkeit beruhender Irrtum ein unentschuldbarer sein soll. Dies halten wir für irrig und infolgedessen weichen unsere Ansichten über die uns hier beschäftigende Frage von denjenigen jener Juristen (WINDSCHEID, REGELSBERGER u. a.) ab, die auch im Prinzip den unentschuldbaren Irrtum für unerheblich halten, denselben jedoch als in allen Fällen von einer culpa lata abhängig halten. Nach unserer Ansicht mufs zwischen rechtlichem und faktischem Irrtum unterschieden werden und innerhalb der Fälle des nicht rein-rechtlichen Irrtums die in der Folge angegebene Unterscheidung berücksichtigt werden. Nur auf diesem Wege kann die wahre Bedeutung des unentschuldbaren Irrtums ergründet werden. Wir wenden uns nun zuerst dem error iuris zu.

Die Annahme unserer Juristen, dafs auch ein error iuris, insofern er dabei ein „unechter“ ist, Ungiltigkeit der Willenserklärung nach sich ziehe, müssen wir als eine bedeutende, „echte“ und kaum „entschuldbare“ Verirrung bezeichnen. Wenig Sätze in unserer Wissenschaft dürften so sicher sein als der, dafs der Rechtsirrtum, wie überhaupt, so auch hier nicht berücksichtigt werde. Ein völlig genügender Beweis dafür liegt schon darin, dafs die

Regel iuris ignorantia cuique nocet unzweideutig als ein Grundsatz von allgemeiner Geltung ausgesprochen wird und nicht der geringste Grund vorhanden ist, warum man in Bezug auf den rechtsgeschäftlichen Willen eine Ausnahme annehmen sollte[1]). Wollte man noch spezielle Quellenbelege zur Begründung unseres Satzes verlangen, so dürfte auch solche aufzufinden keineswegs schwer fallen. Beispielsweise mögen hier folgende zwei entschieden für uns beweisende Stellen angeführt werden:

C. 2 C. de i. et. f. ign. 1, 18. In dieser Stelle wird eine renuntiatio hereditatis, mithin eine rechtsgeschäftliche Erklärung als bindend erklärt, ohne Rücksicht auf die iuris ignorantia, weil diese „excusari non potest". C. 13 C. eod. Hier heifst es, dafs die den Frauen zugestandene singuläre Befugnis, sich auf Rechtsirrtum zu berufen, die Gefahr einer „licentia passim omnes suos contractus retractare" nach sich

1) S. l. 1, l. 2, l. 3, l. 4, l. 7, l. 8, l. 9 D. de i. et f. ign. 22, 6; l. 11 § 4 D. de his qui not. inf. 3, 2; l. 3 pr., l. 20 D. de S. C. M. 14, 6; l. 29 pr. § 1 D. mand. 17, 1; l. 17 D. de his quae ut indign. 34, 9; l. 10 D. de bon. poss. 37, 1; l. 2 D. de confessis 42, 2; l. 1 § 10 D. de aqua cott. 43, 20; l. 15 pr. D. de lege corn. 48, 10; l. 2 § 7 D. de iure fisci 49, 14; c. 2, c. 3, c. 7, c. 11, c. 12, c. 13 C. de i. et f. ign. 1, 18; c. 6, c. 8 C. qui adm. ad bon. poss. 6, 9, und die oben (S. 427 N. 2) angeführten, von der condictio indebiti sprechenden Stellen. Überall erscheint hier das Nichtberücksichtigen des Rechtsirrtums als ein allgemeiner Rechtsgrundsatz. Man kann sich hier auch auf jene Stellen berufen, in welchen bei Anwendung irgend eines rechtlichen Grundsatzes im speziellen Fall von einem scire debere (oder ignorare non debere) des betreffenden Satzes gesprochen wird, eine Wendung, die namentlich in kaiserlichen Reskripten sich oft wiederholt. S. z. B. c. 1 C. an servus ex suo f. 4, 14; c. 1 C. si cert. pet. 4, 2; c. 4 C. de c. e. 4, 38; c. 5 C. de non num. pec. 4, 30; c. 1 C. de dote cauta 5, 15; c. 1 C. ad l. falc. 6, 50; c. 1 C. comm. de succ. 6, 59; c. 2 C. de luit. pign. 8, 30 (31); c. 6 C. de contr. stip. 8, 37 (38); l. 48 pr. D. de fideiuss. et mand. 46, 1; l. 3 § 2, l. 5 § 10 D. de adm. et per. tut. 26, 7 u. a.

zieht. Daraus ist zu schliefsen, dafs in der Regel iuris ignorantia nocet zugleich ein Verbot wegen Rechtsunwissenheit „contractus retractare" zweifellos enthalten ist.

Ganz klar zeugt ferner dafür, dafs nur der error facti bei Willenserklärungen Berücksichtigung findet, auch l. 20 D. de S. C. Mac. 14, 6 (Pomponius). Wenn ein filius familias, heifst es hier, nachdem er sui iuris geworden ist, die Schuld, der die exceptio S. C. Macedoniani entgegensteht, expromittiert, so gilt dies als Verzicht auf die exceptio. Bei Irrtum ist diese Deutung ausgeschlossen und dem Expromittenten eine exceptio in factum vorbehalten, wobei jedoch nur ein error facti berücksichtigt wird.

Dem Satze gemäfs, dafs der error iuris keine Berücksichtigung finde, ist also jede Erklärung, die nur darum nicht gewollt ist, weil der Erklärende infolge der Rechtsunwissenheit sich des Sinnes seines Handelns nicht bewufst war, vollkommen giltig. Insonderheit kann sich derjenige, der eine rechtsgeschäftliche Erklärung abgiebt, d. h. eine Erklärung, die nach der Auffassung des Lebens das Verlangen nach einer gewissen Rechtsfolge enthält, nicht darauf berufen, dafs er über die Rechtsfolge der Erklärung im Irrtum war. Damit ist zugleich bewiesen, dafs das Wollen der Rechtsfolge keine Voraussetzung der Giltigkeit der Rechtsgeschäfte ist[1]). Selbst die irrige Meinung des Handelnden, sein Benehmen sei rechtlich in keiner Weise bindend, ist unerheblich, dafern das Recht oder die Regel des Lebens diesem Handeln eine andere Bedeutung beilegen. Mit Recht wird von Kohler hervorgehoben, dafs sich die Parteien bei Rechtsgeschäften nicht unbedingt dessen bewufst sein müssen, dafs sie mit recht-

---

1) So mit Recht Schlossmann: Ztschr. f. Privat- u. öffentl. R. Bd. 7 S. 565.

lichem Effekte handeln. In manchen von KOHLER[1]) zum Beweise dieser Behauptung angeführten Stellen liegt ein iuris error, in allen ein in unserem Sinne nicht-glaublicher Irrtum vor. Dagegen sind die von ZITELMANN[2]) gegen KOHLER vorgebrachten Einwendungen nicht stichhaltig.

Es mag hier gegen ZITELMANN noch auf c. 29 C. de pact. 2, 3 und die ähnlich lautende c. 50 C. de episc. 1, 3[3]) aufmerksam gemacht werden. Hier wird bestimmt, dafs man in rechtsgiltiger Weise vertragsmäfsig auf das Recht die praescriptio fori zu gebrauchen verzichten könne, obwohl es früher, wie die erstzitierte Konstitution ausdrücklich hervorhebt, zweifelhaft war, ob ein solcher Vertrag rechtliche Folgen erzeugt. Daraus ist zu schliefsen, dafs es keiner der vertragschliefsenden Parteien frei stehe, sich darauf zu berufen, sie habe die Konvention für rechtlich nicht bindend erachtet, mag sie auch, mit Rücksicht auf das früher geltende Recht[4]), begründete Zweifel bezüglich der Rechtsgiltigkeit eines solchen pactum gehabt haben[5]).

---

1) Jahrb. f. Dogm. Bd. 18 S. 136 fg., 473 fg.; s. auch Jahrb. Bd. 16 S. 329 fg.

2) Irrtum u. Rechtsgeschäft S. 258 N. 220; s. dagegen KOHLER: Jahrb. Bd. 18 S. 152 fg.

3) Beide Stellen haben wir bereits oben S. 398 N. 1 angeführt.

4) S. l. 18 D. de iurisd. 2, 1 u. l. 27 D. de r. i. 50, 17. Gelegentlich sei hier bemerkt, dafs mit Rücksicht auf die zitierten c. 27 u. 50 die von BÜLOW (Arch. f. civilist. Praxis Bd. 64 S. 70 u. S. 101) vertretene Ansicht, als sei die aufsergerichtliche prorogatio fori im röm. Recht überhaupt unzulässig gewesen, sich als unrichtig erweist.

5) Zur Bekräftigung des hier Entwickelten mag noch beispielsweise auf nachstehende Quellenstellen hingewiesen werden: c. 12 C. de fidei. et mand. 8, 40 (41). Der Fragesteller war offenbar im Irrtum; er meinte, seine Äufserung sei nicht bindend gewesen L. 8 D. de resc. vend. 18, 5 (SCAEVOLA). Wie könnte die ganze Frage nur überhaupt aufgeworfen werden, wenn es beim Kaufabschlufs auf das Vorhandensein des wirklichen Willens ankäme? Ferner die überaus bezeichnende, der

Wenn das römische Recht in Betreff der Frage, ob eine Erklärung als gewollt zu betrachten sei, dem genauen Bewufstsein rücksichtlich des Sinnes der Erklärung ein Nicht-Wissen, sofern dieses nur in der Rechtsunkenntnis seine Quelle hat, gleichstellt, so bestimmt es hierdurch nicht nur, dafs der Erklärende sich auf Rechtsirrtum nicht berufen dürfe, sondern auch zugleich, dafs gegen ihn seine Rechtsunwissenheit nicht geltend gemacht werden solle. Wie das Recht einerseits die Rechtsunkenntnis nicht entschuldigt, so erfordert es andererseits eine genaue Kenntnis des objektiven Rechts zur Vornahme rechtlich wirkender Willenserklärungen nicht.

Der Rechtsirrtum ist in der Regel stets ein error non probabilis, ohne Rücksicht darauf, ob und was für eine Nachlässigkeit dem Erklärenden zur Last fällt. Nur ausnahmsweise wird er bekanntlich manchen Personen verziehen, nämlich Minderjährigen[1]), Soldaten[2]),

---

wirklichen Intention des Käufers widersprechende Entscheidung des l. 64 D. de c. e. 18, 1 (Javolenus). Der Grund der Entscheidung ist darin zu suchen, dafs der Käufer im Rechtsirrtum befangen ist, wenn er den Kauf „mihi et Titio" für möglich hält. — Ist es evident, dafs sich der Erklärende nicht binden wollte, dann fehlt eine ernstliche Erklärung, und selbstverständlich bleiben auch die Rechtsfolgen aus. S. dazu l. 8 pr. D. de accept. 46, 4 (Ulpian). Unrichtig wäre es, aus der Stelle zu schliefsen, dafs die Erklärung des accepto ferens auch dann unwirksam ist, wenn die Nichternstlichkeit dem anderen Kontrahenten ganz unerkennbar war. Man mufs vielmehr annehmen, dafs der accepto rogans der Ungiltigkeit des Aktes sich auch hätte bewufst sein können, sonst käme man dazu, dafs hier die Wirksamkeit der Mentalreservation ausgesprochen ist. Vgl. zu der Stelle auch Leonhard: Irrtum Bd. 2 S. 373 u. Hesse: Arch. f. civ. Prax. Bd. 57 S. 187.

1) L. 9 pr. D. de i. et f. ign. 22, 6; c. 11 C. eod. 1, 18; c. 2 C. si adv. sol. 2, 32 (33).

2) L. 9 § 1 D. de i. et f. ign.; l. 40 § 2 D. de test. mil. 29, 1; l. 22 pr. § 15 C. de iure delib. 6, 30; c. 5 C. de his qui sibi adscr. 9, 23.

unter Umständen Frauen[1]) und Ungebildeten (rustici)[2]). Was endlich den Fall der Entschuldbarkeit des Rechtsirrtums wegen der Unmöglichkeit, sich die nötige Rechtsbelehrung zu verschaffen, betrifft[3]), sollte man, unseres Dafürhaltens, das „quod raro accipiendum“ der l. 9 § 3 D. cit. (PAULUS, LABEO) mehr als meistens geschieht, beherzigen. Auch halten wir es für irrig, daraus ohne weiteres Entschuldbarkeit des Irrtums in Betreff der kontroversen Rechtssätze zu deduzieren[4]), denn dann würde die Verzeihlichkeit des Rechtsirrtums in unserem gemeinen Recht fast zur Regel werden. Das objektive Recht kann ja nicht aufhören, als ius finitum zu gelten, schon darum, weil es schlechte Theoretiker giebt, die es falsch verstehen. Durch die letzterwähnte Annahme würden namentlich wir, Gegner der herrschenden Lehre, in eine höchst unerquickliche Lage geraten. Da nämlich der Satz selbst, ob der Rechtsirrtum bei Willenserklärungen Berücksichtigung finde, bestritten ist, so würde man auf indirektem Wege doch dazu gelangen, daſs der error iuris hier verzeihlich sei und folglich die Giltigkeit der Willenserklärungen entkräfte.

Was die Fälle betrifft, wo der Irrtum sich nicht auf einen Satz des objektiven Rechts bezieht, also ein sog. error facti ist, können dieselben in Bezug auf die uns hier inter-

---

1) L. 8, l. 9 pr. D. de i. et f. ign.; l. 2 § 7 D. de iure fisci 49, 14; c. 3, c. 11, c. 13 C. de i. et f. ign.; c. 6 C. qui adm. ad bon. poss. 6, 9; s. auch l. 110 § 4 D. de r. i. 50, 17.

2) L. 1 § 5 D. de edendo 2, 13; l. 2 § 1 D. si quis in ius voc. 2, 5; l. 3 § 22 D. de S. C. Silan. 29, 5; l. 2 § 7 D. de iure fisci cit.; c. 1 § 1 c. C. de rei ux. act. 5, 13; c. 8 C. qui adm. ad bon. poss 6, 9.

3) L. 9 § 3 D. de i. ef, f. ign.; l. 10 D. de bon. poss. 37, 1; l. 2 § 5 D. si quis ordo 38, 15.

4) SAVIGNY: System Bd. 3 S. 336 fg.; WÄCHTER: Pandekten Bd. 1 S. 355, Würtemb. Privatr. Bd. 2 § 21 N. 21. Vgl. auch die treffende Bemerkung WINDSCHEIDS: Pandekten Bd. 1 § 79 a N. 5 (6. Aufl.).

essierenden Fragen unmöglich sämtlich auf eine Linie gestellt und gleichmäſsig behandelt werden. Es muſs vielmehr hier unterschieden werden, was die tiefere thatsächliche Ursache der falschen oder mangelnden Vorstellung des Erklärenden von dem Sinne und Inhalte seiner Erklärung ist. Diese Ursache kann beim error facti zwiefacher Art sein. Der Erklärende ist sich des Sinnes seiner Erklärung nicht bewuſst, entweder, weil er nur einfach keine richtige Vorstellung davon hat, was sein Benehmen, den üblichen Interpretationsgrundsätzen gemäſs beurtheilt, bedeute, oder aber, weil er über andere auſserhalb seiner Erklärung liegende Umstände irrend den Sinn seines Benehmens nicht hat richtig erfassen können. Im ersten Falle, den wir als Irrtum über die Interpretationsgrundsätze bezeichnen werden, irrt der Handelnde, weil er den Sinn der gebrauchten Worte oder Zeichen miſsversteht, mit den Verkehrsusancen nicht vertraut ist u. s. w., kurzum, die sog. Regel des Lebens nicht kennt oder nicht beachtet. Im zweiten Falle kann der weitere Grund seines Nicht-Wissens der verschiedenartigste sein. Z. B.: Jemand bezeichnet in seiner Erklärung einen Gegenstand, den er nicht bezeichnen will, weil er demselben den ihm nicht zukommenden Namen irrtümlich beilegt (z. B., er meint, der fundus Cornelianus heiſse Sempronianus) oder fälschlich annimmt, der Gegenstand befinde sich an einem anderen Orte, als es der Fall ist. Jemand verwechselt zwei Personen miteinander und schickt den an A bestimmten Brief an den B, der etwa denselben Familiennamen hat. Jemand benimmt sich in der Weise, daſs hierin, unter der Voraussetzung, daſs dem Handelnden gewisse besondere Umstände bekannt sind, eine stillschweigende Erklärung erblickt werden könnte. Indessen fehlt dem Handelnden eben diese besondere Kenntnis (beispielsweise Kenntnis von dem Tode des Erblassers in Bezug auf die pro herede gestio). Jemandes Benehmen erscheint als Zustimmung zu der ihm gemachten Offerte. Indessen ist ihm der die Offerte enthaltende Brief jener Person gar nicht zugestellt worden u. s. w.

Diese beiden Kategorieen des faktischen Irrtums müssen streng auseinandergehalten werden, weil das römische Recht dieselben verschiedenartig behandelt. Der Irrtum über die Interpretationsgrundsätze gilt in der Regel als non probabilis und wird vom Rechte ignoriert; der sonstige faktische Irrtum dagegen gilt als probabilis und findet bei Willenserklärungen Berücksichtigung. — Wir sehen uns verpflichtet, diese Sätze näher zu begründen.

Schon die genauere Betrachtung der Natur dieser beiden Kategorieen des faktischen Irrtums mufs die Überzeugung erwecken, dafs zwischen denselben, soweit die Entschuldbarkeit des Irrtums in Frage steht, ein bedeutender Unterschied obwaltet. Bei der Interpretation von rechtlichen Willenserklärungen wird bekanntlich in erster Linie die individuelle Ausdrucksweise des Handelnden in Betracht gezogen, dann die allgemeine, durch Sitte festgestellte Regel des Lebens. Nun ist es klar, dafs dies Momente sind, von denen angenommen werden mufs, dafs sie dem Erklärenden genau bekannt sind. Folglich mufs der Irrtum über Interpretationsgrundsätze eher als ein nicht-glaublicher und unverzeihlicher betrachtet werden, als der Irrtum über alle sonstigen, aufserhalb des Erklärungsbenehmens liegenden Thatsachen.

Auch ist das Irren über die bei der Ermittelung des Sinnes der Erklärung anzuwendenden Grundsätze streng genommen kein blofser error facti; es steht vielmehr an der Grenze zwischen error facti und error iuris. Indem das Recht in Bezug auf das Erkennen des Willens bei zivilrechtlichen Willenserklärungen die im Leben sich darauf beziehenden, durch Gewohnheit festgestellten Normen akzeptiert, so erhebt es gewissermaſsen diese Regeln zu Grundsätzen, denen bereits eine rechtliche Bedeutung zukommt. Die Regel des Lebens, auf welche die Willensinterpretation sich stützt, muſs das Recht als etwas behandeln, quod omnes intelligunt, worüber also, ähnlich wie über Rechtssätze, einem einzelnen zu irren nicht gestattet ist. Wer diese konventionellen, durch Sitte sanktionierten Gebote des Verkehrslebens nicht kennt, der irrt nicht lediglich über eine Thatsache. Dazu kommt noch der Umstand, daſs das Recht selbst durch Interpretationsvorschriften, die sich sowohl auf ausdrückliche als auch auf stillschweigende Willenserklärungen beziehen, die Regeln des Lebens normiert und feststellt. Wer infolge der Unkenntnis dieser Normen sich des Sinnes und Inhaltes des Erklärten nicht bewuſst ist, dessen Irrtum schlägt offenbar fast gänzlich in einen Rechtsirrtum über. Wie jedoch einerseits das Recht bei dem Erklärenden die Kenntnis der Regel des Lebens zu seinen Ungunsten voraussetzt, so läſst es auch andererseits nicht zu, daſs gegen ihn der Einwand erhoben werde, er habe den Sinn seines Handelns infolge des Irrtums über Interpretationsgrundsätze nicht recht begriffen. Somit muſs behauptet werden, daſs der Irrtum über Interpretationsgrundsätze in ähnlicher Weise zu behandeln sei, wie ein error iuris.

Diese Auffassungsweise entspricht, wie wir glauben, den Entscheidungen unserer Quellen vollkommen. Auf eine ins Detail gehende Besprechung einzelner Quellenstellen müssen wir zwar verzichten, wollen jedoch zu dem bereits Gesagten noch einige Bemerkungen hinzufügen, die vielleicht hinreichen werden, die Richtigkeit unserer Ansicht zu begründen.

Was vor allem die ausdrücklichen Willenserklärungen anbelangt, mag auf unsere schon oben angegebenen allgemeinen Erwägungen hingewiesen werden, insbesondere auf die Bedeutung der rechtlichen Interpretationsvorschriften. Dieselben lauten in der Weise, daſs man annehmen muſs, es werde durch dieselben ohne weiteres das „Gewollte“ festgestellt, und somit sei der Einwand, man habe die gebrauchten Worte anders aufgefaſst und verstanden, ganz ausgeschlossen. In unseren Rechtsbüchern würde man, wie wir glauben, vergebens nach irgend einem zuverlässigen Zeugnis für die Annahme suchen, daſs bei Geschäften unter Lebenden es zulässig wäre, die Rechtsgiltigkeit einer unzweideutigen Erklärung zu entkräften durch den Nachweis, daſs man die den Sinn der Erklärung feststellende Regel des Lebens oder Interpretationsvorschrift nicht gekannt hat[1]). Die Hauptstellen[2]), welche als Belege für die Unentbehrlichkeit der Übereinstimmung des inneren Willens mit der Erklärung angeführt werden und die auch nach unserer Meinung die Erheblichkeit des äuſserlich nicht erkennbaren Irrtums wirklich darthun, beweisen nichts gegen uns. Bei näherer Betrachtung wird man uns zugeben müssen, daſs diese Stellen sämtlich theils müssen, theils wenigstens können auf einen error über Umstände bezogen werden, die auſserhalb der Erklärung selbst liegen, welcher error es mit sich bringt, daſs es dem Erklärenden unmöglich war, sich des Sinnes seiner Erklärung bewuſst zu

1) S. dazu die oben S. 421 N. 1 u. S. 431 N. 5 angeführten Stellen. Besonders hervorgehoben zu werden verdient c. 12 C. de fidei et mand. 8, 40 (41) cit. Der möglicherweise der Wahrheit entsprechende Einwand des Bittstellers, er sei sich dessen nicht bewuſst gewesen, daſs seine Äuſserung eine rechtlich bindende war, wird aus diesem einfachen Grunde nicht gehört, weil es „pridem receptum est“, daſs man durch das gebrauchte griechische Wort eine Verbalobligation begründet.

2) Von denselben wird noch in der Folge die Rede sein.

sein, mag er auch über die Interpretationsweise derselben nicht im Irrtum gewesen sein.

Besonders sei hier nur auf eine Stelle hingewiesen, die, wenn man sie mit anderen Aussprüchen vergleicht, sehr lehrreich erscheint und ganz entschieden für uns beweist, während sie vom Standpunkte der herrschenden Lehre schwer zu begreifen ist. Dies ist die l. 110 § 1 D. de V. O. 45. 1[1]). Aus der Stelle ergiebt sich, dafs bei unzweideutigen Willenserklärungen der Wille eines der Kontrahenten, der mit den Worten der Erklärung einen andern Sinn verbunden wissen will, als sie in klarer Weise ausdrücken, unberücksichtigt bleibt[2]).

---

1) Pomponius: Si stipulatus fuero de te: „vestem tuam, quaecunque muliebris est, dare spondes?“ magis ad mentem stipulantis quam ad mentem promittentis id referri debet, ut quid in re sit, aestimari debeat, non quid senserit promissor. Itaque si solitus fuerat promissor muliebri quadam veste uti, nihilo minus debetur. Der Promittent befindet sich hier im Irrtum bezüglich des bezeichneten Gegenstandes, welcher Irrtum in einer anderen Stelle des Pomponius (l. 57 D. de o. et a. 44, 7) für die Regel als ein wesentlicher bezeichnet wird. Es liegt auf der Hand, dafs die Unerheblichkeit des error in l. 110 § 1 cit. nur dem zuzuschreiben ist, dafs der einzige Grund des Irrtums der Umstand ist, dafs der Promittent nicht begreift oder nicht beachtet, welche Bedeutung die Ausdrücke „vestis muliebris“ nach der allgemein anerkannten konventionellen Anschauung haben. (Vgl. dazu treffend Hartmann: Jahrb. f. Dogm. Bd. 20 S. 34 fg.; s. auch Schlossmann: Vertrag S. 122 fg.; Mommsen: Haftung S. 96 fg.) Die Entscheidung der l. 33 D. de auro arg. 34, 2 (auch von Pomponius lib. IV ad Quintum Mucium) ist offenbar nur der Ausflufs der benignior interpretatio, die nur bei letztwilligen Verfügungen zulässig ist. S. auch dazu die bezeichnende Auslassung des Celsus in l. 7 § 2 D. de supell. leg. 33, 10 . . . non enim ex opinionibus singulorum, sed ex communi usu nomina exaudire debere; ferner l. 4 pr. D. de leg. I (Ulpian) .... rerum nomina immutabilia sunt.

2) Der bekannte Satz des Paulus: Cum in verbis nulla ambiguitas est non debet admitti voluntatis quaestio (l. 25 § 1 D. de leg. III) steht in der Lehre von den Legaten. Für letztwillige Dispositionen ist er anerkanntermafsen unrichtig. Da er aber in der Lehre von Legaten von

Etwas eingehender wollen wir von den sog. stillschweigenden Willenserklärungen sprechen. Dies scheint uns aus einem doppelten Grunde geboten zu sein: erstens, weil wir in der Art und Weise, wie im römischen Recht die stillschweigenden Willenserklärungen behandelt werden, einen Beweis unserer Ansichten finden zu können glauben; zweitens, weil die Frage, in welchem Verhältnis in den Fällen der stillschweigenden Erklärungen Wille und Erklärung zu einander stehen, von unseren Schriftstellern meistens theils in unklarer, theils unrichtiger Weise aufgefafst wird. Dabei mufs zu allererst hervorgehoben werden, dafs es uns hier auf eine Definition der stillschweigenden Erklärungen gar nicht ankommt, schon deswegen, weil wir fest davon überzeugt sind[1]), dafs, was das Verhältnis zwischen

---

einem römischen Juristen nur überhaupt hat ausgesprochen werden können, so ist es nichts als nur ein argumentum a maiore ad minus, ihn für die Lehre von Rechtsgeschäften unter Lebenden wenigstens einigermafsen zu verwerten. Zu weit geht zwar Leonhard (Irrtum Bd. 1 S. 186 N. 1), wenn er aus der Stelle deduziert, dafs bei unzweideutigen Erklärungen der erkennbare Sinn schlechthin als das Gewollte gilt. Wir meinen jedoch, dafs man aus dem Paulinischen Satze folgern darf, es sei unzulässig, einzuwenden, der Erklärende habe die non ambigua verba in einem anderen Sinne gebraucht, als er ihnen sonst zukommt. Paulus dürfte wohl nur dies ausdrücken wollen. So verstanden ist der Satz für Erklärungen unter Lebenden als Regel treffend, für Erklärungen von Todeswegen wenigstens nicht grundfalsch und nicht ohne einen gewissen Schein von Richtigkeit.

1) S. über stillschweigende Willenserklärungen Leonhard: Irrtum Bd. 1 § 10 und die dort (S. 190 N. 1) Zitierten. Leonhard (S. 201) will die Bezeichnung „stillschweigende“ Erklärung nur auf solche Erklärungen angewendet wissen, wo die Klarlegung eines Gedankens „in einer anderen Form als in den nach dem Sprachgesetze für ihn bestimmten Worten“ geschieht. Dies scheint uns nicht inkorrekt zu sein. Richtig ist auch Leonhards Bemerkung, dafs man oft die „stillschweigende“ Erklärung mit der unklaren, wie auch mit der Erklärung mit doppeltem Zwecke verwechselt hat. Aufserdem spricht Leonhard (S. 194) von der Ver-

Wille und Erklärung anbelangt, gar kein wesentlicher Unterschied zwischen diesen beiden Kategorieen von Erklärungen besteht, vielmehr hier wie dort genau dieselben Grundsätze gelten.

In Betreff der Natur der stillschweigenden Willenserklärungen geht die Ansicht, welche noch immer als die herrschende bezeichnet werden mufs, dahin, dafs das charakteristische Merkmal dieser Erklärungen darin bestehe, dafs hier der Wille aus Handlungen erschlossen werde, die der Handelnde nicht zu dem Zwecke vorgenommen hat, um dadurch seinen Willen zu erklären[1]). Dieser Auffassung scheint also der Gedanke zu Grunde zu liegen, als bestehe die eigentliche Differenz zwischen ausdrücklichen und stillschweigenden Erklärungen in dem Umstande, dafs wohl bei den ersteren, nicht aber bei den letzteren ein offenbar absichtliches „Erklären" auf seiten des Handelnden liegt. Dieser Begriffsbestimmung gemäfs mufs also die herrschende Lehre wirklich einen ganz wesentlichen Unterschied zwischen den beiden Erklärungsarten annehmen. Bei der stillschweigenden Erklärung

---

wechselung der stillschweigenden Erklärung mit der unbeabsichtigten, woraus zu schliefsen ist, dafs er eine besondere Art von „unbeabsichtigten" Erklärungen annimmt. Dem mufs entschieden entgegengetreten werden. Eine besondere Art von unbeabsichtigten Willenserklärungen giebt es nicht, nur kann unter Umständen jede Erklärung wirken, obwohl sie „unbeabsichtigt" war. Soviel ist nur richtig, dafs öfter eine stillschweigende Erklärung ohne wirklichen Willen wirksam ist, als eine ausdrückliche.

1) So WINDSCHEID: Arch. f. civ. Prax. Bd. 63 S. 74 (weniger bestimmt und seit der 5. Aufl. modifiziert in seinen Pandekten § 72); ARNDTS: Pandekten § 64. Richtiger WÄCHTER: Würtemb. Privatr. Bd. 2 S. 734 u. Pandekten Bd. 1 S. 362. Noch weiter als WINDSCHEID geht BRINZ: Pandekten 1. Aufl. § 353 S. 1554 u. § 354 (s. auch BURCKHARD: Zivilist. Präsumtionen S. 271), wenn er in stillschweigenden Erklärungen einfach „unwillkürliche" Erklärungen sieht.

würden nämlich offenbar die besondere, die Erklärungszeichen erzeugende Handlung samt dem sich auf dieses Handeln beziehenden Willen vollständig fehlen, also Momente, die die herrschende Lehre als zum Thatbestande der Erklärungshandlungen gehörend betrachtet. Kurz, die stillschweigende Erklärung bestünde nicht in einer Erklärungshandlung. Der innere Wille — bei Rechtsgeschäften der auf rechtliche Folgen gerichtete Wille — würde hier direkt „aus Umständen" erschlossen werden. Da nun bei stillschweigenden Willenserklärungen die als konkludent geltenden Thatsachen das wirkliche Vorhandensein des inneren Wollens absolut nie mit Bestimmtheit erweisen, so scheint dies der Grund der Behauptung zu sein, dafs bei stillschweigenden Willenserklärungen der Wille erschlossen werde auf Grund objektiver Grundsätze[1]), folglich eine wirksame Erklärung auch ohne wirklichen inneren Willen bestehe. Als eine unabweisbare Konsequenz dieser Ansicht müfste betrachtet werden, dafs es keine Interpretation stillschweigender Erklärungen gebe[2]).

1) S. Windscheid a. a. O.; Scheiff: Divergenz zwischen Wille und Erklärung S. 6. Übrigens ist zu bemerken, dafs es aus der Windscheidschen Definition der stillschweigenden Erklärungen („ein Benehmen, das auf das Vorhandensein des Willens einen sicheren Schlufs gewährt") noch gar nicht folgt, dafs darüber, ob dieser Schlufs gerechtfertigt ist, objektive Grundsätze entscheiden müfsten, und die Berücksichtigung der erkennbaren individuellen Eigentümlichkeiten des Subjektes, seiner besonderen Verhältnisse u. s. w. ausgeschlossen wäre. Ist denn bei ausdrücklichen Erklärungen der auf Willensinterpretation beruhende „Schlufs" nicht auch „sicher"? Überhaupt erscheint die ganze Formulierung in gleichem Mafse unklar wie unrichtig. Unklar, weil man nicht weifs, was als „sicherer" Schlufs zu betrachten ist; unrichtig, weil sie den Schein erweckt, als wäre bei ausdrücklichen Erklärungen der Schlufs „unsicher" oder doch weniger sicher.

2) Diese Konsequenz wird jedoch nicht immer gezogen; s. z. B. Brinz a. a. O. S. 1570. Für die Unentbehrlichkeit der Interpretation

Hiernach wäre der Unterschied zwischen ausdrücklichen und stillschweigenden Willenserklärungen ein so bedeutender, daſs es kaum mehr berechtigt wäre, sie unter eine und dieselbe Kategorie von juristischen Thatsachen zu bringen. Bei ausdrücklichen Erklärungen müſste Übereinstimmung von Wille und Erklärung vorhanden sein, während bei stillschweigenden Erklärungen eigentlich nur die äuſseren, als konkludent erscheinenden Thatsachen ohne Rücksicht auf den Willen die Rechtsfolge schaffen würden.

Diese ganze Auffassungsweise halten wir für völlig verfehlt. Wäre es wirklich wahr, daſs bei stillschweigenden rechtsgeschäftlichen Erklärungen unmittelbar das Vorhandensein des inneren, auf die Rechtsfolgen gerichteten Willens, der sonst erklärt wird, aus Umständen erschlossen werde, dann müſste man fragen, wozu noch irgend ein „konkludentes" Thun des Urhebers der Erklärung notwendig wäre und warum nicht, Beweisbarkeit vorausgesetzt, die bloſse innere Prädisposition, auch ohne daſs sie zur That geworden wäre, genügen sollte? Es wird völlig verkannt, daſs der Unterschied zwischen beiden Arten von Erklärungen nur ein äuſserlicher ist und das Wesen der Sache nicht betrifft. Denn das „Erklären" ist bei Willenserklärungen überhaupt nur ein gewolltes Ausdrücken eines Vorhabens durch ein äuſseres Benehmen, und dieses Ausdrücken findet sich in gleichem Maſse bei stillschweigenden Erklärungen wie bei ausdrücklichen vor. Was aus der stillschweigenden Erklärung „erschlossen" wird, das ist gar nicht jener innere Wille, welcher bei ausdrücklichen Erklärungen „der erklärte" Wille genannt wird, sondern der „Erklärungswille" in unserem Sinne, d. h. der Wille, durch dieses äuſsere Benehmen ein inneres Vorhaben auszu-

---

s. Leonhard S. 201 fg. Vgl. auch Źródlowski: röm. Privatr. Bd. 2 S. 307.

drücken. Beim sog. konkludenten Verhalten wird der Schlufs nicht darauf gezogen, dafs die Person nur innerlich eine Rechtsfolge wollte oder wünschte, sondern dafs sie dieses Vorhaben gerade durch dieses Thun oder Nichtthun zum Ausdruck hat bringen wollen. Es ist ja evident, dafs das blofse, durch That nicht bewährte, wenngleich sonst erweisbare Wünschen einer Rechtsfolge noch keine stillschweigende Erklärung ist. Das erste beste Beispiel einer stillschweigenden Erklärung überzeugt uns davon [1]). Gerade auf dieselbe Weise wird der Erklärungswille auch aus der ausdrücklichen Erklärung „erschlossen" oder eigentlich in beiden Fällen als wahrscheinlich erkannt. Auch bei stillschweigenden Willenserklärungen wird also der Erklärungswille ermittelt auf Grund der Interpretation, ganz so wie bei ausdrücklichen, und in beiden Fällen beruht die Interpretation auf denselben Grundsätzen. Die beiden Arten von Erklärungen stehen sich also, was das Verhältnis zwischen Wollen und Erklären anbelangt, vollständig gleich [2]). Diese wesentliche Gleichstellung bezeugen

1) Man nehme z. B. die pro herede gestio. Wer wird denn ernstlich behaupten, dafs schon ein Benehmen, welches den inneren Vorsatz (Wunsch), die Erbschaft zu erwerben, verrät, eine pro herede gestio ist? Es liegt ja auf der Hand, dafs sie erst in einem solchen Handeln besteht, welches aufgefafst werden mufs als die Manifestation des Willens, die Erbschaft hierdurch wirklich zu ergreifen, sich anzueignen.

2) Hätte man es nicht aufser acht gelassen, dafs alle Erklärungen wirkliche Willensakte sind, dann würde die hier gerügte Ansicht gar nicht entstehen können. Sie ist nämlich nichts als nur der Überrest der Meinung, nach welcher das äufsere Verhalten nur als Beweismittel des inneren Wollens von Bedeutung ist. Hält man dagegen daran fest, dafs die Rechtsfolgen erst durch Willensakte ins Leben gerufen werden, dann ist es klar, dafs ein Handeln, welches nicht „Ausdrücken" des Geschäftswillens ist (es mag nebenbei ja sogar in erster Linie auch anderen Zwecken dienen), nicht auf den Willen, sondern höchstens auf ein leeres Wünschen oder auf den noch unfertigen Vorsatz, in der Zukunft zu handeln, den Schlufs gewähren kann.

auch die Quellen in zahlreichen Aussprüchen in so unzweideutiger Weise, daſs in der Beziehung wahrlich nie ein Zweifel hätte entstehen sollen. Nicht nur bei ausdrücklichen, auch bei stillschweigenden Erklärungen wird von einem declarare voluntatem gesprochen und in beiden Fällen wird das äuſsere Benehmen ganz korrekt ein indicium voluntatis genannt[1]). Besteht aber gar kein wesentlicher Unterschied zwischen den beiden Erklärungsarten, dann ist es klar, daſs es falsch ist, die Willenserklärung als „eine Handlung" aufzufassen und daraus Folgerungen zu ziehen, denn die stillschweigende Erklärung ist sehr oft keine Handlung, sondern ein Nicht-thun, wobei das „Erklären" gerade in diesem Nicht-thun liegt[2]).

Die Ansicht, daſs bei stillschweigenden Willenserklärun-

---

1) S. z. B. § 7 I. de her. qual. 2, 19; l. 95 D. de adqu. her. 29, 2. Vgl. auch die besonders charakteristische l. 124 pr. D. de r. i. 50, 17, die ein stillschweigendes Zustimmen geradezu ein respondere nennt.

2) Eine von der üblichen Lehre abweichende Auffassungsweise des Verhältnisses zwischen Wille und Erklärung bei stillschweigenden Erklärungen findet sich bei Hasenöhrl (österr. Obligationsrecht S. 621, bes. N. 15). Von der richtigen Voraussetzung ausgehend, daſs beide Arten der Erklärungen nicht wesentlich verschieden voneinander sind, behauptet er, daſs auch bei stillschweigenden Erklärungen nicht bloſs auf das Wollen der rechtlichen Folgen, sondern auch auf das Wollen der Erklärung der Schluſs gezogen wird. Da jedoch dabei Hasenöhrl unter dem „Wollen der Erklärung", nicht, wie wir, das Wollen des Sinnes der Erklärung, sondern, wie es scheint, ähnlich wie Windscheid, Zitelmann u. a. das Wollen der Erklärungshandlung, also das Wollen, Körperbewegungen vorzunehmen und gewisse Zeichen zu erzeugen versteht (s. § 43, bes. S. 527), so ist es klar, daſs man auf Grund dieser Ansicht zu dem widerspruchsvollen Resultate gelangen würde, nämlich, daſs man auch bei stillschweigenden Erklärungen, die ja doch oft gerade in einem Unterlassen bestehen, gewisse Handlungen, Körperbewegungen und Hervorbringung von „Zeichen" will und wollen muſs. (Ähnlich ungefähr wie Hasenöhrl auch Burckhard: Österr. Privatr. 2. Theil S. 389.)

gen darüber, ob der Schlufs aus der konkludenten Handlung auf den Willen der Person ein gerechtfertigter sei, objektive Grundsätze entscheiden, und dafs niemand sich darauf berufen könne, dafs ein an und für sich nicht gerechtfertigter Schlufs von ihm dennoch gezogen worden sei, ist in dieser Allgemeinheit zweifellos unrichtig. Objektive Grundsätze stellt in Bezug auf die Ermittelung des Willens bei stillschweigenden Willenserklärungen weder das Recht noch die Lebenssitte auf. Insbesondere ist eine rechtliche Bestimmung, die irgend ein Benehmen als konkludente Handlung bezeichnet, dafern es sich nicht um eine als „stillschweigend" genannte, thatsächlich jedoch „fingierte" Erklärung handelt, nur als Interpretationsregel aufzufassen, was bereits an einem andern Orte ausgeführt worden ist[1]).

Die erwähnte Ansicht hat jedoch einen wahren Kern, und der besteht in der richtigen Erkenntnis, dafs bei stillschweigenden Willenserklärungen thatsächlich sehr oft der innere Wille, eine Erklärung abzugeben, fehlt, und dafs es dem Erklärenden nicht erlaubt ist, sich darauf zu berufen, dafs er im Irrtum über die Normen des Rechts oder der Lebenssitte befangen, nicht wufste, sein Verhalten sei ein „konkludentes". Ist es aber so, dann mufs in Anbetracht der völligen Gleichstellung beider Erklärungsarten gerade dasselbe auch für ausdrückliche Erklärungen gelten. In einer anderen Behandlung der ausdrücklichen Willenserklärungen läge die gröfste Inkonsequenz. Der Urheber einer stillschweigenden Erklärung, nimmt man an, könne sich nicht darauf berufen, dafs er die Bedeutung seines konkludenten Verhaltens nicht begriffen habe; warum sollte dann derjenige, der ausdrücklich etwas erklärt, nicht in gleichem Mafse verpflichtet sein, den seiner

---

1) S. oben S. 321 fg.

Äufserung zukommenden Sinn zu kennen? Wenn man jenen bei seinem konkludenten Thun hält, warum sollte man den nicht und zwar um so eher beim Worte halten dürfen? Berücksichtigung würde ja der Irrtum eher dort verdienen als hier. Bei stillschweigenden Willenserklärungen bedarf es einer Protestation oder Reservation, um die Folgen der Erklärung als einer gewollten abzuwenden. Ist es denn glaublich, dafs es bei ausdrücklichen Erklärungen anders sein sollte, und dafs es hier möglich wäre, die Erklärung durch den Nachweis des Willensmangels zu entkräften, auch wenn dieser auf unverzeihlicher Unkenntnis des Rechts und der Verkehrssitte beruhen würde? Die Betrachtung des ersten besten Falles einer stillschweigenden Erklärung mufs uns von der Widersinnigkeit einer solchen Annahme überzeugen.

Die Meinung, dafs in Fällen stillschweigender Willenserklärungen der Schlufs auf den Willen des Handelnden auf Grund objektiver Grundsätze geschieht, ist keineswegs so allgemein anerkannt, wie dies von manchen[1]) angenommen wird. Von SAVIGNY[2]) und manchen anderen Schriftstellern wird eine, wie wir meinen, gerade der erwähnten entgegengesetzte Auffassung des Verhältnisses zwischen Wille und Erklärung bei stillschweigenden Erklärungen vertreten. Am schärfsten präzisiert erscheint sie bei ZITELMANN[3]). Dieser Schriftsteller nimmt an, auch zu einer stillschweigenden Willenserklärung sei nach römischem Recht das Vorhandensein des inneren Willens erfordert, demnach sei die Wirksamkeit der

1) So WINDSCHEID: Arch. f. civil. Praxis Bd. 63 S. 74: „Man ist darüber einverstanden, dafs über die Frage, ob dieser Schlufs gerechtfertigt ist, objektive Grundsätze entscheiden“ .... Ganz so SCHEIFF: Divergenz zw. W. u. Erkl. S. 6.

2) System Bd. 3 S. 363 fg. und S. 245.

3) Irrtum S. 396.

Erklärung ausgeschlossen, wenn nur überhaupt der innere Wille infolge eines Irrtums fehlt. Unbegreiflicherweise drückt auch ZITELMANN die Meinung aus, seine Ansicht sei von der heutigen Theorie übereinstimmend anerkannt. Es ist wahrlich eine ganz merkwürdige Thatsache, dafs in unserer Frage zwei geradezu entgegengesetzte Ansichten, beide als übereinstimmende Lehre der heutigen Doktrin, bezeichnet werden, ein Umstand, der in recht drastischer Weise die Unklarheit und Verworrenheit der Lehre von den stillschweigenden Erklärungen charakterisiert.

Eine ähnliche Ansicht, wonach jeder Irrtum, auch der unentschuldbare, wenn er die Absicht ausschliefst, die Wirksamkeit der stillschweigenden Willenserklärung aufhebt, findet sich schon bei WÄCHTER[1]), UNGER[2]), ferner auch bei VOIGT[3]) und HESSE[4]). Alle diese Schriftsteller scheinen sich des Widerspruchs, in dem sie sich mit dem, was von anderen gelehrt wird, befinden, ebensowenig bewufst zu sein, wie ZITELMANN[5]). In dem Umstande, dafs bei stillschweigenden

1) Würtemb. Privatr. Bd. 2 § 98 S. 175 in Verbindung mit § 21 S. 127.

2) Österr. Privatr. Bd. 2 § 86 S. 113 N. 29 u. Text dazu. Andererseits nimmt doch UNGER, was freilich ganz verfehlt ist, an, es gebe stillschweigende Erklärungen, bei denen der Schlufs von der Handlung auf das Vorhandensein des Willens mit logischer Notwendigkeit gezogen werden mufs.

3) Arch. f. civilist. Praxis Bd. 53 S. 422—425.

4) Jahrb. f. Dogm. Bd. 15 S. 228 fg.

5) Zur genaueren Aufklärung der ganzen Frage mag noch folgendes hinzugefügt werden: Wenn man sagt, der Schlufs aus dem äufseren Benehmen auf den Willen werde nach „objektiven Grundsätzen“ gezogen, erfolge „mit logischer Notwendigkeit“ u. s. w., so kann man dies absolut nicht anders verstehen, als nur so, dafs eine individuelle Auffassung des Handelnden, der seinem Benehmen einen dem widersprechenden Sinn zuschreibt, mithin sein auch noch so entschuldbarer Irrtum über die Be-

Willenserklärungen jeder „den Willen aufhebende" Irrtum berücksichtigt wird, sieht ZITELMANN sogar einen „schlagenden Beweis" für die Richtigkeit der Lehre, welche auch bei ausdrücklicher Erklärung im Falle der Nichtübereinstimmung zwischen Wille und Erklärung Nichtigkeit annimmt.

Nach dieser Ansicht würde, da es auf die Qualität des Irrtums nicht ankommen soll, zur Abwendung der Folgen einer stillschweigenden Erklärung der Nachweis genügen, daſs der Erklärende aus Unkenntnis der Regel des Lebens und der rechtlichen Bestimmungen des Sinnes seines Benehmens nicht bewuſst war. Und dies wird als unbezweifelbares Dogma hingestellt, und zwar von so hervorragenden Denkern wie SAVIGNY und ZITELMANN! Wozu bedarf es denn dann der Protestationen und Reservationen, um eine nichtgewollte Rechtsfolge auszuschlieſsen? Nach unserer Ansicht zeugen beinahe sämtliche Quellenstellen, welche Beispiele von stillschweigenden Erklärungen enthalten, in klarer und deutlicher Weise gegen ZITELMANN, und sind geradezu ein „schlagender Beweis" der Unrichtigkeit der von ZITELMANN verteidigten

---

deutung seines Handelns unbeachtet bleibt. Man muſs also annehmen, daſs alle Schriftsteller, bei denen sich die obigen Äuſserungen finden, den Irrtum bei stillschweigenden Erklärungen, falls sie nicht ausdrücklich das Gegentheil erklären, in der Regel unberücksichtigt wissen wollen. Wir halten es also für eine Inkonsequenz, wenn WINDSCHEID, trotz der zitierten Äuſserung, die Bemerkung macht (Pandekten § 78 N. 1 a), „der Schluſs aus einem gewissen Benehmen auf einen gewissen Willen setze voraus, daſs die betreffende Person sich über einen gewissen Punkt nicht im Irrtum befunden habe." (In einem weit höheren Grade begeht dieselbe Inkonsequenz UNGER.) Andererseits ist es unberechtigt, wenn sich ZITELMANN (a. a. O. N. 372) für seine Ansicht auch auf WINDSCHEID beruft. Angesichts der Äuſserung im Arch. f. civ. Prax. a. a. O. kann aus der letztzitierten, freilich recht unklaren Bemerkung nicht geschlossen werden, daſs WINDSCHEID die Relevanz eines jeden Irrtums bei stillschweigenden Erklärungen behauptet.

Lehre von den Willenserklärungen. Denn es ist eben das Charakteristische der stillschweigenden Willenserklärung, daſs sie sehr oft wirken, obwohl der Handelnde die Rechtsfolgen gar nicht wünscht, ja selbst gar nicht die Absicht hatte, eine Erklärung abzugeben. Die Rechtsfolge tritt ein, nicht weil der Erklärende wuſste und wollte, sondern weil er wissen muſste, daſs sein Benehmen als konkludende Handlung gilt. Davon wird man sich leicht überzeugen, wenn man nur die quellenmäſsigen Beispiele von stillschweigenden Erklärungen betrachtet. Aufs Geratewohl mögen hier einige hervorgehoben werden:

Sehr lehrreich sind die zahlreichen Beispiele der pro herede gestio, welche sich meistens in Dig. Tit. 29, 2 vorfinden. Als Erklärung zur Erbschaft gilt jedes Verhalten, welches nach der Lebensauffassung den Willen, die Erbschaft zu haben, dokumentiert. Dabei ist es gleichgiltig, ob der Handelnde innerlich den rechtlichen Erfolg will; es ist genug, „si intelligit quod agit“ (§ 7 I. de her. qual. 2, 19). Offenbar jedoch wird man durch pro herede gestio Erbe, auch wenn man, im Irrtum über das Recht oder die Regel des Lebens befangen, die Bedeutung der Handlung nicht erfaſste, denn in l. 38 D. de adqu. her. 29, 2 (Ulpian) wird ganz ausdrücklich dem „Wissenden“ derjenige gleichgestellt, „qui scire potuit“. Dafür spricht auch l. 96 D. eod. (Hermogenian)[1], nach welcher jemand, der sich irrtümlich für einen Pupillen hält, also vernünftigerweise den Willen, die Erbschaft zu erwerben, gar nicht haben kann, dennoch durch pro herede gestio Erbe wird. Nach unserer Ansicht ist dieser Irrtum deswegen irrelevant, weil er ein error non probabilis ist. Daſs man oft gegen die innere Absicht pro herede gerendo

---

1) Zu der Stelle vgl. Kohler: Jahrb. f. Dogm. Bd. 18 S. 139.

Erbe wird, ergiebt sich auch aus l. 21 pr. (ULPIAN) und l. 20[1]) pr. (idem) eod., nach welchem ein als „se hereditati inmiscere“ erscheinendes Handeln schlechthin den Erwerb der Erbschaft bewirkt, sofern die voluntas contraria nicht erkennbar hervortritt. Nicht weniger deutlich zeugen dafür auch andere Stellen, wie z. B. die in l. 14 §§ 7, 8 D. de relig. 11, 7 (ULPIAN) erwähnte Protestation gegen die Wirkung eines Benehmens, das als ein pro herede gerere aufgefaſst werden könnte. — Bekanntlich gilt die von dem Pfandgläubiger dem Schuldner gegebene Zustimmung zum Verkauf der Pfandsache als stillschweigender Verzicht auf das Pfandrecht. S. l. 158 D. de r. i. 50, 17; l. 4 § 1; l. 7 pr.; l. 8 § 15 qu. m. pign. 20, 6; c. 6, c. 8, c. 11 C. de remiss. pign. 8, 25 (26). Aus den zitierten Fragmenten ergiebt sich zugleich, daſs diese Wirkung schlechthin eintritt, wenn sich der Gläubiger nicht dagegen ausdrücklich verwahrt. Interessant ist besonders l. 8 § 15 cit. (MARCIANUS), nach welcher das Wissen des Gläubigers von dem Verkauf an sich noch nicht als Zustimmung gilt, dagegen in dem subscribere tabulis emptionis schlechthin, ohne Rücksicht auf den inneren Willen, eine Einwilligung gesehen wird, mit Ausnahme si manifeste appareat deceptum esse. In dem darauf folgenden Passus (§ 16 l. cit.) wird die Frage aufgeworfen, ob die dem Schuldner gegebene Einwilligung auch als auf seine Erben sich beziehend aufzufassen sei? Dabei wird zwar zugegeben, daſs es eine quaestio facti sei, quid intellexit creditor, nichtsdestoweniger jedoch die Frage unbedingt bejaht, demnach für unzulässig erklärt, sich auf den gegentheiligen Willen zu berufen, was durch folgende höchst bezeichnende Bemerkung der Jurist begründet: hae enim suptilitates ab iudicibus non admittuntur. —

1) S. auch §§ 1 u. 4 l. cit., auch l. 24 eod. u. a.

Nach l. 16 D. de S. C. M. 14, 6 ist der Vater im Falle, wenn der filius familias gleichsam als sein Mandatar die Schuld empfangen und ihn davon verständigt hat, verpflichtet, sofort dagegen zu protestieren. Sein Stillschweigen gilt als Genehmigung schlechthin, also ohne Rücksicht auf die innere Absicht. — Ebenso mufs jeder Unbefangene zugeben, dafs auch in anderen Fällen von stillschweigenden Willenserklärungen die rechtliche Wirkung regelmäfsig auch ohne inneren Willen des Erklärenden eintritt[1]).

ZITELMANN beruft sich nach dem Vorgange von VOIGT und HESSE auf manche Quellenstellen, in welchen in der That der Grundsatz ausgesprochen wird, dafs bei stillschweigenden Willenserklärungen der Schlufs aus dem äufseren Verhalten

1) S. bes. l. 26 § 1 D. de pign. 20, 1 (MODESTIN), wo es ganz unbeachtet bleibt, dafs der filius ernstlich seinen Konsens zu dem Geschäfte nicht hat geben wollen, und sein Einwand des Willensmangels gar nicht gehört wird. Etwas Ähnliches auch in l. 7 D. de tutelis 26, 1 (ULPIAN). Vgl. auch dazu die Fragen, welche in l. 39 D. de pign. a. 13, 7 (MODESTIN) und in der bereits (S. 431 N. 5) zitierten l. 8 D. de resc. vend. 18, 5 (SCAEVOLA) aufgeworfen werden. S. auch die interessante l. 1 § 1 D. qu. m. pign. 20, 6. Andere Beispiele stillschweigender Erklärungen in l. 2 § 1, l. 57 pr. D de pactis 2, 14; l. 7 § 15 D. de S. C. Mac. 14, 6; l. 6 § 2 D. mand. 17, 1; l. 10 i. f. D. de eo quod certo loco 13, 4; l. 5 § 2 D. in qu. caus. pign. 20, 2; l. 23 § 1 D. de inof. test. 5, 2; l. 12 D. de evict. 21, 2; l. 13 pr. D. de usur. 22, 1; l. 24 D. de probat. 22, 3; l. 13 § 11 D. loc. 19, 2; l. 7 D. de lege com. 18, 3; l. 68 D. de i. dot. 23, 3; l. 39 § 13 D. de admin. tut. 26, 7; l. 4 § 3 D. de fideiuss. tut. 27, 7; l. 38 (37) pr. ad S. C. Treb. 36, 1; l. 53 D. de pec. 15, 1; fr. Vat. §§ 260, 261; l. 2 § 6 D. de doli m. exc. 44, 4; l. 5 § 2 eod.; l. 16 § 4 D. de lib. causa 40, 12; l. 5 D. ratam rem hab. 46, 8; l. 66 D. de fideiuss. et mand. 46, 1; l. 8 D. quemadm. serv. amit. 8, 6; l. 19 D. de aqua pluv. 39, 3; c. 4 C. de non num. pec. 4, 30; c. 5 C. de usuris 4, 32; c. 8 C. eod.; c. 6 C. mand. 4, 35; l. 60 D. de r. i. 50, 17; c. 2 C. de i. delib. 6, 30; c. 7 C. de remiss. pign. 8, 25 (26); c. 2 C. de adqu. poss. 7, 32. S. auch WINDSCHEID: Pandekten § 72 Noten 9, 10, 11, LEONHARD: Irrtum Bd. 1 S. 201, ŹRÓDLOWSKI: Röm. Privatr. Bd. 2 S. 307 fg.

auf den Willen ausgeschlossen ist, wenn sich der Handelnde im Irrtum befindet. Folgende Stellen werden hier angeführt: l. 20 D. de aqua 39, 3; l. 15 D. de iurisd. 2, 1; l. 2 pr. D. de iud. 5, 1; l. 79 D. de leg. II; l. 20 pr. D. de adq. her. 29, 2; l. 33 § 2; l. 36 § 2 D. de test. mil. 29, 1; c. 9, c. 10 pr. C. eod. 6, 21; c. 9 C. de i. et f. ign. 1, 18[1]).

Die Bedeutung aller dieser Quellenstellen wird, unseres Erachtens, sowohl von ZITELMANN als auch von VOIGT und HESSE mifsverstanden. Diese Stellen sprechen nämlich gar nicht den Grundsatz aus, dafs *jeder* den Willen ausschliefsende Irrtum die Unwirksamkeit der stillschweigenden Erklärung nach sich zieht. Wir haben es hier vielmehr mit ganz besonders gearteten Irrtumsfällen zu thun, nämlich sämtlich mit Fällen des Irrtums über faktische Umstände, *die aufserhalb der Erklärung* liegen und deren Kenntnis unentbehrlich dazu ist, damit der Erklärungswille entstehen könnte. Durch Nachweis eines solchen Irrtums wird nicht nur bewiesen, dafs der Handelnde die Erklärungsabsicht nicht gehabt hat, sondern dafs er sie *gar nicht hat haben können*. Dagegen ist in keiner der zitierten Stellen von einem Mifsverstehen des Sinnes der Handlung, welches nur durch ein Irren über die rechtlichen Interpretationsgrundsätze verursacht wäre, die Rede. Somit besteht kein Widerspruch

1) Man vergleiche aufserdem l. 38 (37) pr. ad S. C. Treb. 36, 1 cit. und dazu l. 43 § 1 D. de admin. tut. 26, 7; ferner l. 15, l. 16 D. de adq. her. 29, 2; l. 71 § 8 D. eod.; l. 49 D. fam. erc. 10, 2; l. 10 D. si pars her. pet. 5, 4. Hierher gehören auch z. B. l. 3 D. de lege corn. 48, 10; l. 3 D. de eo qui pro tut. 27, 5; l. 28 D. de lib. causa 40, 12; c. 22 C. fam. erc. 3, 36. Auch kann man sich auf das argumentum aus allen jenen Stellen berufen, die zur Annahme der stillschweigenden Erklärung ausdrücklich eine gewisse scientia verlangen, wie z. B. l. 23 § 1 D. de inof. test. cit. und manche anderen von den in der vorangehenden Note angeführten Stellen.

zwischen diesen Quellenentscheidungen und der oben hervorgehobenen Behandlung der stillschweigenden Willenserklärungen. Andererseits ist man jedoch hierdurch gezwungen, unter den Irrtumsfällen in der soeben entwickelten Weise zu unterscheiden, die Rechtsunwissenheit und den Irrtum über die Interpretationsgrundsätze für irrelevant und nur den Irrtum über sonstige thatsächliche Umstände für erheblich zu erklären[1]).

Nach allem bisher Gesagten dürfte der Beweis geliefert worden sein, dafs in der Regel bei Willenserklärungen der Irrtum über die Interpretationsgrundsätze gleich dem eigentlichen error iuris unerheblich ist und nur ein Irrtum über sonstige faktische Umstände die Ungiltigkeit der Erklärung nach sich zieht. Zur Anerkennung dieser beiden Sätze führt die Betrachtung der Quellen, wir meinen jedoch, dafs man sie nur als Regel gelten lassen kann und dafs es geboten ist, eine gewisse Modifikation derselben anzunehmen. Diese Modifikation besteht darin, dafs man, wie uns scheint, den Irrtum über Interpretationsgrundsätze berücksichtigen mufs, wenn dem Handelnden auch nicht eine leichte Nachlässigkeit zur Last fällt und dafs andererseits auch ein rein faktischer Irrtum von dem Erklärenden nicht geltend gemacht werden kann, wenn er auf grober Nachlässigkeit beruht. Wir sind zwar nicht in der Lage, spezielle ausdrückliche Quellenentscheidungen zur Begründung dieser Sätze anzuführen, glauben jedoch, dafs sie dem römischen Rechte entsprechen.

1) Übrigens sprechen die Quellen auch ausdrücklich, freilich nicht mit unmittelbarer Bezugnahme auf die uns interessierende Frage, den Grundsatz aus, dafs nur der faktische Irrtum über fremde Angelegenheiten Entschuldigung verdiene: l. 3 pr. D. i. et f. ign. 22, 6; l. 5 i. f. D. pro suo 41, 10; l. 42 D. de r. i. 50, 17; c. 11 pr., c. 15 C. de resc. vend. 4, 44.

Was vor allem den Irrtum über die interpretatio anbetrifft, sei aufser den früher angegebenen Erwägungen besonders aber des Umstandes, dafs bei zweideutigen Erklärungen auf die „Schuld“ des Erklärenden Gewicht gelegt wird, noch auf den eigentlichen Charakter der Grundsätze, welche der Interpretation zu Grunde liegen, hingewiesen. Die völlige Gleichstellung dieses Irrtums mit dem eigentlichen error iuris wäre ungerechtfertigt, weil das Recht, wenn es in Bezug auf die Willensinterpretation die Lebenssitte und die Verkehrsusancen mit rechtlicher Bedeutung ausstattet, ja auch, wenn es selbst Interpretationsregeln aufstellt, nicht unbedingt als ein ius finitum gelten will. Es macht dem Bürger die völlig genaue Kenntnis der Regel des Lebens nicht zur unbedingten Pflicht, setzt vielmehr nur voraus, dafs jeder diligens sie kennt. Demnach mufs das Recht einen jeden entschuldigen, wenn ihm trotz der Diligenz eines bonus pater familias das genaue Bewufstsein in Betreff der rechtlichen Bedeutung seines Handelns fehlt. Auch ist die Grenze zwischen diesem Irrtum und dem reinen error facti schwer zu ziehen und im einzelnen Fall oft fast unmöglich zu entscheiden, zu welcher Kategorie irgend ein Irrtumsfall zu rechnen sei. Schon deswegen wäre eine völlig verschiedene Behandlungsweise der beiden Arten des error nicht empfehlenswert und unbegreiflich. Endlich mufs auch dies geltend gemacht werden, dafs nur unsere Annahme der Verschiedenheit der einzelnen Rechtsakte in Bezug auf die gröfsere oder geringere Bedeutung, welche das Recht der blofsen Willensäufserung beimifst, entspricht. Der gröfsere oder geringere rechtliche rigor bringt notwendig verschiedene Grade der Diligenz beim Kontrahieren mit sich.

Auch zur Begründung des Satzes, dafs der rein faktische, auf grober Nachlässigkeit beruhende Irrtum nicht berücksichtigt werde, sind wir nicht imstande, schlagende, unmittelbar diesen Grundsatz bezeugende Quellenentscheidungen anzuführen. Der Nachweis der Richtigkeit dieses Satzes dürfte jedoch durch das bereits Vorgebrachte geliefert [1]) worden sein. Von manchen [2]) wird als Belegstelle für den obenerwähnten Satz der Ausspruch der l. 15 § 1 D. de c. e. 18, 1 (Paulus) angeführt: ignorantia emptori prodest, quae non in supinum hominem cadit. Obwohl nun dieser Ausspruch sich auf einen anderen Fall zu beziehen scheint (s. pr. legis cit.), so ist es, in Anbetracht des Umstandes, dafs er ganz allgemein lautet und mit dem unmittelbar Vorangehenden nicht näher verbunden ist, vielleicht nicht willkürlich, für ihn eine allgemeine Bedeutung zu vindizieren. Was die beiden Fragmente l. 11 pr. (Ulpian) und l. 43 § 1 D. de c. e. 18, 1 (Florentinus) betrifft, in denen Regelsberger [3]) den Beweis unserer Ansicht erblickt, ist die in dem ersteren enthaltene Äufserung zwar sehr bemerkenswert und charakteristisch, enthält aber keinen direkten Beweis für uns, während das zweite sich auf unseren Fall zwar nicht unmittelbar bezieht, jedoch auf mittelbarem Wege eine gewisse Stütze [4]) für den vorgetragenen Satz gewährt [5]). — Das Resultat unserer Erörte-

---

1) S. namentlich die oben S. 413 N. 1 u. 429 N. 1 angeführten Stellen, in welchen die völlige Gleichstellung des error iuris mit dem auf grober Nachlässigkeit beruhenden faktischen Irrtum ausgesprochen wird.

2) So Glück: Pandektenkommentar Bd. 4 § 299 S. 164 und Dernburg: Preufs. Privatr. Bd. 1 § 109 N. 3 und Pandekten Bd. 1 § 101 N. 7.

3) Zivilist. Erörterungen S. 20, dagegen Windscheid: Arch. f. civil. Praxis Bd. 63 S. 103 N. 39.

4) Hingewiesen mag noch werden auf l. 19 pr. D. de r. i. 50, 17, aus der sich jedoch freilich nichts Bestimmtes entnehmen läfst.

5) Windscheid macht für die Annahme, dafs der auf grober Nachlässigkeit beruhende faktische Irrtum die Giltigkeit der Willenserklärung nicht entkräfte, den Umstand geltend, dafs diese Fälle der Mentalreser-

rungen über das Wesen des error non probabilis und seine Bedeutung bei Willenserklärungen fassen wir in folgende Sätze zusammen:

Der Rechtsirrtum und der Irrtum über Interpretationsgrundsätze [1]) sind in der Regel „non probabiles". Der erstere wird nur ausnahmsweise manchen Personen, der zweite im Falle, wenn dem Erklärenden auch keine culpa levis zur Last fällt, verziehen. Gegen den Erklärenden können diese Irrtumsfälle auf keinen Fall geltend gemacht werden.

Der reine error facti ist in der Regel ein error probabilis. Nur ausnahmsweise ist es dem Erklärenden verwehrt, sich auf ihn zu berufen, falls er auf grober Nachlässigkeit beruht.

Erkennbarkeit des Irrtums.

§ 19.

Schon aus dem soeben Vorgebrachten ist leicht zu erraten, welche Stellung wir zu der Ansicht nehmen, die neuerdings von mehreren Juristen mit grofsem Eifer verteidigt wird und dahin geht, dafs bei manchen Rechtsgeschäften, namentlich bei Verträgen, nur dem erkennbaren Irrtum

---

vation nahe stehen und beruft sich auf die Analogie anderer Fälle, wo die culpa lata dem dolus gleichgestellt wird (s. Arch. f. civil. Praxis Bd. 63 S. 99 fg. und jetzt auch Pandekten 6. Aufl. § 76 i. f. § 75 N. 1d u. § 79a N. 4). An sich wäre die Berufung auf diese etwas weit hergeholte Analogie nicht überzeugend.

1) In Bezug auf Verträge mufs begreiflicherweise jeder Kontrahent auch rücksichtlich der Ermittelung des Sinnes des anderen Kontrahenten sich einer solchen Diligenz befleifsigen, welche der Art des Geschäftes wie auch dem zwischen den Parteien bestehenden Rechtsverhältnisse entspricht. Auf diese Diligenz in Bezug auf die interpretatio einer fremden Erklärung wird ausdrücklich hingewiesen in l. 7 §§ 1, 2 D. de exerc. a. 14, 1; l. 11 §§ 3, 4, 5 D. de inst. a. 14, 3.

eine die Giltigkeit ausschliefsende Wirkung beigemessen wird. Die meisten Anhänger dieser Ansicht trachten dieselbe aus dem Begriff der rechtlichen Willenserklärung zu deduzieren, gehen also von der Voraussetzung aus, das eigentlich Wirkende sei bei den betreffenden Willenserklärungen nicht die mit dem Willen übereinstimmende Erklärung, sondern schon die äufsere Erklärung an sich ohne Rüchsicht auf den inneren Willen. Dies ist im allgemeinen der Standpunkt, den Röwer[1]), Schlossmann[2]), Bähr[3]), Schall[4]), Leonhard[5]) u. a.[6]) einnehmen, obzwar sie im einzelnen in mancher Beziehung voneinander abweichen[7]). Insbesondere herrscht unter den genannten Schriftstellern keine Meinungseinhelligkeit in Betreff der Frage, für welche Willenserklärungen dieses Wirken der blofsen Erklärung angenommen werden solle. Meistens wird dies auf Verträge, von manchen nur auf gewisse Kategorieen von Verträgen beschränkt.

Einige Schriftsteller akzeptieren zwar die praktische Seite der soeben entwickelten Ansicht, halten aber dennoch am Willensprinzip fest. Sie sehen demnach darin, dafs nur der erkennbare Irrtum die Erklärung entkräften soll, nur eine Modifikation des allgemeinen Satzes, dafs sich bei Rechtsgeschäften Wille und Erklärung decken müssen. Dies ist die Auffassung Savignys[8]), die er merkwürdigerweise als etwas

1) Über die Bedeutung des Willens bei Willenserklärungen.

2) Vertrag S. 85—140.

3) Über Irrungen beim Kontrahieren Jahrb. f. Dogm. Bd. 14 S. 393 fg. u. Urtheile des Reichsgerichtes S. 6 fg.

4) Parteiwille im Rechtsgeschäft.

5) Der Irrtum bei nichtigen Verträgen.

6) So auch Hasenöhrl: Österr. Obligationenrecht Bd. 1 S. 523 fg. (Für das Österr. Recht ist diese Ansicht im allgemeinen zutreffend).

7) Vgl. übrigens genauere Litteraturangaben bei Windscheid: Pandekten Bd. 1 § 75 N. 1 a (6. Aufl.).

8) System Bd. 3 S. 259; dazu s. Leonhard: Irrtum S. 4 fg. Wenn

Selbstverständliches in Bezug auf Vertragserklärungen aufstellt. Neuerdings wird diese Ansicht von SCHEIFF[1]) und (ob überhaupt oder nur für entgeltliche Verträge, ist nicht zu ersehen) von ŹRÓDLOWSKI[2]) akzeptiert.

Die letztere Auffassungsweise ist jedenfalls inkonsequent. Es liegt hierin ein Widerspruch, einerseits den inneren Willen als Thatbestandsmoment des Rechtsgeschäftes zu betrachten und andererseits dennoch die blofse Erklärung ohne Willen für rechtswirksam zu erklären. Dies um so mehr, als ja die Nichterkennbarkeit des Irrtums nicht blofs eine Qualität des Irrtums, sondern zugleich Voraussetzung des Bestandes der äufseren Erklärung ist. Korrekt gesagt, liegt nämlich im Falle

---

WINDSCHEID (Pandekten 6. Aufl. § 75 N. 1) gegen LEONHARD behauptet, SAVIGNY spreche nur von der „Erweislichkeit" des Irrtums, so ist dies wohl unrichtig. Die Worte SAVIGNYS: „Widerspruch zwischen dem Willen und der Erklärung . . . insofern er für den, welcher mit dem Handelnden in unmittelbare Berührung kommt, erkennbar ist oder wird, also unabhängig bleibt von dem blofsen Gedanken des Handelnden", bedeuten zweifellos mehr als blofse Beweisbarkeit. Andererseits ist nicht zu bezweifeln, dafs die Bemerkung SAVIGNYS eine Folge davon ist, dafs er den Unterschied zwischen „Erkennbarkeit" und „Beweisbarkeit" nicht klar erfafst hat.

1) Divergenz zwischen Wille und Erklärung S. 7 fg.

2) Röm. Privatrecht Bd. 2 S. 315 u. S. 330 fg. Andererseits spricht sich ŹRÓDLOWSKI dafür aus, dafs bei allen Erklärungen die Divergenz zwischen Wille und Erklärung „objektiv erkennbar" sein müsse. Liegt hier nicht eine Verwechselung der Begriffe „objektiv erkennbar" und „beweisbar" vor, dann gilt nach ŹRÓDLOWSKI eben nichts Besonderes bei entgeltlichen Verträgen, weil es bei Vertragserklärungen nur auf die Erkennbarkeit von seiten des anderen Kontrahenten ankommt. Somit dürfte das „objektiv erkennbar" soviel bedeuten, wie beweisbar durch Anführung äufserer Umstände, also mit Ausschlufs des Selbsteides, Geständnisses u. s. w. Die ganze Ausführung ŹRÓDLOWSKIS zeugt von einer unklaren Auffassung des Verhältnisses der Erklärung zum Willen und zu den „begleitenden Umständen". Unrichtig auch BARON: Pandekten 3. Aufl. § 62 S. 104.

der Erkennbarkeit des wesentlichen Irrtums nicht eigentlich eine unwirksame Erklärung, sondern gar keine vor, mag man der Ansicht sein, dafs darüber, welcher Irrtum wesentlich ist, die Bestimmungen des Rechts entscheiden, oder dies aus dem Inhalte der Erklärung selbst zu entnehmen ist.

Unter einem erkennbaren Irrtume versteht man hier einen solchen „wesentlichen“ Irrtum, dessen Vorhandensein von demjenigen, auf dessen Wahrnehmen es ankommt, erkannt werden kann. Nur LEONHARD fafst den „erkennbaren“ Irrtum in einem etwas anderen Sinne auf. Nach seiner Ansicht nämlich zieht der Irrtum die Ungiltigkeit der Erklärung nach sich, schon dann, wenn er sich auf irgend einen Umstand bezieht, rücksichtlich dessen die richtige Vorstellung erkennbarerweise zur Bedingung des Vertrags erhoben worden ist[1]). Im Falle des „erkennbaren“ Irrtums in diesem Sinne ist der Vertragsgegner zwar nicht imstande, schon aus dem objektiven Inhalte der Erklärung zu ersehen, ob sie giltig ist oder nicht, wohl aber kann er wenigstens erkennen, welche Momente des Vertrags es sind, mit denen die Gefahr der Nullität der Erklärung wegen Irrtums verbunden ist. Es ist also nicht ganz richtig und mufs cum grano salis genommen werden, wenn LEONHARD behauptet, dafs sich seiner Theorie gemäfs jeder Vertragsschliefsende ohne weiteres auf den erkennbaren Inhalt der Erklärung der Gegenpartei verlassen könne. Vorläufig sei hier gegen LEONHARD bemerkt, dafs in dieser Auffassung des „erkennbaren Irrtums“ eine Inkonsequenz liegt gegenüber der Art und Weise, wie dieser Schriftsteller die scherzhaften und simulierten Erklärungen behandelt wissen will. Wenn er in Bezug auf diese Erklärungen verlangt, dafs, damit die Er-

1) S. Irrtum Bd. 2 S. 528 u. Nachtrag dazu S. 592.

klärung nichtig sei, es erkennbar sein müsse, daſs der Erklärende scherzt bez. simuliert, so müſste konsequent für die Irrtumsfälle verlangt werden, daſs das Irren des Handelnden sichtbar sei.

Diese ganze Lehre, daſs die Erklärung auch ohne Willen wirkt, entspricht nach unserer Ansicht den Bestimmungen des römischen Rechts nicht. Die gegen die herrschende Lehre gerichtete Polemik, die wir in den Schriften der Vertreter der neuen Ansicht finden, ist meistens richtig, daraus folgt jedoch noch nicht, daſs die bloſse äuſsere Erklärung die Rechtsfolge nach sich ziehe. Die richtige Korrektur der herrschenden Lehre liegt vielmehr in der Beschränkung des die Nullität bewirkenden Irrtums auf die Fälle des error probabilis.

Die meisten Anhänger der neuen Lehre unterlassen es, dieselbe an allen einzelnen Quellenentscheidungen zu prüfen. Mit um so gröſserem Eifer wird ihr legislatorischer Wert als Argument ins Treffen geführt[1]). Man behauptet, daſs in Bezug auf Verträge die Sicherheit des Verkehrs und die das ganze Vertragsrecht beherrschende bona fides es unbedingt erheischen, daſs man dem Empfänger der Erklärung das Recht einräume, sich auf den erkennbaren Inhalt der Erklärung verlassen zu können. Was uns betrifft, können wir dieser Lehre gegenüber der von uns verteidigten auch de lege ferenda keinen unbedingten Vorzug zuerkennen[2]). Was

1) So namentlich auſser den Zitierten auch Bekker: Krit. Viertelj. Bd. 22 S. 54 fg.

2) Vgl. dazu auch Windscheid: Arch. f. civilist. Praxis Bd. 63 S. 78 fg. u. Zitelmann: Jahrb. f. Dogm. Bd. 16 S. 419 fg. Die Ausführung Zitelmanns ist zwar nicht frei von Übertreibung, enthält aber manche zutreffende Bemerkung. S. sogar Leonhard Bd. 1 S. 131 N. 1. Vgl. auch Lotmar; Krit. Viertelj. Bd. 25 S. 389 fg.

für alle Fälle, wo eine Vertragserklärung dem Willen nicht entspricht, empfehlenswerter ist: die Erklärung als schlechthin bindend gelten zu lassen, falls nur der Empfänger derselben schuldlos ist, dafs er sich auf ihren Inhalt verlassen hat, oder aber erst dann, wenn der Erklärende nicht ganz unschuldig ist, dafs er etwas Nichtgewolltes erklärt hat, dies ist jedenfalls noch eine offene Frage. Die bona fides verlangt nicht nur, dafs sich der Empfänger der Erklärung auf dieselbe verlassen könne, sondern auch, dafs der Erklärende nicht sofort schlechthin beim Worte genommen werde, namentlich dann, wenn er ganz schuldlos eine nichtgewollte Erklärung abgegeben hat. Durch das einseitige Betonen des Interesse des „redlichen dritten“ in Vertragsverhältnissen gelangt man konsequent zu der Annahme, dafs man auch in jenen Fällen die Erklärung für bindend ansehen mufs, wo sie durch einen dritten gefälscht oder sonst entstellt an den Empfänger gelangt, sofern diese „Abirrung“ der Erklärung für den letzteren nicht erkennbar ist. Dies ist auch wirklich der Standpunkt Bährs[1]), der auch in den letzterwähnten Fällen giltige „fingierte“ Willenserklärungen sieht. Dafs dies jedoch dem römischen Recht nicht entspricht und auch gegen die Billigkeit verstöfst, unterliegt keinem Zweifel. Will man aber die letztere Konsequenz nicht gelten lassen und hält man daran fest, dafs es zu einer Erklärung unbedingt gehöre, dafs das als Erklärung erscheinende Geschehen durch ein Handeln des Erklärenden selbst veranlafst sei, dann hat man in den verschiedenartigen Fällen der Abirrung der Erklärung und der Verirrung aus Zerstreutheit mit den gröfsten Schwierigkeiten zu kämpfen. Dafs es in solchen Fällen bei weitem schwieriger

1) a. a. O. S. 413 fg. Dagegen Windscheid a. a. O. S. 80 fg. u. auch Leonhard S. 66.

ist, zu bestimmen, ob ein wirkliches „Handeln“ des Erklärenden Veranlassung der Erklärung sei, als eine Entscheidung darüber zu treffen, ob die Unwissenheit des Erklärenden eine entschuldbare ist, bedarf keines Beweises.

Was unsere Quellen betrifft, so sprechen sie gegen die Ansicht, die bei Willenserklärungen nur dem erkennbaren Irrtume annullierende Wirkung zuschreibt. Dies wird auch von manchen Anhängern dieser Lehre nicht geleugnet, von Źródlowski[1]) sogar ausdrücklich zugestanden. Ein schlagender Beweis gegen die Richtigkeit der Lehre, welche nur den erkennbaren Irrtum berücksichtigt wissen will, liegt in den bereits (S. 452) zitierten Fragmenten, welche von der Wirkung des Irrtums bei stillschweigenden Erklärungen handeln. In allen diesen Fragmenten ist nur von dem Vorhandensein, nirgends aber von der Erkennbarkeit des Irrtums die Nichtigkeit der Erklärung abhängig gemacht. Mit unserer Ansicht lassen sich diese Quellenentscheidungen vereinigen, weil in ihnen sämtlich von Fällen des Irrtums über faktische, aufserhalb der Erklärung liegende Umstände die Rede ist, und ein solcher Irrtum zieht wenigstens regelmäfsig die Nichtigkeit der Erklärung nach sich. Gegen die Ansicht, welche jede erkennbare Erklärung auch ohne Willen wirken lassen will, sprechen diese Stellen ganz unbedingt.

Von den Vertretern der letzteren Ansicht versucht besonders Leonhard in eingehenden Untersuchungen den Beweis zu liefern, dafs dieselbe den Entscheidungen der Quellen entspricht. Die Hauptstütze seiner Behauptungen liegt in der Annahme, das lateinische Wort „consensus“ bedeute in der Sprache der Quellen nicht die Übereinstimmung der inneren Absichten und der äufseren Erklärungen, sondern ausschliefs-

---

1) Röm. Privatr. Bd. 2 S. 329.

lich dieser letzteren[1]). Wir glauben nicht, dafs es LEONHARD *gelang, die Richtigkeit dieser Annahme darzuthun*[2]), *halten* vielmehr dafür, dafs im Prinzip zum consensus nach römischem Recht auch das Zusammentreffen der inneren Absichten der Vertragschliefsenden gehört. Die zahlreichen Stellen, auf welche sich LEONHARD für seine Deutung des Wortes consensus beruft, beweisen wohl, dafs ein consensus ein Übereinstimmen der Erklärungen ist, keineswegs aber, dafs er nur dieses ist und dafs die inneren, von der Abrede abweichenden Absichten ganz unerheblich wären. Die Beweiskraft der Stellen, welche dafür zeugen, dafs auch der nichterkennbare Irrtum die Giltigkeit der Vertragserklärungen aufheben kann, hat LEONHARD zu beseitigen nicht vermocht. Dies gilt vorzüglich von folgenden Fragmenten: l. 57 D. de o. et a. 44, 7; l. 9 pr. D. de c. e. 18, 1; l. 83 § 1; l. 137 § 1 D. de v. o. 45, 1; § 23 I. de inut. stip. 3, 19; l. 2 pr. D. de iud. 5, 1; l. 15 D. de iurisd. 2, 1; c. 5. C. plus val. 4, 22; l. 10 C. de donat. 8 (53), 54. Die Beweiskraft mancher dieser Stellen giebt LEONHARD zu, denn er nimmt von seiner Regel einige Vertragsarten, namentlich Geschäfte des Familienrechts und „einseitig belastende“ Geschäfte[3]) aus, zu welchen letzteren novatio constitutum Bürgschaft gerechnet werden, ja sogar als zweifelhaft erklärt wird, ob nicht alle Stipulationen hier zu rechnen seien[4]). Dafs aber die zuletzt

---

1) S. bes. Irrtum Bd. 1 § 2 S. 11 fg. u. Arch. f. civilist. Praxis Bd. 72 S. 43 fg. So auch bereits RÖWER a. a. O. S. 23 ohne Versuch einer genaueren quellenmäfsigen Begründung.

2) S. gegen LEONHARD, REGELSBERGER: Ztschr. f. Handelsr. Bd. 29 S. 309, 313 fg. u. LOTMAR: Krit. Viertelj. Bd. 25 S. 372 fg.

3) Irrtum Bd. 2 S. 363 fg.

4) S. 374 fg. Im Arch. f. civ. Prax. Bd. 72 S. 47 fg. spricht sich LEONHARD entschieden für die Gleichstellung der Stipulation mit der Schenkung aus.

erwähnten Geschäfte anders behandelt würden, als etwa z. B. der Kauf, die transactio u. s. w., ist von vornherein unwahrlich. Viel plausibler wäre die Annahme, dafs gerade bei den obligationes verborum ein gröfseres Gewicht auf die äufsere Seite der Erklärung gelegt wurde, als bei allen bonae fidei negotia. Die Behauptung, dafs die einseitig belastenden Verträge prinzipiell anders behandelt werden als alle anderen, ist durch gar nichts begründet und hat die klare Entscheidung der l. 57 D. de o. et a. 44, 7 cit. gegen sich. Diese Unterscheidung wird in unsere Quellen künstlich hineingetragen dadurch, dafs LEONHARD ganz willkürlich Worte wie putare, cogitare, sentire, consentire, mens, animus u. s. w. einmal lediglich auf die äufseren Erklärungen (wie in l. 57 D. de o. et a. 44, 7; l. 1 D. de iud. 5, 1; l. 15 D. de iurisd. 2, 1; l. 9 pr.; l. 11 § 1[1]); l. 14 D. de c. e. 18, 1[2]); l. 137 § 1 D. de v. o. 45, 1; § 23 I. de inut. stip. 3, 19), in anderen Fällen auf die inneren Absichten (wie in c. 10 C. de donat. 8, 54; l. 1 pr. D. de donat. 39, 5; l. 49 D. de a. r. d. 41, 1; l. 5 D. de transact. 2, 15; l. 110 § 1 D. de v. o. 45, 1; l. 83 § 1 D. eod.; l. 34 pr. D. de c. e. 18, 1; l. 125 D. de v. s. 50, 16)[3]) bezieht. Es kann nur zugegeben werden, dafs Geschäfte, die eine Liberalität enthalten (keineswegs aber alle „einseitig belastende Verträge"), in Bezug auf die Frage,

1) Gegen diese Deutung des Wortes „existimare" in l. 11 § 1 cit. beweist schon der Umstand, dafs in der nachfolgenden, mit der l. cit. in Verbindung gebrachten Stelle l. 12 eod. (POMPONIUS) existimare nur das innere Meinen bedeuten kann.

2) S. bes. S. 28 fg., 341 fg., 376 fg.

3) S. 186 fg., 366 fg. Vgl. gegen LEONHARD, REGELSBERGER a. a. O. u. LOTMAR: Krit. Viertelj. Bd. 26 S. 228 fg. Das Richtige ist, dafs Ausdrücke, wie sentire, putare u. s. w. im Munde der römischen Juristen sehr oft das geäufserte Wollen oder Meinen bezeichnen, d. h. die Erklärung, die dem wirklichen inneren Willen oder Meinen entspricht.

welche Fälle des Irrtums berücksichtigt werden, einigermaſsen für den Erklärenden milder behandelt werden, als sonstige vermögensrechtliche Verträge. Der natürliche Grund dieses Umstandes liegt darin, daſs der Irrtum bei jenen Verträgen eher entschuldigt zu werden verdient, als bei allen anderen. Insbesondere ist es LEONHARD nicht gelungen, die Beweiskraft der für die Erheblichkeit des nicht erkennbaren Irrtums sprechenden Hauptstelle l. 3 D. de reb. dub. 34, 5[1]) zu beseitigen. Er bezieht den Ausspruch, der sich in dem zweiten Satze der Stelle findet, ausschlieſslich nur auf den im ersten Satze erwähnten Fall der voluntas ambigua[2]). Dem können wir nicht zustimmen. Trotz des „itaque" ist das Bestehen irgend eines näheren Zusammenhanges zwischen den beiden Sätzen entschieden zu bestreiten, denn der Inhalt des zweiten Satzes lehrt, daſs er auf keinen Fall, sollte es auch wahr sein, daſs sich sein Ausspruch nur auf den sermo ambiguus bezieht, als Folge des ersten Satzes betrachtet werden könne. LEONHARD ist im Irrtum, wenn er meint, daſs der zweite Satz der l. cit. nur die auch durch andere Stellen bezeugte[3]) und im ersten Satze des Fragmentes hervorgehobene Behandlung der mehrdeutigen Willenserklärungen bestätigt. Bei mehr-

---

Wo jedoch das Vorhandensein einer Äuſserung feststeht und die Frage nach dem „sentire" oder „putare" aufgeworfen wird, sind regelmäſsig diese Ausdrücke auf das innere Wollen oder die innere Meinung zu beziehen. So namentlich in überaus zahlreichen Fällen, wo es sich um die Ermittelung des eigentlichen Willens des Testators bei letztwilligen Verfügungen handelt, welche Stellen demnach alle gegen LEONHARD zeugen.

1) PAULUS: In ambiguo sermone non utrumque dicimus, sed id dumtaxat quod volumus: itaque qui aliud dicit quam vult, neque id dicit quod vox significat, quia non vult neque id quod vult, quia non loquitur. S. zu der Stelle auch HARTMANN: Jahrb. f. Dogm. Bd. 20 S. 37.

2) LEONHARD a. a. O. S. 184 fg.

3) S. oben S. 419 N. 1.

deutigen Erklärungen gilt in der Regel jene von den verschiedenen möglichen Deutungen als das „Erklärte", welche der inneren Intention der Person entspricht. Aus diesem Satze an sich läſst sich noch keineswegs irgend ein Schluſs ziehen in Bezug auf die Frage, was dann Rechtens sein solle, wenn die innere Absicht der Person keiner der möglichen Deutungen der Erklärung entspricht. Daſs man aber vom Standpunkte LEONHARDS in diesem Falle annehmen müſste, der Empfänger der Erklärung könne darauf rechnen, daſs wenigstens eine der möglichen Deutungen unbedingt gelte, liegt auf der Hand. So spricht die l. 3 cit. entschieden gegen LEONHARD, auch wenn es anginge, sie nur auf die Fälle der oratio ambigua zu beschränken. Eine derartige prinzipiell verschiedene Behandlung der zweideutigen Erklärungen im Verhältnis zu den unzweideutigen, wonach bei den ersteren jeder, bei den zweiten nur der erkennbare Irrtum erheblich wäre, ist dem römischen Rechte unbekannt. Sie wäre auch gar nicht zu empfehlen, denn, abgesehen davon, daſs hierin eine Inkonsequenz liegen würde, würde sie eine praktisch wohl undurchführbare scharfe Unterscheidung zwischen den beiden Erklärungsarten voraussetzen. An der ganzen Sache ist nur so viel Richtiges, daſs, was von unserem Standpunkte selbstverständlich ist, je bestimmter die Erklärung lautet, desto unglaublicher gewöhnlich der Einwand des Erklärenden erscheinen wird, daſs er sich des Sinnes der Erklärung nicht bewuſst war.

Obwohl wir nun der Ansicht, welche nur den erkennbaren Irrtum für relevant erklärt, nicht beistimmen, so geben wir doch bereitwillig zu, daſs zwischen „Erkennbarkeit" und „Entschuldbarkeit" des Irrtums ein naher Zusammenhang besteht. Die nähere diesbezügliche Entwickelung wird im weiteren Verlaufe gegeben werden.

Wesentlichkeit des Irrtums als Probabilität desselben.

§ 20.

Wir haben uns jetzt mit der spezielleren Frage, die die Wirkung des Irrtums bei Willenserklärungen betrifft, zu beschäftigen, nämlich mit der Frage, auf was für Umstände der Irrtum sich beziehen müsse, damit er ein „wesentlicher" sei, d. h. damit er die Nichtigkeit der Erklärung nach sich ziehe[1]). Diese ganze Frage war seit jeher unter den Romanisten äufserst bestritten. Unsere Aufgabe kann es nicht sein, an diesem Orte eine genaue, in alle Einzelheiten eingehende Darstellung dieser Lehre zu geben. Wir beschränken uns darauf, die hauptsächlichsten Momente hervorzuheben, welche uns zwingen, der von den meisten vertretenen Ansicht entgegenzutreten und in möglichster Kürze unsere Meinung anzugeben und zu begründen.

Die Frage nach der Wesentlichkeit des Irrtums bei Wil-

---

1) Mit Recht bemerkt ZITELMANN (Irrtum S. 490 fg.), dafs in unserer Lehre oft mit der „Wesentlichkeit" des Irrtums Unfug getrieben werde. Man operiert mit dem Ausdruck „wesentlicher" Irrtum und versäumt dabei meistens, diesem an sich nicht klaren terminus einen präzisen Begriff zu unterstellen. Um Mifsverständnissen vorzubeugen, erklären wir, dafs wir mit dem Ausdruck „wesentlicher" Irrtum einen solchen verstehen, der die Nichtigkeit der Erklärung bewirkt. Gewöhnlich versteht man darunter einen Irrtum über „wesentliche" Bestandtheile des Geschäftes. Diese Deutung ist für uns ausgeschlossen, weil wir eben nicht zugeben, dafs es für alle oder doch für ganze Kategorieen von Rechtsgeschäften einzelne, in diesem Sinne wesentliche Bestandtheile der Erklärung gäbe (s. unten). Vgl. über einzelne Theorieen und die Geschichte der Lehre von der Wesentlichkeit des Irrtums LEONHARD: Irrtum Bd. 2 S. 539 fg. S. über den wesentlichen Irrtum neuestens auch RYCK: Irrtum bei Rechtsgeschäften, Juristische Abhandlungen, Festgaben für BESELER bes. S. 138—153.

lenserklärungen hängt innig zusammen mit der Frage, was denn eigentlich zum Inhalte einer Willenserklärung gehöre, was für Momente als die Erklärung individualisierend zu betrachten seien. Schon aus dem Grunde, weil die Rechtsfolge, die das objektive Recht an eine Willenserklärung anknüpft, in Bezug auf einen gewissen Gegenstand entsteht, mufs die Willenserklärung selbst die nötige Bestimmtheit rücksichtlich des Gegenstandes besitzen. Soll die Rechtsfolge in Betreff einer bestimmten Person oder Sache entstehen, so mufs das als Erklärung erscheinende Geschehen die betreffende Person bez. Sache mit individuellen Merkmalen bezeichnen, wie etwa Nennung des Raumes, wo sich die Person bez. Sache im bestimmten Momente befinden, oder Angabe irgend welcher individualisierender Eigenschaften. Handelt es sich um Sachen gewisser Art, dann mufs das genus aus der Eklärung zu entnehmen sein. Gehört zu den Thatbestandsmomenten der Rechtsfolge der Ausdruck eines gewissen Vorhabens, namentlich bei Rechtsgeschäften des Verlangens nach einer bestimmten Rechtsfolge, dann müssen natürlich auch die jenes Vorhaben näher bezeichnenden Momente aus der äufseren Erklärung selbst zu entnehmen sein [1]).

---

1) Vgl. die durchaus konsequent entwickelte Ausführung Zitelmanns (Irrtum S. 433—484). Zitelmanns Ansicht ist nur insofern verfehlt, als er, in dem Irrtum befangen, als müfsten bei gewollten Erklärungen inneres Wollen und äufsere Erklärung sich decken, die Lehre von der „Individualisierung" auf das wirkliche Wollen bezieht. Was individualisiert sein mufs, ist nicht die innere Absicht, sondern die äufserlich manifestierte. Eine gehörige Individualisierung der (erklärten) Absicht ist somit nicht als Voraussetzung des wirklichen Wollens, sondern als Bedingung des objektiven Bestehens der Erklärung aufzufassen. Eine andere Frage ist es, ob das wirkliche Wollen die Individualisierungsmomente erfassen müsse. Diesbezüglich mag schon hier bemerkt werden, dafs auch bei gewollten Erklärungen der präzis individualisierten Er-

Es ist klar, daſs ein Irrtum nur dann den Willen aufheben kann, wenn er sich auf Umstände bezieht, die zum Inhalte der Erklärung gehören und daſs jedes Irren über Thatsachen, die abseits der Erklärung liegen, belanglos ist. Auf dieser Anschauung beruht die zuerst von SAVIGNY[1]) scharf durchgeführte Unterscheidung zwischen dem Irrtum über die Bestandtheile der Erklärung und jedem anderweitigen Irren, dem höchstens die Bedeutung eines error in motivo zukommen kann. Nur der Irrtum über Momente, die zu der Erklärung gehören, könne als sog. unechter Irrtum Divergenz zwischen Wille und Erklärung bewirken; der bloſse Irrtum im Motiv schlieſse dagegen den Willen nicht aus. Diese präzise Unterscheidung zwischen Geschäftsirrtum und Irrtum im Motiv erfreut sich seit SAVIGNY einer nahezu ausnahmslosen Anerkennung und wird allgemein als die Grundlage der Lehre von der Wesentlichkeit des Irrtums betrachtet.

Durch die angegebene Unterscheidung wird selbstverständlich die Frage, welcher error ein wesentlicher sei, noch keineswegs erledigt. Vor allem drängt sich nämlich die Frage auf, ob alle Individualisationsmomente oder nur manche derselben als so wesentlich anzusehen seien, daſs ein Irren darüber den Willen aufhebt. Auſserdem thut die scharfe Scheidung der Umstände, die zum Inhalte der Erklärung gehören, von allen anderen not. Was das letztere betrifft, muſs bemerkt werden, daſs es unserer Ansicht nach bis nun keineswegs gelang, die erwähnte Scheidung in klarer Weise durchzuführen. Schon der Umstand, daſs die genaue Trennung des Inhaltes des Willens von den bloſsen Motiven

---

klärung ein unbestimmter oder doch nur einzelne Momente der Individualisierung erfassender Willensentschluſs zu grunde liegen kann.

1) System Bd. 3 §§ 115, 135 u. Beilage VIII.

desselben nur auf Grund einer überaus schwierigen psychologischen Unterscheidung erbracht werden kann, läfst die Irrtumslehre, die auf jener Trennung basiert, als praktisch höchst bedenklich und demnach dem Geiste des römischen Rechts widerstrebend erscheinen.

Hinsichtlich der Frage, welche Bestandtheile der Erklärung als wesentlich zu betrachten seien, herrscht unter den Anhängern der Willenstheorie keine Meinungseinhelligkeit. SAVIGNY, dem die meisten folgen, zählt als wesentlich einzelne Momente auf, denen bei Willenserklärungen eine wichtige Bedeutung zukommt, und welche als in Bezug auf den Irrtum „wesentlich" auch in Quellenbeispielen angegeben werden. Wesentlich sollen folgende Fälle des Irrtums sein: a) der Irrtum über die Natur des Geschäftes (error in negotio); b) über die Person oder Sache, auf welche sich die Erklärung bezieht (error in persona und error in corpore) und bei einer Mehrheit von Gegenständen über die Quantität derselben; endlich c) über wesentliche Eigenschaften des Gegenstandes (error in qualitate, substantia, materia). Was unter „wesentlichen" Eigenschaften zu verstehen ist, darüber ist man nicht ganz einig. SAVIGNY hält für wesentlich bei Sachen jene Eigenschaften, welche nach der Verkehrsanschauung die Wesenheit der Sache ausmachen [1]), während andere auf die individualisierende Funktion der Qualität Gewicht legen [2]). Diese Aufzählung der „wesentlichen" Punkte mufs bei SAVIGNY und seinen Nachfolgern als taxativ betrachtet werden. — Eine andere Theorie vertritt in Bezug auf die Wesentlichkeit des Irrtums ZITELMANN. Nach seiner Ansicht ist der Irrtum über jeden Umstand, der

1) S. SAVIGNY: System Bd. 3 bes. S. 283.

2) S. bes. WÄCHTER: Württemb. Privatr. Bd. 2 S. 747 fg.

zu den Individualisierungsmomenten der Erklärung gehört, ein wesentlicher, dagegen alle anderen Irrtümer, insbesondere auch der Irrtum in den Eigenschaften, und zwar im weitesten Sinne dieses Wortes der Person oder Sache, unwesentlich [1]).

Wir halten beide Ansichten für verfehlt. Die SAVIGNYsche Lehre ist schon darum unhaltbar, weil die von ihm als wesentlich angeführten Punkte keineswegs die einzigen sind, rücksichtlich welcher das wirkliche Vorhandensein des irrtümlich Vorausgesetzten als den Willen bedingend erscheint. Mit vollem Recht hebt es namentlich ZITELMANN [2]) hervor, daſs der Irrtum über Momente, wie Ort und Zeit der Leistung oder sonstige Modalitäten nicht weniger „wesentlich“ sein wird, wie etwa der error in negotio. Ferner unterliegt es nicht dem mindesten Zweifel, daſs jene von SAVIGNY aufgezählten Irrtumsfälle keineswegs stets „wesentlich“ sind. So wird der Irrtum in der Identität der Person doch nur dann als „wesentlich“ angesehen werden dürfen, wenn es dem Erklärenden „gerade auf diese bestimmte Person ankommt“ [3]). Sonst ist er als ein „error circa personam“, wie man früher zu sagen pflegte, unerheblich. Dasselbe muſs bezüglich des error in re gesagt werden. Ebenso ist auch die „Wesentlichkeit“ des error in qualitate und in quantitate nicht unbedingt, sondern davon abhängig, ob es dem Erklärenden daran gelegen ist oder sein kann, für den Fall, daſs die Wirklichkeit seiner Vorstellung nicht entspräche, die Nichtigkeit des

---

1) S. Irrtum u. Rechtsgeschäft S. 432 fg. bes. S. 496.

2) a. a. O. S. 495 fg. Vgl. auch WINDSCHEID: Pandekten 6. Aufl. Bd. 1 § 76 N. 9 u. Text dazu, ferner § 76a, der früher die SAVIGNYsche Ansicht vertrat, dieselbe jedoch nunmehr aufgegeben hat. RYCK, Festgaben f. BESELER S. 138 fg.

3) So WINDSCHEID in den früheren Auflagen seiner Pandekten § 76.

Geschäftes geltend zu machen. Dies alles wird zum Theil, freilich gegen die Konsequenz von SAVIGNY und seinen Anhängern, zugegeben, namentlich in Betreff des error in persona in qualitate und quantitate[1]). Ganz ähnlich verhält es sich aber auch mit dem error in negotio. Wer würde z. B. auf die absurde Idee kommen, ein jedes Geschäft schon darum für ungiltig zu erklären, weil sich der Handelnde der rechtlichen Natur des Geschäftes nicht klar bewufst ist? Den error in negotio für unbedingt erheblich zu betrachten, hiefse soviel, als bei jedem Laien einen noch höheren Grad juristischer Kenntnisse vorauszusetzen, als ihn juristische Theoretiker von Profession besitzen. Wie viele Geschäfte giebt es im Verkehrsleben, man denke z. B. an manche Börsengeschäfte, deren juristische „Konstruktion" eine überaus schwierige ist!

Die als „wesentlich" aufgezählten Irrtumsfälle sind es also nach dem Gesagten doch nur dann, wenn dies den Interessen des Erklärenden entspricht. Wie ist es nun zu ermitteln, ob es dem Handelnden auf dieses bestimmte negotium, diese Person u. s. w. ankommt? Entscheidet darüber im einzelnen Falle der durch Interpretation zu ermittelnde Sinn der Erklärung, dann ist klar, dafs es einfach eine Interpretationsfrage ist, ob ein error in negotio, persona u. s. w. erheblich ist, oder nicht. Der Ansicht der herrschenden Lehre, die auch den nichterkennbaren Irrtum wirken lassen will, scheint es mehr zu entsprechen, darüber, ob es denn dem Handelnden auf jene Punkte des Vertrags wirklich ankommt, seine inneren Intentionen entscheiden zu lassen. Dann entschiede über die Wesentlichkeit eines jeden Irrtums einfach das innere individuelle Wünschen des Erklärenden. Auf jeden Fall erweist sich jenes Aufzählen der Kategorieen des wesentlichen Irrtums als absolut wertlos und verwirrend.

---

1) S. SAVIGNY selbst: System Bd. 3 S. 271. 276. 292. 299 fg.

Bei weitem konsequenter als die SAVIGNYsche Lehre ist die Irrtumstheorie ZITELMANNS, nach welcher jeder Irrtum über Momente, die zur Individualisierung der Erklärung gehören, wesentlich sein soll. In der That ist es durchaus korrekt, falls man als Voraussetzung der Giltigkeit der Erklärung die Übereinstimmung zwischen Wille und Erklärung verlangt, als wesentlich in Bezug auf den Irrtum alle jene, aber andererseits nur jene Momente zu betrachten, die den Inhalt der Erklärung ausmachen. Dieser Gedanke wird auch mit bewunderungswürdiger Konsequenz bei ZITELMANN durchgeführt. Indessen erweist sich der scheinbar auf fester psychologischer Grundlage beruhende logische Bau der ZITELMANNschen Irrtumslehre als ein reines Schattenspiel, sobald man es im Lichte der praktischen Lebensverhältnisse näher betrachtet. Die praktische Bedeutung sämtlicher Deduktionen ZITELMANNS über die Geschäftsabsicht und über die Grenze zwischen Momenten, welche dieselbe individualisieren und jenen, die nur Motive des Willens sind, wird vollständig vernichtet durch die einfache Thatsache, daſs es dem individuellen Wollen des Handelnden freisteht, einerseits Umstände, die an sich auſserhalb der Erklärung liegen, zu wesentlichen Momenten zu erheben, andererseits den Individualisierungsmomenten den Charakter der Wesentlichkeit zu nehmen. So kann zweifellos der Handelnde von dem wirklichen Vorhandensein einer Eigenschaft der Person bez. Sache oder sonst irgend eines Umstandes, der in der Regel nur Motiv des Handelns ist, seinen Willen abhängig machen. Dazu ist auch das Setzen einer ausdrücklichen Bedingung nicht nötig, genug, wenn nur überhaupt eine solche Willensrichtung zu erkennen ist. Andererseits wieder entspricht es manchmal dem Willen des Erklärenden, manche Individualisationsmomente, wie z. B. Ort und Zeit der Leistung, Natur des Geschäftes u. s. w. in Bezug auf den Irrtum für unwesentlich zu erklären. Ja, man wird manchmal nicht umhin können, in Gemäfsheit des Willens des Erklärenden sein Wissen in Betreff des ganzen näheren Inhaltes des Geschäftes als unerheblich anzusehen. So namentlich in den Fällen, wo sich jemand absichtlich einer ihm näher nicht bekannten Rechtsnorm unterwirft[1]) oder wenn er ein Schriftstück unterfertigt, ohne seinen Inhalt zu kennen, mit dem Willen, nach dem Inhalte desselben, sei er wie er will, zu haften.

Dies alles wird von ZITELMANN nicht geleugnet. Dafs ein Umstand, der in der Regel nicht zur Individualisierung der Absicht gehört, auch „stillschweigend" zur Bedingung des Willens erhoben werden kann, dies wird zwar zugegeben, aber keineswegs gehörig gewürdigt[2]). Was die Fälle betrifft, wo der innere Wille des Erklärenden in Bezug auf die Individualisierung hinter der äufseren Erklärung zurückbleibt, bemüht sich ZITELMANN, dieselben durch Annahme einer unbestimmten Absicht in der Person des Handelnden zu erklären[3]). Dafs diese Annahme keineswegs befriedigen kann, liegt auf der Hand. Erstens steht diese „unbestimmte" Absicht offenbar im Widerspruch mit der ganzen rechtsgeschäft-

---

1) Dafs dies im allgemeinen möglich ist, steht u. E. aufser Zweifel. S. LEONHARD: Irrtum bes. § 7 u. dazu auch LOTMAR: Krit. Viertelj. Bd. 25 S. 402 fg. Dafür zeugen unwiderleglich die stipulationes praetoriae, in welchen über den ganzen Sinn und Inhalt des Gewollten die mens praetoris entscheidet und der Wille der Kontrahenten sich nur auf die Akzeptierung der festgestellten lex contractus beschränkt. S. l. 9 D. de stip. praet. 46, 5 (VENULEIUS); l. 52 pr. D. de v. o. 45, 1 (ULPIAN); vgl. auch l. 32 § 2 D. ad legem Falc. 35, 2. S. auch LEONHARD a. a. O. S. 189.

2) S. Irrtum S. 451, 499 fg.

3) Jahrb. f. Dogm. Bd. 16 S. 397 fg. Irrtum S. 514 fg. Vgl. auch WINDSCHEID: Arch. f. civilist. Prax. Bd. 63 S. 93 fg. Gegen ZITELMANN vgl. bes. HARTMANN: Jahrb. f. Dogm. Bd. 20 S. 25 fg.

lichen Theorie Zitelmanns. Sollen stets Wille und Erklärung sich decken, dann müfste der unbestimmten Geschäftsabsicht eine „unbestimmte“ Erklärung entsprechen, geradeso, wie es hinsichtlich der generischen oder alternativen Absicht der Fall ist. Für Geschäfte, wo der innere Wille unbestimmt ist, der erklärte dagegen als individualisiert erscheint, ist in der Lehre, welche Übereinstimmung zwischen Wille und Erklärung als Thatbestand der Rechtsfolge verlangt, absolut kein Platz und darum schon das Bestehen solcher Geschäfte ein schlagender Beweis gegen diese Lehre. Aufserdem ist ja in den Fällen, in denen Zitèlmann unbestimmte Absicht annimmt, sehr oft auch eine unbestimmte wirkliche Geschäftsabsicht thatsächlich nicht zu finden. Man bedenke z. B., dafs ein Geschäftsherr, der die von seinen Beamten vorgelegten Briefe, ohne ihren Inhalt zu kennen, unterschreibt, sich oft auch dessen gar nicht bewufst ist, ob der Brief überhaupt irgend eine rechtsgeschäftliche Erklärung enthält.

Die erwähnten beiden Thatsachen[1]: die Möglichkeit,

---

1) Ganz mit Unrecht beruft sich Zitelmann für die Ansicht, dafs in Bezug auf das Vorhandensein der auf einen konkreten Gegenstand sich beziehenden Geschäftsabsicht nur die Individualisierungsmomente entscheiden, auf die Analogie der strafbaren Handlungen (Irrtum S. 451 fg.). Gerade die Betrachtung der Delikte hätte ihn diesbezüglich eines Besseren belehren sollen. Allerdings konzentriert sich bei Delikten, wie der Mord und die Sachbeschädigung, die verbrecherische Absicht schlechthin auf dieses konkrete Objekt, gegen welches wir handeln. Eine unrichtige Vorstellung von dem Objekte, z. B. die unrichtige Annahme der Identität mit einem anderen ist da unerheblich. Der Verbrecher mufs sich dessen bewufst sein, dafs der faktische Erfolg den Gegenstand schlechthin trifft, folglich mufs angenommen werden, er wolle unbedingt diesen Menschen töten, diese Sache zerstören. Anders ist es, sofern das Treffen des konkreten Gegenstandes durch den strafbaren Erfolg abhängig gemacht werden kann von dem wirklichen Vorhandensein jener näheren Umstände, die der Handelnde als richtig voraussetzt. So bei

dafs dem Vorhandensein eines nicht zum normalen Inhalte der Erklärung gehörenden Momentes stillschweigend die Be-

---

allen Delikten, die nicht in der Bewirkung eines Naturerfolges, sondern in einer „Erklärung" bestehen, z. B. bei der wörtlichen Beleidigung. Mache ich dem A., den ich für den B. halte, gegenüber eine beleidigende Äufserung, dann trifft ihn die Beleidigung nicht unbedingt, nämlich dann nicht, wenn ich in meiner Äufserung klar zu erkennen gebe, die beleidigende Bemerkung solle sich auf ihn nur unter der Voraussetzung beziehen, wenn er identisch ist mit der Person B. Nicht dagegen l. 18 § 3 D. de iniuriis 47, 10, welche nur von dem gewöhnlichen Falle spricht, wo die iniuria schlechthin beleidigend ist. Noch weniger l. 1 § 8 D. eod., wo es auf den Willen, hierdurch mich zu beleidigen, gar nicht ankommt. Bei strafbaren Handlungen, zu denen ein Naturerfolg gehört, kann unter Umständen der Handelnde gewisse Mafsregeln treffen, um dem vorzubeugen, dafs der Naturerfolg einen Gegenstand treffe, welcher der näheren Vorstellung des Handelnden nicht entspricht. Wenn nun die getroffenen Mafsregeln erfolglos bleiben, dann kann es fraglich sein, ob man das Bewirkte als beabsichtigt betrachten solle. Das Entscheidende wird wohl dies sein, ob der Handelnde Grund zu der Annahme hatte, dafs die betreffenden Mafsregeln geeignet waren, es abzuwenden, dafs der Erfolg in einer nicht gewünschten Weise sich ereigne. Z. B. 1) Ich bestelle jemanden zur Verübung der Mordthat an dem A. an einem bestimmten Tage. In der Dunkelheit wird zufälligerweise statt des A. eine andere Person, der B. erschossen. 2) Ich beauftrage jemanden, für mich bei einem Juwelier einen bestimmten Gegenstand zu entwenden, ihn bei einem Händler um 100 Mark zu verkaufen und mir das Geld zu bringen. Absichtlich oder infolge eines Mifsverständnisses wird von dem Beauftragten ein zehnfach wertvollerer Gegenstand gestohlen, während mir doch nur die Summe von 100 Mark eingehändigt wird. Ist in diesen Fällen das Bewirkte als von mir beabsichtigt anzusehen? Ganz ohne Rücksicht auf die positiven Bestimmungen des Strafrechts, glauben wir, dafs man diese Frage im ersteren Fall noch allenfalls bejahen könnte, nicht aber im zweiten. Etwas Ähnliches, wie die in zivilrechtlichen Verhältnissen vorkommende culpa in eligendo, wird in solchen Fällen die bezüglich der Person des die That ausführenden getroffene Wahl doch in Betracht gezogen werden müssen. Ebensowenig wie die Behandlung der Absicht bei Delikten zeugen für Zitelmann die von ihm zur „Unterstützung" angeführten (a. a. O. N. 411) l. 5 § 5 D. quod vi aut clam 43, 24 u. l. 5 § 1 D. de neg. gest. 3, 5 (ähnlich auch l. 30 (31) § 1 de neg.

deutung der Bedingung des Geschäftswillens beigelegt werde, und die Möglichkeit, dafs der Wille weniger bestimmt sei als die Erklärung, entziehen der ZITELMANNschen Irrtumslehre jedweden festen Boden. Der allgemeine Grundsatz, dafs alle Individualisierungsmomente wesentlich seien, wird zu einer leeren Phrase, denn er mufs eben in jedem einzelnen Falle die Probe der Richtigkeit bestehen. Bei einem jeden einzelnen Geschäfte mufs geprüft werden, ob nach dem Willen des Handelnden gerade alle Individualisierungsmomente „wesentlich" seien oder etwa nur einige von denselben oder endlich noch andere Umstände, die zur normalen Individualisierung nicht gehören[1]). Da nun dies nur auf Grund der Interpretation zu erkennen ist, so kommt doch auch die Lehre ZITELMANNS darauf hinaus, dafs nicht ein allgemeiner Grundsatz, sondern nur die Interpretation darüber Aufschlufs giebt, welche Punkte bei einer Willenserklärung als die wesentlichen erscheinen. Weil aber ZITELMANN auch dem inneren unerkennbaren Irrtume Wirkung zuschreibt, so müfste doch schliefslich nur die individuelle Auffassung des Handelnden darüber entscheiden, welche Momente die wesentlichen seien, ganz ohne

---

gest.; l. 14 § 1; l. 29 pr. D. comm. div. 10, 3). Nach dem bereits Gesagten bedarf dies keiner näheren Ausführung. S. gegen ZITELMANN auch THOMSEN: Die rechtliche Willensbestimmung S. 20 fg.; RYCK a. a. O. S. 120 fg.

1) Vgl. ZITELMANN selbst a. a. O. S. 522 fg. Durch die Annahme, die normal individualisierte Absicht müsse vermutet werden, wird dem nichts geholfen. — Nach der Ansicht von RYCK (a. a. O. S. 142) sei die Wesentlichkeit des Irrtums abhängig „von der individuellen Wertschätzung, welche seinem Gegenstande in Bezug auf den Geschäftserfolg zukommt", es entscheide darüber „die Wertrelation des Gegenstandes innerhalb des Geschäftszweckes". Dies dürfte in unklarer Formulierung doch nichts anderes bedeuten als nur, dafs die Wesentlichkeit einzelner Momente nach der rein individuellen Anschauung des Handelnden zu beurteilen sei.

Rücksicht darauf, ob jene Momente wirklich zum Inhalte der Erklärung gehören oder nicht.

Von der Richtigkeit dieses Resultates kann man sich an dem ersten besten Beispiel leicht überzeugen: Die Eigenschaft des Objektes, sagt uns ZITELMANN, sei kein Individualisationsmoment, folglich der Irrtum über dieselbe unwesentlich. Wie aber, wenn der Handelnde vorschützt, er habe das wirkliche Vorhandensein der Eigenschaft als etwas Selbstverständliches vorausgesetzt und den Vertrag nur unter der Bedingung gewollt? Erscheint nun der Vertrag als nicht bedingt, dann war der Erklärende im Irrtum, weil er den Vertrag unter einer stillschweigenden Bedingung abgeschlossen zu haben vermeinte, und ein solcher Irrtum ist vom Standpunkte ZITELMANNS zweifelsohne als ein wesentlicher anzusehen. Ganz ähnlich wird jedes Rechtsgeschäft trotz des Irrtums über Individualisierungsmomente, z. B. die Natur des Geschäftes, die Quantität der Objekte u. s. w. giltig, wenn nur der Erklärende gesteht, etwa infolge des deferierten Eides, er habe jene Momente doch nicht für wesentlich gehalten.

Unser Resultat ist, dafs weder die SAVIGNYsche noch die ZITELMANNsche Theorie uns einen verläfslichen Mafsstab dafür zu gewähren imstande ist, welcher Irrtum als wesentlich anzusehen sei. Einen solchen Mafsstab giebt, unseres Erachtens, nur die Annahme, dafs die Wesentlichkeit des Irrtums von einer Probabilität abhängt. Es ist bereits hervorgehoben worden, dafs ein jeder error nur dann ein probabilis ist, wenn nicht nur das Vorhandensein, sondern zugleich die Erheblichkeit des Irrtums als Glauben verdienend erscheint. Damit also eine Willenserklärung wegen Irrtums ungiltig sei, mufs in zuverlässiger Weise nachgewiesen werden, nicht nur, dafs der Erklärende irrte, sondern auch, dafs der Gegenstand, über den er irrte, ein für ihn bestimmender war in der Weise, dafs man annehmen mufs, durch die unrichtige oder mangelnde Vorstellung von diesem Gegenstande sei der Erklärungswille ausgeschlossen gewesen.

Der Erklärungswille ist der Wille, durch äufseres Thun ein gewisses Vorhaben zu äufsern. Von was für Vorstellungen das Dasein dieses Willens abhängt, läfst sich im einzelnen Falle als wahrscheinlich aus der Erklärung selbst erkennen, wenn man berücksichtigt, welche Vorstellungen bei derartigen Erklärungen gemeiniglich im Leben in der Person des Urhebers der Erklärung als vorhanden und den Willen bestimmend angenommen werden. Welche Punkte bei einer Willenserklärung für wesentlich zu halten sind, darüber giebt uns Aufschlufs die Interpretation der Erklärung, bei welcher selbstverständlich im allgemeinen die Regel des Lebens das Entscheidende ist. Bezieht sich der Irrtum auf solche Punkte, dann ist er ein error probabilis, bezieht er sich auf andere Momente, dann ist seine Erheblichkeit in der Regel nicht glaublich, da dann anzunehmen ist, der Erklärende habe die richtige Vorstellung über jene Umstände nur infolge eines Irrtums über die Regel des Lebens für etwas den Erklärungswillen Bedingendes betrachten können. Überhaupt hat es mit der Behauptung der Wesentlichkeit des Irrtums dieselbe Bewandtnis, wie mit der Behauptung seines Vorhandenseins, was auch ganz natürlich ist. Der Richter wird die Behauptung der Wesentlichkeit des Irrtums als unglaubwürdig zurückweisen, falls der Erklärende sich in Gemäfsheit der oben entwickelten Grundsätze dessen bewufst sein mufste, dafs aus dem Sinne der Erklärung nicht zu entnehmen ist, er habe den Umstand, über den er im Irrtum war, als etwas Wesentliches und für den Erklärungswillen Bestimmendes betrachtet. Nach dem Gesagten sind die einzelnen Irrtumsfälle, wie error in negotio, persona u. s. w., keineswegs stets wesentlich; die „Wesentlichkeit“ dieser Momente muſs vielmehr in jedem einzelnen Falle nach den angegebenen Grundsätzen einer genauen Prüfung unterzogen werden. Hält man streng an dem Prinzip fest, daſs nur ein probabilis erheblich ist, so ist es unmöglich, die einzelnen Fälle des „wesentlichen“ Irrtums aufzuzählen, weder in Bezug auf Willenserklärungen im allgemeinen noch in Bezug auf einzelne Kategorieen der Geschäfte. Eine der SAVIGNYschen ähnliche Aufzählung könnte solchenfalls keineswegs eine taxative Bedeutung haben[1]). Sie würde nur den Zweck haben können, einzelne Beispiele anzugeben, wo der Irrtum manchmal oder höchstens gewöhnlich ein wesentlicher ist.

Von unserem Standpunkte aus erscheint es nicht unbedingt notwendig, bei Beurtheilung eines jeden einzelnen Irrtumsfalles ganz scharf zwischen den eigentlichen Individualisierungsmomenten und den „bloſsen“ Motiven zu unterscheiden. Dadurch will nicht gesagt werden, daſs wir den error in motivo auf gleiche Linie stellen mit dem Irrtum über den Inhalt der Erklärung. In der Regel ist nur der Irrtum in den Momenten, die zum Inhaltender Erklärung gehören, wesentlich, nicht auch ein Irrtum über Thatsachen, die bloſs Motive des Handelns sind. Der letztere Irrtum ist aber nicht darum unwesentlich, weil er ein error in motivo ist, sondern weil er, was leicht zu begreifen ist, als error non probabilis angesehen werden muſs. Giebt nämlich jemand eine Erklärung schlechthin ab, ohne daſs es aus derselben zu

1) Vgl. dazu jetzt die im allgemeinen zutreffenden Bemerkungen WINDSCHEIDS: Pandekten 6. Aufl. Bd. 1 § 76a, die jedoch u. E. mit dem von WINDSCHEID aufgestellten Grundsatz, daſs nur der auf grober Nachlässigkeit beruhende Irrtum irrelevant sei, nicht im Einklang sind. Nicht gehörig wird das im Text Gesagte hervorgehoben von DERNBURG in seinen Pandekten Bd. 1 § 102.

entnehmen wäre, daſs er seinen Willen von dem Vorhandensein der Umstände, die ihn zu der Erklärung bewogen haben, abhängig wissen wollte, dann ist es klar, daſs sein Einwand, er habe die Erklärung infolge des Irrtums im Motiv nicht gewollt, als unglaubwürdig nicht gehört werden wird. Die Regel des Lebens gebietet es, eine jede Erklärung im allgemeinen als einen von den inneren Motiven des Handelns unabhängigen Willensakt aufzufassen. Nicht der philosophischen Spekulation, sondern der praktischen Volksauffassung verdankt seine Anerkennung der für die Sicherheit des Verkehrs unerläſslich notwendige Satz, daſs, wer seinen Willen als unbedingten äuſsert, dessen Willenserklärung als etwas Selbständiges, von den Motiven des Handelns Abgelöstes gelten muſs.

Der Satz, daſs der error in motivo den Willen nicht beeinträchtige, ist nicht ganz ausnahmslos richtig, und zwar gerade darum, weil die Regel des Lebens dessen Grundlage ist[1]). Ist nämlich der Inhalt der Erklärung so beschaffen,

1) So wird bei Rechtsgeschäften, die eine Liberalität enthalten (die Entscheidung bezüglich der Manumission l. 23 § 1 D. de i. patr. 37, 14 ist wohl ein Ausfluſs des favor libertatis), der entscheidende Irrtum in den Beweggründen gewöhnlich Berücksichtigung finden, weil er da eher Entschuldigung verdient als sonst; s. dazu: l. 1 § 1 D. de pollic. 50, 12. Nicht aber unbedingt s. l. 65 § 2 D. de cond. ind. 12, 6; vgl. auch l. 2 § 7 D. de donat. 39, 5; dazu LEONHARD: Irrtum Bd. 2 S. 371. Von Motiven, die man nicht als entscheidend gelten lassen kann, spricht l. 3 § 7 i. f. D. de cond. c. d. 12, 4. — Ob bei Willenserklärungen, die das Bestehen eines besonderen Rechtsverhältnisses zwischen den Personen voraussetzen und auf Grund dieses Rechtsverhältnisses erfolgen, wie pactum de non petendo, fideiussio, constitutum, transactio, ferner novatio, acceptilatio und solutio, der Irrtum über das Bestehen bez. die Modalitäten dieses Verhältnisses stets als error in motivo zu betrachten ist, kann nicht näher geprüft werden und ist von unserem Standpunkt aus unentscheidend. Manchmal kann die „causa“ als Bedingung gesetzt

dafs man den Erklärungswillen trotz der Individualisierung der Erklärung auf einen bestimmten Gegenstand, doch nicht

---

werden, geschieht dies aber nicht, so ist der Irrtum über dieselbe zwar nur ein error in motivo, trotzdem aber in der Regel erheblich (s. bes. VOIGT: Arch. f. civil. Praxis Bd. 54 S. 30 fg. u. dazu l. 4 § 5 D. si quis caut. 2, 11; l. 51 pr. § 1 D. de pactis 2, 14; l. 5 D. de transact. 2, 15; l. 9 bes. i. f. D. eod.; l. 31 D. de const. pec. 13, 5; l. 66 § 4 D. sol. matr. 24, 3; l. 37 D. de fideiuss. et mand. 46, 1; l. 36 i. f. D. fam. erc. 10, 2; l. 2 §§ 3, 4 D. de don. 39, 5; l. 7 D. de doli m. exc. 44, 4; § 1 J. de except. 4, 13). Der Grund besteht darin, dafs diesen Geschäften an sich schon dieser Charakter zukommt, dafs der Geschäftswille als von der causa abhängig erscheint. Dieser Charakter des Geschäftes mufs erkennbar hervortreten, dagegen braucht nicht ganz präzis hervorgehoben zu werden, welche causa vorausgesetzt wird. Es dürfte hinreichend sein, wenn das Geschäft sonst als durch nichts begründete Liberalität erschiene. Eine solche durch Irrtum verursachte Liberalität wird nicht aufrecht erhalten und als kaptiös erklärt (l. 5 D. de transact. cit.). Verdient der Irrtum ausnahmsweise keine Berücksichtigung, dann ist das Geschäft ganz unanfechtbar. Dies ergiebt sich aus l. 46 § 2 D. de iure dot. 23, 3; l. 9 § 1 D. de cond. c. d. 12, 4 u. l. 32 § 2 D. de cond. ind. 12, 6. Obwohl der Irrtum berücksichtigt wird, so geschieht dies oft nicht durch Statuierung der Nichtigkeit. Falls wirklich geleistet wurde, ohne dafs die causa als Bedingung gesetzt worden wäre, wird dem Irrenden durch Gewährung der condictio geholfen. Dies vor allem aus Utilitätsgründen, zugleich aber wohl infolge der Erwägung, dafs durch wirkliche Leistung manifestiert wird, der Wille sei nicht schlechterdings an die causa gebunden. Wird dagegen gegen den Irrenden der Ausspruch erhoben, dann schützt diesen die exceptio doli generalis. Die rein theoretische Frage, ob hier wirklich Nichtigkeit vorliege, kann man wohl auf sich beruhen lassen und ohne weiteres volle Relevanz des error in der causa annehmen. S. dazu auch LEONHARD, dessen Ansicht (S. 258—274, S. 368 fg.) uns jedoch nicht zusagt (s. darüber unten). Über die causa bei Traditionen und den Irrtum über dieselbe s. oben S. 242 N. 2. HESSE (Jahrb. f. Dogm. Bd. 15 S. 83) ist der Ansicht, dafs in der Regel der Irrtum im Beweggrunde Nichtigkeit bewirke und nimmt gerade für Rechtsgeschäfte, die auf einer Liberalität beruhen, eine Ausnahme an. U. E. bedarf diese Behauptung keiner Widerlegung. Sie erklärt sich zum Theil dadurch, dafs HESSE bei Geschäften, die keine Liberalität enthalten, lediglich die „causa“ als „Beweggrund“ zu betrachten scheint.

als einen schlechtweg nur auf diesen Gegenstand sich beziehenden auffassen kann, dann können unter Umständen auch Momente, die keine eigentlichen Individualisierungsmomente, sondern Motive sind, wesentlich sein. So wird beispielsweise bei einem Rechtsgeschäft von solcher Wichtigkeit wie die Ehe unter Umständen auch bei der Schenkung die unrichtige Annahme, die Person, mit der man kontrahiert, sei mit einer anderen identisch, erheblich sein, obwohl die Identität nicht zu den Individualisationsmomenten gehört. Ähnlich wird oft beim Kauf einer individuell bestimmten Sache das erkennbare Voraussetzen einer gewissen Eigenschaft dermaſsen aufgefaſst werden müssen, daſs man den Geschäftswillen als von dem Vorhandensein jener Eigenschaft abhängig interpretieren wird[1]).

Bevor wir auf die einzelnen Irrtumsfälle zu sprechen kommen, die man gewöhnlich als „wesentlich" zu bezeichnen pflegt, muſs zuvor die wichtige Frage erledigt werden, ob denn überhaupt zum Dasein des Erklärungswillens in unserem Sinne eine genaue Vorstellung von dem Inhalte des Erklärten

---

1) S. dazu Leonhard: Irrtum § 13 u. § 17, dann S. 542 fg., dessen Ausführungen sehr viel Treffendes enthalten, der jedoch zu weit geht, wenn er den Begriff des error in motivo einfach verwirft und die Bemerkung macht, die „bloſsen" Beweggründe seien hier nichts als nur ein bloſses Wort (S. 258). — Bei Hasenöhrl (Österr. Obligationenrecht Bd. 1 § 46 S. 555) findet sich die Bemerkung, daſs, wenn es aus der Erklärung selbst nicht zu entnehmen ist, welche Momente zu den „wesentlichen" gehören, „ein Vertragsmoment dann für wesentlich zu halten sei, wenn der Nachweis geführt wird, daſs ohne den Irrtum über das Vertragsmoment die Willenserklärung nicht in der vorliegenden Weise zustande gekommen wäre". Dies ist verfehlt, weil es eben nichts anderes bedeutet, als daſs der Irrtum über alle entscheidenden Motive erheblich ist. Auch steht dies mit dem, was Hasenöhrl in Bezug auf die Bedeutung des Willens bei Willenserklärungen lehrt, im Widerspruch.

notwendig sei? Das Problem, um welches es sich hier handelt, ist dieses: Kann man etwas als gewollt oder gewünscht willentlich erklären, ohne eine genauere Vorstellung davon zu haben, was den näheren Inhalt dieses Vorhabens oder Wunsches bildet?

Die Antwort auf diese Frage wird nicht für alle Willenserklärungen identisch sein. Sie hängt ab von der Beschaffenheit desjenigen inneren Vorhabens, das in der Erklärung zum Ausdruck gelangt. Rücksichtlich der rechtsgeschäftlichen Willenserklärungen mufs für die Regel zugegeben werden, dafs unter Umständen auch ein unbestimmtes Vorhaben zur Erklärung hinreichend sein könne. Da ein Wünschen nicht unbedingt eine genaue Kenntnis von dem Inhalte des Gewünschten voraussetzt, so ist es nicht unmöglich, gewisse Rechtsfolgen als gewünscht zu erklären, ohne eine präzise Vorstellung von denselben, wie auch von dem Gegenstande, auf den sie sich beziehen sollen, zu haben. Ausnahmslos für alle rechtsgeschäftlichen Erklärungen gilt dies freilich nicht. Es giebt auch Rechtsgeschäfte, bei denen ein bestimmtes Wissen in Betreff mancher Elemente der Erklärung zum Wollen der Erklärung ganz unerläfslich ist[1]). Wenn man von diesen Ausnahmen absieht, so wird man zugeben müssen, dafs eine rechtsgeschäftliche Erklärung, welche sich auf einen bezüglich des Inhaltes nicht näher bestimmten Willensentschluss stützt, eine gewollte ist, sobald nur in der Erklärung selbst auf das Mittel hingewiesen wird, aus welchem der nähere Inhalt der Erklärung zu entnehmen ist. Es kommt im Leben nicht selten vor, dafs wir uns beim Abschlufs von Verträgen einer uns nicht näher bekannten

1) Als Beispiel mögen von den Rechtsgeschäften unter Lebenden die Erbantretungen und Erbverzichte angeführt werden.

Vertragsnorm unterwerfen. Das wirklich vorhandene Willensmoment besteht hier lediglich in dem Hinweisen auf eine irgendwie festgestellte lex contractus und dem Willensausdruck, dieselbe solle schlechthin entscheidend sein, sie möge wie immer lauten[1]).

Eine andere Frage ist es, ob man bei jeder rechtsgeschäftlichen Willenserklärung das Vorhandensein einer derartigen allgemeinen Willensrichtung anzunehmen berechtigt sei. Soll und darf behauptet werden, dafs jeder, der eine Willenserklärung abgiebt, zugleich den Willen habe und hiermit äufsere, nach dem erkennbaren Inhalte der Erklärung schlechthin gebunden zu sein, möge auch derselbe seiner Vorstellung, gleichviel aus was für einem Grunde, nicht entsprechen?[2]) Dies mufs entschieden verneint werden. Wenn

---

1) Der Umstand, dafs bei den meisten rechtsgeschäftlichen Erklärungen eine genauere Vorstellung von dem näheren Inhalte des Erklärten keine unerläfsliche Bedingung für das Vorhandensein des Erklärungswillens ist, hat zur Folge, dafs die im allgemeinen von uns als möglich bezeichnete (s. oben S. 423) Geltendmachung des Willensmangels wegen Irrtums gegen den Erklärenden selbst von geringer praktischer Bedeutung sein wird. Der Erklärende kann sich, nämlich um das Geschäft aufrecht zu erhalten, immerhin darauf berufen, er habe sich schlechthin nach dem Inhalte des Deklaratum binden wollen und dieser Einwand wird in Bezug auf Geschäfte, die er als für ihn erwünscht in Kraft erhalten will, völlig glaubwürdig sein. Das hier Gesagte bezieht sich natürlich nicht auf alle Rechtsgeschäfte und juristischen Willenserklärungen, namentlich nicht auf diejenigen, wo eine präzisere Vorstellung von dem als gewollt Erklärten unbedingt erfordert wird.

2) Dies bejaht Bähr, wenn er sagt: „jeder Kontrahent mufs sich sagen, dafs sein innerer Wille von dem Gegenüberstehenden nur nach der äusseren Erscheinung dieses Willens bemessen werden kann“ (Jahrb. f. Dogm. Bd. 14 S. 400), giebt jedoch zu, dafs dies auf eine Fiktion des Willens hinausgeht. Mit Recht erklärt sich dagegen Windscheid (Arch. f. civil. Prax. Bd. 63 S. 82 fg.), der jedoch es nicht bestreitet, dafs diese Auslegung manchmal durch besondere Umstände des Falles gerechtfertigt werden kann. S. auch Mommsen: Die Haftung S. 127.

wir jedoch die aufgeworfene Frage verneinen, so liegt der Grund dessen nicht in der Annahme, daſs, wie ZITELMANN und die herrschende Lehre voraussetzen, jeder Erklärende nur auf den Fall gebunden sein will, wenn seine Erklärung in allen Stücken seinem inneren Vorhaben entspricht. Wäre dies so, dann könnte man sich allerdings auf das Vorhandensein einer eventuellen unbestimmten Absicht gegen Personen berufen, welche die von ZITELMANN dem Urheber der Erklärung zugemutete Gesinnung nicht theilen[1]). Vielmehr verwerfen wir die Annahme jener unbestimmten Absicht darum, weil es nicht der Auffassung des römischen Rechts entspricht, in einer jeden Willenserklärung zugleich den Ausdruck eines eventuellen Vorhabens zu erblicken, schlechtweg nach dem erkennbaren Sinne der Erklärung zu haften, wie denn auch nicht erwiesen werden kann, daſs für eine derartige Interpretation des rechtsgeschäftlichen Willens eine allgemein anerkannte Regel des Lebens spräche.

Die eventuelle Absicht, unbedingt nach dem Inhalte der Erklärung verpflichtet zu sein, ohne Rücksicht auf die etwaige Diskrepanz zwischen Wille und Erklärung, werden wir also nur dann anzunehmen berechtigt sein, falls sie in der Erklärung in unzweideutiger Weise zum Ausdruck gebracht erscheint. In diesen letzteren Fällen wird der Urheber der Erklärung, wenn er die Giltigkeit derselben bestreitet, seine mangelhafte Vorstellung von dem Inhalte des Erklärten nicht vorschützen dürfen. Sein Irrtum über den ganzen Charakter der Erklärung, nämlich darüber, daſs in ihr die Äuſserung jener eventuellen allgemeineren Willensrichtung enthalten ist, wird begreiflicherweise ein unentschuldbarer sein.

Sonst muſs als Regel an dem Satze festgehalten werden,

1) So ganz richtig LEONHARD: Irrtum S. 99 fg.

dafs das Dasein des Erklärungswillens unmöglich ist bei Irrtum über Umstände, die im Leben bei solchen Erklärungen für so wichtig betrachtet werden, dafs man supponieren mufs, ohne Vorstellung von denselben könnte es zu diesem Willensentschlusse gar nicht kommen. Hervorgehoben mag hier noch einmal werden, dafs die Kenntnis sowohl der rechtlichen Bestimmungen als auch der Sitten und Gebräuche des Lebens vorausgesetzt wird. Was die letzteren betrifft, ist es begreiflich, dafs, je strikter und präziser die diesbezüglichen Gebote des Verkehrslebens sind, um so schwerer verzeihlich der Irrtum und beschränkter die Anzahl jener Momente, über die zu irren gestattet ist. Die Folge davon ist, dafs die Erklärungen je nach Umständen milder oder strenger beurtheilt werden müssen. Bei manchen Rechtsgeschäften wird, sei es auf Grund der Verkehrsusancen, sei es auf Grund einer singulären Rechtsvorschrift, ausnahmsweise ein so präzises Wissen bezüglich der Bedingungen und Modalitäten des Geschäftes schlechthin vorausgesetzt, dafs die Entschuldbarkeit des Irrtums nahezu ausgeschlossen erscheint[1]).

---

1) So namentlich in den Fällen, auf welche sich Bähr (a. a. O. S. 403 fg.) beruft; wenn jemand mit einer öffentlichen Anstalt kontrahiert, welche die Bedingungen der Vertragsschliefsung in Statuten, Regulativen u. s. w. veröffentlicht hat, oder wenn er an einer öffentlichen Versteigerung theilnimmt, wo die besonderen Verkaufsbedingungen öffentlich bekanntgegeben wurden. Es ist klar, dafs diese Fälle des Kontrahierens nicht gerade zu den ganz gewöhnlichen Rechtsgeschäften gehören. — Bähr beruft sich auch auf den Fall der Bestellung zum institor, namentlich darauf, dafs die darin liegende Vollmacht nur durch eine gehörig kundgegebene Erklärung beschränkt bez. zurückgenommen werden kann. Dies erklärt sich dadurch, dafs in der Bestellung zum institor (dasselbe gilt von dem magister navis) implicite eine konkludente Erklärung an das Publikum verbunden ist, die einen jeden ermächtigt, mit dem institor zu kontrahieren (so auch Eisele: Jahrb. f. Dogm. Bd. 25 S. 431 fg.). Auch mit einem mit Vollmacht verbundenen Mandat kann ein an dritte

Die einzelnen Irrtumsfälle.

§ 21.

Nun ist es geboten, von den speziellen Quellenentscheidungen zu sprechen, in denen von einzelnen Irrtumsfällen die Rede ist. Eine genaue Interpretation dieser meist schwierigen Quellenstellen wird man billigerweise von uns hier nicht erwarten. Wir werden nur die wichtigsten Fragmente Revue passieren lassen, wobei sich zeigen dürfte, dafs die Quellen nicht nur unserer Ansicht nicht widersprechen, sondern dafs manche Entscheidungen in befriedigender Weise nur von unserem Standpunkte aus sich erklären lassen. Dabei seien behufs anschaulicher Übersicht die einzelnen Entscheidungen nach den von der herrschenden Lehre aufgestellten Kategorieen der wesentlichen Irrtumsfälle eingetheilt.

Error in negotio.

Was zu allererst den error in negotio anbelangt, ergiebt sich aus den von diesem Irrtumsfalle sprechenden hauptsächlichsten Quellenstellen (l. 18 D. de r. c. 12, 1; l. 36 D. de a. r. d. 41, 1; l. 9 pr. D. de c. e. 18, 1; c. 5 C. plus valere 4, 22) keineswegs, dafs dieser Irrtum stets ein wesentlicher sei. Das Gegentheil beweisen alle (von uns bereits zitierten) für die Unerheblichkeit des error iuris zeugenden Fragmente, denn im Falle eines error iuris liegt meistens ein error in negotio vor.

Personen gerichteter iussus mit dem Mandatar zu kontrahieren verbunden werden, ist es jedoch nicht immer. Die Auffassung der Bestellung des institor bez. magister navis entspringt u. E. ganz denselben Prinzipien, wie die modernen handelsrechtlichen Institute (Vollmacht der Prokuristen und der Handlungsbevollmächtigten Art. 41—52 des H.G.B. und die Bedeutung des Handelsregisters). Näher auf alle diese Fragen einzugehen, müssen wir uns enthalten.

Als eine Spezies des error in negotio kann der bei Traditionen vorkommende sog. error in dominio[1]) angesehen werden. Auf eine genauere Besprechung der in gleichem Maſse interessanten wie schwierigen Quellenstellen (l. 35 D. de a. r. d. 41, 1; l. 49 D. mand. 17, 1; l. 41 D. de r. c. 12, 1; l. 3 § 8 D. de cond. c. d. 12, 4; l. 4 pr. § 1 D. de manum. vindicta 40, 2; l. 15 § 1 D. qui et a quibus 40, 9; l. 15 § 2 D. de c. e. 18, 1; l. 9 § 4 D. de i. et f. ign. 22, 6) müssen wir zwar verzichten, wollen jedoch in Kürze andeuten, daſs sich einige von diesen Entscheidungen am besten durch die Annahme erklären lassen, daſs die Probabilität des Irrtums Voraussetzung seiner Erheblichkeit ist.

Hierher gehören folgende in unseren Quellen behandelten Fälle: Jemand tradiert eine Sache, wobei sein Wille darauf geht, nicht das wirklich bestehende, sondern das einer anderen Person als dem wirklichen Eigentümer irrtümlich zugeschriebene Eigentum zu übertragen. Hier sind vorzüglich folgende zwei Fälle hervorzuheben:

α) Der wahre Eigentümer wähnt, im Irrtum über sein Eigentum, etwa als procurator, tutor etc. das Eigentum des putativen Eigentümers zu übertragen. Von diesem Falle ist in l. 35 D. de a. r. d. 41, 1 (Ulpian) und in der ersten Hälfte de l. 49 D. mand. 17, 1 (Marcellus)[2]) die Rede. Die Tradition wird als nichtig bezeichnet. Der Grund liegt nicht lediglich im Irrtum, sondern darin, daſs Tradent erkennbarerweise als Vertreter auftritt, der eine fremde Sache ver-

1) Vgl. über denselben bes. Zitelmann: Irrtum S. 535 fg. u. Leonhard: Irrtum S. 475 fg.

2) Auf die nähere Besprechung dieses berühmten Fragmentes gehen wir nicht ein. Vgl. darüber Ihering: Jahrb. f. Dogm. Bd. 1 S. 306 N. 35 u. Bd. 2 S. 149 fg. Die neuere Litteratur bei Windscheid: Pandekten § 172 N. 10.

äufsert. Darum unterliegt die Erheblichkeit des Irrtums keinem Zweifel [1]). Anders entscheidet l. 41 D. de r. c. 12, 1 (AFRICANUS) [2]), die man gewöhnlich als mit den erwähnten Stellen im Widerspruch stehend ansieht. Der Fall liegt so: Der Sklave STICHUS ist vom Eigentümer im Testamente manumittiert und zum Erben ex parte eingesetzt worden. Infolge des Todes des Erblassers ist er also frei und ipso iure Erbe geworden. Ohne davon Kenntnis erhalten zu haben, hat er die Geschäfte des Erblassers als vermeintlicher Sklave

1) Noch weniger auffallend ist die Entscheidung des ersten Theiles der l. 3 § 8 D. de cond. c. d. 12, 4 cit. (ULPIAN), da hier die Übergabe gar keine Eigentumstradition sein soll.

2) Ob auch der Schlufssatz der l. 3 § 8 D. de cond. c. d. cit. eine ähnliche Bestimmung enthält, ist mit Rücksicht auf die unklare Fassung des Fragmentes zweifelhaft, dürfte aber zu bejahen sein. Die Giltigkeit der Veräufserung des vermeintlichen Statuliber ist sehr begreiflich. Er ist ja Eigentümer des Geldes und leistet schon als Statuliber im eigenen Namen, ja sogar dies ist nicht unumgänglich notwendig, dafs er zu erkennen gebe, die Leistung geschehe conditionis implendae causa. Wenn das letztere geschieht, so erscheint doch der Veräufserungswille von der richtigen Vorstellung von seiner Lage nicht abhängig. (S. auch LEONHARD S. 482. ZITELMANN berücksichtigt die Entscheidung bei der Lehre vom error in dominio nicht.) Höchstens könnte man verlangen, dafs dem vermeintlichen Statuliber im letzteren Falle durch condictio geholfen werde. Die Frage nach der Zulässigkeit der condictio wird in der Stelle nicht aufgeworfen, was an sich die Unstatthaftigkeit der condictio noch nicht darthut. Indessen könnte man als fraglich betrachten, ob hier überhaupt eine indebiti condictio möglich wäre, und ob man von der Leistung sagen kann, sie werde als Zahlung eines debitum vorgenommen. (S. dazu l. 49 D. de cond. ind. 12, 6.) Immerhin ist es nicht unwahrscheinlich, dafs die condictio möglich wäre, falls bei der Leistung die causa erkennbar hervorgehoben worden wäre. Allenfalls spricht dafür die in einem verwandten, von SCAEVOLA in l. 67 pr. D. de cond. ind. 12, 6 besprochenen Falle gegebene Entscheidung. Der vermeintliche libertus leistet hier an die Erben erkennbarerweise, um die ihm vom Testator auferlegte Pflicht zu erfüllen. Deswegen wird die condictio zugelassen. Vgl. auch l. 53 D. de cond. ind.

geführt und Sachen veräufsert. Die Veräufserungen, entscheidet der Jurist, seien ex parte, ex qua ipse heres sit, giltig. Wir erklären uns folgendermafsen diese Entscheidung: Der Stichus war in provincia calendario propositus und hat, wie aus der Stelle zu ersehen ist, ganz selbständig die Geschäfte auf Grund der ihm anvertrauten libera administratio verwaltet. Die Veräufserungen hat er nach seinem Ermessen vorgenommen, ganz als ob es sich um sein Vermögen handeln würde. Bei dieser Lage der Dinge darf der Stichus die vermeintlich für den Herrn abgeschlossenen Geschäfte nicht anfechten auf Grund der Behauptung, die Meinung, es wären fremde Geschäfte, sei für ihn bestimmend gewesen, denn es wäre, wie LEONHARD[1]) richtig bemerkt, „ein besonders unredliches Verhalten, wenn er Geschäfte, die ihm für den Herrn gut genug zu sein schienen, für sich selbst nicht gelten lassen wollte.“ Der error in dominio erscheint demnach als non probabilis, und dies halten wir für die Ursache seiner Irrelevanz. Die Entscheidung des Juristen wäre wahrscheinlich eine andere, falls es sich um den Abschlufs eines einzigen Geschäftes im Auftrage des Herrn handeln würde.

β) Der putative Eigentümer will sein vermeintliches Eigentum im Auftrage des wirklichen Eigentümers übertragen. Von diesem Falle handelt l. 15 § 2 D. de c. e. 18, 1 (PAULUS) und, wie es scheint, der zweite Theil der l. 49 D. mand. 17, 1. Die Tradition überträgt das Eigentum nicht, die eigentliche Ursache liegt jedoch nicht sowohl im Irrtum als in dem Mangel der Berechtigung des Tradenten, ähnlich wie dies in manchen anderen Entscheidungen der Fall ist[2]).

1) a. a. O. S. 482.

2) Z. B. in l. 1 § 1 D. off. proc. 1, 19; im zweiten Falle der l. 10 § 1 D. de cur. fur. 27, 10; in l. 25 D. de donat. 39, 5; l. 56 § 2 D. de fideiuss. 46, 1; l. 17 D. de solut. 46, 3; c. 5 C. de comm. rer. al. 4, 52;

Ferner wird als Spezies des error in dominio von unseren Juristen der Fall besprochen, wo die Tradition von seiten des wirklichen Eigentümers und zwar schlechthin erfolgt, dabei jedoch entweder der Tradent irrtümlich annimmt, er sei nicht Eigentümer der Sache, oder aber der Erwerber fälschlich meint, die Sache nicht aus der Hand des Eigentümers zu bekommen. Von diesen zwei Fällen findet sich der zweite in unseren Quellen direkt entschieden in l. 9 § 4 D. de i. et f. ign. 22, 6 (Paulus). In der Entscheidung wird

c. 1 C. si quis ign. 5, 73. Einigermafsen auffallend erscheint dagegen die Entscheidung, die Paulus im Schlusssatz der l. 36 L. de cond. ind. 12, 6 giebt. Warum soll für den Fall, wenn der Besitzer der von dem fur verpfändeten Sache nicht weifs, dafs sie eine fremde ist, das für die Rückgabe geleistete Geld nicht zurückgefordert werden dürfen? Vor allem mufs u. E. unbedingt vorausgesetzt werden, dafs der Sklave zur Leistung (speziell oder generell) ermächtigt war, weil sonst das geleistete Geld Eigentum des Herrn bleiben würde (s. z. B. l. 53 D. de cond. ind.). Ferner mufs berücksichtigt werden, dafs das Geld „eius nomine, a quo pignus acceperat“, gezahlt wird. Mithin wird dadurch erkennbarerweise gewissermafsen die Verpfändung des fur als giltig approbiert. (Dies mag freilich möglicherweise nur darum geschehen, um sich durch dieses Opfer die Rückgabe zu sichern.) Wie wäre es dagegen, wenn der Besitzer bona fide die Sache als Pfand bekommen hätte, später jedoch etwa infolge der Vorstellungen des Sklaven zu der Überzeugung gekommen wäre, die Sache sei eine gestohlene und sich dennoch weigern würde, sie herauszufolgen? Würde das in diesem Falle für die Rückgabe entrichtete Geld zurückgefordert werden dürfen? Den Fall berücksichtigt Paulus nicht. Nach unserer Ansicht wäre die Rückforderung zulässig, weil dem Eigentümer das Recht zusteht, die Sache auch ohne Zahlung der Entschädigung (s. bes. c. 3 pr.; c. 23 C. de r. v. 3, 32) zu vindizieren. Begründet wäre die condictio ob turpem causam (l. 2 § 1; l. 9 D. de cond. ob. t. c. 12, 5). Andererseits könnte der Besitzer der Sache gegen den Herrn einen Anspruch nach den Grundsätzen der negotiorum gestio haben, falls die Sache dem Herrn gerade nur durch eine Übernahme als Pfand von dem gänzlichen Abhandenkommen gerettet wurde. Vgl. dazu l. 48 (49) D. de neg. gest. 3, 5; jedoch andererseits l. 29 pr. D. comm. div. 10, 3.

der Eigentumserwerb trotz Irrtums bejaht, obwohl von einem wirklichen Willen, Eigentum zu erwerben, in der Person des Nehmers nicht die Rede sein kann. Von unserem Standpunkte aus erscheint diese Entscheidung als völlig natürlich, die Relevanz des Irrtums des Nehmers ist non probabilis, weil plus in re est, quam in existimatione. Es ist ja selbstverständlich, daſs es dem Empfänger nur erwünscht sein kann, Eigentum und nicht nur bloſsen Besitz zu erwerben. Gegen ZITELMANN und die herrschende Lehre spricht die Stelle ganz entschieden. Daſs man ihre Bedeutung durch die Annahme einer „unbestimmten“ Absicht in der Person des Erwerbers, wie dies ZITELMANN[1]) will, nicht abschwächen kann, liegt auf der Hand. Auch ein unbestimmter Wille, Eigentum zu erwerben, ist ja, wie dies mit Recht LENEL[2]) hervorhebt, ausgeschlossen, wenn der Empfänger davon überzeugt ist, daſs er die Sache von einem Nicht-Eigentümer erwirbt.

Bezüglich der Frage, ob die Eigentumstradition giltig ist, wenn sich der Tradent irrtümlicherweise für einen Nicht-Eigentümer hält, herrscht bekanntlich Streit. Nach unserer Ansicht muſs die unbefangene Beurtheilung der Quellen zur Bejahung der Frage führen. Dafür spricht die Analogie der zitierten l. 9 § 4 und der l. 4 § 1 D. de man. vind. 40, 2 (JULIAN). Die Analogie der letzteren Stelle ist geradezu schlagend, und es ist ganz unbegreiflich, wie ZITELMANN sagen kann, daſs die Stelle nicht hierher gehöre[3]). Auſserdem fällt

---

1) Irrtum S. 545 fg. Als etwas Anomales betrachtet die Entscheidung der Stelle SCHEURL: Beiträge Bd. 1 S. 214 fg.

2) Jahrb. f. Dogm. Bd. 19 S. 182.

3) ZITELMANN (Irrtum S. 541 N. 513) spricht nur von dem in der Stelle entschiedenen Falle, wenn der Sklave „se non putaret manumittentis esse“ und beachtet ihren sonstigen Inhalt gar nicht. Ist das ein Versehen?

ins Gewicht die Analogie der l. 10 § 1 D. de cur. fur. 27, 10, dessen nähere Besprechung sofort folgen wird. Der Grund, warum in den letzteren Fällen der Irrtum nicht berücksichtigt wird, kann wieder nur in dem Umstande liegen, dafs die „Wesentlichkeit“ der irrtümlich vorausgesetzten Momente nicht glaublich ist. Manumittiert jemand einen Sklaven in eigenem Namen, tradiert er eine Sache schlechthin, dann tritt er als Eigentümer auf und darf demnach sich nicht darauf berufen, er habe jene Willenserklärungen nur unter der Voraussetzung gewollt, dafs er nicht Eigentümer sei und demnach mit voller, den Erklärungen angemessener rechtlicher Wirkung nicht handeln könne. Darin läge eine Unredlichkeit und deshalb mufs der Einwand der Erheblichkeit des Irrtums als keinen Glauben verdienend zurückgewiesen werden[1]).

---

1) Diesen Charakter hat der Wille des Freilassenden gar nicht in l. 4 pr. D. de manum. vind. 40, 2 (Julian) und l. 15 § 1 D. qui et a quibus 40, 9 (Paulus und Julian). Der filius, welcher im Irrtum über sein Eigentum ist, manumittiert im speziellen Auftrag des Vaters, folglich braucht es gar nicht als wahrscheinlich betrachtet zu werden, dafs er auch sein Eigentum aufgegeben haben würde, falls er von demselben Kenntnis gehabt hätte. Darum hier auch eine andere Entscheidung. In l. 4 pr. cit. wird nur favore libertatis, also als Anomalie dem Manumittierten die libertas gegeben, während l. 15 § 1 cit. die Wirksamkeit der Manumission negiert. Ob sich Julian in diesen beiden Stellen wirklich oder nur scheinbar widerspricht, lassen wir dahingestellt. Vgl. darüber Leonhard a. a. O. S. 484 fg. — Dafs wir nach dem Gesagten nicht zugeben, dafs zwischen den letztzitierten Stellen und l. 41 D. de r. c. cit. ein wirklicher Widerspruch besteht, wie dies Zitelmann (S. 537) glaubt, ist klar. — Kaum bedarf es einer Erwähnung, dafs mit der Entscheidung der l. 44 § 1 cit. die l. 28 D. de lib. causa 40, 12 in keinem Widerspruche steht. Es heifst in der Stelle, der Irrtum des Herrn über sein Eigentum schliefse unbedingt das „voluntate domini in libertate esse“ aus. Dies ist ganz natürlich, da doch der Herr hier gar nicht als Verleiher der Freiheit auftritt. Ähnlich kann auch z. B. in c. 18 C. de r. v. 3, 32 von einer Eigentumsaufgabeerklärung keine Rede sein.

Für uns spricht auch die bereits zitierte l. 10 § 1 D. de cur. fur. 27, 10: Curator furiosi rem quidem suam quasi furiosi tradere poterit et dominium transferre. — Die Stelle ist nicht ohne Bedeutung für die Irrtumslehre, auch wenn man sie, wie gewöhnlich, mit Rücksicht auf l. 35 D. de a. r. d. cit. geschieht, auf das wissentliche Veräufsern des Kurators seiner eigenen Sache als einer Sache des furiosus bezieht. Denn es ist aus der Stelle zu schliefsen, dafs die Tradition stets giltig ist, auch wenn etwa der Kurator fälschlich annimmt, dafs das Eigentum nicht übergehe, wenn die Sache im Namen des furiosus tradiert worden ist. Hierin glauben wir eine Stütze für die Behandlung des unmittelbar vorher erwähnten Falles zu erblicken.

Verwandt mit den soeben besprochenen Fällen des error in dominio sind Irrtumsfälle, wo jemand über seine eigene Rechts- bez. Handelsfähigkeit im Irrtum ist. Hierher gehören besonders folgende Quellenstellen, in denen KOHLER[1]) mit Recht einen Beweis gegen die herrschende Lehre erblickt, die bei Rechtsgeschäften das wirkliche Wollen des Rechtseffektes für unerläfslich hält:

L. 13 § 2 D. commod. 13, 6[2]). Nach dieser Stelle zieht ein Übereinkommen mit einem bona fide serviens, welches an sich die Merkmale eines obligatorischen Vertrags hat, wirkliche Rechtsfolgen nach sich, obzwar beide Kontrahenten im Irrtum über die Rechtsfähigkeit des einen Kontrahenten befangen die rechtlichen Folgen gar nicht wollen können[3]). — L. 19

1) Jahrb. f. Dogm. Bd. 18 S. 138 fg. 473 fg.

2) So auch l. 54 § 3 D. de a. r. d. 41, 1 u. l. 18 (19) § 2 D. de neg. gest. 3, 5.

3) Mit Recht tadelt KOHLER die Begründung, die POMPONIUS seiner Entscheidung giebt, und nennt sie eine „lahmfüfsige". Ohne Grund dagegen LEONHARD: Irrtum S. 233 N. 2.

i. f. de a. r. d. 41, 1; l. 60 (59) pr. de hered. inst. 28, 5; l. 54 pr. D. de a. r. d.[1]); l. 96 D. de adq. her. 29, 2; l. 6 § 4 D. eod.; l. 34 pr. eod.; l. 74 § 4 D. eod.; l. 21 i. f. D. de cond. et dem. 35, 1. Der vermeintliche Sklave erwirbt durch Erbschaftsantritt die Erbschaft für sich, obwohl das Wollen dieser Rechtsfolge durch den Irrtum ausgeschlossen ist. Dasselbe gilt von einem pater familias, der sich irrtümlich für einen filius familias hält. Hervorgehoben zu werden verdient noch die bereits früher zitierte l. 41 D. de r. c. 12, 1, nach welcher der vermeintliche Sklave der liber und ipso iure heres geworden ist, selbst Subjekt der Rechte und Pflichten wird aus den Geschäften, die er für den Herrn abzuschließen glaubt.

In allen diesen Fällen sehen wir ein Zeugnis dafür, daſs

---

1) Zwischen l. 19 u. l. 60 (59) pr. einerseits und l. 54 pr. andererseits scheint ein Widerspruch zu bestehen, da die letzte Stelle von einem seiner rechtlichen Stellung kundigen b. f. serviens spricht. Darum will Lenel (Jahrb. f. Dogm. Bd. 19 S. 247 N. 120) diese Voraussetzung in den beiden anderen Fragmenten supplieren. Dies halten wir für unnötig, denn erstens ist die l. 54 pr. einigermaſsen lückenhaft und zweitens ist der Fall, wo jemand suam conditionem scit und doch als b. f. serviens gilt, entweder unmöglich (l. 23 § 1 D. de a. r. d. 41, 1) oder doch ganz anomal. Folglich darf man wohl annehmen, dieses Requisit hätte in den beiden Stellen ausdrücklich hervorgehoben werden müssen (s. gegen Lenel auch Leonhard S. 233 N. 1). Der Widerspruch dürfte also scheinbar sein und allenfalls müſste den beiden ersteren Fragmenten der Vorzug gegeben werden. S. auch Kohler a. a. O. S. 474. Die Vereinigung der Stellen erschwert der Umstand, daſs die l. 54 pr. nicht von Modestinus, wie Kohler annimmt, sondern wahrscheinlich von Pomponius ist, also gerade von demselben Juristen, wie l. 19 cit. Übrigens wird nach unserer Ansicht in l. 54 pr. keineswegs ganz klar nur von dem „condicionem scire“ der Erwerb abhängig gemacht. Ob das „habuerit animum“ und „habuit“ mentem sich auf das „sciens“ beziehen sollten, ist nicht unzweifelhaft. Man berücksichtige, daſs sie eine unnötige Wiederholung sind.

die „Wesentlichkeit" des Irrtums nichts anderes ist, als nur die Probabilität desselben. Die Willenserklärungen, von denen jene Stellen handeln, sind aus dem Grunde giltig, weil der Irrtum, der die richtige Vorstellung von der rechtlichen Bedeutung der Erklärung ausschließt, hier stets, mag er auch kein error iuris sein — was freilich nicht ausgeschlossen ist — ein non probabilis ist. Der vermeintliche Sklave, der ähnliche Geschäfte mit dem Herrn abschließt[1]), wie freie Menschen

1) Übrigens widerspricht der ganze Erwerb des b. f. serviens, sowohl der Erwerb für sich, als auch für den dominus, dem Grundsatz der herrschenden Lehre, daſs bei Rechtsgeschäften nur die wirklich gewollten Rechtsfolgen eintreten. Dies hebt mit Recht Kohler hervor (S. 141 fg., daselbst Quellenstellen). Andererseits aber darf aus diesem ganz anomalen Verhältnisse nicht zu viel gefolgert werden. Man vergesse nicht, daſs der Erwerb des b. f. serviens ursprünglich gar nicht aus dem Prinzip der rechtlichen Wirksamkeit der voluntas hergeleitet wurde und nur später allmählich zum Theil auch hier die Bedeutung des (wahrscheinlichen oder wirklichen) Willens anerkannt wurde (s. schon die Kontroverse Labeo-Trebatius in l. 60 (59) u. l. 19 cit.; dann Labeo in l. 18 § 2 D. de neg. gest. cit. einerseits, andererseits Celsus in l. 13 § 2 D. commod. cit. und zu der ganzen Frage Pernice-Labeo Bd. 2 S. 170 fg.), während man sonst bei Rechtsgeschäften stets seit jeher mit dem Begriff der voluntas operierte. Aus diesem Grunde ist der ganze Fall des Erwerbs des b. f. serviens an sich keineswegs geeignet, die ganze „Willenstheorie" umzustoſsen. Dies alles heben wir auch darum hervor, weil wir einem Argumente begegnen wollen, welches man gegen unsere Besitztheorie leicht erheben könnte. Bekanntlich wird von den römischen Juristen dem b. f. serviens der juristische Besitz nicht zugestanden, selbst wenn die rechtlichen Voraussetzungen des Erwerbs „für sich" vorliegen. Man könnte auf Grund dieses Umstandes leicht verleitet werden, den Schluſs zu ziehen, daſs zum animus possidendi ein bestimmteres Wissen und Wollen gehöre, als zu jedem sonstigen Rechtserwerbe. Nach unserer Ansicht wäre der Schluſs schon deswegen nicht stichhaltig, weil der ganze Erwerb des b. f. serviens einen anomalen Charakter hat, vor allem aber aus dem Grunde, weil die römischen Juristen gar nicht als Ursache ihrer Entscheidungen die Unmöglichkeit des animus possidendi angeben. Der Besitz wird vielmehr deswegen

untereinander, darf sich jedweder Verpflichtung durch die Berufung auf seinen Irrtum nicht entziehen, denn dies würde gegen die bona fides verstofsen und die Konsequenz haben, dafs der putative Herr ihm gegenüber ganz schutzlos wäre. Will der bona fide serviens ehrlich die übernommenen Verpflichtungen erfüllen, dann mufs man annehmen, das Entstehen des rechtlichen Bandes sei ihm nicht unerwünscht. Was den vermeintlichen Sklaven anbelangt, der die Erbschaft antritt, so mufs auch behauptet werden, dafs demselben nicht erlaubt sein könne, sich darauf zu berufen, der Erwerb sei ihm nur für den Herrn, nicht aber für ihn selbst erwünscht, weil hierin der Beweis grober Unredlichkeit liegen würde. Dies alles jedoch, wie die Römer richtig erkannten, nur unter der Voraussetzung, wenn der vermeintliche Sklave nach freiem Ermessen handelt (l. 19 D. de a. r. d.; l. 60 (59) de hered. inst. cit.)[1]) und nicht auf ausdrücklichen Befehl des Herrn, dem sich jeder Sklave auch gegen seinen Willen beugen mufs (l. 4 D. de r. i. 50, 17). Hierin liegt der Nachweis der Richtigkeit unserer Auffassung der l. 41 D. de r. c. cit. Dafs die Quellen ein freies Handeln des bona fide serviens ver-

---

geleugnet, weil es dem römischen Juristen unnatürlich erschien, jemandem den Besitz zu geben, der selbst Besitzobjekt ist (s. l. 54 § 4 D. de a. r. d. 41, 1 MODESTIN recte POMPONIUS; l. 1 § 6 D. de adq. poss. PAULUS; l. 118 D. de r. i. 50, 17 ULPIAN). Indessen ist es nicht zu bestreiten, dafs dies eine gewisse Anomalie ist, dafs der b. f. serviens, der doch durch Tradition und Okkupation Eigentum erwirbt, den juristischen Besitz nicht hat. — Wie. ist es, wenn der als Sklave dienende „suam condicionem ignorat", der Herr dagegen weifs, dafs er ein Freier ist, erwirbt dann der vermeintliche Sklave den Besitz? Ja, glauben wir, weil er dann nicht im Besitz steht (l. 34 D. de stip. serv. 45, 3; l. 40 D. de a. r. d. 41, 1; s. auch l. 1 § 6 D. h. t. cit.).

1) Dieser Grundsatz wird freilich nicht hinsichtlich aller Erwerbe des b. f. serviens streng durchgeführt, s. l. 54 § 3 D. de a. r. d.; l. 34 D. de stip. serv. 45, 3 cit.

langen, ist begreiflich und läfst sich vom Standpunkte unserer Auffassung leicht erklären. An ein wirkliches Für-sich-erwerben-wollen ist bei dem „ut ipse vellet“ des bona fide serviens natürlich nicht zu denken. Der aus freiem Ermessen erfolgende Erbschaftsantritt wird jedoch von den Römern so aufgefafst, dafs daraus geschlossen wird, der Erwerb der Erbschaft für sich sei dem vermeintlichen Sklaven wahrscheinlich erwünscht. Diesen Wahrscheinlichkeitsschlufs mufs der vermeintliche Sklave gegen sich gelten lassen [1]). Dafs der Freie, der mit dem bona fide serviens kontrahiert, einen durch Klage geschützten Anspruch erwirbt, erscheint nach allem Gesagten als selbstverständlich. Diese rechtliche Folge kann ja für ihn nur günstig sein. Es liegt hier also ein Fall des error non probabilis, wo plus in re est quam in existimatione mentis.

Error in persona [2]).

Die in den römischen Rechtsbüchern enthaltenen Quellenstellen über den Irrtum in der Person, auf welche die Erklärung Bezug nimmt, sind bei Geschäften unter Lebenden dürftig und sprechen weder unbedingt für die Er-

---

1) Etwas ähnlich wie wir erklärt die besprochenen Fragmente Leonhard (Irrtum S. 230 fg.). Er nimmt hier einen „präsumierten“ Willen an, den er als genügend zum rechtsgeschäftlichen Handeln betrachtet und auch in anderen Fällen als vorhanden ansieht, „wo ein diligens pater familias, auf die Eventualität aufmerksam gemacht, erklärt haben würde“, dafs er die Rechtsfolgen wolle. Diese Konstruktion ist u. E. nicht ganz zu billigen. Sie ist einer Fiktion des Willens zum Verwechseln ähnlich (s. auch Lotmar: Krit. Viertelj. Bd. 25 S. 419 fg.) und könnte wohl praktisch zu weit führen. Es scheint uns viel entsprechender dabei stehen zu bleiben, dafs hier der wirkliche Wille fehlt und die Rechtsfolgen nur deswegen eintreten, weil man, um sie abzuwenden, die Unkenntnis des Rechts oder der Regel des Lebens, bez. die Unredlichkeit des Handelnden geltend machen müfste und dafs dies hier, wie überhaupt bei Willenserklärungen unzulässig ist.

2) Zitelmann a. a. O. S. 549 fg.; Leonhard a. a. O. S. 398 fg.

heblichkeit des Irrtums, noch dagegen. Aus den hier oft angeführten l. 15 D. de iurisd. 2, 1 und l. 2 pr. D. de iud. 5, 1 folgt nicht, daſs der Irrtum in der Identität der Person stets ein wesentlicher wäre. Die bekannte l. 32 D. de r. c. 12, 1 (Celsus)[1]) zeugt mit Bestimmtheit weder für noch gegen die Erheblichkeit des Irrtums, während die l. 52 § 21 D. de furt. 47 2 und l. 67 (66) § 4 eod. die Frage der Wesentlichkeit des Identitätsirrtums in Bezug auf den Eigentumsübergang gar nicht entscheiden[2]). Folglich steht unserer Annahme, daſs der error in persona nur unter der Voraussetzung, daſs seine Erheblichkeit wahrscheinlich ist, die Ungiltigkeit der Erklärung nach sich zieht, nichts im Wege. Selbstverständlich wird die Probabilität vorzüglich von dem Charakter des betreffenden Geschäftes abhängen. Bei familienrechtlichen Verträgen, Schenkungen wird z. B. der Irrtum regelmäſsig von Bedeutung sein, nicht dagegen bei Geschäften, die man mit jedermann abschlieſst. Von dem Irrtume über Eigenschaften der Person wird gewöhnlich gelehrt, daſs er unwesentlich sei[3]). In dieser Allgemeinheit ist der Satz unrichtig. Es ist nicht ausgeschlossen, daſs sich im einzelnen Falle auf Grund der Interpretation die Erheblichkeit des Irrtums in den Eigenschaften der Person ergäbe.

Error in corpore[4]).

Was den error in corpore anbelangt, ist es vom theoretischen Standpunkt geboten, zwei verschiedene Fälle des Irrtums zu unterscheiden, nämlich den eigentlichen Irrtum im

1) Zu der Stelle vgl. bes. Voigt: Arch. f. civil. Prax. Bd. 54 S. 73—76.

2) Leonhard S. 406.

3) So z. B. auch Windscheid: Pandekten § 76 a. am Ende (6. Aufl.).

4) Zitelmann a. a. O. S. 549 fg.; Leonhard a. a. O. S. 424 fg.

Gegenstande und den Irrtum in der Identität des bezeichneten Gegenstandes. Ersterer liegt vor, wenn die äufsere Erklärung einen anderen Gegenstand faktisch individuell bezeichnet, als ihn der Erklärende individualisieren wollte und vermeinte; letzterer, wenn die Individualisierung des Objektes mit Willen des Erklärenden geschieht, dieser jedoch das individualisierte Objekt irrtümlich für identisch mit einem anderen ihm bekannten Objekte hält. Der erstere Irrtum wird oft in den Fällen der Verirrung und der Abirrung der Erklärung vorkommen, wo die äufsere Handlung faktisch einen anderen Gegenstand trifft, als es in der Absicht des Erklärenden lag, ist aber auch sonst möglich. Er liegt z. B. vor, wenn jemand einen „servus Stichus" kaufen zu wollen erklärt, hierdurch jedoch nicht den Sklaven Stichus, den der Verkäufer wirklich besitzt, bezeichnet zu haben wähnt, sondern einen anderen Sklaven dieses Namens, der gar nicht im Besitze des Verkäufers ist. Ähnlich auch in dem von Ihering besprochenen (Jahrb. f. Dogm. Bd. 4 S. 76) Falle, wenn ein Apotheker ein indo-germanisches Wurzellexikon bestellt, in der Meinung, er bezeichne hierdurch ein anderes Werk, das von offizinellen Wurzeln handelt. Streng genommen ist nur der eigentliche Irrtum im Gegenstande ein Irrtum in der Erklärung selbst, der Identitätsirrtum dagegen, sofern die Identität mit einem anderen Gegenstande nicht klar als Bedingung gesetzt ist, nur ein error in motivo [1]).

---

1) S. Zitelmann a. a. O., auch S. 432 fg. Die von Zitelmann konsequent entwickelte Ansicht, dafs der Identitätsirrtum keine Diskrepanz zwischen Wille und Erklärung erzeugt, weil sich eben der Wille des Erklärenden auf das nun in der Erklärung individualisierte Objekt bezieht, gleichviel, ob dieses Objekt mit einem anderen identisch ist oder nicht, ist an sich durchaus richtig (ohne Grund bestreitet dies Thomsen a. a. O. S. 28, 33 fg.; s. auch Windscheid: Pandekten § 76a. N. 4),

Nichtsdestoweniger ist die Behandlung dieser Fälle im römischen Recht keineswegs eine prinzipiell verschiedene. Der Identitätsirrtum wird, obwohl ein Irrtum im Beweggrunde, oft erheblich sein, während der eigentliche error in corpore manchmal eben als non probabilis ein nicht erheblicher sein wird, und zwar schon deswegen, weil dieser Irrtum, abgesehen von den Verirrungs- und Abirrungsfällen, oft durch eine unrichtige Vorstellung des Handelnden von der Bedeutung der gebrauchten Worte und Zeichen verschuldet ist[1]). Übrigens ist es nicht zu leugnen, dafs es in concreto oft schwer ist, zu entscheiden, zu welcher von diesen Kategorieen irgend ein bestimmter Irrtumsfall zu rechnen sei[2]). Die römischen Quellen

aber die Konsequenz, die er aus derselben zieht, verfehlt, weil es eben eine petio principii ist, von vornherein jeden Irrtum über die nicht-individualisierenden Momente für unerheblich zu betrachten. Zweifelhaft ist es auch, ob es korrekt ist, mit ZITELMANN die Identität eine „Eigenschaft" der Sache (bez. der Person) zu nennen (s. dazu LEONHARD a. a. O., bes. S. 410). Was uns betrifft, sehen wir hierin, ebenso wie auch in dem Gebrauche des Wortes „Eigenschaft" in einem weiteren Sinne, wonach es „jedes Merkmal des Dinges, überhaupt alles, was von dem Dinge ausgesagt werden kann" (ZITELMANN: Irrtum S. 442), bezeichnet, keine Sprachwidrigkeit.

1) Das hier von dem error in corpore Gesagte gilt ganz ebenso auch von dem error in persona.

2) Z. B. ich erkläre: „ich kaufe das Pferd, das sich im Stalle rechts beim Eingang befindet." Glaube ich nun, dafs am bezeichneten Orte das Pferd A. steht und nicht, wie wirklich der Fall, das Pferd B., so ist dies nur ein Identitätsirrtum, weil ich mir dessen bewufst bin, dafs meine Erklärung nur diesen Gegenstand bezeichnet, der sich wirklich an dem Orte befindet. (So mit Recht LEONHARD S. 324 fg.) Denke ich dagegen bei der erwähnten Erklärung an das Pferd A., das sich rechts beim Seiteneingang befindet, während der Verkäufer meine Erklärung (und zwar mit Grund) auf das Pferd B. bezieht, welches rechts beim Haupteingang steht, dann liegt ein eigentlicher error in corpore vor.

bezeichnen durch den Ausdruck „errare in corpore" beide Irrtumsfälle, und es mufs entschieden der Ansicht entgegengetreten werden, welche dem Ausdruck error in corpore eine engere Bedeutung giebt [1]).

Verfehlt ist es insonderheit, wenn ZITELMANN [2]) behauptet, unsere Quellen enthalten kein Beispiel eines Irrtums über die Identität eines individuell bestimmten Geschäftsobjektes. Vielmehr handeln die nun näher zu besprechenden Fragmente theils eben nur vom Identitätsirrtum, theils umfassen sie die beiden erwähnten Fälle, nämlich den Identitätsirrtum und den eigentlichen error in corpore zugleich. Die Quellen sprechen hier von einem „errare in corpore", bei Verträgen meistens von „in corpore dissentire". Der error in corpore (gleichviel ob blofser Identitätsirrtum oder Irrtum im Gegenstand im engeren Sinne) ist, wie sich aus den Quellenentscheidungen ergiebt, in der Regel ein erheblicher. Die Relevanz dieses Irrtums wird sogar, was ausdrücklich gegen LEONHARD hervorgehoben sein mag, durch die Nichterkennbarkeit desselben keineswegs unbedingt ausgeschlossen. Dies ergiebt sich vor allem aus § 23 I. de inut. stip. 3, 19 [3]) und l. 137 § 1 D. de v. o. 42, 1 [4]). Unter dem „sentire" ist hier ein inneres Meinen zu verstehen, das mit dem erkennbar Abgemachten nicht

1) So ist es nicht zu billigen, wenn BRINZ (Pandekten 1. Aufl. § 316) unter error in corpore nur eine Verirrung bezüglich des Gegenstandes versteht. Etwas ähnlich wie BRINZ auch HÖLDER: Krit. Viertelj. Bd. 14 S. 571 fg.

2) a. a. O. S. 561.

3) Si de alia re stipulator senserit, de alia promissor, perinde nulla contrahitur obligatio, ac si ad interrogatum responsum non esset, veluti si hominem Stichum a te stipulatus quis fuerit, tu de Pamphilo senseris, quem Stichum vocari credideris.

4) VENULEIUS: Si hominem stipulatus sim et ego de alio sensero, tu de alio, nihil acti erit: nam stipulatio ex utriusque consensu perficitur.

übereinstimmt. LEONHARD[1]) versteht unter sentire den Sinn der Erklärungen, nimmt also an, die Stellen sprechen von dem Falle, wo die Erklärungen erkennbarerweise auseinandergehen. Dafs dies ganz willkürlich ist, liegt auf der Hand. Bei einem Geschäfte, wie die stipulatio, welches folgendermafsen abgeschlossen wird: „Stichum dari spondes?“ „spondeo“, ist ja der Fall, wo sich das Versprechen des Promittenten nur „dem Wortlaute nach auf den Stichus, dagegen dem Sinne nach auf den Pamphilus bezieht“, fast ganz undenkbar. Ebenso bezieht sich die l. 57 D. de o. et a. 44, 7[2]) nicht nur auf Fälle des „erkennbaren“ Irrtums.

Von einem äufserlich nicht erkennbaren error in corpore spricht ferner l. 83 § 1 D. de v. o. 45, 1[3]). Die Stelle ist, unseres Dafürhaltens, nicht, wie dies LEONHARD haben will[4]), auf den Fall zu beschränken, wo der Stipulant mehrere Sklaven dieses Namens hat und die Bezeichnung auf alle

---

1) a. a. O. S. 376. Im Arch. f. civ. Prax. Bd. 72 S. 47 erklärt sich LEONHARD für die Gleichstellung jeder Stipulation mit der Schenkung und für die Erheblichkeit auch des nichterkennbaren Irrtums bei Stipulationen, giebt also seine frühere Auffassung der beiden letztzitierten Stellen auf.

2) POMPONIUS: In omnibus negotiis contrahendis, sive bona fide sint sive non sint, si error aliquis intervenit, ut aliud sentiat puta qui emit aut qui conducit, aliud qui cum his contrahit, nihil valet quod acti sit. Et idem in societate quoque coeunda respondendum est, ut si dissentiant aliud alio existimante, nihil valet ea societas, quae in consensu consistit. — Mit mehr Recht könnte schon der von LEONHARD nicht benutzte Ausspruch in l. 6 D. de accept. 46, 4 (ULPIAN ... dummodo illud sciamus, si ego aliud accepto tuli, aliud tu rogasti, nihil valere acceptilationem) auf den Fall des „erkennbaren“ Dissenses beschränkt werden, obwohl man auch dazu nach unserer Ansicht nicht gezwungen ist.

3) PAULUS: Si Stichum stipulatus de alio sentiam, tu de alio, nihil actum erit.

4) Irrtum S. 376 u. 188.

paſst, mithin eine ambigua oratio ist. Erstens braucht man nicht unter „alium“ einen zweiten „servus Stichus“ zu verstehen; „alium“ kann ja einfach bedeuten „alium hominem“ oder „servum“. Zweitens ist es ja nicht ausgeschlossen, daſs der eine Kontrahent durch andere Merkmale den Sklaven Stichus individuell bezeichnet (z. B. servus Stichus, der von dem Titius gekauft worden ist), während der andere Kontrahent in der Meinung, diese Bezeichnung beziehe sich auf einen anderen Sklaven desselben Namens, seine Zustimmung giebt.

Daſs der error in corpore und zwar auch der unerkennbare die Ungiltigkeit des Vertrages bewirkt, spricht ferner die l. 9 pr. D. de c. e. 18, 1[1]) aus. Unter dem „putare“ in dem Beispiele Ulpians etwas anderes als das innere Meinen zu verstehen, liegt kein Grund vor. Wir verstehen die Stelle so: Ich will in der Erklärung ein bestimmtes Objekt (fundus Cornelianus, servus Stichus) bezeichnen, der Verkäufer dagegen ein anderes Objekt (fundus Sempronianus, servus Pamphilus). Infolge des Miſsverständnisses meinen wir, daſs in der That ein Kauf zustande gekommen ist. Ob nun die Ursache des Miſsverständnisses die ist, daſs der Offerent eine das nichtgewollte Objekt bezeichnende Erklärung abgegeben hat, oder aber der Akzeptant die an sich erkennbar auf das gewollte Objekt sich beziehende Erklärung miſsverstanden, und in der Meinung, sie gehe auf ein anderes Objekt, die Zustimmung gegeben hat, ist gleichgiltig.

---

1) Ulpianus: In venditionibus et emptionibus consensum debere intercedere palam est: ceterum sive in ipsa emptione dissentient sive in pretio sive in quo alio, emptio imperfecta est. Si igitur ego me fundum emere putarem Cornelianum, tu mihi te vendere Sempronianum putasti, quia in corpore dissensimus, emptio nulla est. Idem est, si ego me Stichum, tu Pamphilum absentem vendere putasti: nam cum in corpore dissentiatur, apparet nullam esse emptionem.

Obwohl die zitierten Fragmente der Entschuldbarkeit des Irrtums keine Erwähnung thun, so sind sie doch mit unserer Ansicht wohl vereinbar, denn die Irrtumsfälle, von denen in jenen Entscheidungen die Rede ist, sind so beschaffen, dafs der error, mag er auch unerkennbar sein, meistens ein probabilis in unserem Sinne sein wird. Daraus, dafs in der l. 9 pr. D. de c. e. cit. ausdrücklich die absentia des Sklaven hervorgehoben wird, ist sogar ein wichtiges Argument für uns zu entnehmen. Ist nämlich der Sklave anwesend, so kann der Identitätsirrtum unmöglich ein error probabilis sein. Der Kontrahent darf sich nicht darauf berufen, er habe den Sklaven, den er vor sich sieht und in Bezug auf welchen er ohne Bedingung seinen Geschäftswillen äufsert, doch nur unter der Voraussetzung kaufen (verkaufen) wollen, falls er mit einem anderen identisch ist. Die Relevanz des Identitätsirrtums wäre hier einfach unglaublich, weil bei derartigen Käufen die Wahrnehmung des Objektes beim Abschlufs des Geschäftes als ganz genügend angesehen werden mufs, um das Objekt schlechthin zu bestimmen[1]).

Anderer Ansicht ist ZITELMANN. Er behauptet, dafs ein Irrtum über die Identität einer individuell bestimmten Sache unerheblich sei und versteht unter einem solchen Irrtume den Fall, wenn jemand irrtümlicherweise meint, „die Sache, welche den Gegenstand seiner jetzigen Wahrnehmung bildet, sei dieselbe, welche den Gegenstand einer früheren Wahrnehmung gebildet habe“ [2]). Nach dieser Auffassung wäre die An-

1) Man beachte auch das „quem Stichum vocari credideris“ in § 23 J. cit., das offenbar als ein den Geschäftsirrtum rechtfertigender Umstand angeführt wird. Daraus ergiebt sich nämlich, dafs die Quelle der Nichtübereinstimmung des Erklärten mit dem inneren Willen auf Irrtum über faktische Umstände, die nicht zu der Erklärung selbst gehören, beruht.

2) Irrtum S. 561; s. auch S. 443.

wesenheit des Objektes Voraussetzung der individuellen Bestimmung desselben. Dies ist unrichtig. Wenn ich in dem Falle, von welchem in l. 9 pr. cit. die Rede ist, sage, dafs ich meinen abwesenden servus Stichus verkaufe, so ist, falls ich nur einen einzigen Sklaven dieses Namens habe, oder aber den Sklaven durch ein näheres, nur ihm zukommendes Merkmal genauer bezeichne, das Objekt ganz gehörig individualisiert. Giebt nun der andere zu einer solchen Erklärung seine Zustimmung, während er sie irrtümlich auf einen anderen Sklaven bezieht, so ist es klar, dafs der Irrtum des Käufers nichts anderes ist, als ein Irrtum in der Identität einer individuell bestimmten Sache, somit der Entwickelung ZITELMANNS gemäfs eigentlich ein error in motivo. Der Grund des Umstandes also, dafs der Identitätsirrtum bei Anwesenheit des Sklaven irrelevant, bei Abwesenheit dagegen erheblich ist, liegt nicht darin, dafs er nur im ersteren Falle ein Irrtum in motivo ist, sondern darin, dafs er dort stets ein error non probabilis, hier dagegen in der Regel ein error probabilis ist.

LEONHARD[1]) behauptet, die l. 9 pr. cit. sei nicht von einem inneren Dissense zu verstehen, sondern von einem Falle, wo auch die äufseren Erklärungen der Parteien nicht übereinstimmen. Dies wird begründet durch die Bemerkung, „es sei schwer, bei dem einfachen Thatbestande: ego vendere Cornelianum putavi, tu emere Sempronianum putasti, auf den Gedanken zu kommen, es solle hier von dem seltenen Falle die Rede sein, dafs jemand das gerade Gegentheil von dem, was er meinte, erklärt hat.“ Die zitierte Bemerkung beweist uns, dafs LEONHARD die Stelle mifsversteht. Natürlich wäre es ein Unsinn, wenn jemand, der die Grundstücke genau kennt

1) a. a. O. S. 429 fg.

und weifs, wie sie heifsen, behaupten würde, er habe durch die Erklärung: emo fundum Cornelianum die Zustimmung zum Kaufe des fundus Sempronianus geben wollen. Was berechtigt uns jedoch, bei der Stelle nur an diesen Fall zu denken? Der Widersinn verschwindet sofort, wenn wir nur annehmen, dafs der Käufer die Namen der Grundstücke nicht kennt und eine auf den fundus Sempronianus lautende Offerte auf ein anderes Grundstück bezieht Aufserdem ist es unberechtigt, in unserer Stelle auf die Bezeichnungen „Sempronianus", „Cornelianus" fundus, servus „Stichus", „Pamphilus" Gewicht zu legen und anzunehmen, die Stelle spreche nur von Fällen, wo die Gegenstände mit den ihnen zukommenden Namen bezeichnet werden. Die Stelle mufs nach unserer Ansicht in einem allgemeineren Sinne genommen werden, so dafs „emere Cornelianum" soviel bedeutet wie: ein bestimmtes Grundstück kaufen, „vendere Sempronianum": ein bestimmtes anderes Grundstück verkaufen [1]).

Von einem wesentlichen Irrtum im Gegenstand, der

---

1) Die Deutung, welche Leonhard der Stelle giebt, setzt eben die u. E. verfehlte Übersetzung des Wortes putare voraus. Die Stelle sagt nach unserer Ansicht nur: „ich glaube den fundus C. gekauft zu haben", wobei offen bleibt, wie ich mich ausgedrückt habe. Leonhard dagegen supponiert, dafs die Stelle bedeutet: „Ich sage: „ich kaufe den fundus C." Wäre dies so, dann wäre gerade eine rechtlich in Betracht kommende Nichtübereinstimmung der Erklärungen nicht recht möglich. Denn man müfste annehmen, die Antwort des venditor laute: „Ich verkaufe das Grundstück S." Wie könnte bei einem solchen Sachverhalte die Frage auch nur überhaupt aufgeworfen werden, ob da ein Vertrag zustande gekommen sei? Solche Fälle der Divergenz der Erklärungen, wo evidentermafsen eine Person „weifs" sagt, die andere „schwarz", wo keine von den Parteien weder glauben noch wenigstens behaupten kann, es sei ein Vertrag abgeschlossen worden, kommen ja gar nie zur rechtlichen Beurtheilung. Dies hat Leonhard in seinen Ausführungen nicht immer im Auge behalten.

bei der Tradition den Eigentumsübertragungswillen ausschliefst, spricht l. 2 § 6 D. pro empt. 41, 4[1]). Die Wesentlichkeit des Momentes, in Bezug auf welchen der Tradent im Irrtum ist, steht aufser Frage. Da nämlich früher die Kon-

1) Paulus: Si cum Stichum emissem, Dama per ignorantiam mihi pro eo traditus est, Priscus ait usu me non capturum, quia id, quod emptum non sit, pro emptore usucapi non potest. Vgl. zu der Stelle Zitelmann: Irrtum S. 561 N. 542; Leonhard: Irrtum S. 434 fg. und die dort Zitierten. Wenn Zitelmann die Bemerkung macht, man müsse sich den Fall so vorstellen, dafs sich der Verkäufer bei der Überlieferung des Sklaven persönlich nicht betheiligt, dieser vielmehr von jemand anderem im Auftrage des Verkäufers etwa dem Aufseher faktisch übergeben wird, so ist zuzugeben, dafs dies der natürlichste Fall des tradere per ignorantiam wäre, aber nicht der einzig mögliche. Auch bei persönlicher Betheiligung des Verkäufers an der Übergabe ist diese ignorantia möglich. Man denke daran, dafs der Verkäufer möglicherweise seine Sklaven nicht genau kennt. Damit aber der Irrtum im letzteren Falle zweifellos ein entschuldbarer wäre, müfste aus der Erklärung des Tradenten zu ersehen sein, dafs er nur unter der Voraussetzung, dafs der nun tradierte Sklave identisch ist mit dem verkauften, das Eigentum übertragen wolle. Wenn sich Zitelmann darauf beruft, dafs in ähnlichen Fällen (l. 19 § 3; l. 32 § 3 D. de cond. ind. 12, 6; c. 10 C. eod. 4, 5) nur die condictio indebiti gegeben wird, so übersieht er, dafs in unserem Falle auch der Empfänger den Willen kundgiebt, an dem Sklaven, als an dem von ihm gekauften Objekte, also unter der Voraussetzung der Identität mit dem gekauften, Eigentum zu erwerben. In den Fällen, wo der Verkäufer bei der Übergabe nicht zugegen ist, wird sein error meistens ein Irrtum im Gegenstand im e. S. des Wortes sein, der oft durch eine Abirrung in der Willensmittheilung verursacht sein wird. Auch hier ist jedoch die Möglichkeit eines Identitätsirrtums nicht ganz ausgeschlossen. Der abwesende Tradent kann nämlich ohne Rücksicht auf die frühere Feststellung des Objektes beim Kauf die zu tradierende Sache durch Angabe bestimmter Individualisierungsmomente — z. B. Angabe des Ortes, wo sich der Sklave befindet — bezeichnen. Dafs in unserer Stelle Ursache des Nichterwerbs nicht der Mangel des Besitzes auf seiten des Käufers ist, ist zweifellos. Schon aus dem Schlufssatz der Stelle „sed si fundus emptus" . . . etc. ist zu ersehen, dafs der Käufer den Besitz erwirbt.

trahenten im Kaufvertrage beiderseitig den servus Stichus als das Objekt, das in das Eigentum des Käufers übergehen soll, bezeichnet haben, so ist es klar, dafs der Eigentumsübertragungswille nur dann besteht, wenn die Erklärung des Tradenten und die Besitzübernahme wirklich den früher individuell bestimmten servus Stichus und nicht einen anderen Sklaven treffen.

Dafs der error in corpore nicht stets, sondern nur als error probabilis wirkt, beweist schlagend die bereits näher besprochene[1]) l. 110 § 1 D. de v. o. 45, 1. Will man nicht einen Widerspruch zwischen der letzteren Stelle und l. 57 D. de o. et a. cit. (beide Stellen sind von POMPONIUS) annehmen, so mufs man die Entscheidung der l. 57 cit. (ähnlich wie den Ausspruch der l. 9 pr. D. de c. e. cit.) auf jene Irrtumsfälle beschränken, wo der Irrtum ein verzeihlicher ist. Dies ist um so weniger bedenklich, als die l. 57 und der Anfang der l. 9 pr. so allgemein lauten, dafs sie einer Einschränkung unbedingt bedürfen, da sonst aus denselben die Erheblichkeit eines jeden Irrtums deduziert werden könnte.

Nach dem Gesagten wird der error in corpore dann unerheblich sein, wenn das Vorhandensein des Irrtums unwahrscheinlich ist, oder wenn es nicht glaublich ist, dafs es dem Erklärenden an der Identität der Sache mit einer anderen bez. an der Individualisierung gerade des seiner Vorstellung entsprechenden Objektes schlechterdings gelegen war. Ob dies anzunehmen sei, dies ist auf Grund aller Umstände des einzelnen Falls zu beurtheilen. So bewirkt z. B. der error in corpore die Ungiltigkeit der Erklärung nicht, wenn der Gegenstand als etwas Nebensächliches (Akzession) in den Parteierklärungen bezeichnet wird (s. z. B. l. 34 pr. D. de c. e. 18, 1)[2]).

---

1) S. oben S. 438.

2) Die auch vom error in corpore handelnde l. 34 pr. D. de adqu.

Error in qualitate (substantia, materia) und in genere[1]).

Die Lehre vom Irrtum in den Eigenschaften einer individuell bestimmten Sache war seit jeher eine äufserst bestrittene. SAVIGNY und die meisten Neueren statuieren eine Unterscheidung zwischen wesentlichen und unwesentlichen Eigenschaften und nehmen bei Irrtum über die ersteren Nichtigkeit an. Als wesentliche Eigenschaften aber bezeichnet SAVIGNY jene, die nach den im Verkehr anerkannten Anschauungen für so wichtig betrachtet werden, dafs sie als das Wesen der Sache bestimmend gelten[2]).

Die Lehre SAVIGNYS ist unhaltbar. Erstens entspricht sie nicht den Quellen, die manche Entscheidungen enthalten, in denen Giltigkeit des Rechtsgeschäftes angenommen wird trotz „Wesentlichkeit" der Eigenschaft, über die geirrt wird, nach Verkehrsbegriffen. Zweitens läfst es sich absolut nicht ein für allemal in Bezug auf einzelne Sachen bestimmen, welche Eigenschaften derselben als „wesentlich" im Verkehr angesehen werden. Ob das Vorhandensein irgend einer Eigenschaft für die Person von höherer oder geringerer Wichtigkeit ist, hängt nämlich auch von der Art des in Frage stehenden Geschäftes ab. Eine und dieselbe Eigenschaft kann bei einem Geschäfte (z. B. beim Kauf) ganz wesentlich sein, während sie bei einem anderen (z. B. bei der Schenkung) auch nicht Motiv unseres Handelns ist.

---

poss. wird an einem anderen Orte besprochen. — In der oben S. 452 N. 1 angeführten l. 71 § 8 D. de adqu. her. 29, 2, ist trotz der Worte „in re erravit" nicht von einem eigentlichen Irrtum im Gegenstande die Rede.

1) ZITELMANN a. a. O. S. 563 fg.; LEONHARD a. a. O. S. 436 fg.; PFERSCHE: Zur Lehre vom sog. error in substantia (Graz 1880); BECHMANN: Der Kauf Bd. 2 S. 450 fg., daselbst (N. 2) und bei WINDSCHEID: Pandekten Bd. 1 § 76a. N. 9 Litteraturangaben.

2) S. System Bd. 3 §§ 136, 157, bes. S. 283.

Anders als SAVIGNY und die herrschende Lehre nimmt ZITELMANN an, dafs jeder Irrtum über Eigenschaften einer individuell bestimmten Sache als error in motivo unerheblich ist[1]). Dieser Ansicht jedoch widersprechen manche Stellen unserer Rechtsbücher, die zu beseitigen ZITELMANN unseres Erachtens nicht gelang[2]).

Nach unserer Überzeugung ist der error in qualitate, ähnlich wie alle anderen Irrtumsfälle, nur unter Voraussetzung seiner Probabilität erheblich, d. h. nur dann, wenn es wahrscheinlich ist, der Erklärende habe das Geschäft von dem wirklichen Vorhandensein der irrtümlich angenommenen Eigenschaft abhängig haben wollen. Hiernach entscheidet in erster Linie die Interpretation über die Erheblichkeit des Irrtums. Nur für die Regel darf man annehmen, dafs, wenn jemand ohne Einschränkung die Sache durch Individualisationsmomente bezeichnet, somit schlechthin auf dieses bestimmte Individuum seine Erklärung richtet, demgemäfs als die Erklärung ganz unabhängig von der etwaigen näheren Beschaffenheit der Sache wollend betrachtet wird. Üebertrieben ist es jedoch, wenn daraus von ZITELMANN und anderen ganz allgemein die Irrelevanz des error in qualitate deduziert wird. Denn vor allem kann von der Partei das Vorhandensein einer Eigenschaft des Objektes als Bedingung gesetzt werden. Aufserdem kann unter Umständen auch ohne Setzung einer eigentlichen Bedingung die auf der Regel des Lebens beruhende Interpretation für die Erheblichkeit des Irr-

1) Diese Konsequenz aus dem Umstande, dafs der Wille sich auf das individualisierte Objekt schlechthin bezieht und nicht auf einzelne Eigenschaften desselben, ziehen auch schon VOIGT: Arch. f. civil. Prax. Bd. 53 S. 408 fg.; HÖLDER: Krit. Viertelj. Bd. 14 S. 575 und HESSE: Jahrb. f. Dogm. Bd. 15 S. 101. 103 fg.

2) Gegen ZITELMANN s. auch THOMSEN S. 39 fg.

tums sprechen. Die Natur des Geschäftes, die Art und Weise, wie die Individualisierung des Objektes geschieht, insbesondere ob der Vertrag in Gegenwart der Sache abgeschlossen wird oder nicht, ferner die gröfsere oder geringere Bedeutung der betreffenden Eigenschaft im Verkehrsleben, alle diese Momente sind bei der Interpretation zu berücksichtigen. Auf Grund derselben wird man in manchen Fällen zugeben müssen, dafs es unmöglich ist, den praktischen Geschäftswillen aufzufassen als ein Wollen in Bezug auf das von den Eigenschaften abstrahierte und lediglich durch die Individualisierungsmomente (z. B. durch Angabe des Raumes den die Sache im gegebenen Augenblick einnimmt) bezeichnete Ding, sondern als ein Wollen rücksichtlich dieses individuellen, zugleich jedoch bestimmt beschaffenen Dinges. Ist es so, dann ist die nominierte oder doch unzweifelhaft als vorhanden angenommene Eigenschaft ein wesentlicher Punkt des Vertrages.

Die Nennung einer Eigenschaft in der Erklärung genügt zwar nicht immer dazu und ist andererseits nicht unbedingt erforderlich, um eine solche Deutung zu rechtfertigen, zweifellos ist es jedoch, dafs ihr eine hohe Bedeutung zukommt und dafs man solchenfalls wenigstens gewöhnlich sich für die „Wesentlichkeit" der Eigenschaft entscheiden wird.

Es ist zwar nicht zu bestreiten, dafs die römischen Quellen direkt die von uns vertretene Ansicht nicht bestätigen, wir glauben jedoch, dafs sie eher mit unserer Auffassung als mit irgend einer anderen Theorie zu vereinigen sind. Bekanntlich waren die römischen Juristen in Bezug auf die Bedeutung des error in qualitate getheilter Meinung. Die Entscheidungen, die unsere Rechtsbücher enthalten, scheinen auch keineswegs auf denselben Prinzipien zu beruhen. Schon dieser Umstand läfst es vermuten, dafs es sich hier nicht um die

Anwendung irgend eines festen Grundsatzes handelte, sondern vorzüglich um die Interpretation des Geschäftswillens, obzwar dies von den Juristen nicht ausdrücklich ausgesprochen wird. Ja es ist auch nicht zu leugnen, andererseits aber angesichts der Neigung der römischen Juristen, Entscheidungen, die den praktischen Verkehrsanschauungen ihre Entstehung verdanken, aus abstrakten regulae zu deduzieren, auch gar nicht verwunderlich, daſs oft die Frage nach der Bedeutung des error in qualitate zu einseitig aufgefaſst wird.

Für unsere Ansicht spricht entschieden der Umstand, daſs der error in qualitate unwesentlich ist, wenn der Irrende kein Interesse daran haben kann, die Giltigkeit des Vertrags anzufechten [1]). So sind bei consensus in corpore die Eigentumstradition trotz des Irrtums des Nehmers (l. 50 D. de solut. 46, 3) [2]), der Pfandvertrag trotz des Irrtums des Pfandgläubigers (l. 1 § 2 D. pign. act. 13, 7 [3]) über die Qualität der Sache giltig. Ähnlich die Stipulation, wenn der Stipulator über die Eigenschaft der versprochenen Sache irrt (l. 22 D. de v. o. 45, 1) [4]). In allen diesen Fällen erklärt sich die Unwesentlichkeit des Irrtums am besten dadurch, daſs der error hier ein non probabilis ist und zwar deswegen, weil dem Irrenden, der hier einseitig Rechte erwirbt, das

---

1) Dies giebt Savigny selbst zu (System Bd. 3 S. 293).

2) Paulus: Si cum aurum tibi promisissem, ignoranti quasi aurum aes solverim, non liberabor: sed nec repetam hoc quasi indebitum solutum, quod sciens feci. Petentem tamen te aurum exceptione submovebo, si non reddas aes quod accepisti.

3) Ulpian: Si quis tamen, cum aes pignori daret, adfirmavit hoc aurum esse et ita pignori dederit, videndum erit, an aes pignori obligaverit et numquid, quia in corpus consensum est, pignori esse videatur: quod magis est ....

4) Paulus: Si id quod aurum putabam, cum aes esset, stipulatus de te fuero, teneberis mihi huius aeris nomine, quoniam in corpore consenserimus ....

Bestehen des Vertrags, trotz des Mangels der Eigenschaft, jedenfalls erwünschter ist als die Nichtigkeit desselben. Was andere Verträge, namentlich die zweiseitig belastenden, anbetrifft, wird von manchen Juristen, besonders von MARCELLUS (bei ULPIAN l. 9 § 2 D. de c. e. 18, 1) vorzüglich auf das in corpore consentire Gewicht gelegt und von diesem Gesichtspunkte aus dem error in qualitate die Bedeutung eines wesentlichen Irrtums abgesprochen. Mit Rücksicht auf l. 21 § 2 D. de a. e. v. 19. 1[1]) und l. 45 D. de c. e. 18, 1[2]) ist dies auch wirklich für die Regel als richtig anzunehmen und zwar ohne Einschränkung „auf unwesentliche Eigenschaften nach Verkehrsbegriffen", denn die Eigenschaften, von welchen in den letzteren Stellen die Rede ist, sind nach Verkehrsanschauungen überaus wichtig.

Daſs diese Regel nicht ausnahmslos gilt, ist aus den Entscheidungen zu ersehen, in denen in ähnlichen Fällen

1) PAULUS: Quamvis supra diximus, cum in corpore consentiamus, de qualitate autem dissentiamus, emptionem esse, tamen venditor teneri debet, quanti interest non esse deceptum, etsi venditor quoque nesciet: veluti si mensas quasi citreas emat quae non sunt.

2) MARCIANUS: LABEO libro posteriorum scribit, si vestimenta, interpola, quisquis pro novis emerit, TREBATIO placere ita emptori praestandum quod interest, si ignorans interpola emerit, quam sententiam et POMPONIUS probat, in qua et JULIANUS est, qui ait, si quidem ignorabat venditor, ipsius rei nomine teneri, si sciebat, etiam damni, quod ex eo contingit: quemadmodum si vas aurichalcum pro auro vendidisset ignorans, tenetur, ut aurum quod vendidit praestet. — PFERSCHE (a. a. O. S. 10 fg.) erklärt sich für die auch bereits von RICHELMANN (Einfluſs des Irrtums S. 67 Jahr 1837) verteidigte und auch von MOMMSEN in seiner Pandektenausgabe akzeptierte Emendation, nach welcher in der Stelle das Wort „vas" zu streichen wäre. In diesem Falle würde der letztere Absatz von einem Genuskaufe handeln. Wir halten die von PFERSCHE angeführten Gründe für nicht überzeugend. Vgl. übrigens TEWES: Ztschr. f. Privat- u. öffentl. R. Bd. 8 S. 335. — Was man unter aurichalcum zu verstehen hat, ist nicht ganz sicher; vgl. dazu BECHMANN S. 463.

Nichtigkeit ausgesprochen wird, l. 41 § 1 D. de. c. e 18, 1[1]); l. 58 eod.[2]). Zwischen diesen Fragmenten und den früher zitierten ist ein Unterschied in Betreff der gröfseren oder geringeren Wichtigkeit der Eigenschaft, über die geirrt wird, nicht zu entdecken. Die Ursache also, warum in l. 41 § 1 cit. Nichtigkeit angenommen wird, mufs, obzwar dies aus dem Wortlaut der Stelle nicht evident ist, darin liegen, dafs der Jurist wahrscheinlich hier dem näheren Sachverhalte des praktischen Falles gemäfs Grund hatte, der Voraussetzung des Vorhandenseins der Qualität eine den Willen bedingende Bedeutung beizulegen[3]). Noch weniger bedenklich erscheint

---

1) Julianus: Mensam argento cooperatam mihi ignoranti pro solida vendidisti imprudens: nulla est emptio pecuniaque eo nomine data condicetur.

2) Papinianus: Arboribus quoque vento deiectis vel absumptis igne dictum est emptionem fundi non videri esse contractam, si contemplatione illarum arborum, veluti oliveti, fundus comparabatur, sive sciente sive ignorante venditore: sive autem emptor sciebat vel ignorabat vel uterque eorum, haec obtinent, quae in superioribus casibus pro aedibus dicta sunt. Ähnlich auch l. 57 D. eod. Paulus. Dafs die Entscheidungen der Stellen nicht darin ihren Grund haben, dafs es hier am Kaufobjekt fehle, wie dies Zitelmann (Note 575) behauptet, darüber s. Bechmann a. a. O. S. 456, 457 N. 2.

3) Leonhard (Irrtum S. 458 N. 1 u. Text dazu) nimmt hier eine „stillschweigende“, Zitelmann (Irrtum S. 580 fg.) sogar eine ausdrückliche Bedingung an. Schwierigkeiten verursacht unseren Interpreten diese Stelle auch deswegen, weil sie von Julian ist, der in l. 45 D. eod. cit. als Vertreter der Ansicht angeführt wird, die bei consensus in corpore Giltigkeit des Vertrags annimmt. Zitelmann (S. 581) bemerkt, dafs, wenn man seine Auslegung nicht akzeptiert, man zu dem Ergebnis gelangen müsse, dafs Julian sich selbst widerspricht und somit für keine von den beiden Ansichten in Betracht kommt. Mit Recht bemerkt dagegen Pfersche (S. 15), dafs dieses Mittel hier, wo es sich um einen historischen Nachweis handelt, nicht am Platze ist. Nach unserer Ansicht ist daraus, dafs Julian in l. 45 cit. als Vertreter der entgegengesetzten Ansicht angeführt wird, zu schliefsen, dafs kein fester und allgemein anerkannter

l. 11 § 1 D. de c. e. 18, 1 (ULPIAN), die beim Sklavenkauf den error in sexu als wesentlich, dagegen den error in virginitate als unerheblich bezeichnet. In l. 57 und l. 58 cit. endlich wird ausdrücklich hervorgehoben, dafs hier der Wille des Käufers von dem Vorhandensein der Qualität bedingt gemacht wird.

Eine besonders hohe Bedeutung mifst ULPIAN der Bezeichnung der Gattung der Sache im Vertrag bei. Dies ergiebt sich aus seinen bekannten Entscheidungen l. 9 § 2, l. 11; l. 14 D. de c. e. 18. 1[1]). Dafs unter οὐσία in l. 9 § 2 cit. nur das

Grundsatz bezüglich des Irrtums über Eigenschaften bei Kaufgeschäften galt, möchte es auch an Versuchen, einen solchen aufzustellen, nicht gefehlt haben, und dafs schliefslich alles doch nur von der Beurtheilung der charakteristischen Umstände des einzelnen Falls abhängig war.

1) L. 9 § 2 ULPIANUS l. XXVIII ad SAB. Inde quaeritur si in ipso corpore non erratur, sed in substantia error sit, ut puta si acetum pro vino veneat, aes pro auro vel plumbum pro argento vel quid aliud argento simile, an emptio et venditio sit. MARCELLUS scripsit libro sexto digestorum emptionem esse et venditionem, quia in corpus consensum est, etsi in materia sit erratum. Ego in vino quidem consentio, quia eadem prope οὐσία est, si modo vinum acuit: ceterum si vinum non acuit, sed ab initio acetum fuit, ut ebamma, aliud pro alio venisse videtur. In ceteris autem nullam esse venditionem puto, quotiens in materia erratur.

L. 10 PAULUS l. V ad SAB. Aliter atque si aurum quidem fuerit, deterius autem quam emptor existimaret: tunc enim emptio valet.

L. 11 pr. ULPIAN l. XXVIII ad SAB. Alioquin quid dicemus si caecus emptor fuit, vel si in materia erratur vel in minus perito discernendarum materiarum? in corpus eos consensisse dicemus? et quemadmodum consensit, qui non vidit?

L. 14 ULPIAN ibidem. Quid tamen dicemus, si in materia et qualitate ambo errarent? ut puta si ego me vendere aurum putarem et tu emere cum aes esset? ut puta coheredes viriolam, quae aurea dicebatur, pretio exquisito uni heredi vendidissent eaque inventa est magna ex parte aenea? venditionem esse constat ideo, quia auri aliquid habuit. Nam si inauratum aliquid sit, licet ego aureum putem, valet venditio: si autem aes pro auro veneat, non valet.

genus in contractu nominatum, wie dies mit Recht unter den Neueren LEONHARD hervorhebt und nicht, wie man früher gewöhnlich annahm, „eadem substantia“ zu verstehen ist, daran ist nach unserer Ansicht nicht zu zweifeln[1]). Mit Unrecht sieht demnach ZITELMANN[2]) in den Entscheidungen ULPIANS den Ausfluſs einer metaphysischen Abirrung, indem er unter „eadem *οὐσία*“ Identitat der „Substanz der Sachen“ versteht. So aufgefaſst, wäre freilich die ULPIAN'sche Unterscheidung gänzlich unbrauchbar. Wir meinen jedoch, dies sei nicht ULPIANS Gedanke. Er will vielmehr sagen, daſs der Vertrag nichtig ist, wenn die Beschaffenheit der Sache derart ist, daſs auf sie die ausdrücklich bezeichnete oder stillschweigend vorausgesetzte das genus der Sache bestimmende Eigenschaft der üblichen Bedeutung des sie bezeichnenden Ausdrucks gemäſs nicht paſst. Die Entscheidungen ULPIANS können vielleicht einigermaſsen zu pedantisch erscheinen, gänzlich verfehlt wird man sie von unserem Standpunkte aus keineswegs nennen dürfen.

Warum die Entscheidung ULPIANS rücksichtlich der vina des aurum und argentum anders lautet, als diejenige des PAULUS (l. 21 § 2 D. de a. e. v. cit.) hinsichtlich der Holzgegenstände, und MARCIANS hinsichtlich der Kleidungsstücke und des vas aurichalcum (l. 45 D. de c. e. cit.), ist, unseres

1) Treffend sagt LEONHARD (a. a. O. S. 451), die Ursache der unrichtigen Meinungen sei darin zu suchen, „daſs man die Worte „„quae eadem est *οὐσία*““ irrigerweise mit „„quam vini *οὐσία* est““ statt mit „„quam cuius nomine res vendita erat““ ergänzte, obwohl das letztere vom grammatischen Standpunkte aus das näher liegende war“. Vgl. für diese Ansicht auch die von LEONHARD S. 451 N. 2 Zitierten; ferner auch BECHMANN S. 457 fg. u. RYCK a. a. O. S. 147 fg.; vgl. auch HARTMANN: Jahrb. f. Dogm. Bd. 20 S. 48, 49.

2) a. a. O. S. 568 fg.; s. auch HÖLDER: Krit. Viertelj. Bd. 14 S. 576; gegen beide vgl. LEONHARD S. 451 N. 1.

Erachtens, nicht schwer zu erklären. Notwendigerweise wird in den letzteren Fällen die Individualisierung des Willens auf den bestimmten Gegenstand eine höhere Bedeutung haben, als dort. Hier kauft man diese bestimmten Kleidungsstücke, diesen Tisch, dieses Gefäſs, also Sachen, die man als individuell bestimmte Objekte sieht oder doch sich vorstellt, Gegenstände, die auſser der irrig angenommenen Qualität noch andere Eigenschaften, wie etwa eine gewisse Form, sonstige Beschaffenheit, die sie zu irgend einem Zweck geeignet macht, besitzen. Ist nicht unzweideutig als Bedingung gesetzt, daſs die Sache noch irgend eine besondere Qualität haben müsse, so wird man keineswegs den Willen als von dem Vorhandensein jener Eigenschaft, möge sie auch sehr wichtig sein, abhängig ansehen dürfen. Anders in l. 9 § 2 cit., wo die ganze Beschaffenheit der Sache lediglich in der irrig angenommenen Qualität besteht. Trotz der Individualisierung der Absicht auf einen bestimmten Gegenstand, wird man doch nicht behaupten, der Käufer habe nur eine an einem gewissen Orte sich befindende Flüssigkeit, oder ein Metall, das hier oder dort liegt, kaufen wollen, gleichviel was diese Flüssigkeit bez. Metall sei. Eine solche Willensrichtung kommt sicherlich bei Kaufgeschäften im Leben nie vor. Ist es also ausdrücklich gesagt oder doch vorausgesetzt worden, daſs man „Gold“, „Silber“ oder „Wein“ kauft, so wird das Bestehen des Willens als davon abhängig betrachtet werden müssen, daſs das betreffende Metall Gold oder Silber, die Flüssigkeit Wein ist, oder doch wenigstens „vinum“ genannt werden kann[1]), was noch möglich ist, wenn

1) In Bezug auf die Bemerkung ULPIANS „eadem prope οὐσία est si modo vinum acuit“ ist es nicht überflüssig, daran zu erinnern, daſs die Römer mit dem Ausdruck acetum auch solche Flüssigkeiten bezeichnen, die man „vini numero“ haben, d. h. doch als Wein betrachten

die Flüssigkeit sauer gewordener Wein, nicht dagegen, wenn sie Essig ist[1]). Mehr bedenklich erscheint die zweite Entscheidung ULPIANS l. 14 D. de c. e. cit. Bedeutet in dieser Stelle „inauratum" soviel wie „vergoldet" [2]), was bekanntlich

kann. Das ist eine Auffassungs- und Äufserungsweise, mit der man hier unbedingt rechnen mufs. S. z. B. l. 2 § 3 D. de opt. leg. 33, 5; l. 1, l. 3 pr., l. 9 D. de trit. leg. 33, 6. Diese Fragmente, die sämtlich gerade von ULPIAN sind, beweisen zur Genüge, wie unrichtig die ZITELMANNsche οὐσία-Theorie ist. Es ergiebt sich nämlich aus denselben, dafs nach der Ansicht ULPIANS bei der Entscheidung darüber, was man unter „acetum" und was unter „vinum" zu verstehen habe, lediglich die gemeine Volksanschauung zu berücksichtigen sei.

1) Für unsere Ansicht spricht ganz entschieden die, allerdings etwas konfuse Argumentation ULPIANS in l. 11 pr. cit. Aus derselben ist erstens, ganz so wie aus dem Worte praesentem in l. 9 pr. eod. cit., zu schliefsen, dafs der Individualisierung des Objektes eine den Willen auf das bestimmte Objekt fixierende Bedeutung viel eher dann zuzuschreiben ist, wenn der Erklärende bei der Individualisierung den Gegenstand vor den Augen hat, als da, wo dies nicht der Fall ist. Zweitens, dafs bei Geschäften, wie sie in l. 9 § 2 cit. besprochen werden, auch das Sehen des Objektes an sich nicht entscheidet, wenn angenommen werden kann, was zumal bei einem minus peritus discernendarum materiarum eintreffen wird, dafs diese oberflächliche Wahrnehmung nicht genügt, dem Erklärenden eine gehörige Vorstellung davon zu geben, ob das Objekt die für den Willen entscheidende Beschaffenheit habe oder nicht. Wie kann man dies alles anders erklären, als nur dadurch, dafs es lediglich auf die Probabilität des Irrtums ankommt? Wenn sich ZITELMANN für die Unerheblichkeit des error in qualitate auf das in den besprochenen Fragmenten mehrmals vorkommende „in corpore consentire" beruft, so mufs dem gegenüber bemerkt werden, dafs die Bedenken ULPIANS es beweisen, dafs dieses „consentire" im Sinne des Juristen ein mehreres ist, als die blofse Individualisierung. Es liegt ja auf der Hand, dafs es ULPIAN doch begreifen mufste, dafs auch ein caecus und ein minus peritus, das Objekt zu individualisieren, sehr gut imstande sind. Was ihnen dagegen nicht zugemutet wird, ist, dafs sie ihren Willen lediglich durch die Individualisierung des Gegenstandes bestimmen.

2) Dafür sehr bestimmt und, wie es scheint, mit Recht ZITELMANN S. 580. S. zu der Stelle auch LEONHARD S. 460. Es ist ein durchaus

von manchen bezweifelt wird, dann ist allerdings die Entscheidung ULPIANS nicht zu billigen. Es ist sicherlich zum mindesten pedantisch, wenn ULPIAN auf Grund der Annahme, der Kauf einer viriola, quae aurea dicebatur, sei giltig, wenn der Käufer auri aliquid habuit, weil dann die Bezeichnung „aurum" auf den Gegenstand paſst, zu der Konsequenz gelangt, dies gelte nicht nur dann, wenn die viriola zum Theil golden ist, sondern auch, wenn sie bloſs vergoldet ist. Mag man aber auch ULPIANS Ansicht nicht theilen, so wird man doch zugeben, daſs diese Stelle nicht gegen uns zeugt, weil es klar ist, daſs es sich in der Entscheidung nur um die Bedeutung der Bezeichnung „aurea", also um eine Interpretationsfrage handelt [1]).

---

richtiger Gedanke LEONHARDS, wenn er für die Unerheblichkeit des Irrtums den Umstand geltend macht, daſs es hier evident ist, daſs keiner von den coheredes es mit Sicherheit wissen kann, ob die viriola echtes Gold ist oder nicht. Daraus darf der Schluſs gezogen werden, daſs der heres, welcher sie nimmt, sie auf sein Risiko als „golden" akzeptiert. Indessen genügt dies doch nicht, um das „auri aliquid habuit" in Bezug auf das inauratum zu erklären, zumal von dem „inauratum" im Schluſssatz ganz allgemein gesprochen wird. Nicht ohne Bedeutung ist nach unserer Ansicht der Umstand, daſs die Römer zum inaurare eine gröſsere Quantität Goldes gebrauchten, als zum Vergolden, wie es unsere Industrie kennt, erforderlich ist. Die von LEONHARD gegebene Übersetzung der Worte „pretio exquisito" ist zwar ansprechend, aber nicht ohne Bedenken. Uns dünkt als wahrscheinlicher, daſs exquisitus hier soviel bedeutet wie „hervorragend", „ungewöhnlich", somit „pretio exquisito" — „zum hohen Preise". Man vgl. zu dem Gegensatz zwischen „aurum" und „inauratum" folgende Stellen: Die Bezeichnung „aurum" umfaſst die vergoldeten Gegenstände nicht in den Entscheidungen l. 19 § 6 D. de auro 34, 2 u. l. 32 § 1 eod. Vgl. jedoch andererseits das „visu atque usu rei" in l. 29 D. eod., das „ex aspectu vasorum" in l. 32 § 5 D. eod. und das „et error ius facit" in l. 3 § 5 D. de suppell. leg. 33, 10. Zu berücksichtigen ist auch dies, daſs PAULUS in § 3 des letztzitierten Fragmentes die mensae etc. inauratae und inargentatae gleich den aureae und argenteae zu Objekten rechnet, „quae in pretio magno sunt".

1) Beispiele des Irrtums über Eigenschaften, welche aus Wahr-

Error in quantitate[1]).

Es bleibt uns noch übrig, von dem Irrtum in der Quantität der Gegenstände, auf welche sich die Erklärung bezieht, zu sprechen. In eingehende Untersuchungen wollen wir uns hier nicht einlassen, müssen jedoch bemerken, dafs die Behandlung des Quantitätsirrtums in unseren Quellen ganz unserer Auffassung entspricht und konform dem Grundsatze ist, dafs ein „nicht glaublicher" Irrtum die Willenserklärung nicht entkräftet. Dementsprechend wird der Irrtum in der Quantität immer ein unwesentlicher sein, wenn die Erklärung eine derartige ist, dafs der anerkannten Lebensauffassung gemäfs nicht anzunehmen ist, der Erklärungswille sei hier von der richtigen Vorstellung von der Quantität abhängig.

Auf den Quantitätsirrtum wird der allgemeine Ausspruch der Quellen bezogen l. 110 pr. D. de r. i. 50, 17 (Paulus): In eo, quod plus est semper inest et minus. Dieser Satz ist selbstverständlich nicht unbedingt richtig in dem Sinne, als sollte die Erklärung stets giltig sein, wenn der Wille des Handelnden auf eine grössere Quantität sich richtet, als die wirklich vorhandene. Dieser Satz besagt nur, dafs in der Erklärung in Bezug auf eine gröfsere Quantität zugleich eine Erklärung rücksichtlich einer geringeren Quantität enthalten ist, im Falle einer geringeren Quantität also das Geschäft

scheinlichkeitsgründen als den Willen nicht bestimmend, somit „unwesentlich" betrachtet werden, finden sich aufser den bereits zitierten Stellen noch in: l. 11 § 5 D. de a. e. v. 19, 1; l. 32 D. de v. o. 45, 1; l. 4 pr. D. de leg. I.; l. 28 (29) D. de r. d. 34, 5; c. 7 § 1 C. de leg. 6, 37 und dazu c. 14 C. de her. inst. 6, 24. — Der Fall des sog. error in genere (Savigny: System Bd. 3 S. 274), d. h. des Irrtums in der Gattung der generisch bestimmten Objekte, wird in unseren Quellen nicht besprochen. Zweifellos ist der Irrtum über jene Qualität, welche das genus der Objekte bestimmt in der Regel als ein wesentlicher zu betrachten.

1) Zitelmann: S. 593 fg., Leonhard S. 466 fg.

nicht wegen Mangels der äufseren Erklärung ungiltig ist[1]). Das Geschäft kann jedoch wegen Mangels des Willens, wenn die Erheblichkeit des Irrtums glaublich ist, ungiltig sein.

Unwesentlich wird der Irrtum sein namentlich dann, wenn derjenige, der einseitig ein Recht erwirbt, eine gröfsere Quantität erwartet, als es wirklich der Fall ist, weil man annehmen mufs, der Erwerb des Rechts in Bezug auf die geringere Quantität sei ihm doch erwünschter als die Nullität des Geschäftes (s. l. 1 § 4 D. de v. o. 45, 1; l. 83 § 3 D. eod.; l. 66 §§ 4, 5 D. sol. matr. 24, 3)[2]). Anders bei zweiseitig belastenden Verträgen. Hier wird man in der Regel den Irrtum des einen Kontrahenten über die Quantität, auf welche sich die Gegenleistung beziehen soll, für erheblich und die Nichtigkeit des ganzen Geschäftes bewirkend ansehen (l. 52 D. loc. 19, 2). Unter Umständen kann die Irrelevanz des Quantitätsirrtums auf Grund des Satzes angenommen werden, dafs der Irrtum ohne Bedeutung ist, wenn plus in re est quam in existimatione mentis. Überhaupt ist die Frage, ob der Quantitätsirrtum ein wesentlicher ist, in jedem einzelnen Falle zu beurtheilen, da ihre Entscheidung vorzüglich davon abhängt, auf welche Weise der Gegenstand in der Erklärung bezeichnet wird. Wenn die Erklärung ganz präzis auf eine ganz bestimmte Quantität lautet und um so mehr, wenn sich der Wille in der Erklärung an bestimmten Gegenständen bethätigt, dann wird ganz regelmäfsig der Irrtum in der Quantität unwesentlich sein, denn es ist anzunehmen, der Erklärende müsse sich dessen bewufst sein, dafs seine

1) So mit Recht Zitelmann S. 606 fg.

2) S. auch l. 9 § 3 D. de her. inst. 28, 5; l. 15 pr. D. de leg. I. Zu vergleichen sind aufserdem für den error in quantitate l. 32 D. de a. e. v. 19, 1; l. 52 § 22 D. de furt. 47, 2 (error in pondere) u. l. 37 § 2 D. de evict. 21, 2.

Erklärung sich schlechthin auf diese bestimmte Quantität von Gegenständen bezieht. Deswegen zieht der Irrtum über die Quantität in l. 3 in fine D. de cond. s. c. 12, 7 und in l. 19 § 6 D. loc. 19, 2 (Tradition von einer Quantität) die Nichtigkeit der Tradition nicht nach sich und es wird dem Zahlenden erst durch die condictio indebiti geholfen. Ähnlich wie beim error in qualitate ist es auch hier unmöglich, die Fälle des wesentlichen error von den Fällen des unwesentlichen auszuscheiden, auf Grund der Annahme, daſs der Quantitätsirrtum stets unwesentlich ist, wenn er bloſs ein error in motivo ist, denn der error in quantitate ist auch dann, wenn er ein wesentlicher ist, eigentlich nur ein error in motivo [1]).

In Gemäſsheit unserer vorangehenden Ausführungen über die „Wesentlichkeit" des Irrtums nähern wir uns einigermaſsen in Bezug auf die Frage, welche Punkte der Willenserklärung als die wesentlichen zu betrachten seien, der Theorie, welche früher viel Anhänger hatte und welche LEONHARD [2]) die „Methode der Vertragsauslegung" nennt, ohne sie jedoch vollkommen zu theilen. LEONHARD, der mit Eifer und Beredsamkeit diese Theorie vertritt, bestimmt den Begriff des wesentlichen Irrtums bei Verträgen wie folgt: „Wesentlich ist der Irrtum, dessen Abwesenheit zur erkennbaren Geschäftsbedingung gemacht worden ist [3])." Diese Ansicht halten

1) Das Nähere über den error in quantitate, namentlich über den Quantitätsirrtum bei Traditionen s. bei ZITELMANN. Bezüglich dieses Irrtums nähert sich die Auffassung der Vertreter der herrschenden Lehre der von uns vertretenen Ansicht. Aus den Auseinandersetzungen ZITELMANNS ist es klar, daſs im Grunde auch er bei der Frage nach der Wesentlichkeit dieses Irrtums vorzüglich die Probabilität des Irrens berücksichtigt.

2) Irrtum S. 563.

3) A. a. O. S. 570.

wir für eine zu weit gehende und demnach unrichtige. Es ist zwar richtig, daſs die Auslegung von Bedeutung ist in Bezug auf die Bestimmung der „wesentlichen“ Punkte des Geschäftes, nicht aber, daſs sie allein darüber entscheidet. Entscheidend ist vielmehr nur die Probabilität des Irrtums, nämlich dies, ob der Irrtum ein error iuris, ein Irrtum über die Grundsätze der Interpretion oder endlich ein reiner error facti ist. Daſs man aber auch von unserem Standpunkte den Irrtum über Umstände, deren „Wesentlichkeit“ aus dem Inhalte der Willenserklärung nicht erkennbar hervortritt, gewöhnlich für einen unwesentlichen wird ansehen müssen, dies ist eine Folge des Umstandes, daſs zwischen der „Probabilität“ des Irrtums, wie wir sie verstehen, und der „Erkennbarkeit“ desselben im Sinne Leonhards ein inniger Zusammenhang besteht. Es ist nämlich nicht zu leugnen, daſs die „Wesentlichkeit“ bez. „Unwesentlichkeit“ einzelner Momente des Geschäftes zum Inhalte des auf Grund der Interpretation festzustellenden erkennbaren Sinnes der Erklärung gehört. Die Interpretation, welche sich auf die Regel des Lebens stützt, unterrichtet uns darüber, welche Momente des Geschäftes es sind, von denen mit Wahrscheinlichkeit anzunehmen ist, der Wille des Erklärenden sei von der richtigen Vorstellung in Betreff derselben abhängig. Beruft sich nun jemand, der die Nichtigkeit des Geschäftes behauptet, auf den Irrtum über einen Punkt, der nach der Interpretation als ein unwesentlicher erscheint, dann wird regelmäſsig ein solcher Irrtum unberücksichtigt bleiben, weil er als ein Irrtum über anerkannte Interpretationsgrundsätze ein error non probabilis ist. Dies jedoch in Gemäſsheit der entwickelten Grundsätze über den Begriff des error non probabilis nicht unbedingt. Denn einerseits kann ausnahmsweise auch der error über die interpretatio verzeihlich sein, andererseits das unrichtige Auffassen des Erklärten auch durch einen entschuldbaren reinen error facti gerechtfertigt werden.

Nach unserer Überzeugung ist LEONHARD im Irrtum wenn er meint, seine Theorie gewähre eine feste Basis für die Unterscheidung zwischen wesentlichen und unwesentlichen Momenten in Bezug auf den Irrtum und biete eine solche Garantie für den Empfänger der Erklärung, dafs er mit Bestimmtheit wissen könne, über welche Punkte die richtige Vorstellung Voraussetzung der Giltigkeit sei. Läfst es sich denn mit Bestimmtheit sagen, wann die richtige Vorstellung über irgend einen Umstand erkennbar zur Geschäftsbedingung erhoben wird? Ist beispielsweise die richtige Vorstellung von thatsächlichen Umständen oder rechtlichen Vorschriften, deren Unkenntnis es mit sich bringt, dafs die Person sich dessen überhaupt nicht bewufst sein kann, dafs sie ein Rechtsgeschäft abschliefst, als Geschäftsbedingung zu betrachten oder nicht? Dies kann im einzelnen Falle sehr zweifelhaft sein. Überhaupt ist die „erkennbare Geschäftsbedingung" LEONHADS nur scheinbar etwas Sicheres und Bestimmtes. In den weitaus meisten Fällen wird man sich mit einem Urtheil des Erkennenden begnügen müssen, das nur einigermafsen auf Wahrscheinlichkeit beruht. Die Probabilität des Urtheils des Empfängers der Erklärung kann es also nur sein, die über die „Erkennbarkeit" der Geschäftsbedingung entscheidet. Was aber diese Probabilität oder Berechtigung des Urtheils anbelangt, könnte zweifelhaft erscheinen, von was für Umständen dieselbe abhängt. Dieses Urtheil könnte man nämlich als berechtigt ansehen, entweder in allen Fällen, wo dem Empfänger der Erklärung als dem Erkennenden keine Schuld zur Last fällt, dafs er auf diese Weise die Erklärung auffafst, wo dann ganz individuelle Momente wie die individuelle Anschauungsweise u. s. w. berücksichtigt werden müfsten; oder man müfste die Probabilität der Erkennung nach der Anschauungsweise einer Musterpartei, eines Durchschnittsmenschen beurtheilen, was auch keinen sicheren Mafsstab gewähren würde. Überhaupt aber spricht, wie mehrfach erwähnt wurde, der Inhalt der Quellen gegen jede Theorie, nach welcher die Relevanz des Irrtums nur vom Standpunkte des Empfängers der Erklärung beurtheilt werden sollte. Auch wäre es eine Inkonsequenz in den Fällen, wo nur einigermafsen die Feststellung eines bestimmten Sinnes der Erklärung auf Wahrscheinlichkeit beruht, die Irrtumsfrage ausschliefslich von dem Standpunkte der Gegenpartei zu beurtheilen, wenn bei Erklärungen, deren Sinn bereits zweifelhaft (oratio ambigua) genannt werden mufs, ganz im Gegentheil in der Regel gerade der innere Wille des Erklärenden entscheidet, folglich also auch die „Wesentlichkeit" des Irrtums von der individuellen Anschauung des Erklärenden abhängt.

Was wir endlich an der Theorie LEONHARDS zu beanstanden haben, das ist die Auffassung, der eigentliche Grund der Relevanz des Irrtums sei die Setzung einer Geschäftsbedingung. Dem entsprechend wäre im Grunde genommen die eigentliche Ursache der Nichtigkeit weder der Irrtum, noch die Nichtübereinstimmung zwischen Wille und Erklärung, sondern der Umstand, dafs die gesetzte condicio deficit, nämlich, dafs etwas, was die Partei fälschlich als richtig annahm, sich als unrichtig erweist. Dafs diese Auffassungsweise nicht römisch ist, ist nicht zu bezweifeln. Dies beweist der Inhalt sämtlicher von dem Irrtume handelnden Fragmente unserer Quellen. Selbst in jenen Fällen, wo eine solche Art der Auffassung ziemlich naheliegend wäre, wie beim Irrtum in der Qualität einer individuell bestimmten Sache[1]), wird nicht das

1) Für den Fall des Irrtums in der Qualität einer individuell be-

deficere der condicio, sondern der Irrtum als der Nichtigkeitsgrund angegeben. Auch ist in den weitaus meisten Fällen diese condicio in praesens collata, daſs manche Momente der Vorstellung des Handelnden entsprechen sollen, keine eigentliche Bedingung, auch keine stillschweigende. Es wird hier vielmehr von LEONHARD die Fiktion einer Bedingung angenommen. Unter einer condicio verstehen wir nämlich eine akzessorische Bestimmung, durch welche der eigentliche Geschäftswille beschränkt wird. Nun ist aber die Vorstellung von manchen wichtigen, zum Inhalte der Erklärung gehörenden Momenten zweifellos etwas dem Geschäftswillen selbst Immanentes. Das erklärte Wollen, daſs gewisse rechtsgeschäftliche Momente unserer Vorstellung entsprechen, gehört zum Geschäftswillen selbst und kann demnach unmöglich als eine den Hauptwillen beschränkende Nebenbestimmung angesehen werden[1]). Nach der Auffassung LEONHARDS würde sich eigentlich der ganze Inhalt der Erklärung in lauter Bedingungen auflösen, und man könnte fragen, was denn dann eigentlich „das Bedingte" wäre. Diese Ansicht wäre nur dann berechtigt, wenn regelmäſsig und im Prinzip der Geschäftswille von jedweder näheren Vorstellung in Betreff des Inhaltes der Erklärung unabhängig wäre, wenn es ein allgemeines Wollen wäre, schlechthin nach dem Inhalte des Erklärten gebunden zu sein. Diese Auffassung jedoch entspricht, was auch LEONHARD nicht bestreitet, dem römischen Rechte nicht. Demnach muſs gesagt werden, daſs darin keineswegs eine besondere condicio zu sehen sei, wenn der Wille des Erklärenden

stimmten Sache vertritt auch BECHMANN (Der Kauf Bd. 2 S. 450—466) die Ansicht, daſs der Grund der Nichtigkeit stets nur in der Setzung der Bedingung, daſs die Sache die vorausgesetzte Qualität habe, liegen könne. — Ähnlich auch GARDEIKE: Verträge unter Abwesenden (Berlin 1882) S. 105 fg.; zustimmend RYCK: Ztschr. f. Handelsr. Bd. 29 S. 320 u. Festgaben für BESELER S. 149.

1) Vgl. gegen LEONHARD auch RYCK a. a. O. S. 122.

als abhängig von der richtigen Vorstellung über gewisse Punkte erscheint, wenn diese Punkte auch ohne spezielle Bestimmung schon nach der allgemeinen Regel des Lebens bei derartigen Geschäften als so erheblich angesehen werden, daſs bei mangelnder Vorstellung von denselben das Vorhandensein des Willens zu leugnen ist. Nicht derjenige Irrtum ist also wesentlich, dessen Abwesenheit zur Geschäftsbedingung gesetzt ist, sondern im Gegentheil bezüglich jener Punkte, die die Regel des Lebens als wesentlich für dieses und derartige Geschäfte designiert, ist die Setzung der Bedingung, daſs unsere Vorstellung der Wahrheit entspreche, entbehrlich. Nur wenn es sich um Umstände handelt, die nicht bereits nach anerkannten Verkehrsbegriffen für wesentlich bei einem derartigen Geschäfte gehalten werden, ist die Setzung einer wirklichen Bedingung notwendig, um jene Umstände zu wesentlichen Momenten des Vertrags zu erheben und die Relevanz des Irrtums über dieselben zu bewirken. So wird wohl oft, jedoch bei weitem nicht immer, die „Wesentlichkeit“ des error in qualitate und des Irrtums in der Identität einer individualisierten Sache in der Setzung einer wirklichen Bedingung ihren Grund haben.

Die Abirrung der Erklärung.

§ 22.

Wir sehen uns genötigt, noch der Fälle der sog. Abirrung der Erklärung in kurzem Erwähnung zu thun. Bekanntlich bezeichnet man als „Abirrung der Erklärung“ jene Fälle, wo infolge einer Störung bei der Mittheilung der Erklärung dieselbe einen anderen Sinn hat, als dies in der Absicht des Urhebers der Erklärung lag. Diese Abirrungsfälle unterscheiden sich im Prinzip nicht von den gewöhnlichen Irrtumsfällen, und es ist unberechtigt, wenn sie von manchen Juristen dem „error" entgegengestellt werden[1]).

In den Fällen, wo wirklich eine „abgeirrte" Erklärung und nicht blofs der Schein einer Erklärung vorliegt[2]), haben wir es ganz ähnlich wie beim eigentlichen error mit einer wirklich objektiv bestehenden Erklärung zu thun. In beiden Fällen ist auch die Ursache der Nichtigkeit der Erklärung dieselbe, nämlich der Ausschlufs des Erklärungswillens durch den Irrtum im weiteren Sinne dieses Wortes, den Mangel der richtigen Vorstellung von dem Sinne des Erklärten.

Die Eigentümlichkeit der Abirrung liegt nur in der weiteren Ursache dieses Irrtums. Diese Ursache besteht hier darin, dafs der faktische Erfolg der Handlung infolge des Eintritts einer äufseren Störung der Absicht des Handelnden nicht entspricht. Infolgedessen, dafs bei der Abirrung der faktische, von dem Handelnden verursachte Erfolg seiner Intention nicht entspricht, kann auch der gerade aus jenem faktischen Geschehen erkannte Sinn der Erklärung ein ganz anderer sein, als sich der Handelnde vorstellt.

Es ist bereits erwähnt worden, dafs zu einer jeden Erklärung, bei welcher ein positives Handeln vorkommt, notwendigerweise ein faktischer Erfolg gehört[3]), aus dessen Wahrnehmung vorzüglich die Erklärung erkannt wird. Wird nun dieser physische Erfolg unmittelbar durch das Thun des

---

1) So Hölder: Krit. Viertelj. Bd. 14 S. 573, 574; Źródlowski: Röm. Privatrecht Bd. 2 S. 321; Pernice: Ztschr. f. Handelsr. Bd. 25 S. 122 fg.; Leonhard: Irrtum bes. S. 130, auch S. 323 fg. Es ist durchaus berechtigt, wenn Brinz (Pandekten 1. Aufl. S. 1397) den Fall der „Abirrung" demjenigen der Verirrung gleichstellt, unrichtig dagegen, wenn er diese beiden Fälle von den eigentlichen Irrtumsfällen abtrennt.

2) S. oben S. 354 fg.

3) Bekker: Krit. Viertelj. Bd. 22 S. 43.

Erklärenden bewirkt und wird die Erklärung gerade aus dem Wahrnehmen des Bewirkens dieses Erfolges, z. B. aus dem Aussprechen gewisser Worte, dem Aufschreiben gewisser Zeichen erkannt, dann kann es, wenn man von der „Verirrung“ absieht, nicht zweifelhaft sein, dafs hier der physische Erfolg (Erzeugung der Schallwellen oder Lichtbewegungen) ein gewollter ist. Von der Abirrung der Erklärung kann nur dort die Rede sein, wo aus der Beobachtung eines weiteren, durch unser Thun verursachten Erfolges auf unsere Erklärung der Schlufs gezogen wird.

Wir haben es bereits an einem anderen Orte hervorgehoben, dafs, wenn auf Grund eines entfernteren Erfolges als wahrscheinlich angenommen wird, es liege hier eine von uns ausgehende Erklärung vor, diese Annahme auf Grund der Voraussetzung geschieht, dafs unser Thun Ursache dieser äufseren Begebenheit war. Will man nun bestreiten, dafs diese äufsere Begebenheit eine gewollte Erklärung ist, so kann man dies vor allem auf Grund der Behauptung thun, dafs zwischen unserem Handeln und jener äufseren Thatsache kein ursachlicher Zusammenhang besteht, dafs irgend eine andere selbständige Kraft als die hauptsächliche Quelle jenes Geschehens betrachtet werden mufs. In einem solchen Falle leugnet man eigentlich das objektive Bestehen der Erklärung. Giebt man dagegen den kausalen Zusammenhang zwischen dem Handeln des Erklärenden und jenem Erfolge zu, dann kann man das Vorhandensein einer gewollten Erklärung nur auf Grund des Irrtums bestreiten, d. h. auf Grund der Behauptung, dafs dem Handelnden ein gehöriges Bewufstsein von dem Sinne der Erklärung fehlt, und zwar darum, weil er keine richtige Vorstellung davon hatte, dafs jener fernere Erfolg eintreten wird und dafs er gerade so und nicht anders beschaffen sein wird.

Wenn also z. B. unser Schreiben infolge irgend eines Zufalls entstellt an den Adressaten gelangt oder einer anderen Person als dem eigentlichen Destinatär übergeben wird, wenn — um ein Beispiel der Besitzerwerbserklärung zu geben — in die von uns aufgestellte Schlinge ein anderes Wild hineinfällt, als wir es wollten, oder in den von uns an unserer Thür befestigten Briefkasten statt eines Briefes ein anderer Gegenstand hineingeworfen wird, dann wird man, sofern man zugiebt, daſs hier doch „unser Handeln" Ursache jenes äuſseren Geschehens ist, in allen diesen Fällen das objektive Bestehen einer Erklärung zugeben müssen. Die Ursache der Nichtigkeit und Unwirksamkeit dieser Erklärungen wird darin zu suchen sein, daſs wir, die faktische Folge unseres Handelns nicht voraussehend, uns hier im Irrtum über den Sinn und Inhalt unserer Erklärungen befinden.

Weil jedoch in den Fällen der Abirrung der Erklärung der Grund der Nichtigkeit nur im Irrtum liegt, so müssen, nach unserer Überzeugung, die Abirrungsfälle in Bezug auf die Frage der Relevanz des Irrtums den gewöhnlichen Irrtumsfällen gleichgestellt werden. Obwohl die Quellen den Fall der Abirrung nicht näher behandeln, so wird man doch von unserem Standpunkt aus berechtigt sein, anzunehmen, daſs nicht jeder durch Abirrung verursachte Irrtum die Giltigkeit der Willenserklärung aufhebt, sondern nur ein solcher, der in unserem Sinne ein error probabilis ist. Es ist zu behaupten, daſs auch hier gerade so wie bei den gewöhnlichen Irrtumsfällen das Recht denjenigen, der die richtige Vorstellung hat, jenem gleichstellt, der sie haben muſste. Die Abirrung wird also stets ohne Bedeutung sein, wenn es nach den Prinzipien des Rechtes oder den Anschauungen des Verkehrslebens als unwahrscheinlich erscheint, daſs dem Erklärenden die richtige Vorstellung von dem Erklärten fehlte, bez. daſs der Mangel der richtigen Vorstellung für das Bestehen des Erklärungswillens von Erheblichkeit war. Wird also eine an einen Abwesenden gerichtete Willenserklärung in einer anderen Weise wiedergegeben, als wir dies wünschten und uns vorstellten, so wird die Erklärung nichtsdestoweniger wirksam sein, wenn wir darauf gefaſst sein muſsten, daſs eine derartige Abirrung eintreffen wird, oder wenn die hierdurch verursachte Entstellung der Erklärung nach den Ansichten des Verkehrslebens als eine unerhebliche betrachtet wird. Beruft man sich in einem solchen Falle auf den durch Abirrung verursachten Ausschluſs des Willens, so wird ein solcher Einwand, als keinen Glauben verdienend, gar nicht gehört.

Insbesondere verdient es hervorgehoben zu werden, daſs, sowie der gewöhnliche error manchmal deswegen unerheblich ist, weil die Erklärung den Charakter hat, daſs man sich schlechthin nach dem erkennbaren Sinne derselben binden will, etwas Ähnliches auch bei der Abirrung eintreffen kann. Ist also aus dem Benehmen des Erklärenden ein allgemeiner Willensentschluſs schlechthin nach dem Inhalte des Erklärten gebunden zu sein ersichtlich, oder spricht für eine solche Deutung der besondere Charakter, welcher derartigen Erklärungen nach der Lebensauffassung zukommt, dann gilt die Erklärung als gewollt nach ihrem erkennbaren Inhalte, mag auch das Mittel, welches sie wiedergiebt, den Sinn derselben in einer von dem Erklärenden nicht vorausgesehenen Weise entstellt haben.

So verhält es sich nach unserer Überzeugung in jenem berühmten, im Jahre 1856 vor dem Kölner Landgerichte verhandelten Falle[1]), durch welchen erst unsere Wissenschaft

1) Vgl. über denselben namentlich Bähr: Jahrb. f. Dogm. Bd. 14

auf die Fälle der Abirrung der Erklärung aufmerksam gemacht worden ist. Ein Kölner Bankhaus gab einem Frankfurter Hause den telegraphischen Auftrag, eine gröfsere Quantität gewisser Aktien zu verkaufen. In dem an das Frankfurter Haus übergebenen Telegramme stand statt „verkaufen“ „kaufen“. Die Aktien wurden gekauft und sind bald darauf im Kurse erheblich gefallen. Wen sollte nun der Schade treffen? Nach unserer Ansicht ist nicht einen Augenblick daran zu zweifeln, dafs das Kölner Haus den Schaden zu tragen habe, welche Entscheidung unbedingt unser Rechtsgefühl gebietet. Um aber diese Entscheidung zu begründen, bedarf es nicht das Prinzip der Haftung für das negative Vertragsinteresse heranzuziehen und die Entschädigungspflicht von der wirklichen Verschuldung auf seiten des auftraggebenden Hauses abhängig zu machen, oder aber das Vorhandensein dieser culpa ohne weiteres anzunehmen, richtiger: zu fingieren, wie das in der Entscheidung des Landgerichtes zu Köln geschah[1]). Das Kölner Bankhaus hat hier den Schaden zu tragen, einfach deswegen, weil, wie wir meinen, der auf den Ankauf der Aktien lautende Auftrag trotz der Abirrung der Erklärung ein vollkommen giltiger war. Das Kölner Bankhaus war zwar im Irrtum über den Inhalt des Erklärten, jedoch dieser Irrtum mufs als error non probabilis angesehen werden, d. h. als ein Irrtum, dessen Wesentlichkeit nicht glaubwürdig ist. Man beachte nämlich, dafs zwischen beiden Bankhäusern ein derartiges Verhältnis bestand, dafs sie sich gegenseitig telegraphische Aufträge ertheilten und jeder derartige Auftrag eines Hauses von dem anderen sofort ausgeführt wurde. Angesichts dessen war das Frankfurter Haus

S. 394 S. 419 fg. S. übrigens die Litteratur bei WINDSCHEID: Pandekten Bd. 2 § 309 N. 5.

1) Vgl. auch die bei WINDSCHEID: Pandekten § 309 N. 6 Zitierten.

berechtigt und verpflichtet, sofort nach Erhalt des Telegramms dem Inhalte desselben gemäfs zu handeln, ohne sich davon überzeugen zu können und zu dürfen, ob der Inhalt des Telegramms der wirklichen Intention des Auftraggebers entsprach. Es mufs also behauptet werden — und es ist wohl nicht gewagt, sich diesbezüglich auf eine durch Sitte sanktionierte Regel des Lebens zu berufen — dafs in einem derartigen telegraphischen Auftrage des einen Hauses zugleich erkennbar der Wille enthalten ist, unbedingt den Inhalt des Telegramms als seine Willenserklärung zu betrachten, dafern eine Entstellung nicht zu erkennen ist[1]). Es würde arg gegen die bona fides verstofsen, wenn einerseits das auftraggebende Haus verlangen würde, was bei solchen Beziehungen unbedingt notwendig erscheint, dafs der Auftragempfänger den erhaltenen telegraphischen Aufträgen, so wie

1) Mommsen: Haftung der Kontrahenten S. 127 bes. N. 8 wirft zwar die Frage auf, ob man bei Willensmittheilungen durch telegraphische Depeschen dem Erklärungswillen diese Deutung nicht geben könnte, falls diese Übermittelungsart frei gewählt wurde und nicht auf Grund einer Aufforderung des Mitkontrahenten; er entschliefst sich jedoch nicht, diese Frage zu bejahen. In der That wäre die Statuierung einer solchen allgemeinen Ausnahme bedenklich. Wenn ich z. B. in einem Hotel „ein Zimmer auf 3 Tage“ bestelle, und infolge eines Irrtums des Telegraphenbeamten es im Telegramme „auf 30 Tage“ heifst, so glauben wir nicht, dafs man mich für verpflichtet betrachten könnte, das Zimmer 30 Tage zu behalten oder dem Hotelier eine entsprechende Entschädigung zu geben. Unser Rechtsgefühl lehrt uns, dafs dieser Fall anders zu beurtheilen ist als der Fall Köln-Frankfurt. Diesem Rechtsgefühl entspricht jedoch, wie wir meinen, eine wirklich bestehende Regel des Lebens, nach welcher das beauftragte Bankhaus den telegraphischen Auftrag des anderen Hauses auf das Risiko dieses letzteren ausführt, während der Hotelier, wie auch jeder Kaufmann, der telegraphische Aufträge von Personen, die in keiner näheren geschäftlichen Verbindung zu ihm stehen, berücksichtigt, dies auf sein eigenes Risiko thut.

dieselben lauten, schlechthin folge[1]), und andererseits das andere Haus doch nicht das Recht hätte, diese Aufträge unbedingt nach ihrem erkennbaren Sinne als rechtsgiltige Erklärungen zu betrachten, sondern nur dann, wenn sie den inneren Intentionen des Auftraggebers entsprechen. Der Einwand des Kölner Hauses, es habe sich nicht unbedingt nach dem erkennbaren Sinne des Telegramms binden wollen, ist unglaubwürdig, weil er nach unzweifelhaft im Verkehr anerkannten Grundsätzen eine Unredlichkeit involviert, oder doch wenigstens nur durch Unkenntnis der Regel des Lebens

1) Für den Fall, wenn die Pflicht zur sofortigen Ausführung der „Drahtaufträge" der Inhalt des zwischen den Häusern bestehenden und näher festgestellten Mandatsverhältnisses war, ist die Entscheidung wohl keinem Zweifel unterworfen. Müfste man ja doch ganz zweifellos solchenfalls in jedem Nichtausführen eines telegraphischen Auftrags ohne entschuldigenden Grund, welches nachtheilige Folgen für den Auftraggeber hätte, ein zur Entschädigung verpflichtendes Verschulden erblicken. Ist aber nicht ohne weiteres das Vorhandensein eines kontraktlichen Mandatsverhältnisses anzunehmen, wenn zwei Bankhäuser oder Kaufleute sich gegenseitig den Dienst erweisen, dafs sie, scheinbar nur aus „geschäftlicher Kulanz", die schriftlich oder telegraphisch mitgetheilten Spezialaufträge stets schleunigst ausführen? Dies wird sehr oft zu bejahen sein, wobei jedoch stets zu beachten sein wird, dafs die näheren Modalitäten dieses Vertragsverhältnisses, insonderheit der Grad der zu prästierenden Sorgfalt, nach den zwischen den Parteien bestehenden geschäftlichen Usancen sich richten. Aber selbst wenn die Ausführung des Auftrags wirklich nur aus geschäftlicher Gefälligkeit erfolgte, so ist es doch ein Postulat der bona fides, dafs die Ausführung des Auftrags auf Risiko desjenigen erfolge, der diese geschäftliche Gefälligkeit in Anspruch nimmt. Andererseits ist der Beauftragte, falls es im Handelsverkehr nur üblich ist, dafs man derartige „Gefälligkeiten" verlange, zweifellos auch ohne Bestehen eines besonderen Mandatsverhältnisses zu einer entsprechenden Diligenz dem Auftraggeber gegenüber verpflichtet. — Wem würde der Gewinn zufallen, falls in dem oben besprochenen Falle die Aktien im Werte gestiegen wären? U. E. ohne Zweifel dem Auftraggeber, weil der Ankauf überhaupt sein Geschäft war.

begründet werden könnte. Giebt man nun zu, daſs wirklich ein Handeln des Kölner Hauses Ursache des Anlangens des betreffenden Telegramms an das Frankfurter Haus war, was hier nicht zu bestreiten ist, dann muſs man behaupten, daſs das Kölner Haus ohne Beschränkung nach dem Inhalte des Telegramms hafte, ganz so wie ein Banquier, der Geschäftsbriefe unterfertigt, ohne deren Inhalt genau zu kennen, dennoch nach dem erkennbaren Inhalte derselben haftet.

Windscheid begründet für derartige Abirrungsfälle, wie der soeben besprochene, die Verpflichtung des Erklärenden zur Leistung des negativen Vertragsinteresses folgendermaſsen: „Wer zum Zweck einer Erklärung ein bestimmtes Mittel wählt, eignet sich das Resultat dieses Mittels als seine Erklärung an und übernimmt somit die Folgen einer etwaigen Abirrung [1]). Dies ist nicht richtig. Vor allem, wenn man von dem Standpunkte ausgeht, daſs man sich nur im Falle des Vorhandenseins eines wirklichen inneren Willens kontraktlich verpflichtet, so müſste man auch zu jener Garantieübernahme einen wirklichen Willen dieses Inhaltes auf seiten des Erklärenden verlangen. Dieser Wille fehlt aber in dem oben besprochenen Falle. Das Kölner Haus hatte weder die

1) Pandekten § 309 N. 6. Diese Idee der „stillschweigenden Garantieübernahme" hat Windscheid früher auch verwertet, um die Pflicht zu begründen, das negative Interesse für den durch Widerruf der Offerte verursachten Nachtheil zu leisten. Diese Ansicht hat er jetzt aufgegeben (s. 6. Aufl. § 307 N. 5). Ebenso Regelsberger: Handbuch des Handelsr. Bd. 2 S, 414 N. 8. — Mommsen (Haftung S. 79 fg. S. 112) will hier, wie überhaupt bei nichtigen Verträgen, demjenigen, der sich auf den objektiven Sinn der Erklärung verlassen hat, höchstens einen Anspruch auf Erstattung der Aufopferungskosten nach den Grundsätzen des Mandats gewähren. Dies ist sicherlich ganz ungenügend und entbehrt auſserdem einer gehörigen quellenmäſsigen Begründung. S. gegen Mommsen, Leonhard: Ztschr. f. Handelsr. Bd. 26 S. 298.

innere Absicht, sich nach dem erkennbaren Sinne des Telegramms zu binden, noch auch eine Haftung für die Folgen der Abirrung auf sich zu nehmen. Die Verpflichtung des Erklärenden hat ihre Quelle nicht in seinem wirklichen Willen, sie tritt vielmehr ein, obwohl dieser Wille fehlt, weil das Recht den inneren Willen des Erklärenden, der den Regeln des Lebens nicht konform ist, nicht anerkennt. Die Verpflichtung zur Leistung des negativen Vertragsinteresses läſst sich, wie wir meinen, mit Rücksicht auf den Inhalt unserer Quellen ohne wirkliche Schuld durch den bloſsen Umstand, daſs der Erklärende den Schaden gewissermaſsen veranlaſst hat, nicht begründen. Ja auch eine culpa levis würde zur Begründung derselben keineswegs genügen.

Andererseits gehen WINDSCHEID und andere Juristen zu weit, wenn sie behaupten, daſs der Erklärende ganz regelmäſsig für die Folgen zu haften habe, wenn das von ihm zum Zweck der Erklärung gewählte Mittel die Erklärung falsch wiedergiebt. Nach unserer Ansicht ist dies der Fall nur dann, wenn die nachstehenden Voraussetzungen zutreffen. Erstens, wenn die Erklärung derartig übermittelt wird, daſs es mit Wahrscheinlichkeit anzunehmen ist, es liege eine Erklärung der betreffenden Person vor und zugleich, wenn ein kausaler Zusammenhang[1]) zwischen dem Thun des Erklärenden und „dem Erklärten“ wirklich besteht, weil sonst anders auch objektiv keine Willenserklärung vorliegt. Zweitens: wenn unzweifelhafte Grundsätze des Verkehrslebens

1) Bei wissentlich unrichtiger Übermittelung der Erklärung durch den Boten, namentlich aber bei Fälschung einer schriftlichen Erklärung ist der Kausalzusammenhang als durchbrochen zu betrachten (s. auch WINDSCHEID: Pandekten § 309 N. 7 u. Text zu derselben und MOMMSEN Haftung S. 126), auſser wenn Wahrscheinlichkeitsgründe dafür sprechen, der Erklärende sei Willens, schlechthin für das durch diesen Boten Übermittelte zu haften.

den Empfänger der Erklärung zu der Annahme berechtigen, der Urheber der Erklärung sei gewillt, die Erklärung ohne weiteres, so wie sie lautet, gegen sich gelten zu lassen. Das Letztere ist eher als etwas Ausnahmsweises, denn als allgemeine Regel zu betrachten, weil bei Erklärungen überhaupt der allgemeine Willensentschlufs sich schlechthin nach dem Inhalte der Erklärung zu binden nach gemeinem Recht für die Regel nicht anzunehmen ist. Treffen die erwähnten Voraussetzungen zu, dann ist trotz der Abirrung die Willenserklärung vollkommen giltig. Ist dies nicht der Fall, dann ist bei Mangel der Verschuldung auf seiten des Erklärenden auch keine Haftpflicht für die Folgen der „Abirrung" vorhanden. Die Verpflichtung, für das negative Vertragsinteresse einzustehen, läfst sich hier wie überhaupt in allen Fällen, wo die Erklärung wegen Irrtums oder Unwissenheit nichtig ist, quellenmäfsig nicht begründen.

III. Das Verhältnis zwischen dem Willen und der Erklärung bei der Besitzergreifung.

§ 23.

Die in den vorangehenden Erörterungen entwickelten Grundsätze über das Verhältnis zwischen dem Willen und der Erklärung bei zivilrechtlichen Erklärungen überhaupt gelangen auch bei Besitzerwerbs- und Verlusthandlungen zur Anwendung. Sie erscheinen hier höchstens einigermafsen modifiziert durch die eigentümliche Natur des Besitzwillens.

Wir wissen, dafs die Entstehung des Besitzverhältnisses in manchen Fällen nicht nur von dem Vorhandensein der Besitzerwerbserklärung, sondern auch von einer rechtsgiltigen Traditionserklärung abhängt. Darum ist es notwendig, an diesem Orte auch der Traditionserklärung Erwähnung zu thun, wobei jedoch vor allem zu bemerken ist, daſs rücksichtlich der Besitztraditionserklärung im Verhältnis zu anderen zivilrechtlichen Willenserklärungen nichts Besonderes gilt.

Die Erklärung, daſs man den Besitz an einer Sache, die man innehat, einer anderen Person zuwenden will, ist als Willensmittheilung aufzufassen, d. h. als eine an eine oder einige bestimmte Personen gerichtete Willensäuſserung. Dies sogar dann, wenn die Besitztraditionserklärung mehr oder weniger als eine traditio in incertam personam erscheint. Denn auch in jenen Fällen, wo die Traditionserklärung die Person des Erwerbers nicht als ein bestimmtes Individuum bezeichnet, muſs dieselbe doch die Individualisierung des Nehmers durch Angabe anderer Momente enthalten, z. B. als Person, die sich an einem bestimmten Orte zu einer gewissen Zeit befindet, die einen gewissen Akt vornehmen wird u. s. w. Diesem Charakter der Traditionserklärung entsprechend, kommt es bei Ermittelung des Sinnes derselben nur auf die „Erkennbarkeit“ vom Standpunkte der anderen Partei an. Eine Besitztraditionserklärung liegt also vor, wenn auf Grund der für die Gegenpartei wahrnehmbaren Momente anzunehmen ist, daſs objektiv ein Verhalten vorhanden ist, dem der Sinn zukommt, es solle hiermit der Besitz an einer Sache auf eine gewisse Person übertragen werden. Nach den für Willenserklärungen geltenden Grundsätzen ist eine solche Erklärung giltig, wenn der Erklärende wuſste oder doch wissen muſste, daſs sein Benehmen dieses Vorhaben ausdrückt. Hiernach wird nicht selten das Vorhandensein einer wirksamen Traditionserklärung anzunehmen sein, obwohl thatsächlich dem Erklärenden die innere Absicht, den Besitz an den Erwerber zu übertragen, fehlt. Insbesondere schlieſst die Mentalreservation den Besitzübergabewillen nicht aus, während der Irrtum nur unter der Voraussetzung, wenn er ein probabilis error ist, die Nichtigkeit der Erklärung nach sich zieht. Schliefslich mufs noch bemerkt werden, dafs die Besitzübergabeerklärung auch in der Hinsicht den meisten rechtsgeschäftlichen Erklärungen gleichzustellen ist, dafs der Wille, den Besitz zu übertragen, ein näheres Bewufstsein von dem Inhalte des Erklärten nicht ganz unbedingt erheischt. Zwar mufs man in der Regel bei jemandem, der den Besitz übertragen zu wollen erklärt, eine gewisse Vorstellung von den hauptsächlichen Momenten einer solchen Erklärung supponieren und annehmen, dafs der Erklärungswille von der richtigen Vorstellung über jene Momente abhängt. Unmöglich ist es jedoch nicht, wenngleich dies nur ausnahmsweise vorkommen dürfte, dafs sich der Besitzübergabewille auf einen allgemeinen Willensentschlufs stütze, sich schlechthin nach dem Inhalte einer objektiv festgestellten lex contractus zu binden, deren Inhalt dem Erklärenden nicht näher bekannt ist.

Soviel von der Besitzübergabeerklärung. Im folgenden werden wir uns nur mit der Besitzerwerbserklärung befassen.

Die Besitzergreifung als Erklärung des Willens, eine bestimmte Sache wirtschaftlich ausschliefslich für sich zu haben, ist, und zwar selbst die Fälle des Besitzerwerbs durch Tradition nicht ausgenommen, keine Willensmittheilung. Sie richtet sich nicht an eine gewisse Person. Der Sinn der Besitzerwerbserklärung wird also nicht von dem Standpunkte irgend einer bestimmten Person ermittelt, sondern es müssen dabei überhaupt alle wahrnehmbaren Momente in Betracht gezogen werden.

Nach dem für die Willenserklärungen überhaupt Gesagten ist die Besitzerwerbserklärung als gewollt zu betrachten, wenn sich nur der Handelnde dessen bewufst ist, sein Benehmen sei Ausdruck oder Bethätigung des Willens, eine gewisse Sache in seinen wirtschaftlichen Dienst zu nehmen. Mit diesem „Erklärungswillen“ ist das Vorhandensein des inneren animus possidendi zwar ganz regelmäfsig aber doch nicht unbedingt, verbunden. Eine Mentalreservation und überhaupt ein Widerspruch zwischen dem „Erklärungswillen“ in unserem Sinne und dem inneren Willen, den der Erklärende hat, ist wie bei anderen Erklärungen, so auch bei der Apprehension für sich oder für einen anderen möglich. Dieser innere Vorbehalt schliefst jedoch hier, ganz so wie bei anderen Willenserklärungen, den Willen nicht aus. Wenn man von der Mentalreservation spricht, so denkt man meistens an Willenserklärungen, die zugleich Willensmittheilungen sind. Indessen kommt der innere Vorbehalt auch bei Erklärungen vor, die sich nicht an gewisse Personen richten. Insbesondere ist bei Besitzergreifungen die Frage nach der Wirkung der Mentalreservation nicht ohne praktische Bedeutung. Es kann sich der Fall leicht ereignen, dafs jemand erkennbar und ganz unzweideutig durch die Apprehension den Willen suo bez. alieno nomine possidendi äufsert und dabei innerlich ein dem erklärten Willen widersprechendes Vorhaben hegt. Wenn man in diesen Fällen voraussetzt, dafs der Apprehendent sich des erkennbaren Sinnes eines Benehmens bewufst ist, dann ist die von der Erklärung abweichende innere Absicht nichts als eine rechtlich völlig belanglose Mentalreservation.

Geriert sich dennoch jemand bei der Apprehension ganz unzweideutig als suo nomine possidens bez. als Stellvertreter des A., während er im ersteren Falle die innere Absicht hat, für einen dritten zu erwerben, dagegen im zweiten für sich oder für den B., dann ist sein nicht zum Ausdruck gebrachter Wille ohne Bedeutung. Zweifel erregt indessen die Anwendung dieses Grundsatzes in den Fällen der Übernahme der Sache auf Grund der Tradition, namentlich da, wo der Tradent in seiner Erklärung die Person, der er die Sache zuwenden will, designiert und der Nehmer dagegen in seinem Benehmen dem Tradenten gegenüber keinen Widerspruch einlegt. Hier ist vor allem der Fall ins Auge zu fassen, wo Tradent dem Empfänger als dem Stellvertreter eines dritten auf den Namen des letzteren, also mit der erklärten Absicht, Besitz und Eigentum sollen dem Vertretenen direkt zufallen, die Sache übergiebt. Davon handeln die bekannten kontroversen Entscheidungen von ULPIAN l. 13 D. de don. 39, 5[1]) und JULIAN l. 37 § 6 D. a. r. d. 41, 1[2]). Ersterer läfst den Willen des Empfängers, für sich zu erwerben, unberücksichtigt und nimmt folglich direkten Erwerb des Besitzes und Eigentums für den Vertretenen an, wogegen letzterer die Eigentumsfrage durch „nihil agetur" entscheidet. Über die Besitzfrage äufsert sich JULIAN nicht. Man wird also behaupten müssen, dafs der Empfänger selbst Besitzer wird, freilich aber nur als eigenmächtiger Okkupant, wenn die Voraussetzungen des Okkupationskorpus vorliegen.

---

1) ULPIAN l. VII disput.: Qui mihi donatum volebat, servo communi meo et Titii rem tradidit: servus vel sic accepit quasi socio adquisiturus vel sic quasi mihi et socio: querebatur quid ageret. Et placet quamvis servus hac mente acceperit, ut socio meo vel mihi et socio adquirat, mihi tamen adquiri: nam et si procuratori meo hoc animo rem tradiderit, ut mihi adquirat, ille quasi sibi adquisiturus acceperit, nihil agit in sua persona, sed mihi adquirit.

2) JULIAN l. XXXXIV dig.: Si cum mihi donare velles, iusserim te servo communi meo et Titii rem tradere isque hac mente acciperet, ut rem Titii faceret, nihil agetur: nam et si procuratori meo rem tradideris, ut meam faceres, is hac mente acceperit, ut suam faceret, nihil agetur. Quod si servus communis hac mente acceperit, ut duorum dominorum faceret, in parte alterius domini nihil agetur.

Von den verschiedenen Erklärungsversuchen[1]) dieser Stellen erfreut sich bekanntlich gegenwärtig der meisten Anhänger die von DONELLUS zuerst aufgestellte (Comment. 5, 10 § 6) und von BREMER[2]) verteidigte Vereinigung, nach welcher die Entscheidung ULPIANS auf den inneren, nicht geäufserten der Traditionserklärung widersprechenden Willen des Empfängers sich beziehen soll, diejenige JULIANS dagegen auf den geäufserten. Diese Ansicht enthält insoweit einen richtigen Kern, als in der That die Relevanz der von dem Tradentenwillen abweichenden Absicht des Nehmers nur von ihrer „Erklärung" abhängen kann. Sonst halten wir die DONELL-BREMERsche Interpretation für nicht richtig. Denn erstens ist es willkürlich, den ganz ähnlich lautenden Fragmenten völlig verschiedene Thatbestände zu unterstellen, und zweitens ist die übliche Erklärung dessen, was unter „obscura" und was unter „aperta" voluntas zu verstehen sei, theils nicht präzis genug, theils unrichtig. BREMER[3]) (und so auch diejenigen von seinen Anhängern, die sich darüber näher äufsern) versteht unter aperta voluntas jenen Fall, wo der Nehmer dem Tradenten gegenüber seinen der Traditionserklärung widersprechenden Willen äufsert. Dies scheint auch die Auffassungsweise DONELLS zu sein. Indessen ist nach

---

1) S. die Litteratur bei WINDSCHEID: Pandekten § 155 N. 7 (6. Aufl.). Die früher fast allgemein anerkannte Vereinigung der Stellen durch die Ergänzung der Worte „nihil agetur" in der JULIANischen Stelle durch „in sua persona" oder „ex mente procuratoris" ist zweifellos willkürlich. Dagegen bes. SCHLOSSMANN, GRÜNHUTS Ztschr. Bd. 8 S. 433 fg. Diese Vereinigungsweise verteidigt neuerdings mit nicht überzeugenden Argumenten ZOLL, GRÜNHUTS Ztschr. Bd. 9 S. 37—43. Dawider SCHLOSSMANN, ebenda Bd. 9 S. 329 fg.

2) Ztschr. f. Zivilr. u. Prozess N. F. Bd. 11 S. 249—266 u. Bd. 20 S. 53 fg.

3) A. a. O. S. 261.

unserer Ansicht dieser Fall gerade auszuschliefsen, denn es ist wirklich nicht recht begreiflich, wieso es bei einem für den Tradenten völlig erkennbaren Dissense zu einem ernstlichen Tradieren auf den Namen des dritten noch überhaupt kommen könnte[1]). Wir glauben ferner, dafs JULIAN auch an den Fall nicht denkt, wo der Vorsatz des Empfängers, „für sich" zu erwerben, ein rein innerer ist und nicht nur für den Geber, sondern auch für niemanden sonst „aus den Umständen" erkennbar ist. Die gegentheilige Annahme müfste uns zu der Ansicht führen, dafs JULIAN bei Rechtsgeschäften und der Besitzergreifung die Relevanz des rein inneren Willens, die Erheblichkeit der Mentalreservation anerkennt.

Als eigentliches Streitgebiet bleiben mithin jene Fälle, wo der Empfänger zu der Übergabe „auf den Namen" des dritten ausdrücklich zustimmt oder doch die Sache, wie DONELLUS sagt, simpliciter accipit, sein entgegengesetzter Vorsatz dagegen dem Geber zwar verborgen bleibt, aber für andere Wahrnehmenden „aus den Umständen" erkennbar ist. In Bezug auf diese Fälle bestand wirklich eine Meinungsverschiedenheit. Diese Meinungsverschiedenheit beschränkte sich, wie wir meinen, nicht auf die Kontroverse zwischen den beiden erwähnten Juristen und ihr Bestehen ist aufser aus den zitirten noch aus anderen Quellenstellen zu ersehen[2]). Dafs in Bezug auf die Beurtheilung dieses schwierigen Thatbestandes die Juristen verschiedener Meinung waren, darf uns nicht ver-

---

1) S. auch EXNER: Rechtserwerb durch Tradition S. 136 N. 39.

2) Vgl. dazu das oben S. 233 in der Anm. Gesagte, wo wir bereits hervorgehoben haben, dafs die Auffassungsweise JULIANS auch von AFRICAN (l. 38 § 1 D. de sol. 46, 3) getheilt wird, während diejenige ULPIANS noch in den Stellen l. 18 D. de solut. 46, 3; l. 3 § 12 i. f. D. de don. i. v. et u. 24, 1; l. 44 pr. D. de furt. 47, 2 und c. 9 C. si quis alt. 4, 50 zum Ausdruck gelangt.

wundern, da in der That die Entscheidung aus dem Begriffe der Übernahme der Sache als „Willenserklärung" schwer fällt. Es ist höchst zweifelhaft, was im gegebenen Fall als „erklärt" gelten soll, der aus allen sonstigen Umständen ersichtliche Vorsatz des Empfängers, „für sich" zu erwerben, oder das durch den Akt der einfachen Übernahme kundgegebene „Sich-fügen" dem Willen des Tradenten, der ausdrücklich die Absicht kundgiebt, die Sache direkt dem dritten zuzuwenden. Für JULIAN spräche der Umstand, daſs die Besitzergreifung im allgemeinen keine Willensmittheilung ist, folglich zur Beurtheilung derselben alle Umstände und nicht nur die dem Tradenten erkennbaren in Betracht gezogen werden sollten. Für ULPIAN läſst sich, abgesehen von dem Zusammenhange, der hier zwichen Besitz- und Eigentumserwerb besteht, vorzüglich der Umstand anführen, daſs der Empfänger, wenn er die Sache trotz seines etwa früher irgendwie kundgegebenen oder verrathenen Vorsatzes offenbar nur als Stellvertreter des dritten annimmt, hiermit seinen Entschluſs, „für sich" zu haben, unzweideutig selbst von der „Erklärung" ausschlieſst, derselbe demnach, falls er bei der Empfangnahme noch fortbesteht nur mehr die Bedeutung des inneren Vorbehaltes haben könne. Hält man die historische Vereinigung der Stellen für möglich, dann wird man sich für ULPIAN entscheiden. Nun ist nach unserer Ansicht die historische Erklärung ganz zulässig. Erstens klingt die Entscheidung ULPIANS ganz wie eine Berichtigung JULIANS, dessen Text ULPIAN wahrscheinlich vor den Augen hatte[1]), und ist ein Ausfluſs der späteren präziseren Entwickelung der Grundsätze des Erwerbs durch dritte. Zweitens, was das entscheidende ist, spricht für ULPIANS Auffassungsweise auch eine kaiserliche Konstitu-

1) S. SCHLOSSMANN, GRÜNHUTS Ztschr. Bd. 8 S. 431.

tion. Die Aufnahme des JULIANischen Fragmentes in die Digesten dürfte also durch einen Irrtum der Kompilatoren erfolgt sein[1]). Nimmt man wirkliche Antinomie an, dann wird man auch der mehr praktischen und einfacheren Auffassungsweise ULPIANS den Vorzug geben müssen[2]). — Somit gelangen wir zu dem Ergebnis, dafs in der einfachen Empfangnahme der Sache, die jemandem als einem Stellvertreter im Erwerb auf den Namen des Vertretenen übergeben wird, eine entscheidende Erklärung für den letzteren, erwerben zu wollen, enthalten ist. Der abweichende Wille des Nehmers, für sich (oder für eine andere Person) zu erwerben, ist irrelevant, sollte er auch für andere Personen „erkennbar" sein; die Geltendmachung des Willensmangels, im Namen desjenigen zu erwerben, dem der Tradent die Sache zuwendet, wird nicht gehört.

Wie ist es nun, wenn der Tradent die Sache für den Erwerber bestimmt, dieser aber sie für einen dritten direkt zu erwerben vorhat, dieser Wille aber dem Tradenten gegenüber nicht erkennbar hervortritt. Auch hier müssen wir analog annehmen, dafs der Wille des Tradenten entscheidet und in der einfachen Übernahme die entscheidende Erklärung des Willens, „für sich" zu haben, liegt. Dies jedoch, wie wir meinen, nur dann, wenn der Tradent in seiner Erklärung klar und unzweideutig die Zulässigkeit des direkten Erwerbs für einen dritten ausschliefst. In der einfachen Eigentumstradition an eine certa persona, ja sogar, wenn diese mit einer ausdrücklichen Eigentumsübertragungserklärung verbunden ist, ist in der Regel der Ausschlufs der Möglichkeit direk-

1) S. dazu SCHLOSSMANN a. a. O.

2) Vgl. auch SCHLOSSMANN a. a. O. S. 451 und BRINZ: Pandekten 2. Aufl. S. 521.

ten Erwerbs für einen dritten noch nicht enthalten[1]). In der Regel hat die Individualisierung der Person des Empfängers als desjenigen, auf den Besitz und Eigentum übergehen soll, nur den Sinn, dafs diese bestimmte Person Detentor werden soll und die Möglichkeit habe, Besitz und Eigentum zu erwerben, nicht aber dafs nur sie Besitzer und Eigentümer werden könne. Weiter geht bei den meisten Traditionen das Interesse des Tradenten nicht, folglich ist man nicht berechtigt,

---

1) Seit den Ausführungen BREMERS in Ztschr. f. Zivilr. u. Prozess N. F. Bd. 20 S. 25 fg. zählt die Ansicht, dafs der Traditionswille in der normalen Tradition die Person des Habensollenden unbestimmt lasse, sehr viele Anhänger (s. die Litteratur bei WINDSCHEID: Pandekten § 155 N. 2 am Ende). Diese an sich richtige Ansicht wird jedoch von BREMER und den meisten durch Argumente begründet, die sehr bedenklich sind und in mancher anderen Beziehung zu falschen Schlüssen führen könnten. So ist es gar nicht notwendig, um das im Text Gesagte zu begründen, mit BREMER der Eigentumstradition den Charakter eines Vertrags abzusprechen, den Unterschied zwischen der gewöhnlichen Tradition und der traditio in incertam personam zu verwischen oder gar in der Tradition gewissermafsen eine bedingte Dereliktion zu erblicken (BREMER a. a. O. S. 63 fg.). Die einfache Ursache der angedeuteten Interpretationsart des normalen Tradentenwillens besteht darin, dafs dem Tradenten gewöhnlich nur daran liegt, dafs der individuell bezeichnete Nehmer imstande sei, Besitzer und Eigentümer zu werden, folglich also, dafs er zu dem Zwecke die Detention der Sache erhalte. Das letztere wird übersehen von jenen Schriftstellern, die auf Grund der „Analogie“ der l. 13 D. de don. cit. den Willen des Tradenten dahin interpretieren, dafs bei individueller Bezeichnung des Empfängers der direkte Erwerb für den dritten ausgeschlossen ist (so WINDSCHEID a. a. O. u. die dort Zitierten). Diese Schriftsteller verkennen die wesentliche Verschiedenheit der beiden besprochenen Fälle. Gebe ich die Sache dem A. für ihn selbst, dann will ich gewöhnlich nichts mehr als nur, dafs nur der A. Detentor werde, um hierdurch Eigentum erwerben zu können. Tradiere ich dagegen dem A. durch eine Mittelsperson, den B., dann mufs ich unbedingt wollen, dafs der B. die Sache nur als Stellvertreter des A. empfange, weil ja das Eigentum an den A. anders durch meine Leistung gar nicht übergehen kann.

eine weiter gehende mutmafsliche Absicht bei ihm zu supponieren. Selbstverständlich wird der Nehmer, der dem Tradenten gegenüber nicht als Vertreter des dritten auftritt, nur dann als alieno nomine erwerbend zu betrachten sein, wenn die rechtlichen Voraussetzungen der Stellvertretung vorliegen und aus allen sonstigen Umständen zu ersehen ist, dafs das Übernehmen der Sache in geschäftlicher Vertretung des dritten erfolgt. Die Möglichkeit direkten Erwerbs für den dritten kann der Tradent auch „stillschweigend" ausschliefsen. Diese Willensrichtung ist insbesondere, wie wir meinen, für Realverträge anzunehmen, wo die Begründung der Obligation durch Eigentumstradition erfolgt, nicht dagegen bei der Schenkung und Zahlung, wie dies SCHLOSSMANN behauptet[1]).

1) In einem ganz besonders hohen Grade tritt der am Ende der vorangehenden Note gerügte Fehler bei SCHLOSSMANN hervor. Darin ist der Grund seiner eigentümlichen Auffassungsweise der Entscheidungen l. 13 u. l. 37 § 6 cit. zu suchen. Die zitierten Entscheidungen will SCHLOSSMANN nur auf den Fall der Schenkung beschränken (GRÜNHUTS Ztschr. Bd. 8 S. 445 fg. In dieser Beziehung stimmt ihm auch ohne nähere Prüfung ZOLL bei: GRÜNHUTS Ztschr. Bd. 9 S. 38) und begründet dies damit, dafs nur bei der Übergabe donandi causa der Übereignende ein besonderes Interesse daran hat, dafs die Sache demjenigen zufalle, dem er sie bestimmt (s. eine ähnliche Auffassung in Bezug auf l. 13 de don. cit. schon bei BREMER a. a. O. S. 53). In seinen späteren Ausführungen nimmt SCHLOSSMANN dasselbe auch für die Tradition solutionis causa an (Besitzerwerb durch dritte S. 154 N. 2 und GRÜNHUTS Ztschr. Bd. 9 S. 335 fg.). Diese ganze Auffassungsweise ist verfehlt. In den Fällen, wo an den Vertreter geleistet wird und der Leistende ernstlich die Sache für einen bestimmten dritten übergiebt, hat er stets ein „Interesse" daran, dafs das Eigentum in der That dem dritten zufalle. Es ist ganz gleichgiltig, ob der Tradent dem dritten donandi, solvendi causa oder aus was für einem Grunde sonst die Sache zuwenden will. Hätte der Tradent kein Interesse daran, es auszuschliefsen, dafs der Nehmer die Sache für sich oder irgend eine andere Person behalte, so würde er es eben nicht erklären, dafs er sie für jenen bezeichneten dritten bestimmt.. Zwar wird oft jemandem als einem „Ersatzmann" für einen

Ähnlich wie die anderen zivilrechtlichen Willenserklärungen ist auch die Besitzerwerbserklärung rechtsgiltig, trotz des Mangels des wirklichen inneren Wollens, wenn nur der den Willen ausschliefsende Irrtum ein nicht glaublicher ist. — Hier drängt sich zu allererst die Frage auf, ob denn der Apprehendent überhaupt irgend eine nähere Vorstellung von dem als gewollt Geäufserten haben müsse? Anders als für die meisten rechtsgeschäftlichen Erklärungen ist auf diese Frage eine bejahende Antwort zu geben. Nur in den Fällen des Besitzerwerbs durch Stellvertretung kann der animus possi-

dritten geleistet, aber eine solche Übergabe ist weder eine Schenkung, noch Zahlung, noch überhaupt eine Leistung an den dritten, und nur von dieser ist in unseren Fragmenten die Rede. Die Beispiele, die Schlossmann (a. a. O. Bd. 9 S. 446 fg.) anführt, in welchen jenes „Interesse" nicht bestehen soll, beziehen sich sämtlich auf den anderen Traditionsfall, wo der Tradent auf den leiblichen Empfänger Besitz und Eigentum übertragen zu wollen erklärt. Hier hat der Tradent in der That regelmäfsig kein wichtiges Interesse daran, die Möglichkeit des direkten Erwerbs für einen dritten auszuschliefsen, und zwar, wie wir glauben, die Fälle der Schenkung und Zahlung nicht ausgenommen. Zur solutio genügt nämlich vollkommen schon eine Übergabe, die mit der im Text angegebenen Willensrichtung verbunden ist. Was die Schenkung betrifft, kann zwar dem Schenker viel daran gelegen sein, dafs der Beschenkte die Sache für sich behalte, aber dies ist eben — um mit Schlossmanns Worten zu sprechen — ein schwer fafsbares und schwer schätzbares Interesse, dessen Berücksichtigung bedenklich und wohl ziemlich zwecklos wäre. Die Möglichkeit der ferneren Dispositionen des Beschenkten in Bezug auf die Sache kann ja der Schenker doch keinesfalls ausschliefsen. Kann der von mir beschenkte Bettler gegen meinen Wunsch die Geldstücke sofort in einer Schenke vertrinken, warum könnte er sie nicht ebensogut direkt für den Wucherer, dem er Geld schuldet, erwerben? Bei Realverträgen dagegen ist für die Regel anzunehmen, dafs der Tradent die Möglichkeit des direkten Erwerbes für eine andere Person nicht zuläfst, weil der Übergang des Besitzes und Eigentums auf den Nehmer selbst rechtliche Voraussetzung der Begründung der Obligation in der Person des letzteren ist.

dendi auf einem allgemeinen Willensentschlusse beruhen. Bei der Besitzergreifung ohne Vermittelung eines dritten ist der innere Besitzwille ein reales Wollen, eine körperliche Sache in wirtschaftlichen Dienst zu nehmen, der ohne jede nähere Vorstellung von dem als gewollt Erklärten wohl nicht möglich ist. Die Besitzergreifung und ebenso auch die Besitzaufgabe nähern sich infolgedessen derartigen Rechtsgeschäften, wie der Erwerb der Erbschaft besonders in Form der pro herede gestio, Verzicht auf die Erbschaft, Eigentumserwerb durch Okkupation u. a.

An diesem Orte mag in Erinnerung gebracht werden, daſs bei Besitzergreifungen der Mangel des Willens infolge eines Irrtums und die dadurch verursachte Rechtsunwirksamkeit des Aktes sowohl von seiten des Handelnden als auch gegen ihn oder seine Rechtsnachfolger geltend gemacht werden können. Mit Rücksicht auf den erwähnten Charakter der Besitzergreifung, nämlich darauf, daſs eine gewollte Besitzerwerbserklärung ohne Vorstellung von dem Inhalte des als gewollt Erklärten nicht möglich ist, wird die Möglichkeit der Anfechtung des Aktes gegen den Handelnden bei weitem weniger beschränkt sein, als dies bei den meisten Rechtsgeschäften der Fall ist. Wenn man noch dazu berücksichtigt, daſs der Besitzerwerb dem Erwerber eher Nutzen bringen kann als Schaden, wird man leicht begreifen, daſs gerade praktisch viel öfter die Geltendmachung der Nichtigkeit wegen Irrtums einer als Apprehension erscheinenden Erklärung gegen den Handelnden sich ereignen wird, als der Fall, wo der Handelnde selbst sich darauf beruft, daſs ihm der Besitzwille fehlte [1]). Wir

1) Das letztere kommt jedoch auch oft vor. Man denke besonders an die ungünstigen Folgen des noch bestehenden oder früheren Besitzes in dem Falle, wenn man durch Vindikationsklage belangt wird, welche

bemerken hier gerade das Gegentheil von dem, was bei den rechtsgeschäftlichen Vertragserklärungen zu beobachten ist. Bei diesen letzteren, wenn von der Ungiltigkeit wegen Irrtums die Rede ist, denkt man fast ausschliefslich an den Fall, wo sich der Handelnde den rechtlichen Folgen seines Thuns entziehen will; bei der Besitzergreifung denkt man dagegen meistens nur daran, dafs der Mangel des Willens, der den Besitz und seine rechtlichen Folgen ausschliefst, dem Handelnden schadet. Dies ist jedoch nicht etwas nur der Besitzergreifung Charakteristisches. Dasselbe werden wir auch bei anderen, der Besitzergreifung verwandten Rechtsgeschäften bemerken können, wie z. B. bei den einseitigen Rechtsgeschäften, die das Eigentumsrecht begründen. Schon bei der Besitzaufgabe wird unter Umständen die für den Handelnden vortheilhafte Wirkung des Irrtums mehr hervortreten [1]).

Was den Begriff des nicht-glaublichen Irrtums betrifft, ist er hier derselbe wie bei Willenserklärungen überhaupt. Error probabilis ist also nur jener Irrtum, dessen Vorhandensein und Erheblichkeit nach den im Leben herrschenden Ansichten als wahrscheinlich erscheinen. Die Quellen sprechen zwar den Grundsatz, dafs nur ein solcher Irrtum die Besitzergreifung vernichtet, nicht aus; sie handeln überhaupt von der Wirkung des Irrtums auf Besitzerwerbs- und-Verlusthandlungen nicht näher. Andererseits jedoch nehmen sie, wie wir wissen, oft den Erwerb des Besitzes an, obwohl ein wirklicher Besitzwille fehlt. Nun läfst sich diese Erscheinung am besten durch die Annahme erklären, dafs bei Nichtglaublichkeit des

---

gegen denjenigen geht, qui possidet aut dolo malo possidere desiit. Hier wird sich sehr oft der Beklagte selbst, um sich jedweder Verpflichtung zur Rückgabe oder Entschädigung zu entziehen, auf den Mangel des animus possidendi berufen.

1) S. dazu das oben S. 423 fg. Gesagte.

Irrtums die quaestio voluntatis überhaupt nicht in Frage gezogen werden kann, daſs sich also das Recht, sowie bei Rechtsgeschäften und zivilrechtlichen Willenserklärungen überhaupt, mit der Wahrscheinlichkeit des Willens begnügt.

Dementsprechend läſst es sich auch nicht von vornherein angeben, welche Momente bei Besitzergreifungen als wesentlich in Bezug auf den Irrtum zu betrachten seien. Die Wesentlichkeit des Irrtums kann nur in jedem konkreten Falle beurtheilt werden. Es gilt hier überhaupt dies alles, was wir im allgemeinen bezüglich der Willenserklärungen gesagt haben. Nur um die ganze Frage genauer klarzulegen, wollen wir noch kasuistisch wenigstens die wichtigsten Fälle des Irrtums bei Besitzergreifungen berühren.

a) Irrtum über den Sinn der Besitzergreifung.

Es handelt sich hier um folgende Frage: Wird der Erwerb des Besitzes wegen Mangels des animus possidendi ausgeschlossen durch den Umstand, daſs der Apprehendent irrtümlich annimmt, seine Thätigkeit samt ihrem Erfolge erscheine nach der Auffassung des Lebens nicht als Besitzergreifung? Die herrschende Lehre müſste die Frage bejahen, da doch das Bewuſstsein der faktischen Macht von manchen als geradezu den Besitz konstituierend, von anderen wenigstens als etwas dem animus Immanentes betrachtet wird. Wir dagegen verneinen sie für die Regel. Der Irrtum über den Sinn der Apprehension wird regelmäſsig ein unwesentlicher sein, weil er gewöhnlich ein error non probabilis sein wird. Er wird nämlich meistens einen error iuris oder einen Irrtum über die Regel des Lebens involvieren, und derartige Irrtümer dürfen, wie wir wissen, weder von dem Erklärenden noch gegen ihn geltend gemacht werden.

Der Besitzerwerb wird also dadurch nicht ausgeschlossen, dafs dem Apprehendenten infolge der Unkenntnis des Rechts die Überzeugung fehlt, den Besitz erlangt zu haben. Ja sogar die entgegengesetzte Überzeugung, etwa die Meinung, dafs man blofs Inhaber in fremdem Namen ist, hindert den Erwerb nicht, sofern sie auf einem iuris error beruht. Dasselbe ist zu sagen von dem Falle, wenn der Apprehendent infolge der Unkenntnis der Regel des Lebens irrtümlich den Besitz nicht erlangt zu haben glaubt, wenn er z. B. subjektiv meint, die von ihm zum Zwecke der Aneignung vorgenommenen Handlungen hätten nur die Bedeutung von Vorbereitungshandlungen, während sie, nach den gewöhnlichen Willensinterpretationsgrundsätzen beurtheilt, bereits als vollendete Tradition erscheinen. Aus dem Gesagten ergiebt sich, dafs es nur eine Konsequenz der für den Irrtum bei Willenserklärungen geltenden Grundsätze ist, wenn, was bereits an anderem Orte erwähnt wurde, der Finder, Ersatzmann, negotiorum gestor u. s. w. den Besitz in eigener Person erwerben, auch dann, wenn sie sich fälschlich für Stellvertreter ansehen.

Der Irrtum über den Sinn der Besitzerwerbshandlung ist jedoch auch in jenen Fällen oft ein unwesentlicher, wo er auf faktischer Unwissenheit beruht. Auch der error facti, welcher eine unrichtige Vorstellung von der Bedeutung der objektiv als Aneignung erscheinenden Thätigkeit bewirkt, wird oft ein error non probabilis sein, nämlich dann, wenn sein Vorhandensein oder seine Erheblichkeit nicht glaublich sind. Mufs man also nach im Leben herrschenden Anschauungen als wahrscheinlich annehmen, dafs der Handelnde das praktische Vorhaben, sich die Sache wirtschaftlich anzueignen, hatte, dann wird der Besitzerwerb nicht ausgeschlossen durch den Umstand, dafs dem Apprehendenten infolge eines error facti die subjektive Meinung, den juristischen Besitz erlangt zu haben, fehlte. Man wird hiernach berechtigt sein, den Erwerb des Besitzes manchmal anzunehmen, obwohl sich der Handelnde subjektiv, und zwar sogar aus faktischer Unwissenheit nur für einen Detentor hält. Dies namentlich dann, wenn es offenbar praktisch dem Handelnden um die Befriedigung seiner eigenen wirtschaftlichen Zwecke zu thun ist, so dafs man als wahrscheinlich annehmen mufs, der Apprehendent sei nicht willens, schlechthin und unbedingt nur für den dritten zu detinieren, sondern, wenn möglich, eventuell die Sache für sich zu haben.

Insbesondere gehören hierher jene Fälle, die man unter die allgemeinere Kategorie der Irrtumsfälle einreihen könnte, wo der wirkliche innere Wille nur deswegen ausgeschlossen ist, weil sich der Handelnde seine Lage fälschlich als eine weniger günstige vorstellt, als sie wirklich ist, oder wo, wie die Quellen sagen, plus in re est quam in existimatione mentis.

Durch die Annahme, dafs in derartigen Fällen der Irrtum als error non probabilis unwesentlich ist, erklären sich jene bereits an einem anderen Orte (S. 210) erwähnten Entscheidungen unserer Rechtsquellen, welche uns zwingen, den Erwerb juristischen Besitzes manchmal anzunehmen, obwohl der Apprehendent sich für einen Inhaber in fremdem Namen hält und, in einem error facti befangen, den wirklichen inneren Willen, für sich zu erwerben, gar nicht haben kann.

Hierher gehört vor allem die Entscheidung der l. 44 § 4 D. de usurp. 41, 3 (Papinianus l. XXIII quaest.): Filius familias emptor alienae rei, cum patrem familias se factum ignoret, coepit rem sibi traditam possidere: cur non capiat usu, cum bona fides initio possessionis adsit, quamvis eum se per errorem esse arbitretur, qui rem ex causa peculiari quaesitam nec possidere possit?

Ein homo sui iuris, der sich infolge eines error facti für einen filius familias hält, erwirbt eine Sache und besitzt sie als vermeintlich zu seinem peculium gehörend[1]). Obwohl der Jurist es gar nicht verkennt, dafs der vermeintliche filius familias den inneren Willen, für sich zu besitzen, gar nicht haben kann, so erklärt er ihn doch ohne Bedenken für juristischen Besitzer[2]). Der Grund liegt nach unserer Ansicht darin, dafs das Recht hier in dem Benehmen des Apprehendenten den Ausdruck des Vorhabens, nicht nur dem pater familias, sondern zugleich sich selbst die Sache wirtschaftlich zuzuwenden, erblicken mufs, obzwar das wirkliche innere Wollen dieses Inhaltes durch Irrtum ausgeschlossen ist. In Übereinstimmung mit der vernünftigen Lebensanschauung sieht es das Recht für wahrscheinlich an, dafs sich die Absicht des Handelnden nicht ausschliefslich auf Detention in fremdem Namen richtet, sondern dafs ihm die Detention in eigenem Namen noch mehr erwünscht ist. Dieses wahrscheinliche Wollen ist aber genügend zum Besitzerwerb, mag die Person in concreto an die Möglichkeit des Erwerbs suo nomine gar nicht gedacht haben.

Ähnlichen Prinzipien entspringt auch der Schlufssatz der l. 44 § 7 D. de usurp. 41, 3 (PAPINIAN): Sin autem pater ibi (sc. apud hostes) decesserit, quia tempora captivitatis ex die quo capitur morti iungerentur, potest filium dici et possedisse et usucepisse intellegi.

Man vergleiche auch l. 50 pr. D. h. t. (HERMOGENIANUS):

---

1) Vgl. auch l. 10 D. si pars her. pet. 5, 4 und das über die Stelle oben S. 207 in der Anmerkung Gesagte.

2) Von unseren Schriftstellern wird es zwar nicht gänzlich verkannt, aber andererseits auch nicht gehörig gewürdigt, dafs die Entscheidung im entschiedenem Widerspruch steht mit den Grundsätzen der herrschenden Besitzlehre. S. z. B. SAVIGNY S. 126 N. 1; WINDSCHEID: Pandekten § 175ª N. 1, § 176 N. 6 a. E.

Per eum, quem iusto ductus errore filium meum et in mea potestate esse existimo, neque possessio neque dominium nec quicquam aliud ex re mea mihi quaeritur. — Daraus ist zu schliefsen, dafs der pater familias, der infolge eines Irrtums sich als Gewaltunterworfener geriert, stets sowohl Besitz als Eigentum für sich selbst erwirbt[1]).

Auf denselben Grundsätzen beruhen die Bestimmungen unserer Quellen in Bezug auf den Fall, wenn der Eigentümer seine eigene Sache, welche er irrtümlich für eine fremde hält, als Kommodatar, Mieter, Pächter u. s. w. bekommt. Hiervon handeln:

L. 21 D. de usurp. 41, 3 (Javolenus l. VI epist.): Si a quo fundum pro herede diutius possidendo capturus eram, locavi eum: an ullius momenti eam locationem existimes, quaero: quod si nullius momenti existimas, an durare nihilominus usucapionem eius fundi putes. Item quaero, si eidem vendidero eum fundum, quid de his causis, de quibus supra quaesii existimes. Respondit: si is qui pro herede fundum possidebat, domino eum locavit, nullius momenti locatio est, quia dominus suam rem conduxisset: s e q u i t u r e r g o, u t n e p o s s e s s i o n e m q u i d e m l o c a t o r r e t i n u e r i t, ideoque longi temporis praescriptio non duravit. In venditione idem iuris est, quod in locatione, ut emptio suae rei consistere non possit.

L. 40 § 3 D. h. t. (Africanus l. VII quaest.): Sie servum meum bonae fidei emptori clam abduxerim, respondit non videri

---

1) Im Widerspruch mit den Prinzipien, auf welchen die zitierten Entscheidungen beruhen, und nicht weniger mit den sonst bezüglich des Erwerbs des bona fide serviens geltenden Normen, ist der Satz, dafs ein b. f. serviens nie Besitz für sich erwerbe. Darum mufs dieser Satz in jeder Beziehung als Anomalie betrachtet werden. (Vgl. darüber auch oben S. 497 N. 1.)

me clam possidere, quia neque precarii rogatione neque conductione suae rei dominum teneri et non posse causam clandestinae possessionis ab his duabus causis separari.

L. 33 § 5 D. de usurp. (JULIANUS l. XLIV digest.): Si rem tuam, cum bona fide possiderem, pignori tibi dem ignoranti tuam esse, desino usucapere, quia non intelligitur quis suae rei pignus contrahere . . . .

L. 29 D. de pign. act. 13, 7 (JULIANUS l. XLIV digest.): Si rem alienam bona fide emeris et mihi pignori dederis ac precario rogaveris, deinde me dominus heredem instituerit, desinit pignus esse et sola precarii rogatio supererit: idcirco usucapio tua interpellabitur.

L. 28 D. h. t. (TERTULLIANUS l. I quaest.): Si aliquam rem possideam et eandem postea conducam, an amittam possessionem? multum refert in his, quid agatur: primum enim refert, utrum sciam me possidere an ignorem: et utrum quasi non meam rem conducam an quasi meam: et sciens meam esse, utrum quasi proprietatis respectu an possessionis tantum. Nam et si rem meam tu possideas et ego emam a te possessionem eius rei vel stipuler, utilis erit et emptio et stipulatio, et sequitur, ut et precarium et conductio (meae rei utiliter fiant, ubi)[1]) specialiter possessionis solius conducendae vel precario rogandae animus interveniat.

Vgl. ferner l. 15 D. dep. 16, 3 (JULIAN); l. 31 § 1 i. f. D. eod. (TRYPHONIANUS); l. 4 § 3 D. de prec. 43, 26 (ULPIAN); l. 6 § 4 D. eod. (idem); c. 20 C. de loc. 4, 65; c. 23 C. eod. S. auch l. 1 § 11 D. de itin. 43, 19; l. 30 § 1 i. f. D. de exc. r. iud. 44, 2; l. 45 pr. D. de r. i. 50, 17 und die bereits oben S. 95—98 besprochenen l. 21 § 3 D. h. t. und l. 9 § 6 D. loc. 19, 2.

---

1) So ergänzt die Stelle MOMMSEN.

Nicht nur ist nach den zitierten Entscheidungen das Überlassungsgeschäft nichtig, sondern es geht infolge der wirklichen Überantwortung der Sache an den Eigentümer der bisherige Besitz verloren. Nach unserer Überzeugung ist man jedoch gezwungen, nicht nur Verlust des Besitzes, sondern zugleich Erwerb des Besitzes auf seiten des Eigentümers anzunehmen[1]), obwohl dies weder in l. 21 noch in l. 28 cit. ausdrücklich ausgesprochen wird. Vor allem nämlich wäre dies etwas höchst Anomales, wenn die Sache infolge des erwähnten Aktes zu einer besitzlosen würde. Die Statuierung des bloſsen Besitzverlustes auf seiten des bisherigen Besitzers müſste man als etwas völlig Unzweckmäſsiges bezeichnen. Ferner spricht für unsere Ansicht die Zusammenstellung der conductio in l. 21 und l. 28 cit. mit der emptio suae rei. Noch wichtiger ist der Umstand, daſs es sich aus den Bestimmungen, mit welchen l. 33 § 5 D. cit. in Verbindung steht (vgl. bes. §§ 4 und 6 l. cit.), klar ergiebt, daſs auch in unserem Falle ähnlich, wie in den anderen von dem Juristen in l. cit. besprochenen der eintretende Besitzverlust nur als Konsequenz der Thatsache betrachtet werden kann, daſs eine andere Person an der Sache den Besitz erlangt. Endlich zeugt für uns mit aller Entschiedenheit der Schluſssatz der zitierten l. 40 §§ 3 h. t. Der von AFRICAN als etwas völlig Feststehendes angeführte Satz: „neque precarii rogatione neque conductione suae rei dominum teneri“, wird von dem Juristen als Motivierung der Entscheidung benützt, daſs in dem

1) Unsere Juristen äuſsern sich meistens nicht näher darüber. S. z. B. WINDSCHEID: Pandekten Bd. 1 § 156 N. 5 a. E. u. UNTERHOLZNER: Verjährungslehre Bd. 1 § 131 a. E. Ausdrücklich nimmt Besitzerwerb auf seiten des Eigentümers KINDEL an (Grundlagen des Besitzrechts S. 279) und sieht hierin etwas ganz Natürliches. Seine Begründung ist freilich sehr mangelhaft und nicht zutreffend. Vgl. zu der ganzen Frage KNIEP: Vacua possessio Bd. 1 S. 104 u. S. 117 fg.

nach seiner Ansicht ganz ähnlichen Falle („non posse ab his causis separari!") der klandestinen Wegnahme der Sache der Eigentümer als wirklich „clam possidens" nicht betrachtet werden kann. Daraus folgt mit Evidenz, dafs auch im Falle der conductio (bezw. precarii rogatio) suae rei der Eigentümer keineswegs als clam (bezw. precario) possidens angesehen werden darf, mithin zweifellos juristischen und zwar nicht-vitiösen Besitz erlangt.

Ist jedoch, fragen wir jetzt, der Erwerb des juristischen Besitzes auf seiten des Eigentümers, der als Mieter, Pächter, Kommodatar u. s. w. die Sache erhält, wirklich abhängig davon, dafs er im Irrtum sei über sein Eigentum? Erwirbt er nicht auch dann den Besitz, wenn er sein Eigentum kennt und nur zu dem Zwecke (also eigentlich nicht ernstlich) einen Verleihungsvertrag mit dem Besitzer abschliefst, um die Sache faktisch in die Hand zu bekommen, sobald aber dies geschehen, sowohl den juristischen Besitz des Verleihers als auch seine Vertragsrechte, sich auf sein Eigentumsrecht berufend, nicht mehr anerkennen will? Zweifellos steht es fest, dafs der Verleihungsvertrag giltig ist und der bisherige Besitzer seinen juristischen Besitz behält, wenn erkennbarerweise das Geschäft nur diesen Sinn hat, dafs die Verleihung sich lediglich auf die possessio beziehen soll (conductio, precarium etc. possessionis).[1]) Wie ist es jedoch, wenn dies nicht der Fall ist, wenn insbesondere diese Deutung schon darum ausgeschlossen ist, weil der bisherige Besitzer sich für den Eigentümer der Sache hält und keine Ahnung davon hat, dafs der die Sache als Detentor in frem-

1) Vgl. bes. l. 28 D. h. t. cit.; l. 6 § 4 D. de prec. cit.; s. auch l. 37 D. h. t.; l. 11 D. de prec.; l. 33 § 6 D. de usurp. 41, 3; l. 22 § 3; l. 35 § 1; l. 37 D. de pign. act. 13, 7; Gai. II, 60.

den Namen Übernehmende selbst Eigentumsansprüche erheben wird?

Die Frage ist zweifelhaft, wir glauben jedoch, daſs man sich auf Grund des Inhaltes der zitierten Quellenfragmente auch hier für die Bejahung des Besitzerwerbs auf seiten des Eigentümers wird entscheiden müssen. Von dem Irrtume des Eigentümers über sein Eigentumsrecht ist zwar in l. 33 § 5 D. de usurp. cit. und in den cc. 20 und 23 de loc. cit. die Rede, dagegen fehlt in den anderen Fragmenten, insbesondere in der Hauptstelle l. 21 h. t. cit., die Erwähnung dieses Umstandes als einer unentbehrlichen Voraussetzung der Besitzunterbrechung[1]). Für die Bejahung der aufgeworfenen Frage sprechen die von dem Falle des nachträglichen Eigentumserwerbs handelnden Fragmente, namentlich l. 29 D. de pign. act. cit. und l. 9 § 6 D. loc. cit., die Analogie der l. 21 § 3 D. h. t. cit. und ganz entschieden die Stelle Africans l. 40 § 3 D. h. t. cit., in welcher lediglich von dem Falle die Rede ist, wo der Eigentümer sein Eigentumsrecht kennt.

Man könnte geneigt sein, zu behaupten, daſs wir durch Annahme des Besitzerwerbs auf seiten des Eigentümers hier ausnahmsweise der Mentalreservation rechtliche Wirkung beilegen. Dies wäre nicht ganz richtig. Allerdings liegt hier eine der Mentalreservation ähnliche Täuschung vor, da der

1) L. 28 cit. ist, wie überhaupt so auch in der Beziehung, nicht besonders klar. In l. 31 § 1 i. f. D. dep. cit. ist zwar von der ignorantia die Rede, aber zum Theil aus dem Grunde, weil der Jurist auch die Zulässigkeit der condictio indebiti für den Fall, wenn der im Irrtum befangene Eigentümer die Sache später restituiert hätte, begründen will. Der von Tryphonian für die Ungiltigkeit des depositum angegebene Grund: „quia non est ex fide bona rem suam dominum praedoni restituere compelli“ paſst zweifellos auch für den Fall, wo der Eigentümer sein Eigentumsrecht kennt und dem praedo gegenüber die Absicht, die Sache als Depositar zu übernehmen, nur simuliert.

die Sache empfangende Eigentümer ein Detentor in fremdem Namen werden zu wollen simuliert, während er innerlich die Sache für sich zu behalten den Vorsatz hat. Dennoch ist dies keine eigentliche Mentalreservation. Denn das Geschäft, welches hier in Frage steht, ist schon infolge der rechtlichen Bestimmung nichtig und nicht lediglich infolge des Mangels einer ernstlichen Willensbestimmung des Simulierenden. Die Sache verhält sich hier ganz so, wie z. B. in dem Falle, wenn jemand mit irgend einer Person einen etwa wegen Formmangels ungiltigen Vertrag mit Vorbedacht abschliefsen würde und sich dabei auf Kosten der im Irrtum in Bezug auf die Giltigkeit des Vertrags befangenen Gegenpartei irgend einen faktischen Vortheil zuwenden würde. Gleichviel, was sonst für rechtliche Folgen dieses Benehmen nach sich zöge, wäre der Vertrag selbst infolge dieser Täuschung doch in der Regel nicht giltig. In dem uns interessierenden Fall würde man dem Eigentümer auch keinen eigentlichen dolus vorwerfen können, wie er stets zu einem betrügerischen Hintergehen gehört. Sein Benehmen wäre nichts anderes als eine Art von Selbsthilfe.

Die Stelle AFRICANS zwingt uns, noch eine andere Ausnahme von den sonst in der römischen Besitzlehre geltenden Grundsätzen anzunehmen, nämlich eine Ausnahme und zwar zu Gunsten des Eigentümers von dem Satze, dafs man durch heimliche Okkupation des Grundstücks juristischen Besitz nie erlange. Ist der die Sache klandestin wegbringende Eigentümer kein „clam possidens“, so wird man logisch auch der klandestinen Okkupation des Grundstücks die Wirksamkeit einer nicht-vitiösen Besitzergreifung, mithin zweifellos einer wirklichen Besitzergreifung nicht absprechen können. Dafür sprechen auch, wie bereits erwähnt wurde [1]), die besprochenen

1) S. oben S. 97.

l. 21 § 3 D. h. t.; l. 9 § 6 D. loc. und l. 29 D. de pign. act., die, soweit es sich um Grundstücke handelt, mit dem Satze von der occupatio clandestina nicht verträglich sind[1]). Diese Ausnahme zu Gunsten des Eigentümers läſst sich auch aus inneren Gründen rechtfertigen. Der Grund der Nichtanerkennung der clandestina occupatio als juristischen Besitzes liegt ja darin, daſs der unberechtigte heimliche Okkupant auf die Anerkennung seines Habens von seiten des bisherigen Besitzers nicht rechnen kann, ein Grund, der in Bezug auf den Eigentümer eben nicht zutrifft. Nicht überflüssig ist es vielleicht, zu bemerken, daſs man eine den Besitz begründende heimliche Okkupation nicht schon in der Vornahme einer vereinzelten Gebrauchshandlung, sondern erst in einem wirklichen wirtschaftlichen Verwenden oder Besetzen des Grundstücks wird erblicken dürfen[2]).

Stehen aber die Resultate, zu denen uns die Interpretation der allegierten Quellenfragmente geführt hat, nicht im Widerspruch mit anderen anerkannten Grundsätzen des römischen Rechts, namentlich mit der Bestimmung der c. 25 C.

---

1) Eine gewisse Unterstützung unserer Ansicht läſst sich auch aus l. 5 D. de usurp. 41, 3 (Gaius) entnehmen. Aus dem in der Stelle enthaltenen Satze: „nec eo casu quicquam interest, is qui usurpaverit dominus sit nec ne“, liegt es nahe, die Folgerung zu ziehen, daſs es bei einer anderen (nicht-gewaltsamen) Usurpation, also insbesondere bei der occupatio clandestina für die Frage, ob hierdurch der Besitz unterbrochen werde, allerdings von Bedeutung sei, ob der Usurpierende Eigentümer der Sache ist oder nicht.

2) Die usurpatio, von welcher Paulus in l. 2 D. de usurp. 41, 3 spricht und die mit dem „frequens usus“ angenommen wird, dürfte vielleicht nach Analogie der Bedeutung, welche beim Servitutenbesitz dem Worte „usurpare“ gewöhnlich zukommt (s. z. B. l. 6 § 1; l. 9; l. 16 D. quemadm. servit. am. 8, 6), vorzüglich auf die Wiedererlangung des Besitzes durch den Berechtigten zu beziehen sein.

loc. 4, 65[1]) und mit der feststehenden Regel, daſs die Berufung auf das Eigentumsrecht im Besitzprozeſs ausgeschlossen ist[2]). Die Frage ist in der That zweifelhaft. KNIEP[3]) nimmt auch wirklich an, daſs in c. 25 cit. eigentlich die Auffassung JAVOLENS grundsätzlich verlassen werde, mithin seine Entscheidung als aufgegeben zu betrachten sei. Er beruft sich darauf, daſs nach l. 21 h. t. cit. im Widerspruch mit c. 25 cit. bei entstehendem Besitzstreite zuvor beurtheilt werden müſste, ob der Mieter wirklich Eigentümer sei.

Nach unserer Ansicht ist es nicht berechtigt, auf Grund der c. cit. die rechtliche Geltung der in l. 21 cit. enthaltenen Bestimmung einfach zu negieren. Man müſste ja behaupten, daſs sowohl die letztzitierte Stelle als auch l. 40 § 3, l. 28 h. t. cit. und vielleicht noch manche anderen von den angeführten Fragmenten aus Versehen in die Digesten ohne Interpolation aufgenommen worden sind, wodurch man den Kompilatoren eine wirklich zu arge und kaum mehr glaubliche Nachlässigkeit vorwerfen würde. Dazu ist man gar nicht gezwungen, weil, wie wir meinen, c. 25 mit der sich aus l. 21 ergebenden Norm keineswegs in vollständigem Widerspruch steht. KNIEP übersieht es, daſs die Berufung des Mieters auf sein Eigentumsrecht nicht notwendig einen Eigentumsprozeſs nach sich ziehen muſs. Ist es denn nicht möglich, daſs der Vermieter das Eigentumsrecht des Mieters

---

1) DIOCLETIANUS et MAXIMIANUS: Si quis conductionis titulo agrum vel aliam quamcunque rem accepit: possessionem debet prius restituere et tunc de proprietate litigare.

2) S. bes. c. 3 C. de interd. 8, 1 (DIOCLETIANUS et MAXIMIANUS): Incerti iuris non est orta proprietatis et possessionis lite prius possessionis decidi oportere quaestionem competentibus actionibus, ut ex hoc ordine facto de dominii disceptatione probationes ab eo qui de possessione victus est exigantur . . .

3) A. a. O. S. 118.

überhaupt nicht bestreitet? Es können ja möglicherweise dem ersteren aufsergerichtlich Beweismittel dargebracht worden sein, die ihn bewegen, das Eigentumsrecht des Mieters im Prozefs selbst ausdrücklich oder doch stillschweigend anzuerkennen. Wenn nun im Rechtsstreit der Vermieter das Eigentumsrecht des Mieters nicht bestreitet, dennoch aber, sei es auf Grund des Mietvertrags durch die actio locati, sei es als juristischer Besitzer durch das Interdikt die Rückgabe der Sache verlangt, dann hat nach unserer Ansicht die c. 25 cit. keine Anwendung. Der Vermieter wird abgewiesen und der Besitz dem Mieter zuerkannt, weil nach der rechtlichen Bestimmung das Nicht-Bestreiten des Eigentumsrechts des Mieters zugleich die Anerkennung sowohl seines rechtlichen Besitzes als auch der Ungiltigkeit des Mietvertrags mit sich bringt. So enthält die c. 25 cit. nur eine rein prozessualen Gründen entspringende Beschränkung der sich aus den zuvor angeführten Fragmenten ergebenden Sätze, aber nicht eine Aufhebung derselben. Handelt es sich um ein „litigare de proprietate", d. h. ist das Eigentumsrecht irgendwie streitig, dann mufs allerdings zuvor der Besitz restituiert werden und der Mieter darf erst nachher den Eigentumsanspruch erheben [1]). Aber auch in Bezug auf den letzteren Fall ist l. 21 cit. nicht ohne rechtliche Bedeutung, weil eben c. 25 nur eine prozessuale Bestimmung enthält. Wird im späteren Eigen-

---

1) Das hier von c. 25 cit. Gesagte bezieht sich auch auf die zitierte c. 3 C. de interd. 8, 1, welche eine allgemeine für den Besitz- und Eigentumsstreit geltende Bestimmung enthält. Die c. cit. ist viel weniger präzis als c. 25 und will offenbar keinen neuen Grundsatz einführen. Daraus folgern wir, dafs sie nur als allgemeine Regel gilt und die Möglichkeit nicht ausschliefst, dafs ganz ausnahmsweise, nämlich da, wo der Besitz wirklich vom Bestehen des Eigentums abhängt, die Eigentumsfrage schon implicite im Besitzprozefs auf Grund liquider Beweismittel entschieden werden könnte.

tumsprozefs das Eigentum des Mieters nachgewiesen, dann wird hierdurch ex post[1]) implicite der Besitz des Vermieters während der Mietzeit aufgehoben, insbesondere seine Usukapion als in dem Augenblick der faktischen Überlieferung des Mietobjektes an den Eigentümer unterbrochen erklärt[2]).

Welche Bedeutung den besprochenen Quellenstellen zukommt in Bezug auf die Gestaltung des Besitzprozesses der klassischen Zeit, darf an diesem Orte nicht näher untersucht werden. Dafs, falls das Eigentumsrecht nicht wirklich bestritten war, die Sache nicht nur in den Interdikten uti possidetis und utrubi[3]), sondern auch in den rekuperatorischen Interdikten de precario und clandestinae possessionis[4]) (insofern dieses letztere überhaupt bestand), dem Eigentume zuerkannt werden mufste, dies folgt wohl schon aus der Natur dieser Interdikte. Ob man aber für die Zeit, wo die prozessuale Bestimmung der c. 25 cit. nicht in Geltung war, nicht gezwungen wäre, noch weiter zu gehen und in den erwähnten Besitzinterdikten überhaupt die Berufung auf das Eigentumsrecht für zulässig zu erklären, sofern der Eigentümer nicht per vim ab adversario die Sache an sich gebracht hat und einen liquiden Beweis des Eigentumsrechts zu erbringen im-

---

1) Vgl. das „ex eventu“ in c. 23 C. loc. 4, 65.

2) Den letzteren Effekt leugnet auch Kniep nicht (a. a. O.), nimmt aber Unterbrechung der Ersitzung an bei Fortdauern des Interdiktenbesitzes.

3) S. über dieselben bes. Bekker: Besitz §§ 14, 15 u. 19. Für den präparatorischen Charakter des interdictum uti possidetis läfst sich aufserdem noch die Bemerkung Ulpians in l. 1 § 44 D. de aqua 43, 40 anführen. Die hier erwähnten „superiora interdicta“ dürften gerade die possessorischen sein, von welchen Ulpian in lib. 69 und lib. 70 ad edictum (dem letzteren Buche ist die zitierte Stelle entnommen) handelte.

4) In Bezug auf das interdictum unde vi ist die Unzulässigkeit der exceptio dominii ganz zweifellos.

stande war, ist zum mindesten sehr zweifelhaft. Gewöhnlich hält man die exceptio dominii nur beim interdictum de precario für möglich, hier aber ohne jede Beschränkung und nicht nur im älteren, sondern auch im justinianischen Recht[1]). Ob dies mit Recht geschieht und nicht vielmehr der c. 25 auch auf die prozessuale Gestaltung des interdictum de precario ein Einfluſs einzuräumen wäre, mag hier dahingestellt bleiben.

Sogar dies könnte fraglich erscheinen, ob nicht auf Grund besprochener Quellenstellen, besonders der l. 21, l. 40 § 3 und l. 28 cit. selbst für den neuesten Besitzprozeſs die Zulässigkeit des liquiden Eigentumsbeweises behauptet werden könnte, dürfte aber doch zu verneinen sein.

Was die Fälle anbelangt, wo der die Sache als Detentor übernehmende Eigentümer im Irrtum ist in Bezug auf sein Eigentum, ist es nicht schwer, von unserem Standpunkte aus den Besitzerwerb zu erklären. Somit brauchen wir nicht mit WINDSCHEID[2]) die Entscheidungen unserer Quellen „auffallend" zu nennen. Der Eigentümer, der die Sache als Kommodatar, Mieter, Pächter u. s. w. erhält, drückt hiermit den Willen aus, einen gewissen wirtschaftlichen Nutzen aus ihr zu haben. Seine Absicht geht zwar nur auf ein beschränktes wirtschaftliches Haben, auf Grund dieses Umstandes kann jedoch füglich angenommen werden, daſs es ihm erwünscht wäre, die Sache überhaupt für sich zu haben, falls dies mit den Rechten des Verleihers nicht im Widerspruch stünde. Man muſs als wahrscheinlich ansehen, daſs Kommodatar, Pächter u. s. w. nur unter der Voraussetzung Inhaber in fremdem Namen sein wollen, falls dem bisherigen Besitzer das Recht

---

1) S. z. B. WINDSCHEID: Pandekten § 160 N. 20 u. Text dazu.

2) Pandekten § 156 N. 5 a. E.

zusteht, als Verleiher oder Verpächter ihnen gegenüber aufzutreten, und daſs es ihren Intentionen nicht entspricht, auch dann den früheren Besitzer als den Herrn der Sache anzuerkennen, wenn das Recht sie von der Detentionspflicht befreit.

Es mag hier auch hervorgehoben werden, daſs die soeben besprochenen Quellenentscheidungen nicht nur in Bezug auf die Frage nach der Bedeutung des Irrtums bei der Besitzergreifung bemerkenswert sind, sondern auch rücksichtlich der Frage, wann man das objektive Bestehen einer Besitzerwerbserklärung annehmen kann. Diese Stellen zwingen nämlich zu der Annahme, daſs es zum Vorhandensein einer Erklärung, „für sich" besitzen zu wollen, nicht unentbehrlich ist, daſs der Apprehendent den Vorsatz kundgebe, ausschlieſslich und unmittelbar n u r für sich die Sache zu besitzen. Vielmehr liegt sehr oft in der Begründung der Detention, welche der Handelnde in erster Linie als Innehabung in fremdem Namen betrachtet und will, zugleich die Erklärung, die Sache gänzlich für sich zu haben auf den Fall, wenn wegen Mangels der rechtlichen Voraussetzungen eine Stellvertretung im Besitz in concreto unmöglich sein sollte. Diese Deutung der Detentionsbegründung wird man sogar als die regelmäſsige betrachten müssen, weil hierdurch der Handelnde, mag auch seine Absicht auf Innehabung für einen dritten gehen, doch in der Regel zugleich den Willen dokumentiert, zugleich selbst in eine gewisse wirtschaftliche Relation zu der Sache zu treten. Dadurch erklärt sich dies, was wir bereits früher hervorgehoben haben, daſs man berechtigt ist, i n j e d e r A p p r e h e n s i o n ohne Rücksicht auf die ferneren Zwecke des Handelnden e i n e B e s i t z e r g r e i f u n g f ü r s i c h zu sehen, sofern sie nur nicht den rechtlichen Charakter einer Vertretung im Besitz haben kann. Da nun die Stellvertretung im

Besitz vorzüglich von dem Vorhandensein der rechtlichen Voraussetzungen eines Repräsentationsverhältnisses abhängt, so kann die Apprehension überhaupt nur dann als Besitzerwerb alieno nomine, d. h. als Erklärung, einen dritten beim Besitzerwerb rechtlich zu vertreten, erscheinen, wenn wirklich die rechtlichen Voraussetzungen der Repräsentation bestehen. Ebenso kann ein Zweifel darüber, ob die Apprehension eine Besitzergreifung suo oder alieno nomine ist, auch nur in jenen Fällen entstehen, wenn der Handelnde zu irgend einer dritten Person in einem solchen rechtlichen Verhältnisse steht, daſs er ihr Vertreter sein kann. Ist dies nicht der Fall, dann ist jede Detentionsbegründung als Erwerb suo nomine anzusehen, sollte es auch erkennbar sein, daſs der Handelnde nicht die Absicht hat, die Sache völlig und nach allen Richtungen hin sich anzueignen. Nur eine Konsequenz dieser Auffassung ist es, daſs man in allen Fällen, wo wegen Mangel eines rechtlichen Repräsentationsverhältnisses die Möglichkeit der Besitzstellvertretung ausgeschlossen ist, in einer jeden Apprehension den Sachbesitzerwerb suo nomine wird sehen müssen, sollte es auch evident sein, daſs der Apprehendent sich der Sache gegenüber nicht wie ein Eigentümer verhalten will, sondern wie jemand, der iuris possessor oder Detentor in fremdem Namen (z. B. Usufruktuar, Usuar, Kommodatar u. s. w.) ist. Ohne „causa“ kann man weder Inhaber in fremdem Namen werden, noch die mit der Innehabung der Sache verbundene possessio iuris, noch endlich den sog. abgeleiteten Besitz erwerben.

Eine in faktischer Unwissenheit wurzelnde falsche Vorstellung von dem Sinne der Besitzergreifung kann unter anderen auch in den Fällen der Apprehension in absentia rei durch Abirrung der Besitzerwerbserklärung bewirkt werden. Der Besitzerwerb in absentia rei und die Bedeutung der Abirrung bei Willenserklärungen sind uns schon hinlänglich bekannt. Wir wissen, dafs die Änderung an der Sache, welche hier durch unser Thun in weiterer Folge veranlafst wird, zu unserem Willen in demselben Verhältnisse steht, wie etwa das Anlangen einer schriftlichen Erklärung an den Adressaten zum inneren Erklärungswillen des Urhebers dieser Erklärung. Die Besitzergreifung ist gewollt, wenn nur der Handelnde eine genügende Vorstellung von jener durch ihn verursachten Begebenheit besafs. Inwiefern die Vorstellung von jenem äufseren Erfolge präzis und genau sein mufs, wird nach dem Mafsstabe beurtheilt, den die Beobachtung der vernünftigen Lebenssitte gewährt. Ähnlich wie es bei anderen Willenserklärungen der Fall ist, wird auch der Besitzerwerb nicht durch jede Abirrung ausgeschlossen. Er tritt ein, wenn der Einwand, dafs der Handelnde den verursachten Erfolg nicht vorausgesehen hat, unglaubwürdig ist, oder wenn es als wahrscheinlich erscheint, dafs die Abirrung für das Bestehen des Willens ohne Relevanz war.

Fortsetzung.

b) Irrtum über das Besitzobjekt und dessen Eigenschaften.

§ 23.

Jede Besitzergreifung ist die Erklärung des Willens, eine bestimmte körperliche Sache in unserem Dienste zu haben. Dementsprechend mufs in der Besitzergreifung das Besitzobjekt individualisiert werden. Nun ist die Frage zu erörtern, in welchem Verhältnisse das innere Wollen zu der in der Erklärung enthaltenen individuellen Bezeichnung der Sache steht?

Wir fragen zu allererst: Ist ein Wollen der wirtschaftlichen Verbindung ohne jedwede Vorstellung von der Sache möglich? Dies ist zu bestreiten. Ein uns völlig unbekanntes Ding, eine Sache, von deren näherer Beschaffenheit wir gar keinen Begriff haben, können wir vernünftigerweise in unserem ökonomischen Dienste nicht haben wollen, mögen wir auch von den unentbehrlichsten Individualisierungsmomenten des Objektes eine Vorstellung haben, insbesondere mögen wir auch wissen, wo sich jenes Ding befindet.

Inwiefern mufs nun die Vorstellung von dem Gegenstande bestimmt sein, damit der Besitzwille entstehen könnte? Darauf läfst sich nur eine allgemein lautende Antwort geben. Jeder, der eine Sache in seinen wirtschaftlichen Wirkungskreis einbezieht, mufs eine wenigstens oberflächliche Vorstellung von dem Dienste haben, den sie gewährt, und demnach auch von gewissen Eigenschaften der Sache. Inwiefern im einzelnen Falle diese Vorstellung präzisiert sein mufs und wann das Vorhandensein einer gehörigen Vorstellung als wahrscheinlich anzunehmen ist, dies alles ist nach dem Mafsstabe zu beurtheilen, der sich aus der Beobachtung der Erscheinungen des gewöhnlichen Verkehrslebens ergiebt. Man darf in jedem einzelnen Falle annehmen, einerseits, dafs zum Erwerbe des Besitzes nur eine derartig bestimmte Vorstellung von dem Gegenstande erforderlich ist, wie sie im Leben Personen, die auf diese Weise sich die Sachen dienstbar machen, gewöhnlich besitzen — andererseits aber, dafs jeder diese Vorstellung erlangt, der sich in einem solchen Verhältnisse zur Sache befindet, welches als geeignet gilt, in jedem Durchschnittsmenschen eine gehörige Vorstellung von dem Gegenstande zu erwecken.

Wie ist es, wenn im einzelnen Falle der Handelnde eine mangelhafte oder unrichtige Vorstellung von dem Objekte oder dessen Eigenschaften besitzt? Der Regel gemäfs wird ein solcher Irrtum nur dann von Bedeutung sein, wenn es glaubwürdig ist, dafs der Handelnde irrte und zugleich, wenn es wahrscheinlich ist, dafs sein Wille, sich die Sache anzueignen, davon abhängig war, dafs die wirkliche Beschaffenheit der Sache seiner Vorstellung entspreche.

Nun können wir mehr ins Detail eingehen und die wichtigsten Fälle des Irrtums über die Sache näher besprechen. Vor allem ist die Frage zu prüfen, ob die richtige Vorstellung von der Individualisierung des Gegenstandes unentbehrlich ist, d. h. ob es notwendig ist, dafs sich der Gegenstand des Besitzerwerbs der Vorstellung des Erwerbers als eine oder einzelne individuelle Sachen darstelle? Die herrschende Lehre, welche verlangt, dafs sich der Besitzwille auf jede einzelne Sache richte, mufs die aufgeworfene Frage bejahen. Wir dagegen verneinen sie für die Regel und meinen, dafs der Irrtum über die Individualisierungsmerkmale, und dasselbe ist vom Irrtum über die Quantität der Gegenstände zu sagen, oft ja gewöhnlich ein unwesentlicher ist. Freilich, wo an einer einzelnen Sache oder an einer geringen Anzahl von Stücken durch unmittelbares Einwirken der Person der Besitz begründet wird, dort mufs sich notwendigerweise eine Vorstellung des Apprehendenten von dem Gegenstande als von einem bez. mehreren individuell bestimmten Dingen herausgebildet haben. Anders, wenn eine gröfsere Anzahl von einzelnen Objekten auf einmal in Besitz genommen wird, oder wenn der Besitzerwerb in Abwesenheit der Sache sich vollzieht. Weil im Verkehrsleben bei derartigen Aneignungsfällen oft eine präzise Vorstellung von dem Objekte fehlt, so wird man auch in jedem einzelnen Falle nicht verlangen dürfen, dafs sich der Apprehendent die Gegenstände als individuell bestimmte Sachen vorstelle und deren Quantität genau kenne. Der Irrtum über Individualisierungsmomente wird hier ein unwesentlicher sein, weil es unwahrscheinlich ist, daſs durch den Mangel der richtigen Vorstellung der Aneignungswille ausgeschlossen sei. Nur ausnahmsweise kann es sich aus dem Sinne der Erklärung ergeben, daſs in der That der Besitzerwerb davon abhängig gemacht wird, daſs die Sache der bestimmten Vorstellung, die der Erwerber von ihr hat, wirklich entspreche. Darüber Einiges noch in der Folge.

Wir wenden uns nun zu der Frage, was für eine Bedeutung dem Irrtum über die Identität der Sache und deren Eigenschaften beizumessen sei? In dieser Frage müssen wir zwei Fälle des Besitzerwerbs auseinanderhalten, nämlich unterscheiden, ob der Besitzerwerber die Sache bei der Apprehension sinnlich wahrnimmt, oder ob das die ökonomische Verbindung begründende Geschehen in seiner Abwesenheit geschieht.

Im ersteren Falle muſs man annehmen, daſs die Gegenwart bei der Sache und das Anschauen derselben, mögen sie auch keine vollkommen genaue Vorstellung von allen ihren Eigenschaften gewähren, dennoch hinreichen, um in der Person des Erwerbers wenigstens eine oberflächliche Vorstellung von der Beschaffenheit der Sache zu erwecken, mit welcher Vorstellung man sich meistens im Leben bei Begründung des Besitzverhältnisses begnügt. Daſs der Apprehendent, obwohl er die Sache wahrnimmt und sie ergreift oder betritt, dennoch eine derartige Vorstellung nicht erlangt haben sollte, ist unwahrscheinlich. Allerdings kann der Erwerber trotz der sinnlichen Wahrnehmung möglicherweise über manche Eigenschaften der Sache im Irrtum sein, insbesondere fälschlich meinen, diese Sache sei identisch mit irgend einer anderen ihm als individuell bestimmt bekannten, jedoch diese

Irrtümer schliefsen hier in der Regel den Besitzwillen nicht aus. Die Ursache liegt darin, dafs der Handelnde, indem er die Sache auf Grund der gegenwärtigen Wahrnehmung ergreift, hierdurch in unzweideutiger Weise kundgiebt, dafs er die Sache so wie sie ist, ohne Rücksicht auf ihre sonstigen Eigenschaften wie auch darauf, ob sie identisch sei mit einer anderen, erwerben und besitzen will. Wäre es ernstlich der Wille des Apprehendenten, die Sache nur unter der Voraussetzung zu erwerben, dafs ihre nähere Beschaffenheit seiner Vorstellung entspräche, dann nähme er einfach den Apprehensionsakt nicht vor, bevor er sich von dem Vorhandensein jener der Sache zugeschriebenen Eigenschaft nicht überzeugt haben würde. Aus dem Gesagten ergiebt sich, dafs in den mit sinnlicher Wahrnehmung verbundenen Fällen der Besitzergreifung der Irrtum bezüglich der Identität und den Eigenschaften der Sache in der Regel nicht glaublich, folglich unwesentlich ist[1]).

Unseres Erachtens wäre es auch nicht gerechtfertigt, wenn man im Falle der sog. Verirrung, des Sich-Vergreifens in der Sache einen Fall des wesentlichen error in corpore sehen wollte. Wir meinen nämlich, dafs eine Begründung des Besitzeskorpus durch ein Sich-Vergreifen überhaupt nicht vorkommen wird. Wohl kann trotz der sinnlichen Wahrnehmung statt der Sache, die man erwerben will, eine andere etwa aus Zerstreutheit mit der Hand ergriffen oder mit Füfsen betreten werden, jedoch, wie jede Erklärung

1) Zur quellenmäfsigen Begründung des hier Gesagten genügt es, auf die Unerheblichkeit des Irrtums in der Qualität der Sache auf seiten des Empfängers bei der Eigentumstradition und beim Pfandvertrage (l. 50 D. de solut. 46. 3 u. l. 1 § 2 D. de pign. act. 13, 7) wie auch auf das aus den Worten „Pamphilum absentem“ in l. 9 pr. D. de c. e. 18, 1 gefolgerte (s. oben S. 506) hinzuweisen.

überhaupt in der Regel nicht in einer Handlung besteht, so macht auch die nackte Thatsache des physischen Ergreifens oder Betretens der Sache die Apprehension noch nicht aus. Ist es aus den sonstigen Umständen zu ersehen, daſs der Wille des Handelnden sich auf die thatsächlich ergriffene Sache nicht bezog, dann liegt auch nicht der Schein einer Apprehension vor. Ist dies nicht ersichtlich, dann wird man wenigstens annehmen müssen, daſs jemand, der einen Gegenstand unwillkürlich infolge einer Verirrung ergriffen hat, sich jedenfalls sofort oder doch in ganz kurzer Frist von seinem Irrtum überzeugen muſs. Wird also von demjenigen, der sich vergriffen hat, nicht sofort nach der Ergreifung das begründete faktische Verhältnis aufgehoben, behält er die Sache durch längere Zeit, dann erhellt aus diesem Benehmen, daſs die Verirrung vollkommen unerheblich war und der Handelnde, mag auch seine Absicht ursprünglich auf eine andere Sache gerichtet gewesen sein, dennoch den Willen hat und kundgiebt, die thatsächlich ergriffene Sache zu besitzen. Man könnte höchstens zugeben, daſs im Falle der Verirrung und ebenso bei ungenügender sinnlicher Wahrnehmung der Sache der error in corpore für eine ganz kurze der Ergreifung unmittelbar nachfolgende Frist den Willen ausschlieſst, so daſs während dieser Frist nur der Schein des Besitzverhältnisses besteht. Da jedoch dieser Zustand doch nur eine so kurze Zeit dauern kann, daſs es während derselben sich kaum praktisch um die Entscheidung der Frage handeln könnte, ob da wirklicher Besitz vorliege, so wäre es müſsig, genauer von dieser Erscheinung zu handeln [1]).

1) Selbstverständlich wird ein derartiges vorübergehendes Verhältnis, möchte es während der kurzen Zeit seiner Dauer den Schein eines Besitzverhältnisses haben, die Entsetzung des bisherigen Besitzers nicht

Anders als in den Fällen der auf Grund sinnlicher Wahrnehmung der Sache erfolgenden Besitzergreifung verhält es sich dort, wo sich der Apprehensionsakt in Abwesenheit des Erwerbers vollzieht. Hier wird der Gegenstand des Besitzerwerbs durch ein sich als entfernterer Erfolg unseres Handelns darstellendes Geschehen und ohne unsere Kenntnis davon individualisiert. Die Natur des Besitzwillens erheischt es jedoch, daſs der Erwerber eine gewisse Vorstellung von der Sache habe. Inwiefern diese Vorstellung präzisiert sein muſs, hängt von dem ganzen Charakter der betreffenden Aneignungsthätigkeit ab. Als Minimum muſs allenfalls eine ganz allgemeine Vorstellung von der Sache angesehen werden, die man bei jedem voraussetzt, der eine Sache seinen ökonomischen Zwecken unterwirft. Ohne eine solche Vorstellung ist füglich ein ernster Besitzwille ausgeschlossen. Demnach ist hier ein Irrtum, der diese unentbehrliche Vorstellung ausschlieſst, als wesentlich zu betrachten, obzwar er bei der willentlich herbeigeführten Individualisierung des Objektes eigentlich nur ein error in substantia oder qualitate sein wird.

Dagegen hängt gewöhnlich der Aneignungswille nicht davon ab, daſs der Apprehendent die Sache näher kenne, sich dieselbe als individuell bestimmtes Ding vorstelle und einen genauen Begriff von ihren sonstigen Eigenschaften, wie auch von der Anzahl der ergriffenen Gegenstände habe. Der Irrtum über die erwähnten Momente wird folglich in der Regel ein unwesentlicher sein.

Dies alles über den Besitz in absentia rei Gesagte ist jedoch nur als Regel wahr. Im einzelnen Falle kann der

bewirken, ganz so wie jede andere momentane und vorübergehende Störung des Detentionsverhältnisses (s. Beispiele oben S. 252 N. 1).

Handelnde eine genauere Vorstellung von dem Gegenstande haben, und es kann ersichtlich sein, daſs er ernstlich nur den dieser präziseren Vorstellung konformen Besitzerwerb will. Dies ist dann anzunehmen, wenn entweder der betreffenden Aneignungsart ausnahmsweise nach den Regeln des Lebens ein derartiger Charakter zusteht, daſs man beim Erwerber ein bestimmteres Kennen des Gegenstandes voraussetzen muſs, oder wenn der Handelnde selbst durch ausdrückliche oder stillschweigende Erklärung sein Wollen abhängig macht von der Richtigkeit seiner Vorstellung über gewisse, den Gegenstand näher bestimmende Momente. Diese Momente können verschiedenartig sein, wie: Identität des Gegenstandes mit einer uns individuell bekannten Sache, Vorhandensein irgend einer Qualität, bei Quantitäten bestimmte Anzahl, bestimmtes Maſs oder Gewicht u. s. w. Eine derartig genauere Bezeichnung des Objekts wird besonders oft in Traditionsfällen vorkommen, namentlich in dem uns genau bekannten Falle l. 18 § 2 D. h. t., wo der Tradent die Sache in die Gewahrsame des Erwerbers bringt. Hier kann durch einen speziell lautenden iussus des Erwerbers jedes den Gegenstand näher bestimmende Moment zu einem „wesentlichen“ erhoben werden.

Der von uns als Regel hingestellte Satz, daſs in den normalen Besitzergreifungsfällen, wo die Apprehension auf Grund sinnlicher Wahrnehmung[1]) der Sache erfolgt, der Irrtum im Objekt und dessen Eigenschaften ein unwesentlicher ist, gilt keineswegs ganz ausnahmslos. Unter Umständen kann sich nämlich auch hier als wahrscheinlich herausstellen,

1) Das in der Folge von der Beschränkung des Willens bei der mit Wahrnehmung des Gegenstandes verbundenen Apprehension Gesagte gilt auch von der Besitzergreifung in absentia rei, sofern es sich um Irrtümer über Momente handelt, die nicht schon nach der Natur des Falles wesentlich sind.

dafs der Handelnde ernstlich seinen Aneignungswillen abhängig mache davon, dafs die Sache der bestimmteren Vorstellung, die er von ihr hat, entspreche.

Wenn wir nun die Möglichkeit einer derartigen Beschränkung des Besitzwillens näher prüfen, so sehen wir uns veranlafst, zwischen den Fällen der eigenmächtigen Besitzergreifung und jenen der Tradition zu unterscheiden. Derjenige, der die Sache eigenmächtig okkupiert, erwirbt den Besitz lediglich auf Grund seines eigenen Thuns. Erscheint dieses Handeln objektiv als Besitzergreifung, dann mufs man annehmen, dafs dem Handelnden der Sinn seines Benehmens nicht entgeht und dafs er demnach den Besitz an dieser faktisch ergriffenen Sache schlechthin will, gleichviel, wie die Sache sonst näher beschaffen sein mag. Schwerlich liefse sich ein Fall denken, wo bei eigenmächtiger Besitzergreifung durch unmittelbares Erfassen der Sache das hierdurch bethätigte Wollen des Apprehendenten nicht diesen unbedingten, von den näheren, die Sache betreffenden Momenten völlig unabhängigen Charakter hätte. Bei dieser Art der Apprehension ist der Irrtum in der Sache stets ein indifferenter.

Von dieser Regel darf man, unseres Erachtens, auch solche Fälle nicht ausnehmen, wo der Handelnde dem Objekte irrtümlich irgend eine Eigenschaft zuschreibt, bei deren Vorhandensein sein Verhalten zur Begründung des Besitzverhältnisses unzureichend sein würde. Obzwar infolge solcher irrtümlichen Meinung dem Handelnden die subjektive Überzeugung davon, dafs er den Besitz erlangt hat, fehlt, so tragen wir dennoch kein Bedenken, hier das Erfolgt-sein des Besitzerwerbs anzunehmen, weil dieser Irrtum ein error non probabilis ist, wo plus in re est quam in existimatione mentis. Dies jedoch selbstverständlich nur unter der Voraussetzung, wenn es feststeht, dafs der Handelnde die praktische Aneignung der Sache bezweckt und nicht blofs einen momentanen und vorübergehenden Gebrauch von ihr machen will.

Als Beispiel des jetzt besprochenen Irrtumsfalles mag der Fall angeführt werden, wo man darüber irrt, ob die Sache, die man ergreift, eine besitzlose ist oder nicht. Jemand ergreift eine besitzlose Sache, von der er jedoch irrtümlich meint, dafs sie im Besitz irgend einer Person stehe. Sein Verhalten involviert ein hinreichendes Besitzergreifungskorpus zum Erwerb eines besitzlosen, nicht aber eines im fremden Besitz stehenden Gegenstandes, was sich namentlich bei Immobilien oft ereignen kann. Soll hier die durch den Irrtum hervorgerufene subjektive Meinung des Handelnden, dafs er juristischer Besitzer nicht geworden ist, den Besitzerwerb hindern? Nach unserer Ansicht nicht, dafern nur das Vorhandensein der praktischen Aneignungsabsicht keinem Zweifel unterworfen ist.

Die irrtümliche Ansicht des Okkupanten darüber, in was für einem Verhältnisse die Sache als Vermögensobjekt zu anderen Personen stand in jenem Augenblick, da die Ergreifung erfolgte, ist nicht nur in dem soeben erwähnten Falle, sondern überhaupt irrelevant. Dies entspricht dem Wesen der eigenmächtigen Besitzergreifung, die stets als Ausdruck des Willens, sich die Sache schlechthin anzueignen, aufgefafst werden mufs. Okkupiere ich also eine Sache, die ich für eine besitzlose halte, so erwerbe ich den Besitz, möge sie auch im Augenblick der Apprehension in fremdem Besitz gewesen sein. Der Erwerb tritt ein selbst dann, wenn ich innerlich gar nicht die Absicht hatte, die Sache aus fremdem Besitz zu entziehen, wenn mich also nur die feste Überzeugung davon, die Sache stehe aufser Besitz, zur Ergreifung derselben bewog. Diese Überzeugung schliefst den Erwerb nicht aus, weil sie bloſses Motiv meines Handelns ist und den allgemeinen Charakter des Aneignungsverhaltens nicht ändert. Den inneren Willen, fremden Besitz zu vernichten, habe ich zwar nicht, dagegen muſs hier der Wille, die Sache unbedingt mir anzueignen, als wahrscheinlich betrachtet werden, denn mit Rücksicht auf den Charakter meines Benehmens muſste ich mir dessen bewuſst sein, daſs das in meiner Person begründete Besitzergreifungskorpus keineswegs von jener Eigenschaft der Sache, nämlich davon, ob sie besitzlos ist oder nicht, abhängt.

Ganz dasselbe ist in Bezug auf den Irrtum über das Eigentum an der Sache zu sagen. Halte ich etwa die Sache, die ich ergreife, für derelinquiert, während sie der Eigentümer nur verloren hat, dann wird wohl durch diesen Irrtum mein animus furandi ausgeschlossen, nicht dagegen mein Besitzwille.

Wir wenden uns nun zur näheren Erörterung der Frage, ob in den Fällen der Besitzergreifung auf Grund der Tradition nicht ausnahmsweise der Irrtum des Ergreifenden bezüglich des Besitzobjektes ein wesentlicher sei. Hier ist nach unserer Ansicht zwischen den beiden uns gehörig bekannten Kategorieen der auf Grund der Tradition erfolgenden Besitzergreifung zu unterscheiden, nämlich zwischen den Fällen, wo auf seiten des Apprehendenten ein auch zur eigenmächtigen Besitzergreifung hinreichendes äuſseres Verhalten vorliegt und jenen, wo das corpus abgeschwächt erscheint, wo also der Besitz wirklich durch Tradition begründet wird.

Die ersteren Fälle stehen, wie überhaupt, so auch in der uns jetzt interessierenden Frage den Okkupationsfällen sehr nahe. Wer eine Sache, obzwar er sie als eine ihm verliehene empfängt, dennoch auf diese Weise ergreift, daſs er von nun an ganz unabhängig von dem Willen des Vorbesitzers als Herr der Sache erscheint, dessen Wille mufs ganz so wie der eines Okkupanten als ein unbedingtes, von allen näheren das Objekt betreffenden Momenten unabhängiges Besitzenwollen aufgefafst werden. Die Erheblichkeit einer etwaigen unrichtigen Vorstellung in Betreff des Objektes ist nicht glaublich, weil sich der Apprehendent dessen bewufst sein mufs, dafs er auf jeden Fall als Besitzer schlechthin erscheint. Der Irrtum wäre nur dann ein wesentlicher, wenn es sich aus den Erklärungen der Parteien ergäbe, dafs der Nehmer ernstlich den Willen habe, nur unter der Voraussetzung den Besitz zu haben, wenn die Sache seiner Vorstellung entspricht, z. B. identisch mit einer anderen ist, gewisse Eigenschaften besitzt. Eine solche Beschränkung des Willens, in der man eine Bedingung sehen mufs, sofern im konkreten Falle nicht eine „Regel des Lebens" für ihre Annahme spricht, kann ausdrücklich oder stillschweigend gesetzt werden. Sie involviert in der Person des Apprehendenten den Willen auf den Fall, wenn sich seine Vorstellung als unrichtig erweisen sollte, Inhaber der Sache im Namen des Verleihers zu sein und andererseits in der Person des Tradenten die kundgegebene Absicht, auf diesen Fall den Besitz zu retinieren.

Anders verhält es sich bei jeder Besitzergreifung, wo das Besitzverhältnis nicht nur bei Gelegenheit der Tradition entsteht, sondern thatsächlich durch Tradition begründet wird. Hier setzt der Erwerb des Besitzes den Abschlufs eines rechtsgiltigen Traditionsvertrages voraus. Dementsprechend wird jeder einseitige Irrtum des Nehmers in Betreff der Sache ein wesentlicher sein, wenn er nur das Vorhandensein eines giltigen Konsenses der Parteien ausschliefst. Einiges über die Wirkung des error in corpore bei dieser Besitzergreifungsart wird noch folgen. Zuvor jedoch scheint uns geboten zu sein, die Frage nach der Bedeutung des Irrtums bei der Besitzestradition etwas allgemeiner zu stellen und zu untersuchen, ob denn die richtige Vorstellung davon, dafs man die Sache als eine rechtsgiltig verliehene bekommt, Voraussetzung des Besitzerwerbs sei.

Irrtum des Apprehendenten darüber, ob er die Sache als Okkupant ergreift oder als eine verliehene erhält[1]).

Die Beantwortung der Frage, was für eine Bedeutung einem derartigen Irrtum zukomme, hängt im allgemeinen von der Auffassung des Begriffs und des Wesens des animus possidendi ab. Es fragt sich: Ist der Wille, zu besitzen, zugleich ein bestimmtes Wollen einer dieser beiden Erwerbsarten?

Bei gewollter eigenmächtiger Besitzergreifung ist es selbstverständlich gleichgiltig, ob der frühere Besitzer der Besitzergreifung zustimmt oder nicht. Wie ist es jedoch in jenen Fällen, wo der Empfänger wähnt, die Sache werde ihm von dem Vorbesitzer verliehen, während thatsächlich die Voraussetzungen eines Übergabevertrags fehlen und er folglich nur als Okkupant die Sache ergreift? Wird er da juristischer Besitzer?

Es ist ein Verdienst von BRINZ[2]) und ESMARCH[3]), darauf hingewiesen zu haben, dafs der wirkliche Wille des Apprehendenten unter Umständen anders beschaffen sein könne bei der einseitigen Besitzergreifung, als beim Besitzerwerb auf Grund einer Traditionserklärung. Daraus ziehen diese Schrift-

---

1) Nimmt man das Wort „Eigenschaft“ in einem weiteren Sinne, so wie es ZITELMANN (Irrtum bes. S. 442) gebraucht, dann kann man diesen Irrtum als einen Fall des Irrtums in der Eigenschaft des Besitzobjektes betrachten.

2) Jahrb. des gem. d. Rechts Bd. 3 S. 19 fg.

3) Vacuae possessionis traditio S. 64 und anderwärts.

steller den Schlufs, der animus sei bei der Besitzestradition etwas wesentlich anderes als bei der Okkupation. Dagegen wird von Hölder[1]) die Bemerkung gemacht, dafs, da jede Tradition zugleich eine Okkupation in sich schliefst, der animus occupandi ein Genus sei, von welchem der animus durch Tradition zu erwerben eine besondere Species ist. Durch diese Annahme begründet Hölder die Behauptung, dafs, wer durch Tradition erwerben will, der erwerbe den Besitz auch dann, wenn ihm zwar nicht giltig tradiert worden ist, aber das zur Okkupation erforderliche corpus vorliegt. Er erlange den Besitz zwar nicht in der besonderen Eigenschaft eines Empfängers, wohl aber in der allgemeinen eines Apprehendenten.

Gegen diese Ansicht wird wieder von Brinz[2]) folgendes eingewendet: Es sei nicht einleuchtend, dafs derjenige, der den Besitz aus des Besitzers Hand haben will, ihn auch zugleich einseitig auf eigene Faust haben wolle. Dieser einseitige Aneignungswille sei nicht das Genus, das den konsensualen als Species in sich schliefst, sondern selbst Species einer Gattung, die hier, wie sonst, nirgends als solche, sondern nur in ihren Arten zur Erscheinung kommt. Darum scheine im Fall einer ungiltigen traditio possessionis der Besitz zwar für den bisherigen Besitzer verloren zu gehen, mit nichten aber für den Empfänger der Sache auch schon erworben zu werden.

Wir halten sowohl die Ansicht Hölders als auch diejenige von Brinz für unzutreffend und der eigentlichen Natur des Besitzwillens widersprechend. Der Besitzwille eines jeden Apprehendenten ist überhaupt nur der erklärte Wille,

---

1) Krit. Viertelj. Bd. 16 S. 588.

2) Pandekten 2. Aufl. Bd. 1 S. 511.

die Sache in unserem wirtschaftlichen Dienste zu haben und braucht an sich keineswegs eines von beiden zu sein, d. h. entweder ein Wollen, die Sache eigenmächtig zu ergreifen, oder aber auf Grund einer Tradition zu empfangen. Er ist unabhängig davon, zu welcher von diesen beiden Kategorieen die Erwerbsart zu zählen sei.

Das Unrichtige an der Auffassungsweise HÖLDERS und BRINZ' liegt darin, daſs diese beiden Schriftsteller, der herrschenden Lehre konform, unter dem animus possidendi das innere Wollen des Handelnden verstehen. In Bezug auf das reale innere Wollen des Apprehendenten ist die BRINZsche Opposition gegen die Ansicht HÖLDERS vollkommen berechtigt. Es ist willkürlich, das innere Wollen desjenigen, der auf Grund einer Verleihung erwerben will, als eine Unterart des Willens eines Okkupanten zu betrachten. In dem inneren „konsensualen Aneignungswillen" wird der Vorsatz, den der Okkupant gewöhnlich hat, nämlich einseitig, dem Besitzer zum Trotz, die Sache zu haben, regelmäſsig nicht enthalten sein. Daraus folgt jedoch nicht der von BRINZ gezogene Schluſs, daſs der Apprehendent bei Ungiltigkeit der Tradition überhaupt nicht besitzt, wenn ihm die Willensprädisposition, einseitig zu erwerben, fehlt. Es ist eben unrichtig, anzunehmen, der animus possidendi sei in solchen Fällen nur dann vorhanden, wenn der Apprehendent daran denkt, daſs er sich möglicherweise mit dem Willen des Tradenten im Widerspruch befindet und bewuſst auch auf diese Eventualität hin die Sache haben will.

Der animus possidendi als Thatbestandsmoment des Besitzerwerbs ist nicht das wirkliche reale Wollen des Apprehendenten, sondern das durch äuſseres Benehmen als wahrscheinlich bestehend dokumentierte. Es ist zwar nicht zu bestreiten, daſs in der Regel jeder Apprehendent innerlich nicht nur den Besitz schlechthin will, sondern entweder eigenmächtiges Zugreifen gegen den Willen des Besitzers oder Empfangen der Sache auf Grund der Besitzabtretung. Man soll jedoch nicht vergessen, daſs zum Inhalte des „erklärten" Willens nicht alles innerlich Gewünschte und Gewollte gehört. Darüber, was als zum erklärten Willensinhalt gehörend gilt, entscheidet vor allem das Recht. Nun ist es, unseres Erachtens, keinem Zweifel unterworfen, daſs nach römischem Recht den normalen Inhalt des erklärten animus possidendi nur das wirtschaftliche Haben-Wollen bildet und der Grund dieses Habens von demselben ausgeschlossen ist, ganz so wie der in der Zukunft liegende entferntere Zweck des Habens. Indem aber das Recht auf diese Weise den erklärten animus possidendi begreift, folgt es nur einer im Leben wurzelnden Auffassung, denn es ist nicht zu bestreiten, daſs in dem Ergreifen der Sache sich unzweideutig nur das Haben-Wollen schlechthin, nicht aber zugleich stets entweder das Haben-Wollen gegen oder aber mit dem Willen des früheren Besitzers manifestiert.

Wer also eine Sache auf diese Weise ergreift, daſs er ganz ohne Rücksicht auf den Willen des Vorbesitzers als ihr Herr erscheint, der wird Besitzer, mag er sich irrtümlich für einen Empfänger betrachten, während thatsächlich eine giltige Tradition fehlt. Zu dieser richtigen Entscheidung gelangt auch Hölder, jedoch auf Grund falscher Prämissen. Der Grund des Besitzerwerbs ist nicht darin zu suchen, daſs der Apprehendent hier wirklich den inneren Okkupationswillen hat. Der Besitzerwerb tritt vielmehr ein, obwohl oft subjektiv dieser Wille fehlt, schon darum, weil sich der Apprehendent dessen bewuſst sein muſs, daſs sein erkennbares thatsächliches Haben von dem Vorhandensein einer rechtsgiltigen Tradition gänzlich unabhängig ist. Nicht überflüssig scheint es uns, ausdrücklich an diesem Orte hervorzuheben, dafs in unserer Annahme, der animus des vermeintlichen Traditionsempfängers sei als unbedingtes Besitzen-Wollen aufzufassen, noch keineswegs die Supposition enthalten ist, der Apprehendent habe wahrscheinlich den Vorsatz, auch dem Besitzer zum Trotz, sich die Sache anzueignen. Ein fester Willensentschlufs ohne jede Beschränkung, für sich zu besitzen, involviert an sich noch nicht die eventuelle Absicht, die Sache als praedo zu haben. Abgesehen davon, dafs der Apprehendent unter Umständen auch gute Gründe haben kann, um selbst auf den Fall der Ungiltigkeit der Tradition den juristischen Besitz zu wollen, so ist ja doch der feste und unbeschränkte Entschlufs, „für sich“ zu besitzen, nicht weniger da vorhanden, wo der Apprehendent von der Rechtsgiltigkeit der Tradition vollkommen überzeugt ist und gar nicht daran denkt, dafs er möglicherweise die Sache eigenmächtig ergreift, als da, wo er über die Rechtmäfsigkeit seiner Ergreifung im Zweifel ist und sich über diese Zweifel hinwegsetzend eventuell auch gegen den wirklichen Willen des bisherigen Besitzers zu handeln entschlossen ist.

Nach dem Gesagten verhalten sich der animus des Okkupanten und der des Traditionsempfängers zu einander nicht wie ein Genus zu einer Spezies, sie sind aber auch nicht zwei Unterarten eines allgemeineren Gattungsbegriffs. Der animus ist in beiden Fällen das erklärte Besitzen-Wollen, welches trotz des gewöhnlich bestehenden Unterschiedes zwischen der inneren Willensprädisposition des Okkupanten und derjenigen des Empfängers, in beiden Erwerbsarten im Prinzip dasselbe Ding ist.

Dafs dies die Auffassung des römischen Rechtes ist, beweist schon der Umstand, dafs der Besitzwille gleichmäfsig in beiden Fällen animus heifst und dafs diesbezüglich irgend eine prinzipielle Differenz nicht mit einem einzigen Worte in unseren Rechtsquellen angedeutet wird. — Ferner spricht für uns ganz entschieden auch der Umstand, dafs der zur Festsetzung des Besitzes notwendige animus doch ganz zweifellos ein von dem Wollen oder Gewollt-Haben einer bestimmten Besitzerwerbsart abgelöster und unabhängiger Wille ist. Es kommt oft vor, zumal wenn man eine Sache längere Zeit im Besitz hat, dafs man sich dessen gar nicht bewufst ist, ob man sie okkupiert oder tradiert erhalten hat. Wer wird denn ernstlich meinen, dafs in solchem Fall die Unkenntnis oder der Irrtum in Bezug auf die Apprehensionsart den Besitz ausschliefsen? Nimmt man aber da Besitz an, dann steht man, falls man unsere Meinung nicht theilt, vor dem folgenden unlösbaren Dilemma: Wodurch und in welchem Moment soll denn der animus desjenigen, der nur einfach besitzen will, von der Notwendigkeit, eine gewisse Besitzerwerbsart zu wollen, unabhängig gemacht werden können?

Die Brinzsche Auffassung des animus possidendi würde auch zu höchst unerquicklichen praktischen Entscheidungen führen. Man wäre nämlich genötigt, ohne dazu einen Anhaltspunkt in den Quellen zu haben und offenbar gegen die praktischen Bedürfnisse in zahlreichen Fällen den Besitz zu leugnen, wo zweifellos nach der Auffassung des Verkehrs eine ökonomische Verbindung zwischen Person und Sache besteht. So müfste man auch bei der Okkupation dem Unterschied zwischen den verschiedenen möglichen Willensrichtungen des Apprehendenten eine entsprechende Bedeutung beimessen. Nicht nur dann wäre der Besitzerwerb zu leugnen, wenn der Okkupant die ergriffene Sache für besitzlos hält, während sie im Besitze irgend einer Person steht, sondern auch dann, wenn z. B. ein Okkupant der Person A. die Sache zu entziehen vermeint, während diese faktisch im Besitz des B. war. Auch in diesem letzteren Falle nämlich will der Apprehendent nicht jener Person, die wirklich die Sache besitzt, „zum Trotz“ handeln. Auf diesem Wege käme man konsequent dazu, bei jedem Irrtum im Motiv das Vorhandensein des Besitzwillens zu bestreiten. Dafs dies der Besitzidee des römischen Rechts widerstrebt, ist klar. Da jedoch die Brinzsche Ansicht nur eine folgerechte Durchführung der Auffassung des animus als inneren Wollens ist, so darf man in den verwerflichen Konsequenzen, zu denen sie führt, ein schlagendes Argument gegen die übliche Lehre vom Besitzwillen erblicken.

Von den Quellenaussprüchen, die für unsere Ansicht sprechen, wollen wir nur nochmals auf die uns bereits bekannte Gruppe von Entscheidungen aufmerksam machen [1]), durch welche mit Evidenz sowohl die Höldersche als auch die Brinzsche Auffassungsweise des animus possidendi widerlegt wird. Bekanntlich kann man eine Sache auch trotz Ungiltigkeit des Traditionsaktes auf Grund eines Putativtitels ersitzen. Der Empfänger erwirbt den Besitz ungeachtet der mangelhaften Tradition, folglich mufs er den animus possidendi haben. Und doch wäre es ganz unberechtigt, hier in dem wirklichen Willen des Empfängers mit Hölder das Wollen der Okkupation zu erblicken. An die Möglichkeit einer Okkupation denkt hier der Empfänger überhaupt nicht, weil er eben von der Rechtsgiltigkeit der Überantwortung fest überzeugt ist. Hätte er den eventuellen Willen, auch einseitig den Besitz zu erwerben, dann wäre es fraglich, ob dies die Möglichkeit der Usukapion nicht ausschlösse. Denn ein derartiges Wollen, welches doch ein Zweifeln über die

1) Vgl. die Stellen oben S. 16 N. 2.

Rechtmäfsigkeit der Tradition voraussetzt, wäre eine wenigstens eventuelle Willensrichtung eines malae fidei possessor. BRINZ müfste konsequenterweise in den angeführten Fällen den Besitzerwerb leugnen, so wie dies CUJACIUS thut. Weil dies jedoch unzulässig ist, so sieht er sich bewogen, die Notwendigkeit des konsensualen animus possidendi auf die Fälle der eigentlichen traditio possessionis einzuschränken. Dafs dies nur ein ungenügender Notbehelf ist, haben wir bereits an einem anderen Orte hervorgehoben.

Wie bereits gesagt wurde, ist der Wille des Apprehendenten, der sich subjektiv für einen Traditionsempfänger hält, nur in jenen Fällen als unbedingtes Besitzen-Wollen aufzufassen, wo das äufsere Verhalten als ein auch zur Okkupation hinreichendes corpus erscheint. Eine Folge davon ist es, dafs in solchen Fällen der Erwerb des Besitzes von den Voraussetzungen der „Nachfolge“ gänzlich unabhängig ist. Nur ausnahmsweise kann in diesen Traditionsfällen der Besitzwille des Erwerbers den Charakter eines von dem Vorhandensein einer rechtsgiltigen Besitzabtretung bedingten Wollens haben. Dazu ist, wie dies bereits in der Lehre von der Sukzession in den Besitz näher entwickelt wurde, ein Konsens der Parteien erforderlich, und nur auf Grund einer Übereinstimmung der Willenserklärungen der Handelnden können die Übergabe und Übernahme des Besitzes, trotz Vorhandenseins des Okkupationskorpus in der Person des Nehmers, den oben erwähnten bedingten Charakter erlangen[1]).

1) Für den bedingten Charakter der Besitzaufgabeerklärung bei allen Traditionen erklärt sich LEONHARD (Irrtum S. 231). Er meint, dafs bei Nichtigkeit der Tradition infolge eines Dissenses der Tradent doch den animus possidendi behalte, weil ein diligens pater familias, auf eine solche Eventualität aufmerksam gemacht, erklärt haben würde, dafs er sich seine Besitzrechte vorbehalte. Wir können dem nicht zustimmen. Das

Wesentlich anders verhält es sich in jenen Fällen der Besitzübergabe, wo auf seiten des Nehmers nur das schwächere, zur Okkupation unzureichende corpus vorliegt, denen auch die gewöhnlichen Fälle der unkörperlichen Besitzabtretung gleichzustellen sind. Wie hier das äufsere Verhalten des Apprehendenten nicht als selbständige Aneignung, sondern nur als ein von der Zustimmung des Vorbesitzers abhängiges Übernehmen der Sache erscheint, so ist auch der animus nicht als Besitzen-Wollen schlechthin, sondern vielmehr als ein mit Willen des Gebers Empfangen-Wollen aufzufassen. Der hier zum Ausdruck gebrachte Besitzwille ist also in der That ein „konsensualer Aneignungswille" und mithin hängt sein Bestehen nicht nur von subjektiven, den Nehmer betreffenden Momenten ab, sondern von dem Dasein eines rechtsgiltigen Konsenses. Der einseitige Irrtum des Apprehendenten wird demnach hier stets von Erheblichkeit sein, wenn er in Bezug auf einen „wesentlichen" Punkt des Vertrags die Willensübereinstimmung der Parteien ausschliefst.

Obwohl es uns nicht möglich ist, eingehend an diesem Orte von dem Wesen der zweiseitigen Rechtsgeschäfte zu handeln und genau die Frage zu erörtern, in was für einem Verhältnis die Begriffe dissensus und error zu einander stehen, so kann doch dies alles nicht gänzlich mit Stillschweigen übergangen werden. Zu allererst müssen wir bemerken, dafs wir die Meinung, als wäre ein wesentlicher dissensus nur bei

von Leonhard angenommene „präsumierte" Wollen ist da, wo es eigentlich im Widerspruch ist mit dem wirklich kundgegebenen Willen — und dies ist der Fall beim vollständigen und unbedingten Weggeben der Sache — eine reine Fiktion und kann nicht als hinreichend zu einer Willenserklärung, den Besitz dennoch zu behalten, betrachtet werden.

Nichtübereinstimmung der äufseren Erklärungen anzunehmen [1]), nicht theilen. Wir sind vielmehr der Ansicht, dafs auch bei nichterkennbarer Willensnichtübereinstimmung der Vertrag ungiltig ist. Den dissensus halten wir, sowie den einseitigen Irrtum für wesentlich, wenn er ein dissensus probabilis ist, d. h. wenn das dissentieren glaublich ist und Momente des Vertrags betrifft, die man mit Wahrscheinlichkeit als die willensbestimmenden betrachten kann. Dies ist eine notwendige Folge des innigen Zusammenhanges zwischen dem einseitigen Irrtum und dem Dissens. Weil dieser Zusammenhang meistens nicht gehörig betont wird, so mögen hier behufs Klarlegung der ganzen Frage noch die nachstehenden Bemerkungen Stelle finden:

Von einem Dissens wird in folgenden Fällen gesprochen:

1) Wenn die Erklärungen der Parteien sich nicht decken, dabei jedoch beide Parteien (A. und B.) sich dieser Nichtübereinstimmung ihrer Äufserungen bewufst sind, folglich keine den Vertrag als abgeschlossen betrachtet. Hier liegt auch nicht der Schein eines Konsenses vor.

2) Die äufseren Erklärungen stimmen in Bezug auf ihren wirklichen erkennbaren Sinn entweder gänzlich oder doch in Bezug auf einen wesentlichen Punkt nicht überein, dabei jedoch wird (z. B. von der Partei A.) das Zustandegekommensein des Übereinkommens auf einen bestimmten Vertragsinhalt behauptet. Da haben wir nur den Schein eines äufseren Konsenses vor uns. Ist es wahr, dafs bei richtiger Interpretation des Verhaltens beider Parteien das „Wesentliche“ des behaupteten Vertragsinhaltes nicht als „abgemacht“ erscheint, dann ist kein Vertrag abgeschlossen worden. Ein solcher besteht eigentlich nur in der Einbildung

1) So Leonhard: Irrtum § 2 und anderwärts.

des A. und ist dadurch verursacht, daſs derselbe den Sinn der Erklärung der Gegenpartei B. oder seiner eigenen, oder endlich beider falsch auffaſst. Nicht dieser Irrtum ist jedoch die eigentliche Ursache, welche den Abschluſs des Vertrags hindert, sondern der Umstand, daſs objektiv das Vorhandensein von zwei sich in wesentlichen Punkten deckenden Erklärungen fehlt. Als „wesentlich" werden hier wie überhaupt jene Momente anzusehen sein, von denen man auf Grund der im Leben anerkannten Anschauungen mit Wahrscheinlichkeit annehmen kann, daſs sie für das Vorhandensein des Erklärungswillens entscheidend sind. Dies ist der Fall des erkennbaren Dissenses.

3) Die äuſseren erkennbaren Erklärungen stimmen im Wesentlichen überein, so daſs äuſserlich wirklicher Konsens vorliegt, dabei jedoch entspricht das thatsächlich „Abgemachte" dem wirklichen Erklärungswillen einer Partei, z. B. des A. (möglicherweise auch beider Parteien) in Bezug auf irgend einen „wesentlichen" Punkt nicht. Dies ist der Fall des sog. verdeckten Dissenses. Der Grund, warum hier das Abgemachte dem Willen nicht entspricht, ist im Irrtum im weiteren Sinne des A. über den Sinn und Inhalt des Vereinbarten zu suchen, folglich im einseitigen Irrtum über den Sinn, der seinem eigenen Benehmen in Verbindung mit dem Handeln des B. zukommt. Wer also den äuſseren Konsens zugiebt und sich auf verdeckten Dissens beruft, der muſs den einseitigen Irrtum behaupten und beweisen, welcher Irrtum selbstverständlich nur dann die Giltigkeit des Vertrags ausschlieſst, wenn er ein error probabilis ist. Das Eigentümliche der zweiseitigen Willenserklärungen im Verhältnis zu dem einseitigen besteht nur darin, daſs bei Verträgen der Irrtum einer Person durch das Miſsverstehen des Sinnes der Erklärung der anderen Partei hervorgebracht sein kann.

Die vorausgeschickten Sätze, deren nähere Begründung an diesem Orte unterbleiben mufs, bringen zur Evidenz, dafs der Dissens bei Verträgen nichts anderes ist, als Mangel des Willens, sei es bei einem der Kontrahenten, sei es bei beiden. Folglich gelten für den Dissens die allgemeinen Regeln über Irrtum und Willensmangel überhaupt. Bei erkennbarem Dissens fehlt die objektive Erklärung eines bestimmten Inhaltes; bei verdecktem Dissens ist der Mangel des der Erklärung entsprechenden Erklärungswillens Ursache der Nichtigkeit. Erst jetzt ist es uns möglich, von der Wirkung des Dissenses in jenen Fällen der Besitzestradition zu sprechen, welche einen rechtsgiltigen Übergabevertrag voraussetzen.

Wie bei anderen Verträgen, so kann auch hier der Dissens entweder ein erkennbarer sein oder ein verdeckter. Der erstere liegt vor, wenn zwischen der Traditionserklärung und der Besitzergreifung in Bezug auf einen Punkt, dessen Erheblichkeit wahrscheinlich ist, eine Diskrepanz zu bemerken ist. Es wäre müfsig, auf die einzelnen möglichen Erscheinungen einzugehen, da die aufgestellte Regel genügt, um in concreto die richtige Entscheidung zu treffen. Der wichtigste Fall des erkennbaren Dissenses wird der dissensus in corpore sein. Die Tradition ist ein Übergeben und Übernehmen einer bestimmten Sache, sie setzt demnach die Übereinstimmung der Erklärungen in Betreff des Gegenstandes voraus. In Bezug auf dieses in corpore consentire mufs man jedoch nicht vergessen, dafs es nicht notwendig ist, dafs damit das Besitzobjekt sowohl in der Traditions- als auch in der Besitzerwerbserklärung individuell bezeichnet sei. Es genügt, wenn die Sache durch den ganzen Vorgang der Besitzübertragung individualisiert ist. Die Traditionserklärung kann auch ziemlich allgemein lauten, und was die Besitzergreifung anbelangt, ist es auch nicht erforderlich, dafs gerade das Handeln des Erwerbers unmittelbar die Besitzobjekte bezeichne. Wird jedoch die Sache, welche tradiert werden soll, sowohl in der Erklärung des Tradenten als auch in der Apprehension als individuelles Ding bestimmt, dann liegt zweifellos ein erheblicher Dissens vor, wenn diesbezüglich die Erklärungen nicht übereinstimmen, wenn also der Tradent die Sache A. übergeben zu wollen erklärt, während der andere die Sache B. faktisch ergreift. Soviel vom erkennbaren Dissens. Bemerkt sei nur noch, dafs der Grund, warum Besitz nicht erworben wird, darin besteht, dafs hier eine mit der Besitzergreifungserklärung übereinstimmende Traditionserklärung fehlt. Darum ist in der Person des vermeintlichen Nehmers eigentlich weder corpus noch animus des Besitzerwerbs vorhanden, mag dieser auch infolge unrichtiger Auffassung der Erklärung des Besitzers die Tradition für giltig halten und sohin überzeugt sein, dafs er den Besitz erworben habe.

Was den Fall des verdeckten Dissenses bei der Besitzübergabe anbelangt, so kann entweder der Tradent oder der Empfänger über den Sinn des äufserlich als Tradition erscheinenden Geschehens im Irrtum sein. Hier interessiert uns nur der error des Empfängers. Die Ungiltigkeit der Tradition bewirkt dieser Irrtum dann, wenn es wahrscheinlich ist, dafs der Empfänger im Irrtum war und dafs die Momente, über die er irrt, für das Vorhandensein seines Aneignungswillens von entscheidender Bedeutung sind. Der richtigste Fall des Irrtums wird auch hier der error in corpore sein. Mit diesem wollen wir uns etwas näher beschäftigen.

Von dem Falle des error in corpore, welcher einen verdeckten Dissens erzeugt, handelt, nach unserer Ansicht, die uns genau bekannte l. 34 pr. D. h. t. Die Interpretation dieses Fragmentes ist bereits an einem anderen Orte angegeben worden[1]). Erst jetzt ist es jedoch ersichtlich, daſs diese Interpretation unserer ganzen Lehre von der Bedeutung des Irrtums bei Willenserklärungen überhaupt und der Besitzergreifung insbesondere vollkommen entspricht. Nicht überflüssig ist es jedoch vielleicht, noch einige Bemerkungen über diese wichtige Quellenentscheidung nachzutragen.

Wir haben hier, so wie wir die l. cit. verstehen, einen Fall vor den Augen, wo der Traditionsempfänger die Tradition miſsversteht und sie auf eine andere Sache bezieht, als sie wirklich lautet. Die Erklärung des Tradenten (missio) bezieht sich auf eine individuell bestimmte Sache, den fundus C. Sie wird von dem Missus unrichtig verstanden und auf eine andere Sache — fundus S. — bezogen, welche sich der Missus als individuell bestimmtes Ding vorstellt. Nichtsdestoweniger nimmt Missus, im error in corpore befangen, ein ire in fundum vor, welches als Besetzung des fundus C. erscheint. Wie soll man sich näher einen solchen Irrtum vorstellen? und ist derselbe erheblich? Gegen die Wesentlichkeit des Irrtums könnte namentlich eingewendet werden, daſs Missus infolge des ire in fundum C. für jemanden, der schlechthin das thatsächlich besetzte Grundstück will, betrachtet werden könnte. Indessen wäre dies unberechtigt, wie aus dem Folgenden zu ersehen sein wird.

Man kann nämlich bei dem in unserer Stelle vorausgesetzten Thatbestande folgende Modalitäten des errare in corpore unterscheiden:

a) Das ire in fundum C. entspricht schon als thatsächliches Geschehen dem Willen des Missus nicht. Da wir in der sog. Verirrung keine besondere Kategorie der

---

1) S. oben S. 43 fg.

nichtgewollten Erklärungen sehen, so ist der nun erwähnte Irrtumsfall nur da denkbar, wo sich der Missus nicht unmittelbar persönlich an dem ire in fundum betheiligt. Ein solches In-Besitz-Nehmen wird man, wenn man unsere Auffassung des Begriffs des ire in fundum theilt, sehr begreiflich finden. Z. B.: Das ire in fundum besteht darin, daſs Dienstleute des Missus seine Mobilien auf das Grundstück bringen. Nun werden gegen den Willen des Missus die Gegenstände auf den fundus C. anstatt auf das Grundstück S. gebracht. Dies wird ein Fall der Abirrung sein, welche ein in corpore errare nach sich zieht.

b) Das ire in fundum ist als physisches Geschehen gewollt, sein Sinn jedoch als Einziehen in das Grundstück C. nicht. Der Missus will das Grundstück S. beziehen, in welches er eingewiesen zu sein glaubt. Er nimmt zu dem Zwecke Handlungen vor, die er als Einziehen in fundum S. auffaſst, während denselben thatsächlich die Bedeutung eines intrare in fundum C. zukommt. Bei der Natur des ire in fundum in den Traditionsfällen ist dies trotz persönlicher Betheiligung des Missus an dem Beziehen des Grundstücks wohl denkbar. Z. B.: Das vorgenommene intrare in fundum besteht darin, daſs der Missus ein Wirtschaftsgebäude faktisch bezogen hat. Nun meint er, das Wirtschaftsgebäude gehöre zum fundus S., während es einen Theil des fundus C. bildet. Wenn wir nun voraussetzen, daſs das Gebäude allein als Vermögensobjekt im Verhältnis zum ganzen fundus (etwa einem Gute) eine untergeordnete Bedeutung hat und andererseits berücksichtigen, daſs es doch wirtschaftlich eine pars fundi ist, so müssen wir zu der Überzeugung gelangen, daſs wir hier ein nichterkennbar unwillkürliches Ergreifen des fundus C. vor uns haben.

In diesen beiden Fällen a. und b. ist der Irrtum des

Missus ein error in corpore im engeren Sinne des Wortes (nicht Identitätsirrtum). Man könnte diese Irrtumsfälle ein Sich-Verlaufen nennen, welches jedoch keineswegs als ein Fall der sog. Verirrung zu betrachten wäre, durch welchen Ausdruck man bekanntlich nur „nichtgewollte" Körperbewegungen bezeichnet. Die Relevanz des error in corpore in den beiden erwähnten Fällen dürfte wenigstens für die Regel keinem gegründeten Zweifel unterworfen sein. Freilich jedoch ist es nicht ausgeschlossen, dafs in concreto auch ein solcher error in corpore ein non probabilis sein könnte.

c) Endlich kann der error in corpore des Missus auch ein reiner Identitätsirrtum sein. Der Missus zieht in den fundus C. ein und will dieses Grundstück besetzen, meint aber dabei, dasselbe sei identisch mit einem anderen Grundstück S. Dieser Irrtum steht dem sub b) erwähnten Falle des Sich-Verlaufens ziemlich nahe. Der Unterschied besteht darin, dafs hier der Missus das Bewufstsein hat, dafs er durch sein ire in fundum gerade diese bestimmte Sache — den fundus Cornelianus — bezeichnet. Wird dieser Irrtum ein wesentlicher sein? Diesbezüglich ist, wie wir glauben, die Art des Irrtums des Missus rücksichtlich des Sinnes der missio von Bedeutung. Es kann nämlich zweierlei möglich sein: Entweder vermeint der Missus, die missio beziehe sich auf einen ganz anderen Gegenstand, den ihm irgendwie als individuelle Sache bekannten fundus S.; oder er bezieht die missio richtig auf den fundus C., den er ergreift, und meint nur, die Sache, auf welche sich der ganze Traditionsvorgang bezieht, sei mit einer anderen identisch. Im ersteren Falle dürfte der error in der Regel erheblich und den Konsens ausschliefsend sein. Wenn Missus das Grundstück C. bezieht, obwohl er in ein ganz anderes Grundstück eingewiesen zu sein glaubte, so ist anzunehmen, dafs er ernstlich den Willen hatte, das andere Grundstück zu nehmen, und nur deswegen in fundum C. einzieht, weil er die Grundstücke verwechselt. Da das ire in fundum als Beginn des In-Dienst-Nehmens des Grundstücks ein völlig genaues Wahrnehmen des ganzen Objektes nicht erheischt, so ist eine solche Verwechslung der Grundstücke leicht möglich, sollte auch das andere Grundstück — fundus S. — dem Missus aus eigener früherer Wahrnehmung bekannt sein. Der Irrtum des Missus wird hier gewöhnlich ein wesentlicher sein, da man als wahrscheinlich betrachten kann, dafs der Wille, das Grundstück C. zu nehmen, von der Voraussetzung abhängt, dafs dieses Grundstück identisch ist mit demjenigen, in welches Missus eingewiesen zu sein glaubt. Da Missus in Übereinstimmung mit dem Willen, den er beim Tradenten annimmt, handeln will, so ist zu vermuten, dafs er das Grundstück verlassen wird, sobald er der Verwechselung der beiden Objekte gewahr geworden sein wird. — In dem zweiten Falle (an diesen denkt Ulpian in l. 34 pr. cit. offenbar nicht), wo der Missus nur in einem reinen Identitätsirrtume in Bezug auf den ganzen Traditionsakt befangen ist, liegt ein wirkliches Zusammenstimmen auch der inneren Absichten in Bezug auf das corpus vor. Die unrichtige Identifizierung des fundus C. mit dem fundus S. wird meistens unwesentlich sein, weil, wenn der Missus mit vollem Bewufstsein und ohne Beschränkung diese bestimmte Sache aus der Hand des Besitzers nimmt, er damit bekundet, dafs die Vorstellung, die er von der Sache bei dem Traditionsvorgang gewinnt, ihm genügt, und das Sonstige, was er sich von ihr denken mag, für seinen Besitzwillen nicht entscheidend ist. Im einzelnen Falle kann jedoch allerdings auch der blofse Identitätsirrtum ein probabilis error sein.

Was hier von der Tradition bei abgeschwächtem Besitzerwerbskorpus gesagt worden ist, gilt auch mutatis mutandis von der Übertragung des Besitzes animo solo durch unkörperlichen Vertrag.

Da der reine Identitätsirrtum in der Regel auch in Traditionsfällen bei abgeschwächtem Ergreifungskorpus den Willen nicht ausschliefst, so wird er insbesondere dort meistens ein unerheblicher sein, wo nur durch das einseitige Ergreifen des Apprehendenten das Besitzobjekt definitiv individualisiert wird, während die Tradition allgemeiner lautet. Würde z. B. in dem obigen Beispiele die missio sich alternativ auf beide Grundstücke beziehen und Missus das Grundstück C. ergreifen in der Überzeugung, dies sei der fundus S., so müfste man geneigt sein, darin keinen relevanten Irrtum zu erblicken.

Erst jetzt ist es uns vollkommen begreiflich, warum der error in corpore eine andere Wirkung hat in jenen Fällen, wo der Besitz wirklich durch Traditionsvertrag begründet wird, als sonst bei jeder anderen Apprehension. In den Fällen nämlich, wo auf seiten des Apprehendenten ein auch zum einseitigen Erwerb hinreichendes corpus entsteht, kann der Identitätsirrtum unmöglich die oben sub c) geschilderte Bedeutung haben, und eine dem sub b) erwähnten Sich-Verlaufen analoge Erscheinung ist nicht denkbar. Hier ist anzunehmen, dafs der Apprehendent unbedingt gerade die ergriffene Sache will und dafs er sich, abgesehen von den Abirrungsfällen, dessen bewufst ist, welche Sache er ergreift, weil man doch nur einzelne Gegenstände okkupiert und insbesondere Grundstücke einseitig nur stückweise ergreift.

Alle anderen möglichen Irrtumsfälle des Apprehendenten bei der konsensualen Besitzergreifung näher zu besprechen, scheint uns überflüssig zu sein, weil die Frage, ob der Irrtum ein wesentlicher sei, doch nur auf Grund der Würdigung des ganzen Charakters des konkreten Falls mit Bestimmtheit zu entscheiden ist. Wir verweisen auf die allgemeine Regel, dafs der Erwerb nur dann ausgeschlossen ist, wenn Wahrscheinlichkeitsgründe dafür sprechen, dafs dem Willen des Nehmers infolge seines Irrtums ernstlich das wirtschaftliche Übernehmen dieser Sache nicht entspricht. Insonderheit mag nur erwähnt werden, dafs auch hier der Irrtum in den Eigenschaften der Sache, selbst wenn diese sonst von Wichtigkeit sind, meistens ein unwesentlicher sein wird, falls nur ein bewufstes in corpore consentire vorliegt. Dies aus demselben Grunde, warum wir oben dem reinen Identitätsirrtum den Charakter eines probabilis error für die Regel abgesprochen haben.

Endlich mufs noch hervorgehoben werden, dafs jeder wesentliche, den konsensualen Erwerb hindernde Irrtum nur so lange von Bedeutung ist, als auch das äufsere Verhalten des Empfängers (das corpus) nur ein durch Verleihung des bisherigen Besitzers erleichtertes und vermitteltes Haben ist. Wird auf Grund des nachfolgenden Gebarens des Empfängers sein Verhältnis zur Sache zum selbständigen Im-Dienst-Haben, dann mufs man eine dem entsprechende Willensänderung supponieren. Dieses Verhalten des Inhabers drückt nämlich unzweideutig die Umwandlung des konsensualen Aneignungswillens in ein Besitzen-Wollen schlechthin aus.

Pierer'sche Hofbuchdruckerei. Stephan Geibel & Co. in Altenburg.